本书为国务院参事室"深化教育体制改革"
重大调研项目系列成果之一

中国教师队伍建设问题与建议

基于天津、吉林、江苏、浙江、河南、贵州、甘肃七省（市）的调研

梅新林　吴锋民　主编

ZHONGGUO JIAOSHI DUIWU JIANSHE

WENTI YU JIANYI

中国社会科学出版社

图书在版编目（CIP）数据

中国教师队伍建设：问题与建议——基于天津、吉林、江苏、浙江、河南、贵州、甘肃七省（市）的调研／梅新林，吴锋民主编．—北京：中国社会科学出版社，2011.7

ISBN 978 - 7 - 5004 - 6984 - 1

Ⅰ．①中…　Ⅱ．①梅…②吴…　Ⅲ．①师资培养 - 研究 - 中国　Ⅳ．①G451.2

中国版本图书馆 CIP 数据核字（2010）第 259349 号

责任编辑	宫京蕾　周慧敏
责任校对	郭　娟
封面设计	弓禾碧
技术编辑	李　建

出版发行　中国社会科学出版社

社　　址	北京鼓楼西大街甲 158 号	邮　编　100720
电　　话	010 - 84029450（邮购）	
网　　址	http：//www.csspw.cn	
经　　销	新华书店	
印　　刷	北京奥隆印刷厂	装　订　广增装订厂
版　　次	2011 年 7 月第 1 版	印　次　2011 年 7 月第 1 次印刷
开　　本	710×1000　1/16	
印　　张	36	插　页　2
字　　数	606 千字	
定　　价	72.00 元	

编 委 会

目　　录

前言 ……………………………………………………………（1）

第一部分　总报告

报告 I　提高教师的质量和水平是教改的重中之重
　　　——对七省（市）教师队伍建设状况的调研 ………（3）
一　充分认识加强教师队伍建设的重大战略意义，抓好教师
　　队伍建设的制度设计与完善 ………………………………（3）
二　进一步提高教师待遇，将教师的社会地位提高到足以吸引
　　优秀人才报考师范、立志终身从教 ………………………（4）
三　改革师范教育，提高教师的入职标准 ……………………（4）
四　参照国际师生比标准，重新核定和增加教师编制，
　　降低师生比 …………………………………………………（5）
五　从加强教师的职业道德修养和学风建设入手，
　　匡正校风校纪 ………………………………………………（6）
六　建设优秀学术团队，努力提升教师队伍的国际化水平 …（6）
七　统筹规划和重建职教师资培养培训体系，重在培养
　　"双师型"职教师资 …………………………………………（7）
八　尽快落实幼儿教师的编制、地位和待遇，重点解决好
　　农村和民族地区幼儿教师问题 ……………………………（7）
九　加大特教专业师资培养培训力度，充分保障 8000 余万
　　残疾人特别是残障学龄人口受教育的权益 ………………（8）
十　统筹解决西部、农村学校和城镇薄弱学校教师队伍

建设的突出问题，促进教育均衡发展 ……………………（8）

报告Ⅱ　中国教师队伍建设：30 个问题与 30 条建议
　　　　　　——基于天津、吉林、江苏、浙江、河南、贵州、甘肃
　　　　　　七省（市）的调研 …………………………………（10）
　　一　教师队伍建设的 30 个问题 ………………………………（11）
　　二　教师队伍建设的 30 条建议 ………………………………（19）
报告Ⅲ　中国教师队伍建设调研综合分析报告 …………………（30）
　　一　引言 ……………………………………………………………（31）
　　二　调研设计 ………………………………………………………（32）
　　三　调研概况 ………………………………………………………（35）
　　四　教师队伍建设存在的主要问题 ……………………………（36）
　　五　教师队伍建设的主要建议 …………………………………（63）
　　六　结语 ……………………………………………………………（80）

第二部分　专题报告

报告Ⅰ　天津市教师队伍建设专题调研报告 ………………………（85）
　　一　前言 ……………………………………………………………（86）
　　二　调研设计与实施 ………………………………………………（87）
　　三　现状与问题 ……………………………………………………（90）
　　四　对策与建议 …………………………………………………（129）
　　五　结语 …………………………………………………………（150）
报告Ⅱ　吉林省教师队伍建设专题调研报告 ……………………（153）
　　一　前言 …………………………………………………………（153）
　　二　调研设计与实施 ……………………………………………（155）
　　三　现状与问题 …………………………………………………（157）
　　四　对策与建议 …………………………………………………（190）
　　五　结语 …………………………………………………………（202）
报告Ⅲ　江苏省教师队伍建设专题调研报告 ……………………（204）
　　一　前言 …………………………………………………………（205）
　　二　调研设计与实施 ……………………………………………（206）

　　三　现状与问题 ……………………………………（210）
　　四　对策与建议 ……………………………………（245）
　　五　结语 ……………………………………………（254）
报告Ⅳ　浙江省教师队伍建设专题调研报告 ………（256）
　　一　前言 ……………………………………………（257）
　　二　调研设计与实施 ………………………………（259）
　　三　现状与问题 ……………………………………（264）
　　四　对策与建议 ……………………………………（306）
　　五　结语 ……………………………………………（326）
报告Ⅴ　河南省教师队伍建设专题调研报告 ………（332）
　　一　前言 ……………………………………………（333）
　　二　调研设计与实施 ………………………………（334）
　　三　现状与问题 ……………………………………（337）
　　四　对策与建议 ……………………………………（367）
　　五　结语 ……………………………………………（370）
报告Ⅵ　贵州省教师队伍建设专题调研报告 ………（372）
　　一　前言 ……………………………………………（373）
　　二　调研设计与实施 ………………………………（375）
　　三　现状与问题 ……………………………………（379）
　　四　对策与建议 ……………………………………（402）
　　五　结语 ……………………………………………（413）
报告Ⅶ　甘肃省教师队伍建设专题调研报告 ………（415）
　　一　前言 ……………………………………………（416）
　　二　调研设计与实施 ………………………………（417）
　　三　现状与问题 ……………………………………（420）
　　四　对策与建议 ……………………………………（506）
　　五　结语 ……………………………………………（513）
附录一　调研方案 ……………………………………（517）
附录二　调研问卷 ……………………………………（526）
附录三　访谈（座谈）提纲 …………………………（559）
后记 ……………………………………………………（565）

前　　言

2009 年 6 月，为配合《国家中长期教育改革与发展规划纲要（2010—2020 年）》的研究制定，经国务院领导批准，国务院参事室成立"深化教育体制改革"调研小组，浙江师范大学党委书记梅新林教授参加了调研组工作，并接受了"中国教师队伍建设"的专项调研任务。为此，学校成立以梅新林书记、吴锋民校长为组长及发展规划处、教师教育学院负责人为成员的调研领导小组。

在前期调研和充分论证的基础上，本次调研针对不同群体，研制了 6 种调查问卷和 2 种访谈提纲，抽取天津、吉林、江苏、浙江、河南、贵州、甘肃 7 省（市）作为调研对象。其中，天津市作为直辖市的代表，江苏省和浙江省作为东部发达地区的代表，河南省和吉林省作为中部中等发达地区的代表，贵州省和甘肃省作为西部欠发达地区的代表。随后，学校成立 7 个调研小组，分别由本校的教师和研究生组成。

调研以各级各类教师群体与校长、各级教育行政部门领导和工作人员、各级教研员等为对象，运用点与面、宏观与微观结合的办法，采取问卷调查、查阅有关数据、召开座谈会、深度访谈等方式，在对相关数据进行统计分析的基础上，选择性地深入抽样省（市）的一个地（市、区）、一个县（市、区）、一个乡（镇）进行重点调研，以期从不同方面、立体式地了解和寻求当前各级各类教育教师队伍建设的现状及其存在的突出问题和解决办法。调研结束后，各调研小组分头撰写专题调研报告，然后形成总调研报告，并从中提炼出关于我国教师队伍建设的 30 个突出问题和 30 条对策性建议。调研工作历时半年有余。

2010 年 1 月，调研领导小组组长梅新林教授和吴锋民教授专程赴北京向国务院参事室汇报调研工作，提交调研报告。根据国务院参事室领导和有关专家的意见，对调研报告进一步修改提炼，最终形成关于加强我国教师队伍建设的 10 条建议。

国务院参事室对调研工作给予了高度肯定与评价，专门发函（国参办函［2010］131 号）指出：本次调研和成果，给国务院参事室"深化教育体制改革"调研组的工作提供了宝贵的支持和帮助，调研材料切中我国教师队伍建设时弊，提出了许多有深度、有价值的观点与建议，对于加强我国教师队伍建设具有重要的参考价值。调研报告的主要内容刊登在国务院参事室主办的《国是咨询》2010 年第 1 期上，供中央领导同志和各部门、各地方主要负责同志参阅。

胡锦涛总书记在全国教育工作会议上的讲话指出，教育大计，教师为本。要把加强教师队伍建设作为教育事业发展最重要的基础工作来抓，充分信任、紧密依靠广大教师，努力造就一支师德高尚、业务精湛、结构合理、充满活力的高素质专业化教师队伍。强国必先强教，强教必先强师。没有高水平的教师队伍，就没有高质量的教育，就没有高素质的人才。重视教师队伍建设，已成为全国上下的共识。相信本次调研不仅对我国教师队伍建设能提供有益的启示，而且对推进我国教师教育的改革发展也会有帮助。需要指出的是，当时我们在调研中发现的诸多问题已在各级政府和社会各界的共同努力下，正在逐步得到解决或改善，令人深感欣慰。

本次调研承蒙国务院参事室主任陈进玉先生和诸位参事的热忱关心和指导，以及七省市相关领导、专家的鼎力支持和帮助，调研组全体成员为此付出了辛勤而高效的劳动，谨此一并致以诚挚的谢意！

主　编

2010 年秋

第一部分 总 报 告

报告 I

提高教师的质量和水平
是教改的重中之重
——对七省(市)教师队伍建设状况的调研[*]

浙江师范大学调研组

2009 年 6—12 月，浙江师范大学受国务院参事室委托，选取天津、吉林、江苏、浙江、河南、贵州、甘肃七省（市）为对象，组织了"中国教育队伍建设"的大型专项调研。

调研表明，改革开放 30 多年来，一方面，我国教师的社会地位得到全面提高，整体素质有了显著提升，精神面貌发生了深刻变化，教师队伍建设取得了举世瞩目的成就，支撑起了世界上最庞大的教育体系，为国民素质的提高和中华民族的振兴作出了历史性贡献。另一方面，教师队伍建设，从观念到政策，从数量、质量到结构、层次等，依然存在不少问题。当前及今后一个时期，加强教师队伍建设，提高教师的质量和水平，是教育改革成功的根本保证，是当务之急和重中之重，为此，特提出以下 10 点建议。

一 充分认识加强教师队伍建设的重大战略意义，抓好教师队伍建设的制度设计与完善

国之本在教育，教之本在教师。目前，全国各级各类教育专任教师约 1500 万人，如此庞大的教师队伍，对教育事业的发展具有举足轻重的作用。家长和学生择校，实质上是"择"教师，优秀的任课教师和班主任是选择的最重要对象。

改革开放以来，一系列加强教师队伍建设的法律法规和重大政策相继出

---

　* 本文内容刊载于国务院参事室举办的《国是咨询》2010 年第 1 期。

台，但各地重视程度及实施情况差异很大、问题不少，关键是整体规划与制度设计相对滞后。当前，国家正在制定"十二五"及中长期教育发展规划，要从提高教育质量、保障教育公平、促进教育事业均衡发展、满足人民群众日益增长的优质教育需求、建设人力资源强国的高度，充分认识加强教师队伍建设的重大战略意义，研究制定中长期教师队伍建设规划，着眼于教师队伍建设的制度设计和完善。

全国迄今 30 多年来未召开教师工作会议。建议适时召开全国教师工作会议，系统总结改革开放 30 余年教师队伍建设的主要成就，基本经验和教训，厘清建设思路，明确建设目标、方向、重点和步骤。

二　进一步提高教师待遇，将教师的社会地位提高到足以吸引优秀人才报考师范、立志终身从教

调研显示，自 1997 年高师院校实行部分收费直至全额收费以来，师范生源质量逐步下降。2007 年，国家实行师范生免费教育，但仅限于部属院校。最近几年，即使江苏、浙江等沿海发达地区，优质生源仍然不足，不少学业基础差的考生纷纷入读师范。

应采取突破性举措，参照美、日、新加坡等国做法，将《教师法》中"教师工资不低于公务员"的规定修改为"相当于或高于当地公务员工资"。

扩大师范教育免费范围，逐步从部属高校推向省级以下师范院校。当前尤其迫切需要在西部师范院校率先推行免费师范教育，吸引当地优秀人才报考师范，毕业后在当地任教。中央财政应加大对中西部欠发达地区推行师范生免费教育的扶持力度。

积极实施优秀师范生本、硕或本、硕、博连读或工作数年后免试攻读硕、博士专业学位，以及农村教师定向培养与定期培训、及时晋级相结合的配套制度，吸引优秀人才报考师范、终身从教。

三　改革师范教育，提高教师的入职标准

调研显示，随着传统师范教育向现代教师教育的转型，教师教育体制日趋开放多元，但师范院校的主体地位有所削弱，百年中师优秀办学传统与教

育资源流失，综合性大学的教师教育没有完全到位，教师培养与培训"两张皮"的问题较为突出。1993年《教师法》规定的各级各类教师最低学历标准已明显偏低，教师资格制度建设落后于律师、医生等行业。

应参照国际教师教育进程和趋向，立足国情，出台相关政策，健全和规范以师范院校为主体、综合性大学参与的开放多元的教师教育体制。

进一步加强教育部直属的6所师范大学建设，并采取省部共建方式，着力建设好33所省属重点师范大学，充分发挥其在地方师范院校建设中的示范带头作用。

鼓励、引导和规范综合性大学的教师教育工作，规定有志于从教的非师范类高校包括综合性大学毕业生需要到师范大学接受半年以上教师教育理论与实践的系统训练。

根据不同地区、层次、类型学校的师资要求，改革传统的2年制或3年制师范专科以及4年制师范本科低层次混合培养模式，积极实施专科、本科以及本硕连接或本硕博一体化的开放多元教师培养模式，提高教师培养规格与层次。

重新修订教师资格标准，提高教师准入门槛、专业素养和专业地位，完善定期考核认证的教师资格制度。

四　参照国际师生比标准，重新核定和增加教师编制，降低师生比

调研显示，目前各类学校的师生比普遍过高，教师编制标准亟待调整。参照2007年30个OECD成员国和8个人口大国的平均数据，我国初、中等教育（包括小学、初中、高中、职业高中）各需增加教师18万人和72万人。如将2007年高校1：17.28的师生比降至1：15，则需增加教师18万人，总计需增加教师110万人。按2007年每位教师年工资16120万元（不含奖金等其他收入）计算，则需增加经费投入约180亿元。

根据我国各级各类学校不同的培养目标、层次和要求，参照国际师生比标准，重新核定教师编制，降低师生比，让教师有足够的精力与时间从事教学和科研，多与学生交流，也有利于推进小班化教学与素质教育。

较大幅度提高教师编制与生均预算内教育经费投入，既解决教师数量不足和结构性缺编问题，又解决大学生就业问题。

五　从加强教师的职业道德修养和学风 建设入手，匡正校风校纪

调研显示，教师的执业操守与道德修养呈整体下滑趋势。部分中小学教师不愿意做班主任，与学生关系疏远，课堂上不好好教学，热衷于有偿家教，甚至公开索礼收物。部分高校教师缺乏学术诚信，剽窃他人成果，教育不育人，教学不称职。据 2009 年《中国青年报》社会调查中心对全国 12575 名公众的调查，教师职业形象位列医生、警察之后，居倒数第三。

应在《中小学教师职业道德规范》的基础上，出台涵盖各级各类教师的职业道德规范以及实施细则，从道德、纪律和法律三个维度，对教师的职业操守与行为进行引导、规范和约束。

尽快出台《学术规范条例》，切实加强学风与学术道德建设。引导高校遵循高等教育教学和学术研究规律，健全科学考评机制。引导教师端正学术品格，坚守学术规范，拒绝不良风气浸染。加大对学术不端行为的查处力度。学术法治与学术德治双管齐下，营建教授治学和民主参与学校管理的优良环境。

六　建设优秀学术团队，努力提升教师队伍的国际化水平

调研显示，七省（市）高校普遍存在优秀学科带头人缺乏和学术团队建设滞后情况，特别缺少高层次、高水平的学科帅才及在国内外广有影响的学术团队。

应探索创新型学术领军人物的成长规律，以造就学科领军人物为核心，以建设高水平学术团队为重点，以培养优秀中青年学科带头人为支撑，开展全方位、多层次、宽领域的国际学术交流与合作，为尖端人才的生长创造良好机制与环境。

创新与完善出国留学与进修访学机制，选派外语水平高、有学术潜力的优秀教师出国深造，把握国际学术前沿动态，提高国际交流与合作能力。

扩大实施"千人计划"、"海外名师引进计划"、"学科创新引智计划"等项目，重点延聘并汇聚一批具有国际影响的一流海归人才，根据国家建设需要及其自身的研究基础和特长，不惜重金创设必要的实验与研究条件，优化其工作与生活环境，以造就钱学森、李四光式的学术大师。

七 统筹规划和重建职教师资培养培训体系，重在培养"双师型"职教师资

调研显示，中等职业学校最紧缺的是专业教师，特别缺少既具有专业技术资格又具有教师职业资格、既懂技术又会教学的"双师型"教师，现有师资远不能适应中等职业教育与普通中等教育 1∶1 发展的需要。

应重点办好 8—10 所国家级职业师范大学，各省（市）重点办好一所职业师范学院，经济发达省份可根据本地产业调整、转型、升级、发展对中等职业技术人才培养的需求适当增办多办。

对现有 56 个国家级职教师资培养培训基地进行全面改革，由校企合作共建"双师型"职教基地，引导和鼓励企业积极参与职教师资培养培训工作。

重新整合师范院校的教育资源，举办职业师范学院，强化其为中职教育培养培训师资的职能。鼓励工科类院校、综合性大学积极承担职教师资培养培训任务。

八 尽快落实幼儿教师的编制、地位和待遇，重点解决好农村和民族地区幼儿教师问题

调研显示，学前教育一直游离于国民教育序列之外，幼儿教师的编制、待遇及其培养与素质提高等问题，长期得不到解决。

应加强学前教育立法，将其纳入国民教育体系，将学前教育最后 1—2 年纳入义务教育范围，逐步解决幼儿教师的编制、地位和待遇问题。

改革学前教育多头管理体制，由教育行政部门统筹负责所有学前教育机构的师资管理，规范幼儿教师的定编和准入、招聘和培训、考评和奖惩等管理流程，严格实行持证上岗制度。

以建设乡镇中心幼儿园为重点，大力发展农村学前教育，着力解决好农村地区、民族地区和贫困地区幼儿教师数量不足，质量不高的问题。

中央和地方政府设立专项基金，根据农村学前教育发展的特殊需要，免费培养一部分幼儿教师，按公办教师编制和待遇，采取定期服务轮换制，定向分配到农村和边缘山区从事幼教工作。

九　加大特教专业师资培养培训力度，充分保障8000余万残疾人特别是残障学龄人口受教育的权益

调研显示，特教事业发展缓慢，对残障学龄儿童特别是农村残障人口的覆盖度低。特教专业师资奇缺，多数为半路出家，培养培训渠道不畅。

应大力发展特殊教育事业，根据各地实际，充分利用近年来教育结构调整后闲置的校舍和设施，增办特殊教育学校，保障残障儿童受教育的权益，提高社会文明水准。

根据特殊教育发展的师资要求，选择部分具备一定基础和条件的示范院校增设特教专业，增量培养特教专业师资。采取多种形式，充实普通高师院校特教专业师资力量。

将特教师资培训纳入教师继续教育的总体规划，从特教补助经费中划拨一定资金，作为专项经费，加强特教师资的职后培训。

将特教津贴从等级工资的15%提高到50%。特教老师退休后，继续享受一定比例的特教津贴待遇。

十　统筹解决西部、农村学校和城镇薄弱学校教师队伍建设的突出问题，促进教育均衡发展

调研显示，西部、农村和城镇薄弱学校同时面临教师总量不足、职业培训落后、专业水平不高、优秀教师流失严重等突出问题。

应制订特殊补贴政策，在实施绩效工资制度的基础上，较大幅度提高西部、农村与城镇薄弱学校教师特殊津贴，同时从职称评聘、职务晋升、定期轮换、配偶和子女就业就学安排等方面给予诸多优惠，吸引和鼓励有志者到这些地区长期从教。设立奖励基金，奖励长期在西部、农村和城镇薄弱学校从教并作出贡献的教师。

由部属及东部师范大学定向培养师资，毕业后到西部、农村学校与城镇薄弱学校从教，尽快补充西部教师的缺额。加强西部与东部、农村与城市以及城镇优质学校与薄弱学校的结对帮扶、互派教师交流扶持力度，逐步缩小彼此之间教师队伍的差距。

扩大实施国家"农村义务教育学校教师特设岗位计划"、"大学生西部

志愿者计划"和"农村教育硕士计划",并增设新的项目,增派优秀大学毕业生到西部、农村学校与城镇薄弱学校担任教育教学和管理之职。

进一步规范教师的合理流动,鼓励和引导发达地区向欠发达地区、城市向农村、重点学校向非重点学校的正向流动,建立教师个人服务期制度和赔偿制度,健全逆向流入学校对流出学校的补偿机制,促进优质教师资源共享。

报告 II

中国教师队伍建设：30 个问题与 30 条建议

——基于天津、吉林、江苏、浙江、河南、贵州、甘肃七省（市）的调研

浙江师范大学调研组

2009 年 6—12 月，受国务院参事室委托，浙江师范大学组织了对我国中小学、中等职业学校、高等院校、幼儿园、特殊教育学校教师资队伍建设的系统调研，历时 6 个月。调研组选取天津、吉林、江苏、浙江、河南、贵州、甘肃 7 省（市）为对象，其代表性覆盖东、中、西部和直辖市等不同发展层次和类型，抽样省（市）人口占全国总数的 24.4%，教职工数占全国总数的 25.1%，专任教师数占全国总数的 24.8%。

调研采取点与面、宏观与微观相结合的方法，在对所调研省份新近统计数据进行全面分析的基础上，选择性地深入该省（市）的一个地（市、区）、一个县（市、区）、一个乡（镇）进行重点调研，并选取两个具有代表性的地（市、区）进行问卷调查。调研组分别听取地、县、乡、校的集中汇报，对照查阅教师队伍建设的数据资料，召开各类人员代表的座谈会，当场发放并回收问卷，深度访谈相关人员。

调研期间，各调研组召开座谈会 42 个，参加座谈的各类人员 1000 余人；发放问卷 9259 份，回收 6499 份，其中有效问卷 6469 份，有效率为 99.5%；深度访谈各级教育行政部门领导 35 人、高校领导 20 人、中小学等各类校长 71 人、教师 200 余人；实地考察各级各类学校 38 所；现场录音 100 余小时，录音整理文字材料近 40 万字；现场录像近 500 分钟，拍摄照片近 3000 张。

调研结束后，在对各调研组提交的专题报告进行综合分析的基础上，形成调研总报告。总报告和 7 个专题报告累计 45 余万字。现按普通中小学、

中等职业学校、高等院校、幼儿园、特殊教育学校师资队伍建设的顺序，将调研结果择要概括为 30 个问题，并提出 30 条建议。

一　教师队伍建设的 30 个问题

（一）　中小学教师队伍建设的 14 个问题

1. 教师职业不足以吸引优秀考生，师范生源差

调研表明，七省（市）普遍存在师范生源差的情况。自 1997 年高师院校实行部分收费直至全额收费以来，大批优质师源和生源流走。2007 年，国家实行师范生免费教育，但仅限于部属师范院校，地方院校学生未能享受。

从浙江的情况看，师范类专业投档线连续几年低于综合实力较弱的其他高校。师范专科的招生沦落到最后批次，与以前中师的优秀生源相差太大。江苏省已连续三年将师范类专业放入提前批次招生，但优质师范生源仍然不足，不少学业基础差的考生纷纷入读师范院校。

2. 教师职前培养体制不完善，培养模式陈旧，新教师整体素质下降

调研表明，随着传统师范教育向现代教师教育的转型，教师培养体制日趋开放、培养渠道日趋多元。然而，师范院校的主体地位有所削弱，综合性大学的教师教育没有完全到位，教师培养与培训"两张皮"的问题较为突出。

教师职前培养模式还是数十年一贯制的"3＋1"、"3.5＋0.5"、"2＋2"或"2＋1"、"2.5＋0.5"等，比较陈旧。师范生在大学四年或三年中，既要修习普通基础课和专业课，又要加修教育类专业课，负担重，影响学习质量。

不少教师院校专业设置跟不上基础教育改革对新师资的要求，内容空泛，过于理论化，不重视教育实习和教学实践，新教师教学基本功不如从前，敬业精神也赶不上老教师。

3. 教师入职门槛低，资格制度不完善

调研表明，1993 年《教师法》规定的各级各类教师最低学历标准已明显偏低、落后于形势。

教师资格考试也比较容易，只考教育学、心理学等课程，没有具体的教

育实习要求和试用期制度，对于教师职业道德水准的要求过于笼统，取得教师资格的程序比较简单，非师范专业人员获取教师资格证的难度远低于律师、医生等行业。教师资格证一旦获得，如果没有严重违纪和犯法行为，就终身有效，缺乏严格的动态管理和科学的考核激励与约束机制。

4. 教师编制问题突出，缺编与超编问题共存

2001 年，国家颁布的中小学教师编制标准是，城市、县镇和农村的小学师生比分别为 1：19、1：21 和 1：23，初中师生比分别为 1：13.5、1：16和 1：18。调研表明，这个标准亟待调整。像贵州、甘肃这样偏远的省份，地广人稀，中小学校点多面广，教学点分散，服务范围大，尤其是农村小学，规模和班额普遍较小，一些村级小学还存在教师包班现象。加上近年来农村寄宿制学校及学生数大增，小学增开英语和信息技术等课程，亟须增加教师编制和数量。事实上却并未相应增加，导致严重缺额。

另外，一些城镇学校和重点学校人浮于事、超编现象又十分严重，几个人干一个人的事，或采取变相的校内分流，让专任教师改行干其他事。

5. 教师全员聘用制不彻底，不合格教师难以流出

调研显示，七省（市）的不少学校未能实行全员聘任制。所谓通过签订聘用合同、确定学校和教职工的人事关系、实现学校与教师的双向选择，还停留于政策层面，难以实践操作，不合格教师难以分流，新教师难以引进。学校的人事制度改革亟待深化，特别是优胜劣汰与合理流动机制亟须完善。

许多校长反映，关键在于健全成熟的教师进出机制。一些教师虽然没有违法犯罪行为，但是教学能力不够、精力不足、事业心不强等，学校却没有权力辞退，因而教师队伍建设大打折扣。

6. 高职称教师发展动力不足，缺乏有效激励约束机制

调研显示，七省（市）的不少中小学校存在高职称教师缺乏后续激励约束机制。由于职称评审的终身制，一些教师在评高级职称前，工作积极主动，大量开设公开课，努力开展教学研究、发表教研论文，一旦评上职称，就容易止步不前，缺乏进一步向上的目标和动力，不愿意多教课、带新教师、当班主任等。对于这些教师，学校缺少相应的监督评价和管理考核措施，使他们缺乏发展后劲。

7. 教师职后培训实效低，专业成长不足

调研显示，七省（市）普遍存在教师职后培训实效低的情况，制约教

师的专业发展。主要表现为，所在学校和教师参加培训的积极性不高，工学矛盾突出，培训经费少、受训面不广，培训内容重理论、轻实践，培训形式单一、不适合教师口味，培训质量不适合教师需求，培训单位的教师队伍建设滞后，培训教师的教学水平低、素质参差不一等。

问卷统计显示，有近 60% 的教师认为参加的各项培训效果很差。座谈中，许多教师反映，参训教师最需要教学专业技能培训，如"案例讲解"、"小课题研究"等，但培训中很少涉及。

8. 班主任工作繁重、待遇低，教师不愿意做

调研显示，教师不愿意当班主任的现象，在初、高中教师中特别明显。一方面，现在孩子都是独生子女，班主任不仅要负责学生的思想工作，而且要负责学生的安全，工作量和管理压力比以前大很多，班主任与学生之间的矛盾也比以前尖锐。另一方面，班主任津贴虽有一些提高，但和工作量比起来微乎其微，收入与付出不成正比。有些教师抱怨，1979 年至今，工资增长了 8—10 倍，班主任津贴未能同步增加。一些农村中学的班主任津贴仅为 60 元左右。

9. 小学教师所教非所学现象普遍，综合教学素养下降

调研显示，小学教师，特别是农村小学教师的进修学习"重提升学历层次、轻教学专业水平提高"的倾向比较严重，专业不对口的现象比较突出。与以前的中师毕业生相比，小学教师的综合教学素养有明显下降。

天津调研组反映，有一位农村教师，中师毕业去小学教英语，已工作 9 年。通过自考，获得法律专业和中文专业两个大学本科学历文凭，但由于外语成绩差，都没有获得学士学位。值得注意的是，9 年中，该教师竟从未接受过英语专业方面的培训。调查访谈发现，农村学校有三分之一的教师所教非所学，或所学非所教。

10. 农村学校及城镇薄弱学校条件差，优秀教师不断流失

调研显示，无论是经济发达还是欠发达省份，农村和城镇薄弱学校教师流失现象都很严重，并呈逐级向上流动的趋势——乡镇向县城、县城向省城、薄弱学校向重点学校流动。很多农村学校和薄弱学校的骨干教师获得一定成绩或荣誉后，就想方设法调到城市和重点学校去。

浙江省青田县农村教师 2005 年流失 64 人，其中进城 32 人，到外地、外系统 32 人；2006 年流失 66 人，其中进城 39 人，到外地、外系统 27 人；2007 年流失 108 人，其中进城 64 人，到外地、外系统 44 人；2008 年流失

约 200 人。

2003 年以来，贵阳市花溪区黔陶乡民族小学被城区学校挖走近 30 位骨干教师。甘肃省庆阳市环县三中校址在洪德乡河连湾村，10 年间，该校进了教师 120 名，走了 80 名，其中有 50 多名流动到县一中。

11. 农村小学特殊学科教师严重缺额，影响课程开设

调研显示，由于编制不足，农村小学某些特殊课程，如音乐、体育、美术、英语、信息技术、综合实践活动、心理教育等，没有专职教师或专任教师不够，有的长期不开课，或不足额开课，或由其他人员兼任，既影响新课程改革的实践和课程开设的质量，更影响学生德智体美全面发展和素质教育的实施。且这个问题由来已久，十分普遍，长期得不到解决。

12. 农村学校教师年龄结构不合理，过于年轻和老龄化问题并存

调研发现，农村学校教师年龄结构不合理的现象十分突出。有些学校，特别是城乡结合部学校，由于教师流失严重，只好不断补充新教师，因此，教师过于年轻，而中老年教师少。浙江省武义县有一所农村初中，教师平均年龄不到 35 岁。

另外，有些学校连年没有进新教师，教师老龄化问题加重。吉林省舒兰市教育局反映，1999—2008 年间，该县基本没有招聘新教师，50—60 岁教师比例很大，30 岁以下教师很少。教师队伍严重老化、中年教师断层、年轻教师青黄不接。

13. 西部农村学校还有大量代课教师，影响义务教育质量

调研发现，一些经济欠发达省份，如贵州、甘肃，包括河南等省的一些边远、贫困地区的初小和教学点，多分散在山沟里，外地教师不愿去，正常的教学工作主要靠当地代课教师维持。甚至一些城镇学校、中心校，代课教师也占相当比例。

从调查情况看，63% 的学校存在代课教师。贵州全省有中小学代课教师 9034 人，其中农村代课教师 7935 人，占代课人员总数的 87.83%，主要分布在边远山区的村小和教学点上。代课教师缺少起码的教师岗前和职后培训，严重影响农村义务教育的质量。

14. 民办学校教师流动性过大，队伍不稳定

调研显示，七省（市）不少民办学校教师管理远不如公办学校规范，教师的合法权益得不到有效保障，工资待遇低，进修提高、职称晋升和专业发展机会少，流动过于频繁，影响正常教学秩序。

河南省南阳市一所民办学校校长反映，民办学校不但办学经费不足，最头痛的还是教师流失问题。一方面，民办学校的招牌难以吸引优质师源；另一方面，很多教师在学校工作几年、有了一定的教学经验和技能后，就想去更好的学校，给再多的待遇都留不住，学校很难进行教师队伍的长期规划和建设。

（二） 中等职业学校教师队伍建设的 4 个问题

15. 师资培养体系不能适应发展需要，新教师缺乏严格和可操作的入职标准

调研表明，职教师资的供需矛盾十分突出。据不完全统计，全国共有职教师资培养培训基地 306 个，其中国家级重点建设基地 56 个，依托大型企业建立的全国性示范基地 6 个。这样的规模远不能适应中等职业教育与普通中等教育 1：1 发展的需要。

现行职教师资的培养注重教师的学历达标，且仍采取普通学校教师的培养模式，理论教学占了大部分时间，学生到企业、中职学校实习的时间过短。不少职业学校的新教师取得教师资格证只需通过三门课程考试，没有实际教学能力的考核，也缺乏在实际工作场所的训练，实践技能不足。

16. 师资编制紧，师生比过大

调研表明，随着中等职业教育的扩招，职业学校师生比不断扩大，早就突破教育部规定的中等职业学校师生比 1：16 的标准。资料显示，2000年，全国职校师生比为 1：16，2003 年接近 1：18，2005 年超过 1：21。师生比逐年升高，专业师资短缺的问题相当突出。如河南省，2009 年中职教的师生比为 1：26.6，教师缺口非常大。据测算，2010 年，全国中职在校生约为 2200 万人，即使按照师生比 1：21 计算，至少还有 30 万教师的缺口。

17. 文化课教师富余，专业课教师不足

调研发现，中等职业学校最紧缺的是专业教师，文化课教师则较为富余。如贵州省有一所职业学校，89 位教师中，有 84 位文化教师，只有 5 位专业教师。接受调研的职业中学中，20% 的学校所设专业没有一位相应的专任教师，只好搞"瓜菜代"，由其他教师兼任专业课，其职业技能和实践教学水平远达不到培养高素质劳动者和技能型人才的要求。

18.职后教育缺乏实践训练，"双师型"教师短缺

调研发现，中职学校有相当一部分专业课教师是由文化课教师转型过来的，缺乏必要的专业教学技能和实践能力。特别缺少既具有专业技术资格又具有教师职业资格、既懂技术又懂教学的"双师型"教师。

更大的问题是，由于校企合作机制不健全，这些教师想去企业实践，但企业不愿意接受，教师缺乏现场锻炼、学习提高的机会，在新工艺、新技术、专业技能方面跟不上时代步伐，影响专业教学质量。

（三）高等院校教师队伍建设的 7 个问题

19.教师数量不足，师生比过高

调研表明，七省（市）的高校连续扩招，学校规模不断扩大，但编制却没有得到相应的调整和增加，总体性缺编的现象十分严重，新兴应用型和复合型学科、边缘学科、交叉学科的教师更是十分短缺。各类院校的层次及专业特点和师生比要求缺乏统筹兼顾，大多数高校师生比在 1：20 左右，呈趋同现象。吉林、甘肃、贵州等省的高校师生比过大的矛盾更为突出。如吉林省，扩招之前高校师生比在 1：8 左右，2006 年、2007 年则蹿升至 1：20以上。

20.优秀学科带头人偏少，学术团队建设滞后

调研表明，七省（市）高校普遍存在缺乏优秀学科带头人和学术团队建设滞后的情况，特别缺少能够独当一面的领军人物及在国内外广有影响的学术团队。学科梯队断层现象严重，优秀的中青年学科骨干出不来，教学科研人员依然习惯于单干，各自搞科研，团队意识薄弱。现行的考核评价制度不利于拔尖人才的脱颖而出及其成长，不利于学科"帅才"和学术大师的生成和发展，不利于优秀学术梯队的形成和学科整体建设水平的提高。

21.考评机制偏重科研，教师教学投入不足

调研表明，七省（市）高校的考评机制普遍存在重科研、轻教学的情况，甚至对在籍的本专科生和研究生也都有一定的科研成果和论文发表要求。教师不安心、不用心教学，主要精力用于搞科研而不是教学工作，教学水平和质量上不去。有些教师抱怨，写文章、做科研能有成千上万的奖励，而上一节课才几十块钱。科研成绩是与职称评定和奖金发放直接挂钩的硬指标，附加值高，而教学投入多、产出难以衡量，回报低。青年教师大多缺乏教育专业的理论素养与教学基本技能训练。

22. 教师队伍国际化程度不高，学术层次低

调研表明，七省（市）不少高校在引进海外人才方面，受到经费、地域、办学条件、工作环境等因素的制约；在选送教师到国外学习方面，则受到人才观念、管理机制以及被派人员的专业基础和背景、外语和学术水平诸多因素的制约。

更为严重的是，包括有国外留学、访学经历的教师在内，国内高校师资队伍的整体学术水平低，学术视野窄，缺乏对国际学术前沿的敏锐洞察和准确了解以及和国外同行平等对话、探讨的基础，对外学术交流的层次、水平、质量和效果都很低，还不能适应国际规则。

23. 重引进、轻培养，教师管理缺乏成熟有效的考核激励机制

调研表明，七省（市）不少高校热衷于花重金引进人才，但疏于后续管理及其优质资源的充分开发利用，忽视对本校人才的培养和激励，使其产生冷落和失落感，积极性受到挫伤。

各高校均深感优秀人才和团体匮乏，但对如何根据现代大学教育的特点及其人才管理的规律，有效吸引、遴选、激赏、培养教学科研人才，创造科学、宽松、和谐、良性的人才发展环境，包括对高职称教师的后期考评和激励问题，都还缺乏有效的政策举措和成功的实践经验。

24. 西部地区及非中心城市高校人才引进难，留住难

调研表明，七省（市）中的西部地区及非中心城市的高校，主要是甘肃、贵州、吉林、河南等省的高校，限于地理位置、经济实力、教学科研环境以及居家生活和子女就学就业条件等因素，很难引进和留住拔尖人才。

一些高校的人事处长反映，为了引进优秀教师、留住骨干教师，学校花了很大的代价，采取了不少办法和措施，但是效果仍然很差。学校好不容易洽谈的优秀人才，往往功亏一篑，被其他学校优越的地域环境或更优厚的引进待遇"抢"走；学校辛辛苦苦培养的人才，有不少纷纷流向大中城市和沿海发达地区高校。

25. 学风浮躁，学术不端现象时有发生

调研表明，不少高校学术道德失范、学术不端行为时有发生，有的性质比较严重，甚至校领导也深陷其中。工具理性主义影响下的管理制度，引导师生追名逐利。很多教师缺乏对学术的耐心和敬仰，存在学术造假、抄袭、剽窃、粗制滥造等现象，有的通过花版面费买论文，或通过钱学交易运作职

称评聘、课题评审、成果评奖等关涉个人名利的活动。①

（四）特殊教育学校教师队伍建设的2个问题

26. 专业师资奇缺，培养培训渠道不畅

调研表明，特教师资主要由普教师资改行而来，真正特教专业毕业的教师很少。江苏全省特教师资中，特教专业毕业生仅占总数的 36.1%。河南内乡特殊学校是一所从事智障和聋哑教育的学校，2008 年，有教职工 21人，专任教师 16 人，从特职学校毕业的教师只有 3 人，其他全是半路出家。特教师资的培养远不能适应实际需求。同时，特教教师职后专业培训的机会也很少。

27. 工作压力过大，成就感低

调研中，特教学校教师普遍反映，工作压力大，成就感低。由于特殊学校的学生是身有残疾的孩子，教师不仅要保证学生安全，全程陪护，时刻让学生在自己视野内，而且还要培养学生的自立能力、增强学生的自尊与自信，既需要专业技能和技巧，更需要极大的耐心和爱心，工作量很大，且提心吊胆。

同时，教育对象的特殊性决定了特教学校很难造就优秀人才，因而从事特教工作，缺少从事普教事业那种桃李满天下的自豪感和成就感。有教师坦言，教得时间越长越失落，有时觉得很憋屈。

（五）幼儿园教师队伍建设的3个问题

28. 幼儿教育仍游走于国民教育序列之外，幼儿教师权益缺少保障

调研表明，虽然各级政府日益重视并加强学前教育管理，但并未将其纳入国民教育序列，幼儿教师的编制、相应的待遇及其专业发展与素质提高等问题，长期得不到解决，幼儿园教师作为一名教师所应有的权益得不到有效保障。

《全日制、寄宿制幼儿园编制标准》要求，全日制幼儿园平均每班配专

---

① 武汉大学信息管理学院沈阳副教授的研究显示，2007 年，我国买卖论文"产业"规模约为 1.8 亿—5.4 亿元；2009 年，我国中文买卖论文"产业"近 10 亿元，英文买卖论文"产业"近 1 亿美元；最近两年，每年有近 100 人买卖 SCI 论文发表，有 4700—14000 人买卖英文论文到国外发表。（沈阳：《买卖论文形成年销售数亿元产业》，《长江日报》2009 年 12 月 17 日；2010 年 1 月 1 日上午与沈阳电话访谈。）

职教师、保育员各 0.8—1 人。调研发现，绝大多数幼儿园达不到这个标准，农村幼儿园大多实行包班制，每班所有的保教工作均由一人负责。

29. 师资培养培训体系滞后，影响学前教育发展

调研表明，幼儿教师的培养培训体系不健全，现有的幼儿教师培养机构及其所输送的新师资远赶不上学前教育事业快速发展的需求，特别是职后培训跟不上幼儿教育发展的步伐。

教育主管部门对中小学教师的培训比较关注，对幼儿教师的培训重视不够。幼儿教师培训机构自身的建设，如专业师资、人才队伍建设，实习场地、信息资料建设等，也都落后于学前教育师资培训的需求。

民办幼儿园的教师流动性大，素质参差不齐，既先天不足，缺乏专业培养，更缺乏健全的职后培训及专业发展机制。

30. 师资性别比例失衡，学前教育女性化

调查统计显示，幼儿教师中男教师仅占 0.7%，绝大多数幼儿园是清一色的女性教师。天津蓟县一所公办幼儿园有 57 名教师，其中男性 3 人，一般只做保健工作，不在一线教课。男教师的缺席，使学前教育女性化的问题日益严重，对学龄前儿童教育乃至未来国民素质提高的负面影响是不言而喻的。

二　教师队伍建设的 30 条建议

（一）中小学教师队伍建设的 14 条建议

1. 进一步提高教师地位和待遇，吸引优秀人才报考师范、终身从教

研究制定特殊政策，采取突破性举措，将《教师法》中"教师工资不低于公务员"的规定修改为"相当或高于当地公务员的工资"。

扩大师范教育免费范围，逐步从部属高校推向省级及省以下师范院校，中央财政加大对中西部欠发达地区推行师范生免费教育的扶持，率先在西部地区师范院校推行免费师范教育，吸引当地优秀人才报考师范，毕业后在当地任教。

积极实施优秀师范生本、硕连读或本、硕、博连读或工作数年后免试攻读硕、博士专业学位以及农村教师定向培养与定期培训、及时晋级相结合的制度，将教师的社会地位提高到足以吸引优秀人才报考师范、立志终身

任教。

　　制订西部与农村教师特殊补贴政策，在实施绩效工资制度的基础上，较大幅度地提高农村地区、民族地区和贫困地区教师的特殊津贴，吸引和鼓励有志者到这些地区长期从教。

　　在师范院校的招生中增加专业面试与心理测试环节，使愿意且适合从教的学生接受教师教育的专门考核与专业训练。

　　2. 加强师范院校建设，健全以师范院校为主体、开放多元的教师教育体制

　　立足国情，参照国际教师教育进程和趋向，进一步深化教师教育体制改革、开放教师教育，构建以师范院校为主体、综合性大学参与、开放灵活的现代教师教育体系。

　　进一步加强教育部直属的 6 所师范大学建设，并采取省部共建方式，着力建设好 33 所省属重点师范大学，充分发挥其在教师培养与培训、教师资格考核和更新、教师实习与实训、教师教育的体制与模式创新、教师教育的课程与教材建设以及对基础教育改革指导等方面的示范作用，带动地方师范院校的建设。

　　出台相关政策，鼓励、引导和规范综合性大学的教师教育工作，出台政策，规定有志于从教的非师范类高校包括综合性大学毕业生需到师范大学接受半年以上教师教育理论与实践的系统训练。

　　3. 逐步提高教师学历要求和入职标准，完善科学而动态的教师资格制度

　　重新修订全国统一的各级各类教师的学历要求和资格标准，提高教师的准入门槛、专业素养和专业地位，强化教师的教育教学能力考核，实施新教师的岗前实习、入职培训及试用期制度。

　　建立 5—10 年的幼儿园、小学、初中和高中教师资格定期认证制度，与教师的继续教育有机衔接。由省（市）教育行政部门统一组织，实施分类指导，体现区域差异，严格认证标准，规范认证程序，确保认证质量。

　　4. 借鉴医学人才培养模式，提高教师职前培养层次、规格和质量

　　大力加强专业学位建设，系统总结教育硕士、农村教育硕士培养的经验，增设教育博士专业学位。积极实践"4＋2"、"4＋1＋2"、"4＋3"、"4＋2＋X"、"4＋3＋X"等本、硕连接或本、硕、博一体化的开放性教师培养模式，进一步吸引优秀人才报考师范，培养创新型、专家型的教学名师

和教育管理名家。

加强师范院校学生的教学基本功训练，适当延长教育实习时间，加大教育实习的监管力度，从根本上提高教师职前培养的层次、规格和质量。

引导师范院校加强与基础教育的联系，与中小学合作建立专业发展学校，既为师范生提供实习基地，同时也便于中小学教师的在职培训和专业成长。

5. 建立职前、职后一体化的现代教师教育制度，促进教师专业发展

统筹考虑教师队伍的整体发展和教师个体的职业发展生涯，促进教师职前培养和职后研修的衔接与统一，促进教师定期培训与及时晋级的有机结合。

加大教师继续教育的投入，建设一批高水平的教师培训机构，创新教师培训内容和形式，注重脱产培训与校本培训的有机结合，切实提高培训的针对性和实效。

加强中小学教师特别是农村小学教师的对口培训，提高小学教师所教学科的基础知识水平和教学能力，逐步改变所教非所学或所学非所教状况。

积极推广浙江省对中小学骨干校长和教师实施的"领雁工程"培训、江苏省每年派 2000 名教师出国研修的做法，从国家和省（市）两个层面，有计划地遴选并组织一批优秀校长和教师加以重点培训，实施"人民教育家工程"。

6. 降低师生比，提高师班比，重新核定教师编制，适度向西部和农村倾斜

综合考虑城市与乡村学校师生比、师班比的差异，特别是农村中小学区域广、生源分散、教学点多等因素，根据生源和班额的变化，重新核定城乡中小学教师的岗位和编制标准，建立动态弹性的管理机制。

给中西部地区和农村学校安排少量附加编制，对学生少的教学点进行单独核编，给寄宿制学校配备一定数量的生活管理教师。

根据城市中小学小班化的发展趋势，适度增加教师编制，在条件较好的城市学校逐步实施小班化教学。

根据小学体育、音乐、美术、英语、信息技术、综合实践活动、心理教育等特殊学科教学对师资的特殊需求，实行编制单独核列。

加大对超编与缺编学校人员的调控，出台优惠措施，鼓励和引导超编学校教师到缺编学校任教。

7. 深化教师人事制度改革，建立不合格教师转岗、退出机制

稳步推进中小学教职工全员聘用制，按需设岗，以岗定薪，公开招聘，平等竞争，优胜劣汰，绩效考核，合同管理。

推进多元化教师聘用制改革，采取老人老办法、新人新办法以及调整岗位、选送进修、自然减员、清退解聘等措施，健全不合格教师的考评流出机制。

8. 完善教师职称评聘机制，加强对高职称人员的激励与管理

严格实行职称评聘分开制度，采取高职低聘、低职高聘、定期考核、奖勤罚懒、非聘即转等措施，加强对高职称教师的后续管理，形成高职称教师引进、培养、竞争、流动的激励约束机制。

通过设置学科带头人、骨干教师、教学名师、人民教育家等层级目标，激发高职称教师更高的目标追求和目标导向行为，调动他们教书育人的积极性和创造性，让高职称教师有所追求。

9. 提高班主任津贴，鼓励和引导教师做好班主任工作

尽快出台《中小学班主任工作规定》实施细则，明确班主任的权利、义务和职责，保障班主任的人身安全。

根据各级各类学校班级管理特点，科学核定班主任工作量，相应调整班主任津贴，规定班主任津贴的最低标准，做好教师担任班级管理、调动班主任的积极性。

进一步提高班主任的政治地位、完善班主任奖励制度，在国家和省（市）两个层面设置优秀班主任的单项表彰制度，树立班主任先进典型和重视班主任队伍建设学校的先进典型，增强班主任岗位的荣誉感。

10. 重点扶持西部地区教师队伍建设，促进区域师资资源的均衡发展

加强东西部师范院校之间的合作交流，促进西部师范院校的教师教育改革，提高教师培养培训质量；加强东西部中小学校之间的结对帮扶，促进西部中小学教师提高教学能力和水平。

大幅度提高西部中小学生均预算内教育经费，补充教师缺额，改善教师条件；切实提高西部教师待遇，吸引高校毕业生到西部学校任教。

扩大实施国家"农村义务教育学校教师特设岗位计划"、"大学生西部志愿者计划"和"农村教育硕士计划"，并增设新的项目，选派优秀大学毕业生到西部地区农村中小学担任教育教学和管理之职，完善教师队伍的学历、职称、年龄和学科结构。

11. 采取特殊政策，稳定农村教师队伍

从职称评聘、职务晋升、工资提高、荣誉奖励、定期服务、配偶和子女的就业与就学安排等方面，出台超常规的优惠政策，给予农村教师诸多实惠，鼓励优秀人才安身安心农村、任职从教，促进城乡教育的均衡发展，保障义务教育的公平和质量。

建立农村教师任职津贴和表彰激励制度，奖励长期在农村执教并作出突出贡献的教师。

进一步规范教师的合理流动，鼓励和引导发达地区向欠发达地区、城市向农村、重点学校向非重点学校的顺向流动，建立教师个人服务期制度和赔偿制度，健全逆向流入学校对流出学校的补偿机制，促进优质教师资源共享。

将中小学生均预算内教育经费从目前的 500 元、300 元逐步提高到 3000元左右，重点用于改善农村学校的办学条件和教师的工作条件及提高教师的待遇，并大幅度增加农村中小学教师编制，既解决大学生就业问题，又解决农村中小学教师数量不足和结构性缺编问题。

12. 加强薄弱学校建设，优化教师资源配置

加大对薄弱学校的投入，改进其办学条件和工作环境，在职称评审、评优评奖、课题申报等方面给予薄弱学校教师一定的政策扶持。采取划区招生、统一录取分数线、严格学籍管理等措施，稳定薄弱学校的生源数量，改善其生源结构，提高其办学水平和效益，确保其教学质量。

建立区域内薄弱学校与优质学校互派教师交流学习制度，定期选派优质学校骨干教师到薄弱学校举办讲座、开设示范课以及参与备课、上课和评课等帮扶活动，同时选派薄弱学校教师到优质学校进行观摩学习、挂职锻炼、随班听课、参与教学研究等，逐步缩小学校之间教师队伍的差距，优化教师资源配置。

13. 采取转正、培训、清退等措施，妥善解决代课教师问题

依照《教师法》、《教师资格条例》等法律法规，通过统一考评、按地区分级分类分批分期办理等措施，稳妥解决代课教师问题。对热爱教育事业、考核合格、胜任教学岗位的代课教师，如期给予转正；对代课教龄长、考核成绩一般、有一定发展潜力、通过培养能够胜任教职的人员，可以组织一定时间的集训或分散培训，考核合格后转为正式教师；对考核成绩一般、不适合从教的人员，采取内部转岗分流、改做其他工作；对考核不合格、不

胜任教师岗位的人员，予以清退，按教龄给予一定的经济补偿，并与劳动就业和人才市场联系，引导其自谋职业。

14. 依法保障民办学校教师权益，加强民办学校教师管理，促进民办学校教师队伍的规范化建设

加强对《民办教育促进法》的执法检查和监督，出台相应的操作性政策，让民办学校教师与公办学校教师真正享有同等的待遇，既保障其合法的权益，又明确其承担的义务。

参照事业单位人员的管理办法，将民办学校教师的准入机制、考评奖惩机制、进修培训机制、职称评聘机制、人员流动机制以及住房和医疗保险制度等纳入教育部门的管理范围，对追求回报与不追求回报民办学校的教师进行分类和统一管理，明确民办学校应当承担的权责，规范民办学校教师的流动行为。

（二）中等职业学校教师队伍建设的 4 条建议

15. 统筹规划，重建适应现代职业教育发展需要的师资培养培训体系

各省（市）办好一所重点职业师范学院，经济发达省份可以根据本地产业调整、转型、升级、发展对中等职业技术人才培养的需求适当增办多办。

引导师范院校适度调整转型方向，强化其为中等职业教育培养培训师资的职能。鼓励工科类院校、综合性大学及有条件的高职院校积极承担为中职学校培养培训教师的任务。

16. 加强高等院校与企业的合作，共建一批"双师型"职教培养培训基地

对原设于高校的 56 个国家级职教师资培养培训基地进行全面改革，由高等院校与相关企业合作共建职业教育师资培训基地。

充分利用高校优质资源，给中职师资培养培训提供实验实习设备和场地。鼓励企业举办多种形式的职业培训，为职校学生提供工学结合、半工半读、接受职教实践的机会。

17. 研究制定新的师生比标准，切实解决好中等职业学校师生比过高问题

采取有效措施，使中等职业学校的师生比达到国家规定的 1∶16 的要求，切实解决好中等职业学校师生比过高的问题。

参照发达国家中职学校 1：10 的师生比例，结合我国中等职业教育的发展水平和地区差异，修改 2001 年中央编办、教育部、财政部《关于制定中小学教职工编制标准意见的通知》中关于"职业中学教职工编制标准可参照中小学教职工编制标准"的规定，将中等职业学校教职工的编制管理从中小学教职工编制管理的大类中剥离出来，单独核编定岗，适当降低生师比标准。

18. 优化中等职业教育师资结构，逐步提高具有专业技术资格和教师职业资格人员的比例

实施中等职业学校教师与中小学教师资格分类认证管理制度，着力解决中职学校文化课教师多、专业课教师少的矛盾，加快专业师资队伍建设，重点加强"双师型"教师队伍建设，提高中职学校教师的教学技能和专业素养。

地方教育行政部门统一组织选送中职学校具有一定学科专业背景的现职文化课教师到国内外相应的高等院校学习进修，学成后改任应用型专业教师。同时，通过一定的程序，多渠道向社会和企业选聘专任教师，并采取有效手段聘请校外具有实践经验和操作能力的工程技术人员担任兼职教师，不断增加专任教师数量，逐步提高"双师型"人员的比例和素质。

加强中职教师资格认证管理，引导中职学校开展"定单式"培养和职业技能鉴定。健全职校教师定期到企业实践制度，探索适合职教特点的实践课程及其教学内容与方法。同时，组织专业课教师进行一定的教育学、心理学、教育信息技术、教学法知识和教育技能培训，提高其专业教学水平。

（三）高等院校教师队伍建设的 7 条建议

19. 参照国际趋势，结合各级各类高校实际，适当降低师生比标准

根据我国高等教育精英化、大众化与普及化长期并存的态势，从研究型、教学研究型、教学型以及高职高专院校不同的培养目标、层次和规格要求出发，参照 1：14 的国际师生比标准，组织修订 2004 年教育部颁定的《普通高等学校基本办学条件指标（试行）》，降低师生比，减轻教师的工作负荷，让教师有足够的精力从事教学和科研、有充分的时间与学生展开交流，从制度上保证教学质量的提高、人才的优质培养和教师自身的学术发展。

20. 着力培养高水平学科领军人物，建设优秀学术团队

探索学科领军人物的成长规律，全面启动创新型学科领军人物培养计划，为学术大师的生长创造良好的社会环境。

引导高校改变重引进、轻培养的人才管理思维，以中青年学科带头人的培养及高水平教学、科研团队的建设为重点，以学科和专业的发展为中心，立足自身实际，采取"请进来"、"送出去"、联合培养等形式，造就高水平教学名师和学科带头人。

引导高校加强教学和学术基层组织及其梯队建设，通过项目制等形式，整合学术资源，组织校内外教师联合攻关，增强教师的团队意识与精神，提高教师的教学科研水平与合作协调能力。

引导高校按照国际惯例，完善学科带头人和学术团队的考核机制，稳定学术骨干队伍，强化对高职称人员的后期激励与管理。

21. 重视青年教师成长与发展，加强青年教师队伍建设

关注青年教师群体，重视青年教师成长，制定青年教师建设规划。进一步扩大"国家社会科学基金项目"、"国家自然科学基金项目"、"教育部人文社科项目"等青年专项的数量，给青年教师发展提供更多机会。恢复和完善"助教"制度，发挥老教师的传帮带作用，提高青年教师的教学能力和学术素养。

22. 加强对外交流与合作，努力提升教师队伍的国际化水平

以提高教师队伍的国际化水平为重点，积极扩大高等教育的对外开放，开展全方位、多层次、宽领域的国际学术交流与教育合作，完善教师互派机制，搭建高层次教学科研合作平台，联合推进高水平基础研究和高技术研究，培养更多能参与国际交流合作与竞争的优秀专门人才。

不断创新与完善出国留学与进修访学机制，选派外语水平高、有学术潜力的优秀教师出国进修访学，获得海外学习研究经历，了解国际学术前沿动态，熟谙国际学术规则，参与国际学术事务，提高国际合作能力，积极开展国际学术交流与对话。鼓励优秀留学人员回国服务、在高等学校任教，优化留学回国人员的工作与生活环境，发挥所长，促进可持续发展，带动学科团队建设。鼓励教师在国外高水平刊物上发表论文。

坚持引人与引智相结合，采取柔性引进、个性化引进等方法，不求所有，但求所用，重点延聘并汇聚一批具有国际影响的一流人才来华全职或短期从事教学、科研和管理工作。

依托重大科研项目和重点教学科研基地，实施"海外名师引进计划"和"学科创新引智计划"以及"千人计划"等项目，进一步提高海归人才和外籍专家在高校教师中的比例。

深化与港澳台地区的高等教育交流与合作，引进其优质学术智力资源和国际化人才。提高后续管理与服务水平，完善引进人才的激励机制，充分发挥引进人才的作用，提高引进人才资源开发的综合效益。

23. 健全科学的评价机制，激发教师教学育人积极性

牢固确立人才培养在高校的中心地位，不断改进和完善高校的评价体制，进一步加大教学在教师评价中的权重，引导激励教师以教学为首要任务、回归教学育人职志、将主要精力投入人才培养，专心一意抓好教学，提高教育教学水平和质量。

坚持高校教学与科研并重以及教学、研究与社会服务协调发展的管理评价导向，建立校内分类考评体系，对教学型、科研型、教学科研型的教师及其教学、科研业绩和成果实施分类评价与奖惩，从制度上根治"重科研、轻教学"的顽症。

24. 加强学风建设，营造教授治学的优良环境

引导社会对高等教育的科学评价，健全教育行政部门对高校的评价机制，规范大学排名机构对高校的评价指标，给高等院校的发展提供宽松自主的学术空间。

遵循高等教育和学术研究的规律，逐步完善高校内部的考评体系，坚持质、量并重以及近期与中长期相结合的原则，克服科研评价的急功近利与浮躁，净化学术环境。

进一步端正学风，加强学术规范和学术道德建设，出台相关的《学术条例》，加大对学术不端行为的查处，引导教师自我清洁、端正学术品格、拒绝不良风气浸染，解除不必要的羁绊，从学术法治和学术德治两个维度，营建教授治学术、治教学和民主参与学校管理的和谐氛围。

25. 采取倾斜政策，支持西部地区及非中心城市高校的教师队伍建设

采取系列性、实质性的优惠政策，加强西部地区及非中心城市高校教师队伍建设，促进高校教师资源的优化配置及高等教育的公平竞争与发展。如采取设立西部师资队伍建设专项基金或人才培养特别项目，选送西部地区及非中心城市高校优秀教师公派出国攻读学位、到国外高水平科研院所进修访学，在科研项目与成果评审、学科与学位点以及专业与课程建设等方面向西

部及非中心城市高校倾斜等实质性举措，给西部及非中心城市高校教师提供更多的发展机会。

出台相关政策，规范高校之间教师的合理流动，制止发达地区和中心城市高校以不正当手段从西部地区及非中心城市高校"挖人"，避免恶性竞争。扩大东部地区和中心城市高校与西部及非中心城市高校结对帮扶范围，加强扶持力度，提高帮扶成效。

（四）　特殊教育学校教师队伍建设的2条建议

26. 加强特教专业师资培养，着力培养培训特教专业人才，提高教师的教学水平

根据特殊教育发展的师资需求，选择部分具备一定基础和条件的师范院校增设特教专业，增量培养特教专业师资。采取有效措施，充实普通高师院校特教专业师资力量，系统开展特殊教育研究，将特教必修课的开设落到实处。

将特教师资培训纳入教师继续教育的总体规划，从特教补助经费中划拨一定资金，作为专项经费，加强特教师资的职后培训，包括对应届普师毕业生的岗前培训、调配到特教岗位的普通学校教师的转岗培训和特教师资的专业理论与技能培训等，不断提高特教师资的专业水平和教学能力，促进其专业发展。

27. 提高特教补贴标准，保障教师的政治、社会和职业地位，鼓励教师安心从事特教工作

将特殊教育津贴从等级工资的15%提高到50%。特教教师退休后，继续享受一定比例的特教津贴待遇。

同等条件下，特教学校（班）和社会福利机构从事特殊教育的员工，在职称评定、职务晋升、课题评审、成果奖励等方面，享有优先待遇。

根据特教行业的特殊要求，单独设置特教老师的职称职务晋升和评优表彰标准系列，以特别优惠的政策暖心留人，吸引和保证一支数量充足、质量优良的教师坚守特教工作岗位。

（五）　幼儿园教师队伍建设的3条建议

28. 加强学前教育立法，将学前教育纳入国民教育体系，依法落实幼儿教师的编制、地位和待遇

尽快出台《学前教育法》，将学前教育纳入国民教育体系和经济社会发

展规划及城镇发展、新农村发展规划，将学前教育最后 1—2 年纳入义务教育范围，逐步解决幼儿教师的编制、地位和待遇问题。

改革学前教育多头管理局面，理顺管理体制，教育行政部门统筹负责公办、民办幼儿园以及城乡居民社区多形式举办的学前教育机构的师资管理，统一规范幼儿园园长与教师的定编和准入资质、招聘和培训任用、考评和奖励惩罚等管理流程，严格实行持证上岗制度，依法落实并保障幼儿教师的地位、权利和待遇。

29. 健全幼儿教师培养培训体系，改善幼儿教师性别结构，全面提高幼儿教师素质

健全师范院校之间协同分工合作的中小幼一体化的教师教育体系。着力加强幼儿教师的培养与培训，持续向幼儿园输送大批优质的师资。

改革学前教育专业的招生与培养体制，每年定向招收一定数量的男生，进行系统的专业教育，为幼儿园培养优秀的男性教师，逐步改善幼儿教师的性别比。

改革幼儿园师资的聘用机制，面向社会公开招聘男性大学毕业生和相关人员，集中组织职前教育和入职培训，及时充实幼儿教师队伍，提高学前教育男性教师比例。

完善幼儿教师的继续教育体系，分期分批组织现职幼儿教师进行职后培训，促使其遵循幼儿身心发展规律，坚持科学的保教方法，胜任并做好幼儿教育工作，不断提高幼儿教育的业务能力和专业素质。

30. 加强对农村和民族地区学前教育的支持，重点帮助解决好幼儿教师问题

以建设乡镇中心幼儿园为重点，发挥示范带动作用，大力发展农村学前教育，着力解决好农村地区、民族地区和贫困地区幼儿教师数量不足、质量不高的问题。

中央和地方政府设立专项基金，根据农村学前教育发展的特殊需要，免费培养一部分幼儿教师，按公办教师编制和待遇，采取定期服务轮换制，定向分配到农村和边远山区从事幼教工作。

面向社会公开选聘有志从事农村幼教工作的大学毕业生，到乡村幼儿园（所）任职任教，鼓励他们扎根农村幼教事业。

加强农村地区幼儿教师的在职培训，以县乡培训为主，并通过建立学前教育资源库、教师网络学习平台等途径，提高农村幼儿教师的专业素养。

报告 III

中国教师队伍建设
调研综合分析报告

浙江师范大学调研组

内容提要：2009 年 6—12 月，浙江师范大学调研组组织了对天津、吉林、江苏、浙江、河南、贵州、甘肃七省（市）教师队伍建设的系统调研。调研表明，改革开放 30 多年以来，我国教师队伍建设取得了举世瞩目的成就，支撑了世界上最为庞大的教育体系，为民族的振兴和国家的富强作出了不可磨灭的贡献。

通过调研发现，教师队伍建设存在许多亟待解决的问题，经过系统梳理，最后归纳为 30 个问题。其中，中小学教师队伍方面主要有 14 个问题，中等职业学校教师队伍方面主要有 4 个问题，高等学校教师队伍方面主要有 7 个问题，特殊教育教师队伍方面主要有 2 个问题，幼儿教师队伍方面主要有 3 个问题。

在充分听取教育行政部门、学校领导以及一线教师关于教师队伍建设的意见和建议基础上，经过系统梳理，最后形成 30 条对策性建议。其中，中小学教师队伍方面主要有 14 条建议，中等职业学校教师队伍方面主要有 4 条建议，高等学校教师队伍方面主要有 7 条建议，特殊教育教师队伍方面主要有 2 条建议，幼儿教师队伍方面主要有 3 条建议。从调研的情况来看，西部地区和农村教师队伍建设困难和问题尤为突出，因此上述 30 条建议也同样以解决西部和农村教师队伍问题为重心。

一 引言

"强国必先强教，强教必先强师。"建设一支数量适当、结构优化、高素质、专业化的教师队伍，是发展教育事业的根本大计，是建设人力资源强国的根本保障。美国总统奥巴马近日发表讲话时指出，美国将加强教师队伍建设，因为决定学生成功与否的最重要因素不是其肤色或其父母的收入，而是教师。

新中国成立 60 年来，我国的教育事业发生了翻天覆地的变化。到 2008 年底，实现"两基"验收的县（市、区）累计达到 3038 个（含其他县级行政区划单位 207 个），占全国总县数的 99.1%，"两基"人口覆盖率达到 99.3%。2008 年全国各类高等教育总规模达到 2907 万人，高等教育毛入学率达到 23.3%。作为教育"第一资源"的教师队伍建设成就同样骄人！2008 年，全国各级各类教育专任教师达到 1463 万人，其中小学专任教师为 562.19 万人，初中专任教师为 347.55 万人，幼儿园园长和教师为 103.2 万人，普通高中专任教师为 147.55 万人，普通高等学校专任教师为 123.75 万人，比新中国成立初期的 93 万人增加了 16 倍。同时，中小学专任教师的学历合格率快速提升，从 1978 年的不足 50% 快速提升到 90% 以上。2008 年，小学专任教师学历合格率为 99.27%，初中专任教师学历合格率为 97.79%，普通高中专任教师学历合格率为 91.55%。千万教师正在为 2 亿大中小学生而辛勤忙碌，呕心沥血，是他们用智慧和汗水托起了祖国教育的大厦！

当前，为进一步推动教育的改革与发展，国家正在研究制定《国家中长期教育改革和发展规划纲要》。而教师队伍建设是教育事业发展规划中重要的组成部分。为进一步做好国家制定中长期教育改革和发展规划纲要的咨询工作，国务院参事室委托浙江师范大学开展大中小幼特职教师队伍建设专题调研。希望通过本次专题调研，能进一步系统、客观地了解我国教师队伍（包括幼儿园、中小学、职业院校、高等学校、特殊教育学校）的现状和问题，了解国家关于教师队伍建设相关政策在地方的执行情况，了解地方政府在教师队伍建设中的经验和教训，了解各级各类一线教师和校长对各级政府在教师队伍建设方面的政策诉求，为加强和改善教师队伍建设，培养高素质师资力量，提供有价值的参考资料，从而更好地为相关职能部门制定规划、出台政策提供对策性建议。

二　调研设计

（一）调研框架

1. 调研内容

本次调研的内容主要有三个层面，一是当前我国教师队伍建设的现状，二是当前我国教师队伍建设存在的突出问题，三是加强和改善我国教师队伍建设的政策建议。具体而言，包括如下几个方面：

（1）我国中小学教师队伍建设的基本现状、突出问题与应对策略；

（2）我国职业教育（主要是指中等职业教育）教师队伍建设的基本现状、突出问题和应对策略；

（3）我国高校教师队伍建设的基本现状、突出问题与应对策略；

（4）我国特殊教育教师队伍建设的基本现状、突出问题与应对策略；

（5）我国学前教育教师队伍建设的基本现状、突出问题与应对策略。

2. 调研重点

本次调研在兼顾全面的基础上，将着力突出我国教师队伍建设的重点内容，即农村教师队伍建设问题，尤其是提高农村教师素质问题。具体包括如下几个方面：

（1）当前我国农村小学教师的素质、待遇等方面存在的突出问题，以及提高农村小学教师素质和促进其专业发展的对策；

（2）当前我国农村中学教师的素质、待遇等方面存在的突出问题，以及提高农村中学教师素质和促进其专业发展的对策；

（3）当前我国中等职业教育教师的素质、待遇等方面存在的突出问题，以及问题解决的相应对策；

（4）当前我国高校教师的专业素质等方面存在的突出问题，以及促进教师专业发展的对策；

（5）当前我国特殊教育教师的素质、待遇等方面存在的突出问题；

（6）当前我国幼儿教师特别是农村幼儿教师的素质、待遇等方面存在的突出问题，以及提高幼儿教师尤其是农村幼儿教师素质，促进其专业发展的对策；

（7）当前我国民办学校教师的素质、待遇等方面存在的突出问题，以及提高民办学校教师素质、待遇等的对策。

3. 分析视角

（1）教师队伍建设情况的调研指标主要有：性别结构、年龄结构、职称结构、学历结构、师生比、学科分布、素质状况、培训情况等；

（2）教师队伍建设情况调研分析的视角主要有如下几个方面：

教育层次——区分为幼儿园、小学、初中、高中（中职）、高等学校；

教育类型——区分为普通教育、职业教育和特殊教育；

学校性质——区分为公办学校和民办学校；

区域差异——区分为东部地区、中部地区和西部地区；

城乡差异——区分为城市（县城及以上）和农村（县城以下）。

（二）　调研对象

本次调研的对象，主要包括教师、学校校长、地方各级教育行政部门领导和工作人员、地市县教研员等，以期从不同方面、立体式地了解把握当前教师队伍建设的现状和存在的突出问题，以及解决这些问题应对策略。同时，在调研对象抽样时，兼顾考虑教育层次、教育类型、办学性质、城乡差异、区域差异（东中西部）、性别结构、年龄结构、职称结构、学历结构等。

（三）　调研方法

本研究主要是通过系统的问卷调查与访谈、座谈的方法，并辅以系统的文献资料的梳理与分析，了解我国教师队伍建设的整体现状和当前存在的突出问题，以作为今后我国加强教师队伍建设的政策制定基础。

1. 文献法

对国内外特别是我国教师队伍建设研究的已有文献著述进行系统的检索、整理和分析，包括对能反映我国教师队伍建设状况的相关统计年鉴的摘录整理。旨在从文献和数据资料层面，重点了解我国教师队伍建设的成就、现状、问题和对策，梳理和借鉴已有教师队伍建设实证研究的技术手段、研究计划、调研方案、研究工具（问卷、量表、访谈提纲等）等，从而为本专题调研设计编制相关问卷和访谈提纲，提供文献支持。

2. 问卷法

运用设计编制的调查问卷或量表，对不同教育层次、不同教育类型和不同办学性质学校的教师群体进行问卷抽样调查，旨在了解把握我国教师队伍建设较为宏观的有关情况。为此，我们设计了 6 种问卷，即幼儿园教师队伍建设调查问卷（教师卷）、幼儿园教师队伍建设调查问卷（园长卷）、中小学教师队伍建设调查问卷（教师卷）、中小学教师队伍建设调查问卷（校长卷）、中等职业学校教师队伍建设调研问卷（教师卷）和中等职业学校教师队伍建设调查问卷（校长卷）（具体见附录）。另外，在问卷调查过程中，又设计了专门的教师队伍建设现状的统计数据预约采集表。

3. **访谈法**

根据预先设计各类人员的访谈提纲包括各级地方教育行政部门领导、各级各类学校领导及教师，通过一对一深度访谈和小组座谈等方式，从微观和个体层面，对我国教师队伍建设存在的突出问题和应对策略等进行深入挖掘与分析，倾听受访者的真实想法、真心呼吁，为切实加强教师队伍建设提供原汁原味的数据和材料支撑。为此，我们设计了 2 种访谈提纲，即普通教育教师队伍建设访谈提纲（教育行政部门领导、学校领导、教师、高校人事处长）和职业教育教师队伍建设访谈提纲（教育行政部门领导、学校领导、教师、职教师资培训基地具体见附录）。

根据不同调研对象和调研内容，专题调研采用不同的调研方法组合。具体设计见表 2 - 1：

表 2 - 1　　　　　　　中国教师队伍建设调研方法设计组合情况表

		文献	问卷	访谈	座谈	统计数据预约采集
我国教师队伍建设总体情况（统计数据分析）		√				
已有研究的技术手段、研究工具及其进展		√				
教师			√	√	√	
学校校长				√	√	
教育行政部门领导及工作人员、教研员	省教育厅（教委）			√		√
	地级市教育局			√		√
	县教育局			√	√	√

（四）调研思路

本次调研主要是通过系统调查与座谈的方法深入了解所抽样的 7 省市各

级各类教师队伍状况的整体水平和当前的主要特征，以作为今后我国教师队伍建设的基础。由于教师所在的省份、城乡、区县及学校等都会对教师队伍现状产生不同程度的影响，要从大量涉及教师状况的方方面面信息中，集中提炼出教师队伍建设所面临的突出问题，利用相关资源有效地实现调研目标。我们首先对抽样省市目前各级各类教师队伍现状进行初步的调研，并对有关材料进行了深入研究，制定了本次调查的框架体系，设计了若干套调查问卷。在问卷调查的基础上，分赴各地集中进行深入的座谈和访谈，最大限度地有针对性地收集教师所面临问题和压力的相关信息，了解各级教育行政部门、学校、教师对当前教师队伍建设的主要建议。

三　调研概况

在接到国务院参事室委托调研课题后，浙江师范大学成立以梅新林书记、吴锋民校长为组长，以发展规划处、教师教育学院相关领导为成员的调研领导小组。为了尽可能全面了解我国当前各级各类教师队伍建设的现状，保证专题调研的科学性、可靠性和规范性，基于本校的调研条件，本次专题调研抽取天津市、吉林省、江苏省、浙江省、河南省、贵州省、甘肃省7个省（市）区作为调研样本省市。天津市作为四个直辖市的代表，江苏省和浙江省作为东部经济、教育均发达地区的代表，河南省和吉林省作为中部经济、教育中等发达地区的代表，贵州省和甘肃省作为西部经济、教育欠发达地区的代表。根据《中国统计年鉴（2008）》和《中国教育年鉴（2008）》的数据，本次调研被抽样省（市）总人口占全国的24.4%，教职工总数占全国的25.1%，专任教师总数占全国的24.8%。

在调研过程中，由于得到了国务院参事室的精心指导以及相关省（市）政府办公厅、参事室以及相关市、县、乡镇教育行政部门的大力支持和协助，各调研组的工作进展顺利，自2009年6—12月，历时半年多圆满完成了对各省（市）的实地调研、问卷调查以及调研报告的撰写。

调研采取点面结合、宏观与微观结合的方法，在对所调研省份最新的统计数据进行全面分析的基础上，选择性地深入该省（市）的一个地（市）、一个县、一个乡进行重点调研，并选取另两个具有代表性的地（市）进行问卷调查。调研组分别听取地、县、乡、校的集中汇报，对照查阅教师队伍建设的数据资料，召开各类人员代表的座谈会，当场发放并回收问卷，深度访谈相关人员。

调研期间，各调研组召开各类座谈会 42 个，参加座谈的各类人员千余人；发放问卷 9259 份，回收 6499 份，其中有效问卷 6469 份，有效率达 99.5%；深度访谈各级教育行政部门领导 35 人、高校领导 20 人、中小学等各类校长 71 人、教师 200 余人；实地考察各级各类学校 38 所；现场录音 100 余小时，录音整理文字材料近 40 万字；现场录像近 500 分钟，拍摄照片近 3000 张。

四　教师队伍建设存在的主要问题

从对 7 省（市）的调研情况可以欣喜看到，改革开放以来特别是近年来，在党中央的正确领导下，各省（市）各级党委、政府都非常重视教师队伍建设，教育经费投入不断增加，教师培养培训体系不断完善，各级各类教师队伍的数量和质量都取得了长足的进步，广大教师的社会地位得到全面提高，整体素质有了显著提升，精神面貌发生了重要变化，教师正在成为太阳底下最光辉的职业。当然，教师队伍建设结构矛盾仍突出，教师队伍整体素质与当前素质教育不相适应等问题，还有广大教师的生活、学习、工作中存在的问题也较突出，急需加以研究和解决。

（一）中小学教师队伍建设存在的主要问题

从调研来看，尽管近年来各省市中小学教师队伍建设取得了可喜成绩，教师年龄、学历、职称结构逐步优化，整体素质显著提高，教师资格认证过渡工作顺利完成，教师待遇也有明显改善。譬如，2008 年吉林省小学教师和初中教师的学历合格率（即小学教师拥有专科学历，初中教师拥有本科学历）已经分别达到 80.56% 和 69.78%，在全国处于领先水平。2008 年，浙江省小学专任教师 16.78 万人，小学生师比为 19.8∶1。小学专任教师学历合格率及小学高学历（专科及以上）教师比例分别达到 99.6% 和 81.7%。初中专任教师 11.76 万人，生师比为 15.73∶1。初中专任教师学历合格率及初中高学历（本科及以上）教师比例分别达到 99.2% 及 77.3%。但目前中小学教师队伍建设中仍存在许多问题，有待进一步解决。

1. 教师职业不足以吸引优秀考生，师范生源差

调研表明，7 省市普遍存在师范生源差的情况。自 1997 年高师院校实

行部分收费直至全额收费，师范教育中的大批优质师源和生源流走。2007年，国家实行师范生免费教育，但仅限于部属师范院校，地方师范院校未能享受。从浙江调研情况看，一些师范类专业投档线连续几年低于综合实力较弱的一些高校。师范专科专业（尤其是高职院校所设小教专业）沦落到最后批次招生，与以前的中师优秀生形成强烈的反差。江苏省已连续三年将师范类专业放入提前批次招生，但师范生源不足的情况仍非常明显，不少基础差的学生纷纷进入师范院校。

在访谈过程中，校长和教师大都认为现在师范生素质太低，基础差的学生进入师范学校，然后再进入教师队伍，从长远来看必将影响到整个教育事业的可持续发展。江苏省一所省重点高中校长在受访时非常激动地说：

> 师资队伍令人揪心。进师范的学生都是（以他学生为例）40名以后的学生进入师范，不是优秀的学生，这样的学生能培养出来优秀的学生吗？先天基础都很差，怎样培养出来好学生来？这样的情况下，我们要大声呼吁提高师范生的素质。为了国家的前途，为了民族的振兴，我们必须提高师范生的素质。后期的培训很难改变先天的素质，治标不治本。

许多教师也有类似的说法：

> 以教师为本，现在体现在何处？尖子生现在都不去考师范，考师范的都是中下游水平的学生，师范生的素质差，出来以后怎样培养出好人才。

> 以前都是班里的好学生进师范，现在都是三流或班级中下等的学生进师范学习，这样的先天素质，一旦以后走向教师岗位，怎样在以后的教学生涯中，培养出好学生呢？教师的生源问题值得关注。

2. 教师职前培养体制不完善，培养模式陈旧，新教师整体素质下降

近年来，随着我国教师资格制度的实施和教师教育开放化格局的形成，教师的来源日趋多元，教师培养体制逐渐从定向、封闭型向非定向开放型转变。在这种体制下，独立设置的师范院校不断向综合性大学转型，越来越多的综合性大学加入教师教育行列。然而，由于缺乏制度设计，教师教育在开

放化过程中，教师教育体制在培养和培训两个层面存在衔接贯通不够和相脱节的现象，即在职前培养中师范大学与综合性大学相脱节，在培训中师范大学与教育学院相脱节，导致教师培养质量不高。在调研中，许多中小学校长和老教师认为，现在新教师的教学实践能力特别是教学基本功还有待加强，年轻教师的敬业精神与老教师相比也显得不够。

教师职前培养模式还是数十年一贯制的"3 + 1"、"3.5 + 0.5"、"2 + 2"或"2 + 1"、"2.5 + 0.5"等，比较陈旧。师范生在大学四年或三年中，既要修习普通基础课和专业课，又要加修教育类专业课，造成学生负担重，影响学习质量。不少教师院校专业设置跟不上基础教育改革发展对新师资的要求，如专业设置不尽合理，学科专业课程教育与教育类课程教育结构不合理，教育知识内容空泛、过于陈旧、过于理论、脱离实际，对教育实习不重视，专业教学与教学法教育及教育实习的关系衔接不紧密，等等，这些都是导致新教师素质不高的重要原因。一位农村初中校长受访时说：

> 我觉得现在的师范教育更多注重理论知识层面的培养，对学校教育实际层面关注不够。毕业生从学校毕业到走上工作岗位，完全不知道中学或者基础教育是一个什么情形，而必须要重新开始，拉长了他的适应期。因此，师范院校的职前教育更超前一点，更多了解基础教育改革实际。

> 新老师的总体素质在下降，师范院校培养出来的学生实践能力比较差，缺乏实习锻炼，有的学生为了应付实习考核，获得一个成绩，就托关系去学校盖了一个章，做表面工作。以前师范院校很重视实习，现在差远了。

3. 教师入职门槛低，资格制度不完善

根据我国《教师法》规定，各级各类教师最低学历标准：幼儿教师为幼儿师范毕业，小学教师为中师毕业，初中教师为大专毕业，高中教师为本科毕业。但从实际来看，目前教师学历标准偏低，门槛偏低。尤其对于很多经济和教育较发达的地区而言，早已不相适应。浙江省嘉兴市教育领导在受访时说：

> 教师门槛太低，小学教师只要中师学历，初中是大专，已经不适应

事业发展需要，东部地区可以提高入门门槛。

在目前的教师资格制度下，教师资格获得过于容易，尤其是对于一些非师范毕业生申请教师资格，他们只要通过教育学、心理学考试就够了，而没有教育实习实践方面的具体要求。非师范专业毕业生获取教师资格证的难度远低于律师、医生等行业。在调研中，许多老师提到：

> 目前，我国取得教师资格的程序比较简单，控制手段不完善，这样在一定意义上就没有达到真正自由竞争上岗，特别是非师范专业的，要拿到教师资格证太容易了，现在基本上都有。

另外，教师资格证一旦得到，若没有严重违纪和犯法，就是终身有效。还有，教师资格证制度对于道德水准的要求也过于笼统。绍兴市教育局一位处长在受访时指出，目前我国的教师资格制度需要进行改善。他说：

> 国家于1996年开始实施教师资格制度，整个环节上没有较大的调整，但是目前我们发现，问题还是比较多，但是由于没有制度依据，我们没办法进行调整。今年（2009）8月份我们召开了教师资格认定的研讨会。并且教育部也出台了《关于进一步做好中小学教师补充工作的通知》，对教师资格认定进行了调整。原来的做法是拥有高中证书的教师可以到下面的初中和小学任教，我们以后实行对口，提高教师的入门门槛，取消教师资格证书的终身制。对于师范教育很是需要调整的，我们现在对学历的要求是存在，但是主要还是看学生对教育学和心理学的学习情况，应扩大这两门学科的知识面。我们还希望教师资格认定可以加级，也就是说你拥有高级资格的，只有加上初中的资格，才可以到初中任教，实现一专多能。

4. 教师编制问题突出，缺编与超编共存

我国现行的中小学教师编制标准是2001年颁布、实施的，城市、县镇和农村分别规定小学生师比为19：1、21：1和23：1，初中生师比为13.5：1、16：1和18：1。城乡教师编制标准不统一，农村比城市低。调研表明，这个标准亟待调整。目前，我国尚存在10万个分散教学点，尤其是

贵州省、甘肃省等偏远省的广大农村地广人稀，中小学校点多面广，学校规模和班额普遍偏小，办学形式分散，学校服务范围大，加上近年来寄宿制学校和学生数量大量增加，以及小学英语和信息技术课程的开设等因素，农村学校教师的工作量大增，教职工需求量更大，教师数量存在严重缺口现象，特别是一些新开设课程的教师缺口更严重，一些农村小学教师包班现象还存在。《国家教育督导报告 2008（摘要）》也显示出，据中西部 9 个省（自治区）的学校数据统计，2006 年，3 万多所村小的班师比平均仅为 1：1.3，4 万多个教学点的班师比平均仅为 1：1，均远低于全国小学 1：1.9 的平均配置水平。

从河南省情况来看，在农村中小学核编时，省里没有考虑平原、丘陵、山区等不同情况，采取同一个标准，脱离了实际。南阳市山区、丘陵分布广，占全市总面积的 2/5。山区特别是深山区地形复杂，交通不便，人口密度小，群众居住分散，形成了教学点分散、生源不足的办学格局。西峡县总面积 3454 平方公里，属全省第二区域大县，而总人口仅 43 万人。该县现有小学 284 所，在校生 50 人以下的学校有 94 所，51—100 人的学校有 95 所，101—200 人的学校有 60 所，201 人以上的学校仅有 35 所，分别占小学总数的 33.1%、33.5%、21% 和 12%。如果按省定标准核编，教师定编 4 人以下的学校将达到 189 所，占小学总数的 2/3。这种现象在淅川、桐柏、南召、内乡等山区县和其他县（市、区）的山区乡镇也普遍存在。在访谈中，有老师说：

> 主要原因是现在的编制标准还是过去确定的标准，这种编制标准已经与教育发展不适应。比如，目前中小学开设了很多新学科，诸如心理学、通用技术、现代技术、计算机等课程，并且还有很多新的要求。特别是新课改之后出现的一些课程如心理健康教育，过去没有，所以说目前这种编制已经不完全适应教育发展的要求，那么还是按照过去那种编制来做的话，就会出现教师编制紧缺的问题。编制管理已经过时，不够灵活，但各级政府都是这么要求的，按照过去的做法做，所以，教师补充工作有点困难，满足不了正常教学的需求。

在贵州，情况也是如此。贵州小学、初中、高中的生师比分别为 23.49：1、19.56：1 和 18.56：1，远高于国家的标准。而且，学校的班额人数也发生很大变化，原来学校的班额大概四五十人，而目前的一些城区小学，基本上都 70 名学生左右一个班。然而，一些城镇学校和重点学校人浮于事、超编现象又十分严重，几个人干一个人的事，或采取变相的校内分流，让专任教师改行干其他事。

5. 教师全员聘用制不彻底，不合格教师难以流出

按教育部统一部署，各学校实行全员聘用制，通过签订聘用合同，确定学校和教职工的人事关系，实现学校与教师的双向选择。调研显示，7 省（市）的不少学校未能实行全员聘任制，聘用制得不到有效实施，还停留于政策层面，难以实践操作，不合格教师难以分流，而新教师却难以引进，教师退出机制不成熟，学校的人事制度改革亟待深化，特别是优胜劣汰与合理流动机制，亟须完善。在调查中，87.2% 的中小学校长赞同应"建立教师动态淘汰机制，让不合格者脱离教师队伍"。随着城市化的推进，人口流动的增速，农村学校呈现生源减少的趋势，导致教师富余。江苏有位农村中学校长谈道：

> 在 2005 年时，我校有学生 1460 人，班级 28 个，教师 72 人，35 岁以下的占了 60%。2009 年，学校有 580 名学生，14 个班级，教师 82 人，在这四年中有流向城区，占了 10 人，学生规模在下降，但教师数量在增加。

许多校长反映，目前体制下，学校无法让教师队伍中部分的确不适合教师职业的人离开教师队伍。一位中学校长说：

> 教师退出机制不成熟。许多教师虽然没有违法犯罪，但是有些确实是教学能力不够，或者年纪确实大了，但校长没有权力淘汰教师，教育局长也没有权力。
>
> 怎么样进行淘汰不合格教师，校长很难做到这点，校长没有权力解聘老师，教师的出口问题亟待解决。有必要加大校长的权力。

6. 高职称教师发展动力不足，缺乏有效激励约束机制

调研表明，7 省（市）的不少中小学校存在高职称教师缺乏后续激励约束机制。由于职称评定制度是终身制，一些教师在评高级职称前，工作积极

主动，大量开设公开课，努力开展教学研究、发表教研论文，一旦评上职称，就容易止步不前，缺乏进一步向上的目标，也缺少提升自己的动力，不愿意多教课、带新教师、当班主任等。对于这些教师，学校也缺少相应的监督评价和管理考核措施，使他们缺乏发展后劲。许多受访中小学校长和教师说：

> 许多教师在评上高级前大量上公开课，拼命做研究发论文，但是一旦评上就止步不前，要么是因为觉得没有必要再努力，或者是没有更高级的职称作为前进的动力，已经无发展空间。

浙江省金华市一位中学校长形象地把某些评上高级职称教师的不良形象称为"六不"：

> 现在评职称也带来一个很大的问题。很多人在城区学校里评上高级教师后，就开始不做工作了，有个形象的说法是把他们叫做'六不'，也就是班主任不当，毕业班不教，写论文不弄，课题不弄，示范课不来上，与青年教师结对也不弄了。

7. 教师职后培训实效低，专业成长不足

调研表明，目前教师职后培训存在许多问题，培训的实效性低，制约了教师专业成长，使得教师对新的教学理念理解不够，对新的教学方法手段掌握不够，主要原因是培训经费紧张，受训面不广；教师培训内容和质量方面不适合教师需求，培训流于形式；工学矛盾突出，教师培训积极性不高；学校担心教师培训后流失，没有给予应有的支持，等等。许多教师和校长反映，目前教师职后培训内容偏重于理论方面而缺少与实践的结合，对教师缺乏吸引力，培训实际效果不大，造成教育资源浪费。在我们的问卷调查中，有近60%的中小学教师认为参加的各项培训效果很差。在座谈会中，许多老师对培训提出了批评：

> 课改中对老师的培训都是理论培训，没有实质性意义。老师需要专业技能的培训，如'案例讲解'、'小课题研究'等。但是在培训中很难涉及。

参加的培训很多，但是培训的内容很多都是形式，听起来没有实际意义。

对于新课程理念的学习，虽然学校也组织一些校本培训，各教研组也搞一些关于本学科教师能力素质提升的活动，但很多都流于形式，没有实际意义。同时由于各种各样的事情把教师的业余时间都占去了，老师没有时间来学习，尤其是关于自身专业修养和研究能力的学习，老师的综合素质越来越差。

贵州省教育厅培训中心负责同志在受访时也指出：

如果从贵州基础教育这个方面来说，要上一个台阶，师资力量的提升是必需的，那么也要从两个方面来说，一个是从职后培训的角度来说，目前的教师职后培训质量是不高的，这从我们对一些包括大学的培训机构被培训学员的一些反馈，效果不是很好，还是传统的讲座式。好像有时候就是为了收费，有一种骗钱的感觉，也就是说有些学校或高校的职后培训是滞后的，原因是培训教师包括大学教师虽有非常好的理论知识，具有一些教育前瞻性，但是他自己都不知道如何实践，讲得好，但是做不来，所以被培训的人心里是不服的，你讲得这么好，你自己能做吗？

浙江省兰溪市教育局负责同志在受访时也指出：

对于教师来说，在学校教书时感觉是很需要这方面的培训进修的，但是真正在培训的时候却感觉与自己所需要的是存在差距的。现在的师范院校很少有真正研究中小学教育的，在参加培训时很多都是校长去听课，教授讲授的都是理论性知识，与一线教师的问题相脱离。我觉得师范院校与教研部门、行政部门的联系要加强。中小学是需要指导的，像名师名校长的培训工程、青年教师的研修班、分学科教学的培训等形式在整个兰溪市还是可以的。但是与教师的内心需求还是有差距的，一线教师需要的不仅是理论性知识，更多的是实践性指导，所以应该给教师更多的结合教学实际的具有针对性的教育教学理论指导。

在培训质量有待提高的同时，许多教师特别是农村教师认为培训的教师覆盖面不广，能参加脱产培训和高层次培训的机会很少。由于编制比较紧和工作量比较大，老师难以获得离职进修的机会，没法脱产学习。贵州有一位老师说：

> 现在学校是缺编比较严重，我在这个学校十多年，基本上没有脱产进修，都是短期（主要是假期）进修。

还有，一般的培训质量比较差，而高层次培训的覆盖面又太小。江苏许多受访教师反映了这种情况：

> 对于教师的培训，很多时候设计面太窄，一般老师都没有机会参加高层次的培训，像国际级、省级培训都被校长、学校中层领导和骨干教师占去了，一般教师很难有机会参加这种高层次的培训。其次，培训的内容过于老化，都是一些纯理论知识，缺乏实践效力，培训结束后觉得跟没有学一样。学校老师缺乏名师的指导和引领，缺少与名师进行面对面交流的机会，名师应有的引领作用没有发挥出来。

> 高一级的培训都让校长、中层干部参加了，一线的农村教师很少有机会参加高规格的培训。同时，一些培训还让学校出钱，这样学校派老师出去培训的机会就更少了。

8. 班主任工作繁重、待遇低，教师不愿意做

教育部在 2004 年《关于学习贯彻〈中共中央国务院关于进一步加强和改进未成年人思想道德建设的若干意见〉的实施意见》中明确提出：要"使班主任成为令人羡慕的岗位"。《实施意见》颁布迄今已过去多年，然而，调查显示，班主任承载着高负荷的工作量，是一个没有工作时间界限的群体。做班主任与不做班主任的教师身心健康状况比较起来更不尽如人意。现在教师不愿意当班主任，这在初中和高中阶段教师队伍中特别明显。原因主要有：一方面，现在孩子都是独生子女，班主任不仅要负责学生的思想工作，而且也要负责学生的安全工作，工作量和管理压力比以前要大很多，班主任要承担更大的责任，班主任与学生之间的矛盾也比以前尖锐。有受访教师说：

　　早晨六点半到校，晚上九点半回家。像我们学校对于班主任的要求是全天跟随所教班级。每天八节课，要求我们时时到位，早餐、午间休息、晚餐等都要求与学生在一起。

　　初中现在面临最大的问题就是管理难度大，特别是班主任工作量大，家庭方面、社会方面把责任都往学校方面压。现在城市学校也有部分乡下学生，父母外出打工，留守学生，包括现在比较多的单亲学生。问题比较突出：一个是为了安全方面考虑，一个是为了抓教学质量。很多学生都在学校住宿，吃饭啊，学生宿舍管理啊，这方面教师比以往的工作量大多了。还有一个难度大就是初中生处于叛逆期，加上现在社会方面的因素，老师们感觉不好管、不敢管。最近出来《班主任工作条例》，说班主任用适当的方法管制学生，这个适当咋把握，学生骂不得，打不得，老师们对有些学生的方法都用尽了，确实这个问题不好解决，感到头疼。

　　另一方面，班主任津贴虽有一些提高，但和工作量比起来微乎其微，未能真正吸引教师担任。几十年变化不大的班主任津贴已经给学校管理、班主任队伍的稳定带来了负面影响。在访谈中，老师们普遍反映班主任管理压力大，但班主任津贴太低。从20世纪90年代到现在都没有多大的变化，收入与付出不成正比。1979年至今，工资普遍增长了8—10倍，唯有班主任津贴保持30年不动摇，这是极不合理的。在很多农村中学，班主任津贴仅为60元左右的情况很普遍。从河南省太康县一所乡镇中学了解到，这里的班主任老师每月津贴只有100多元，占教师工资的10%左右。虽然比较起来并不是全国最少的，但由于任务繁多，加上农村学生较难管，很多老师不愿当班主任。一位校长受访时表示：

　　　　随着中小学收费日臻规范，国家所拨的义务教育阶段经费又不准用于教师福利待遇的提高，学校不得不从其他办公经费中"挤"出一点来增加到班主任的津贴上，选班主任真的很难。

　　在北京三十九中，一位做过十多年班主任的教师说[①]：

---

① 张扬：《班主任的"五味瓶"》，http://www.edunews.net.cn/porj6/tbch/10806bzrjt/bzrjt002.html。

北京目前普通中学的班主任津贴大都在 500—600 元之间，好学校最高的有 1000 多元，但即使如此，也有很多人不愿做班主任，原因很简单，做班主任太辛苦，而且，很多优秀教师做"有偿家教"，挣的钱远远比作班主任多。

我现在的班主任津贴每月 600 多元，加上每学期的 100 元奖金，应该算是很不错了。但是如果和班主任辛苦的付出相比，这点钱实在是微不足道。他说，做了 14 年的班主任，每天早上 7：20 从升旗开始到下午 5 点学生放学打扫完教室结束，基本上难得闲着；日常的填写学生工作手册，组织主题班会，与家长保持经常性的联系等都是班主任必须要做的工作内容。上午第二节下了课还要忙着赶学生的课间操；此外，毕业班的班主任还要按照学校的要求盯学生中午的午自习。至于晚上备课或批改学生作业等隐性工作时间更不用说了。总之一句话：忙并辛苦着。

因此，要吸引优秀教师成为学校班主任队伍中的一员，班主任津贴就应该与时俱进，重新修订发放标准。2009 年，我国出台的《中小学班主任工作条例》中对班主任待遇的规定应该会在一定程度上改善教师不愿当班主任的现状。

9. 小学教师所教非所学现象普遍，综合教学素养下降

从调研来看，随着国家教师资格制度的实施，各省市都非常重视教师学历的达标率。近几年来，农村教师积极接受各种层次的学历教育，学历达标率也有了大幅度的提高，然而小学教师特别是农村教师在学历进修中"重层次、轻专业"的倾向比较严重，所教非所学或所学非所教的现象比较突出，与以前中师毕业教师相比，教师综合教学素养有所下降。小学教师特别是农村教师在学历进修中，选择文科专业的居多，甚至数学学科的专任教师也选择中文专业，主要是因为文科专业获得学历证书比理科专业容易一些。农村小学教师多数为中师毕业，而提高学历层次中以语文专业居多；初中教师语文学科专科毕业者较多，英语专科毕业者相对较少，初中教师进修提高学历的也是以文科专业居多。在天津调研时发现，有一位农村教师已工作 9 年，中师毕业去教授小学英语。然后通过自考，拿到了两个本科学历文凭，分别是法律专业和中文专业，但因为外语的原因，都没拿到学士学位。然而，在工作 9 年当中，竟然从未接受过英语方面的培训。在调查访谈中我们

发现，在农村学校有1/3的教师所教学科与所学专业不一致。

10. 农村学校及城镇薄弱学校条件差，优秀教师流失严重

所谓教师流失主要是指两种状态，一是农村教师不愿意继续留在农村地区做老师或者是改行做别的工作，可以称为"显性流失"；二是农村教师虽然不愿意继续留在农村地区做教师，但又调不出去或转不了岗，因此，在教学上表现为得过且过，不能认真教学，可以称为"隐性流失"。

调查显示，无论是经济发达还是经济欠发达省份，农村和城镇薄弱学校教师流失现象都很严重，并呈逐级向上流动的趋势——乡镇向县城、县城向省城、薄弱学校向重点学校流动。很多优秀农村学校和薄弱学校的骨干教师达到一定水平或获得一定荣誉后，都想方设法调到城市学校和重点学校里去。教师梯队建设出现"割韭菜"的现象。有些农村学校校长说：

> 现在留不住人，学校花很大精力培养出来的名师、骨干教师，一旦觉得时机成熟就让城区跑，培养一个，成熟一个，跑掉一个。我们学校已成为城镇学校教师的培养基地。

《国家教育督导报告2008（摘要）》显示，在艰苦地区学校，74.6%的校长反映主要流失的是骨干教师，92.5%的校长反映主要流失的是35岁以下的青年教师。据调查，2005年浙江省青田县农村教师流失64人，其中进城32人，流失到外地、外系统32人；2006年流失66人，其中进城39人，流失到外地、外系统27人；2007年流失108人，其中进城64人，流失到外地、外系统44人；2008年预计流失人数在200人左右。自2003年以来，贵阳市花溪区黔陶乡民族小学被城区学校挖走近30位骨干教师。甘肃省庆阳市环县三中校址在洪德乡河连湾村，近10年间，该校来了教师120名，走了80名，其中流动到县一中的就有50多名。究其原因，主要是农村学校工作生活条件比较艰苦，福利待遇与城镇学校相差比较大。贵州省教育厅师范处负责同志的一番话反映了问题的所在：

> 农村教师住房问题不解决，师资没法稳定。吸引特岗教师到农村去支教的话，这是一个必备的基本条件。这是很重要的。还有生存环境问题需提升，你想骨干教师为什么会流失，除了住房问题，还有生活环境、工作环境、文化环境、个人发展、小孩教育问题等。重视教育、重

视农村教育，师资是关键和核心的问题，那么他（她）连生存的基本问题都无法解决，必然难以安心农村教育。

11. 农村小学特殊学科教师严重缺额，影响课程开设

调研表明，新课程改革要求小学开设多样化的课程，但由于编制不足，农村小学某些特殊学科由其他学科教师兼任，没有专职教师，影响课程开设。在调查中，一些教育部门领导、校长普遍反映，在特殊学科上（如体育、音乐、美术、英语、信息技术、综合实践活动、心理教师）存在教师不足的现象，导致一些课程不能足额开课，甚至有些课程无法落实，既影响新课程改革的实践和课程开设的质量，更影响学生德智体美全面发展以及素质教育的实施。这个问题由来已久，十分普遍，长期得不到解决。《国家教育督导报告2008（摘要）》显示，2006年，全国有508个县每县平均5所小学不足一名外语教师；西部山区农村小学平均10所才有一名音乐教师；中西部贫困地区、少数民族地区农村初中音乐、美术、信息技术三门学科教师平均每校都不足一人，致使部分学校无法正常开设规定课程。几位接受我们访谈的小学校长肯定了这种说法：

> 特殊学科缺口是普遍现象，农村尤其严重。我校教体育现有5名教师，两名是专业毕业的，还有一个是从乡下调进来的，而实际还缺3名体育老师，按照吉林省课程计划，一、二年级应该是每周4节体育课，三至六年级每周3节体育课，现在全校由5名老师每班上两节，其他的课由班主任上体育课，一般为集体活动，或者以年段为单位搞大型像拔河等活动。

> 像我们学校最缺的就是英语教师、音乐教师、美术教师。就像我们学校两个美术老师就要教20多个班，所以课时量特别大，一个老师每周达到20节课。对于这些教师每天4节课，而且是跨年段的，从备课来说都有影响。农村孩子急切地想学英语，老师很缺。有两个英语教师，且不是英语专业毕业的，因为没有这方面的人才。他俩是师范毕业的，然后自学进修的。

12. 农村学校教师年龄结构不合理，过于年轻和老龄化问题并存

在调研中发现，农村学校教师年龄结构不合理，有些学校特别是城乡结合部学校，由于教师流失严重，只有不断补充年轻教师，因此，教师过于年轻。浙江省武义县有一位农村初中校长说，他们学校教师平均年龄不到35岁。又如，浙江省金华市兰溪一位中学校长介绍说：

> 学校于2006年由4所学校合并而成，量上是足够的，结构上不是很合理，青年教师偏多，平均年龄30多岁，中年教师偏少，骨干教师偏少，教师专业上也不是很合理，地处偏僻，教师调动较大。

相反，有些学校由于近年来没有新教师引进，教师老龄化趋势严重。农村教师特别是农村小学教师老龄化，对农村教育的发展影响很大：一是教师年龄偏大，体力、精力不济，工作创新性不够，主动性不强；二是年龄偏大的教师大多是20世纪90年代转正的民办教师，他们教育理念落后，知识结构老化，教学能力和水平难以提高，仍沿用传统的应试教育教学模式，使当前正在进行的新课改举步维艰；三是年龄偏大的教师后顾之忧颇多，参与教学改革的积极性不高，整个学校的教育教学工作缺乏生机和活力。如果这一问题不马上着手解决，不光会影响农村教育质量，加剧城乡教育不均衡、不公平的问题，更令人担忧的是，若干年后，农村小学教师队伍将出现老教师退休、大批青年教师被迫顶岗的青黄不接现象和中青年教师的断层现象，教师队伍的年龄、知识结构更是严重失调，那时对教育改革与发展的影响就更大了。

在对吉林省调研过程中，舒兰市教育局相关领导介绍说，在舒兰市，无论是普高、职高、初中还是小学；无论是农村还是城市，教师老龄化问题比较突出。由于多年基本上没有招聘新教师，从1999年开始到2008年10年没进人，教师队伍面临着严重老化。50—60岁的教师占有较大的比例，30以下的教师则是凤毛麟角。为什么没进人？是地方政府拿不起工资。在校长座谈会上，许多校长都反映了老龄化问题。

> 关于教师队伍存在的问题是普遍老化，老化到什么程度，据统计我们现在在岗教师是173人，女教师50—55岁、男教师55—60岁的占将近1/4。从我们小学的教师状况来看，我们也通过调查，学生对教师的满意度主要一点是在年龄，小学的学生非常喜欢年轻、漂亮的女老师，而我们将近60岁的男老师还在课堂上当班主任。

　　我们是一所农村小学，近10年来没有新进教师，所以现在基本状况是教师队伍平均年龄是女教师50周岁以上，男老师55周岁以上，大约占教师总数的85%。我们教师队伍整体素质偏差。

13. 西部农村学校还有大量代课教师，影响义务教育质量

　　在一些经济欠发达省的农村边远地区，代课教师还占相当比例。像贵州省、甘肃省、河南省等省份的一些边远、贫困地方的教学点要维持正常教学秩序仍需代课教师。由于农村教育经费短缺，一名公办教师的工资相当于五六名代课教师的报酬，乡镇党委、政府宁愿学校自己设法临时聘用教师，也不愿意聘用大中专毕业生为正式教师。因为临时聘用的代课教师可以减轻乡镇财政负担，这种急功近利的做法也使得年轻教师很难补充到农村学校中来。在基础教育阶段公办教师培养与供给不足，国家又规定不得招聘民办教师的情况下，为普及九年义务教育，不得不聘请大量代课人员以补师资缺口。民盟中央在关于"基础教育教师队伍状况"调研报告中也发现，广西博白县700多个教学点多数分散在偏远山沟里，外地教师不愿去，只能聘请代课教师。《国家教育督导报告2008（摘要）》也显示，2007年，全国中小学仍有代课人员37.9万人。其中，小学代课人员27.2万人，87.8%以上分布在农村地区。广东、广西、甘肃等地小学代课人员数量多，超出小学专任教师总数的10%。

　　据调查，目前贵州省有中小学代课人员9034人，其中农村代课人员7935人，占代课人员总数的87.83%，他们主要分布在边远山区的村小和教学点上。代课人员在偏远的教学点任教，一定程度上弥补了全省农村师资不足的问题。但大多数代课人员存在学历不高、业务水平较低、年龄老化等问题。同时，他们的工资待遇普遍较低，生活条件和工作环境较差，岗位流动性较突出。贵州省教育厅教师培训中心的同志说：

　　　　影响贵州教育尤其是农村教育和村小教育的最关键的一个因素是师资素质太低，不是偏低，村小和教学点的老师中很大一部分就是所谓的代课教师。

14. 民办学校教师流动性偏大，队伍不稳定

与公办学校教师相比，民办学校教师合法权益难以得到保障，工资待遇

难以提高，进修培训机会也不多，教师不稳定，流动比较大。有一位教师说：

> 我们既不是在编教师也不属于代课教师，等于打工一样。我们学校有20几个教师，都是1998年、1999年上的师范。我们学校有12个班级，600名学生。我们这批教师现在工作量比较大，我工作近10年了，现在一个月七八百块钱，工资太低了。

因教师流动过于频繁，影响正常教学秩序。对民办学校教师的管理也不够规范，对追求回报和不追求回报的民办学校同等管理，未对民办学校教师进行分类管理，影响民办学校教师队伍建设的积极性。在河南调研中，南阳市一所民办学校校长向我们诉说了几年的办学史，其实就是辛酸史。不但办学经费有问题，最让他头痛的是教师问题，很多教师在民办学校工作几年，有了一定的教学经验和技能，就会去更好的学校，人才流失严重，影响教学工作的开展，学校很难进行教师队伍的长期规划和建设。这位校长说：

> 说到教师队伍，我最伤心了，教师队伍极不稳定，咱们学校是以质量取胜的学校，在南阳也是非常诚信的学校。可是面对家长的承诺，教师的流动率特别高。有的老师来我这里教个两三年，公办学校招教师，我们学校就要走20多个骨干教师，等于我们学校是南阳市的教师培训基地。明天下午招教考试又开始了，我们这里30岁以下的老师几乎都报名了。

尤其是在中小学教师绩效工资实施后，公办和民办教师的待遇差距会拉大，将会给民办学校师资队伍带来更大的不稳定。在调查中，浙江省温州市某区的一位教育局长说：

> 温州市委市政府提出是否对民办学校提供支持。我们提出意见，在民办学校工作的老师，公办老师待遇也同样给民办教师。但报给省里，省里不同意。总体方向要支持民办教师。这次绩效工资一做，区域间，公办、民办之间的差距一下子拉大了。这对民办教师发展和成长都不利。

（二）　中等职业学校教师队伍建设存在的主要问题

近年来，各省市非常重视职业教育队伍的建设，取得了巨大成绩，但是仍然存在一系列的问题，制约着职教的发展。

1. 职教师资培养体系不适应发展需要，缺乏严格和可操作的入职标准

据不完全统计，全国共有职教师资培养培训基地 306 个，其中全国重点建设职业教育师资培养培训基地有 56 个，依托大型企业建立全国职教师资专业技能培训示范单位有 6 个。这样的规模远不能适应中等职业教育与普通教育 1：1 发展的需要。同时，我国在培养职业教育教师时，注重教师的学历达标，职业学校教师任职也没有内容明确、具体且可操作的标准，取得教师资格证只需要通过三门课程考试，对实际教学能力的考核是个空白。一些从企业等单位来的专业技术人员虽然实践能力很强，但学科教学能力欠缺，难以有效地传授知识和指导学生，因此，出现了从学校到学校的老师缺乏专业实践、从企业到学校的老师缺乏教育教学知识的尴尬局面。

职教师资的培养仍然采取普通教师的培养模式，在大学课堂进行理论学习占了绝大部分时间，到企业、学校实习的时间过短，特别是新教师缺少在实际工作场所中的训练，教师实践技能不足。譬如，在课程设置方面，长期以来，我国偏重于培养学科专家型教师，在培养职教师资的过程中，专业课程都向学术性靠拢，过分追求学科的系统性和内容的精深，忽视了应用性实践性知识，导致很多毕业生到职业学校陷入了理论知识用不上、实践知识又缺乏的尴尬境地。在课程的结构上，教育类课程设置比例偏低，实践课程、选修课程较少，不利于教师教学能力和实践应用能力的形成。在教学方式上，课堂讲授是主要方式，导致他们到工作岗位后沿袭自己的受教育方式，习惯于满堂灌式的教学，不利于学生实践应用能力的形成和发展。

2. 职教师资编制紧，生师比过大

我国职业教育的扩招，职业教育生师比不断扩大，职业教育的师资短缺问题相当突出，已影响到职业教育的可持续发展。据教育部发布的数字，在中职连年扩招的情况下，生师比也在逐年升高，2000 年为 16：1，2003 年不到 18：1，2005 年就已超过 21：1。据测算，2010 年中职在校生可达到2200 万左右，即使按照生师比 21：1 计算，至少还有 30 万的缺口。在天津

举行的 2008 年中国职业教育改革与发展高峰论坛上，教育部职业教育与成人教育司司长黄尧坦言，我国职业教育当前的两大突出问题，一是投入不够，二是师资不足。他指出，下一步职业教育要想提高质量、加快发展，解决师资缺口问题迫在眉睫。教师编制紧也导致新的优秀教师难以进入职教队伍。例如，2009 年 10 月，同济大学教授陈祝林在中德职业教育与终身学习研讨会上指出，1994 年，按照教育部的部署，包括同济大学在内的 6 所部属高校承接了职教师资的培训工作，但培训结果却很尴尬：从 2007—2009 年，同济大学培训出了 428 名职教师资，其中仅有 30 人在从事职教工作，"原因主要有两点，一是职校的编制超员了，二是培训出的教师观念没有转变，他们不愿从事职业教育"。①

在河南省调研中发现，就整个河南省而言，中等职业教育的基本情况是，目前有中等职业学校 976 所，在校生 149 万人，教职工 7.9 万人，专任教师 5.6 万人，另外从校外聘请的 9900 人。根据教育部的规定，中等职业学校的师生比是 16∶1，而实际上已经远远超过了这一比例。河南省中等职业教育的生师比是 26.6∶1，其中"内乡职专"是内乡县唯一的一所职业学校，现在在校学生已达 1607 人，未来三年还将扩大规模，可是编制仍是 1990 年核定的 50 人的编制，根本无法开展工作。按照现在学生人数及规模，应在现有教职工 128 人的基础上增加 62 人，达到 190 人方能满足工作需要，所以教师缺口非常大。从其他几个省市调研来看，这个问题带有普遍性，尤以贵州、甘肃等西部省份为甚。有学者通过对安徽省的调研，情况也是如此。譬如，2007 年安徽全省中职学校生师比为 37.23∶1，全省多数地区生师比在升高，尤其淮南、池州、铜陵升幅较大，马鞍山生师比已高达 70∶1②，远超过教育部《中等职业学校设置标准（试行）》的设置标准 17∶1。

3. 文化课教师富余，专业课教师不足

近几年来，职业院校教师的增长速度还跟不上在校学生的增长速度，教师数量严重不足，特别是专业课教师紧缺，而文化课教师则相对较为富余。在调查中，68% 的职校校长认为部分专业教师缺编严重，84.8% 的职校校长

① 《中国职教师资缺口 40 万 师资培训结果尴尬》，http：//www.ahzcj.gov.cn/News.asp？ID=52576。

② 《努力建设职业教育大省——江春副厅长在 2008 年度职教工作会议上的讲话》，http：//www.sxzjzx.net/Article/ZCFG/200803/270.html。

认为存在文化课教师富余的现象。在贵州调研发现，有一所职业学校共有89个教师，但只有5个专业教师，84个文化教师。在江苏省调研发现，很多职业高中都是由以前的普通高中改制或者与职业中专合并而来的，在合并后，这些学校要往职业教育的道路上走，就要和社会及时接轨，培养出大量社会所需的"工匠"，但是这些学校在改制前都是普通高中，文化课教师比例很大，而职业学校对文化课的教师需求量又不是很多，所以老师就在学校里呆着，没有分流的机会。反之，专业教师却很缺乏，新教师又不易招到。在我们问卷调查中，有20%的职业中学学校回答其所设的某些专业没有一个相应的专任专业课教师，这些专业课的教学通常依靠兼职教师来承担，或由校内相关专业的教师来代理。专业课教师数量不足，已严重影响教育质量，甚至危及学校及其专业的生存。

4. 职后教育缺乏实践训练，"双师型"教师短缺

从事职教的专业教师不仅数量少，而且专业知识、实践教学能力相对还比较弱，这与培养高素质的劳动者、技能型人才的需求确实明显不相适应。中等职业学校普遍存在着专业课教师不足、实践教学能力较差等问题，而且相当一部分专业课教师是由文化课教师转过来的，缺乏专业教学实践能力。更大的问题是，职业教育教师想去企业实践，但没有企业愿意接受，教师非常缺乏实践的机会。在调查中，仅31%的职校校长认为专业教师能到企业实践。有教师指出：

> 现在老师在新工艺、新技术方面，有点跟不上时代了。现在他们所具备的技能已经落伍了，急需要专业技能方面有所提高。参加的培训很多，但也是相对的。出国培训、国家级骨干教师培训这些培训真正的可以提高老师素质的，但是费用一般由学校出，学校资金困难，不肯组织这样的培训。

在职业教育发展较好的天津，这个问题都比较普遍，其他省份就更为严重。天津有一位职业学校校长说：

> 培训以校内为主，没有校外培训，个别学科有。下企业锻炼的老师很少，不多，基本也就暑期。校企合作在学校来说难度不小，我们去企业，企业不接待。我们就是不要工资不要待遇，人家也嫌你碍事，不愿

要你。

在其他各省调研中，许多教师和校长反映，职业学校教师培训纳入普通教师培训计划中，文化知识培训较易，职业技能培训较难。同时，由于学校专业设置不断调整，专业课教师的素质和能力难以满足教学需要。目前，贵州省中等职业教育师资大多来自中专和初高中学校，大都没有系统接受过高等职业教育的培训，甚至没有参加职业技术课程实践。

（三）高等学校教师队伍建设存在的主要问题

近年来，我国不断加强高等学校教师队伍建设，教师队伍年龄、学历、职称以及学缘结构得到明显改善，整体素质有了较大提高，尤其是中青年骨干教师和学科带头人队伍正在形成梯队，中青年教师已成为高校教师队伍的主力军。从全国来看，2008年，全国普通高校共有教师约123.7万人，比1949年增加了76倍，年均递增7.6%。2008年具有博士研究生学历和硕士研究生学历的教师比例分别为12.3%和32.4%，分别比1984年提高11.9个和29.3个百分点。从调研来看，我国高校教师队伍仍存在一些问题亟待解决。

1. 教师数量不足，生师比过高

1999年高校扩招以来，大学就读人数急剧扩张，学校规模迅速扩大，造成高校教师总量与事业发展不相适应，教师工作的压力陡然增大。对此，许多高校未予足够重视，措施不够有力。从调研来看，多数高校缺编严重，生师比过高，教师队伍规模无法满足教学、科研、人才培养的需要，但编制却没有得到相应的调整，尤其是在学科分布方面，新兴学科、应用学科的交叉复合型教师十分短缺。

调研显示，目前大多数高校生师比在20∶1左右，甘肃、贵州、吉林等经济欠发达地区的高校比例更高，与国际公认的14∶1的最佳生师比差距较大。比如吉林省高校自1989年到现在规模在不断扩大，不论是学生人数还是学科规模都发生了很大变化，但编制从没怎么变过，扩招之前生师比在8∶1左右，至2006年和2007年生师比一度达到20∶1。据统计，2007年安徽省属高校生师比达到18.46∶1（有11所高校师生比超过20∶1），低于教育部确定的基本合格标准（18∶1），如考虑普通高校在学研究生和各类成人教育学生因素，则缺专任教师近4000人。北京大学教育经济研究所一项调查显示，52.0％的被调查教师认为"教师数量不足，人均承担工作量太重"。①

2．优秀学科带头人偏少，学术团队建设滞后

调研表明，7省（市）高校普遍存在缺乏学科带头人、学术团队建设滞后的情况，特别缺乏能够独当一面的领军人物及在国内外广有影响的学术团队。学科梯队断层现象严重，优秀的中青年学科骨干出不来，教学科研人员依然习惯于单干，各自搞科研，团队意识薄弱。现行的考核评价制度不利于拔尖人才的脱颖而出及其成长，不利于学科"帅才"和学术大师的生成和发展，不利于优秀学术梯队的形成和学科整体建设水平的提高。南京某大学人事处负责人在受访时指出：

> 学校也很重视学术团队建设，但是团队内部的人员很难进行合理鉴定，在成绩上没有一个很合理的评价机制，考核上有很大的出入，存在差异性，学术团队建设整体滞后。对于学科带头人，学校是很重视，但是特别优秀的、能够独当一面的带头人，还是很缺乏的。

3．考评机制偏重科研，教师教学投入不足

调研表明，7省（市）高校的考评机制普遍存在重科研轻教学的情况。教师不安心、不用心教学，主要精力用于搞科研而不是教学本职工作，教学水平和质量下降。有些老师抱怨，写文章、做科研能有成千上万的奖励，而上一节课才几十块钱。科研成绩是与职称评定和奖金发放直接挂钩的硬指标，有评职称、奖项等附加值，名利双收，更划得来，而教学投入多、产出难以衡量，回报低。青年教师大多缺乏教育专业的理论素养与教学基本技能训练。甘肃某高校领导在受访时说：

> 在很长一段时间里高校有轻教学重科研的倾向。主要是因为科研成绩是与职称评定和奖金发放直接挂钩的硬指标。老师认为做科研是名利双收的事情，更划得来，有评职称、奖项等附加值。而做教学投入与产出差距大，因此很多教师把更多的精力放在科研上。比项目、比课题、

---

① 《调查显示：近6成高校教师压力大　1/3大学生学非所好》，http：//www.sciencenet.cn/htmlnews/2008220105952476201656.html。

比论文，因为科研成果是评判的第一因素，而不是教学。造成高校教师教学质量下滑不是老师们的错，而是制度的原因。如果教师一年写文章、做科研能有成千上万的奖励，而上一节课才几十块钱；对一个老师素质的认定只是成果，而不是上课；上好一堂课不能作为职称评定的标准，那么教师也就没有必要花费一周的时间准备一节课的资料。

4. 教师队伍国际化程度不高，学术层次低

调研表明，7省（市）不少高校在引进海外人才和派出教师到国外学习方面，都还处在起步阶段，并受到经费、专业基础、外语和学术水平诸多因素的制约。更为严重的是，包括有国外留学、访学经历的教师在内，国内高校师资队伍的整体学术水平低，学术视野窄，缺乏对国际学术前沿的敏锐洞察和准确了解以及和国外同行平等对话、探讨的基础，对外学术交流的层次、水平、质量和效果都很低，还不能适应国际规则。从调查来看，经济发达地区的高校教师出国学习和进修机会比较多，而一些经济欠发达地区的高校教师出国学习机会很少。譬如，截至2008年底，甘肃某高校有国外学习经历的教师89人，仅占教师总数的8%，师资队伍的国际化水平偏低。

5. 重引进轻培养，教师后期管理缺乏有效办法

调研表明，7省（市）不少高校热衷于花重金引进人才，但疏于后续管理及其资源的充分开发利用，忽视对本校人才的培养和激励，使其产生冷落和失落感，积极性受到挫伤。各高校均深感优秀人才和团体匮乏，但对如何根据现代大学教育的特点及其人才培养的规律，有效吸引、遴选、激赏、培养教学科研人才，创造科学、宽松、和谐、良性的人才管理环境，包括对高职称教师的后期考评和激励问题，都还缺乏有效的政策举措和成功的实践经验。

6. 西部地区及非中心城市高校人才引进难，留住难

调研表明，7省（市）中的西部地区及非中心城市的高校，主要是甘肃、贵州、吉林、河南等省的高校，限于地域环境和财力物力、办学设施和教学科研条件以及居家生活和子女就学就业条件等因素，很难引进和留住拔尖人才。一些高校的人事处领导反映，为了引进优秀教师，留住骨干教师，学校花了很大的代价，采取了不少办法和措施，但是效果仍然很差。辛辛苦苦培养的人才有些长期滞留海外，有些纷纷流向大中城市和沿海发达地区高校。贵州师范大学教科院一位教师在受访时说：

　　我们教科院引进的大都是博士，但是真要引进优秀的人才很难，都比不上云南师大，广西师大。个人发展空间平台是一个因素，省里已经放宽政策博士服务期满8年直升教授。我们是"引进难、留住难"，比如师范，数学专业每月2800元的收入对较优秀的博士、教授引进根本没有吸引力，除非有特殊情况。

还有受访教师指出：

　　受东南沿海地区经济迅速发展的影响，"孔雀东南飞"成为西部地区人才流失问题的真实写照，甚至连"麻雀也东南飞"。由于经费本身捉襟见肘，西部高校不能更好地处理引进人才与用好、稳定好现有人才的关系，致使引来"女婿"气走"儿子"的现象时有发生。

7. 学风浮躁，学术不端现象时有发生

调研表明，绝大多数高校教师都能潜心研究，严谨治学，教书育人。然而，高校学风建设也出现了一些严重的问题，学术失范现象、学术不端行为时有发生，有的性质比较严重，甚至某些高校的领导也有深陷其中。工具理性主义影响下的管理制度，引导师生追名逐利。很多老师缺乏对学术的耐心和敬仰，存在学术造假、抄袭、剽窃、粗制滥造等现象，有的甚至通过花版面费买论文，或通过钱学交易运作职称评聘、课题评审、成果评奖等关涉个人名利的活动。① 这些问题虽然是局部的，但必须引起警觉，必须加强学术道德和学风建设、遏制学术不端行为。

（四）特殊教育学校教师队伍建设存在的主要问题

　　近年来，各有关省市特殊教育教师队伍建设取得了显著成绩，为特殊教育事业的进一步发展奠定了良好的基础，但同时也存在着一些制约着特殊教育发展的突出问题。

---

　　① 2007年，我国买卖论文"产业"规模约为1.8亿—5.4亿元（《买卖论文形成年销售数亿元产业》，《长江日报》2009年12月17日）。另据武汉大学信息管理学院沈阳副教授测算，2009年，我国中文买卖论文"产业"近10亿元，英文全球买卖论文"产业"近1亿美元；最近两年，每年有近100人买卖SCI论文发表，有4700—14000人买卖英文论文到国外发表。

1. 特殊专业师资奇缺，培养培训渠道不畅

调研表明，特教教师数量不足比较严重，而且各学校的师资来源还是主要由普通教育转入，特殊教育师资培养规模有限，教师来源严重匮乏。据不完全统计，到目前为止，我国开设特殊教育专业的高等学校有北京师范大学、华东师范大学、南京师范大学、西南师范大学、华中师范大学等 8 所高校。国家要求在普通师范教育中开设特殊教育选修或必修课程，但目前只有北京师范大学和屈指可数的几个师范学校在实行。据统计，江苏省全省特殊教育教师中，真正毕业于特殊教育专业的教师仅占总数的 36.1%，而从事特殊教育教学的大多是非特殊教育专业毕业的教师，比例达 63.9%。河南内乡特殊学校，2008 年有教职工 21 个，专任教师 16 个，真正从特职学校毕业的教师只有 3 人（该校主要是智障和聋哑方面的教育），其他的全部是半路出家，有的是通过短期培训转过来的。从全国来看，2006 年，全国特殊教育专任教师有 30349 人，有 5283 人受过特教培训，仅占 17.4%，有 15314 人受过相关培训，仅占 50.5%。① 在天津访谈中，有特教教师说：

> 我是从师范毕业（普师）的，工作七年了。手语之类的能力，我们是边教边学吧，学校每天组织学。南京特师毕业的老师有一个吧，我们专业的比较少，基本是普师毕业或者普教调入的。

> 我们学校的教师大部分从普教调过来的，真正专业毕业的只有一位。

在贵州也是如此，有教师说：

> 贵州省特殊教育没有制定专项教师编制计划。贵州省特殊教育最大的问题就是编制，也就是没有制定特殊学校教师编制，这是一个量的问题。还有一个问题是，贵州省特殊学校专业教师不够。特殊教育教师要求很多，应该是专业性很强的，技术性强。

从调研来看，特殊教育学校教师很少有机会外出到特殊教育发展比较好

---

① 谢敬仁：《中国特殊教育新形势》，http://www.cautism.com/2006/8 - 22/11021720016. html。

的地方考察和培训，特别是专业性培训更少。许多老师反映，他们的培训一般是教研室偶尔会开展几次专家讲座，但是很少。例如：

> 政府对特殊教育老师这一块的培训也关注很少。即使有，但指标也很有限，像今年春天到上海去的培训，指标有限，只能是校长本人前往，其他老师们没有机会去参加这样的培训。

2. 工作压力过大，成就感低

调研中，特教学校老师普遍反映工作压力大，成就感低。由于特殊学校的学生是身有残疾的孩子，教师不仅需要保护学生安全，全程陪着，时刻保持学生在自己视野内，而且还要培养学生的自立能力，增强学生的自尊与自信，既需要专业技能和技巧，更需要极大的耐心和爱心，工作量很大，且提心吊胆。特殊学校教育对象的特殊性，决定了特教学校很难造就优秀人才，因而从事特教工作，缺少从事普教事业那种桃李满天下的自豪感和成就感。当谈及在这里的工作感受时，有老师笑了笑，说：

> 刚开始非常不适应，现在已经习惯了，和普教教师相比，特教教师得付出几倍甚至十几倍的艰辛。

另一老师接话说：

> 这些还算好的，教重度智障或是精神病患儿的老师们几乎都遭受过孩子的"攻击"。有时住宿的学生晚上突然"躲"起来了，老师们一晚上就别想睡觉了！不过，在我们眼里，这些都属异常中的正常。

还有特教老师说：

> 学生安全压力很大，因为这些学生已经残疾了，教师就要全程陪着他，怕他再受伤害。还有一个就是我们增强学生自尊、自信、自立的能力，老师需要一些技能和更多的耐心。

也有老师坦言：

教得时间越长，可能越有失落感，有时候真是觉得憋屈。

（五）幼儿教师队伍建设存在的主要问题

从调研来看，尽管各省市幼儿园教师队伍无论是数量还是质量都发生积极变化，但也存在着许多亟待改进的问题。

1. 幼儿教育仍游离于国民教育序列之外，幼儿教师权益无保障

由于目前我国还未将幼儿教育纳入国民教育序列中去，幼儿园教师权益得不到有效保障，教师编制问题、待遇问题以及教师素质问题，都很难有保证。《全日制、寄宿制幼儿园编制标准》要求全日制幼儿园平均每班配专职教师、保育员各0.8—1人。在调研中发现，绝大多数幼儿园没达到这个要求，特别是很多农村幼儿园实行包班制，各班的所有保育、教育工作由一人负责。在贵州省访谈中，一位农村幼儿老师说：

> ……我们幼儿园没有一个老师是有编制的。都是自己直接把从幼儿师范毕业的学生招过来的。我们属于公办是乡政府办的。一共120个学生，但是只有4个老师，一个老师负责一个大班。

公办幼儿园稍好一些，但也觉得编制不足。有一位公办幼儿教师说：

> 我们幼儿园有160个孩子，只有10个编制的老师，除了行政人员，要有厨房工人，要有保育员，一个班要有2个老师，人员是不够的。现在的教职员工20来个，但是正式编制只有10个。

天津蓟县一位幼儿园园长也说：

> 我觉得就我县整体来看，最大的问题还是教师不足，整体教师缺编，特别是比较偏远的地方。我们园是县里较老的园，我们园正式编制占的比例也不多。

2. 幼儿教师培养培训体系滞后，影响学前教育发展

调研表明，幼儿教师的培养培训体系不健全，现有的幼儿教师培养机构

及其所输送的新师资远赶不上学前教育事业快速发展的需求，特别是职后培训，跟不上幼儿教育发展的步伐。教育主管部门对中小学教师的培训比较关注，而对幼儿教师的培训重视不够。幼儿教师培训机构自身的建设，如专业师资、人才队伍建设，实习场地、信息资料建设等，也都落后于学前教育师资培训的需求。仅有的一些培训，普遍重理论轻实践，多流于形式，缺乏针对性和有效性，解决不了幼儿教师端正教育思想和提高教学技能的问题。民办幼儿园的教师流动性大，素质参差不齐，既先天不足，缺乏专业培养，更缺乏职后培训及专业发展。从教师们座谈来看，目前幼儿园教师培训以园本培训为主，高层次的培训广度和力度都还不能满足教师对于提升自己的愿望。在我们调查中，有将近60%的幼儿教师认为缺少培训机会。有一位公办幼儿园教师说：

> 我们的培训应该说采用不同方式吧，比方说我们国家级的培训我们几乎是没有的，真正的学历进修也比较少的。主要以本园为主，缺什么培训什么。

在继续教育专业对口问题上，所学非所教问题特别严重。其主要原因，一方面是因为幼儿教育专业学历层次相较其他专业较低，另一方面也是因为老师们往往选择容易通过的一些专业进修。在访谈中，有幼儿教师说：

> 我本身是幼师毕业，想进修本专业的大专本科就很难。我们其实很想再上自己的专业，但不多，我们想深造的机会不多，我们要想继续提升学历，一般只有学习汉语言文学类和管理类等。

3. 幼儿教师性别比例失衡，学前教育女性化

性别比例的失衡会影响到幼儿性别角色认同和性别角色的发展，男幼儿教师有利于进一步促进幼儿个性的均衡发展。男教师的缺席，使学前教育女性化的问题日益严重，对学龄前儿童教育乃至未来国民素质提高的负面影响是不言而喻的。据调查统计，我国幼儿教师中男教师比例仅占0.7%，绝大多数幼儿教师都是清一色女性。在我们回收的814份幼儿教师问卷中，有56位未填性别信息，751位是女性，仅7位是男性，男性教师的占0.86%。在回收的258份幼儿园园长问卷中，有4位未填性别信息，245位是女性，

男性有 9 位，约占 3.5%，情况略好些，但性别比例依然严重失衡。有的幼儿园虽然配备了男性教师，但一般限于做后勤工作。比如，甘肃天水市秦安县公办幼儿园有工作人员 506 人，66 名教师，仅有 2 名男性从事后勤服务。天津蓟县一位幼儿园园长说：

> 就我知道的，我们县公办幼儿园有 57 个教师，男性 3 个，一般做保健，不教课。

五 教师队伍建设的主要建议

为发展教育事业，满足经济社会发展以及人民群众对高质量教育的需求，建设一支数量适当、分布合理、结构优化、富有活力的高素质、专业化的各级各类教师队伍，是十分重要的。根据目前各级各类教师队伍的现状和问题，我们分别对中小学教师队伍建设、职业教育教师队伍建设、大学教师队伍建设、特殊教育教师队伍建设以及幼儿教育教师队伍建设提出若干对策与建议。

（一）中小学教师队伍建设的主要建议

要从国家制度政策调整与学校教育教学改革两个方面同步推进，采取切实措施，改善外部环境，优化培养体系，努力建设一支适应素质教育需要和时代发展需求的优秀中小学师资队伍。

1. 进一步提高教师地位和待遇，吸引优秀人才报考师范、终身从教

新中国成立特别是改革开放以来，教师地位和待遇逐步提升，教师职业的吸引力也在逐步增强。2007 年，政府在部属师范大学实行免费师范生教育，对吸引优秀人才从教起到很大作用。然而，目前教师的地位和待遇仍不足以吸引真正优秀人才报考师范、终身从教。因此，要从国家和民族的长远利益考量，研究制定特殊政策，采取突破性举措，进一步提高教师地位和待遇，吸引优秀人才报考师范，吸引优秀人才终身从教，吸引优秀人才去最需要的地方去从教。

（1）将《教师法》、《义务教育法》中"教师工资不低于公务员"的规定，修改为"相当甚至高于当地公务员的工资"，或改为"教师工资纳入公务员工资序列，与公务员工资实行统一保障"，以吸引优秀人才报考师范、立志终身任教。

（2）积极实施优秀师范生、本硕连读或本、硕、博连读或工作数年后免试攻读硕、博士专业学位以及农村教师定向培养与定期培训、及时晋级相结合的制度，将教师的社会地位提高到足以吸引优秀人才报考师范、立志终身任教。

（3）制定西部与农村教师特殊补贴政策，在实施绩效工资制度之后，较大幅度提高西部以及广大农村地区教师的特殊津贴，激励教师到这些地区长期从教。

（4）扩大师范教育免费范围，逐步从部属高校推向省级及省以下师范院校。当前，要率先在西部地区师范院校重点推行免费师范教育，吸引当地优秀人才报考师范，毕业后在当地任教。在调查中，91%的中小学教师建议实施"全体师范生免费接受教育"的政策。

（5）要加强师范生招生制度改革，在招生中增加面试与心理测试环节，使真正愿意且适合从教的学生进入师范院校学习。

2. 加强师范院校建设，健全以师范院校为主体、开放多元的教师教育体制

改革开放30年来，我国的教师教育坚持解放思想，不断探索教师教育体制改革的新路子，实现了从独立设置的师范教育体系向多元开放的教师教育体系的转变，实现了从旧三级师范到新三级师范的过渡，教师教育模式也日益多样化，越来越多的综合性大学和其他非师范类高等学校举办师范学院、教育学院或开设教师教育专业课程，提高了教师教育办学层次。但在教师教育体制开放化和多元化过程中，也出现了无序与失范现象。因此，需要通过健全以师范院校为主体、综合性大学积极参与的开放多元的教师教育体制，优化教师教育模式，提高教师培养质量。

（1）立足国情，参照国际教师教育进程和趋向，进一步深化教师教育体制改革，健全以师范院校为主体、开放多元的教师教育体制。

（2）通过省部共建方式，分批重点建设省属重点师范大学，使省属重点师范大学在教师培养与培训、教师资格考核和更新、教师的实习与实训等方面起到领头示范作用，带动地方师范院校的建设。省属重点师范大学要以培养师资为根本任务，不断推进人才培养模式改革，切实提高教师培养质量。

（3）出台相关政策，鼓励、引导和规范综合性大学的教师教育工作，有志于从教的综合性大学毕业生须到师范院校接受教师教育理论与实践的系统训练。在调查中，45.7%的中小学校长赞同非师范院校全面参与教师的

培养。

3. 逐步提高教师学历要求和入职标准，完善教师资格制度

教师资格是国家对专门从事教育教学人员的最基本要求，是公民获得教师岗位的法定前提条件。教师资格制度是国家对教师实行的特定的职业许可制度。但是教师资格制度不是一成不变的，要随着一个国家教育发展水平及时进行科学的调整和改革。

（1）重新修订全国统一的各级各类教师的学历要求和资格标准，提高教师的准入门槛、专业素养和专业地位，强化教师的教育教学能力考核，实施新教师的岗前实习、入职培训及试用期制度。尤其是对师范生的实践教学和非师范生的职前培训，需有教育教学评价委员会对其教育教学能力进行评价，规定未接受过师范教育者想获得教师资格者，必须接受半年以上的教师教育理论与实践的训练。

（2）建立教师资格定期认证制度，以5—10年为一个认定周期。教师资格认证以教师的实际教育教学活动为核心，与教师职务聘任和晋升挂钩，与教师继续教育有机衔接，使教师接受继续教育成为教师资格定期认证的重要条件，使教师资格定期认证制度成为激励教师继续教育的重要动力。

（3）建立分类指导、体现区域差异的教师资格证书体系和认证制度，各级各类学校、各门学科的教师应设置相应的教师资格证书和认定标准，各层次、各科类教师资格应有级别设置，并结合教师资格定期认证制度建立级别晋升与激励机制。

（4）理顺认证主体，严格认证标准，规范认证程序，要将幼儿园、小学、初级中学和高级中学教师资格收归到省、自治区、直辖市的教育行政部门进行认定，教师资格在各省、自治区、直辖市之间的适用流通，应建立相应的互认制度和办法。

4. 借鉴医学人才培养模式，提高教师职前培养层次、规格和质量

世界各国教师教育的演进历程表明，教师教育会随着义务教育程度的提高而改革学制、延长教师职前培养年限、增强实践环节。因此，要参照美国将教师职业的专业性与医生和律师的专业化过程及其标志进行比照的范例，借鉴我国医学院校高级专业人才培养的经验和模式，提高教师职前培养的层次、规格和质量。

（1）推进专业学位建设，在继续办好教育硕士专业学位、农村教育硕士计划的同时，积极试行"4+2"、"4+1+2"、"4+3"、"4+2+X"、

"4＋3＋X"等本、硕连接或本、硕、博一体化的开放性教师培养模式，进一步吸引优秀人才报考师范，培养创新型、专家型的教育教学和管理名师名家。在浙江调研中发现，本、硕连读或本、硕、博连读的教师模式比免费教育更受学生青睐。

（2）加强师范院校学生的教学基本功训练，适当延长教育实习的时间，加大教育实习的监管力度，不能使教育实习流于形式，真正发挥教育实习在训练与提高教师教学能力方面的重要作用。

（3）促进师范大学与基础教育的密切联系，建立与中小学校的合作机制，使师范生深入基础教育第一线，了解基础教育改革实际。同时，实施课程改革，重点培养现代教师"RPT"核心能力即教育科研能力（Educational Research，R）、教育心理能力（Educational Psychology，P）和教育技术能力（Educational Technology，T），以适应现代基础教育改革的需要。

5. 建立职前职后一体化的现代教师教育制度，促进教师专业发展

教师教育一体化是我国教师教育发展的基本方向，也是教师专业成长和发展的重要条件。

（1）制定相关法律法规，建立职前职后一体化的现代教师教育制度，规定教师定期培训与及时晋级相结合，使每一位教师都有机会参加更高层次的培训，促进教师专业发展。

（2）加大教师继续教育的投入，建设一批高水平的教师培训机构，改革课程体系和培训模式，创新教师培训内容和形式，注重脱产培训与校本培训的有机结合，切实提高培训的针对性和实效性。

（3）全面加强中小学特别是农村小学教师的对口培训，提高小学教师所教学科的教学能力，逐步改变所教非所学或所学非所教状况。

（4）积极推广浙江省对中小学骨干校长和教师实施的"领雁工程"培训、江苏省每年派2000名教师出国研修的做法，从国家和省（市）两个层面，有计划地遴选并组织一批优秀校长和教师加以重点培训，试行"人民教育家工程"。

（5）进一步明确各级政府对落实教师培训经费方面的责任，完善政策，健全制度，真正把教师继续教育经费纳入各级财政预算。

6. 降低生师比，提高师班比，重新核定教师编制，适度向西部和农村倾斜

随着教育事业的发展与教育规模的扩大，教师编制已成为教师队伍建设

的难题。尤其是在西部和农村贫困地区为实现普及九年制义务教育而努力时，农村教师编制不足以及编制未根据教育的发展进行及时调整等问题，成了西部和农村教育发展过程中的难言之痛。因此，需要改革现行教师定编办法，科学核定教师编制。

（1）统筹考虑全国各地教育发展的不平衡状态以及城市与乡村的差异，适时调整城乡中小学教师编制标准，降低师生比，提高班师比。城市中小学教师编制设置要考虑小班化教学需要的趋势，并在条件较好的城市学校开始实施小班化教学。

（2）对西部和农村、偏远山区的中小学教师编制和队伍建设给予政策倾斜，要充分考虑农村中小学区域广、生源分散、教学点多等特点，适当增加这些农村学校人员编制额度，或为农村学校安排少量附加编制，对学生少的教学点可单独核编，为寄宿制学校配备一定数量的生活管理教师，以保证这些地区学校教学的基本需求。

（3）加大对超编与缺编学校人员的调控，出台优惠措施，鼓励和引导超编学校教师到缺编学校任教。

（4）加强农村中小学编制管理，对学校教职工编制逐步实行动态管理，建立年度编制报告制度和定期调整制度。县级教育行政部门应当在教职工编制总额内，根据学校学生数、班额等变化情况，每年对学校编制进行适当调整，使教职工编制更加科学合理。要单独核定中小学特殊学科如体育、音乐、美术、英语、信息技术、综合实践活动、心理教育等教师的编制。

7. 深化教师人事制度改革，建立不合格教师转岗与退出机制

中小学教师人事制度改革并不是简单地按照编制规定而控制教师数量的事情，因而不同于一般事业部门人事制度改革，更不同于行政机关的人事制度改革，它要求在整个社会制度和体系的建设中，从目前我国社会经济和教育发展的大背景出发，围绕有利于教育发展和教师发展的目标，使对教师的绩效考核机制与人文关怀机制有机结合，以促进教师队伍的稳定和发展。

（1）全面推行教职工全员聘用聘任制度，按照按需设岗、公开招聘、平等竞争、择优聘任、严格考核、合同管理的原则，精心组织，周密安排，规范操作，稳步推行人员聘用聘任制，真正打破大锅饭与铁饭碗。

（2）通过调整岗位、进修培训、吸引具有教师资格的优秀人员到中小学任教等途径，建立健全不合格教师流出机制，逐步解决中小学教师队伍学段、区域、学科结构不合理等结构性失衡问题。

8. 完善教师职称评聘机制，加强对高职称人员的激励与管理

为充分发挥职称工作在教师资源配置和使用中的基础作用，尤其充分发挥高级职称教师教育教学的积极性和主动性，促进教师队伍建设，要进一步完善教师职称评聘制度。

（1）完善教师职称评聘机制，采取高职低聘、低职高聘、定期考核、奖勤罚懒等措施，进一步调动广大教师的工作积极性，严格实行评聘分开。

（2）设置学科带头人、骨干教师、教学名师、人民教育家等层级目标，建立新的激励约束机制，激发高职称教师更高的目标追求和目标导向行为，调动他们教书育人的积极性和创造性，让高职称教师有所追求。

（3）加强对高职称教师的后续管理。针对职称后续管理工作中存在的管理力度相对薄弱、竞争聘任和聘约管理不规范等问题，采取针对性措施，通过赋予各级人事部门相应的行政监督管理权限，加大人事部门对各单位职称后续管理工作的参与管理力度。

9. 提高班主任津贴，鼓励和引导教师做好班主任工作

班主任是班集体的组织者和指导者，在良好班集体的形成和学生健康成长中，在与本班任课教师的密切联系中，在学校、家庭和社会教育的贯通中均扮演着最重要的角色，发挥着最重要的作用。因此，要采取切实举措，鼓励和引导教师做好班主任工作。

（1）大幅度提高班主任津贴，从经济上吸引教师担任班主任。北京目前普通中学的班主任津贴大都在500—600元之间，最高的有1000多元，与其他各地尤其是农村、边远地区的标准相距太远，因此在全国范围内按北京标准发放尚无可能，但应该规定班主任津贴的最低标准，要求各地大幅度提高班主任津贴。

（2）完善班主任的奖励制度，将优秀班主任的表彰奖励纳入教师、教育工作者的表彰奖励体系之中，定期表彰优秀班主任。

（3）树立一批班主任先进典型和重视班主任工作学校的先进典型，鼓励广大中小学校普遍重视和加强班主任队伍建设，充分发挥班主任在学校教育工作中的重要作用，使班主任成为广大教师踊跃担当的光荣而重要的岗位。

10. 重点扶持西部教师队伍建设，促进区域教师资源均衡发展

西部地区教师队伍的整体素质和质量状况还不能够很好地适应全面推进素质教育，要加大对西部教师队伍建设的扶持力度，促进教育改革发展与西

部大开发战略实施相适应的需要。

（1）鼓励部属重点大学加大师资定向培养力度，定向培养真正愿意到西部从教的师范生，以补充西部师资的缺额。

（2）加强东西部师范院校之间的合作与交流，促进西部师范院校的教师教育改革，提高教师培养质量。

（3）加强东西部中小学校之间的结对帮扶，促进西部学校教师教学能力和水平的提高。

（4）大幅度提高西部中小学生均预算内教育经费，进一步加强国家对西部教师队伍建设的扶持政策，譬如"大学生西部志愿者计划"、"西部教师特设岗位计划"等。

（5）逐步改善西部工作环境和条件，吸引高校毕业生到西部学校任教。

11. 采取特殊政策，稳定农村教师队伍

教师流动是教育发展过程中出现的新事物，是发展中的问题。近年来，教师的流动越来越频繁，成为大家普遍关注的热点问题。当前，教师流动没有一个成熟的机制，往往让学校措手不及。教师流动具有隐蔽性，往往是突然走人，使得空缺位置一时甚至长时间没有教师补缺。而且，流动的大多是优秀教师，他们离校后很难有合适的教师补充进来，给学校教学工作带来不小的损失。还有，教师流动还容易诱发学生择校。优秀教师是学校的优质教育资源，他们的流动，容易影响原学校的教学质量，严重干扰正常的教育教学秩序。教师流动的最大受害者是农村教师队伍。在调研中许多农村中小学校长说，当前农村中小学最大的困惑不再是经费、体制和办学条件，而是教师队伍是否稳定。因此，要采取特殊政策，建立合理的流动机制，稳定农村教师队伍。

（1）从职称评聘、职务晋升、工资提高、荣誉奖励、定期服务、配偶和子女的就业与就学安排等方面，出台相关优惠政策，给予农村教师诸多实惠，鼓励优秀人才安身安心农村、任职从教。

（2）进一步规范教师的流动，鼓励和引导发达地区向欠发达地区、城市向农村、重点学校向非重点学校的流动，建立教师个人服务期制度和赔偿制度，健全流入学校对流出学校的补偿机制，促进优质教师资源合理配置。事实上，我国许多地方已出台一些政策和制度来规范教师流动，但缺乏一个体系比较完整的国家层面的制度。譬如，浙江省绍兴市越城地区文教局出台了《教师流动"转会制"实施意见》，规定当教师尤其是优秀教师从一所学校转到另一所学校时，转入学校应该支付给转出学校一定的转校费。转校费根据教师在教育教学上获得荣誉、成果等级划分档次，最高15万元，最低1万元。又如，江苏省丹阳市规定：农村教师调到城区学校工作，个人的农浮工资将被取消，且城区学校需向农村学校支付拔尖人才培养补偿费。

（3）建立和健全农村教师任职津贴和奖励制度，激励长期在农村执教并作出突出贡献的教师。譬如，浙江省政府2008年率先在全国建立农村教师任教津贴制度，设立"农村优秀教师贡献奖"，以省政府名义奖励长期在农村执教并且为农村教育事业作出突出贡献的优秀教师。

12. 加强薄弱学校建设，优化教师资源配置

改造薄弱学校是推动义务教育区域均衡发展，实现新时期高水平、高质量普及九年义务教育的重要基础，也是解决择校问题的重要途径。改造薄弱学校的核心在于优化教师资源配置，提高薄弱学校教师队伍整体素质。

（1）加大对薄弱学校的投入，改进其办学条件和工作环境，在职称评审、评优评奖、课题申报等方面给予薄弱学校教师一定的政策扶持。

（2）由有关教育行政部门统筹规划协调，对同一区域内新办薄弱学校加以重点扶持。要建立薄弱学校与优质学校之间的"手接手"帮扶活动，由一所或几所优质学校扶持一所薄弱学校，派遣优秀教师支教与捐赠设备资金双管齐下，尽快改善办学条件，提高薄弱学校办学水平。

（3）建立区域内薄弱学校与优质学校互派教师交流学习制度，定期选派优质学校骨干教师到薄弱学校举办讲座、开设示范课以及参与备课、上课和评课等帮扶活动，同时选派薄弱学校教师到优质学校进行观摩学习、挂职锻炼、随班听课、参与教学研究等，逐步缩小学校之间教师队伍的差距，优化教师资源的配置。

13. 采取培训、转正、清退措施，妥善解决代课教师问题

目前在农村学校，特别是西部地区农村中小学还存在着一定数量的代课教师。较多代课教师的存在，不仅影响教育教学质量，降低已有教育投入的效果，而且会成为一个难以处理的社会问题，因为他们每个人背后又有家庭、学生以及学生家长等作为利益相关者，一旦出现问题就会影响社会的稳定。因此，依照《教师法》、《教师资格条例》等法律法规，通过统一考评，按地区分级分类，稳妥解决代课教师问题。

（1）对热爱教育事业、考核合格、胜任教学岗位的代课教师，如期给予转正。

（2）对代课教龄长、考核成绩一般、有一定发展潜力、通过培养能够胜任教职的人员，可以组织一定时间的集训或分散培训，考核合格后转为正式教师。

（3）对考核成绩一般、不适合从教的人员，采取内部转岗分流、改做其他工作。

（4）对考核不合格、不胜任教师岗位的人员，予以清退，按教龄给予一定的经济补偿，并与劳动就业和人才市场联系，引导其自谋职业。

14. 依法保障民办学校教师权益，加强民办学校教师管理

民办教育已成为我国教育的组成部分，尤其是民办中小学校为我国基础教育的发展和义务教育的普及作出了巨大的贡献。因此，应采取切实措施，促进民办学校教师队伍的规范化建设。

（1）保障民办学校教师的权益，稳定民办学校教师队伍。一方面，要明确私立、民办学校的性质和地位，给私立、民办学校以相应的政策，根据《中华人民共和国民办教育促进法》等法律法规，切实促进和保障民办学校教师的权益。另一方面，要给予民办学校教师与公办教师一样的基本权利和各项待遇，应该根据民办学校的特点，制定相应的政策法规，对民校教师在住房、医疗保险等方面给予必要的保障。

（2）参照事业单位人员的管理办法，将民办学校教师的准入机制、考评奖惩机制、进修培训机制、职称评聘机制、人员流动机制以及住房和医疗保险制度等纳入教育部门的管理范围，对赢利性与非赢利性民办学校的教师进行分类和统一管理，明确民办学校应当承担的权责，规范民办学校教师的流动行为。

（二）　中等职业学校教师队伍建设的主要建议

中等职业教育以培养为地方经济建设和社会发展所需要的，面向基层、面向生产和服务第一线的实用型与技能型的职业技术专门人才为主要目标。而能否实现这个目标，中职师资队伍的建设则显得尤为关键。

1. 统筹规划，重建适应现代职业教育发展需要的师资培养培训体系

近年来，随着我国中等职业教育的发展，目前现有的中职教师培养体系已不能满足中职教育的可持续发展。因此，有关教育行政部门要统筹规划，努力重建适应现代职业教育发展需要的师资培养培训体系。

（1）在每一个省市办好一所重点职业师范学院，东部经济发达地区可以适当增加，对各省市的职业教育师资培养培训起到示范、带动的作用。

（2）在进一步加强职教师资基地建设的同时，鼓励高水平的师范大学加入中职教师的培养和培训，并适度调整师范院校的转型方向，强化其为中等职业教育培养培训师资的职能。

（3）鼓励高水平大学尤其是工科大学积极承担职业教育师资培养培训任务，并与师范大学合作，发挥各自的优势，合作培养培训高质量的职业教育师资。

（4）让在职的中等职业教育理论课教师走向企业和工厂第一线，促进理论与实践的紧密结合。

2. 加强高等院校与企业的合作，共建一批"双师型"职教培养培训基地

近几年，全国中等职业教育规模快速扩张，"双师型"教师队伍建设相对滞后，这种矛盾已构成职业教育进一步提高质量、办出特色的一个瓶颈。而职教教师实践学习问题则是"双师型"教师队伍建设中的一个难点。因此，要采取措施，保障职教教师的实践锻炼的机会和场所。为了适应职业教育改革发展和职业教育师资培养培训的需要，进一步优化职业教育师资培养培训基地的区域布局和专业覆盖面，要充分发挥高等院校与企业的优势，加强两者间的合作，加强"双师型"职教教师培养培训基地建设。

（1）对原设于高校的56个国家级职教师资基地进行全面改革，由高等院校与相关企业合作共建中等职业教育师资培训基地。要积极借鉴国际国内先进的职业教育师资队伍培养培训理念，完善建设规划与建设方案，建立规章制度与有效机制，制定专业培养培训计划，探索适合职业教育特点的课程体系、教学内容、教学方法。

（2）高等院校要向中等职业学校开放优质教育资源，要充分利用高等院校优质教育资源，为中等职业教育师资培养培训提供优质的实验设备和实习场地。

（3）加强校企合作、产学结合，建立开放性的实训中心，鼓励企业接纳职业学校教师到企业实践学习，为中等职业学校学生提供工学结合、半工半读、免费接受职业教育的机会，同时鼓励企业选派优秀技术人员专任和兼任职业院校教师，使教学内容与现代化企业生产技术实现同步更新。对于政府规定职业学校教师到企业实践的制度以及出台优惠政策鼓励企业接纳师生

实践的必要性，将近 100% 的受调查者认为必要。

3. 修订完善中等职业教育生师比标准，切实解决生师比过高问题

目前，国家尚未出台统一的、适用于各类中等职业学校的教职工编制标准。2001 年，中央编办、教育部、财政部印发了《关于制定中小学教职工编制标准意见的通知》（国办发〔2001〕74 号），规定职业中学教职工编制标准可参照中小学教职工编制标准，由各地根据实际情况具体确定。2007 年，教育部印发了《关于"十一五"期间加强中等职业学校教师队伍建设的意见》（教职成〔2007〕2 号），提出到 2010 年全国中等职业学校教师规模达到 130 万人，其中兼职教师占教师队伍总量的比例达到 30%，生师比逐步达到 16∶1 左右。因此，需要切实解决中等职业学校生师比过高问题。

（1）加强中等职业教育教师的引进，严格使学校生师比能达到国家规定 16∶1 的要求。

（2）根据中职教育的特殊要求，参照发达国家中职学校 10∶1 的生师比，结合我国中等职业教育的发展水平和地区差异，适当降低生师比标准。

4. 优化职教师资结构，逐步提高具有专业技术资格和教师职业资格人员的比例

中职学校教师结构不合理，存在文化课教师多而专业课教师少的问题，已制约着中职学校的进一步发展。因此，要通过制度设计，加强中职教师的培训，让文化课教师向专业课教师转型，让专业课教师学习更多的教育教学规律，从而提高既具有专业技术资格和教师职业资格人员的比例，进而改善教师结构。

（1）加强中职教师资格认证管理，逐步完善中职教师资格认证制度，制定入职标准，定期培训考核。

（2）确定专业课教师与文化课教师的合理比例，引导教师队伍建设。

（3）建设定期到企业实践制度，让职校教师走向企业和工厂一线，了解实践，参加实践，探索适合职教特点的实践课程及其教学内容与方法，提高实践教学水平，增强教学的应用性。同时，组织专业课教师进行一定的教育学、心理学、教育信息技术、教学法知识和教育技能培训，提高其专业教学能力和水平。

（4）要遴选部分在职文化课教师到国内外职业院校学习进修，考取相关的资格证书等途径转为应用型专业师资，解决文化课教师富余而专业教师不足的矛盾。

（5）要聘请校外具有丰富实践经验和教学能力的专家、工程技术人员来校做兼职教师。

（三）高等学校教师队伍建设的主要建议

根据上述大学教师队伍建设所存在的若干问题，特提出如下几条因应之策。

1. 参照国际趋势，结合实际需要，适当降低生师比标准

根据我国高等教育精英化、大众化与普及化长期并存的态势，从研究型、教学研究型、教学型以及高职高专院校不同的培养目标、层次和规格要求出发，参照1∶14的国际师生比标准，组织修订2004年教育部颁定的《普通高等学校基本办学条件指标（试行）》，降低师生比，减轻教师的工作负荷，让教师有足够的精力从事教学和科研、有充分的时间与学生展开交流，从制度上保证教学质量的提高、人才的优质培养和教师自身的学术发展。

2. 着力培养高水平学科领军人物，建设优秀学术团队

一流大学固然要有一流的大师，但是仅仅只有一流大师的学校还不能成为一流大学。只有当一所大学具有孕育大师、产生大师的环境和土壤，这才是真正的一流大学。在调研中，一位高校领导曾说："高校学科建设需要大师，但一味靠引进是行不通的，要更重视对现有人才的培养。不重视人才的引进工作要不得，但'重引轻培'更要不得。"因此，要转变急功近利、重引进轻培养的做法，立足国情和校情，着力培养高水平学科领军人物，建设优秀学术团队。

（1）探索高水平学科领军人物的成长规律，加大培养力度，进一步完善高水平学科领军人物的培养计划。

（2）按照国际惯例，突破常规思维，给予优厚待遇和条件，采取个性化引进方法，积极从海外引进学科领军人物。

（3）完善学科带头人和学术团队的考核机制，整合学术资源，优化生态环境，促进学术团队的和谐发展和健康成长。

3. 重视青年教师成长与发展，加强青年队伍建设

近几年来，伴随高等教育的跨越式发展，高校教师队伍面貌发生了历史性变化，大批青年教师成为高校教学科研的新生力量。据教育部人事司统计，1998年全国高校专任教师为40.73万人，2005年上升为96.58万人，

2005 年全国高校 30 岁以下教师比例为 29.32%，40 岁以下占 65.23%。如何把这支年轻教师队伍建设好，是高等教育全面贯彻科学发展观、提高质量的新课题，也是关系到高等教育未来发展的长远大计。

（1）关注青年教师群体成长，完善青年教师发展规划，建立青年教师队伍建设专项经费，扩大"国家社科基金"、"国家自然科学基金"、"教育部人文社科项目"等的青年专项数量。

（2）恢复和完善"助教"制度，规定新教师必须先做 1 年以上"助教"，充分发挥老教师的传帮带作用。老教师不仅要做"督导员"、"裁判员"，更要做"教练员"。有校长在受访时说，老教师要帮助青年教师尽快站稳讲台，青年教师必须给指导老师当助教。

（3）加强青年教师的培养与培训，使青年教师学习先进的教学方法，积累教学经验，提高教学素养和能力。从教师专业化的角度审视，高校教师应该既具有解决"教什么"这一问题的学科专业知识，又具有解决"如何教"这一问题的教育专业知识。只有把"教什么"和"如何教"的问题都解决好的高校教师，才是一个真正合格的教师。

（4）建设一大批教学团队，搭建青年教师成长平台，促进教师教学观摩和研讨，提高青年教师教学水平。

4. 加强国际交流与合作，提升教师队伍的国际化水平

随着高等教育国际化的发展，教师的国际学术交流能力和水平已成为高校教师队伍水平的重要标志。

（1）以提高教师队伍的国际化水平为重点，积极扩大高等教育的对外开放，开展全方位、多层次、宽领域的国际学术交流与教育合作，完善教师互派机制，搭建高层次教学科研合作平台，联合推进高水平基础研究和高技术研究，培养更多能参与国际交流合作与竞争的优秀专门人才。

（2）不断创新与完善出国留学与进修访学机制，选派外语水平高、有学术潜力的优秀教师出国进修访学，获得海外学习研究经历，了解国际学术前沿动态，熟谙国际学术规则，参与国际学术事务，提高国际合作能力，积极开展国际学术交流与对话。

（3）鼓励优秀留学人员回国服务、在高等学校任教，鼓励教师在国外高水平刊物上发表论文。

5. 构建科学评价机制，激发教师教书育人的积极性

教书育人是教师的天职。在目前高校重科研轻教学现象盛行之时，应该

健全科学的评价机制，激发教师教书育人的积极性。

（1）从制度层面进行评价体系改革和分类考核，根据教师们自身不同特点与优势建立教学型、科研型、教学科研型的不同评价指标体系，提高其工作积极性、自主性和创造性，使在课程建设、专业建设、教学成果等方面取得的成果和科研成果享受同等的奖励。

（2）转变"重科研轻教学"的教师评价体制，提高教学在教师评价体系中的权重比例，引导教授们回归教学讲台，让教师在教学方面投入更多的精力，让教师更加专心一致地抓好教学质量。

6. 加强学风建设，营造教授治学的优良环境

加强科学道德和学风建设，构建一个能使教授安心教学、科研和参与管理的和谐环境，是大学取得创新性成果的前提和必要条件。

（1）引导社会对高等教育的科学评价，健全教育行政部门对高校的评价机制，规范大学排名机构对高校的评价指标，给高等学校教师的发展提供宽松自主的学术空间。

（2）遵循高等教育和学术研究的规律，逐步完善高校内部的考评体系，坚持质、量并重以及近期与中长期相结合的原则，克服科研评价的急功近利与浮躁，要对一些唯利是图，缺乏学术良知，助长学术不端的学术期刊进行严肃查处和整顿，净化学术环境。

（3）进一步端正学风，加强学术规范和学术道德建设，出台相关的《学术条例》，加大对学术不端行为的查处，引导教师自我清洁、端正学术品格、拒绝不良风气浸染，解除不必要的羁绊，从学术法治和学术德治两个维度，营建教授治学术、治教学和民主参与学校管理的和谐氛围。

7. 采取倾斜政策，支持西部地区及非中心城市高校的教师队伍建设

对于西部地区以及非中心城市高校教师队伍建设，要采取一些系列性、实质性的优惠政策。

（1）设立西部师资队伍建设专项基金或人才培养特别项目，支持实施师资队伍建设。比如，设立"教师公派留学专项基金"，每年选派教师出国攻读学位、进修访学；设立"中青年教师培养专项基金"，每年选派一定名额的中青年教学科研骨干到国内外高水平的科研院所进修深造；制定"海外学者讲学支持计划"，每年邀请一批国际知名专家学者来西部高校讲学，提高学校和教师的国际学术交流能力。

（2）在学位点建设及科研项目上要更大幅度地向西部地区高校及非中

心城市高校倾斜。

（3）要适当采取保护措施，避免人才恶性竞争。譬如规定，发达地区及中心城市高校不得采取过分提高待遇、不要档案、不与学校沟通协商等非正常手段，引进西部地区、东部非中心城市正在合同期内承担重点科研任务、正在发挥重要作用的人才；经过双方协商同意引进的，要给予一定的经济补偿。

（4）扩大东部高校与西部高校结对帮扶范围，加强扶持力度，提高帮扶成效。

（四）特殊教育学校教师队伍建设的主要建议

特殊教育学校的师资需要跨学科的复合型人才，要求他们既要有教师的知识和技能，也要有其他许多知识如康复、医学等。因此，要加强特教专业教师的培养培训，鼓励和引导特教教师安心从教、乐于从教。

1. 加强特教师资专业培养，提高教师的教学水平

促进特教教师专业化成长，既要加强职前的培养，也要强化职后的培训。从目前特教师资培养培训体系而言，加强特教教师专业化发展，需要采取以下对策：

（1）根据特殊教育发展的师资需求，选择部分具备一定基础和条件的师范院校增设特教专业，增量培养特教专业师资。

（2）将特教教师培训纳入整个教师继续教育规划体系，从特教补助经费中划拨一定资金，作为专项经费，加强特教师资的职后培训，包括对应届普师毕业生的岗前培训、调配到特教岗位的普通学校教师的转岗培训和特教师资的专业理论与技能培训等，不断提高特教师资的专业水平和教学能力，促进其专业成长和发展。

2. 提高特殊教育教师补贴标准，保障教师的政治、社会和职业地位，鼓励教师安心从教

特殊教育事业是一项独特性很强的教育事业。对特教教师的要求与普教教师差别很大。特教教师不能像普教教师那样桃李满天下，成就感和自豪感不足。因此，要让特教教师安心从教必须切实提高教师地位和待遇。

（1）制定具体的倾斜政策，切实提高特教教师待遇。现行的特教津贴仍在执行教育部1956年印发的《关于1956年全国普通教育、师范教育事业工资改革的指示》标准，其中规定："对于盲聋哑中、小学的员工，按中、

小学工资标准分别评定外，对教员、校长、教导主任还应按评定之等级工资，另外加发15%，以表示鼓励。"有调查表明，关于特殊教育学校教师工资补贴标准是，北京、哈尔滨、广东、浙江等省市均执行了30%以上的特教津贴标准，多数城市执行25%的特教津贴标准，只有西藏等西部欠发达城市执行15%的特教津贴标准。① 因此，根据目前社会经济发展水平，建议先将特殊教育津贴提高到30%，然后再提高到50%，真正让特殊教育教师津贴发挥"暖心留人"的作用，同时对普通学校主要承担残疾儿童少年教育任务的教师给予适当的岗位补助。

（2）各地在职称评定、表彰奖励方面要优先考虑特殊教育学校（班）和社会福利机构从事特殊教育的教职工。特教教师的晋升和评优标准要单列，以保证数量充足和质量优良的教师坚守特教岗位。

（3）全面落实特教教师退休后继续享受特教津贴的待遇。特殊教育教师在退休后，其在岗时的特教津贴应给予一定比例保留。

（五）幼儿教师队伍建设的主要建议

近年来，无论从国家还是家庭层面来看，学前教育都受到了前所未有的关注，但因至今尚未纳入国民教育序列中去，缺乏相关的制度保障，导致学前教育发展受阻。同时由于大量并无资质的民办机构介入，学前教育的质量不尽如人意。全国人大代表、民进中央副主席朱永新长期关注学龄前儿童的教育问题，他在全国20个省的调研发现，学前教育的现状不容乐观。② "在西部农村很多地方实际上孩子是没有受过学前教育，基本上都是在进小学以前是像自由放养。这是从心理学的角度来说，我觉得这是一个很麻烦的事情。俗话说，三岁看大、七岁看老。人生的3—7岁正是认知风格、行为习惯、个性特征形成的阶段，学前教育阶段中孩子所经历的、所体验的、所看到的，对他的一生都会有根本性的影响，甚至于包括价值观的形成，学前教育的缺失势必对以后的发展带来不利影响。""我们国家目前学前教育普及只有44.6%，不到50%，其中农村基本是处于空白阶段，而在城市现在公办幼儿教育比例也越来越少，所以我觉得这个阶段的教育，在整个国家相对

---

① 《关于合理提高特殊教育学校教师工资待遇的建议》，http：//ccszx. changchun. gov. cn /zx-content. jsp？titleid =856。

② 《聚焦两会：学前教育暂难纳入义务教育》，http：//www. zhsyyey. com/newsinfo. asp？id = 192。

是缺乏的。"① 学前教育是整个教育序列的基础,如果将其排除在外,将会直接影响义务教育质量的整体提升。因此,要解决学前教育教师队伍建设中所遇到的一系列问题,相关部门应努力从以下几个方面开展工作。

1. 加快学前教育立法,将学前教育纳入国民教育体系,依法落实幼儿教师的编制、地位和待遇

目前的学前教育主要依靠社会力量办学,且由许多部门多头管理,无论办学主体还是管理部门都比较混乱,在教师定编与管理等问题上缺乏规划与规范,教师队伍建设相对滞后,严重影响到学前教育事业的发展,其关键是缺少相关法律依据,无法可依。

(1) 加强学前教育立法,把幼儿教育纳入国民教育体系,不断完善学前教育法律法规,并将幼儿教育最后1—2年纳入义务教育阶段,切实保障幼儿教师的编制和待遇,使得幼儿教师的培养、任用、进修以及相关权利和待遇等方面逐步法律化和制度化,在最大限度上保障和促进幼儿教师队伍的法制建设。在问卷调查中,关于"出台学前教育法,明确幼儿教师的法律地位"问题,表示完全赞同和基本赞同的幼儿教师近97.7%。几乎100%的幼儿园园长表示完全赞同。

(2) 严格实行幼儿园园长、教师资格准入制度,严格实行持证上岗。

(3) 理顺幼儿教师管理体制,改革多头管理的混乱局面。所有幼儿教师包括民办由教育行政部门统一管理,统一进行定编、招聘和培训。

2. 健全幼儿教师培养培训体系,改善幼儿教师性别结构,全面提高幼儿教师素质

要改善幼儿教师队伍结构,保证幼儿教育教师素质,提高幼儿教育质量,当前最重要的是要健全幼儿教师培养培训体系,要鼓励男性从事幼儿教育,改善幼儿教师性别结构。

(1) 师范院校要创建中小幼一体化的教师教育体系,加强幼儿教师的培养培训力度,直接培养一线幼儿教师。调查显示,有近94.5%的幼儿教师和95.3%的幼儿园园长认为师范大学学前教育专业应直接培养一线幼儿教师。

(2) 教育行政部门要将幼儿教师的职后培训纳入当地教师继续教育规划,完善幼儿教师的继续教育体系,分期分批组织现职幼儿教师进行职后培

---

① 《聚焦两会:学前教育暂难纳入义务教育》,http://www.zhsyyey.com/newsinfo.asp? id = 192。

训，促使其遵循幼儿身心发展规律，坚持科学的保教方法，胜任并做好幼儿教育工作，不断提高幼儿教育的业务能力和专业素质。

（3）改革学前教育专业的招生与培养体制，每年定向招收一定数量的男生，进行系统的专业教育，持续向幼儿园输送合格的男性教师，逐步改善幼儿教师的性别比。

（4）改革幼儿园师资的聘用机制，面向社会公开招聘男性大学毕业生和相关人员，集中组织职前教育和入职培训，及时充实幼儿教师队伍，提高学前教育男性教师比例。据调查，近70.5%的家长态度坚决地支持男教师从事幼教，近94.5%的园长非常赞同鼓励男性教师进入幼儿园任教。

3. 加强对农村和民族地区学前教育的支持，重点帮助解决好幼儿教师问题

农村和民族地区幼儿学前教育是教育体系中的"短腿"，"短腿"的根源在于教师的不足。因此，要重点解决农村和民族地区幼儿教师问题。

（1）建立政府主导、社会共同参与，财政投入为主、多渠道投入相结合的学前教育教师队伍建设机制，落实农村学前教育教师的公办编制及教师的待遇。

（2）设立专项经费，对一部分幼儿教师实行免费定向培养，然后定向分配到农村和民族地区从事幼教，以缓解当前农村和民族地区幼儿教师特别紧缺的突出问题。

（3）倡导"以城市带动农村，以示范园带动薄弱园"的教师队伍建设策略，加大建立地（市）、县（镇）、乡（村）三级管理（评价）、培训和教研网络，发挥县（乡）中心幼儿园教师的示范、骨干作用。

（4）建立学前教育资源库与教师网络学习平台，以信息化带动少数民族学前教师教育的现代化，促进学前教师专业化的跨越式发展。

六　结语

本次大规模教师队伍建设调研活动的顺利实施，要感谢国务院参事室的精心指导，感谢各抽样省市政府办公厅、参事室、教育厅（教委）的鼎力协助，感谢各相关县市教育局的大力支持，感谢参与调研的各级各类学校领导和教师的积极配合。同时，浙江师范大学调研组的团队合作，也是调研活动顺利实施的重要基础。

　　本次调研通过对 7 省（市）各级教育行政部门领导、各级各类学校校长和一线教师的访谈和问卷调查，对各级各类教师队伍建设的现状及存在问题有了更直接和详细的了解，听取了各个层面对教师队伍建设的诸多建设性意见，可以为制定教师队伍建设规划和政策提供一些依据和参考。然而，由于调研任务比较急，时间比较紧，虽然经过精心的准备，但由于种种原因，调研仍存在一些不足。从主观上看，所设计的调查问卷、座谈提纲和访谈提纲还来不及进行大面积试测，会在一定程度上影响调研的准确性；从客观来看，由于问卷、座谈和访谈带有行政色彩，有的教师未能完全地表达自己的真实想法，甚至对于访谈抱有消极抵触的心理，认为自己的倾诉起不到什么作用，这些因素会影响调研的真实性。

　　百年大计，教育为本。发展教育事业，合格、优秀的教师队伍是关键。在这次调研中，我们从 7 省（市）各级各类教师队伍建设取得的成绩中建立了信心。只要真正重视、政策对头、措施得力、条件改善，各级各类教师队伍的敬业精神、教学能力、积极性、创造性将能得到更充分的发挥，他们为国施教的热情和才智将得到更充分的释放。教师队伍建设获得更好的政策和社会环境之日，就是我国教育事业更加蓬勃发展之时。

第二部分　专题报告

报告 Ⅰ

天津市教师队伍建设
专题调研报告

"中国教师队伍建设"天津调研组

内容提要：在国务院参事室委托浙江师范大学开展"中国教师队伍建设"专项调研中，天津市被选为我国四个直辖市中的调研样本。依据天津市现有教育发展的数据与现状，通过文献、访谈、问卷等方式，对天津市教师队伍建设的现状、成就、问题与应对策略等进行了为期十天的调研。通过调研发现，近年来天津市教育改革和发展取得了历史性成就，现代化步伐明显加快，教育事业发展迈上新台阶，各级政府非常重视教师队伍建设，各级各类教师队伍无论在数量上还是在质量上都较好地满足了天津教育事业的发展。然而，仍然存在许多问题有待进一步改进，譬如，幼儿园教师编制过紧，队伍结构有待优化，继续教育与培训有待加强，农村幼儿园教师流动性大；中小学教师结构存在着学科及年龄结构方面的失调，工作压力大，不愿意当班主任，职业倦怠现象比较严重；职业教育教师实践问题难以解决，结构不合理；特殊教育教师队伍中专业教师少，学生管理压力大，培训机会少；民办教育教师队伍不稳定，等等。因此，针对以上问题，各级政府和教育行政部门要从政策法规、薪酬待遇、管理制度等层面加强改革，切实提高教师的福利待遇和社会地位，使教师乐于从教、安于从教。主要建议有：分类高校教师考核，使科研与教学并重；适度增加教师编制，真正提高教师待遇；改革职称评审制度，加强教师绩效考核；提升教师准入门槛，设立农村教师津贴补助制度；制定实施科学有效的教师良性流动政策；改革教师培训形式，增设相关专业教育硕士；增加特殊教育经费，提高津贴，提供更多专业培训；把加强校企合作，加强"双师型"教师的培养，等等。

一　前言

　　国务院参事室委托浙江师范大学对我国教师队伍建设现状进行调研，天津调研组就是其中之一。

　　天津是中国四个直辖市之一，位于环渤海经济圈的中心，是中国北方的经济中心及最大的沿海开放城市、近代工业的发源地、近代最早对外开放的沿海城市、我国北方的海运与工业中心。天津现辖 15 个区、3 个县。市辖区中，市区有：和平区、河东区、河西区、南开区、河北区、红桥区；滨海区有：塘沽区、汉沽区、大港区；环城区有：东丽区、西青区、津南区、北辰区、武清区和宝坻区。市辖县有：宁河县、静海县、蓟县。2008 年，天津市国民生产总值实现 6354.38 亿元，城市居民人均可支配收入 19423 元，农村人均纯收入 9670 元，被评为最具幸福感城市。

　　天津市教育综合水平保持全国前列。截至 2008 年，天津市共有普通高校 44 所（包括普通本科院校、高职院校及独立学院），小学 1023 所，初中 376 所，普通高中 231 所，幼儿园 1617 所，中等职业学校 103 所。义务教育适龄儿童入学率和残障儿童入学率分别保持在 99% 和 95% 以上，初中三年保留率超过 97%，学前三年入园率达到 92%，高中阶段教育普及率达到 91%，接受各类优质高中阶段教育的比例达到 75%，高等教育毛入学率达到 53%，新增劳动者平均受教育年限超过 14 年。① 2009 年，天津市共有 11 人被评为全国模范教师，26 人被评为全国优秀教师，11 个单位被评为全国教育系统先进集体，同时还有 488 人被评为市级优秀教师和优秀教育工作者。

　　本次天津调研的主要目的在于系统、客观地了解把握天津市教师队伍（包括幼儿园、小学、初中、高中（中职）、高等学校、特殊教育学校）的现状和存在问题，为加强和改善教师队伍建设，培养高素质师资力量，提供有价值的数据支持，为相关职能部门制定有关政策提供对策性建议，为国家制定教育发展纲要提供参考。具体来说：第一，通过从城市到乡村、从教育行政部门领导到一线教师的访谈、座谈，了解天津市目前最真实的教师队伍情况、倾听最基层教师的声音。第二，把调研过程中所发现的教师队伍存在

---

　　① 《2008 年天津市人民政府公告》。

的问题及一些教育现象客观地描述下来，并通过概括分析，提出相关积极性的建议。第三，总结天津市在教师教育队伍中所采取的有力措施及相关政策，对各地师资队伍水平的提升起到参考价值。第四，通过调研过程中对调研目的的说明让基层教师感受到国家对教师队伍建设的重视，以便基层教师能提出更有针对性的意见。

二　调研设计与实施

（一）调研过程

在天津市人民政府参事室及天津市教委的协助下，天津市调研组于2009年8月30日—9月6日对天津市教师队伍建设问题进行了比较全面系统的调研。本次调研抽取天津市所属的六区一县作为调研样本区县。调研方法采用问卷调查、座谈会、深度访谈等，调研对象主要包括教育行政部门领导、学校校长、教师等，以期从不同方面、立体式地了解把握当前天津市教师队伍建设的现状和存在的突出问题，以有助于提出解决这些问题的策略。同时，在调研对象抽样时，兼顾考虑了教育层次、教育类型、办学性质、城乡差异、性别结构、年龄结构、职称结构、学历结构等。

调查问卷分别在和平区、静海县、宝坻区、河东区、河西区展开，同时也让在武清区和蓟县参加各类座谈的校长和教师参加问卷调查（具体情况见表2-1）。除座谈会上发放问卷外，其他问卷均由天津市教委人事处代为发放和回收。座谈会和深度访谈主要在天津科技大学、天津职业大学、天津师范大学、武清区和蓟县开展。

表 2-1　　　　　　　　　　　　抽取样本区概况

样本区	基本概况
和平区	和平区位于天津市中心，是天津市政治、商贸、金融、教育、医疗卫生中心。和平区具有基础教育的优势，拥有一批名学校、名校长、名教师和一批国家级、市级学科带头人
静海县	静海县位于天津市西南部，距天津市区40公里，素有"津南门户"之称，是国务院批准的沿海开放县之一
宝坻区	宝坻是天津市辖区之一，位于天津市北部，地处京、津、唐三角地带，临近渤海湾。是"大北京规划"的中心地带
河东区	河东区是天津市中心市区之一，位于天津市东部，是天津的发源地之一，是市区连接滨海新区的前沿，是实现天津市经济中心战略东移的要地

续表

样本区	基本概况
河西区	河西区是天津市中心区之一，位于市区东南部，工商业发达
武清区	武清区位于天津西北部，地处京津两市之间。武清区辖 29 个乡镇街，711 个行政村，农业人口 69 万。区人民政府坐落于杨村镇。全区现有全日制学校 220 所，在校学生 126472 人。其中公办幼儿园 2 所，民办幼儿园 3 所，小学 160 所，初中 36 所，普通高中 11 所，中等职业学校 4 所，12 年一贯制学校 1 所，特殊教育学校、业余体校、教师进修学校各 1 所。各类成人教育学校 475 所，其中区成教中心 1 所，乡镇成人文化技术学校 29 所，局级培训中心 15 所，村成人学校 430 所。另有青少年活动中心、教研室、设备站、考试中心、校办公司、电教中心、学校卫生保健所各 1 处。高等学校有天津师范大学分校，天津医科大学杨村大专班，天津天狮学院等。全区教职工年龄在 30 岁以下占教职工总数的 17.5%；31—40 岁占 38.6%；41—50 岁占 26.1%；51 岁以上占 17.8%。高级职称教师占 16.5%；中级职称占 60.8%；初级职称占 19.9%；未聘人员占 2.8%①
蓟县	被誉为"天津后花园"的蓟县位于天津市最北部，全县总面积 1590 平万公里，山区、平原各占一半，辖 26 个乡镇 945 个村，总人口 80 万人。2007 年，蓟县教育系统有各级各类学校 233 所，其中高中 14 所，初中 55 所，小学 161 所，职校 2 所，特殊教育学校 1 所。在校生 116374 人，教职工总数 10373 人。高考二本以上上线率 40.52%，高中阶段普及率 97.7%②

　　说明：根据课题组调研要求及天津市实际情况，高等教育部分主要是在天津师范大学、天津职业大学、天津科技大学展开的，基础教育、职业教育和特殊教育学校选取经济发展水平位于天津中等的武清区以及相对落后的蓟县作为重点调研区

　　实地访谈是分两步在三地开展的，两步就是将高等教育（含高等职业教育）作为一步，将基础教育（含中小学、幼儿园、中职教育和特殊教育）作为一步，三地分别是高等教育主要在天津和平区进行，基础教育分别在武清区和蓟县进行。

　　第一，调研组前往天津师范大学就天津市教师教育和教师继续教育情况访谈天津师范大学主管教师教育的副校长以及天津师范大学教师教育处处长。继而到天津职业大学了解天津市高职院校师资队伍建设情况，再深入天津科技大学访谈该校的师资队伍建设现状。

　　第二，到天津市武清区进行调研。联系访谈了武清区教育局分管教师队伍建设的副局长。在武清区教育局的组织安排和召集下，分别组织召开校长座谈会和教师座谈会各一场。座谈会后，均进行了问卷调查。同时，按要求访谈了若干位校长、教师及主管师资队伍建设的副局长。

----

① 武清区教育局。
② 《中国教育年鉴（2008）》。

第三，到天津市蓟县进行调研。联系蓟县教育局分管教师队伍建设的副局长进行深度访谈，同时也访谈了蓟县教育局培训科和人事科科长。在县教育局的组织安排和召集下，分别召开蓟县校长座谈会和教师座谈会。座谈会后，均进行了问卷调查。同时，按要求，访谈了若干位校长和教师。还走访参观了蓟县城关镇小学，与该小学校领导及部分教师进行了座谈交流。

第四，走访天津市教委。对天津市教委副主任、天津市教委人事处处长、天津市教委职业教育处处长进行访谈，并获取天津市教育发展和教师队伍建设相关资料。譬如，天津市教育年鉴、天津市教育事业发展统计资料以及相关文件。

（二）调研方法

1. 文献法

本调查研究的文献主要为2006—2008年《天津市教育事业发展统计公报》、《天津市教育年鉴（2006—2008）》、《武清县教育事业发展统计资料（2008）》等，另外，通过对 CNKI 网中教育库的文献梳理，运用"天津、教育、教师、师资"等作为关键词进行检索，查找到近几年若干对天津市进行调查研究的学术论文和调研报告，将其作为参考资料。

2. 访谈法

本调研组采用开放性和半结构性访谈的方式对天津市教委副主任、天津市教委人事处处长、天津市教委职教处处长；天津师范大学主管教师教育工作的副校长、天津师范大学教师教育处处长、天津科技大学人事处副处长、天津职业大学人事处处长、武清区教育局主管中小学师资建设工作的副局长、武清区教育局人事科科长、蓟县教育局主管中小学师资队伍建设的副局长、蓟县教育局人事科科长以及各县市的中小学校长、教师、幼儿园园长和教师等共计31人进行了深度访谈和会议访谈。

3. 实地考察

本调研组通过直接观察与间接观察相结合的方式对天津市教委、天津师范大学、天津科技大学、天津职业大学、武清区教育局、蓟县教育局、蓟县城关镇小进行了实地考察。

4. 问卷法

通过《我国教师队伍建设调查问卷》（共6份，分别为幼儿园教师卷、幼儿园园长卷、中小学教师卷、中小学校长卷、职业学校教师卷和职业学校校长卷），对天津市 18 个区县中的蓟县、武清区、和平区等 7 个县区进行了问卷的随机发放，共发放问卷 1297 份，回收 1106 份，有效问卷 973 份，回收率为 85.3%，有效率为 75%。

三　现状与问题

经过问卷调查、深度访谈和实地观察及参考其他学者的调研数据，我们发现天津市教师队伍建设存在的主要问题归纳集中于 9 个不同的方面，分别是：薪酬待遇、职称评定、继续教育、教师结构、年轻教师、工作压力、教师流动、教师管理、班主任工作。以下我们分别从概况、成绩、问题三个方面来对天津市师资队伍建设现状进行描述。

（一）师资队伍建设的基本情况

近年来天津市不断加大教育投入，在改善办学条件、提升硬件水平的同时，加强师资队伍的"硬建设"，有力地提升了教育的"软实力"。

高等教育领域。天津市依托首都后大门及环渤海经济发展带的区域优势，大力引进人才。目前形成包括院士、特聘教授、长江学者、教授等在内的教学科研领军人才梯队，打造出一批创新人才培养团队。天津市高校以引进和培养"拔尖创新人才"为重点，大力推进"高层次创新人才"工程，引进和培养高水平教师队伍。经过多年人才储备，目前天津市拔尖人才数量已经过百人（具体见表 3-1、3-2），他们已经成为天津市社会、政治、经济发展的智囊性人物，成为引领天津走向"人力资源强市"的领军人物。

表 3-1　　　　　天津市高层次人才数据统计　　　　　（人）

项目	两院院士	长江学者	市级特聘教授	百人计划建设人选
人数	26	61	74	26

表 3-2　　　　　天津市高级人才数据统计表

项目	人数（人）	比例（%）
高校专任教师	16000	分布于 18 所院校
副教授	8115	49.9
教授	2942	18.1

续表

项目	人数（人）	比例（%）
博士学位获得者	4872	30.0
硕士学位获得者	10900	67.0
出国研修中青年骨干教师	443	7.5

与此同时，天津市高级职称和高学历人才的累积也是有目共睹的。据统计，目前天津市具有副教授以上职称的教师已占专任教师总数的近一半。10所高校推荐 67 人申报市第一批和第二批"百人计划"。

职业教育领域。天津市是国家级职业教育基地，职业教育向来是天津的特色。截至 2008 年底，天津市中等职业学校共有 77 所（不含技工学校），其中：行业、企业举办的中职学校 33 所，区县政府举办的中职学校 33 所，社会力量举办中职学校 11 所；国家级重点中职学校 40 所，省部级重点 10 所，在校学生 14.65 万人。师资队伍的基本状况，教职工总数 12022 人，其中，专任教师 8064 人，生师比为 18.17∶1。职称结构为（可见表 3－3）：正高级职称 81 人，占 1.0%；副高级职称 2807 人，占 34.8%；中级职称 3010 人，占 37.3%，初级及以下职称 2166 人，占 26.9%。年龄结构为（可见表 3－4）：30 岁及以下 1676 人，占 20.8%；31—35 岁 1334 人，占 16.5%；36—40 岁 1564 人，占 19.4%；41—45 岁 1405 人，占 17.4%；46—50 岁 844 人，占 10.5%；51—55 岁 826 人，占 10.2%；56 岁及以上 415 人，占 5.2%。学历结构为（可见表 3－5）：硕士学位学历 296 人，占 3.7%；本科学历 6498 人，占 80.6%；专科及以下学历 1270 人，占 15.7%。全市中职学校外聘兼职教师 1580 人，占专任教师 19.6%。[①]

表 3－3　　　　　　　　天津市中职学校教师职称情况统计表

职称	人数（人）	比例（%）
正高级职称	81	1.0
副高级职称	2807	34.8
中级职称	3010	37.3
初级及以下职称	2166	26.9

① 天津市教委。

表 3 - 4　　　　　　　　　天津市中职学校教师年龄情况统计表

年龄段	人数（人）	比例（%）
30 岁及以下	1676	20.8
31—35 岁	1334	16.5
36—40 岁	1564	19.4
41—45 岁	1405	17.4
46—50 岁	844	10.5
51—55 岁	826	10.2
56 岁及以上	415	5.2

表 3 - 5　　　　　　　　　天津市中职学校教师学历结构统计表

学历	人数（人）	比例（%）
硕士研究生（学位）	296	3.7
本科学历	6498	80.6
专科及以下	1270	15.7

通过进一步对天津职业大学人事处处长的个案访谈，可以更深入地看出天津高等职业师资方面的特点。

访谈对象	天津职业大学人事处处长
问题	您能介绍一下贵校在师资方面的现状吗？
访谈实录	我们学校的师资队伍情况在天津市高职院校里，应该是说排在最前面的，职称结构方面高级职称占专任教师比例40%，中级职称占专任教师比例50%多，初级职称占专任教师比例的6%；从学历方面来看，硕士以上学历持有者占教师总数的55%；在年龄结构方面，青年教师（40 岁以下）占到教师总数的60%，这是比较高的。这和我们学校历史较短有关，去年是我们学校 30 周年庆。
问题	在教师培养方面，你们有哪些具体措施，有什么新的打算和想法？

续表

访谈对象	天津职业大学人事处处长
访谈实录	2001 年我们学校出台《师资队伍建设暂行条例》，对教师的培养，一个是学历培养，一个是业务培养。后来依据示范校建设标准，我们又出台了《继续教育管理规定》。在这方面的措施是与我校人事制度改革相配套的。比如对于青年教师读博士给报学费，如果说是中级职称报销 50%，高级职称报销 80%；从学历准入门槛上就逐年提高，我们在人事制度改革中（2004），要求 39 岁以下都必须是硕士，所以我们大量的老师去读了学位，这就开始与其他高职院校拉开了距离，据我了解，目前天津市其他高职院校这方面能达到这个（比例）的还没有。我们学校这方面做得不错，因为有硬性制度做保障。随着示范校建设，我们要求教师提高自身的专业技能，为此，我们出台了前面提到的"继续教育"的文件，要求教师们下企业，特别是新来的专业课老师，我们要求全体教师两年不少于两个月时间下企业，品德课老师要求一年不少于 10—15 天下企业。另外，我们学校搞专业技能大赛，连续两次了，请天津市劳动局监考，取得电工、车工、技师等专业技能称号等。去年人事制度改革中，我校要求职称评定者有相应的专业职业资格证书。我们就是这样通过制度与机制的保障及培养来要求在职教师的
理论分析	相比较同市同级的高职院校，天津职业大学师资方面的优势是明显的，激励与培养措施也是多元化的，特别注重了"双师型"师资队伍的培养。但与普通高校相比，还有相当的差距，提升高职院校师资素质不但是天津的个别性问题，也是具有全国性的共性问题
访谈地点	天津师范大学，2009.8.31

　　基础教育领域，目前天津市中小学校专任教师中，现岗高级教师 1.22 万人，占教师总数 13.5%。幼儿园教师中具有专科以上学历的达到 68.6%，小学教师中具有专科以上学历的达到 79.8%，初中教师中具有本科及以上学历的达到 76.5%，高中教师中具有硕士学位的达到 5%。609 名中小学教师被授予特级教师称号，市级骨干教师已达 500 名，区县级骨干教师已达到 4000 名，校级骨干教师已达到 3 万余名。

单位（人）

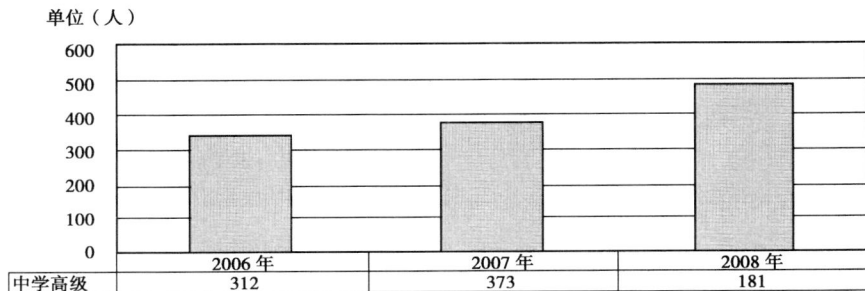

	2006 年	2007 年	2008 年
中学高级	312	373	181

图 3-1　天津市 2006—2008 年小学教师中高级职称变化趋势图（人）

从图 3-1 可以看出，小学教师中高级职称人数上升的势头还是明显的，特别是 2007—2008 学年度上升趋势尤其显性。但总体上来看，小学教师中持有中学高级职称的比例还不高，2006—2008 年比例分别仅有 0.8%，1.0% 和 1.3%。

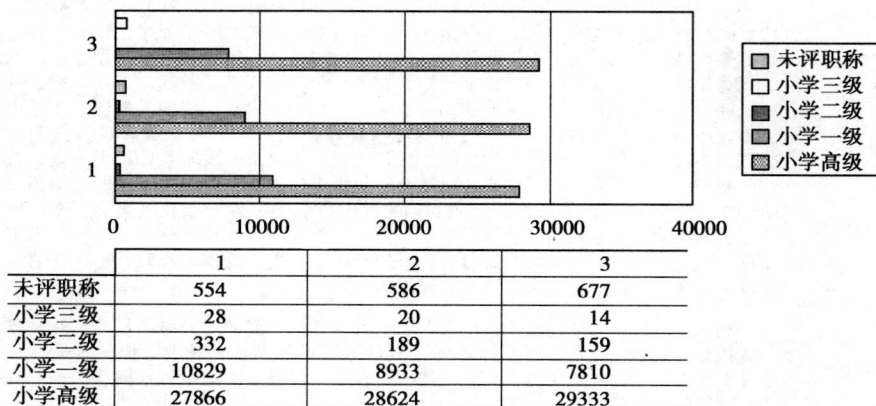

	1	2	3
未评职称	554	586	677
小学三级	28	20	14
小学二级	332	189	159
小学一级	10829	8933	7810
小学高级	27866	28624	29333

图 3 - 2　天津市 2006—2008 年小学教师职称变化趋势图（人）

从图 3 - 2 可以看出，目前天津市小学高级教师比例最高，三年分别占到总数的 69.8%、73.9% 和 76.2%。这么高的比例相对于较窄小的中学高级晋升渠道是一个矛盾，如何解决小学高级教师职称后的激励问题，是天津市职称改革中应注重的问题之一。

表 3 - 6　　　　　天津市 2006—2008 年基础教育段教师学历情况概览　　　　（人）

年份 学历	2006			2007			2008		
	小学	初中	高中	小学	初中	高中	小学	初中	高中
研究生	26	245	700	37	184	429	40	358	759
本科	6331	18066	13887	9666	15652	13432	13349	19771	13914
专科	23231	7084	748	20191	9443	1182	17313	5422	586
高中及以下	10363	886	45	8831	1254	58	7772	754	57
合计	39951	26281	15380	38725	26533	15101	38474	26305	15316

从图 3 -3 可以看出，近三年天津市各学段低学历教师以小学教师比例最高，而高学历教师则在高中学段比例最高。根据各学段三年趋势来看，低学历教师比例在各学段逐年降低，高学历教师则逐年增多。这种现象可能和以下几个因素有关：第一，各学段教师入职学历门槛造成高中学段高学历教

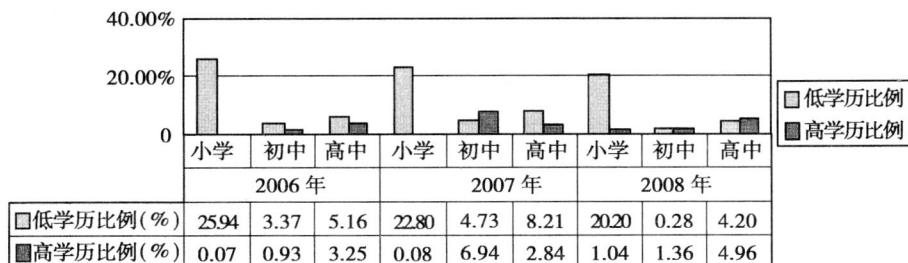

图 3-3 天津市 2006—2008 年基础教育学段教师学历变化趋势图

说明：各学段低学历指小学和初中教师为高中及以下学历，高中教师为本科以下学历；各学段高学历指研究生学历。

	小学	初中	高中	小学	初中	高中	小学	初中	高中
	2006 年			2007 年			2008 年		
低学历比例(%)	25.94	3.37	5.16	22.80	4.73	8.21	20.20	0.28	4.20
高学历比例(%)	0.07	0.93	3.25	0.08	6.94	2.84	1.04	1.36	4.96

师比例相对较高；第二，低学历老教师的退休以及各学段对新教师入职学历要求提升，造成各学段低学历教师比例走低，而高学历比例走高。

特殊教育领域。长期以来，天津市将特殊教育纳入全市社会发展的整体工作之中，坚持"特教特办"重点扶持的政策，使全市特殊教育同其他各类教育得到了同步、快速、健康、和谐的发展，初步形成了一定的优势，为残疾人教育事业深入发展奠定了坚实的基础。现在天津市的残疾人教育已经形成了从基础教育、高级中等教育、职业教育、高等教育的相对完善的体系。在此基础上，残疾人教育还要向两头延伸，即学前教育和更高层次的教育。2008 年天津市共发放特教助学金 242.2080 万元，资助残疾学生 4100 多人。积极开展残疾儿童学前教育，使托幼机构、社区、家庭有效结合，为接受义务教育作好充分准备。目前天津市有各类特殊学校 21 所，其中位于城市 12 所，位于县镇 9 所，都是由教育部门举办或集体举办性质的。共有专任教师 452 人，其中受过专业训练的为 230 人，占总数的 50.9%。共有各学段在校生数 2393 人，师生比约 1：5。从各类特殊教育工作的教师学历来看，本科及以上 190 人，占总专任教师数 42.0%；专科及以下 262 人。学历合格率达到 100%。[①]

————————

① 《2008 天津市教育事业统计资料》。

表 3 - 7　　　　　　　　　**天津市特殊学校教师学生人数情况统计表**

项目	类别	数目	比例（%）
学校（共21所）	城市	12	57.1
	县镇	9	42.9
师生人数（人）	受过专业训练	230	50.9
	专任教师总数	452	师生比（约1：5）
	在校生数	2393	
教师学历（人）	本科及以上	190	42.0
	专科及以下	262	58.0
	学历合格率	\	100

　　由表 3 - 7 可以看出，目前天津市特殊学校在城乡分布上还是比较均匀的，教师学历达标情况较好，但是受过专业训练的教师只占一半左右，可见天津市从事特殊教育工作的教师整体在专业技能上还是有待提升的。

表 3 - 8　　　　　　　　**2008 年天津市特殊教育学校基本情况**　　　　　　（人）

学校名称	在校生数（人）	教职工数（人）	专任教师数（人）	教职工/学生	专任/学生	专任教师比例(%)
天津市和平区培育学校	57	28	16	1：2	1：4	57.1
河东区启智学校	128	30	17	1：4	1：8	56.7
天津市盲人学校	86	51	37	1：2	1：2	72.5
天津市河西区启智学校	118	34	26	1：3	1：3	76.5
天津市南开区育智学校	88	20	13	1：4	1：4	65
天津市聋哑学校	221	118	86	1：2	1：2	72.9
天津市河北区启智学校	70	30	23	1：2	1：3	76.7
天津市红桥区培智学校	112	42	28	1：3	1：4	66.7
天津市塘沽区聋哑学校	\	\	\	\	\	\
天津市塘沽区兴华里学校	102	43	33	1：2	1：3	76.7
天津市汉沽区启智学校	22	20	18	1：1	1：1	90
天津市大港区第一小学	20	19	14	1：1	1：1	73.7

续表

学校名称	在校生数（人）	教职工数（人）	专任教师数（人）	教职工/学生	专任/学生	专任教师比例（%）
东丽区自立学校	21	10	7	1:2	1:3	70
天津市西青区启智学校	34	15	11	1:2	1:3	73.3
天津市津南区培智学校	70	20	16	1:3	1:4	80
天津市北辰区启智学校	40	13	10	1:3	1:4	76.9
北辰区柳滩小学启智班	13	2	2	1:6	1:6	100
北辰区宜兴埠二小弱智班	4	1	1	1:3	1:4	100
启智学校	38	28	26	1:1	1:1	92.9
天津市宝坻区博爱学校	40	28	25	1:1	1:2	89.3
芦台五小弱智班	12	2	2	1:6	1:6	100
静海县建华学校	52	19	15	1:3	1:3	79
蓟县育才学校	55	31	26	1:2	1:2	83.9
另有小学随班就读	936	\	\	\	\	\
中学随班就读	54	\	\	\	\	\
合计	2393	604	452	1:4	1:5	74.8

从表3－8可以看出，天津市特殊教育领域中的师生比较为合理，基本维持在1:3，这体现了特事特办的原则，体现了对弱势儿童的关注度的强化。但同时可以看出，天津市特殊教育学校资源比较分散，发展很不均衡，乡村特校的管理和保育人员太少，有的学校就是一师一校，专任教师既是管理者，又是保育者，还是教师，这样的压力是不言而喻的。同时，这在一定程度上也造成了资源分散现象，如果能将一些过小的过偏远的教学点适度集中，会产生资源共享的整合效应。

民办教育领域。天津市自1993年批准第一家民办学校以来，天津市民办教育稳步发展。据2008年年底统计，天津市在教育部门审批备案的民办高校有1所，民办中学61所，民办小学16所，民办培训机构837所（含老年大学），民办幼儿园57所。有资格颁发学历的民办学校在校生达7万多人，各类培训机构培训达73万余人，民办学校办学内容涉及天津经济社会发展各个行业，为从幼儿园到老年大学各个层次的人们提供了学习机会。目前，天津市各级各类民办学校达 972 所，已成为天津市构建"学习型城市"不可或缺的一环。①

（二）师资队伍建设的特色与成绩

1. 实施"教师教育一体化"工程在全国走在了前列，而对教师教育机构的整合，也具有天津特色，形成了天津模式

教师教育一体化是当今世界教师教育改革的总体趋势，天津市在充分调研的基础上，借鉴国内外先进国家和地区的经验，结合天津市基础教育发展的实际情况，1999 年着手进行"教师教育一体化工程"，到现在已经形成了以天津师范大学为龙头的职前培养和职后培训一体化的"天津模式"。这个一体化指"教师教育办学资源一体化、职前培养与职后培训一体化和教师教育管理一体化"。经过几年的不断完善和实践证明，这种教师教育一体化的"天津模式"是比较符合天津高等师范教育发展需要，也是适合天津教师教育发展需要的。

访谈对象	天津师范大学教师教育处处长
问题	您能介绍一下天津市教师教育的特色吗？
访谈实录	天津市是 4 个直辖市中比较特殊的一个，教师教育的机构严格意义上只有天津师大一家。2001 年，我们下决心整合教师教育资源，把当时的原天津师范学院本科教师培养、天津高等师范专科学校小学教师培养、天津教育学院职后培训这三块儿整合成立了新的天津师范大学。此后若干年中又连续几年把天津幼师整合到天津师范大学，而原来的中师在中师调整进程中都取消了。天津市中小幼教师的培养应该都是一级的，就是本科层次的，学前教育有一小部分有专科，但本科趋势已经很明显了。同时，天津教师在职培训也主要由天津师范大学承担，市教委在 2003 年以 30 号文件形式确立了天津师范大学在天津市教师教育整体工作中的龙头地位，也明确天津师大在教师教育工作中起到主体作用。在此政策引领下，这几年我们的培养和培训都在教委的指导下，进行了一些改革和探索，也取得了一些成绩。总而言之，几句话吧：我们从 21 世纪初，遵循着十几年来教师教育改革的道路，明确了思路：教师教育培养（本科培养）要向高水平，高层次发展
理论分析	本着"两高原则"（高水平、高层次），天津市在教师教育一体化方面进行了体制性的探索，包括整合所有的教师教育机构，提升教师教育层次，来进行教师素质的提升，实现了职前、入职和职后一体化的教师培养，特别是其将"市教育学院"整合进师范大学，以及其一级模式下的教师教育都是未来我国教师教育体制改革的一种探索。目前我国已经初步实现了三级师范教育体制向两级教师教育体制的转化，而两级教师教育体制如何向一级教师教育体制迈进，天津的做法值得总结和借鉴
访谈地点	天津师范大学，2009.8.31

---

① 《天津市表彰 26 所民办教育机构及 49 名教育先进个人》，http://www.crhsi.gov.cn/html/xwzx_news_show.asp? news_id=656。

2. 实施"未来教育家奠基工程"和"265 农村骨干教师培养工程",将前瞻性与政策倾斜性有机结合

为了切实加强天津市中小学教师队伍建设,着力打造一批能够引领天津市素质教育,并能在全国产生一定影响的"专家型"校长和教师,培养和建设一支能够在农村引领课程改革、推进素质教育的骨干教师队伍,带动教师队伍整体素质的提高,为天津市基础教育科学发展和谐发展率先提供有力的人才和智力支撑,2008 年天津市教委联合天津市财政局下发《关于实施天津市中小学"未来教育家奠基工程"、"265 农村骨干教师培养工程"的有关通知》部署,从 2009 年开始,在天津市实施中小学"未来教育家奠基工程"和"265 农村骨干教师培养工程"。目前,"两个工程"遴选出第一期"未来教育家奠基工程"学员 98 名,"265 农村骨干教师培养工程"市级学员 100 名,区县级学员 303 名。

访谈对象	天津师范大学教师教育处处长
问题	天津市基础教育教师政策方面有什么特别举措?
访谈实录	天津是全国的基础教育大省,无论在硬件,还是原有水平上都是很有名的。高中的课改,李岚清副总理主持的现场会就是在天津开的。但是近几年,实事求是讲,天津市经济总量增长不快,所以每年对基础教育投入的专项经费很少。从 2007 年开始,我们分管教育工作的张敬芳副市长,经过大量调研提出了加大基础教育投入的建议。市委市政府很支持,推动了"265 工程"和"未来教育家"奠基工程,这两个工程总体预算各 2000 万。"265 工程"是从教育均衡角度出发的,主要针对农村骨干教师。"未来教育家"奠基工程,一共选 200 人,我们第一期选了 100 人,已经操作了一年了。为期三年,是要在天津基础教育界打造领军人物——教育家。市长讲话也说了,教育家不是培养出来的,是干出来的,但是经过奠基和培养的教师是有助于教育家产生的
理论分析	除了全面提升教师素质,天津市也非常重视骨干教师及名师的培养,体现出了抓两点,抓重点的思路,就是通过区域中心的名师培养,和农村教师的骨干培养,形成天津市教师队伍建设的排头兵,这是吻合管理上的"二八定律"的,但还要在此基础上,找到天津市教师素质提升中的瓶颈因素
访谈地点	天津师范大学,2009.8.31

同时,学前教育也是天津市关注的重点,他们通过引入社会资本等方式来强化学前教育的师资培养。其中,为了提高农村幼儿教师的专业水平,2007 年 11 月,由天津市教委和华夏未来文化艺术基金会共同主办的首届华夏未来农村幼儿教师培训班。11 个郊区县的 40 余名基层幼儿园园长和一线教师接受免费培训,天津市幼教专家为学员讲授幼儿教育专业课程,对他们

进行音乐舞蹈、语言智能、幼儿心理、科学膳食等方面的指导。培训班的目的是通过华夏未来少儿艺术中心这个艺术教育平台，把更多先进的教育和管理理念带到农村幼儿教育机构中，使农村幼教工作者成为幼教事业发展的骨干力量。

3. 围绕"工学结合、顶岗实习"人才培养模式，着力培养"双师型"教师队伍

天津市紧紧把握滨海新区开发和建设国家职业教育改革试验区的机遇，调整教师队伍结构，创新人才培养模式，加快双师型教师队伍建设，职校教师到企业实践已经成为一种制度。同时，创新用人机制，将企业蓝领专家请进课堂，围绕"工学结合、顶岗实习"人才培养模式，着力打造一支能文能武的"双师型"教师队伍。为确保学校教学与生产实践有机结合，天津市教委一方面要求专业教师每年不少于两个月的企业实践，并规定各院校新招聘的教师必须先到企业实习一年，教委给予每人5000元的专项补贴，两年来共投入270万元。另外，天津市还设立500万元的专项基金，每年推选百名青年骨干教师攻读专业硕士，重点培养400名骨干教师，40名高水平、高技能"双师型"专业带头人，目前天津市高职院校中"双师型"教师已超过40%。此外，天津市中职学校师资队伍学历整体水平不断提高，本科及以上学历的教师占总数的84%以上。实行新教师上岗前必须经过企业培训的制度，几年来，中职学校教师到企业锻炼人（次）数超过专任教师的50%。同时，天津市职业教育创新用人机制，将企业、行业技能精英请到职业学校任教，建立起一支超强的兼职教师队伍。

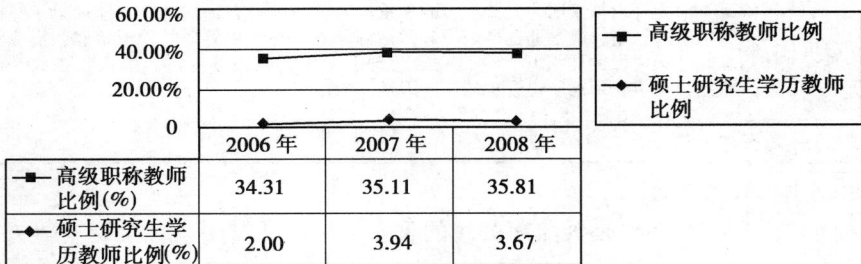

	2006年	2007年	2008年
■ 高级职称教师比例(%)	34.31	35.11	35.81
◆ 硕士研究生学历教师比例(%)	2.00	3.94	3.67

图3-4　天津市2006—2008年中等职业教育教师队伍
高学历及高级职称变化趋势图

访谈对象	天津市教委主管职业教育处长
问题	您能介绍一下天津市近几年职业教育的政策举措吗？

访谈实录	2006 年，我们将职业学校骨干教师建设规划列入《国家职业教育改革试验区建设实施方案》中，明确培训目标："十一五"期间，按照"统筹规划、分批培训；按需培训、注重实效；强化技能、提高素质；校企结合、共同培养"的原则，将对 2170 名中等职业学校专业骨干教师进行培训。同时我们也通过制订工作方案及一系列职业教育师资队伍建设工作的指导性的文件，实行目标管理，将任务进行分解，落实到单位和个人
	    在专任教师下企业方面，我们制定了鼓励教师到企业实践的相关政策，要求职业学校教师每两年必须有两个月的时间到企业实践，各办学主管部门、中等职业学校要建立教师到企业实践的考核登记制度，将到企业实践情况计入教师业务档案，作为教师职务聘任、考核和晋级的重要指标。教师到企业实践要计入教师继续教育的课时总量。几年来，中职学校教师到企业锻炼人（次）数超过专任教师的 50%。对于新来的教师，我们要求他上岗前必须经过企业培训
	    从 2006 年开始，我市实行引进具有研究生学位的青年教师到职业学校任教的政策，三年来，我市中职学校招聘了具有硕士及其以上学位的青年教师 50 余人，第一年全部送到相关企业进行锻炼，熟悉企业情况，了解生产环节，提高专业技能，经考评合格后上岗任教。为此，市教委每年拨出专项资金 100 万元支持这项工作。另外，培训方面我们也开展了不同层次方式的培训，一是送优秀教师参加国家级培训，到目前为止，我市已选送了 21 个专业 315 名骨干教师参加国家级教师培训，选派了 16 名骨干教师到德国参加为期 3 个月的专业培训。这样，提高了受训教师的专业水平，加快了专业带头人队伍的建设。二是我们也充分利用国家级中职师资培训基地和各种培训机构，广泛开展师资培训。这几年，先后脱产培训专业课教师差不多有 500 名。从 2008 年开始，我们采取"师傅带徒弟"的办法，将中职学校教师送到高职学院，与高职学院同专业教师共同备课，共同进行教学活动，共同进行实践，这大大提高了培训的针对性，从目前情况来看，效果不错
	    同时，这几年我们依托天津大学、天津工程师范学院等全国重点建设职业教育师资培训基地，开展培养中职硕士和国际职业技术教育双硕士的培养工作，培养了一批高层次、高素质"双师型"职业教育师资，提升职业教育师资的学历水平与综合素质。大概一共培养了硕士研究生水平教师 200 余人。同时，我们也非常重视帮助职业学校与企业、事业单位建立稳定的合作关系，把聘请兼职教师作为校企合作的重要内容。几年来，我市中职学校为 212 名紧缺专业特聘兼职教师发放补贴 106 万元
	    在职业教育经费投入上，"十一五"期间，市财政、市教委将投入 1000 万元，各办学主管部门配套投入 1000 万元，用于师资队伍建设。各中等职业学校也多方筹措资金，保证了教师培训的经费。总的来说，职业教育"双师型"教师培养这块我们是下了工夫的

理论分析	天津市能依托经济发展与职业教育结合的思路，利用二次开发和滨海新区开发的机遇，对天津市职业教育做出总体规划，并着力打造名师、双师和高素质教师队伍，这些对于职业教育而言，无疑是抓住了问题的关键。天津市职教师资培训总结起来，就是加大投入，强化实践、提升学历、重点倾斜
访谈地点	天津市教委，2009.8.29，个人访谈

    通过上述数据，我们可以得出这样的结论，新中国成立 60 年来，天津市教育事业成绩斐然。高等教育毛入学率达到 55%，不仅快速地实现了由精英教育向大众化教育的转轨，而且进入了高等教育普及化阶段；基

础教育开始由基础教育大省向基础教育强省迈进。从改革开放之初，加强基础薄弱校建设连续三年被列入"天津城乡居民 20 件实事"，到 20 世纪 90 年代，天津市基础教育进入快速发展阶段，1994 年在全国率先普及九年义务教育，1999 年率先基本普及高中阶段教育。进入 21 世纪以来，天津市"历史名校"建设工程效果显著，城乡义务教育全面实现。2008 年，天津市率先实施了城乡义务教育学校免费提供教科书政策。此外，天津职业教育体系也日趋完善。从 20 世纪 80 年代，天津市中等专业学校恢复发展，技工学校和职业中学迅速壮大。到 90 年代，逐步建立起从初级到高级行业配套、结构合理、形式多样的职业技术教育体系。进入 21 世纪以来，天津市又与教育部共建国家职业教育改革试验区，可以说天津的职业教育一直走在全国前列。

（三）师资队伍建设的主要问题

根据访谈及问卷调查的数据进行整理，我们拟从九个维度对天津市师资队伍建设存在的问题进行政策建议式分析。这九个维度分别是：薪酬待遇、职称评定、继续教育、教师结构、年轻教师、工作压力、教师流动、教师管理、班主任工作。在此基础上，分别从幼儿园、中小学、职业教育等方面进行梳理。

1. 幼儿园师资队伍建设中存在的问题

天津市幼儿师资从其来源来说可分为三类，一是天津师范大学师范学前教育专业或其他本科专业毕业生；二是原天津师范学院学前教育专业毕业的大专生；三是其他专业的高中或初中毕业生。其中城区公办幼儿园以第一类生源为主，目前对于引进新教师的最低学历也是本科；民办幼儿园、农村幼儿园师资来源较多，以第二、三类为主。从调研中幼儿教师们反映的情况来看，天津市幼儿教师队伍建设主要存在以下问题：

（1）教师结构有待优化

教师结构可以从年龄结构、性别结构、职称结构、学历结构和学缘结构等方面进行说明。前面我们谈了天津的学缘结构，总体来说，这种学缘结构还是比较单一，还需要强化不同地域间的不同大学间的教师来源，避免"近亲繁殖"现象的产生。从教师年龄结构上，城区公办幼儿园教师老龄化问题严重，这可能和它建园历史较久有关，从而使得这类幼儿园在教师上存在着青黄不接的现象。农村民办幼儿园以年轻教师为主。无论城乡，幼儿园教师队伍都不够稳定。在性别结构上，天津市幼儿师资还是以女性教师为主，这也是各地幼儿教育师资队伍的一个普遍现象。据《天津市 2008 年教育事业统计资料》，截至 2008 年，天津市各级各类幼儿园共有教职工数 15000 人（不含代课及兼任教师），其中女教师 13609 人，占 90.73%，男女教师比例约为 1∶10。

访谈对象	访谈实录	理论分析
女，40 多岁，城区幼儿园，公办教师	干了这么多年也挺开心的，我们老师都挺敬业的。就是现在这个教师队伍吧，有点老的老，小的小，我这虚岁 40 的是我们园的年轻人。我从 21 直年轻到 40，今年正式分的可能就两个二十来岁的，三十来岁的断档	城区公办幼儿园老龄化问题严重，男性教师极度缺少。这种现象在全国范围内比较普遍，这对于儿童童年时的坚韧性会有所影响，所以适当均衡幼儿教师的性别比还是必要的
女，30 岁左右，城区幼儿园，公办教师	我们园里还是年纪比我大的教师多	
城区公办幼儿园园长，30 多岁，女	存在老龄化问题，平均年龄大约有 45 岁的样子。我们这些老师责任心还是很强的，不会说工资少点儿就不积极。但是年龄在这儿，身体状况总是会受影响的，不像年轻老师那么有活力。性别上，就我知道的，我们县公办幼儿园有 57 个教师，男性 3 个，一般做保健，不教课	
教育局科长	农村一些民办幼儿园流动性比较大，幼儿园教师，多数事实上就是保育员，还是比较年轻的	

从调查问卷抽取的样本来看，幼儿园教师队伍中，性别结构上，幼儿园女教师占了绝大多数，男教师仅占 1.7%，比统计资料显示的男女教师 10∶1 的比例还要悬殊，而九成左右的幼儿园教师和园长都赞同鼓励男性教师进入幼儿园工作，说明这个问题还是值得关注的。年龄结构上，教龄 4—25 年间，经验较为丰富的幼儿园教师占了七成多，教龄在三年以内新入职教师数量其次，占到 13.3%，教龄在 26 年以上的教师合计占到 11.7%，说明幼儿园教师中年龄结构有老龄化的趋势，新教师补充略显不足。

（2）学前教师职称评定公平性有待提高

访谈中，幼儿教师们普遍认为目前天津市现有职称评定体制难以满足他们向高职称努力的愿望，这在相当程度上影响了幼儿教师的积极性，以及吸引更多优秀人才从事幼儿教育工作的动力。从问卷分析的情况来看，中学高级职称的幼儿园教师非常少，不到 3%，这从一定程度上说明幼儿园教师要评中学高级职称确实较为困难。11.1% 的幼儿园园长认为幼儿园教师职称问题得不到解决的问题是非常严重的，75.9% 的幼儿园教师对职称政策特别不满，从两项对比来看，教师自身对职称问题的诉求更为明显，而多数园长都已经是中学高级，对此问题并不敏感，也没有将自己园所的教师职称问题列为重点的政策诉求。

访谈对象	访谈实录	理论分析
城区公办幼儿园教师,女,45岁	这个职称,你说像我这个年纪,要在小学吧,高级早就上去了。教师情况的根本原因还是职称和待遇问题。我们天津市,小学和幼儿园教师职称没有分开,也使用小学的职称,这样的话老师一般到中级走高级,小中高全县一个都没有,到不了高级,这样的话老师从本身来讲,就不愿意来幼儿园	职称的区别让幼儿园教师觉得不公平

（3）幼儿教师继续教育与培训有待加强

　　从教师座谈来看，目前天津市幼儿园教师培训以园本培训为主，高层次的培训广度和力度还不能满足教师对于提升自己的愿望。在继续教育专业对口问题上，所学非所教问题特别严重。一方面是因为幼儿教育专业学历层次相较其他专业较低，另一方面是因为老师们往往选择容易通过的一些专业进修。尽管天津市对此进行了政策的引导，但专业不对口现象还是很严重的，这从下述访谈中就可以洞察一二。

访谈对象	访谈实录	理论分析
两人都为公办女教师。X1,30多岁,农村幼儿女教师。C1,50岁,城区幼儿女教师	X1:现在是大专,原先是天津幼师毕业的,中专,后来在电大进修的汉语文学,那时要是有学前教育我就选学前教育了 　C1:一开始是中师毕业,转入幼师。最早在中学,进城的需要,从事幼教工作,已经十六七年,进入幼教时是小高。目前学历两个本科,一个中文,一个法律,两门都是自考	所学非所教的现象在农村和城市都存在
公办幼儿园园长,女,30多岁	我们的培训应该说采用不同方式吧,比方说国家级的培训我们几乎是没有的,但是国家级大型的教研活动我们还是参加的,国家级的课题我们也跟着走。市级的培训我们都有,还有幼儿园自己的如园本培训什么的我们都是有的。我们每年市里县里都会开展这种培训,还有一些教研活动老师们也都会参加。事实上我们市各级对幼儿教师的专业的培训还是挺强的,经常组织一些外出学习,大规模的培训,把专家请进来,我们主要是通过这个,真正的学历进修还是比较少的。主要以本园为主,缺什么培训什么	幼儿园的培训还是以园本培训为主
教育局科长,男,40多岁	公办的幼儿园一般都能达到全员培训,你像民办的话,他怕流动性比较大,可能无法达到。自己组织的培训应该比较少,一般到园长这层	民办幼儿园师资在职培训不规范,有待强化

从对问卷进行分析的情况来看，首先本科学历的幼儿园教师是主力军，占到60%以上，其次是专科学历，比例占到33.9%。但是在个别幼儿园中还有教师仅为高中（中专）学历，硕士学历的教师还占不到1%。在对今后幼儿园教师应达到的最低学历的看法的调查中，60%的园长都选择了本科学历，36.4%的园长认为专科学历可以满足教学需要，而无人认为幼儿园教师需要硕士学历。这两项数据说明天津市幼儿园教师的学历水平基本达到需求，但同时也有较大的提升空间，尤其是将专科学历的幼儿园教师提升到本科学历。从长远看，这应符合天津市教师教育一体化的要求，也符合天津市一级教师教育体制的现实。从上述数据和调查同样可以看出，目前一级化的天津教育体制并没有完全发挥功效，还没有实现体制变革的外在附加价值。

在职培训方面，在抽取的样本中，近三年来参加专业培训的时间累积超过三个月以上的幼儿园教师占37.5%，参加两个月内的短期培训的占到57.5%，有5%的教师表示未接受过培训。说明天津市对幼儿园教师培训的普及性还是比较高的。如表3－9所示，对于参加培训的原因，63.5%的教师认为是教学需要，21.7%的教师是出于自我充电的目的，在领导要求下被动参加培训的教师也占到了9.6%，此外，还有教师是出于职称晋升的需要。对在职幼儿教师进行培训最有效的方式进行选择时，首先学、教、研相结合是他们认为最好的方式，其次是短期培训和学历提高。

表3－9 **幼儿教师培训原因及培训形式倾向性排序表**

	问题排序	选择比例（%）
培训原因	教学需要	63.5
	自我充电	21.7
	领导要求	9.6
	职称晋升	3.5
	其　他	1.7
培训方式有效性	学、教、研相结合	86.6
	短期培训	11.7
	学历提高	1.7
	其　他	0

（4）幼儿园正式编制过紧，致使幼儿教师工作压力加大

幼儿园老师们普遍认为人事编制较紧，这使得老师们的工作量增大，特别是幼儿安全方面的压力很大。

访谈对象	访谈实录	理论分析
公办幼儿园园长，女，30多岁	我觉得就我县整体来看，最大的问题还是教师不足，整体教师缺编，特别是比较偏远的地方。我们园是县里较老的园，我们园正式编制占的比例也不多。教师情况的根本原因还是职称和待遇问题。我们天津市，小学和幼儿园教师职称没有分开，也使用小学的职称，老师一般到中级走高级，小中高全县一个都没有，到不了高级，这样的话老师从本身来讲，就不愿意来幼儿园。总之，我觉得目前我们县幼儿园教师整体缺编	编制、职称在幼儿教师眼里是幼儿教师队伍建设的"硬伤"

从问卷分析的情况看，由于人事编制较紧，还有少量的幼儿园教师属于外来教师或聘任人员，造成其缺少安全感，教师对该问题的严重程度认知如下：认为非常严重的没有，比较严重的也仅占0.8%，说不清的占9.1%，不太严重的占6.6%，根本没问题的占83.5%。总的来看，大部分教师没有被该问题困扰，但认为也有部分教师不同程度的存在着安全感问题，应考虑到他们的需求；此外，占近半数（占47.1%）的幼儿园教师表示感到工作压力大，已经影响了自身的健康与专业发展，39.7%的教师表示自己基本或完全没有这方面的情况。压力是造成教师职业倦怠的重要因素，在普遍感到有压力的情况下，仅有24.2%的幼儿园教师表示自身根本不存在职业倦怠的问题，其余教师都存在不同程度的职业倦怠问题。从调查情况来看，大部分幼儿园都已经意识到教师面临着的压力及其造成的负面影响，采取了一些积极措施，如园所对教师进行心理辅导，缓解其压力和不良情绪及通过关注教师的身体健康、家庭问题等措施来给教师减压。73.7%的教师表示所在园所能经常为他们进行心理辅导，缓解其压力与不良情绪；95.1%的教师表示其所在园所关注他们的身体健康，每年都能组织其进行体检，仅有4.1%的教师表示他们基本或完全没有享受过这种待遇；86.9%的教师表示其园所关注他们的家庭问题，能使他们的工作无后顾之忧，这些园所为其教师减压而采取的有力举措都是值得积极改进和推广的。

（5）年轻教师教学实践能力及敬业精神有待提高

教师们普遍反映新教师本身素质不错，理论功底强，但是实践能力较弱。另一方面，相较于老教师，年轻教师的敬业精神有待提高。

访谈对象	访谈实录	理论分析
城区公办幼儿园园长,女,40多岁	就我们区县而言，一直搞园本调研，通过这个来提高师资水平，今年我们一下分了23个老师，现在我们武清学前师资来源需本科毕业，今年19个幼教专业本科生，这些老师理论功底强，本身文化根基不错，但缺少幼教专业技能技巧，如音乐、体育、舞蹈、画画等。通过园本教研提高他们整体素质。这些人一部分是天津师大毕业的，今年也有哈尔滨师大的。他们本身素质好，接受快。平时有什么问题，给他们指出来能很快纠正过来，总的来说还是不错的	城区公办幼儿园教师的学历要求还是比较高的，师资来源还是不错

从问卷分析的情况来看，尽管绝大部分的幼儿园教师认为自身具有较好的教学能力、反思能力，且具有扎实的保育知识和保育技能。但通过对不同教龄的教师作差异性分析，还是可以发现年轻教师和老教师在实践操作能力上的差距，如教龄在3年以下的幼儿园教师与教龄在7—25年间的资深教师在是否具有扎实的保育知识和保育技能上存在显著性差异（$P < 0.05$），年轻教师对自己知识、技能持不确定性态度的比例比资深教师要高，所以有必要对年轻教师加强操作技能方面的培训。

（6）农村幼儿园教师队伍流动性大

由于农村幼儿园地区分布比较分散，加上没有统一的管理制度，使得农村幼儿园教师队伍数量庞大但是不稳定，教师们在农村没有扎根思想，教学质量也难以保障。

访谈对象	访谈实录	理论分析
幼儿园教师，女，40多岁	我们园教师队伍还是挺稳定的，应该说城区都挺稳定的，农村的一些民办幼儿园流动性要大一些，因为他们没有正式编制，所以在职称、奖金和晋职方面有诸多障碍，故稳定性和积极性都较差	受编制、职称等因素影响农村幼儿教师稳定性差

（7）现有待遇不能满足幼儿教师要求

从问卷分析情况来看，所有的园长都表示自己园所教师的工资能足额按时发放。对年收入的满意度上，有42.2%的幼儿园教师对自己全年收入很不满意，有11.6%的幼儿园教师表示收入少、待遇差的问题非常严重，仅有19.0%的教师认为根本没有这方面的问题。由此看来，对年收入不满意的问题在幼儿园教师中还是比较普遍的。

（8）幼儿教师专业发展中存在的问题

为了了解如何促进幼儿教师队伍的全面建设，本调查就幼儿园教师专业发展中存在的诸多问题进行了较为全面的分析。首先就当前幼儿教师观念系统中存在的主要问题进行了讨论，按严重性排序依次是缺少教育理念、教育观念落后、其他、缺少对事业的忠诚、师德存在问题，如表3－10所示；其次在对当前幼儿教师专业发展中较多的问题进行调查时，结果如表3－11所示，依次是专业知识和技能拓展的机会少，教学能力提升的途径单一，教师缺少职业生涯规划，学历提高的机会难得。

表3－10　　　　　天津幼儿教师教育观念与信仰程度统计表

		结果	
		人数（人）	百分比（%）
观念问题	a. 缺少对事业的忠诚	20	16.4
	b. 缺少教育理念	53	43.4
	c. 教育观念落后	51	41.8
	d. 师德存在问题	5	4.1
	e. 其他	25	20.5

表3－11　　　　　天津市幼儿教师专业发展问题统计表

		结果	
		人数（人）	百分比（%）
专业发展问题	a. 专业知识和技能拓展的机会少	62	50.8
	b. 教学能力提升的途径单一	52	42.6
	c. 教师缺少职业生涯规划	35	28.7
	d. 学历提高的机会难得	13	10.7
	e. 其他	18	14.8

2. 中小学教师队伍建设存在的问题

（1）青年教师实践能力和敬业精神有待加强

随着教师教育的发展，教师培养的层次水平越来越高，到小学任教教师的学历水平有了大幅度提高，但从调研来看，青年教师的教学实践能力特别是教学基本功还有待加强，同时年轻教师的敬业精神与老教师相比显得不够。

访谈对象	访谈实录	理论分析
城市女教师，30多岁	新来的老师，我觉得吧，三笔字不行。现在能把字写好得很少，年纪大的老师字可能更好	在老教师眼里，新教师本身的理论素质是值得肯定的，但是他们的实践能力及责任感方面还是有待提高的，这种现象各学段普遍存在
城区小学校长，女，40多岁	青年教师业务素质较好，但是师德有待提升，老教师责任心较强	
农村小学校长，女，40多岁	从敬业精神来讲，老教师强于青年教师，从专业知识来讲，青年教师要高于老教师。你像老教师，他可能愿意参加培训，但是去了也不一定能接受多少。而青年教师他接受起来快	
初中农村男教师，40多岁	他们接受起来较快，但实际操作可能需要再练	
农村初中男校长，40多岁	新教师的素质好，但岗前培训不足，普通话没问题，真正师大毕业的行，其他非师范类的岗前培训太短，但是接受力强	

在对中小学教师的问卷调查中，接近半数的教师表示不存在因年龄太轻、资历浅而不被重用的问题，25.2%的教师表示该问题不太严重，仅有7.7%的教师表示这方面的问题非常或比较严重，这说明被调查地区的年轻中小学教师在发展的公平性上的感知还是比较正面的。在教育信仰方面，各个教龄阶段的教师都有80%左右表示其具有极大的教育教学成就感，这一点上年轻教师的感受与老教师没有明显差异。

（2）继续教育所学非所教，培训经费较紧，培训形式及内容有待改善

关于教师的继续教育，我们主要着重访谈两个方面，一个是学历进修，一个是在职培训。

学历进修方面，教师们在入职的基础上均有不同程度的学历提升，这也说明了我国中小学教师前些年基础的薄弱和近几年的进步，目前天津市中小学教师，特别是年轻教师基本上都达到了本科。

从访谈情况来看，各学段教育硕士的比例很少。小学、初中教师队伍中几乎没有，高中和职教会有零星几位教师。整个武清区只有24名教师已取得教育硕士学位，35名正在进修中。这可能和在职读教育硕士对于这两个地区的教师来说，工学矛盾较严重以及这两个地区关于攻读教育硕士学位的氛围和行政部门的引领有关。

在职培训方面，教师们反映出来的问题主要有：第一，培训内容偏重于理论方面，这让以实践为主的教师一方面不能提起更多教师的兴趣，另一方面也从根本上导致了培训不能达到实际效果。第二，培训经费紧张，这使得培训的教师覆盖面不广，能参加高层次培训的名额很少。

访谈对象	访谈实录	理论分析
城区小学女教师，50 多岁	我们现在老师培训，每个学期所有老师有个脱岗培训还有点成效的，还有一些教研室培训，每个学期都搞。学校还有一个自培训，另外老师要出去培训，我们会适当考虑安排。还有集体备课、研讨、赛课什么的都有	就培训而言，脱产培训的效果还是好于在职培训的。但是脱产培训带来的高额培训经费是一个困扰教育行政部门的问题
蓟县教育局副局长	我们这还有一个教师学习中心，这个中心投入 300 万元进行吃住全封闭式培训，免学费，免住宿费，补交通费、伙食费，叫两免两补。充分利用了现有资源，这个教师反响较好，但投入经费是个问题，义务教育经费还是应该提高	

对中小学教师队伍建设的调查显示，在抽查的样本中，以本科学历教师最多，比例高达 73.8%，居第二位的是专科学历，占 14.3%。值得注意的是，硕士研究生与专科以下学历的教师所占比例都较小，硕士学历的仅占 1.3%。按照小学教师中师以上学历为达标，初中教师大专以上学历为达标的标准，可以看出所调查地区的中小学教师已经达到中小学教师所要求的学历标准，并高于全国平均水平。但作为沿海经济比较发达的地区，教育更应该优先且超前发展，从社会发展的客观需求来看，天津市的中小学教师的学历水准还有一定的提升空间。那么作为发展主体的教师对提升自身学历的内在需求程度又是怎样呢？从图 3-5 可以清楚地看到小学教师和中学教师对学历进修的不同要求。小学和中学教师中都有超过半数选择了最低学历应该达到本科，选择博士的比例都占很小。二者需求区别体现在，首先是对专科学历的认可度上，42.1% 的小学教师认为专科学历可以作为底线，而中学教师中认为专科学历足够的仅占 4.2%；其次是对进修硕士学历的需求上，仅有 3.4% 的小学教师认为最低学历应达到硕士，而有将近 1/3 的中学教师认为今后中学教师的最低学历应达到硕士。由此看来，今后对中小学教师的学历进修应该有所区别和侧重，小学教师主要是将专科及以下学历提升到本科学历，而中学可以逐步实现从本科向硕士学历提升的目标。

此外，分析有关中小学教师培训的相关题项后有以下几点发现：近 3 年来，参加专业培训的时间超过 3 个月的中小学教师占到 40.5%，一到两个

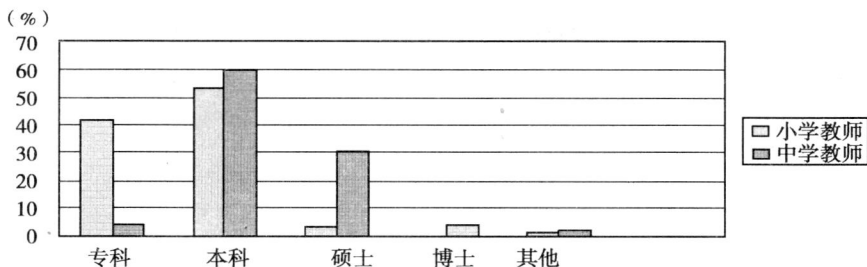

图 3 - 5　中小学教师对学历进修的不同要求

月的占 36.5%，3 周及以下的占 19.3%，未培训过的不足 4%，这说明天津市各级各种培训的普及性还是比较高的。在已有各种形式的培训中，中小学教师认为卓有成效的，对其帮助很大的有哪些呢？从图 3 - 6 可以清楚看出，在新课改已经比较顺利地进行到第三轮的情况下，对广大中小学教师进行的新课程培训是功不可没的，它使教师们迅速接受新理论，掌握新方法。信息时代背景下，对教师进行针对性的教育技术培训显得尤为必要，它使教师掌握了现代教学所必需的多媒体技术等；综合培训的效果在广大教师看来，效果不甚明显，说明还是目标明确、有针对性的培训对教师的帮助更大。普及培训只是一种手段，关键是要通过培训真正地达到促进教师素养、专业技能的提升和实现其专业发展的目的，这就需要进一步探究教师参加培训的原因及他们认为有效的培训手段，以改进现有的培训理念和形式。如图 3 - 7 所示，首先将近一半的教师是出于教学需要而参加培训，其次是自我充电需要的占 26.5%，有 16% 的教师选择了职称晋升的需要，仅有 5.5% 的教师是出于领导的要求，这反映了教师参加培训的内在积极性还是比较高的。对在职教师培养最有效的形式选择，如图 3 - 8 所示，81.3% 的教师都选择了学、教、研相结合的形式，占 12.3% 的教师选择了短期培训，仅占 5.3% 的教师选择了学历提高。这两项数据之间存在着内在一致性，正是因为多数教师是出于教学需要而参加培训，那么对他们来说最有效的培训方式当然是学、教、研相结合的形式了。

同时，中小学校长对"教师进行继续教育"的调查显示，校长们普遍认为，教师在教育观念方面和专业发展方面还存在着不少问题。其中在有关教师观念系统存在的主要问题调查中，46.8% 的校长认为"教育观念比较落后"，占 58.9% 的校长认为"缺乏教育理想"，占 44.0% 的校长认

（%）

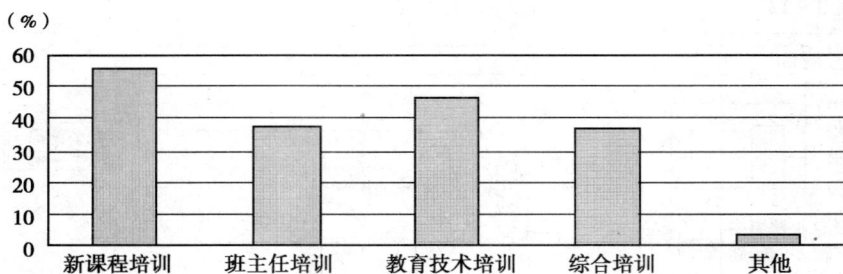

图 3 - 6　中小学教师参加的培训形式

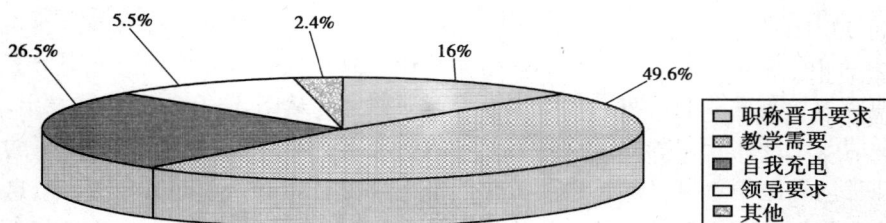

图 3 - 7　中小学教师参加培训的主要原因

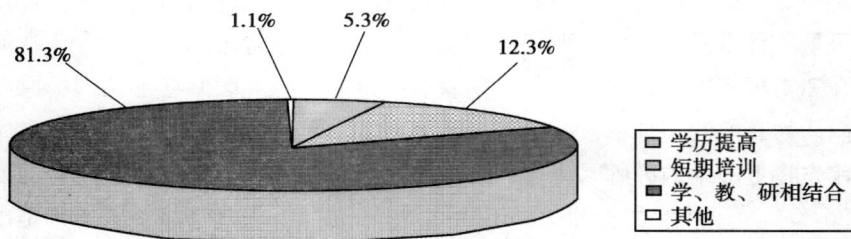

图 3 - 8　中小学教师在职培训最有效的形式

为"缺少对事业的忠诚"。而有关教师的专业发展所存在的问题调查显示，"专业和拓展知识强化不足"和"缺少职业生涯规划"是存在问题较多的两个方面，分别占到 60.3% 和 56.0%。这种现象的出现并不是单纯的教育问题，而是一个复杂的社会问题。这就需要在今后的教师培训方面不断加大对教师培养和教育的力度，重新树立教师的社会地位与角色，并且对教师在专业知识强化，以及教师职业生涯规划等方面进行有针对性的培训。这样才能使教师教育观念落后的局面有所改观，使教师得到全面的发展。

表 3 - 12　　　　　教师观念及专业发展相关问题问卷分析　　　　（％）

题目	选　项			
教师观念系统存在的主要问题	缺乏对事业的忠诚	缺少教育理想	教育观念比较落后	师德存在问题
	44.0	58.9	46.8	18.4
教师专业发展中存在较多的问题	专业和拓展知识强化不够	各项能力无法提高	缺少职业生涯规划	其他
	60.3	22.0	56.0	5.0

在对中小学校长进行现有教师培训政策执行效果的满意度调查时显示，超过73.1%的校长对于现有通过学历提升政策和非学历进修政策对于教师的素质提高所产生的效果是比较满意。这也表明，目前天津市对于教师培训的政策执行情况是比较乐观的，而提高教师素质的方法途径较为全面。这种以学历教育和非学历教育相结合的教师素质提高方式也比较适合当前的教师接受继续教育。

表 3 - 13　　　　　中小学校长对教师学历进修效果的看法　　　　（％）

	完全同意	基本同意	说不好	不太同意	完全反对
现有学历提升政策对强化教师素质效果明显	22	51.1	8.5	14.9	3.5
现有非学历进修政策对教师素质提升效果明显	12.1	62.4	11.3	12.8	1.4

在教师进行继续教育的方式方面，74.5%的校长认为，目前天津市为教师的职前、入职和职后培训等方面都做了一个较为合理的设计。政府给教师的专业发展也提供了一个良好宽松的培训制度和环境。92.9%的校长认为对在岗教师采取"学教研相结合的方法"是最直接有效的。对学校青年教师的培养，46.1%的校长们认为"师傅带徒弟"的传统培养方式仍旧是目前对青年教师进行培训的最主要方式。但同时，校长们也表示"不脱产进修"和"工作中压担子"两种方式，也是也培养青年教师不可或缺的形式。

表 3 – 14　　　　　　　中小学校长认为的新教师培训的有效方法　　　　　（％）

题目	选　项			
青年教师培养的 最主要方式	脱产进修	不脱产进修	师傅带徒弟	工作中压担子
	6.1	22.3	46.1	25.5
在岗教师培养的 最有效方式	学历提高	短期培训	学教研相结合	其他
	0	6.4	92.9	0.7

（3）教师职业倦怠严重，高级职称名额少，但教师对此的期望值并不高，教师激励难度加大

小学教师和中学教师一般对于职称的反映主要集中于高级职称比例太少。同时，校长反映高级教师职业倦怠问题较严重，成了他们日常学校管理中的一个难题。

访谈角色	访谈实录	理论分析
农村小学女教师，工作 9 年	小中高职称的很少，我们学校好像没有，有几位老教师正在努力中。每年的比例太少了，很难评上	教师高技术职称比例偏低，评上不容易，评上后教师又不珍惜，这个问题还是需要相关对策解决的
城区中学女教师，30 多岁	每年学校要是能评到超过两个中学高级，就很不错了	
城区初中男校长，40 多岁	工作中的一个难点是高级教师的管理。他评到高级了，就有船到码头车到站的想法，所以高级越多，我这校长越难分配活儿。所以我寻思着是不是高级教师这块还应该分分档	

此外根据《中国青年报》① 的报道，天津市教师职业倦怠情况不仅仅存在于高职称教师，在中小学还是比较普遍的。

天津："教师专业发展现状"调查报告发布

在由北京市海淀区教委主办的京津沪渝 2009 年教育研讨会上，天津市南开区教育中心发布的"关于教师专业发展现状"调查报告的内容令人触目惊心。这份刚出炉的问卷调查对象为中小学校长、教务主任以及教师等，调查历时近一年，共回收有效问卷 1214 份。

调查发现，目前教师对自己的职业缺乏专业感，缺乏以专业人员标准要求自己的方向感，因此在工作中难有较强的成就动机、责任心、进取心，这些将会直接影响教师工作质量的提高。值得注意的是，此次调查显示在教师

---

① 《"教师专业发展现状"调查报告发布》，《中国青年报》2009 年 5 月 9 日。

的学生观上，特别是如何转化后进生的问题上，有很多教师明显感觉不自信，也无从下手进行努力。只有33.5%的教师"相信通过老师的帮助，学生一定可以转差为优"，而65.7%的人对转变"学困生"信心不足，认为"教师可以努力去帮助他们，但是结果很难预料"。

在对中小学教师进行的问卷调查中表明如图3-9所示，44.3%的教师表示他们根本不存在职称得不到解决的问题，其余教师都认为该问题不同程度的存在。这反映了职称的评定在中小学中已经逐渐失去了其激励的一面，而多数教师由于长期职称问题得不到解决，特别是农村中小学教师，逐渐形成了"职称麻木"现象，这在很大程度上反映出了我们日常管理中的一些弊端，同时也暴露了现如今中小学教师存在的严重的职业倦怠现象。

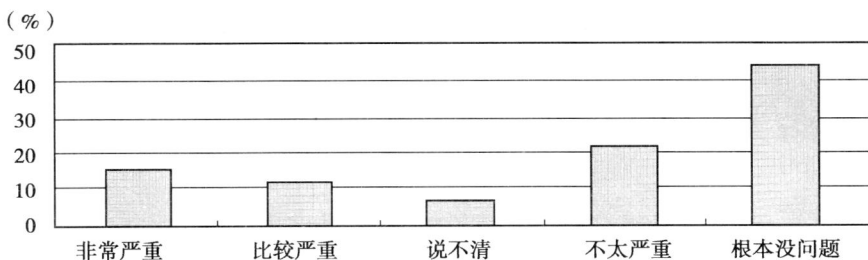

图3-9　中小学教师对"职称问题得不到解决"的看法

在对中小学教师队伍建设问卷进行分析过程中，通过对中小学教师的职称与其职业倦怠程度作卡方检验的结果也从一定程度上印证了这一说法。如图3-10所示，在存在非常严重的职业倦怠问题的教师中，排前两位的是中学一级和中学高级职称的教师；在存在比较严重的职业倦怠问题的教师中，排前三位的依次是小学高级、中学一级和中学高级职称的教师，这在一定程度上反映了评职称依然是相当数量的中小学教师职业发展的动力，而如何通过改革职称评定制度或学校内部的管理方式来激励已经评上高级职称的教师继续发展，减轻其职业倦怠感应是关注的重点。

（4）中小学教师待遇较低，人们期待绩效工资能切实落实到位

从调研的情况看，目前天津市的教师工资都能按时足额发放，不存在拖欠现象。教师们的工资在2万—4万元之间，普遍情况是除了工资以外，不管城市还是农村，基本上都没有另外的收入，教师的隐性流失现象（带家

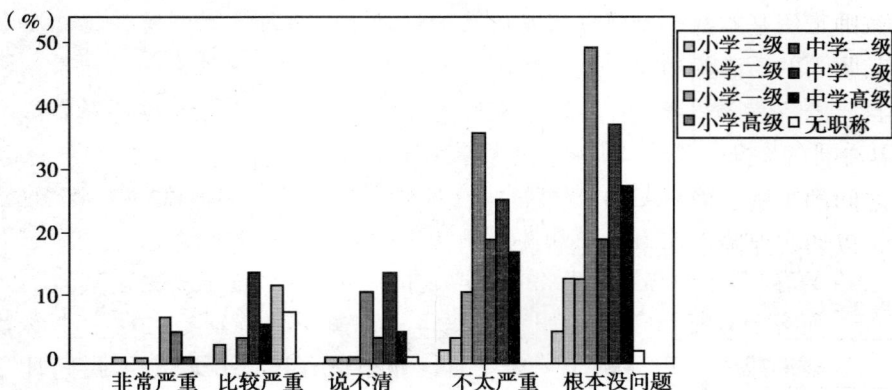

图 3 - 10　不同职称中小学教师职业倦怠情况分析图

教、课外开班等）的行为是教委严令禁止的。在我们实地调研的武清区和蓟县，访谈中得知武清区教师年终一次性奖金即为第 13 个月工资。蓟县则没有年终奖。教师的工资基本能满足日常生活所需，但对要买房或车的人来说，压力还是有点大的。此外，关于待遇，教师们反映问题时参考的对象往往是公务员。

访谈角色	访谈实录	理论分析
蓟县城区中学政治教师，女，29 岁	1 个月 1800 元，一年大约是 2.5 万元吧	各学段教师年收入差距不大
蓟县职业学校教师，女，40 多岁	一年大约有 3 万元吧，以前有奖金，现在没了，可能是财政紧张吧，我们也理解	
城区小学教师，女，30 多岁	一年 3 万多一点吧，绩效工资非常赞成	

对中小学教师队伍建设的问卷进行分析后发现，99.2% 的中小学教师表示他们的工资能够足额、按时发放，这一点同访谈教师的结果基本一致。在教师对收入的满意度的调查，如表 3 - 15 所示，超过半数的中小学教师对其年收入不满意。且在对收入少这一问题严重性的判断上，有超过半数（60.1%）的教师认为收入太少的问题非常严重或比较严重，有23.8% 的教师认为该问题不太严重，仅有 7.4% 的教师表示不存在该问题。教师待遇另一种体现是其是否真正享受带薪休假，调查中有 76.4% 的中小学教师表示他们真正拥有寒暑假带薪休假，在假期和周末不进行补习，16.5% 的教师认为自己没有真正享受这个权利。综上所述，虽然天津

市教师工资基本都能按时足额发放，不存在拖欠现象，但广大中小学教师对其收入的不满意也是显而易见的。结合访谈中教师的观点，他们通常是把自己的待遇同公务员作横向比较，所以确定一个参照当地公务员的标准解决中小学教师工资、津贴补贴问题，逐步消除本地区中小学教师与公务员之间的工资、津贴补贴的差距，才能真正让广大中小学教师对待遇满意，以切实保障中小学教师的合法权益。

表 3-15　　　　　　　　天津市中小学教师对其收入的满意状况

我对自己的全年收入是满意的	比例（%）
完全符合	6.9
基本符合	25.7
说不清	14.1
基本不符合	32.9
完全不符合	20.4

　　就中小学校长对教师队伍建设情况的调查来看，为了适应社会发展的速度与水平，我国教育也在不断进行改革与发展，诸如素质教育和新课程改革等措施的不断实施。然而这些措施的实施都对教师在知识储备、教学能力和教学方法的更新方面提出了更高的要求。这使得教师的工作量变得非常繁重，除正常的教学工作，还承担了许多繁杂的非教学任务。但是与繁重的工作相比，教师的经济收入却不甚乐观，大多数教师都表示自己的劳动付出与收入存在明显差距，教师的收入较低却是一个不可回避的事实。其中，有 68.6% 的校长表示在天津市"教师待遇不低于本地区公务员平均水平的落实情况"不甚乐观，更有 27% 的校长认为这个不低于当地公务员平均工资水平的落实情况其实很差。这些都能说明教师的经济收入确实有待于提高。教师本身工作负担就很重，而其生活负担也很沉重。特别是一些中年教师大多都是上有老人需要赡养，下有孩子需要抚养，除此之外还要供房子、车子等。因此，较低的经济收入，使得教师在生活方面产生了巨大的经济压力。

　　同样，在对中小学校长进行调查后发现，有 51.7% 的校长普遍认为目前教师政策中最需要健全与完善的是教师待遇政策，其次才是教师的

（％）

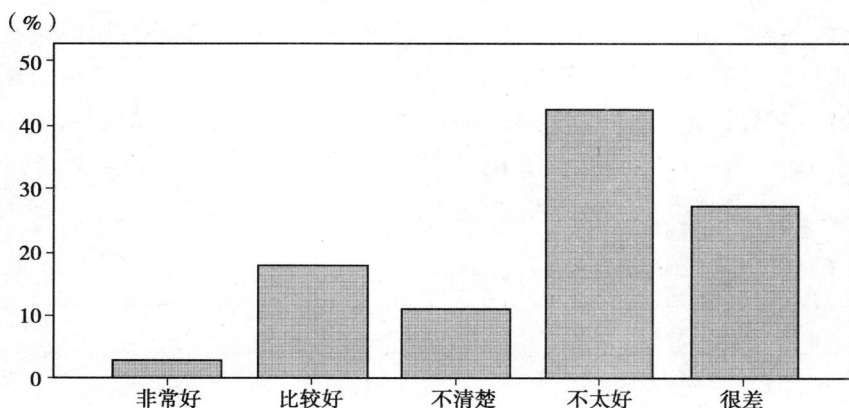

图 3 – 11　教师工资不低于公务员工资政策落实情况

聘用与考核制度。并且有 80.8％ 的校长还认为，现有的教师待遇政策是明显不符合于社会发展水平的。只有尽快采取措施提高中小学教师的待遇问题，才能稳定中小学教师队伍，并不断改进和完善中小学教师队伍的建设。

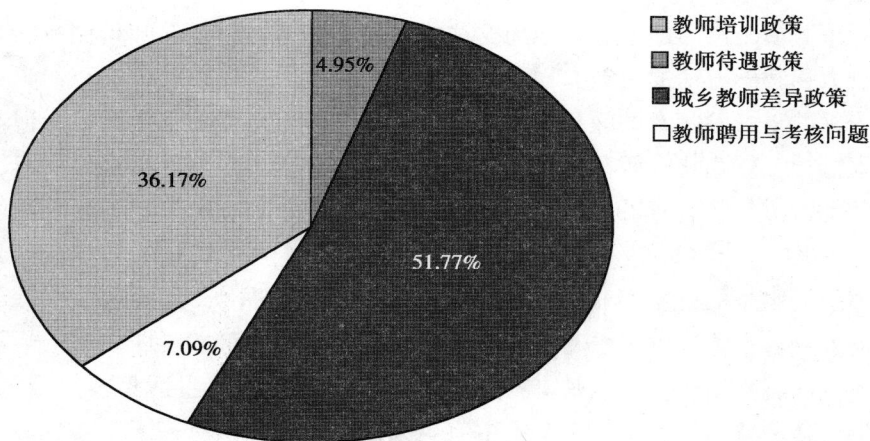

图 3 – 12　中小学教师对相关"最需健全和完善的教师政策"的看法

（5）教师结构不够合理，年龄老化，部分学科教师缺乏比较严重

在教师结构问题上，访谈中体现出来的问题主要表现在以下几个方面：

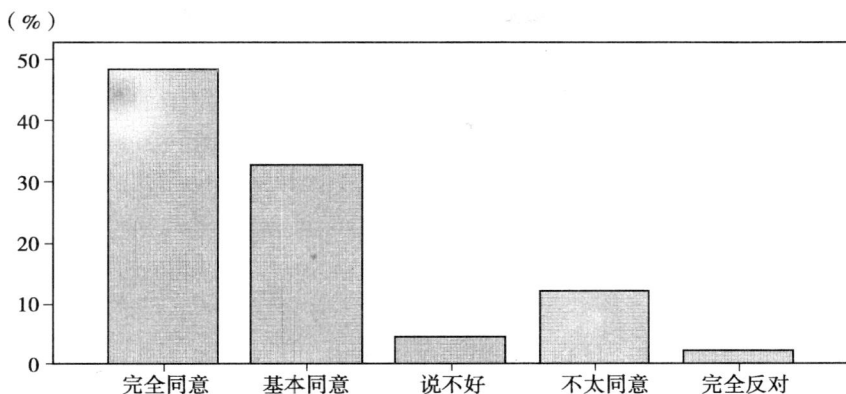

图 3 - 13　中小学教师对"当前教师待遇政策不符合社会发展水平"的看法

一是学科结构失调。小学阶段副科教师，如音乐、美术等专职教师缺少，这在农村学校特别严重，结果出现了一些课有人上而没人教的局面。二是年龄结构。城区中小学往往存在老龄化问题。

访谈角色	访谈实录	理论分析
农村小学校长，男，40多岁	实事求是地说，课是都基本开齐。就是每节课都有人去上，但是因为小学教师存在着师资不足的问题，同时我们学校老龄化现象很严重，一个老师所有课都得担着，就是没有专职老师，一个老师可能得带好几门课。英语是专职的，音乐也是，但是只有一个，不够啊，所以我们想办法，看哪个老师会拉二胡的，我们就开民乐，等等	教师结构性问题导致了因人设课，课开不齐，无法完成国家课程计划的现象
农村高中校长，男，40多岁	年龄结构，学历结构我觉得都不是什么问题，目前大的问题是性别结构失调，目前我们学校女教师和男教师的比例是1：7，这个比例失调没法办啊。这在上学的时候就定了	

　　对中小学教师队伍建设的调查数据进行分析发现，被调查地区中小学教师年龄结构也存在着不太合理的现象。进一步对中小学教师队伍建设问卷中教师的教龄和任教地区作卡方检验可以看到，如图 3 - 14 所示，无论是省城、地（县）级城市，还是乡镇，教龄在 7—25 年的教师都是所占比例最多的，教龄在 26 年以上的教师三个地区都有相当数量，说明教师老龄化现象在一定程度上存在着，教龄在 6 年以下的年轻教师数量都略嫌少。这在一定程度上体现了目前学校教师编制问题，特别是学校中老年教师多，年轻教师进不来的现象比较明显。

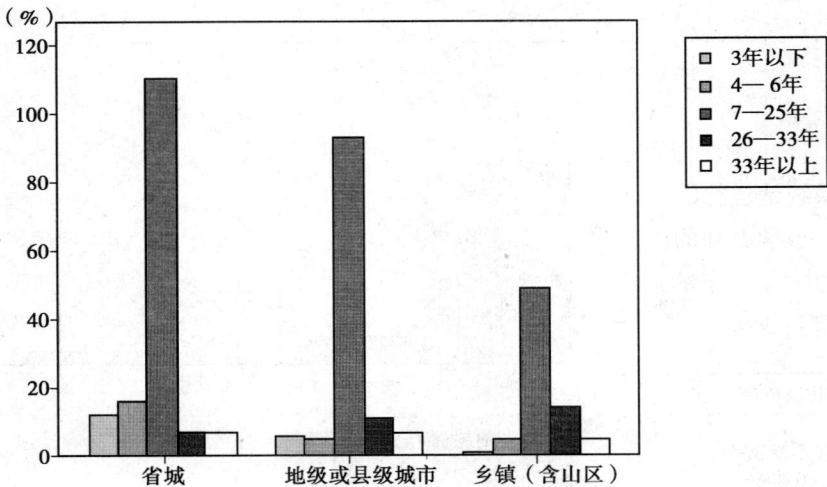

图 3 – 14　各地区教师教龄分布情况

　　有关于学科任教教师比例问题，从校长的调研结果来看，对于自己学校内是否存在"部分学科教师缺编严重"的问题，校长们持有两种不同的观点，表示缺编现象严重与缺编现象不太严重的校长几乎各占一半。但是这就说明，目前天津市仍有接近 50% 的学校还存在着某些学科教师饱和，而一些学科的教师资源则十分匮乏的现象。

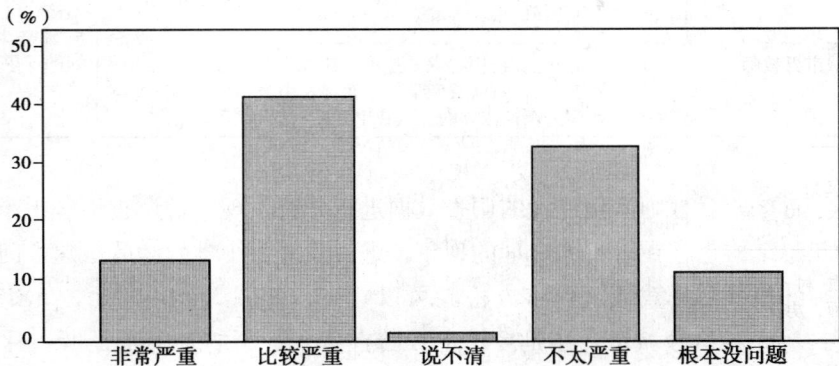

图 3 – 15　中小学对部分学科教师缺编情况的看法

　　这种现象的出现，在很大程度上与我国还不太完善的考试制度对教师产生的导向作用有关。由于英语、数学等学科在高考中的比重较高，使得社会认为这些学科在中小学教育阶段才是最重要的课程。因此，在社会的导向作用下，从事英语、数学等学科教育的教师就越来越多。而从事教授地理、美术、音乐等，被认为是副课的中小学教师便相应地减少。这就使得"部分学科教师缺编严重"的现象得以出现。

（6）中小学教师工作压力大，缺乏职业安全感，且压力源比较分散，需系统地进行缓解

小学教师的压力主要是编制紧工作量大产生的压力，初中和高中的教师压力除了工作量大以外，还有来自于升学压力及学生接触的环境复杂带来的管理上的压力。

访谈角色	访谈实录	理论分析
城区小学教师，女，50多岁	一方面是来自于安全压力，因为学校面积有限，学生多，这就存在安全隐患；另一方面是社会家长方面，我们这儿毕竟是老校，所以在学生创新能力等方面要求较高	社会、家庭对教育的希望以及编制上的紧缺、学生安全、升学等带给教师很大的压力
小学农村男教师	你要说我们农村义务教育师资最大问题，对于我们乡镇小学来说，人员编制比较紧张，这是一个比较大的问题	
城市小学男教师	应该说压力是大的。一是工作时间长，一是来自于社会的压力，现在对老师要求高，对学生要求降低，有事都往老师身上推的。学校学生的升学率，每年都有指标。学生往外流，剩下的学生和家长素质都较差。班主任压力大，工作难做。曾经有一个班主任轻轻碰了学生一下，就赔了一万。所以教师都不愿意当班主任	
城市男教师	压力大，主要源于家长文化素质高，对学生期望值大，而且本身离教委也近，有时人际关系压力大，一下子消息就传到教委了。另外，家长素质高，用法和规章什么的来约束教师。有人身恐慌，有些学生追着老师打。素质不高的家长带人示威，用尽一切办法让老师难堪	
农村初中女校长，40多岁	农村压力大，家长们都瞅着一所学校呢，特别是升学率，虽然没有排名，但是分数线出来，成绩出来，各村书记就给我打电话，几个考上一中啊，反正我也熟	
农村初中教师，男	我们一般早上六点半，中午到十一点半，下午是两点半到六点半，这是在校，回家后批改作业。一天下来挺累的	
城区重点高中女教师	我们的压力非常大。（主要来自哪儿）多了，社会舆论、社会家长期待、学生和学校的要求、同事的竞争等	

访谈角色	访谈实录	理论分析
重点高中男校长	课改对教师带来了压力，一是课程设置上，加了新的东西，新的理念，有些老师不适应，因为其中有些内容老师们没学过，需要自学。另一个就是来自于教学方法的改革，这个对于老师来讲，他自己本身是过去比较早的方法培养出来的，也已经适应了。你让他说他可能会说，但实际过程中很可能回到原来的方法上去了。不过，压力主要还是来自于学生，现在社会复杂，如何对学生实施有效的教育，这方面还是有点压力。因为这些孩子都有自己的特点，他们就有这样一种特点：我的事情我做主，我的行为你负责。他受到家庭教育社会影响比较大。这是来自于学生方面。另一方面升学压力也大，我们学校来讲，上大学的压力不是很大，因为好的学生都在我们这儿了	

　　调查显示，超过70%的校长认为本校教师"工作压力很大"，认为本校教师正承受着很大的工作压力。

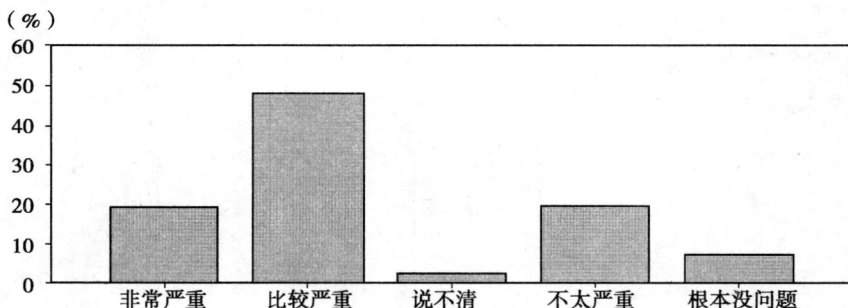

图3－16　教师对工作压力情况的看法

　　国外研究表明，教师职业是一个压力来源较多、压力强度较大的职业。但有一种压力是在国外相关研究中极少被提及，但在我国中小学教师眼中感受最强烈的压力——升学考试方面的压力。目前很多学校都把教学质量看做是学校发展的生命线，这句话本没有错。但是问题的关键在于学校如何去解读"教学质量"这四个字。绝大多数学校其实都把"教学质量"等同于"升学率"、"上线率"、"合格率"、"本科率"等。而其实都是考试制度所带来的压力。可以说，考试压力是最能体现我国教育特色的压力之一。对中小学教师的问卷调查显示，83.8%的中小学教师表示感到了学生的升学考试带来的巨大压力，除去态度模棱两可的教师，仅有8.5%的教师认为自己没有这方面的压力，这反映了升学考试对中小学教师造成的压力是比较普遍的。当然除了升学考试的压力，中小学教师还面临着工作负担压力、职业声望压力、聘任压力、生活压力等多方面的压力。这是因为社会和家长一直以来赋予教师的角色种类非常多，并且对教师的期望也非常得高。教师要充当知识的传授者、集体领导者、模范公民、纪律维护者和家长代理人等诸多角色。这就要求教师既要工作耐心细致，对学生关心体贴，而且还要求教师无所不知，有渊博的学识。教师在各种相互冲突的角色期望的冲击之下，同时，教师的劳动付出与实际社会地位、正常工资收入等待遇问题所形成的反差，就在心理上给教师带来了巨大的压力。这些压力综合起来对教师产生的负面影响到底达到何种程度，是值得研究的，如图 3–17 显示，合计有 58.6% 的中小学教师表示由于工作压力大，已经不同程度地影响了他们的健康与专业发展，仅有27.4% 的教师表示自身压力不大。

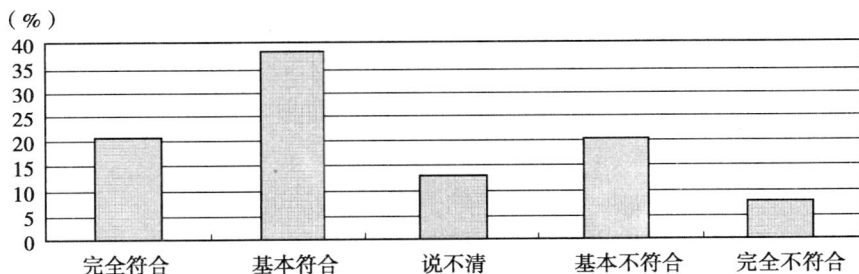

图 3–17 教师对"工作压力大且已影响健康和发展"的看法

（7）班主任工作量大、责任大且津贴少，教师普遍不愿意当班主任

访谈中谈及班主任方面的问题，主要是教师不愿当班主任，这在初中和高中阶段教师队伍中特别明显。原因主要有一是班主任琐事太多太杂、工作量太大。二是班主任津贴和工作量比起来微乎其微。

访谈对象	访谈实录	理论分析
农村初中教师	班主任工作太累。其实很多人不愿意当。主要原因是事儿特多，特别是现在班主任工作更琐碎，责任更大。另外待遇，太低了，这还是 1989 年定的 18 块钱	班主任工作在许多教师眼里成了"累而不讨好"的工作

续表

访谈对象	访谈实录	理论分析
城市中学校长，男，40 多岁	班主任工作量是非常大的，他和学生的交流量很大，现在学生很复杂，问题很多。老师对班主任有一个恐惧性。这个恐惧心理一个是工作量大，还有一个是安全问题。现在学校整个就成了无限责任公司，出了问题都找班主任，你不管出了什么问题，反正就是你老师的问题。现在每个学期开学，分配班主任，光靠行政命令不行，主要还得靠思想工作，比如说评优啊什么的。说到考虑班主任优先评优的问题，我觉得优先评职，优先培训这个词说了好几年了，已经没什么吸引力了，所以我想还是应该形成什么硬性的东西	

3. 职业教师队伍建设存在的问题

作为职业教育改革试验的基地，天津市委、市政府高度重视职业教育工作，始终坚持把职业教育作为经济社会发展的重要支柱和提高劳动者素质的主要途径。访谈中反映的问题主要有：

（1）校企合作路径少，双师型教师的实践问题难以解决

职业技术学校校长及教师普遍反应下企业锻炼机会少，这主要是和企业联系方面工作存在难度造成的。

访谈角色	访谈实录	理论分析
职业学校校长，女	培训以校内为主，没有校外培训，个别学科有。下企业锻炼的老师很少，基本也就暑期。校企合作在学校来说难度不小，我们去企业，企业不接待。我们就是不要工资不要待遇，人家也嫌你碍事，不愿要你	学校自己和企业的联系还是有难度的

（2）年轻教师实践操作能力弱

职业技术学校对教师的要求是既能上课又能实践操作，但从职业学校校长及教师的反映来看，年轻教师的实践能力还是比较弱的。

访谈角色	访谈实录	理论分析
职业技术学校校长，男，40 多岁	这几年我们学校招聘的新教师主要来自于天津工程技术学院，这些学生素质不错，只是欠缺实践，但是他们适应角色的能力还是挺强的	新教师的主要弱点在各学段较普遍

中职教师不同于其他教师的一个方面是职业教育理论的掌握，除此之外，还要对学生进行职业指导。即职业教育的属性要求职教师资能够根据学

生的身心特点、学业成绩、职业潜力、家庭情况、社会需求等具体情况，通过咨询的方式，比较正确和准确地指导学生选择适当的工作层次与工作岗位进行就业。而实现这一过程显然需要职业教育学、心理学等相关知识，也需要对某些职业岗位的特点与要求及其社会背景的了解和掌握，据了解，80%以上的教师来职校工作前有系统地学习过职业教育的相关理论，但有18.9%的教师称未学过，因此，职业教育理论学习及职业教育理论更新的能力还需要进一步加深。

中等职业学校中关于"青年教师太多，经验不足"这一问题我们得到的数据是：18.2%的校长认为比较严重，3.0%的认为说不清，60.6%的认为不太严重，18.2%的认为根本没问题。对于职业学校的实际情况来说，年龄较大的教师，更容易产生职业倦怠，青年教师更能够带来新鲜的血液，带来活力，是比较受学生欢迎的。因此相对于他们欠缺的方面，青年教师的优势便更加明显。

（3）学生管理压力大，学校面临生存危机，这给很多教师带来了职业恐慌

我国招生体制决定了在中学段分流时，去职业学校就读的生源往往不够理想，文化基础弱，对学习的积极性不高，这加大了学校特别是教师管理工作的难度。

访谈角色	访谈实录	理论分析
中等职业学校女教师，40多岁	我们的压力来自于学生，我们的学生他们都是高中不要的学生，有的连成绩也没有。从教学讲，一个是课堂，所以老师进课堂都发憷，你进去以后得维持地位，进去碰上学生心情不好，还捉弄捉弄你。有时候学生无缘无故发脾气，此时老师心理素质得好，还得安慰他，还得照顾其他学生，要是其他学生跟着闹那就麻烦了。现在有时候家长会来学校闹。因为来我们学校的学生有时候并不是脑子不好使，他只是父母宠坏了。另外就是我们老师在职业学校待着，感觉自己的工作不被社会认可，感觉就像个大幼儿园，看着一大帮孩子。政府重视是重视，但是老百姓就这么定位，没办法。现在绩效工资，普教都有，我们都没有，可能以后会有	职业学校的压力与其他学校的压力有所不同，他们的压力更多的是招生制度造成的
中等职业学校校长，男，45岁	社会上"重普教、轻职教；重学历、轻技能；重升学、轻就业"的传统观念对职业学校的影响极其严重，认为职业教育是低层次、低水平的教育，社会地位低，因此我们职业学校教师社会地位不高，收入少，压力大，教师容易产生职业倦怠	
职业学校校长，男，40多岁	职业教育有三难，招生难、学生管理难和老师工作压力大，主要体现在管理上，平时老师感觉最累，最困惑的也是学生管理上，学生素质不好，但教师期望高，学生管理难度大	

（4）职业学校教师普遍反映待遇偏低，造成了其社会地位更低的现实，他们成了夹缝中求生存的人

就中等职业学校教师队伍建设中相关问题的调查中，"收入太少"是一个比较严重的问题，23.9%的教师认为这个问题非常严重，30.9%的教师认为这个问题比较严重，21.8%认为不太严重，9.5%认为根本没问题，13.9%认为说不清。《教师法》明确规定，教师的平均工资水平应当不低于国家公务员的平均工资水平，并逐步提高。而我们的中职教师却往往享受不到相应的待遇。有的中职教师通过校内外工资福利待遇和工作量的对比，产生厌教情绪，还有的教师到外单位兼课、兼职，中等职业教育战线上的教师有相当一部分跳槽改行，这些现象对于那些安心于本职工作的教师在心理上带来巨大冲击，这势必影响到中职教师队伍发展的稳定。

（5）职业学校教师有着强烈的培训意愿，但是培训时间少

在培训的时间上，243名中职教师在3年中参加专业培训时间在3个月及以上的是70人，一到两个月的是50人，3周及以下的是62人，未培训过的是55人，由此可见，中职学校教师的培训时间并不很多。虽然培训的时间不多，但通过培训，95人认为其教育思想、专业知识、教学技能等有较大提高，114人认为有一些提高，只有10人认为没有提高。也就是说，通过参加培训，对中职学校教师的教学等各方面还是有较大改变和提高的。

在这些教师中，参加培训原因是职称晋升要求的是23人，教学需要的是118人，自我充电的是53人，领导要求的是19人，其他原因的是30人。可以看出绝大部分教师对于进修提高的认识是正确的，是到位的，反映出他们的事业心、责任感是强烈的。

同时，学校领导对于教师参加培训的态度，89人是很支持的，120人是支持的，只有6人是不支持态度。职业学校领导也认识到建设高素质的教师队伍，是职业学校发展的根本保障。

（6）职业学校师资队伍同样存在着结构性问题

职业学校（中职学校）教师结构问题主要体现在两个方面：一个是性别结构方面，根据抽样显示中职教师中，男教师55人，占26%；女教师181人，占74%。中职学校还有一个结构不合理反映在文化课教师和专业课教师的比例不协调，通过调研，按不合理的排序（数据由高到低排列）："双师型"教师比例偏低、专业课教师不足、文化课教师富裕、专业带头人缺乏、实习指导教师缺乏。

4. 特殊教育教师队伍建设存在的问题

（1）专业教师少，专业技能有待加强

从访谈中教师介绍的学校情况得知，各学校的师资来源还是主要由普通教育转入，特殊教育专业毕业的教师比例很少，而且这些教师往往实践方面不如普通教育转入的教师。

访谈角色	访谈实录	理论分析
特殊教育教师，女，26岁	我是从蓟县师范毕业（普师）的，工作七年了。手语之类的能力，我们是边教边学吧，学校每天组织学。南京特师毕业的老师有一个吧，我们专业的比较少，基本是普师毕业或者普教调入的	从事特殊教育的专业教师很少，而普教转入的教师不能熟练使用手语，这对教学工作是有很大影响的
特殊教育教师，男，40多岁	我们学校的教师大部分从普教调过来的，真正专业毕业的只有一位	

（2）学生安全问题压力大

由于特殊学校的学生都是身有残疾的孩子，为了使他们不受伤害，教师们往往需要时刻保持学生在自己视野范围内，这样增加了特殊教育教师的工作量。

访谈角色	访谈实录	理论分析
特殊学校校长，女，40多岁	学生安全压力，因为这些学生已经残疾了，教师就要全程陪着他，怕他再受伤害。还有就是要增强学生自尊、自信、自立的能力，老师需要一些技能和更多的耐心	相对于学生的学业而言，学生的心理健康方面给从事特殊教育的教师增加了很多压力

（3）外出培训机会少

从调研来看，特殊教育学校教师很少有机会外出到特殊教育发展比较好的地方考察和培训，特别是专业性培训更少。

访谈对象	访谈实录	理论分析
特殊学校教师，女，26岁	我们的培训一般是教研室偶尔会开展几次专家讲座吧，但是很少。您说的华东师范大学特殊教育专业听都没听说过	从事特殊教育的教师本来整体专业能力较弱，再加上少有培训，特殊教育的教育效果如何保证

5. 民办教育教师队伍建设问题

（1）教师不能参加职称评定，影响队伍稳定

民办学校的教师没有和公办学校教师一样统一和相互认可的专业职称评定制度，使得教师们在心理上没有被认可的感觉，造成民办教师队伍流动性大。

访谈对象	访谈实录	理论分析
民办学校校长1	老师不愿来民办学校，其中有一个很重要的原因就是职称问题，在民办学校工作很多年了，你说能力也达到了，但没有对应的职称，这让学校教师的流动性很大	民办学校教师队伍主要问题是由于管理体制造成的
民办学校校长2	教师的流动性啊，我们以前公办转过来的那批教师都还是挺稳定的，就是近几年我们自己招的这批新教师不稳定，经常会变。主要是职称养老等待遇和公办教师不一样	

（2）出于成本的考虑，民办学校管理人员偏紧

访谈对象	访谈实录	理论分析
民办学校校长，男，40多岁	目前来看我们学校的结构不是很合理。像我们学校成立十年了，当时聘的都是骨干教师，这样的话年龄就比较大，专业学科结构还是合理的。（队伍建设难点）首先是编制问题，文化老师可能不缺，但我们缺保安、后勤等。人事权在局里，我们可以挑，但是总体来说还是在人事局	民办学校自负盈亏，但人事权却不能自主，这让民办学校的生存环境更加艰难

（3）民办学校课时量大，除公办学校一般教师具有的压力外，其还有生存压力

民办学校因为要自负盈亏，某种程度上"自生自灭"，使得民办学校教师除了没有公办教师心理上的安全感以外，往往为了获得良好的社会声誉，比公办教师承担了更大的身心压力。

访谈对象	访谈实录	理论分析
民办学校校长	工作压力大，主要是工作负担重。民办学校的声誉好，要不然招不来学生。声誉好，招生量就大，为了减少成本，我们只能加大工作量，我们养不了闲人。一科标准量是两个班，语、数、英一般是两个班，物理、化学一般是三个班，音、体、美等一般是五个班	民办校家长比公办校家长的要求更高

四　对策与建议

　　针对目前天津市教师队伍存在的现状和问题，结合调研获得的材料，特提出一些改革建议。

（一）基础教育段师资队伍建设的建议

1. 改革职称评审制度，激发教师专业发展的动力

　　目前我国幼儿园教师评审制度中，幼儿园教师职称共有四个等级，分别是幼教三级、幼教二级、幼教一级以及幼教高级。从访谈情况来看，能上幼教高级的比例很少，而上了幼教高级的老师要想再往上评小学高级那更是难上加难，但是老师们想继续往更高职称努力的想法却很急切。这在一定程度上严重影响了老师们的积极性。接受访谈的幼儿教师几乎无一例外地都会提到这个问题。老师们都建议可以参照小学教师职称晋升制度，同时放大向高一级职称晋升的比例，享受和小学教师一致的待遇。中小学教师则认为职称制度可以更有弹性。

访谈对象	访谈实录	理论分析
公办幼儿园教师，女，40多岁	现在迫切想解决的问题，资金短缺吧，反正我们觉得吧幼儿园还是国家管着好	幼儿教师对职业的期望往往以小学教师作参照
城区公办幼儿园教师，45岁	我们老师议论最多的是待遇能不能和小学的一样，比如说职称啊，绩效工资啊，你看当时我们和小学老师一样，也是国家培养出来的，可是你看人家小学老师待遇就不一样	
农村公办幼儿园教师，30多岁	我想职称方面，能不能和小学教师看齐，我觉得这样可能会使更多的教师加入幼儿教师队伍	

2. 改革教师培训形式，增设相关专业教育硕士

　　访谈中幼儿园教师希望有开设幼儿教育专业的教育硕士，并且教育硕士在各个地区的比例很少，这与天津市仅有一个教师教育基地是相关的，如何能多样化且加大教育硕士的培养力度，在中小学教师中形成一定的比例还是需要关注的。同时，中小学教师则希望培训的内容、形式能更注重和课堂教学的接轨，更有利于促进教师的专业发展。

访谈对象	访谈实录	理论分析
公办幼儿园教师，女，50岁	对幼儿教师队伍建设的意见，我觉得我们在幼儿教师培养方面挺渴望的，抓学前教育的基础培养，即基本功培养，学历高，理论方面操作起来不行。还有一个就是，期盼着和公务员能缩小工资差距，第二个希望纳入义务教育，这样对孩子好，真的	
城区公办幼儿园园长，女，30多岁	我觉得对国家城市来说，可以再加大力度，比如说像我本身就是幼师毕业，我想进修本专业的大专本科就很难。我们其实很想再上我们自己的专业，但不多，我们想深造的机会不多，我们要想继续提升学历，一般只有考汉语言文学、管理类	
城区公办幼儿园教师，女，40多岁	教育硕士没有，幼儿园没有专业的，教育硕士可以说基本上是空白，因为我们没有这样的机会。我们上的研究生班也是教育管理专业，而不是本专业，选择性很小	
农村公办女教师，女，30多岁	我觉得师资问题还是最重要的。再一个就是老师培训问题。我觉得教师培训来自专家等各方面的培训应该加大力度	针对教师的培训，它的形式和内容如何安排还是应该多听听"当事人"的建议，这样才会取得实际效果
区教育局主管教师人事的副局长	一方面，我想以后国家能不能出台政策来加强城乡间教师的交流；再一个是政府应该更多地承担一些教师深造学习的费用，并有专门的监督部门，保障经费足额到位	
农村小学女教师	国家对教师的政策上有点倾向最好，对教师待遇这块意见不高，完全是教师培训这块能多一些，覆盖面大一些，很想参加培训	
城区初中校长，男，40多岁	从专业化成长来讲，是不是该定个制度化的东西，比如教学几年后必须参加继续教育。因为我老是觉得这个短期的培训，效果不是很大。比较散，强度也不够。我觉得我们现在教师资源中心确实不错	
高中男教师	培训效果来说，我觉得还是专家引领的问题，你说教的不是博士生研究生，是小学生，你愣把他拔高了，他没用。相反在学校校本教研，大家一起讨论，可能效果更好	
农村小学女教师	作为一名农村老师，我也希望能走出去见见世面，出去学习学习，可以产生一种呼唤机制，去教一教他们的学生，他们也可以感受一下我们，起到一个示范作用吧	

　　随着教师开始被视为是一种专门职业，对教师的培养和培训开始转变为以促进教师职业的专业化为核心。教师职业的专业化过程就是教师的专业素养形成、发展的过程，也就是教师质量的提高过程。对这一发展过程的规律

性研究，在国外被称为教师专业发展研究。① 促进教师的专业发展是切实推
进教师队伍建设质量的关键。

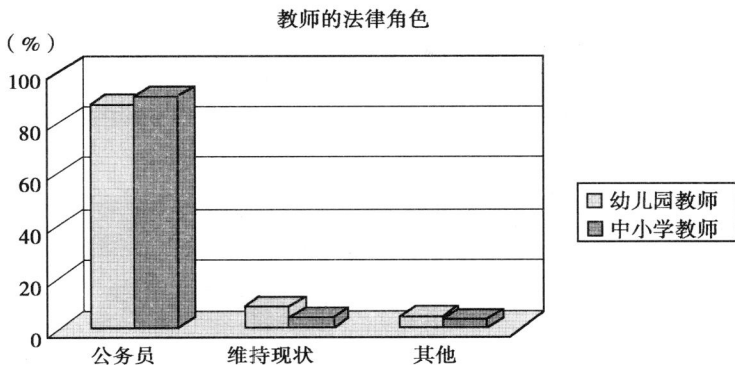

图 4-1　教师希望角色调查分析图

　　在对天津市幼儿园和中小学教师队伍建设的问卷调查中，主要对教师
的法律角色和教师专业发展中存在的问题进行了研究。如图 4-1 所示，
无论幼儿园教师还是中小学教师大都希望教师的法律角色被规定为公务
员，只有少部分教师同意维持现状。中小学教师专业发展中存在的主要问
题，按问题被选频次的多少排序依次是专业和拓展知识强化不足
（54.6%）、缺少职业生涯规划（36.1%）、各项能力无法提高
（25.5%）、其他（11.1%）。教师对激励教师成长的有效手段的选择，按
教师选择频次的多少来排列有效性程度依次是提高经济待遇（87.6%）、
提高社会地位（70%）、科学管理（41.3%）、完善制度（39.7%）、严
格准入和淘汰机制（24.3%）。

　　此外，调查中还重点对天津市中小学校如何有针对性地采取措施，促进
教师专业发展的情况进行了分析，具体情况见表 4-1：如果把完全符合和
基本符合的比例加总看作学校采取了积极措施促进教师的专业发展，那么开
展情况按教师的认可程度由高到低排序依次是：

_____

①　肖丽萍：《国内外教师专业发展研究述评》，《中国教育学刊》2002 年第 5 期。

表 4 – 1   教师对促进自身发展措施的认可度表

序号	问　　题	百分比（%）
1	我校为我提供了良好的工作条件与环境	90.7
2	学校注重教师间的知识共享，以此促进教师专业发展	90.5
3	学校经常对教师进行教育信仰、教育观念和师德教育	88.1
4	学校对教师的教学帮助是令人满意的	87.6
5	学校有针对每个教师的成长档案，分门别类地促进我们的成长	69.5
6	我校已经形成了能上能下，能进能出的动态的教师管理机制	66.4
7	学校为我们进行了职业生涯规划	52.9
8	我校对优秀教师实行了"学术假"制度	17.5

从表 4 – 1 可见，前六位的认可度都超过了 60%，说明学校采取了比较有力措施，取得了一定成果。末两位的认可度较低，则是学校应该加强的部分。

3. 完善绩效考核制度，体现教师的劳动价值，体现优劳优得的绩效本质

一方面是关于高级教师的管理，希望能有一些政策规定，能对高级职称教师有一些激励性的措施。另外就是教师考核方面，希望更有弹性。

访谈对象	访谈实录	理论分析
农村初中教师，男，30 多岁	我是这么一个想法，咱们培训也好，后期队伍培养也好，能不能取消职称硬性规定，实行有弹性的职称制度，你自己考，你去自学，考到哪一级就哪一级，这样激励老师的积极性	在教师眼里，目前职称制度带来的问题都是由于它的"过死"造成的，"弹性的职称制度"能很好地解决这个问题
农村小学校长，男，30 多岁	应该建立专业考核制度，像现在小学存在专业不对口的情况，而且很多。我觉得吧，最好是能规定他教哪科就学哪个专业，然后再考核，这对教师的专业发展更有利	

4. 适度增加教师编制，减少教师工作量

在"应试教育"短时间内还无法从根本上改变的情况下，如何切实减轻中小学教师的工作量问题是一个矛盾。从生师比的角度来衡量教师编制，未必符合我国国情，我们应加大中小学的小班化教学比例。为此，在区域经济承受的范围内，适度增加教师编制是必要的，也是可行的。从访谈及座谈

情况来看，中小学及幼儿园教师普遍认为目前编制过紧，这直接导致了教师的工作量加大。加上教师学科结构性问题，使得许多教师身兼数门学科，工作量远远超标，严重影响教师的身心健康。

访谈对象	访谈实录	理论分析
城镇小学校长，男，30多岁	还是觉得小学教师编制紧，1：17左右，包括管理人员，专任教师就要1：20，50多岁还在一线的都有	编制紧的问题在中小学都存在
农村小学校长	按比例不够，小学老师课时多，科目多，得备三到四门，很普遍。新课标改了，科目多了，但是老师编制没变。教师的工作量体现在科目上，课时多了，工作量大	

5. 切实提高教师待遇，应与当地公务员收入真实相等，且应适度高于公务员收入

访谈对象	访谈实录	理论分析
城市中学教师，男，40多岁	要说有什么意见，干了这么多年，自己虽喜欢，那也确实是很累的。我觉得吧，第一个绩效工资，老师们听着都有点耐不住了，希望能真正尽快落实。第二个吧，你看像我岁数越来越大，身体也越来越差，看能不能每年给老师体检一次。现在的体检是有时进行，有时不体检，有的老师自己身体状况都不了解，然后上课的时候吐血了，这听起来很悲哀的	对教师水平要求高的同时，是否应该关心一下教师们的身体状况，提高教师待遇
武清区教育局副局长	我们建议进一步提高农村教师的待遇，这样能鼓励更多的教师去农村。这几年，虽然农村教师各个方面有所改善，但在住房、交通、子女接受的教育及医疗方面和城区学校教师比起来，还是有一定距离。所以我们觉得应该建立农村教师工作津贴制度	

对中小学教师问卷调查中涉及教师待遇的政策建议主要有农村教师待遇和免费师范生政策两项，图4-2直观显示了中小学教师对"大幅度提高农村教师待遇"政策建议的态度，共有91.5%的教师赞同大幅度提高农村教师的待遇，支持度还是相当高的。图4-3展示了中小学教师对"全体师范生免费接受教育"的政策建议的态度，占91%的中小学教师表示赞同，占5.6%的中小学教师态度模糊，占3.7%的中小学教师持反对态度。

6. 实施科学有效的教师流动政策

在对中小学教师的问卷调查中，对城乡教师定向流动的态度，总体来看

（％）

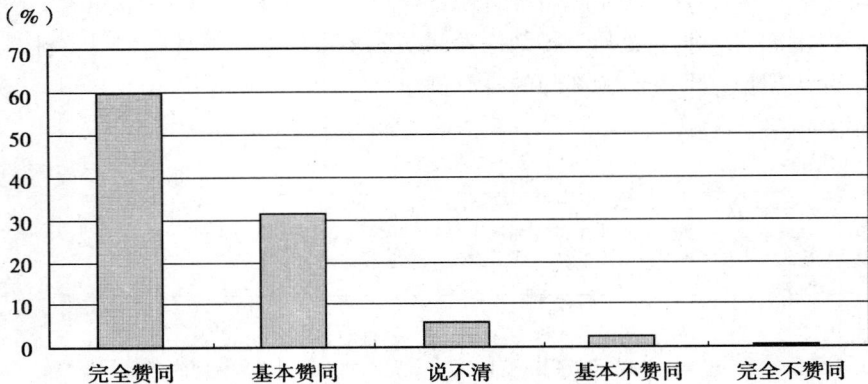

图 4－2　对大幅度提高农村教师待遇问题的看法

（％）

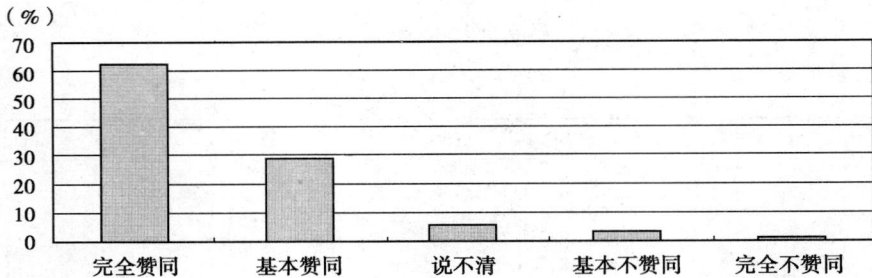

图 4－3　对师范生免费教育问题的看法

中小学教师对该政策的支持率达到 56.3％，不是特别高，态度模棱两可的占 27.3％，明确表示不支持的占 15.3％。

　　对中小学校长的抽样调查结果显示，有超过 50％的校长认为，首先是高中教师队伍的建设目前看来是最为完善与合理的，其次是小学教师队伍建设，排在第三位的才是初中教师队伍建设。因此，当前中小学教师队伍建设的重点应该首先放在初中教师队伍的建设方面，其次是小学教师队伍的建设。而中小学中出现的教师队伍建设目前所面临的问题，则主要是教师结构不合理。

　　如何更有效地促进教师的良性流动也是本问卷调查的一个重点，提出的有关教师流动方面的政策建议主要有三项。图 4－4 直观展示了中小学教师对"教师校际间轮流任教"政策建议的态度：表示赞同的中小学教师占 70.1％，态度模糊的占 12.7％，持反对态度的占 17.2％。图 4－5 直观展示了中小学教师对"新任教师电脑派位"政策建议的态度：表示赞同的中小学教师共计占53.3%，态度模糊的占29.4%，持反对态度的占17.3%。图4-6展示了中小学教师对"城乡教师结对帮扶"政策建议的态度：表示赞同的中小学教师共计占91%，态度模糊的占6.1%，持反对态度的占2.9%。

（%）

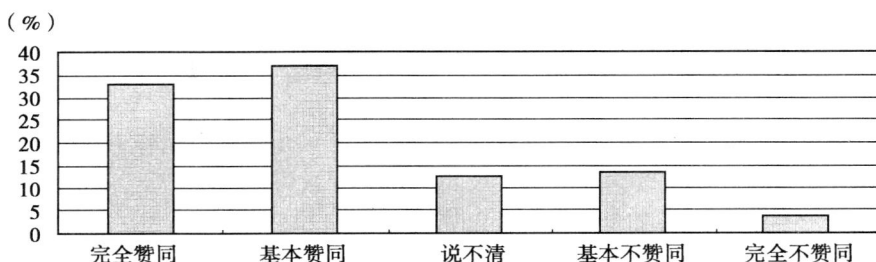

图4-4 对教师校际间轮流任教政策的看法

（%）

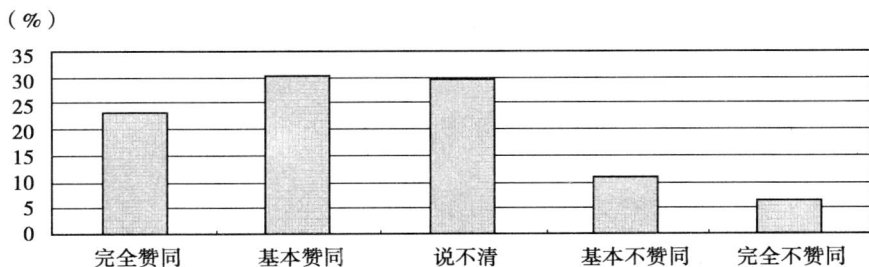

图4-5 新任教师"电脑派位"问题的看法

（%）

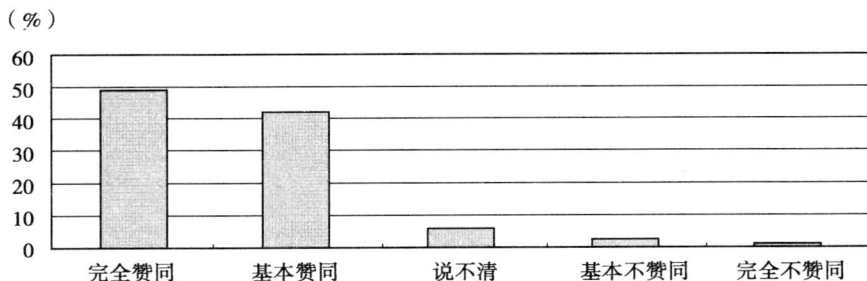

图4-6 对城乡教师结队帮扶政策的看法

针对农村教师的流动问题，被调查的中小学校长主要提出了三点政策建议：一是大幅度提高农村教师的待遇与生活水平，逐渐缩小城乡间教师的收入水平。以稳定农村教师队伍，减少教师流动的发生；二是做好城乡间教师的结对帮扶工作。帮助农村中小学教师在专业知识，专业技能等方面快速进步，以适应我国教育改革与快速发展的要求；三是广泛在农村和落后地区实施特岗教师政策。为农村中小学人事制度的建设提供支持与帮助。

总体看来，教师流动问题不但需要国家制定出台更多的关注农村中小学的政策，支持农村中小学教师的队伍建设。各地方政府也应该积极响应国家的政策号召，对农村中小学教师队伍的建设给予大力的政策倾斜。并在此基础上建立起一套合理有效的城乡间教师流动制度实施办法，支持和促进这些地区的中小学教师人事制度建设，以促进城乡间教师的均衡发展。

7. 将有关教师政策落到实处，加强政策的执行力度

在国家教育政策体系中，教师政策是四大政策分类中的前提性政策，教师政策不仅体现在政策的制定上，更应体现在政策的有效执行上。这种政策执行要改变过去那种上令下达，教师被动接受的局面，要强化政策对象的主体参与，倾听他们的政策诉求。

问卷调查中，提出了一些促进教师队伍建设的政策建议，教师对不同政策的支持率略有不同，但总体来看他们都是支持这些政策的。具体来看：①97.5%的幼儿园教师赞成师范大学学前教育专业直接培养一线幼儿教师。②98.3%的教师赞同建立幼儿教师发展基地，有针对性地培训幼儿师资。③98.2%的园长赞成师范大学学前教育专业直接培养一线幼儿教师，100%的园长赞同建立幼儿教师发展基地，有针对性地培训幼儿师资。④另外96.8%的中小学教师都赞成开展有特色的针对性的教师培训。⑤有关"建立教师发展学校，提升教师培训绩效"的建议，表示赞同的中小学教师占91.6%，态度模糊的占5.8%，持反对态度的仅占2.7%。⑥有关"广泛开展教师职业忠诚教育"的政策建议也得到了广大教师的支持：表示赞同的中小学教师共计占95%，态度模糊的占3.47%，持反对态度的占1.6%。

就有关中小学教师的法律、法规、政策在天津市的执行和落实情况，本调查也做了初步研究，图4-7至图4-13就比较直观地揭示了各类与教师相关政策的落实情况。总体来看，执行较好、中小学教师认可度较高的政策包括本地区对中小学教师继续教育实施情况、本地区对中小学班主任工作重视情况、本地区中小学教师教育技术能力建设情况，其他各项政策的实施仍需持续改进。

此外，还对中小学教师认为教师政策中最需要健全和完善的政策进行了

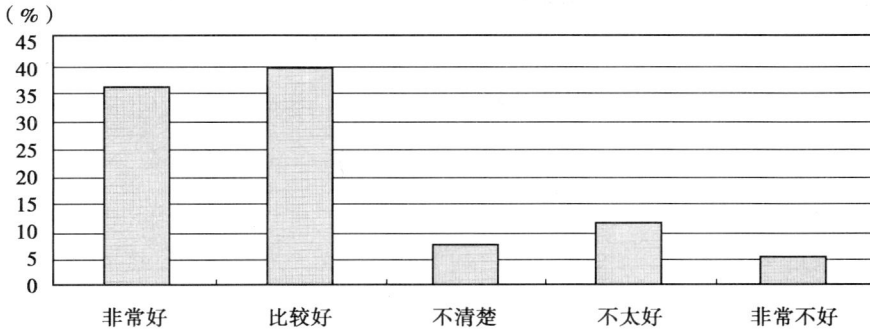

图 4 - 7　对教师权利与义务的了解

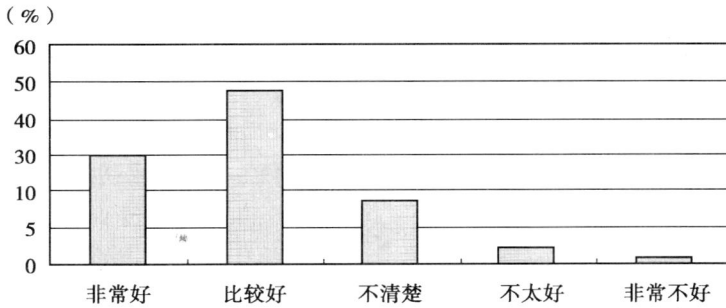

图 4 - 8　对教师资格条例及实施办法的看法

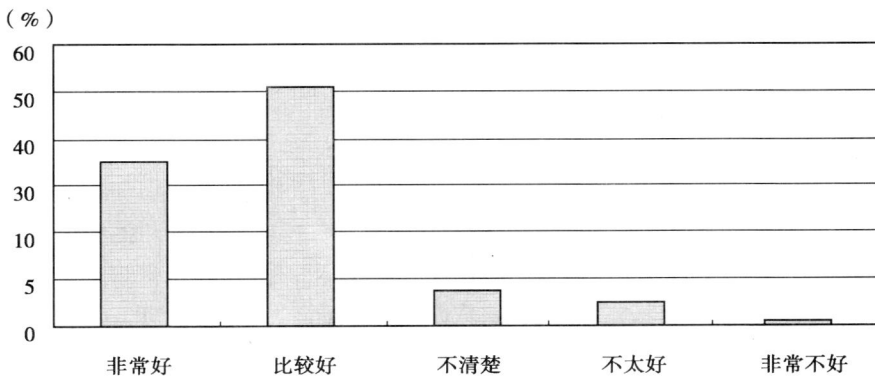

图 4 - 9　对当地中小学教师继续教育实施情况的了解

调查，广大中小学教师认为教师政策中最需要健全和完善的依次是教师待遇

（%）

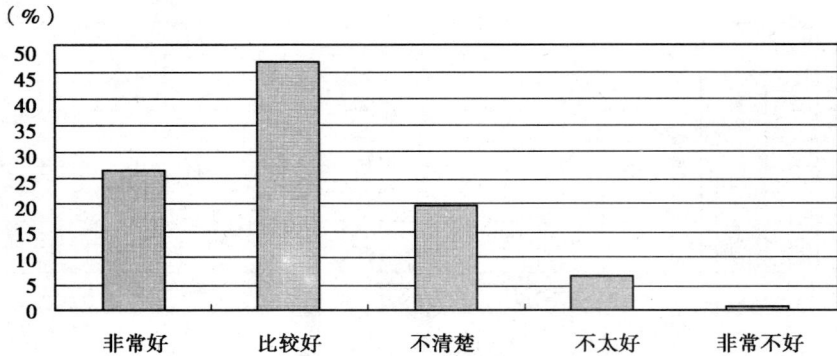

图 4 - 10　对本地城镇教师支援农村工作的了解

（%）

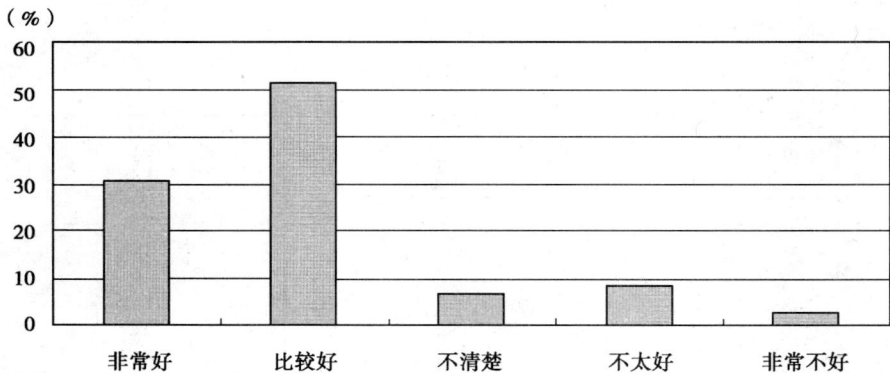

图 4 - 11　本地对班主任工作的重视程度

政策（69.9%）、教师培训政策（12%）、城乡教师差异政策（9.6%）、教师聘用与考核问题（7.4%）。

在调查过程中，有 54.6% 的校长认为"农村学校教师才是目前天津市教师政策应该倾斜的重点"。因为区域经济发展的不平衡，尤其是偏远农村地区的财政能力有限时，农村中小学教师往往就会因为待遇和生活环境等问题而产生流动现象。这种流动大多数情况下为地区间的教师流动，即由低收入地区向高收入地区流动，也就是城乡间的教师流动。而这种现象的产生就会导致教师数量在地区间、学段之间，以及学科之间不平衡现象的产生。从而会导致农村中小学教育质量的下降，也会进一步影响我国实现教育质量全面提高的目标。因此，建立并实施合理有效的教师流动制度，就显得尤为重要。

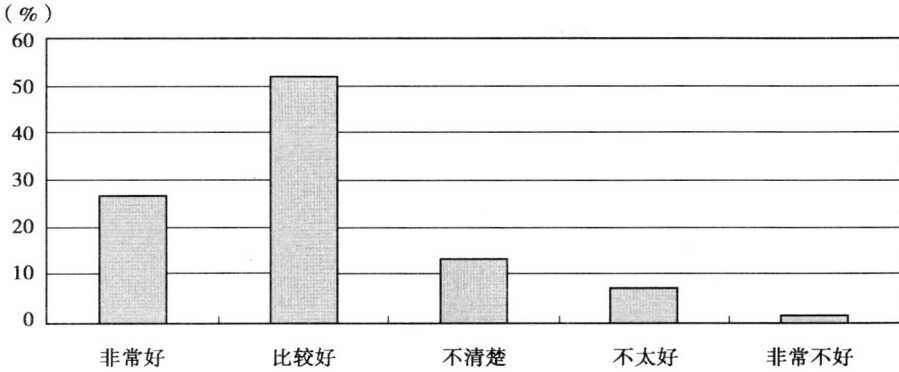

图 4 - 12　本地对中小学教师教育技术能力建设情况

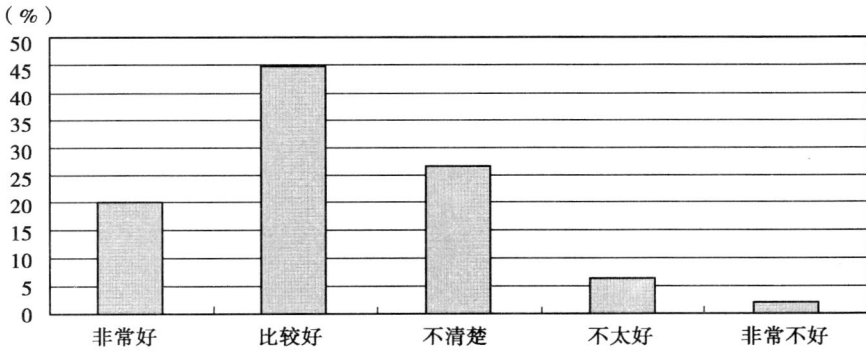

图 4 - 13　本地和教师队伍相关政策的执行情况

在对天津市城乡间教师流动制度实施情况进行调查的结果显示，目前天津市有五成左右的校长认为本地区所实行的教师流动制度效果是较为令人满意的。但是同时还存在着不少的问题。

表 4 - 2　　　　　　　　　相关政策措施实施效果调查表　　　　　　　　　（%）

	非常好	比较好	不清楚	不太好	很差
城镇中小学教师到乡村任教服务期制度的效果	31.2	37.4	26.2	5.2	0
区域内城乡"校对校"教师定期交流制度的实施效果	5.0	51.8	7.1	36.1	0

在问卷调查中，涉及教师管理的政策建议主要有以下几个方面：教师的

（%）

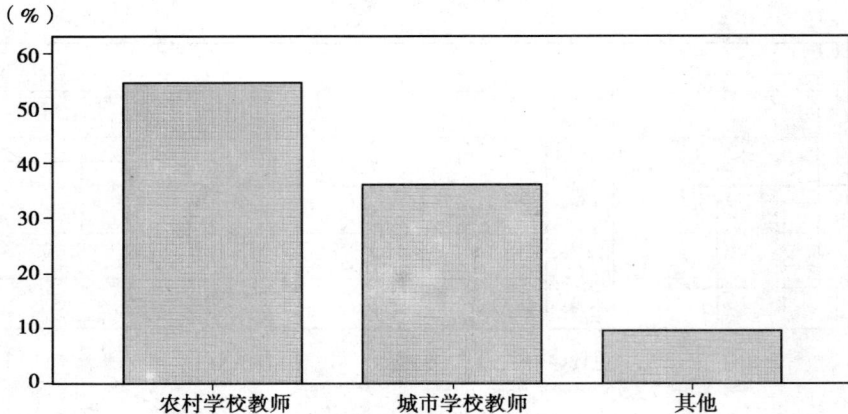

图4-14　教师对教师政策倾斜重点的看法

淘汰机制、对教师压力的管理等，被访中小学教师对不同政策的支持情况如图4-4至图4-6所示。为了激励教师的竞争与发展意识，提出了"建立教师动态淘汰机制，让不合格者脱离教师队伍"的建议，如图4-15统计显示表示赞同的中小学教师占79.3%，态度模糊的占11.9%，持反对态度的占8.8%。为了减轻教师压力，提出了"使升学考试情况与教师教学业绩考核脱离"的政策建议，如图4-16显示，表示赞同的中小学教师占83.3%，态度模糊的占8.2%，持反对态度的占8.5%。"实行小班化教学"，也是切实减轻教师负担的方法，对这一政策建议的支持情况如图4-17所示，表示赞同的中小学教师占96%，态度模糊的占1.9%，持反对态度的占2.1%。针对近年来在有些地方兴起的教师有偿家教行为造成的诸多不良影响，这里也提出了"禁止教师有偿家教"的政策建议，教师的支持情况如图4-18所示，表示赞同的中小学教师共计占85.2%，态度模糊的占8.7%，持反对态度的占6.1%，这在相当大的程度上，说明了教师并不是"唯利是图"的，而是有自己的职业价值标准的，关键在于我们的政府是否恪守了自己对教育和教师待遇的承诺与尊重，是否还原了教师的职业尊严。

8. 改革中小学教师资格认定制度

我国从1996年开始推行的教师资格制度为教师的专业身份提供了保障，使教师任用走上科学化、规范化和法制化轨道的重要保证。到现在教师资格制度的全面实施对于我国教师队伍建设和教育事业发展有着十分重要而深远的意义，是社会文明进步、教育事业进入新的发展阶段的标志。虽然教师资

（%）

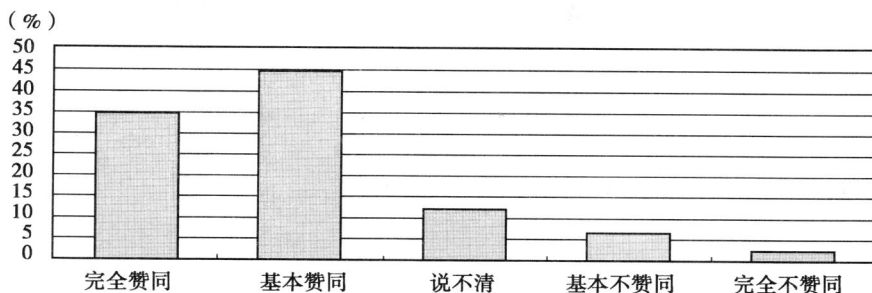

图 4 – 15　教师队伍动态淘汰机制的看法

（%）

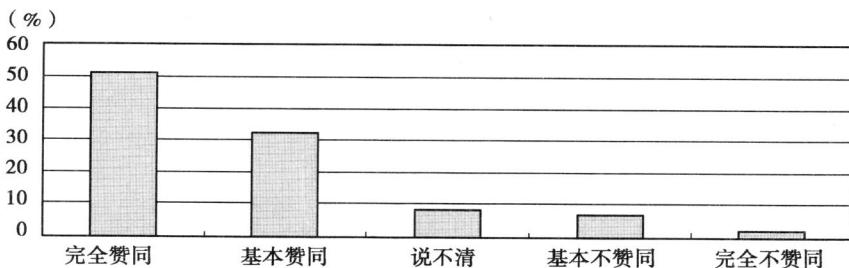

图 4 – 16　对学生升学情况与教师业绩考核挂钩政策的看法

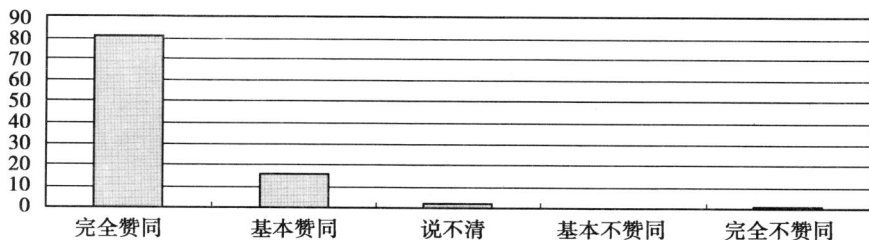

图 4 – 17　对小班化政策的看法

格制度的实施在我国取得了巨大的进步，但不可否认的是由于教师资格制度在我国是首次实施，情况复杂，有许多理论与实践问题需要进一步探讨和改进。在对幼儿园和中小学教师的问卷调查中，主要进行了教师资格的认证年限、获得教师资格的必备条件的调查，结果如图 4 – 19 和图 4 – 20。图 4 – 19 反映了各有接近半数的幼儿园教师和中小学教师认为教师资格的认证年

（%）

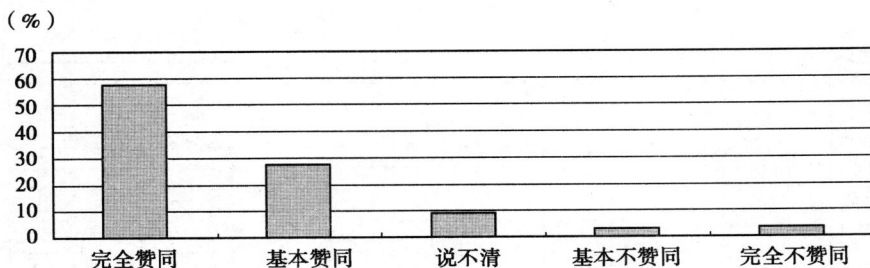

图4-18   对禁止有偿家教问题的看法

限应该是终身一次，幼儿园教师的第二位选择是8年认证一次，而中小学教师的第二位选择是5年认证一次。图4-20揭示了中小学教师对教师必备的条件的看法，中小学教师选择频次的多少排序依次是，热爱学生，忠诚教育事业、专业知识扎实与能力强、教育技术能力符合时代要求、普通话标准、仪表端庄，气质自信。这对制定教师资格的考核范围和标准具有一定的参考意义。

（%）

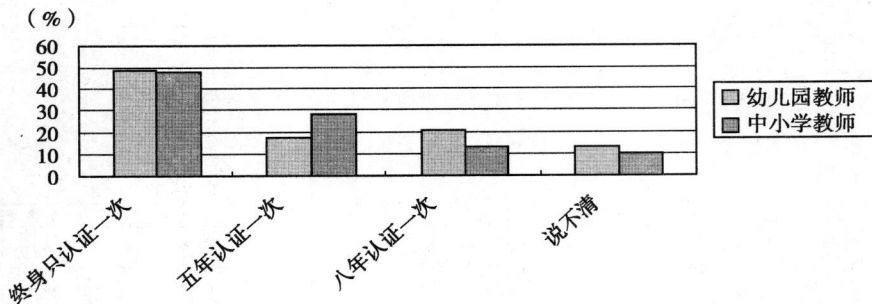

图4-19   对教师资格认证年限的看法

9. 健全教师聘任制度

从调查的结果显示，被调查的中小学校长，超过八成以上都对于天津市目前所实行的中小学教师和校长任用使用聘任制度表示满意。

以教师聘任为主线的中小学教师人事制度改革一直在进行，但是改革实施的同时，也不可避免地会受到传统人事任用条例的一些制约。因此，在今后的教师任用制度方面，九成以上的校长提议在教师聘任制度实施的情况下，要注意"提升教师准入门槛，使最优秀的人从事教育事业"，同时还认为学校应"建立教师动态淘汰机制，让不合格者脱离教师队伍"，以促进教

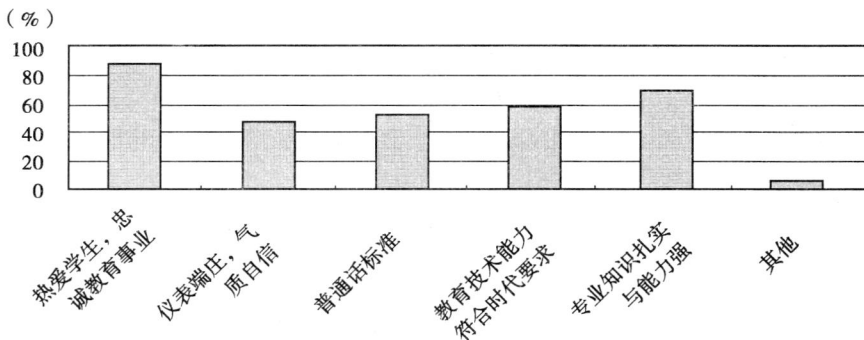

图 4 - 20 对获得教师必备条件的看法

师聘用制度的合理、规范化发展。而这就需要在对教师招聘时，必须将教师证书（包括学历证书）、能力考试、教学表现与经验等多方面因素加以综合考虑。建立起一个科学合理的教师选拔、教师考核和教师评价制度及其方法，使之能有效地推进教师聘任制发展。在这方面，不仅需要依靠学校自身的力量，更需要外部力量的参与，需要教育科研机构的研究参与，需要政府部门的政策介入。

表 4 - 3   对相关政策的态度统计表   （%）

	完全赞同	基本赞同	说不清	基本不赞同	完全不赞同
提升教师准入门槛，使最优秀的人从事教育事业	78.0	15.6	2.1	4.3	0
建立教师动态淘汰机制，让不合格者脱离教师队伍	63.8	27.0	5.7	3.5	0

10. 提升教师准入门槛，设立农村教师津贴补助制度

对中小学教师的问卷调查中涉及教师待遇的政策建议主要有农村教师待遇和免费师范生政策两项，图 4 - 21 直观显示了中小学教师对"大幅度提高农村教师待遇"政策建议的态度，共计有 91.5% 的教师赞同大幅度提高农村教师的待遇，支持度还是相当高的。目前很多省市都出台了专门的农村教师津贴制度，天津市在这个方面力度还有待加强。

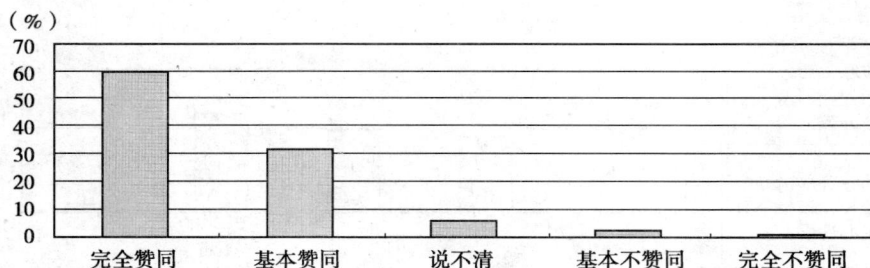

图 4 – 21　对大幅度提高农村教师待遇政策的态度

（二）　增加特殊教育经费，提高津贴，提供更多专业培训

　　访谈中从事特殊教育教师们的建议主要集中于特殊教育津贴和培训这两方面。现行的特教津贴仍在执行教育部 1956 年印发的《关于 1956 年全国普通教育、师范教育事业工资改革的指示》标准，其中规定："对于盲聋哑中、小学的员工，按中、小学工资标准分别评定外，对教员、校长、教导主任还应按评定之等级工资，另外加发 15%，以表示鼓励。"在全国政协十一届二次会议上，全国政协委员、天津市河西区教育局副局长孙惠玲提出了"关于办好特殊教育，体现教育公平"和"关于为特殊教育教师提高津贴并纳入其退休金"的提案。呼吁政府有关部门应及时修订政策，落实党的十七大提出的"关心特殊教育"的精神，提高特殊教育教师津贴。访谈中教师们的建议也表达了这种心声。

访谈对象	访谈实录	理论分析
特殊教育女教师，教龄 7 年，从普师毕业后一直在特殊教育学校任教	我觉得提供一个对口的培训比较好，因为我们很多都不是专业毕业的。还有就是我们退休以后这个特教津贴是不是都带着，我们平常都议论这个，因为你看我们干一辈子可能都没什么成就感，不像普教他们桃李满天下	特殊教育教师队伍建设在教师队伍建设工作中处于弱势地位，还需引起重视
特殊教育学校校长，女，40 多岁	我觉得应增加特教经费，师资上应更多特师方面的师资，应多培养一些专业师资，这样效果更好	

（三）　加大对民办教育的扶持力度

　　访谈的两位校长的建议主要有两点：一是希望政府能提供补助，二是希望社会各界能营造更利于民办学校发展的氛围。

访谈对象	访谈实录	理论分析
民办学校男校长,该校原由公办学校转制,教师基本上为公办教师转入	我觉得民办学校应该得到政府的投资和补助。还有聘任教师的话,钱是可以学校出,现在最大的问题是我聘了大学生,纳入不了编制,评不了职称,我就留不住人。所以,我想民办学校教师也应该纳入评职称范围,你不给钱不管理,职称能统一	民办学校的生存和发展离不开社会大环境的支持
城郊结合部民办学校校长,该校一直是民办性质	一是尊师重教的氛围,还有是提高待遇。你不提高待遇,老师不想干,他不把它当事业。我觉得,国家对教师的评价应该有个明确的标准,有时候家长、学生都喜欢这个老师教,但国家不认为他是好老师	

(四) 增强职业教育的吸引力

1. 改革培训形式,促进校企联系

关于教师培训方面的建议主要有:一是希望改变目前培训以理论为主的形式,培训内容能更切合教学实际,以达到更明显的效果。职业学校教师希望能加强师资培训基地学校建设,使无企业经验的新任专业教师先到企业锻炼;二是要大力开展有特色、针对性的教师在职培训。让教师通过培训弥补自身的不足,成为真正的"双师型"教师。

访谈对象	访谈实录	理论分析
天津职业大学人事处处长,女,三四十岁	应该说现在我们在和企业合作中,都是学校在联系,而行业办学的好办,人家一声令下实习岗位及就业等都好办,像我们学校就没有,需要靠我们自己,所以这块看能不能给点支持	职业学校教师只有下企业锻炼才能不断地提高自己的水平,但是实际工作中遇到的困难还需相关部门的扶持
城郊结合部中职学校	我觉得一个是专业教师的培训上,他现在去参加的培训就几个骨干,我感觉面儿太小,带动不起来。再就是现在培训感觉跟我们的工作连接不起来,比方说我们的新老师都是本科生,他们的理论功底不差,就是动手能力差,所以看能不能从项目中培训教师。而且仅凭考试就给证感觉也没什么意义,能不能从实际工作中来考核	
中等职业学校教师,男	由于中等职业教育的专业设置基础是行业或技术,培训的途径就是大力开展校企合作,逐步建立教师到对口企事业单位定期实习的制度	
天津市教育委员会职教处处长	我们有两点建议:一是,中职学校连续三年实行扩招,教师队伍的增长不能满足在校生规模不断扩大,建议随着事业单位人事制度改革的实施,由国务院有关部委重新制定中等职业学校人员编制标准。二是在市场经济条件下,企业,它的最终目标是追求利润的最大化,特别是有的企业的领导责任目标的短期行为,看不到职业教育对企业长远发展的基础性作用,把教师到企业实践当做负担,不愿意接待,这是阻碍教师到企业实践的主要问题。建议国家有关部门制定企业接收职业学校教师实践和学生实习的有关优惠政策	

　　对于政府规定职业学校教师到企业实践的制度的必要性，42%的被调查者认为十分必要，39%的人认为有必要，18%的人认为具体专业具体对待，仅有1%的人认为没有必要。在加强专业课教师建设的同时，39%的受调查者认为非常需要文化课教师建设的加强，49%的人认为需要，11%的人认为暂时不需要，1%的人认为完全没必要。文化课教师和专业课教师在职业学校中是不同的工作分工，对于学生的求知来说，都是同等重要的，因此切不可重视一方而偏废另一方。

　　2. 制定政策，推进校际间师资共享

　　就中职学校来说，此次调研对象普遍希望"教师校际间轮流任教"（72.8%的教师是持赞同态度，94%的校长持赞同态度）。这可能与部分中职学校优秀教师缺乏有着关系，因此他们更希望优秀的教师能够校际间共享。

　　3. 加强"双师型"教师的培养

　　在问卷调查中，对于"双师型"教师的基本内涵的理解一项：32%的教师认为是持有"双证"（教师资格证、职业资格证书）的教师，15%的教师认为是既是理论教师，又是实训教师，53%的教师认为"双师型"教师的基本内涵应该是扎实的基础理论知识、较强的专业实践能力、较高的教学水平和丰富的实际工作经验；在对"双师型"教师的资格标准中，25%的教师认为是"讲师＋技师"，53%的教师认为是"教师资格＋职业资格证书"，22%认为是"企业工作经验＋教学能力"；80人（33%）认为"双师型"教师在资格评审与认定上应该由政府主管部门认定，97人（40%）认为应该由政府主管部门与行业企业组织共同认定。

　　由于对"双师型"教师的标准还未统一，而在实践中，各省份、地方制定的"双师型"教师的标准也各有不同，甚至每个职业学校对"双师型"教师的理解也不一样。有些教师甚至学校领导错误地认为"学历证书＋职业资格"就是"双师型"教师，如此教师个人就不再注重技能的提高。"双师型"教师既要有良好的职业道德，较强的教育教学能力，能传授专业理论知识，具有丰富的实践经验，较高的专业操作示范技能和较强的科研能力，具有文化课教师和专业课教师的双重知识和能力结构。"双师型"教师内涵和标准的探讨，可以丰富中等职业学校师资队伍建设的理论。但由于观点不统一，则会在一定程度上造成标准含糊，难以量化，导致学校和教师在发展方向上模糊不清，那难以成为"双师型"教师也就不言而喻了。因此，比较理想的"双师型"教师是微乎其微的，校长们（78.8%）反应最紧缺的教师类型是"双师型"教师，因此他们认为今后中职教师队伍建设的重点应该是"双师型"教师的培养；在对"双师型"教师培养应该采取的有效途径上，40 人（16.5%）认为应该由高校独立培养，173 人（71.2%）认为应该由高校与企业联合培养，119 人（49%）认为应该分为职前和职后分阶段培养，有 104 人（42.8%）认为要在工作过程中培养，也就是说，大多数教师认为"双师型"教师的培养是高校和企业相互培养的一个过程，而不只是高校的独立培养，而且培养过程要分为职前和职后两个阶段。在认为"双师型"教师资格必须具备的条件有 194 人（79.8%）认为要忠诚职教事业，热爱学生，201 人（82.7%）认为要专业知识扎实，教学能力强，138 人（56.8%）认为要教育技术好，108 人（44.4%）认为要有过企业工作经验，仅有 44 人（19.8%）认为要有高学历，从数据中我们也可以认为：适当的学历基础对中职学校是有利的，除了学历这一方面以来，实际操作这一环节也需要加强，所以对于中职学校来说，最适合的还是"双师型"教师，而不是高学历教师。

4. 把好教师入口关

职业学校方面，希望能够把好教师入口关，改善和优化教师队伍结构，提高师资队伍整体素质。中职学校的教师队伍建设将随着中等职业教育的发展不断壮大，教师队伍本身也会不断更新，而在职培训大多数是一种补偿教育，从长远来看，不能从根本上解决问题，因此学校可以通过把好入口关而对原有的师资队伍进行改造和提高，使中职教师队伍建设朝着良性循环的态势发展。

访谈对象	访谈实录	理论分析
中等职业学校校长，男，40 岁	教师资格制度规定获得教师资格证是作为职教教师的先决条件，它必须通过严格的考核与认定程序，只向那些具备教师资格条件者发放教师资格证书，将具备教师资格的优秀人员吸纳进来，从而提高中等职业学校教师队伍的素质水平	提升教师准入门槛

5. 建立更有激励性的工资分配制度

中等职业学校教师管理方面，改革中职教师生理需要满足水平低的现状，才能使他们把精神上的激励放在第一位，调动他们的工作积极性。要在保障中职学校教师基本工资待遇的前提下，将教师收入与学校发展、所聘岗位及个人贡献挂钩，充分发挥收入分配的激励作用，按照国家规定和工作部署，建立教师医疗、养老保险等社会保障制度。

访谈对象	访谈实录	理论分析
中等职业学校教师	报酬在一定程度上体现了公平，我们职业学校教师往往付出得多，得到得少，如果将自己付出与所得与他人相比，势必会影响到个人努力的程度	职业学校教师的收入制度还应更具激励性

6. 重视新教师的培养

职教师资队伍建设事关职教事业能否兴旺发达的头等大事之一，一定要保证这项工作取得实效。政策法规和规章制度是保证的前提。通过调研，对相关政策执行情况的了解，政策执行基本上都是卓有成效的，如国家现有的职校教师学历提升政策、非学历进修政策等，只有极个别的政策执行情况还不尽如人意。在对促进职教师资队伍建设的政策意见中，见表4－4所示：

表4－4　　　　　　促进中职教师队伍建设的意见调查表　　　　　（％）

主题	完全赞同	基本赞同	说不清	基本不赞同	完全不赞同
到企业锻炼	37.9	39.5	10.7	7.8	4.1
加强师资培训基地建设	52.7	40.3	4.9	2.1	—
开展在职培训	72.4	20.2	4.5	2.9	—
职业信仰和忠诚教育	68.3	24.7	4.1	2.5	0.4

从调查的数据中，我们可以看出，绝大多数的中职教师都赞同无企业经验的新任专业教师先到企业锻炼、要加强师资培训基地建设、开展在职培训、广泛开展教师职业信仰和忠诚教育。综合这些意见，我们可以得出：中职学校大多数年轻教师从学校毕业后直接上讲台，大多数教师缺乏实践经验和必需的专业技能，因此新任教师先到企业锻炼，是提高自身专业能力的可行途径，也可使得"重理论、轻实践"的观念得到一定的改变。职教师资培训基地在一定程度上可以缓解中等职业学校专业课和实习指导教师数量不足，造就一批优秀的"双师型"教师，因此应大力发展职教师资培训基地。

对于在职教师，应采取各种形式的有效措施，加大、强化专业课教师的技能训练和培训力度，切实提高"双师型"教师的水平。至于开展职业信仰和忠诚教育，教师必须热爱自己的职业，忠诚于教育事业，要以正确的人生观、价值观去看待自己所从事的职业，唯有如此，才能以先进的思想，正确的人生观、价值观去教育引导学生。

（五）加强科研与教学平衡发展，分类开展教学评估

1. 做好教师考核工作，使科研与教学并重

访谈实录	访谈说明
既然是高等学校，在高等学校里从事教育工作，没有科研能力没有科研水平，形成不了自己的科研成果，这就不是大学教师。当然，这些成果应都反馈到教学上，人才培养上，不能把教学与科研截然分开，这样不好。不管现代大学如何发展，也按着高教法，大学应是教学为主，是第一位的任务。那么如何统一呢？理论上应统一，教学与科研应统一在学术上，这俩都是学术。实践操作上，我们现在试行的所谓教学型教授，推行的也比较困难。推了几个了，另外教学成果也难以认定，最难的是科研成果的认定，只要高校把科研形式认定好，这实际操作起来应该没问题	天津师范大学主管教学的副校长就高校中科研重于教学现象如何解决的看法
我们现在工作量要求，工科一般要求教学是七，研究是三。现在年轻人还是教学少。我们学校每年获得一批国家自然基金，其中70%—80%是由我校近三年引进的老师获得	天津科技大学人事处处长对科研与教学关系的看法

2. 师资队伍建设的政策要配套，避免单一性

访谈实录	访谈说明
应该引入这些综合性大学的高水平人才进入教师队伍，但之前也要先进行教师教育职业养成教育培训	天津师范大学教师教育处长对师范院校师资培养的看法
教师教育课程标准要尽快出，然后整体上进行制度设计和定位，准入制度、资格证制度对所有人都公平一点，现在有若干不公平现象，我想慢慢改是能做到的	
从教师教育整体发展上讲，我觉得有一点是可以推广的，就是职前教育和职后培训这个课程体系的衔接，即便是多个部门负责，这也应该由省级的教育主管部门来督促它，即不能重复培训，也不能断档。这种思想是值得推广的，但是具体操作方式各省是不能一样的，思想可以借鉴，大的根本可以推广，但很多具体操作方式应该存在多样化	

天津师范大学，2009 - 8 - 31

五　结语

　　作为全国四个直辖市之一的天津，无论从社会历史传统、经济发展水平，还是从区域地理位置，抑或是教育体制等方面，都与其他省市自治区有很大差异，故天津才可以快速形成"教师教育一体化"的天津模式，才可以成为我国重要的职业教育"师资培训基地"，才可以实现高水平的九年义务教育，才可能保持师资队伍的高度稳定。这些都是富有天津特色的。但从这些特色的背后，我们亦可寻找到我国师资队伍建设的共性问题，这是国家制定《国家中长期教育改革和发展规划纲要》需要认真对待的客观现实。

　　1. 教师待遇偏低，特别是农村教师、部分民办学校教师和特殊教育教师，压力大，工作环境不利，不但有普通中小学教师的一般性压力，还有极大的安全压力和职业恐慌。所以，普遍提高教师的待遇，使薪酬设计等方面教师收入实质性地等同于当地公务员待遇，并在适当的地区和适当的时候，略高于公务员待遇，使社会优秀人员进入教师队伍。

　　2. 教师流动不合理，单向性流动和恶性流失现象要避免，但不是采取行政"堵、卡、压"的办法，而是要利用政策杠杆和经济杠杆，促进人才的合理流动。对于农村地区、山区、海岛地区的教师加大补贴力度，强化新配置教师的农村教育经历，同时强化"特岗教师比例"，增加他们的责任心和待遇，实施政府"购买教师"政策，使弱势地区能体现出其他方面的政策强势；扩大优质教师资源的辐射面，推进城市教师支教、对口支援、送教下乡等实质性工作的开展，而不是局限于形式上的支教。强化高校毕业生定期服务农村制度，强化并扩大免费师范生政策，增加在校师范生到农村学校顶岗实习的几率与时间。

　　3. 校长区域内定期流动政策落实不够好。一个好校长就是一所好学校，在校长持证上岗政策得到大部分落实的情况下，要强化校长的定期流动制度，通过师资的均衡配置，达到区域内教育的过程均等，在中期内杜绝因教育不公平而导致的择校现象，在远期内实现因教育特色化而鼓励的择校行为。

　　4. 教师编制设置不合理，生师比高且课程开设不全，专业不对口现象严重。教师编制的设置除了生师比的指标考虑外，要根据区域发展的特殊性，有弹性的增减，要根据经济发展的不同阶段，动态地调节，适度增加到

15：1 左右的生师比是可行的，也是必要的。同时要开足课程，着重解决农村地区和边远山区及海岛教师缺编和结构性短缺的现实性难题。

5. 学前教师性别比例有待调整，破除只有女性可以进幼儿园做教师的观念，适度引进男性幼儿教师，使男女教师比例在 2：8 左右。同时，适时实现学前一年至三年的义务教育化，为此要大力改善农村民办幼儿园的比例，强化政府责任，在实现中小学代课教师零比例后，着手开始进行幼儿教师民转公等政策的制定，提高学前教师队伍的整体水平。分年度补充学前专任教师，年平均补充在 10 万人左右，力争在 2020 年能补充 120 万学前教师，并实现覆盖城乡的农村学前义务教育试点工作。

6. 农村教师老龄化现象不容小觑，建立起专任教师养老补贴制度，对于终身在农村从教的教师可以参照退伍军人的办法进行政策优待，对于有功勋的农村教师要实行退休奖励政策，对于素质不适应教育改革需要的农村老龄教师，可采用提前退休，安置养老等办法，加大教师队伍结构性快速改造。同时，利用老教师的敬业精神、教学经验开展以老带新的政策，真正使老教师的优势发挥出来，避免老龄教师的职业梗阻现象的加剧。

7. 尽快修订《教师法》，给予中小学教师"教育公务员"的法定角色，给予营利性民办教育机构人员以"企业雇员"的身份，给予高校教师以"国家雇员或政府雇员"的角色，将中小学教师人事权上移至省级人民政府，将高校人事权切实还给学校，制定出教学与科研均衡发展的高校教师专业成长制度，分类管理，分别给予政策待遇。对于教师系列要强化教学督导和教学奖励力度，对于研究系列的高校人员可以实行绩效拨款的政策，避免高校科研腐败和科研经费管理混乱而滋生的校内不公平现象的蔓延；同时对于《教师法》中的教师权利要强化，并落到实处，强化教师的职业忠诚度和职业信仰，提升教师的职业幸福指数。

8. 要对民办学校进行分类管理，对于经营不善的民办学校进行二次转制，政府要适度介入；对于经营状况良好的学校，自愿进入营利性和非营利性机构管理，对于营利性学校在税收优惠的前提下，给予其他政策的配套支持，比如投资教育免税政策、企业或个人用税后利润投资办学的退税政策等，对于非营利性民办学校的教师要给予与公办学校教师完全一致的待遇。

9. 加强职业教育吸引力，提高专任教师对市场和企业的适应性。为此要强化"双师型"教师培养基地的建设，使企业愿意接收并主动与学校合作，对于规模性培训师资的企业给予税收上的优惠或其他政策的奖励；加强职业学校教师准入门槛，提升职业学校专任教师的学历水平，加强"学历证书与职业资格证书并重"的政策；建立起职业学校学生的"双导师"制度。

10. 强化教师教育一体化进程，实现职前、入职和职后的连续性培养，使各阶段的培养与培训有不同的针对性。强化中小学名师的引领作用，为中小学特级教师进入高校进行路径设置，加强高师院校教师定期下中小学的制度，要求年均进中小学时间不能少于 15 天，并计入工作考核指标体系。精简目前的教师教育机构，在 2020 年左右完成二级教师教育体系向一级教师教育体系的过渡性工作，力争在 2030 年左右，实现教师一级教育体制，强化学士后教师教育体制的建设，强化教育硕士、学历硕士的培养力度和广度，适时推出面向中小学的教育博士制度。

11. 健全教师资格证书制度，废除一证定终身的制度，实行教师资格的多次认证和定期注册，建立国家教师资格考试制度，及早制定教师专业发展标准。加强对教师行为的研究，根据教师行为的特殊性制定符合我国实际的教师专业发展大纲，并鼓励学校为每一位教师制定"职业生涯规划"，强调教师自身的反思性能力的培养和教科研创新的意识与能力。在中小学实施"国家特色课程"创新计划，鼓励中小学办出特色，而不是靠升学率来维持品牌，而是要靠特色教师来创建特色课程，增加学校内涵的吸引力。

国将兴，必尊师而贵傅。在中国从一个甲子走向另一个起点的时刻，关注教师就是关注民族的未来，关注教师队伍建设就是关注共和国输血系统的营造！

报告 II

吉林省教师队伍建设
专题调研报告

"中国教师队伍建设"吉林调研组

内容提要：吉林省是农业大省的典型代表，其教师队伍建设的现状反映了老工业基地以及经济仍处于欠发达地区的一些典型的特色。通过调研发现，近年来吉林省不断加大教育投入，在改善办学条件、提升硬件水平的同时，加强师资队伍的"硬建设"，有力地提升了教育的"软实力"。但在各级各类教师队伍建设方面存在的问题不少，譬如，高校特别是省属高校教师总体性缺编较为明显；中小学特别是欠发达地区教师断层，老龄化问题比较严重；农村学校不仅存在着总体性缺编问题，还存在着结构性缺编问题，特殊学科缺编现象比较突出；农村及落后地区教师的流失现象严重，使地区之间、城乡之间的教育差异加大；教师参加专业培训的机会存在着不平衡，且培训效果有待提升；教师工作压力较大，已影响到教师身心健康发展；教师待遇城乡差距大，教师职称评审工作有待加强，等等。因此，各级政府与教育行政部门应针对目前教师队伍建设存在的问题加强政策法规建设，增加教育经费投入，提高教师福利待遇；制定合理的教师编制标准，优化教师结构，减轻教师的工作量与工作负担，维护教师的身心健康；加强人事分配制度改革，加强职称评定工作，缩小城乡差距；切实加强培训与教师教学和科研相结合的校本培训制度，增强培训效果。

一 前言

国务院参事室委托浙江师范大学对我国教师队伍建设现状进行调研，吉林调研组就是其中之一。

　　吉林省面积 18.74 万平方千米，人口 2734.21 万（2008），全省现有长春、吉林、四平、通化、白山、辽源、白城、松原 8 个地级市，延边朝鲜族 1 个自治州，60 个县（市、区），765 个乡（镇），241 个街道办事处。2008 年，吉林省实现地区生产总值（GDP）6424.06 亿元，按常住人口计算，当年人均 GDP 达到 23514 元。

　　截至 2008 年，吉林省有普通高校 45 所（其中本科院校 26 所），普通高中学校 278 所，招生 15.99 万人，在校生 48.89 万人。中等职业教育学校（机构）388 所，招生 10.29 万人，在校生 26.13 万人。另有职工技术培训学校（机构）2812 所，注册学生数 73.38 万人。由于全省学校布局结构调整和学龄人口逐渐减少，义务教育学校数、在校生和招生数、教师数继续减少。全省小学 6450 所，减少 286 所；招生 25.94 万人，减少 0.63 万人；在校生 150.07 万人，减少 3.60 万人，其中县镇在校生 52.59 万人，农村在校生 65.98 万人。学龄儿童入学率为 99.75%。普通初中 1232 所，减少 31 所；招生 29.09 万人，减少 0.93 万人；在校生 90.57 万人，减少 3.58 万人，其中县镇在校生 43.42 万人，农村在校生 25.44 万人。全省共有各级各类民办学校（机构）2027 所，在校生为 36.51 万人，全省有幼儿园为 2749 所，在园幼儿（包括学前班）为 31.91 万人。有特殊教育学校 46 所，招收残疾学生 626 人，在校生 5621 人。

　　本次吉林省调研的主要目的在于系统、客观地了解把握吉林省教师队伍［包括幼儿园、小学、初中、高中（中职）、高等学校、特殊教育学校］的现状和存在问题，为加强和改善上述学校教师队伍建设，培养高素质师资力量，提供有价值的数据支持，为相关职能部门制定有关政策提供对策性建议，为国家制定教育发展纲要提供典型性样本。具体来说：第一，通过从城市到乡村、从教育行政部门到一线教师的访谈、座谈，了解吉林省目前最真实的教师队伍情况，倾听最基层教师的声音。第二，把调研过程中所发现的教师队伍存在的问题及一些教育现象客观地描述下来，并通过概括分析，提出相关建议。第三，总结吉林省在教师教育队伍中所采取的有力措施及相关政策，对各地师资队伍水平的提升有着重要的参考价值。第四，通过调研过程中对调研目的的说明让基层教师感受到国家对教师队伍建设的重视，提出更有针对性的意见。

二　调研设计与实施

（一）调研过程

为了客观真实地反映吉林省各级各类学校师资队伍建设的总体状况，调研组首先进行了问卷设计，自编了《我国教师队伍建设调查问卷》（共 6 份，分别为幼儿园教师卷、幼儿园园长卷、中小学教师卷、中小学校长卷、职业学校教师卷和职业学校校长卷），经过三轮的修改，最终形成了调查问卷，同时在全国七个样本区进行了问卷调查。

在吉林省人民政府参事室及吉林省教育厅的协助下，吉林省调研组于 8 月 30—9 月 6 日对吉林省教师队伍建设问题进行了比较全面系统的调研。本次调研抽取吉林省所属的四平市、辽源市、通化市、吉林市作为调研样本区县。调研方法采用问卷调查、座谈会、深度访谈等，调研对象主要包括教育行政部门领导、学校校长、教师等，以期从不同方面、立体式地了解把握当前吉林省教师队伍建设的现状和存在的突出问题，以有助于提出解决这些问题的策略。同时，在调研对象抽样时，兼顾考虑了教育层次、教育类型、办学性质、城乡差异、性别结构、年龄结构、职称结构、学历结构等。

（二）调研方法

1. 文献研究

为了获取吉林省经济社会发展，特别是教育发展的信息，我们查阅了《吉林省 2008 年国民经济和社会发展统计公报》，并在吉林省教育厅、吉林市教育局以及舒兰市教育局的协助下，获取了教育发展的第一手统计资料。

2. 问卷调查

通过《我国教师队伍建设调查问卷》（共 6 份，分别为幼儿园教师卷、幼儿园园长卷、中小学教师卷、中小学校长卷、职业学校教师卷和职业学校校长卷），对吉林省九个地级市（自治州）中的所属的四平市、辽源市、通化市、吉林市四个地级市进行了问卷的随机发放，共回收 476 份。其中幼儿园教师 68 人，幼儿园园长 31 人，中小学教师 282 人，中小学校长 95 人。

3. 访谈调查

访谈法作为问卷调查的必要和重要补充。问卷调查是面上的调研，而访谈可以详细了解个体的想法。通过访谈共同探讨师资队伍建设情况和具体建议，并在此基础上探究促进师资队伍建设，促进教师专业发展的有效对策。

实地访谈是分两步在三地开展的，两步就是将高等教育（含高等职业教育）作为一步，将基础教育（含中小学、幼儿园、中职教育和特殊教育）作为一步，三地分别是高等教育主要在长春市进行，基础教育分别在吉林市和舒兰市进行。

第一，走访吉林省教育厅。对吉林省教育厅主管教师队伍建设工作的副厅长、教育厅人事处处长、教育厅职业教育处处长、教育厅基础教育处处长进行了访谈，并获取吉林省教育发展和教师队伍建设相关资料。

第二，调研组前往吉林农业大学和长春金融高等专科学校就高等学校师资队伍建设情况访谈了人事处长。

第三，在吉林市进行调研。与吉林市教育局主管教师队伍建设的副局长、主管基础教育和职业教育的两位处长进行了座谈。

第四，到吉林市下属的舒兰市进行调研。联系舒兰市教育局分管教师队伍建设的副局长进行深度访谈。在县教育局的组织安排和召集下，分别召开校长座谈会和教师座谈会。座谈会后，均进行了问卷调查。同时，按要求，访谈了若干位校长和教师。

访谈的对象主要包括省教育厅、地级市教育局、县教育局的教师群体，教育行政部门领导，普通高校和高职院校人事处长、各级各类学校的校长并深度访谈普通高中、职业高中、初中、小学、特殊教育、幼儿园的校（园）长；组织召开各级各类学校教师座谈会，同时深度访谈各级各类学校的普通教师。访谈对象的具体情况见表 2 – 1。

座谈及个别访谈均进行了录音，事后将录音材料录入电脑形成电子文本，通过质化分析软件 Nvivo 7.0 版进行编码、分类、整理。

表 2 – 1　　　　　　　　　　访谈对象基本情况表

	访谈对象	形式
吉林省教育厅	教育厅副厅长、基教处处长、人事处处长	座谈
高校人事处长	吉林农业大学人事处处长 长春金融高等专科学校人事处副处长	个别访谈

续表

访谈对象		形式
吉林市教育局	教育局副局长、职业教育处处长	座谈
舒兰市教育局	市政府副市长、教育局局长、副局长	座谈、个别访谈
校长	舒兰七中校长 舒兰一中校长 舒兰试验小学校长 舒兰市幼儿园园长 舒兰三中校长 龙杰幼儿园园长 平安镇中心小学校校长 舒兰市职业高中副校长 舒兰市特殊教育学校校长	个别访谈
教师	舒兰二中老师 平安镇中心小学老师 舒兰三中老师 莲花乡小天鹅幼儿园老师 平安镇中小学校附属幼儿园老师 舒兰市特殊教育学校老师 舒兰市职业高中老师	个别访谈

三　现状与问题

（一）教师队伍建设的基本情况

近年来吉林省不断加大教育投入，在改善办学条件、提升硬件水平的同时，加强师资队伍的"硬建设"，有力地提升了教育的"软实力"。吉林省教育工作认真贯彻党的十七大精神，以邓小平理论和"三个代表"重要思想为指导，深入贯彻落实科学发展观，巩固提高义务教育，加快普及高中阶段教育，大力发展职业教育，着力提高高等教育质量，推动各级各类教育协调发展，为吉林省经济社会发展提供了重要的人力资源与智力支持。教育事业实现了又好又快发展。

在高等教育领域，高等教育适度扩大规模，提高教育质量。2008年，高等教育毛入学率达到31.6%。全省共有研究生培养单位19个。招收研究生15054人，比上年增加602人，增长4%，其中博士研究生2318人，硕士研究生12736人。在学研究生42925人，其中博士研究生8495人，硕士研究生34430人。普通高校45所。其中普通本科院校26所，普通专科（高职）院校

19 所。另有 10 所普通高校举办的独立学院。招收普通本科、专科（高职）学生 154914 人，比上年增加 8044 人，其中本科 100466 人，专科 54448 人。普通本科、专科（高职）在校生 504084 人，比上年增加 33896 人，其中本科 371062 人，专科 133022 人。普通高等学校办学效益进一步提高，校均规模由上年的 9256 人增加到 9915 人，其中本科院校 14846 人，高职（专科）院校由上年的 3128 人增加到 3847 人，独立学院校均规模由上年的 6801 人增加到 7872 人。

普通高校办学条件总量比上年有所增强，但随着规模扩大，生均办学条件有所下降。专任教师 32539 人（包括独立学院），比上年增加 872 人，增长 2.75%。获得硕士学位的专任教师有 12682 人，比上年增加 1079 人，所占比重从上年的 36.6% 提高到 38.9%。获得博士学位的专任教师有 3774 人，比上年增加 413 人，所占比重由上年的 10.6% 提高到 11.6%。普通高校专任教师年龄结构日趋合理详见表 3-1。

表 3-1　　　　　　吉林省普通高校专任教师年龄情况统计表

年龄段	人数（人）	比例（%）
30 岁及以下	8768	26.9
31—35 岁	5575	17.13
36—40 岁	5591	17.18
41—45 岁	5292	16.26
46—50 岁	3288	10.10
51—55 岁	2472	7.59
56 岁以上	1553	4.77

成人高校经过调整，由 2007 年的 17 所减少为 16 所，成人本专科共招生 66621 人。在校生 178917 人，比上年增加 10873 人。专任教师增加到 1759 名。

在基础教育领域，"两基"成果巩固提高取得新进展。义务教育普及程度有所提高，办学条件得到进一步改善。由于学校布局结构调整和学龄人口逐渐减少，义务教育学校数、在校生数和招生数、教师数继续减少。

全省小学 6450 所，较上年减少 286 所，降低 4.43%。招生 259418 人，比上年减少 6305 人，降低 2.43%。在校生 1500703 人，比上年减少 36030 人，降低 2.4%，其中县镇在校生 525885 人，农村在校生 659774 人。辍学率为 0.26%，学龄儿童入学率为 99.75%。专任教师为 129118 人，比上年减少 2357 人。教师学历合格率为 99.56%，比上年增加 0.06 个百分点，提高率为 80.56%，比上年提高 2.2 个百分点，具体见表 3-2。

表 3-2　　　　　　　　吉林省小学专任教师学历情况统计表

	人数（人）	比例（%）
研究生毕业	382	0.29
本科毕业	38417	29.75
专科毕业	65213	50.50
高中阶段毕业	24536	19.0
高中阶段毕业以下	570	0.44

普通初中 1232 所，比上年减少 31 所，降低 2.5%。招生 290893 人，比上年减少 9266 人，降低 3.2%。在校生 905738 人，比上年减少 35815 人，降低 3.9%，其中县镇在校生 434175 人，农村在校生 254365 人。辍学率 1.31%。专任教师为 66724 人，比上年减少 984 人。教师学历合格率为 98.99%，比上年提高 0.21 个百分点，提高率为 69.5%，比上年提高 3 个百分点。

高中阶段教育：高中阶段教育规模持续增长，结构有所变化，全省高中阶段教育在校学生为 750143 人（不含技工学校），比上年增加 6299 人；招生 262828 人，比上年增加 5996 人。普通高中办学条件进一步完善。中等职业教育基础建设有所加强，但是，随着办学规模增长，生均办学条件不足的矛盾依然存在。

全省共有普通高中学校 278 所，比上年减少 13 所。招生 159882 人，比上年减少 1635 人，降低 1.02%。在校生 488871 人，比上年减少 16387 人，降低 3.35%。专任教师为 27478 人，比上年增加 722 人。教师学历合格率为 95.66%。提高率为 4.1%，较上年有所增加。

职业教育领域：吉林省职业教育，从 2008 年起将加大投入，整体投入每年要达到 2 亿元，这是笔者从日前召开的吉林省年度教育工作会议上获悉的。今年，吉林省政府专门出台了《关于进一步加强县级职业教育中心建设的意见》，决定从今年起到 2010 年，实施"吉林省支持中等职业教育'百强校'建设专项计划"，省财政每年安排 7000 万元专项资金。至此，吉林省省本级每年职业教育专项经费将达到 1.1 亿元。

截至 2008 年底，吉林省共有职业初中 25 所，比上年减少 2 所。招生 5439 人，比上年减少 124 人，降低 2.28%。在校生 17341 人，比上年减少 2725 人，降低 15.7%，其中县镇在校生 6989 人，农村在校生 10105 人。专任教师为 1245 人，比上年减少 102 人。

中等职业教育比重逐年提高，资源配置状况有所改善，但办学条件仍然不能够满足规模发展的需要。全省共有中等职业教育学校（机构）388 所，比上年减少 1 所。招生 102946 人，比上年增加 7631 人。在校生 261272 人，比上年增加 22686 人。毕业生为 69512 人，获得职业技术证书的人数为 32234 人，比上年增加 784 人，占毕业生的比例由上年的 46.2% 增长到 46.37%。专任教师为 18745 人，比上年增加 853 人。

在其他教育方面，民办教育持续、健康发展。2008 年全省共有各级各类学校（机构）2027 所，在校生总规模为 365060 人，比上年增加 15615 人。民办普通高等学校 4 所。招生 5843 人，比上年增加 2237 人。在校生 17716 人，比上年增加 7446 人。另有独立学院 10 所，招生 22468 人，在校生为 78722 人，比上年增加 3910 人。

民办非学历高等教育机构有 15 所，比上年减少 2 所，各类注册学生 6380 人。民办普通高中 29 所，在校生 26159 人。民办中等职业学校 62 所，在校生 31126 人，比上年增加 5872 人，占中等职业教育在校生总数的 11.9%。民办普通初中 29 所，在校生 42387 人，占普通初中在校生总数的 4.67%，比上年提高 0.2 个百分点。民办普通小学 16 所，在校生 25967 人，占普通小学在校生总数的 1.7%，比上年提高 0.1 个百分点。民办幼儿园 1872 所，在园学生 136603 人，占幼儿园在园幼儿总数的 42.8%。

学前教育普及水平逐步提高。全省幼儿园为 2749 所，在园儿童（包括学前班）为 319078 人。幼儿园园长和教师为 17765 人。全省共有独立设置少数民族普通高中 23 所，在校生 23327 人，专任教师 2064 人。普通初中 38 所，在校生 12360 人，专任教师 1667 人。小学 96 所，在校生 27611 人，专任教师 3318 人。幼儿园 33 所，在园儿童 4377 人，专任教师 320 人。

特殊教育稳步发展。全省特殊教育学校 46 所。招收残疾学生 626 人，在校生 5621 人，在普通学校随班就读和在附设特教班就读的残疾儿童招生和在校生分别为 196 人和 1552 人，分别占特殊教育招生和在校生总数的 31.3% 和 27.6%。特殊教育学校共有专任教师 1319 名。

（二）教师队伍建设的特色与成绩

1. 制定《吉林省促进中小学教师专业发展行动计划》（2009—2013），使吉林省教师队伍整体素质的提升有了制度上的保证

为进一步加强中小学教师队伍建设，大幅度提升教师队伍的整体素质，加大农村教师的培训力度，基础教育更好更快均衡地发展，吉林省教育厅在总结实施"2004—2008年新一轮中小学教师继续教育工作"经验的基础上，制定了《中小学教师专业发展行动计划》。在未来五年内，吉林省提升教师队伍的基本任务是：抓好师德建设项目，促进教师职业道德水平的全面提高；组织实施中小学教师全员培训，促进教师素质全面提高；实施名优教师高级研修项目，建设一支具有辐射能力的骨干教师队伍；实施农村中小学教师专业发展援助项目，促进农村教师专业发展；实施教师专业发展学校建设项目，促进学习型组织建设；实施管理者和培训者队伍提高项目，提升管理者和培训者工作能力六个方面。

　　　教师全员培训目标：以"师德教育、新知识、新技术和新技能"为主要内容，有效组织中小学教师全员培训，促进中小学教师专业化水平的全面提升。利用现代远程教育基础设施，发挥远程教育优势，整合各类教师教育资源，为教师培训提供优质学习资源与人力支持。构建服务全省30万中小学、幼儿园教师专业发展的"三网合一"的培训体系，到2013年，通过远程教育、面对面培训、岗位自修、支教送教等多种方式，使每位教师接受不少于240学时的在职培训，使全省教师的教育观念、专业素质、教学及研究水平得到较大幅度的提高①。

2. 重视教师学历水平的提高，小学和初中教师的提高率在全国处于领先水平

吉林省小学教师和初中教师的提高率（即小学教师拥有专科学历，初中教师拥有本科学历）已经分别达到80.56%和69.78%，在全国处于领先水平。

---

① 《吉林省促进中小学教师专业发展行动计划》（2009—2013）。

　　尽管我说我们的提高率很高，但是很多都不是第一学历，很多小学教师和中学教师的学历提高都是我们吉林省创造的师范类自学考这种方式获得的。另外，小学教师专科培养，承担这种职前培养的院校资格都比较老，在 1999 年，这类学校已经停止中师招生，全部改为专科培养，就是由三级师范向二级师范过渡，这是我们教师队伍整体的表现情况。（吉林省教育厅访谈）

　　3. 优质学校主动承担责任，构建教育经济一体化的教育模式，城市学校支援相对落后的乡村学校

　　由于吉林省财政较为紧张，虽然政府提出对农村教师进行优质培训的政策，但执行能力相对较弱，如果政府规定哪个学校必须承担下来，靠学校自己，学校就被动，优质学校支援农村教育的积极性就不高。为了解决这一问题，吉林省采取了发挥大城市优质学校的主动性，使他们感受到了一种责任感与使命感，使城市学校无偿为农村教师进行培训，唤起优质学校能够构建教育经济一体化的教学意识，城市支援乡村。通过省级重点学校培养工作辐射到县级重点学校，那县级重点学校就可以再往下辐射到乡村。

　　我们教育应该是这样发展，城市支援乡村不都靠政府，自身教育这块我们争取自己做起来，我们希望有一个办法，帮助我们。我现在就觉得当政府主动要求学校承担一些教育任务时，手拉手，送教下乡，送教育支援去下乡。我们的政府就是规定哪个市，哪个市你必须承担下来，靠学校自己，学校就被动，那么政府在这儿就有决定的方向，那是政府的责任，你培训不了农村教师，怎么办？你就可以布置给学校，让学校去做，这一点做的最好的是在中小学。他们就是有这种责任感，我没有意见，我愿意这么做，让他们变成一种自觉的行为，人的自觉意识，中国的这些中小学校非常之好，政府改善办学条件，老百姓享受优质的教育。我就觉得农村教师进城培训就应该一分钱不拿，谁说没有钱，政府也没有钱，政府也不愿意承担，我说教师发展要做到三点，第一是受重视，政府的责任，你要提供优质教育的保障，包括教师培训，这是最主要的因素，这就得由政府做，现在远远做不到，现在我们教师培训费是工作的 5%，这个是国务院制定的，也用在我们农村的教育机制当中，这是政府责任，第二就是城市学校和优质学校支援乡村学校的。（吉林

省教育厅副厅长)

4. 重视"特岗计划"的贯彻落实,形成国家、省级二级支持体制

吉林省农村中小学教师的缺编较为严重,普遍存在教师老化和特殊学科教师匮乏现象,由于特岗教师都是到农村学校的义务教育阶段从事教育,对于改善农村教育水平有显著的作用。因此从省政府到各县市非常重视国家"特岗教师"计划的落实。

对于"特岗教师"计划,我们建议国家坚持下去,如果按照计划来执行,如果5年一个周期的话,国家还有政策和指标,我们省的教师队伍特别是农村的教师队伍,结构性的改善,农村的义务教育质量的提高,会是有史以来一个根本性的变化,所以我觉得教师队伍在特岗这一块,是由国家和省里共同来完成的。我们希望国家的政策坚持下去,国家就是要实施省级的特岗教师,我们也很想实施到农村教育,国家就要实施两级体制,国家实行多少,我拿一半计划,然后根据教师之间的情况,根据学科合理配置的情况,来科学的安排这些特岗计划。我们能做得更好,而且这项计划特别的重要,我们也应该利用这个机会改善我们现在的教师队伍的现状。(吉林省教育厅副厅长)

(三) 教师队伍建设的主要问题

1. 高校教师队伍总体性缺编问题严重

教师总体性缺编在高校,特别是省属高校中反映较为明显,随着高校扩招,学校规模扩大,但编制却没有得到相应的调整。

省属高校的编制跟学校的发展是有密切的联系的,从某种意义上说编制已经限制了学校的发展,特别是师资队伍建设从总量到结构。从吉林省来看,我们省的高校规模都在扩大,我们学校不论是学生人数还是从学科规模都发生很大变化,20年办学规模改变很大,但编制从1989年到现在没怎么变过。例如从师生比来看,扩招之前师生比例在1:8左右,但扩招之后像普通高等专科学校已经到了无可容忍的程度。在2006年、2007年师生比一度达到1:20,那么经过评估之后省里给了

一点点政策，学校也做了一些工作，比如允许我们学校的行政管理人员与机关人员有教师资格证的从事教学工作，增加教师数量，师生比例达到 1∶10 吧。但是这几年规模又扩大了，那么师生比又有问题了。

编制不足带来很多深层次的问题。如很难进行人事制度改革，如像教授下岗，管理人员下岗都是很难实行的。像我们学校一级教授就不用说了，资历深，二级教授也很难贯彻执行，现在就是改革改不了，分配分不了，我们人事部门以前想改革来着，报到上级部门遭到拒绝，所以不是老师的问题，比如能力不行或老师承担不了工作任务，是政策的问题，我们在等教育部出台政策，一等就是两三年，还是没解决。编制的问题限制就是大。（普通高校人事处长）

近年来高校教师的流失情况有所缓解，但依然存在，加大了地区之间教育的差异，并使缺编问题愈加严重。

我们学校今年新进教师是 108 个，流出的我记不清了，但是也应该有四五十个。流出也是比较多的，有的是考上博士的。这曾经一度对教师队伍的稳定产生很大的影响，因为地域的限制，至少在 6 年前。当时如果不采取有效的措施，会遭到毁灭性的打击。当时很多人正是干事业的时候，也是能流动的时候，40 多岁。当时有一批人就要走，事实上有的也走了，有的走了就不给档案，这么做呢也有好处确实把有些人才留下来了。现在随着地方政府对高校教师的重视，有些特殊政策，特别是教师的工资跟南方的差距逐渐地缩小，咱们这里特别今年金融危机嘛，对教师来说受冲击比较小的。在我们学校几乎是静态的，到外省的有，但相比前些年的疯狂流动就少多了，有很大的变化。（普通高校人事处长）

2. 中小学特别是欠发达地区中小学教师断层，老龄化问题严重

在访谈中，我们发现教师老龄化是舒兰市存在的一个普遍问题。从表 3-3 的统计数据可见，无论是普高、职高、初中还是小学；无论是农村还是城市，老龄化问题特别严重。这种现象以初中更为严重，35 岁以下教师仅占全部初中教师的 7.06%。50 岁以上的教师占 34.25%。而由于多年基本上没有招聘新教师，所以 30 岁以下的教师则更是凤毛麟角。

表 3-3				舒兰市教师队伍年龄分布表					（人）
	25 岁及以下	26—30 岁	31—35 岁	36—40 岁	41—45 岁	46—50 岁	51—55 岁	56—60 岁	61 岁以上	合计
幼儿园	31	40	73	43	41	98	92	5	—	423
小学	2	305	382	176	513	486	264	44	—	2172
初中	0	6	91	283	228	294	227	198	45	1372
普高	2	15	80	116	106	49	32	9	0	409
职高	3		15	17	7	12	12	4	0	70

此外教师的学历结构偏低，所学专业与所教专业不符合，一个教师教多门学科的现象比较突出。

高中教师平均教龄是 22 年，接近 50 岁的教师很多，30 岁以下的教师没有几个，接近了临近退休的高峰期，出现了断层现象，我们舒兰市去年给高中增加了 20 个编制，远远不能满足高中的需求，全市六所高中缺的教师大概在 400 人。由于教师的第一学历较低，难以胜任当前的教育改革，企业转地方的教师素质相对较低，管理意识，管理观念相对老化，不适应地方的教育管理，出现了水平不高，职称高，学历不高，年龄高。这是一种恶性循环，就是国家在调整政策上，现阶段进入市场经济的人事人才分配还不如计划经济的时候，计划经济的时候，师范类院校的学生毕业后拿着派遣证直接到各级教育部门报到，现在好的毕业学生不到教育来，到教育来的有很多承认不了，将来培育出来的学生也都是低质量的。（舒兰市教育局座谈）

我在去年接管教育之前，详细地统计了一下，从 1999 年开始到去年（2008）十年教育没进人，教师队伍面临着严重老化。为什么没进人？就是地方政府拿不起工资。（舒兰市教育局教育行政领导访谈）

关于农村教师队伍情况，我们农村学校已经有十年基本没有补充教师了，就是 2000 年以后，尤其我们农村一个也没有。（校长座谈会）

关于教师队伍存在的问题是普遍老化，老化到什么程度，据我统计我们现在在岗教师是 173 人，女教师 50—55 岁、男教师 55—60 岁的占将近四分之一，从我们小学的教师状况来看，我们也通过调查，学生对教师的满意度主要一点是在年龄，小学的学生非常喜欢年轻的漂亮的女

老师，而我们将近 60 岁的男老师还在课堂上当班主任。（校长座谈会）

我们是一所农村小学，近十年来没有新进教师，所以现在的基本状况是，教师队伍平均年龄女教师是 50 周岁以上，男教师是 55 周岁以上，大约占教师总数的 85%。我们教师队伍整体素质偏差。（农村小学校长）

现在我们七中男同志 57 岁、58 岁教课的，女同志 52 岁、53 岁当班主任的，很普遍。今年暑假，我现在一年级语文有 4 个班没有老师，就得是其他班老师代课，一个人教 3 个班语文课，当班主任，难度很大。（城区公办初中校长）

2000 年之后就没有新分配的教师了。现在就是我自己学校呢，30 岁以下的老师还有 4 个人。（城区公办小学校长）

从我们学校来讲，从年老和年轻教师谈话中了解到教师老龄化还是比较严重的，最年轻也有 27 岁、28 岁了。我觉得应该不断地去调整教师队伍的年龄结构，应该有更多年轻的教师从事到我们教师队伍中来。（农村公办小学教师）

我觉得最大的问题就是教师老龄化，除了九位班主任之外，别的都是岁数偏大的。像一年级班主任都 40 多了，孩子都喜欢年轻漂亮的老师。现在最年轻是 29 岁。（农村幼儿园教师）

年龄老化，结构不合理。30 岁以下的没有几个。在学校 40—50 岁的比较多一些。（职业高中教师）

在舒兰市，教育局允许高中采用聘任的方式来解决部分师资短缺的问题，但其他学校就没有这么幸运了。一是教育局不允许，再者即使允许，学校也没有这个财力来解决这个问题。

他编制为 223 人，实际是 153 人，缺 70 人，70 人就是从其他学校借调、聘任，这样也刚好满足需要。老师整个的正常工作量，比如说外、语、数 3 科，一个老师教 2 门，现在则教 3 门。聘任的是我们从应届大学毕业生通过考试、听课，我们认为能胜任教学的，把他聘过来，没有编制。今年我们就是给了 20 个名额，20 个我们考取了 8 位，这 8 位就是在我们临时聘用的教师当中。虽然他们是合同工，但是他们的工资待遇和在编的是一样的，三险一金，都得交，这样的话是能够取得同工同酬，所不同的是补贴不同，学校的待遇都一样享受，就是一个稳定，同时也心理平衡。整个流动情况比较大，比如2005年聘用的是34人，现在是18人，这16个人由于编制问题解决不了，这样呢，他们有机会就考。从我们学校走的，凡是从参加其他学校的应聘考试的，考试成绩一般都是前几名，因为在我们这儿待一段时间后，教师的综合素质都得到了提高。还有考公务员的，到其他学校任教的，然后缺，缺了再补，总是要使教育质量不受它的影响。（城区公办高中校长）

所有的教师都是由政府统一财政支持，我们也可以自主招聘，但招聘教师工资得自己内部解决，财政给一年十万或二十万，拨给学校账户，学校自己用这个钱聘请专业教师、兼职教师，现在我们学校一个兼职教师都没有，因为我们拿不起这个钱，聘请兼职也是在发展过程中满足不了办学需要才聘请，从长远来说，聘专职教师应该由政府部门来做。（职业高中校长访谈）

初中没有能力聘人家的老师，另外局里也不同意。聘任代课老师一个都没有。现在都没有，现在就是高中聘了一些大学生。现在进特岗又不给县城的初中，都给农村了，所以我现在是一个班的英语，四个班的语文就得靠代课。（城区公办初中校长）

长期聘用的，能承担班主任工作的，只有两个。涉及短期的话，比方说这学期开园人特别多，就可以聘用保育员。短期聘用一学期。一般幼儿园都是3月份开园人特别多，可能是涉及天气越来越冷的关系，9月份家长可能就不愿意送孩子上学。3月份开学天气就越来越暖和了，可能孩子适应能力强一些。一般来说就3月份聘用一学期。他们实际上工资不高的。聘用了10年的才700多元。但是学校待遇是一样的，奖金、福利都一样的。长期聘用和短期聘用工资上有差距，因为长期聘用的，学校会根据财力情况，每年会给你调一些。但是临时就是450元或者500元一个月。（农村幼儿园教师访谈）

在谈到新教师补充问题上，吉林省教育厅师范教育处处长谈到地方财政的紧张是一个重要的原因。教师的补充在这几年一定程度上得到了缓解。

我们基础教育的教师补充在县一级，从20世纪90年代末期开始，大概十几年来，教师特别是小学教师的补充，我们现在的主要困难就是地方财政和县级财政比较困难，我们现在就是没有钱，有的是没有编，有的是没有钱。缺教师就要聘用一些代课教师，这些代课教师就选择我们四年的中师毕业生，选择他们呢，就是一个月也就五六百元的开支，因为这些教师的待遇不是很高。近几年，我们本届政府以来，重视教育，地方政府也随之将教育的建设，对教师队伍的建设提升到了一定的高度，开始补充教师。我统计了去年全省的教师，从幼儿园一直到高中教师，一共是3700多人，其中高中教师的补充相对大一些，然后是初中，小学教师有一部分，但很少，小学教师的老化现象比较严重，就像刚才厅长说的，50多岁的人教十几岁的孩子。那么今年我们现在的特岗教师，组织上也有了这样的政策，组织了我们特岗教师，我们计划三年之内也要提升这些教师，这项目标也列到了教师队伍的建设之中，而这些特岗教师都是到农村去的，进入我们的义务教育阶段，特别是农村教师对于我们的教育改善有了显著的变化。（省教育厅访谈）

那么在舒兰市教师老龄化问题为何这么严重，特别是近十年来基本上没有新教师进入呢？舒兰市教育局副局长为我们揭示了原因，教师年龄老化可能具有一定普遍性，但新教师进不来并不具有典型性，这是由于学生数量的下降，教师数量没有随之下降，企业学校并入地方等历史原因造成的。

问：我们所调查的一些状况能不能反映我们吉林省的普遍情况，比如教师的缺编的情况？从您的感觉来看是一个什么样的状况？

全省范围内我说不准，因为接触少，就吉林地区而言，尤其缺编这些情况，应该说年龄老化，结构性缺编，这些情况还是有一定代表性的，但是在补充机制这方面，实际上舒兰有个特殊情况，它代表不了地区。就我把握，盘石、华电经济情况比较好，地方财政收入比较高，这几年一直在补充骨干教师，每年十九二十个，据我了解它们每年都一直在做，这是我们吉林条件好的。跟我们经济条件相似的，外五县、蛟河和永吉，以前它们也陆续在招，在补充机制上舒兰没有代表性，它就是我们自己的一个特点。产生这种问题的原因我也分析了一下：第一，全省的企事业单位改革是2004年启动，吉林市在2008年就已经结束了，它结束以后编制就空了，出现缺口，就开始补充了。舒兰是 2009 年刚刚结束，比他们至少晚一年，我们到现在事业单位改革没有最终结束，合同还没有签，从制度本身，这个工作没做完，这是一个大的原因。第二，舒兰是吉林外五县人口最多的一个县级市，我们是 95 万人口，像我们上学的时候，学生量也比较大，8 万将近 10 万人的学生，那时候就需要大量教师，所以当时的教师量也比较大，这几年随着计划生育政策，包括人口的流动，大量的人口往外搬迁，出去打工、农民工进城等，导致学生的数量急剧下降，现在学生才 5 万多，这几年的工夫就出现 3 万多的差，它的师生比要多少教师来配这 3 万多人，最后导致老师退不了这么快，老师不可能像学生那么锐减，老师不到退休年龄他出不去，最后导致历史的包袱大，它暂时在一个阶段内消化不掉，所以为啥我们事业单位改革迟迟推进不了，省核定的中小学给我们的编制是 5116 人，但是 2004 年给我们核定这个数，当时在岗的教师达到 6000 多人，这是历史的原因，人口多，底子薄，历史的包袱大导致教师出口不畅，出不去，因为现在不可能砸谁的饭碗。第二个原因就是接收矿区，1000 多人，对我们的包袱也是很大的，矿区和企业接收过来以后，它的学生少，上到小学可以，初中 30 多名老师接来 20 多个学生，就是你必须得接，这是舒兰政府为了全省的政策做的牺牲，你不接你不稳定，这是政府要求的，只要是舒兰的编制，你就必须得接过来。尤其有个早在 30 年前就不招了，一个学生没有，我们干拿着 30 个包袱背过来。虽然有个过渡期国家给一部分钱，但是实际把我们的编制占死了。

问：我们舒兰的这样一种年龄结构状况是不是有代表性，具有典型性？

不具有典型性。现在在岗专任教师三四千人，哪怕我有 1000 人是大学生，一年进 100 个，三五年就平衡下来了。但是我们就没有。现在我们整个 35 岁以下没有，因为这 10 年没进。外五县也反映年龄结构老化问题，可能没有我们突出。（舒兰市教育局副局长访谈）

我们认为，教师的老龄化而新教师无法顺利引进的情况在全国的其他地方可能或多或少存在的，除了经济方面的原因，其实也反映了我们教师队伍建设中一个"只能进，不能出，一旦位置被占住，就很难再有空位留给他人的"相对僵化的现实。

3. 特殊学科缺编现象比较突出

关于学科任教教师比例问题，从对校长的调查结果来看，校长们持有两种不同的观点，表示缺编现象严重的占29.1%，校长表示自己学校内存在非常严重或比较严重的"部分学科教师缺编严重"的问题；而认为不太严重或根本没有问题的占65.5%，详见表3-4。绝大多数校长不认为自己学校存在着"教师超编现象严重"和"代课教师太多"的现象。这表明从总体来看，不大存在教师超编的现象，而部分学科教师缺编问题，则在一些地区和一些学校存在着。

表3-4　　　　　　　中小学校长对有关教师编制的一些问题的看法　　　　　　　（%）

	非常严重	比较严重	说不清	不太严重	根本没问题
部分学科教师缺编严重	6.5	22.6	5.4	46.2	19.3
教师超编现象严重	2.1	8.5	5.3	54.3	29.8
代课教师太多	0	5.4	8.6	12.9	73.1

在吉林市和舒兰市进行实地调研过程中，教育部门、校长们则普遍反映了较严重的特殊学科（如体育、音乐、美术、英语、信息技术、综合实践活动、心理教师）等方面存在教师严重不足的现象，导致一些课程不能足额开课，甚至有些课程无法落实。

> 吉林市的音、体、美老师紧缺，补充很难。比如说美术教师，美院培养的学生那么多，进入学校的却不多；音乐方面也缺，体育教师这方面，他们比较活跃，很多改行做别的去了，所以师资短缺是结构性的。（吉林市教育局座谈）
>
> 专业教师严重不足，普通学校严重缺少英语、音乐、体育、美术教师，舒兰这次招聘就很困难，很多学校的音、体、美的课程都开不了，职业学校缺少专业教师，幼儿园缺少幼师，出现了很大的矛盾和困难。（舒兰市教育局座谈）
>
> 像音乐、体育、美术、英语这些特殊学科教师，缺口非常严重，就拿我们学校为例，我们学校24个教学班1100多学生，体育教师只有一位经过体育职院培训，其他两位都是民办教师。音乐教师只有一名，已

经53岁了，是吉林师范音乐班毕业的，其他两名教师，有一位是民办教师，另一位是普师毕业的。美术教师也是只有一名，是吉林师范美术班毕业的，缺两名，英语教师就更不用说了，都是普师毕业，念普师时候选修专业，那时候学点，咱们选择这样的老师担任英语教师，但是仅限于中心校，我们下边还有7所村小，这7所村小基本上没有科班毕业的音、体、美教师和英语教师。这7所村小这学期，今天第一天开学，据我了解集中备课的时候，没有备音乐课的和美术课的，说明这7所村小美术课、音乐课开不了，这是教师队伍特殊学科教师短缺的这么一个现状。（校长座谈会）

特殊学科缺口是普遍现象，农村尤其严重。我校体育现有5名教师，两名是专业毕业的，还有一个是从乡下调进来的，而实际还缺3名体育老师。按照吉林省课程计划，一、二年级应该是每周4节体育课，三至六年级每周3节体育课，现在全校由5名老师每班上两节，其他的课由班主任上体活课，一般为单位体活，或者以年段为单位搞大型像拔河等活动。（城区公办小学校长）

像我们学校最缺的就是英语教师、音乐教师、美术教师。就像我们学校两个美术老师就要教20多个班，所以课时量特别大，一个老师一周达到二十节课。对于这些教师一天四节课，而且是跨年段的，从备课来说都有影响。农村的孩子急切地想学英语，老师很缺。有两个英语教师，且不是英语专业毕业的，因为没有这方面的人才。他俩是师范毕业的，然后自学进修的。（农村公办小学教师）

特殊教育中的许多课程专业性很强，如培智教育专业，教师极其缺乏。

像我们培智教育专业，一个老师也没有，而且这个班级占2/3，10个班培智班是6个。但是特教专业课程，一些特训课程、康复课程，老师不会，这些东西你买了你也不会用啊，还有聋儿康复语言训练，聋儿专业的像耳膜测听，测听力的。我学聋教专业的，测听我会，但是现在机器都先进了，我学的都是简易的机器，现在非常先进的机器我们都不太会用，所以我们需要教育和医学双方面的专业教师。我们只有聋教专业的老师，有10个是专业教师，都是学聋教的，

培智专业，包括对学生智商测定啊，这样的老师都没有。（特殊教育校长访谈）

由于课程改革，增加了一些新的学科，原有学科结构亦有了新的调整，这也使原有编制不足、特殊学科师资严重缺乏的问题更为突出地暴露出来。

主要原因还是现在的编制，还是过去确定的那种编制，编制已经与教育发展有很多不适应，开设了很多学科，比如说心理学课程、通用技术、现代技术，像计算机，并且还有很多新的要求，特别是新课改之后出现的一些，像心理健康教育，过去没有，所以说目前这种编制已经不完全适应教育发展的要求。那么还是按照过去那种编制来做的话，就会出现教师编制紧缺的问题，编制管理上已经过时，不够灵活，各级政府、国家、省、各县市都是这么要求的，按照过去的做法做，所以这样来讲，教师补充这块工作还没有布置好，满足不了正常教学的需求。（吉林市教育局座谈）

通用技术的老师也缺，不过能不能考虑把通用技术的内容整合到其他科目中去，很多情况不符合实际，有人提议这课可以到职业学校去学，但问题是普通学校跟职业学校是不一致的，希望对待这个问题能够更务实些。比如说很多内容是重要的，光增加课程，没有能胜任的老师，课程改革没有考虑到相关配套的措施，需要补充，需要完善的地方，就得认真考虑。（吉林市教育局座谈）

由于教师结构上不合理，所以许多教师被调去教自己本不擅长的专业，因此存在着较多起始学历专业和所教专业不相符的问题。

因为专业不对口，所以觉得像咱们实施素质教育就难以达到一个很高的标准。像体育老师，我那两个体育老师，一个50岁，一个49岁，不是专业的，其中还有一个根本达不到标准。学校不缺音乐老师，但是那几个音乐老师，相比较也不是那么很全面的。（城区公办小学校长）

4. 农村和落后地区的师资问题值得关注

（1）支教、特岗计划等举措促进了农村教育事业的发展，但实行中也存在着问题

表 3 - 5　　　　　中小学校长对于支教、特岗教师政策的态度　　　　（%）

	完全同意	基本同意	说不好	不太同意	完全反对
教师支教政策有利于解决城乡教育差异问题	20.2	51.1	12.8	14.8	1.1
广泛在农村和落后地区实施特岗教师政策	71.0	26.9	0	2.1	0

从表 3 - 5 中的数据可以看出，71.3% 的中小学校长对于"教师支教政策有利于解决城乡教育差异问题"持基本同意或完全同意的态度。而高达 97.9% 的中小学校长对于广泛在农村和落后地区实施特岗教师政策持完全同意或基本同意态度。

在实地调研中，无论是省、市、县都普遍赞成特岗教师计划的，但是由于特岗计划中缺少中小学普遍缺乏的师资，所以结构性矛盾仍然无法从根本上得以解决，此外，该计划的持续性及后续保障也比较令人担忧。

对于特岗教师，我们计划三年之内也要提升这些教师，这项目标也列到了教师队伍的建设之中。（省教育厅座谈）

农村边远地区缺教师，实行特岗计划加以补充。2009 年，实行特岗计划，招聘了 680 多人，主要是在外围县的农村学校。这工作也已经基本结束了，通过笔试面试，然后根据成绩分出档次。特岗计划中缺音、体、美教师，科学缺一小部分，英语、语文这些大科目不缺，综合实践课在大学里没有这个专业设置，那么这门课程的教师就由别的学科来代替。（吉林市教育局座谈）

特岗计划是国务院对教育尤其是基础教育，特别是对农村教师的补充以及缓解大学生就业压力而推出的一个英明举措，是不是可以考虑列入国家计划的由国家财政解决，列入省计划的由省财政解决，但也仅限三年，那三年之后怎么办？留任的有，没留下的有，那么会不会导致社会第二重波浪性的矛盾？这问题涉及教育稳定，教育发展的问题，是全国性的大问题。特岗教师仅靠县区财政是解决不了的，县区财政就是

"吃饭"财政，特岗教师在三年里是做免费教育服务，但三年之后岗位资源还是这么多，但待业教师却多了，这怎么办？特岗教师是没有编制的，特岗教师如果有空编了就能补充到正式编制里，没有空额，到期后就得下岗，教师是缺，真缺，尤其是小学科任教师，但由于教育财政等各方面原因，这些教师都补充不上去，大学生就业难问题导致教师领域这块的矛盾做法。特岗教师不光要干得好还得干得长，他们现在是建设力量，如果三年之后下岗了可能就成了一种逆反的影响。所以这个问题亟待解决。（吉林市教育局座谈）

　　基础教育的基础，首先是在老师，在师资基础，国家应当研究师范类教育，无论是在招生政策上，还是学生分配的去向上应该有所研究，国家在招收这些学生上就应该有特殊政策，国家在政权建设上每个村都要派一名大学生，那为什么不重视教育呢？面临这样的教师队伍，舒兰市教育很快就要面临停办，现在的教师年龄都在 50 岁以上，10 年以后60 多岁还能上班吗？（舒兰市教育局座谈）

（2）农村及落后地区教师流失现象严重，使地区之间、城乡之间的教育差异加大，并使缺编问题愈加严重

　　在舒兰市的访谈中我们了解到，教师流动跳槽的问题非常严重，许多教师流动到大城市，使原本就十分紧张的编制愈发捉襟见肘，使本已十分繁重的教学任务更是雪上加霜。

　　　　教育行政或者政府部门能否干预一下跳槽的问题，我们辛辛苦苦培养出来的老师一旦成名了就跳走了，像我们学校近几年到吉林医学院这样的学校较多，一旦教师获得国家级或者省级奖项或者评上什么了，一个一个都调走了。我们培养老师周期也挺漫长的，老师一下就走了，还不是一个两个，连锁反应，我们最拔尖的老师也走了，我们非常伤心，也特受打击，我都有吐血的感觉。像这样的问题我们解决不了。老师为什么走，他们待遇比我们高，个人生活条件一下改善非常好，所以我们总觉得舒兰市这种情况可能更严重一些。可能这问题是全国性的问题，像这样的问题不是个别现象，应该怎么办？教育要均衡发展要公平教育，现在公平在哪里？（校长座谈会）

　　三年调进来 5 个老师，调出 3 名，退休的有 7—8 个，所以教师越来越少。还有就是我们把老师培养好了，有名了，那就被吉林市挖去了，现在舒兰七中有3个出名的教师，都被吉林市挖去了。（城区公办初中校长）

正式教师流动情况前些年挺严重的，就是在2000年以前，那时我们的去向大部分都是吉林市的，我们是一个重灾区，流失量是最大的，我们的老师大部分是流向吉林市，省外的也有，但是比较少。（城区公办高中校长）

近3年外流是12个左右吧，其中有3个是领导。（城区公办小学校长）

教师流动方面，就是文化课方面的优质师资，流失较严重。有一年，一个学期，辛辛苦苦地培养了3个学科带头人，3个教研骨干、优秀教师。一夜之间都辞职了，虽然很气愤但也很无奈。（职业高中校长访谈）

5. 教师培训对教师的发展与素质的提升起到了重要的促进作用，但教师对于培训的效果并不满意

为了了解如何促进教师队伍的全面建设，本调查就教师专业发展中存在的诸多问题进行了较为全面的分析。

（1）当前教师观念和教师专业发展中存在的主要问题

在有关教师观念系统存在的主要问题调查中，"教育观念落后"和"缺乏教育理想"两个选项的选择比例比较高，其次是"缺乏对事业的忠诚"和"师德存在问题"（详见图3-1）。而有关教师的专业发展所存在的问题调查显示，"教师专业和拓展知识强化不足"是幼儿园园长和教师认为存在较多的两个方面的问题，而"教师缺少职业生涯的规划"也是幼儿园园长认为存在的问题。而中小学教师则将"专业和拓展知识强化不足"和"各项能力无法提高"列为教师专业发展中存在的两个主要问题，而中小学校长则除了关注到"专业拓展和知识强化不足"的问题外，同时也强调教师"缺少职业生涯的规划"也是一个重要的问题（详见表3-6，表3-7）。这就需要在今后的教师培训方面不断加大对教师教育理想及先进教育理念的培养，同时在专业拓展和知识强化，教学能力的提升以及教师职业生涯规划等方面进行有针对性的培训。这样才能使教师教育观念落后的局面有所改观，并且使教师得到全面的发展。

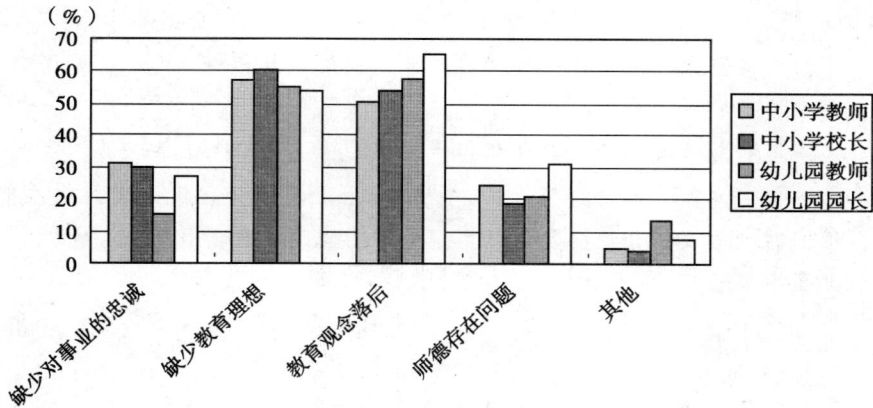

图 3 - 1　教师观念系统中存在的主要问题

表 3 - 6	幼儿教师专业发展中存在的问题				（%）
调查对象	专业知识和技能 拓展的机会少	教学能力提升 的途径单一	教师缺少职业 生涯规划	学历提高的 机会难得	上述情况 都不存在
幼儿园教师	64.7	57.4	27.9	22.1	7.4
幼儿园园长	55.2	51.7	41.4	24.1	17.2

表 3 - 7	中小学教师专业发展中存在的问题			（%）
调查对象	专业和拓展 知识强化不足	各项能力 无法提高	缺少职业 生涯规划	其他
中小学教师	61.5	57.1	42.9	11.0
中小学校长	66.3	31.6	49.5	6.3

（2）教师参加培训的积极性与目的

在已有各种形式的培训中，中小学教师认为卓有成效的，对其帮助很大的有哪些呢？从图 3 - 2 中可以清楚看出，对广大中小学教师进行的"新课程培训"是功不可没的，它使教师们迅速接受新理论，掌握新方法；"班主任培训"也是被认为有成效的培训方式；信息时代背景下，对教师进行针对性的"教育技术培训"显得尤为必要，它使教师掌握了现代教学所必需的多媒体技术等；"综合培训"的效果在广大教师看来，效果不甚明显，说明还是目标明确、有针对性的培训对教师的帮助最大。普及培训只是一种手段，关键是要通过培训真正达到促进教师素养、专业技能的提升和实现其专

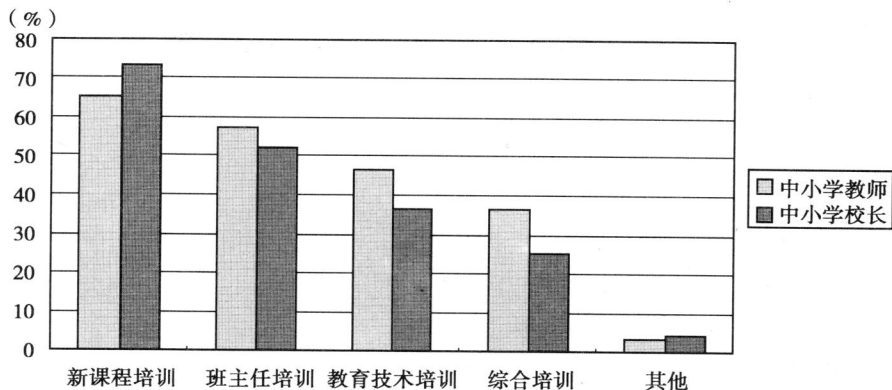

图 3-2 中小学教师和校长认为卓有成效的培训方式

业发展的目的,这就需要进一步探究教师参加培训的原因及他们认为有效的培训手段,以改进现有的培训理念和形式。如图 3-3 所示,对于参加培训的原因,33.0% 的中小学教师和 38.1% 的幼儿园教师认为是教学需要,45.1% 的中小学教师和 31.7% 的幼儿园教师是出于自我充电的目的,在领导要求下被动参加培训的教师也占到了 3.2%(中小学教师)和 19.0%(幼儿园教师),此外还有 18.1% 的中小学教师和 3.2% 的幼儿园教师是出于职称晋升的需要。

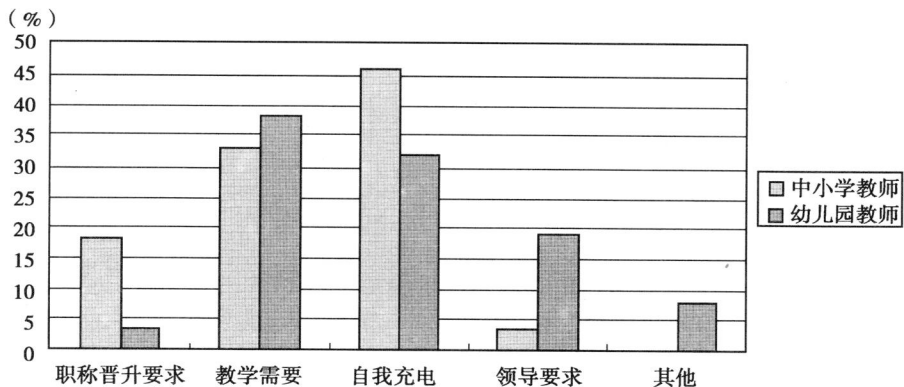

图 3-3 教师参加培训的主要原因

如图 3-4 所示,教师对于参加培训还是比较积极的,相比较而言,幼儿园教师的态度更为积极一些。而从图 3-5 所示,对于领导对教师参加培训的态度来看,大多数领导还是支持教师参加培训工作的,但相对而言,幼儿园对于教师参加培训的支持态度更为明显一些。

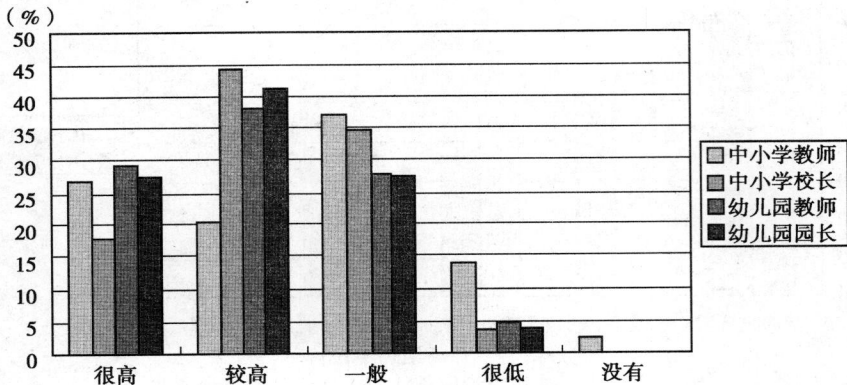

图3-4　教师对于培训的积极性

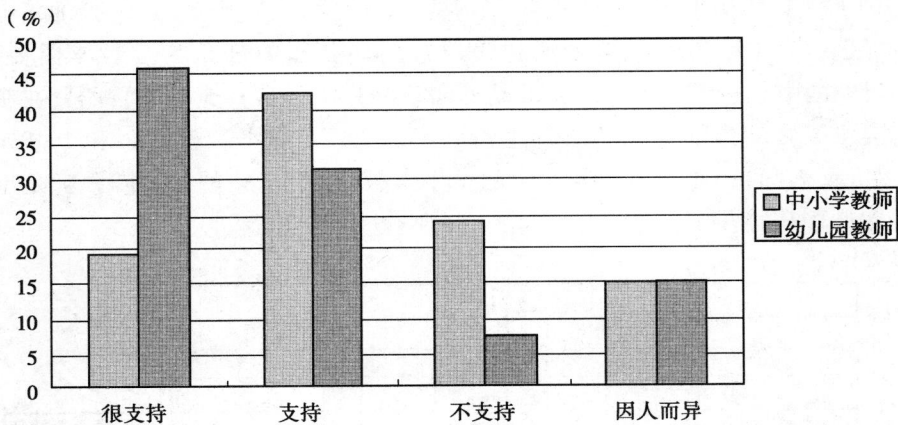

图3-5　领导对于教师参加培训的态度情况

（2）教师对于参加培训机会与对培训效果的感受

表3-8　　　　　　　　　　　教师近3年来参加专业培训的时间累计　　　　　　　　　　　（％）

调查对象	3个月及以上	一到两个月	3周及以下	未培训过
中小学教师	11.7	28.7	43.6	16.0
幼儿园教师	18.5	33.8	27.7	20.0

尽管教师对于培训具有较高的积极性，单位领导也普遍支持教师参加培

训，但由于各种各样的原因，我们发现，教师参加专业培训的机会存在着不平衡的现象，有11.7%的中小学教师和18.5%的幼儿园教师在近3年接受了3个月及以上的专业培训，也有16.0%的中小学教师和20.0%的幼儿园教师没有参加过任何专业培训（见表3-8）。

根据对中小学校长关于现有教师培训政策执行效果的满意度调查，结果显示，大部分校长认为现有的通过学历提升政策和非学历进修政策对于教师的素质提高所产生的效果是比较满意的（满意度分别达到71.3%和64.2%），详见表3-9。这表明，目前吉林省对于教师培训的政策执行情况是比较乐观的，而提高教师素质的方法途径较为全面。这种以学历教育和非学历教育相结合的教师素质提高方式也比较适合当前的教师接受继续教育。

表3-9　　　　　　中小学校长对教师学历进修效果的看法　　　　　（%）

题目	完全同意	基本同意	说不好	不太同意	完全反对
现有的学历提升政策对强化教师素质效果明显	12.8	58.5	9.5	18.1	1.1
现有的非学历进修政策对教师素质提升效果明显	8.4	55.8	25.3	10.5	0

然而，从教师对于培训效果的满意情况来看，问卷调查结果发现，与幼儿园教师相比，中小学教师对于培训效果的满意情况偏低，半数以上的中小学教师（54.3%）认为参加的各项培训效果很差（表3-10）。

表3-10　　　　　　教师对于培训效果的满意情况　　　　　　（%）

题目	调查对象	完全符合	基本符合	说不清	基本不符合	完全不符合
我参加的各项培训效果很差	中小学教师	26.6	27.7	26.6	14.8	4.3
	幼儿园教师	9.1	10.6	6.1	37.8	36.4

通过对舒兰市的访谈我们发现，由于教师年龄普遍偏大，教师接受培训动机不强，这可能是培训效果不好的重要因素之一。

老师年龄大，工作量大，他在内心里不太愿意培训。这样的教师还有将近60岁的，没有信心，怕接受不了新知识。这样的老师往往不愿意参加培训，感到干不了几年了，反正也就挣这些钱。（城区公办初中

校长）

主要问题在于教师队伍老化，很难接受现在比较新的培训内容，接受能力差。因为他本身素质差，文化底蕴差，所以对他们的培训虽有一定的效果，但是效果不是太好，解决这个问题不是很容易。经过培训的教师回到岗位上，仍然是穿新鞋走老路。因为我们农村的教师比较老化，年龄大，再加上自身的环境，跟城里不一样，农村的环境接触的都是农民，一些世俗观念、旧的传统还有一些落后的东西。举个例子，我们有的农村学校老师迷信，有算卦的，有看手相的，甚至还有参与非法组织的。和城里相比之下农村教师队伍综合素质差，首先文化底蕴不行，学历低，接受的教育太少，参加培训效果不是太好。再一个问题涉及费用问题，因为农村离县城最远的也有百八十里路，坐车有的地方也不方便，需要车费、住宿、吃饭、学校也不一定给点补助，这是一个造成教师消极的一个因素。（农村小学校长访谈）

除此之外，以往教师参加的许多培训，特别是教师接受的学历继续教育，基本上解决了教师学历层次不达标的问题，但由于所学专业与所教专业不符合，所以校长们普遍反映，教师的实际水平仍然远远达不到要求。

从师资来讲，很多教师都是进修出身的。所以对于我们学校来说，师资学历结构，很多都是本科，比例都很高。但专业不对口，普遍存在着这个问题。有的老师为了得到本科学历，本来是教数学的，却去学汉语言文学、教育管理，跟他教的学科又没关系。比如说教英语的老师，也读教育管理，读完之后拿到本科学历，这样一点意义没有。（职业高中校长访谈）

我这个学校如果按照国家的要求，初中教师都得是本科以上学历的话，最低是专科，现在这些老师按照学历要求都达标了，但是达标就是第一学历是本科的一个都没有。像专科毕业的是学什么教什么，师范毕业的是哪科擅长就教哪科。我们小学教师按照上级部门的规定得达到大专以上文凭，按我们现在任课教师的现有学历都达到了，因为通过各种渠道函授进修，都得到了第二文凭。但是按照实际需要看，实际水平远

远达不到要求。(城区公办初中校长)

　　这几年我们学校的规模一直在扩大,从农村搬到城里去,从外校调入到我们职业高中,这些老师,有一半是有一定专长的。比如说计算机专业、幼师、机电等,因为舒兰范围内的原来的专业师资都是从普教师资发展过来的。同时,还有个别的,很多专业教师都是改科了,参加一些短期培训之后改教其他科目。拿我来说,我第一学历是外语(中师),然后改成职业高中之后,我教数学,后来教了段时间的专业课,1989年的时候,开了服装专业,我出去学习三个月的服装专业,自己的职称没用。很多教师就是这样过来的,很多以前不会,现在就学吧,钻吧。专业课是合格了,但实践技能不过关,没有实践技能。整个发展起步比较晚,从农村的发展情况来看,专业设备不足,资金短缺。现在我们跟城区学校差距大,对口师资严重不足,更谈不上有实践技能的教师。(职业高中校长访谈)

6. 教师工作压力巨大

(1) 教师的工作量

　　从图3-6可见,半数的教师的周工作量在11—15节之间,但有些教师的工作量非常大,如21.3%的中小学教师和25.0%的幼儿园教师的周工作量在21节以上。我们在舒兰市的访谈中也发现,大多数教师还是反映工作量非常大,承担了较大的工作压力。

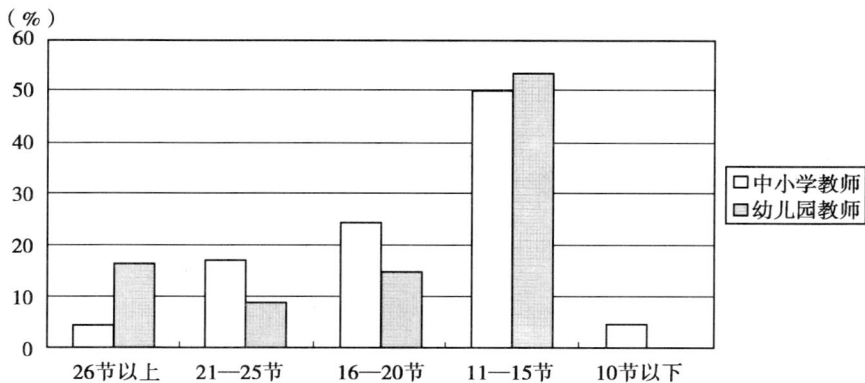

图3-6　教师周工作量(以教学课时计算)

　　班主任一般都是教语文和数学。一周大概得上 20 多节课。有的时候上课，我们布置了课堂作业，当堂就批改了，如果批不完就回家批。7 点之前班主任再忙都要到。科任老师一般好一点，7 点到 7 点半这个之间到校。晚上一般 4 点下班。如果作业没批完，会带回家里批阅。除了授课，还有班级日常管理。根据多年的教学经历，我感觉孩子的日常管理比教学压力要大得多，工作量也更大一些，因为语文和数学教学对我来说不是问题。（农村公办小学教师访谈）

　　一天 4 节课，一周是 5 天，20 节课。现在班都比较大，最少要 40 个人，最多达到 50 人。除了上课之外，班主任还做环境布置，还有早晨的晨检，还有一日观察。另外我们有一个安全教育记录，每天要负责孩子的安全，要用一定时间对孩子进行安全教育。除了这些工作之外，还需要做教学联系和家长沟通，都是早晨送孩子，晚上接孩子时间或者是电话，再者我们每学期要组织幼儿园的毕业联欢会、元旦联欢会，还有家长开放日，每学期一次的家长开放日。一些环境布置的东西都得带到家，在学校没有时间，因为我们还要写教案，备课这些在学校完成，所以制作都是在家完成。因为我们休息时间比较短，几乎是一天就两个小时休息时间，中午得看孩子睡觉。把孩子都引导到安静入睡了，你得坐在旁边看着，你可以看书但不能睡觉，必须看着孩子。我们中午没有午休。（农村幼儿园教师访谈）

　　我是培智生班主任，共教生活语文、生活适应、艺术休闲、感统训练 4 门课，每周 15 节课，每天上 3 节课，看早自习和两个大课间。特殊学校正常班额 8—12 人，培智班 10 个人已经是大班了，培智学生参差不齐，极难管理。每天作业批改完，学生修改，再反馈用时约 2—3 个小时，或者更长时间，除了课程表安排的课程外，还要为学生制定个别教学计划，与舍务老师沟通，保证住宿生起居正常，发现异常就与家长联系，及时解决学生学习、生活上出现的问题。（特殊教育学校教师访谈）

　　一周是 12 节。一般情况下是两个班。两个班属于上下两个专业。现在我们是 4 个老师教机械，这是属于基础学科，教师比较多的。我现在是担任两门课，一是职业技术，一是职业基础。现在学生不好管理啊，有时做一些学生辅导。不讲课也可要看住他们，起码让他们安静下来。晚自习现在是 3 节课。7：40 上班。午休是 11：20 左右，午休到

1：00点。下午4：30下班。（职业高中教师）

　　我们的课时安排是完全按照国家标准的课程安排的。我担任一个班级的语文，每天一节课。一周六节课，同时做学生团队的工作。我觉得任务量不大，平时有很多时间，我让自己充电、上网学习等。批改作业就看随堂学的东西有多少，如果是学习新知识的话，需要加强巩固，如果批改作业的话，得半个小时，如果是作文的话，时间可能就要长一点，有时候我们批改作文，是利用自习课，或者是这节课我们不讲新知识的时候，和学生面对面地交流，作文中问题较大的学生，批改得时间长一些，具体的时间没有统计过。（农村公办初中教师访谈）

（2）教师的工作压力的状况与成因

　　从表3–11可见，48.6%的小学校长，63.2%的初中校长和83.3%的高中校长表示教师工作压力很大。而58.5%的中小学教师和37.9%的幼儿园教师认为自己工作压力很大，已经影响了自身的健康与专业发展，而认为基本或没有这种情况的中小学教师只有10.6%。对中小学教师的问卷调查还显示59.6%的中小学教师表示感觉到了学生的升学考试带来的巨大的压力，除去态度模棱两可的教师，仅有13.8%的教师认为自己没有这方面的压力，这反映了升学考试对中小学教师造成的压力是比较普遍的。此外，有49.0%的教师认为工作时没有安全感。

表3–11　　　　　　　　　　**教师工作压力调查情况**　　　　　　　　　（%）

题目	调查对象	完全符合	基本符合	说不清	基本不符合	完全不符合
教师工作压力很大	小学校长	13.5	35.1	28.1	16.2	7.1
	初中校长	52.6	10.6	26.3	10.5	0
	高中校长	33.3	50.0	0	16.7	0
我的工作压力很大，影响自身的健康与专业发展	中小学教师	22.3	36.2	30.9	7.4	3.2
	幼儿园教师	22.7	15.2	19.7	30.3	12.1
学生的升学考试给我带来了巨大压力	中小学教师	22.4	37.2	26.6	9.6	4.2
我对自己的工作没有安全感	中小学教师	18.1	30.9	33.0	7.4	10.6

　　当然，对于工作压力的感知是存在着个别差异的。在我们的访谈过程中，虽然大多数教师认为自己压力很大，但也有教师反映压力不大的。

　　　　我个人觉得压力不大，因为我们学校的工作氛围很好，不管是师生之间，领导和老师之间，学生之间，一个人有困难，大家都能帮助，所以说我觉得工作压力不大。（农村公办初中教师访谈）

从我们在舒兰市的实地调研情况来看，编制问题、工作量大是造成教师工作压力大的直接原因。

　　　　编制少，而学校在不断发展这怎么办呢？就是通过分配这种方式强行解决问题，缓解压力，基本上就是增加老师强度，加大工作量，这样老师可能就没时间搞研究，忽略掉这一块，成了教书匠，教育质量下滑。另外就是老师健康问题严重，有的老师一学年达到1000课时，30来岁得这病那病的，甚至死亡，就是因为过度劳累。再有就是教师自身发展受到限制，如果工作量少的话或者有其他的休息时间就可以出国进修或接受培训。我们学校老师没时间接受培训。想考博的也没时间，受限制。如果考博就可能耽误工作，而且三年下来什么形势也不清楚。（普通高校人事处长）

　　　　通常一个当班主任的老师教两个班语文那工作量就满满的，然后现在让他再教一个班。另外现在老师年龄大，明显感觉到他们工作压力也大，身体不好，50来岁女同志得病的也特别多。现在有一个在住院的，有一个在家休病假的，有一个刚手术完，还有一个心脏病，在家休息。（城区公办初中校长）

高考以及对于新课程的不适应也带来了教师的工作压力。

　　　　我对这一点感触比较大，因为现在有高考，压力自然比较大。现在家里对学生的期望太高，还有是吉林省现在实现了新课改，以前再多的经验都得从头来，像我们这个年龄的，难以接受新课改的要求，备课的难度比较大。我感觉新课改的课程不好把握，我们吉林省今年高三的是第一批新课改的，新课改教材是人教版的，它主要是探究式学习，但是在农村，像我们这样的学校，能不能真正实现探究式的学习？学生大多数是住宿的，一个班有百分之六七十的住宿生，它又该怎么去进行探究？那个探究一般都是通过收集资料，或者是出去考察，研究资料，等等，但是这些在农村基层学校是没有这个条件的，还有课程内容非常简单，许多内容都得老师进行深度的理解，这和以前相比反而增加了任务量。（城市公办高中教师访谈）

对于特殊教育教师而言，由于特殊的工作环境、工作性质，也造成了他们特殊心理压力。

长时间老师心理压抑，因为他接触残疾学生，时间长了老师心理肯定是有障碍的。我发现我们学校80%老师处理问题的态度，因为他总是跟学生接触，而且学生家长80%是农村的，30%—40%的家长智力也有障碍，这样老师接触的人群都是残疾的，人的心理健康是变化的，长时间老师会有压力。再一个是教师的社会价值，人家高中老师教书，可以说我的学生现在在某某地方，而我们残疾学生最后考上大学像聋哑儿童考上大学的只有几个，很难体现特殊教育教师的社会价值。我从事这个工作有职业的优越，我们老师不存在，长时间导致老师职业倦怠，时间长了老师的学习动力和学习兴致受到影响，然后语言退化，社会交往能力退化丧失，普通学校教师接触家长，找个家长办个事，有啥事咨询一下，我们学校80%是没有的，时间长了教师的社会交往能力肯定下降，老师的素质受影响。（特殊教育校长访谈）

我感觉工作压力大，主要有以下原因：第一是学生残疾导致学习生活遇到各种各样的困难，教师要兼顾学生的学习和生活。学生长大后就业出路狭窄，学习没有巨大动力，教学面临巨大困境和尴尬。第二是感觉充电艰难。教育教学理念迅速更新，教师急需充电，但是教学工作琐碎繁忙，教师基本没有时间沉淀反思，很担心跟不上社会进步的步伐。第三是由于长期接触残疾孩子，心情压抑郁闷，需要自我调节的空间和时间。教师急需发泄和疏散长期紧张和沉闷的情结。此外，教师收入是死工资，基本能维持温饱的生活，但职称、住房、孩子升学、老人得病这几件大事压得人喘不过气来，生存存在巨大压力，也必定影响工作的心情和效果。（特殊教育学校教师访谈）

幼儿园教师对于孩子的安全问题觉得责任大，从而感受到较大的心理压力。

> 感觉压力挺大的，因为我从事的是幼儿教育，感觉责任挺大的，主要是来自教育方面，因为是启蒙老师。再是因为现在一个家里就一个孩子，家长很担心孩子安全的保证。（农村民办幼儿园教师访谈）

> 我觉得压力不算小。因为我们和教学班不一样，教学班就只要思想教育。幼儿园的教学活动比较复杂，一个是养成孩子行为习惯，另一个就是以安全为重，安全是幼儿园的重中之重。所以，我感觉压力不轻，因为得要眼到心到。（农村幼儿园教师访谈）

教师的工作压力，带来的后果就是教师外流，教师身体素质下降，心理疾病增加，教育质量下滑。

> 老师这样累，我认为带来三个后果，一个家里有门路的老师就走了不干了，或者做行政或者调到其他部门。比如局长儿媳妇就走了，外流了。二就是老师身体素质的普遍下降，我上学期临时调整了一个班，其中有两个年轻班主任，因为心脏病在上课的时候就晕倒了，我认为老师长期积劳成疾。再有一个是老师患心理疾病有增加的趋势，老师比较急躁，因为心理压力比较大，所以近两年我每学期都要给老师做心理方面关于怎么样减压啊，怎么样进行营养方面的讲座。我还发现我们老师性格变了，冷着一张脸，学生也有意见，有的家长就给我提意见，我觉得这些情况都是压力造成的。（校长座谈会）

班主任更是感觉工作压力巨大，因为他们承担了更多的责任。此外，班主任的津贴少，也导致了教师都不愿意当班主任。

> 现就我接触的许多学校，最愁的就是暑假人事安排，就是都不愿意当班主任。一是孩子难教育，另外就是国家的法律政策上都倾向于学生，倾向于家长。家长稍微有不如意的，他就往教育行政部门上告，上告的话就给你扣分。班主任责任大，所以班主任呢从早上来到晚上下班，天天就得在班上。班主任不愿意当的还有一个因素，现在从那个班

主任津贴上，国家应该是给 12 块钱，当班主任比别科多出 12 块钱，然后校内怎么办呢，校内为了增收节支节约点又给匹配上 100 块钱，校内给 100 块钱，比别的科的老师多挣 112 块钱一个月。你说要是能比别科的老师多挣五六百的，他还可能愿意干。绩效工资国务院从 2009 年开始到现在还没实行，你说八九个月的工作量，各科来比，班主任的工作量那得将近是各科的两倍我看。（城区公办初中校长）

要从法律上赋予班主任一定的权利，班主任太难当了，没人想当，难当，学生难教、难管，除了自身的能力素质以外，还有一个问题就是他们的权利得不到保证，出了点问题，学习本来就是艰苦的，一累点，一抑郁，这样一来一打报告，学校百分之百得负责任，这是班主任、校长最苦恼的。现在感觉呢，校长和班主任除了责任，别的权利没有，所以我说班主任批评权，像今天我在网上看了那批评权是应该的，那批评权都没了，那像啥呢。不仅批评，我认为班主任还应有惩戒权，我说的惩戒不一定得理解成体罚，必要的惩戒是应该有的。老师没有权利，那百分之百不行，那谁会去当班主任。（城区公办高中校长）

7. 教师对于自己的工资待遇基本满意，但存在着城乡差距以及一刀切的问题

从表 3-12 可见，中小学校长对于教师待遇不低于本地区公务员平均水平的落实情况是满意的，有 94.7% 的校长认为落实得非常好或比较好。而从表 3-13 对中小学教师的工资待遇发放与满意情况的问卷进行分析后发现，55.3% 的中小学教师和 89.4% 的幼儿园教师表示他们的工资能够足额、按时发放，认为基本上或完全不能足额按时发放的占 20.2% 和 17.6%。这说明可能还在一定程度上存在着拖欠教师工资的现象。在教师对收入满意度的调查中发现，超过半数的中小学教师（53.2%）对年收入满意或基本满意，表示基本或不满意的占 24.5%。教师待遇另一种体现是其是否真正享受带薪休假，调查中有 43.6% 的中小学教师表示他们真正拥有寒暑假带薪休假，在假期和周末不进行补习，29.8% 的教师认为自己没有真正享受到这个权利。

表 3-12　　中小学校长对教师待遇不低于本地公务员平均水平的感受

态度	非常好	比较好	不清楚	不太好	很差
百分比（%）	20.0	74.7	1.1	3.1	1.1

表 3 – 13　　　　中小学教师的工资待遇发放与满意情况　　　　（%）

题目	调查对象	完全符合	基本符合	说不清	基本不符合	完全不符合
工资能够足额按时发放	中小学教师	29.8	25.5	24.5	14.9	5.3
	幼儿园教师	33.8	45.6	2.9	8.8	8.9
对自己的全年收入是满意的	中小学教师	14.9	38.3	22.3	11.7	12.8
真正拥有寒暑假带薪休假，假期和周末不进行补习	中小学教师	20.2	23.4	26.6	19.2	10.6

　　在我们的调研中发现，教师的工资待遇还是可以保证并能足额发放的，至少教师在与其他职业人群的工资比较中，教师对于自己的工资待遇还是比较满意的。

　　我市在 2003 年 10 月份实施中小学教职工工资市里统筹发放，使得全体教职工可以按时发放工资，没有出现拖欠教师工资的现象。2006年的工资也按标准足额地打到个人账户，现在的工资略高于公务员。（舒兰市教育局座谈）

　　老师工资待遇还可以，就是在咱们舒兰当地老师的工资还是偏高的。舒兰老师比公务员工资高一些。（城区公办小学校长）

　　工资待遇受经济的影响，我们的财政是保持半饱态势，经济发展制约教育的发展，从经济学的角度看，它是影响教育的发展。但是比较我们的公务员讲，我们也感到满足，为什么呢，因为咱们的政府拿出那么多钱在教育上，比较我们现在的水平，大家也是感到满足的，工资发放也及时。（城区公办高中校长）

　　工资能够按时发放，都是每月的 1 号。但我们是民办的幼儿园，一个月多少工资不一定，专业的老师多一点儿，最多的就六七百，和公办园是没法比的。（农村民办幼儿园教师访谈）

　　我校能够及时足额兑现，我觉得工资待遇尚可，比公务员略高。就全国来说，吉林省特殊教育费比其他省稍低。希望相关部门更加关注特殊教育。（特殊教育学校教师访谈）

　　工资待遇基本上能够保证。咱们今天讲的这个职业教育基本上属于中部欠发达地区，东部沿海地区应该好些。但是跟公务员的工资是差不

多的。普通学校也一样。没有差别的。（职业高中教师）

教师在访谈中也提到了工资待遇方面的一些问题。部分教师认为工资存在着地区差距与城乡差距。

工资都能按时足额发放，我们有工资存折，但是和我们在其他地方工作的同学相比，还是有差距的，可能和当地的经济有关。我觉得不满意，同是师范学校毕业的，分到市内的就比分到乡下的工资高，这是不是人为地造成的结果。因为农村教育本身就比城市教育吃力，各个方面都不如大城市，应该向基层、偏远地方有所倾斜。（城市公办高中教师访谈）

工资能全额兑现，工资没问题的。现在教师工资拖欠的问题近两年基本就没有了。可能是县城和乡村地区之间，县城和省城之间，工资有差距。（城区公办初中校长）

现在都能按时足额发放了，但地区差别很大，地区差就人为制造了一种差异，城乡差别比较大，比较优秀的都到市里工作，还有其他的一些收入，所以能够吸引了很多优秀的人才。（职业高中校长访谈）

8. 职称评审是教师关注的热点问题

关于职称评定工作，全省的问卷调查结果显示（见表 3 – 14），43.6%的中小学教师认为"职称问题得不到解决"达到了"非常严重"或"比较严重"的程度；而 61.7% 的中小学校长也认为"职称问题解决难度大"是一个"非常严重"或"比较严重"的问题。这说明职称评定已经成为教师队伍建设的比较重要的问题。

表 3 – 14　　　　　中小学教师和校长对于职称问题的看法　　　　　（%）

问题	调查对象	非常严重	比较严重	说不清	不太严重	根本没问题
职称问题得不到解决	中小学教师	10.6	33.0	21.3	24.5	10.6
职称问题解决难度大	中小学校长	14.9	46.8	4.3	25.5	8.5

通过对舒兰市的访谈调研我们发现，也许与教师的老龄化有关系，作为保障教育权利之一的职称评审工作，在调研地的农村基层学校中由于评定名

额较少，长时间处于停滞状态。

　　　　职称评定现在正处在一个改革当中，近几年没有评定。（城市公办高中教师访谈）

　　　　职称评定我们都四五年没评了，停了将近四年的时间了。在四年以前我们都有职称评定，中教高级、中教一级都评过。四年以前，省里开了个评聘分开现场会，然后就停了，等人事改革以后，再进行处理，前几年我们都正常评定。（农村公办初中校长访谈）

　　　　自从 2005 年以来，学校就一直没有评过职称。（特殊教育学校教师访谈）

四　对策与建议

（一）切实加大对边远贫困县市的教育投入

　　边远贫困的县市教师的缺编问题，在根本上还是由于教育经费不足，以及地区之间、城乡之间差异过大造成的。因此，我们认为，切实加大对于贫困县市的扶持，加大对边远农村教育的投入是解决问题的根本途径。

表 4-1　　　中小学校长对政府对于教师队伍投入重视程度的感受　　　（％）

问题	非常好	比较好	不清楚	不太好	很差
各级政府在教师队伍建设投入方面的重视程度	10.5	61.1	11.6	14.7	2.1

　　从中小学校长对政府对于教师队伍投入重视程度的感受来看，71.6% 的认为做得"非常好"或者"比较好"（见表 4-1）。此外，在调查过程中，有 68.4% 的中小学校长认为"农村学校教师是目前教师政策应该倾斜的重点"。因为区域经济发展的不平衡，尤其是偏远农村地区的财政能力有限时，由于国家投入不足，尽管地方政府已经勒紧腰带，将财政大部分拿出来用于提高教师的工资以及教育发展上来，但毕竟是杯水车薪，不能从根本上解决教育财政吃紧的问题。因此，只有国家切实加大对于贫困和偏远地区教

育的投资力度，改善地区之间、城乡之间不平衡问题，才能从根本上改善这些地区教师缺编、教师老龄化以及教师流失等现状。

　　在吉林省吉林市和舒兰市调研期间，不少基层教育局领导、校长和教师都对这方面提出了自己的想法。

　　　　办教育就意味着要投入，作为县级政府这一块，全国大概有2000多个县，我们每年的财政支出在总财政的3.5亿中我们要支出2.2亿在教育上，占财政总支出的80%。一个县级市的财政收入都不是很高，最高突破十个亿的没有几个，都在两个亿、三个亿还有一个亿左右，在这种情况下办教育，工资投入对于县级政府压力太大，国家每年给我们的2000多万全部用于教师的工资上，这就在我们整个的教育投入中显得特别脆弱，国家的普九教育的改革没有下到县级，农村基本上400多个教学点，已经撤掉200多个，国家对县级的政府在教育上没有体现更多的支持。(舒兰市教育局汇报)

　　　　职业教育还是要加大投入。尤其是设备上，基础建设上。我们处在贫困线上，国家如果不支持，肯定是生存上会出现困难。(职业高中教师)

　　　　就我们舒兰，重点是我们农村学校，最突出的问题是教师队伍老化，教师的学识水平、业务能力偏差、偏低。再一个存在农村学校特别是小学，教师严重缺编，这是一个突出的问题。还有农村学校的办学条件太差了，我去过西安后北门，连战的母校，2004年去过一次，还有成都的一所学校，都是省级重点小学，去参观过，非常有感触。我们感到西部地区是国家重点扶持的地区，那地方有很多希望小学，有很多赞助的、捐助的，国家还有大量的投资的地方。就我们舒兰这个地方不在其内，没有什么希望小学，国家往西部地区倾斜的政策与我们这儿无关，也没有什么名人往我们这儿捐什么，只是闭门造车，所以我们这里的办学条件很差。(农村小学校长访谈)

　　在通过教育投入解决教师的编制问题，培训经费方面也需要切实加大投入。对于贫困边远的地区亦应有相应的培训经费投入的扶持政策。

　　　　资金问题的困扰是师培的一个主要问题，国家应该明确在教育经费中有固定比例的资金用于教师培训，这个意义很大。教师培训不再是过去讲讲课，现在是更注重信息，包括一些好的课件。国家应该向广大教师多推广好的经验和典型，缺口的问题应该通过加大投入来解决，像一些现代化的，计算机等相应设备，让老师学会现代教育技术，如此城市跟农村之间的差距就能拉小，也缩小国际差距。我们吉林市的口号是"普惠和谐，均衡优质"，我们是比较早提出均衡发展的问题，这个问题的解决关键还在于教师能力的提高，但不是拆东补西，而是让好的更好，让差的教师发展起来。（吉林市教育局访谈）

培训经费方面要加大，同时向农村倾斜。第一，农村建设学校不要重复建设或者浪费，农村学校建设首先考虑区域的发展，不要过几年没学生了。倾斜，包括建设投入的倾斜，必须得考虑。第二，出台教师经费的有效保证机制，确保培训经费如何到位。用于改善培训基地与建设，保证参加更高一级的研究。（吉林市教育局访谈）

（二）修订教师教育相关法律，明确教师的法律角色与权利、任职资格以及专业标准

由表 4 - 2 可见，中小学校长普遍认为修订《中华人民共和国教师法》、修订《教师资格条例》和制定《中小学教师专业标准》是当前教师队伍建设中重要的问题。这些观点我们在吉林省、吉林市以及舒兰市的实地访谈中均得到了具体的验证。下面分别加以说明：

表 4 - 2　　　　中小学校长对应制定的教师队伍建设政策的重要性排序

排序	内容	平均值
1	修订《中华人民共和国教师法》	1.74
2	修订《教师资格条例》	2.63
3	制定《中小学教师专业标准》	3.55
4	制定《教师教育课程标准》	4.16
5	制定《教师教育质量标准》	4.29
6	制定《教师教育机构资质标准》	4.48

1. 修订《教师法》，明确教师的角色、权利与责任，保护教师的合法权益

在对吉林省幼儿园和中小学教师队伍建设的问卷调查中，对教师的法律角色进行了调查研究。如图4-1所示，无论幼儿园教师还是中小学教师大都希望教师的法律角色属于公务员，而认为应维持现状的只占了较小的比例。

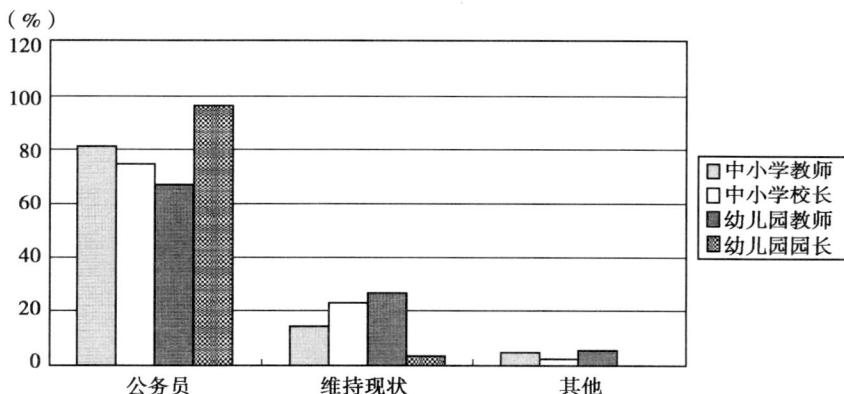

图4-1　对于教师应该具有的法律角色的认知

在访谈中，教育行政领导、校长、教师都纷纷表达了需要修订教师法，明确教师的教育权利与责任，依法保护教师的合法权益的心声。

《教师法》需要进行修订。要考虑为教师减负，保护教师的合法权利，如工作量、工作时间、压力，加班等。通过法律手段明确界定一下。

教师教育学生应该享有一定权利。奖励班主任规范相关有的这些权利。像日本、韩国，包括其他国，那是比较严厉的。学生犯错误了，教师有资格处罚的。动手不犯法，学生犯严重错误了，可以关禁闭室，在一定程度上等于拘留一样。学校有教育的环境，学生摔个跟头，学校都要赔偿，确实应该给予老师适当的权力。

有关教师责任条款，不灵活，对于违法责任应该有具体条款，像体罚学生造成严重后果的；还有违反职业道德，利用教师、班主任的职务，谋取私利的，应该处罚。我是某某名校的，你到我这里来，我给你讲两天课，讲一周，一天两三个小时，然后组织点活动，一个学生收两

千元，给教师队伍带来的危害，带来的负面影响很大。个人谋利却影响教育的声誉。我说的必须有严格要求，不能个人谋利，教师法是保护教师也是保护教育的。

教师法规定教师应该怎么样，学生这一块也要有规定，学生不能胡作非为。学生骂老师，打老师，骗老师。包括家长，有时无理取闹，所以应该有些相应的规定来要求他，这也是对教师最好的保护，教师在一定程度上也是需要保护的。我上面说的这些例子，教师被捅死，每年都很多。（吉林市教育局座谈）

国家教育部也出台规定保护教师批评学生的权利，我非常支持，应该非常细致地具体地制定这样的政策，给老师一点心理上的宽松，避免老师在批评学生这方面的恐惧。让老师在批评教育学生时能够有所依据，让他们能够解除心理上的一些负担，想管不敢管，管过头家长还找，完了造成校长都受处分。我们这儿管理非常严，如果老师违反了教师法，那都有条款的，连我当校长的一样受到处罚，我就因为这件事被撤职一年多，这回我现身说法了。能不能适当的对老师批评学生这方面宽松些，新加坡一些规定可以打膝盖以下的部位，有一些法治国家，老师因为体罚学生出现矛盾了，通过法律可以解决，咱们这儿的家长瞎告状。（校长座谈会）

现在的教育法律法规太束缚教师了，现在的孩子是不是简单地说服教育就可以了，现在只要发生了学生和老师的纠纷，责任就是老师的，无论是在什么情况下，虽然老师是成年人，但高中学生也已经是成年人。还有我们一发生什么状况，无论是什么状况，现在对学生打是不可能的，但是现在所说的什么肢体语言，都算惩罚学生，那我想：老师该怎么去管学生？尤其是像普高的学生，我们这个普高该怎么去管学生？我们出去考察或是搞一些课外活动，是根本不可能的，根本不敢把学生带出去，现在什么事情都可能发生，因为学生毕竟是一个人，他是一个活生生的人，那他就要动，那他走道栽跟头也算是老师的责任，也是学校的责任，我就感觉我们老师无所适从，所以大家现在都不想干。国家在制定这些法律法规时，要考虑到这些。还有网上所说的班主任可以适当地批评学生，如果要是学生都没有错误的话，还用得着我们去教育吗？（城市公办高中教师访谈）

2. 完善教师资格证师资制度

在吉林市教育局的访谈中，教育局领导谈到了完善教师资格制度的问题。

　　　首先，是教师资格证的门槛问题。经过调研，发现上岗的基本都有教师证，专任教师资格证的合格率都是百分之百。目前我们教师资格的门槛过低，程序比较简单，控制手段不完善，这样在一定意义上就没有达到真正的自由竞争上岗，特别是非师范专业的，要拿到教师资格证太容易了，现在基本上都有。其次，关于教师资格证的终身问题。教师资格证一旦得到，就是终身的。你不犯法、没有严重违纪，就有效，不少人想办法稍微整一整就整个教师资格证。最后，教师资格对于道德水准的要求过于笼统。就是怎么来研究这个人的道德水准。另外就是精神方面，你是不是应该适当的做个鉴定，这个思想很重要。（吉林市教育局座谈）

3. 制定我国教师专业标准

在吉林省教育厅和吉林市教育局的访谈中，领导们也针对制定我国教师专业标准问题表达了自己的观点。

　　　制定我国教师专业标准，使教师专业有发展方向，现在教师专业标准不明确。课改之后，遇到很大的难题，不是一般难题，争议很大，很多事情现在基本都停滞。（吉林市教育局访谈）

（三）　采取切实有效措施解决年龄老化等教师结构失衡问题

尽管舒兰市教师老龄化现象严重，近十年来没有新教师补充的情况，但在全国并不一定具有代表性。我们认为，它在某种程度上反映了目前教师队伍建设中结构性失衡的问题，只是在不同的地区所表示出来的形态有所差异问题。此外，这也与教师进入与流出机制的僵化是有着密切关系的。教师使用上存在着事实上的终身制，尽管教师队伍中存在着大量的不能满足实际需求的教师，但却没有很好的办法加以安置，而编制又被占着，新生力量又无法补充。

建议应尽快建立公平合理的教师进入与流出机制，对合格的教师实现校际之间的调配，对不合格教师通过流出使之得到妥善安置，从而促进教师队伍结构的优化。另外，对于年龄老化问题严重的地区，应尽快未雨绸缪，通过适度增加教师编制、鼓励教师提前退休、安置养老等办法，加大教师队伍结构性快速改造。

（四）切实做好教师工资制度改革，提高教师工作积极性

就中小学校长对教师队伍建设情况的调查来看，为了适应社会发展的速度与水平，我国教育也在不断进行改革与发展，诸如素质教育和新课程改革等措施的不断实施。然而这些措施的实施都对教师在知识储备、教学能力和教学方法的更新方面提出了更高的要求。这使得教师的工作量变得非常繁重，除正常的教学工作，还承担了许多繁杂的非教学任务。尽管吉林省教师对于自己的工资待遇是比较满意的，但是小学教师认为对教师政策中最需要健全和完善的政策进行了调查，结果如图 4 - 2 所示，广大中小学教师、校长及幼儿园教师、园长均认为教师政策中最需要健全和完善的是教师待遇政策，与此相关联，中小学校长和幼儿园园长接下来关心的是教师聘用与考核问题，再接下来关心的是城乡教师差异政策问题。

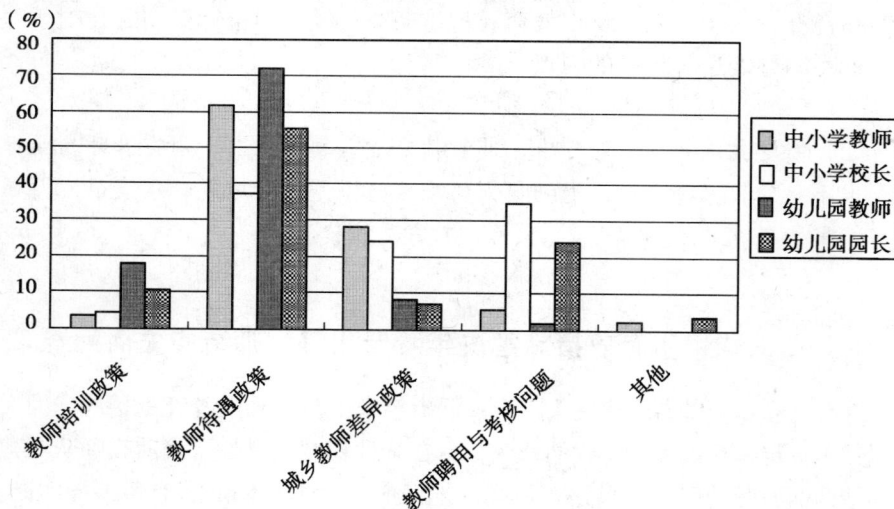

图 4 - 2　最需要健全和完善教师政策

与此相应，从表 4 - 3 可见，69.5% 的中小学校长认为现有的教师待遇政策不符合社会发展水平，89.5% 的中小学校长认为中小学应实行绩效工资制度，而高达 95.8% 的中小学校长同意应大幅度提高农村教师的待遇。从

图4-3可见，中小学及幼儿园校长或教师均把提高教师的经济待遇作为激励教师成长的最有效手段。

表4-3　　　　中小学校长对于教师待遇的几个问题的看法　　　　（%）

	完全同意	基本同意	说不好	不太同意	完全反对
现有的中小学教师待遇政策不符合社会发展水平	23.2	46.3	16.8	11.6	2.1
中小学应实行绩效工资制度	71.6	17.9	5.3	3.2	2.0
大幅度提高农村中小学教师待遇	67.4	28.4	0	4.2	0

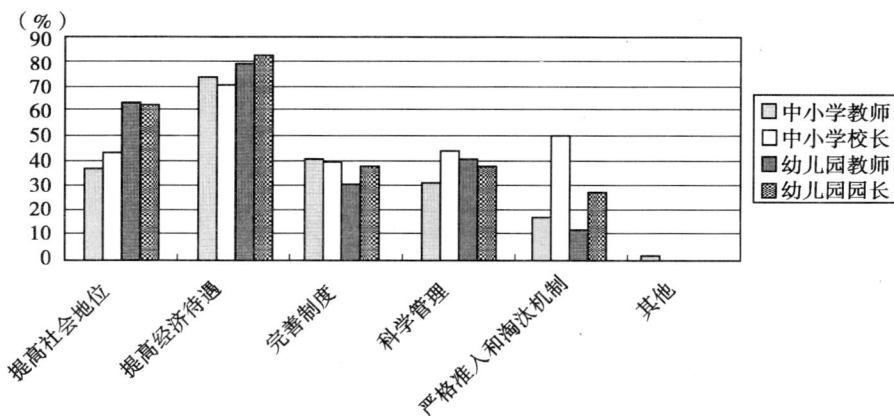

图4-3　激励教师成长的有效手段（多选）

从舒兰市的实地访谈中也发现，一线的校长与教师对于这次绩效工资制度是充满期待的。希望能够借助它改变原有教师工资存在着平均主义、一刀切、干好干坏一个样的现象。

我建议在教师工资制度改革方面应该有所作为，在保证足额按时发放的同时，无论怎么说，也该有活的部分，作为奖励的部分，促进教师的积极性。如果没有激励政策在的话，人人都会有偷懒的一面，特别是当老师的。（农村公办初中校长访谈）

我觉得在教师工资问题上，现在是挺棘手的。在教师当中出现干好干坏一个样，干和不干一个样的问题，比如说班主任要比教副科的老师高出3倍的工时，但是得到的工资是一样的，没有绩效工资，因为工资全部直接打到个人账户里去了，学校里没有一分钱，因此从这方面来讲，我认为教师工资制度改革应该重视弹性部分，应该体现多劳多得，优工优酬，一天不做什么的老师，跟一天很忙的老师的工资是一样的，所以我认为这个问题亟待解决。按理说，当今这个时代，必须得体现出谁付出得多，谁的贡献大，谁的待遇高，这是原则问题。社会实际工作很多都是这样了，但是在教师领域体现不出来，就这么个财政制度，校长跟教师的工资也是一样的，什么级别也没区别，工资差异就看职称，我认为不分职责一刀切不可以。我作为校长，看到这个情况，心里确实不忍，但又处理不了。若财政拿出 10% 的比例，说明能看到老师的工作，老师的付出，这也是一种安慰，咱不说报酬和付出能对等，最起码得给一个承认、肯定，心里就满足了。我们镇里跟县财政提出过很多这种情况，但县财政也不敢做，因为一直没有具体要求，一直提绩效工资，但到现在也没出现。（农村公办初中校长访谈）

中小学教师的问卷调查中涉及教师待遇的政策建议还包括免费师范生政策，中小学教师对"全体师范生免费接受教育"的政策建议的态度，表示完全同意或基本同意的中小学教师共计占 64.9%，不太同意或完全反对的仅占 6.4%。而在对中小学校长的调查中，对于"师范生免费政策要坚持并扩大到省属师范大学"的政策完全同意或基本同意的占了 88.4%，不太同意或完全反对的仅占 3.2%（详见表 4-4）。

表 4-4　　　　　　中小学教师和校长对于师范生免费教育的看法　　　　　　（%）

题目	调查对象	完全同意	基本同意	说不好	不太同意	完全反对
全体师范生免费接受教育	中小学教师	48.9	16.0	28.7	4.3	2.1
师范生免费政策要坚持并扩大到省属师范大学	中小学校长	50.5	37.9	8.4	1.1	2.1

（五）切实采取措施减少教师工作压力，维护其身心健康

从表 4-5 调查情况来看，很多中小学和幼儿园都已经意识到教师面临着的压力及其造成的负面影响，采取了一些积极措施，如对教师进行心理辅导，缓解其压力和不良情绪及通过关注教师的身体健康、家庭问题等措施来给教师减压。这些都是值得积极改进和推广的、为教师减压而采取的有力举措。

表 4-5	教师对学校或园所缓解压力的措施的感受					（%）
题目	调查对象	完全符合	基本符合	说不清	基本不符合	完全不符合
能经常为我们进行心理辅导，缓解我们的压力和不良情绪	中小学教师	14.9	20.3	48.9	7.4	8.5
	幼儿园教师	14.7	32.4	11.8	23.5	17.6
关注教师身体健康，每年都能组织我们进行体检	中小学教师	28.7	24.5	33.0	11.7	2.1
	幼儿园教师	28.4	43.3	13.4	11.9	3.0
关注我们的家庭问题，能使我们工作无后顾之忧	中小学教师	19.1	38.3	28.7	7.5	6.4
	幼儿园教师	11.8	44.1	25.0	13.2	5.9

当然，这方面的工作还有待于进一步加强。教师的工作压力大的问题不容小觑，因为它关系到每位教师身心健康发展，进而也会影响到广大学生健康发展。各级各类政府与教育行政部门应加大力度减轻教师的工作量与工作负担，学校特别是学校心理辅导机构应注意为教师提供各种支持与帮助，切实维护教师的身心健康。

（六）建立科学有效的教师良性流动政策

农村中小学教师往往因为待遇和生活环境等问题而产生流动现象。这种流动大多数情况下为地区间的教师流动，即由低收入地区向高收入地区流动，也就是城乡间的教师流动。而这种现象的产生就会导致教师数量在地区间、学段之间，以及学科之间不平衡现象的产生。从而会导致农村中小学教育质量的下降，也会进一步影响我国实现教育质量全面提高的目标。因此建立并实施合理有效的教师流动制度，就显得尤为重要。

表 4-6	中小学校长和教师对于教师流动政策的看法					（%）
题目	调查对象	完全赞同	基本赞同	说不清	基本不赞同	完全不赞同
优秀教师校际间轮流任教	中小学校长	35.8	35.8	6.3	18.9	3.2
	中小学教师	27.7	29.8	34.0	2.1	6.4
新任教师电脑派位	中小学校长	13.8	38.3	24.5	22.3	1.1
	中小学教师	29.8	34.0	34.0	2.2	0
城乡教师结对帮扶	中小学校长	34.7	53.7	4.2	6.3	1.1
	中小学教师	52.1	14.9	26.6	4.3	2.1

　　如何更有效地促进教师的良性流动也是本问卷调查的一个重点，提出的有关教师流动方面的政策建议主要有三项。表4－6列出了中小学校长和教师对于教师流动的一些观点的看法。中小学校长和教师对"教师校际间轮流任教"政策建议的态度：表示赞同的占71.6%和57.5%，持完全或基本不赞同的占22.1%和8.5%。中小学校长和教师对"新任教师电脑派位"政策建议的态度：表示完全赞同和基本赞同的分别是52.1%和63.8%，持完全或基本不赞同的分别是23.4%和2.2%。中小学校长和教师对"城乡教师结对帮扶"政策建议的态度：表示完全赞同或基本赞同的分别是88.4%和67.0%，持完全或基本不赞同的分别占7.4%和6.4%。

　　总体看来，教师流动问题不但需要国家制定出台更多的关注农村中小学的政策，支持农村中小学教师的队伍建设。各地方政府也应该积极响应国家的政策号召，对农村中小学教师队伍的建设给予大力的政策倾斜。并在此基础上建立起一套合理有效的城乡间教师流动制度实施办法，支持和促进这些地区的中小学教师人事制度建设，以促进城乡间教师的均衡发展。

　　在舒兰市实地调研时，针对农村教师的流动问题，中小学校长及教师提出了不少对策与建议。除了前面已经提到的要大幅度提高农村教师的待遇与生活水平，逐渐缩小城乡间教师的收入水平；以稳定农村教师队伍，减少教师流动的发生；要做好支教和特岗教师政策，此外，还要做好城乡间教师的结对帮扶工作，特别是要重视农村学科带头人的培养，重视支教教师的传帮带的作用。

　　　无论农村教育情况多落后，每一科目都应该有一两个学科带头人，这样对教师的整体队伍建设是有利的。如果教师的水平都是一样的，老师进步不会大。假如只要有一个带头的，水平就会有进步，所以说优秀教师不能都留在城里，比如说，给一个优秀教师提高两级待遇，让他去农村去，在农村工作三年，这位优秀老师在这三年中的作用就仅仅是工作了三年而已。但如果没有这么一个学科带头人，进步幅度肯定会小，人要想进步，必须要有目标，这是我在农村工作中的切身体会。现在这种支教方式我不太赞同，问题在于支教教师的心不安分，目标不坚定，如果仅仅是来讲讲课，然后就走了，起不了什么真正的作用。举个例子，本地的一个老师课也讲得挺好的，支教老师教了一年之后，学生不愿听本地老师的课了，优秀支教老师要起帮带作用，带动相关学科的老师共同进步，不要简单地完成支教任务，等他走了之后，本地老师的水平也有所提高，那么这对学校教育来讲是很好的事情，支教事业才会更有作用，更有意义。（农村初中校长访谈）

此外，我们在舒兰市调研中也了解到，教育局及一线学校对于特岗教师是充满期待的。但他们认为，由于对特岗教师的标准定得过死，使得一些他们本来极度缺乏、特别期待由特岗教师加以补充的特殊专业，如音、体、美、英教师由于学历没有达到要求而被排除在外，而真正来的教师却并不是他们需要的专业。因此他们建议对于特别需要师资的专业可以适当放宽要求。

对于特岗教师，增加教师的分配名额，另外多选择一些优秀的特岗教师，尤其是专业学科，专业性比较强的学科教师，尤其是美术、英语之类的。我们每一个乡镇农村小学没有一个地方能开齐开全这些科目，甚至开不了。再有一个问题，招的特岗教师，今年吉林省规定的条件是中师毕业的应届的可以报名，往届的必须具有大专以上学历的、全日制的可以报名。通过这次实践，小学据说是给 90 人，结果就招了 40 人，没有人报，音乐一个没有，但是还有相当一部分人没有报上名，因为文凭不符合报名条件。他们有大专以上文凭，是函授和自学考试的，不是全日制，就一下子全都没资格，这个我们感到很可惜。我们招特岗老师就地取材比较好，像吉林的、长春的或外县的招聘来，到农村学校，各方面都有很多困难，如果政策放宽，允许往届的 35 周岁以下的，大专以上函授毕业生，也是师范类的。我们学校幼儿园就有一名这样的老师，音乐特别好，是吉林市幼儿师范毕业的，学科非常好，能力非常好，在我们那已经聘用五六年了，这次报名没有报上，如果报上了，他就能考上，就是特岗教师了，而且他是一个非常合格的教师。（农村小学校长访谈）

（七）建立学、教、研相结合的、长效的校本培训制度

针对培训中存在的教师培训机会不均衡、培训效果不能保证，并考虑到当前教师学历已经基本达标的客观现实，建议在选择培训方式时应针对学校

的特点，紧密联系教师教学与科研工作的实际，切实加强校本培训制度的建设。在我们的调查中发现，对在岗教师进行培训的最有效的方式是学、教、研相结合，其次是短期培训和学历提高。特别是在目前教师学历水平普遍基本达标的情况下，如何将培训的内容与教育教学紧密联系起来，如何将培训的效果切实落到实处，是各级各类教师培训机构应该着力解决的问题。这两项数据之间存在着内在一致性，正是因为多数教师是出于自我充电以及教学需要而参加培训，那么对他们来说最有效的培训方式当然是学、教、研相结合的形式了（如图4－4所示）。

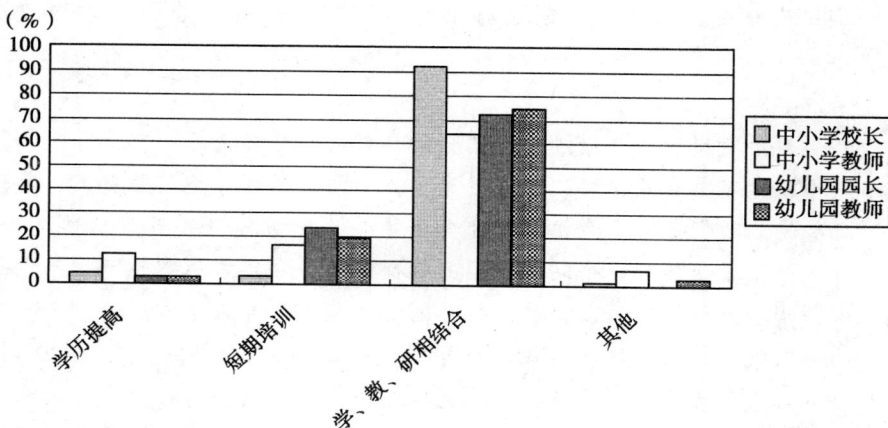

图4－4　在岗教师培训最有效的方式

此外，教师们认为对培训内容的统筹安排也至关重要，应切实加强教师的职业生涯规划与管理工作，针对教师的实际要求，形成一个长期有效的培训制度。

　　现在的培训时间太少，机会少，我所指的是上级部门提供的培训。省和市能不能制定一个长期有效的培训制度，不要今年培训这个，下一年又没有了，要形成一种制度。（城市公办高中教师访谈）

五　结语

吉林省是一个农业大省，作为老工业基地，现在面临资源性转型，因而所应对的教育改革任务重，其中最为关键的是教育投入问题，这也是最大的困难。吉林市下属的舒兰市是吉林市所辖的五个县市之一，其教育情况以及师资队伍建设情况反映了"穷省穷县办大教育"的典型现状。因此，我们觉得吉林省的情况在某种程度上反映了中国广大经济欠发达的中西部及东北地区教育的普遍现实情况。如何切实解决这些地区所面临的实际问题，如何切实改善贫困及农村地区的教育落后局面，如何切实保障教师的合法权益，促进他们的身心健康，进而促进教师的专业发展，是我们在制定教育中长期教育发展规划时应该考虑的问题。

报告Ⅲ

江苏省教师队伍建设
专题调研报告

"中国教师队伍建设"江苏调研组

内容提要：在此次调研过程中，访谈了江苏省教育厅、常州市教育局、金坛市教育局、南京师范大学人事处、南京工业职业技术学院人事处的领导，访谈了中小学校校长及教师、幼儿园园长及教师、中职学校校长及教师，召开了各级各类校长和教师座谈会。校长座谈会参与人数达29人，教师座谈会人数达29人，并实地走访了一所小学和一所幼儿园。问卷调查了109位幼儿园园长、210位幼儿园教师、753位中小学教师、266位中小学校长、572位中职教师。通过调研发现，从总体上来看，江苏省在师资队伍建设方面，做出了大胆尝试，在师资培训制度、途径等各方面形成了鲜明的特点，全面高效地推进了全省师资队伍的发展。但在调查中也发现存在一些客观的困难，譬如，高校引进高层次人才有难度，青年教师的发展未受到真正重视；中小学校新入职教师整体素质不高，教师工资水平地区差异、校际差异、城乡差异明显，学校缺乏教师招聘自主权，职称评审和管理机制有待完善，教师工作压力和社会舆论压力大，农村师资培训经费没有得到有效保障；幼儿园专业教师十分缺乏，工资待遇不高，教师整体素质有待提高；职业教育缺少双师型教师，专业教师与文化课教师比例不协调，教师社会地位不高、职业成就感幸福感低。基于上述存在的问题，我们认为江苏省教师队伍建设要从在三个方面着力：一要促进师资队伍建设区域均衡发展，特别是城乡、发达地区和相对欠发达地区之间的均衡；二要促进教师专业成长的主动性和实效性；三要切实改善教师的生活品质包括提高工资水平、减轻工作强度和压力等。

一 前言

国务院参事室委托浙江师范大学对我国教师队伍建设现状进行调研，江苏组作为七个调研组之一，对江苏省的情况进行了实地调研。

江苏省地处美丽富饶的长江三角洲，地形以平原为主，主要由苏南平原、江淮平原、黄淮平原和东部滨海平原组成，其中点缀着中国五大淡水湖中的太湖、洪泽湖，自然条件优越，经济基础较好。江苏傍江临海，是中国人口密度最高的省份之一，总面积 10.67 万平方公里，占全国土地总面积的 1.11%，全省常住人口 7600.1 万人。连绵近 1000 公里的海岸线拥抱着约 980 万亩的黄金滩涂。江苏境内平原辽阔、土地肥沃、物产丰富、江河湖泊密布，五大淡水湖中的太湖、洪泽湖在此横卧，历史上素有"鱼米之乡"的美誉。

2008 年，江苏省辖 13 个地级市、54 个市辖区、27 个县级市、25 个县。13 个地级市分别为：南京、苏州、无锡、常州、南通、扬州、镇江、连云港、徐州、盐城、淮安、泰州、宿迁 13 个省辖市。江苏是中国的经济大省，全省综合经济实力在全国一直处于前列。2008 年江苏省国内生产总值突破 3 万亿元，全年人均生产总值突破 4400 美元，GDP 增幅大大高于全国平均水平。预计到 2010 年左右，江苏经济总量将超过台湾。①

2008 年，江苏省生产总值突破 30000 亿元，比上年增长 12.5% 左右，经济结构进一步优化。2008 年，江苏省根据国家确定的投向，申请中央财政新增安排资金 50 亿元。这些项目包括重大水利工程、优质粮食产业工程、农产品检测工程、动物防疫体系等农村民生工程项目，京沪高速铁路、沪宁城际铁路、连临高速公路等基础设施项目，基层医疗卫生服务体系、计划生育服务体系、乡镇文化站等社会事业发展项目，太湖、淮河流域污染治理等环保生态、节能和循环经济项目，纺织机械、食品机械、能源装备等先进制造业项目。江苏省近五年国民生产总值及教育经费投入占生产总值的比例，详见表 1－1。

---

① 《江苏省 2008 年国民经济和社会发展统计公报》。

表 1 – 1　　　江苏省近五年国民生产总值及教育经费投入占生产总值的比例①

年份	全省地区生产总值（亿元）	全省财政性教育经费（亿元）	全省财政性教育经费支出占当年全省地区生产总值的比例（%）	国家财政性教育经费占当年国内生产总值的比例（%）
2004	15512.40	279.71	1.80	2.79
2005	18271.12	335.58	1.84	2.82
2006	21548.36	394.89	1.83	3.01
2007	25560.10	525.93	2.06	3.22
2008	30312.60	648.48	2.14	3.48

江苏省教育水平位居全国前列。江苏籍的中国科学院院士和中国工程院院士88人，全省从事科研活动人员32.3万人。江苏省对外科技和教育交流频繁，已与世界上40多个国家和地区建立了科技合作关系，与近30多个专业组织建立了工作关系。江苏各类学校已与国外近300所大中学校建立了交流与合作关系。江苏省重视大众化教育，艺术和纪念性博物馆共有91座。

2008年，江苏全省共有普通高校120所，普通高等教育招生44.61万人，在校生167.74万人，毕业生40.69万人。2008年，研究生教育招生3.50万人，在校研究生10.47万人，毕业生2.60万人。高等教育毛入学率达38%。全省中等职业教育在校生达到113.53万人（不含技工学校）。小学在校生巩固率达到100%，初中在校生巩固率达到98.5%，高中阶段教育毛入学率达到90%，基本普及高中阶段教育。初中毕业生升学率96%。小学学龄儿童入学率99.9%。特殊教育招生0.48万人，在校生3.01万人。幼儿园在园幼儿177.64万人。城乡免费义务教育全面实行，各类学校生均财政经费拨款标准得到提高，农村留守少年儿童食宿条件改善工程和农村合格幼儿园建设工程启动实施。②

二　调研设计与实施

（一）调研过程

为了客观真实地反映江苏省各级各类学校师资队伍建设的总体状况，调

---

① 江苏省教育厅门户网站和江苏省统计局门户网站。
② 《江苏省2008年国民经济和社会发展统计公报》。

研组采用了总项目组设计的问卷。总项目组根据调研目的自编《我国教师队伍建设调查问卷》（共 6 份，分别为幼儿园教师卷、幼儿园园长卷、中小学教师卷、中小学校长卷、职业学校教师卷和职业学校校长卷），经过三轮的修改，最终形成了调查问卷，同时在全国七个样本区（包括本组负责的江苏调研组）进行了问卷调查。

在江苏省人民政府参事室及江苏省教育厅的协助下，江苏省调研组于 8 月 30 日—9 月 5 日对江苏省教师队伍建设状况进行了比较全面系统、高效的调研。本次调研采取了发放调查问卷和实地访谈两种方式。在到达江苏省教育厅的当天，在与省教育厅沟通后，将 1297 份问卷发放到苏州、南通两个地区，作为本次调研问卷发放的抽样地区。实地访谈工作也同时展开，根据与省教育厅师资处的眭平副处长前期沟通与当面交流，座谈会和深度访谈在江苏省教育厅师资处、南京师范大学、南京工业职业技术学院、常州市及其下辖的一县和一镇展开。实地调研主要分四步进行。

第一步，在江苏省省会南京访谈省教育厅师资队伍建设负责人以及一所普通高校和一所高等职业学校的师资队伍建设负责人。同时，请省教育厅协助填写江苏省师资队伍建设情况基础数据表。

第二步，到江苏省常州市进行实地调研，访谈常州市教育局分管师资的领导，与人事处处长、副处长进行了交流，并要求协助填写常州市师资队伍建设情况基础数据表。

第三步，在常州市教育局的安排下，调研组赶赴金坛市（县级市）进行实地调研，在金坛市召开校长座谈会，并现场指导校长填写调查问卷，深度访谈了 5 位校长（计划是 6 位，但是金坛市没有普通中专）和金坛市教育局分管人事的副局长。同时也与人事科科长进行交流，了解情况，要求协助填写金坛市师资队伍建设情况数据表。

第四步，在金坛市教育局的安排下，调研组赶赴尧塘镇，在镇政府会议室召开了各级各类教师座谈会，并现场填写教师调查问卷。座谈会结束后，我们深度访谈了 3 位校长和 11 位教师。

在此次调研过程中调研组成员还实地走访了一所小学和一所幼儿园。

（二）调研对象

1. 座谈和深度访谈的对象

本次调研中座谈和深度访谈的对象主要包括教育行政部门领导、学校校长、教师等，以期从不同方面、立体式地了解把握当前江苏省教师队伍建设的现状和存在的突出问题，从而提出解决这些问题的策略。同时，在调研对象抽样时，兼顾教育层次、教育类型、办学性质、城乡差异、性别结构、年龄结构、职称结构、学历结构等。

以下按深度访谈和座谈的顺序加以具体说明。

第一，接受我们深度访谈的对象主要包括：

- 江苏省教育厅师资处副处长（涉及江苏省师资队伍建设总体情况）。

- 南京师范大学人事处处长（涉及普通高等教育师资队伍建设情况）。

- 南京工业职业技术学院人事处处长（涉及高等职业学校师资队伍建设情况）。

- 常州市教育局分管师资的副局长（涉及常州市师资队伍建设总体情况）。

- 金坛市教育局分管人事的副局长（涉及金坛市师资队伍建设总体情况）。

- 金坛市 5 名校长，包括普通高中、初中、特殊教育校长各 1 名，职业高中校长 2 名（江苏省没有中专，技校不归教育部门管辖）。就金坛各类学校的情况，他们接受了我们的深度访谈。

- 金坛市尧塘镇校长 3 名（分别来自初中、小学、幼儿园）。

- 金坛市尧塘镇教师 11 名，包括普高教师 2 名，职高教师 2 名，初中教师 2 名，小学教师 2 名，幼儿园教师 2 名，特殊教育教师 1 名（数量上比原计划的多 3 位）。

第二，按调研安排参加座谈会的调研对象包括：

- 金坛市校长 18 名，包括普通高中（城市公办、民办高中和农村公办、民办高中各 1 所）的校长共 4 人，职教中心主任 1 人，初中（城市公办和民办各 1 所、农村公办和民办各 1 所）校长共 4 人，小学（城市公办和民办各 1 所、农村公办和民办各 1 所）校长共 4 人，幼儿园（城市公办 1 所，城乡民办 3 所）院长共 4 人，特殊教育学校校长 1 人。

- 座谈会由 29 位校长组成，包括：5 所高中学校校长，1 位职教中心主任，1 所特殊教育学校校长，9 位初中校长，10 位小学校长，3 位幼儿园园长。

- 金坛市尧塘镇教师 21 名，包括普通高中（城市公办、民办高中和农村公办、民办高中各 1 所）的教师共 4 人，职业高中（公办和民办各 2 所）教师共 4 人，初中（城市公办和民办各 1 所、农村公办和民办各 1 所）教师共 4 人，小学（城市公办和民办各 1 所、农村公办和民办各 1 所）教师共 4 人，幼儿园（城市公办 1 所，城乡民办 3 所）教师共 4 人，特殊教育学校教师 1 人。

2. 问卷调查的对象

本次问卷调查的具体对象情况如下：

- 幼儿园园长。问卷调查了 109 位园长，全部为女性园长，其中职称为小学二级的占 2.6%，小学一级的占 5.1%，小学高级的占 56.4%，中学高级的占 35.9%。所在幼儿园为民办占 87.2%，为公办的占 10.3%，为其他部门的占 2.5%。学历为高中阶段的占 2.6%，专科的占 7.9%，本科的占 86.8%，硕士的占 2.6%。

- 幼儿园教师。这次问卷发放共调查了 210 名幼儿园教师，全部为女性幼儿教师。教龄在 26 年及以上的占 8.5%，在 7—25 年的占了 62.2%，4—6 年的占 15.9%，3 年及以下的也占了 13.4%。职称为小学二级的占 1.3%，小学一级的幼儿教师占 41.8%，小学高级的幼儿教师占 41.8%，中学高级的幼儿教师占 15.2%。所在幼儿园为公办的教师占 97.6%，为民办的占 1.2%，其他部门办的占 1.2%。学历为专科的教师占 51.2%，本科的占 46.3%，高中阶段及以下占 2.4%。

- 中小学教师。问卷调查了 753 名教师，有效问卷 742 份。其中男教师占 33.7%，女教师占 66.3%。教龄在 3 年及以下的占 11.3%，4—6 年的占 15.8%，7—25 年的占 62.3%，26—33 年的占 5.3%，33 年以上的占 5.3%。职称是小学三级的占 0.4%，小学二级的占 1.1%，小学一级的占 12.4%，小学高级的占 18.6%，中学二级的占 19.4%，中学一级的占 26.3%，中学高级的占 16%，无职称的占 5.3%。任教学校坐落在省城的教师占 1.1%，坐落在地级或县级城市的占 31.6%，坐落在乡镇的占 67.3%。学历在高中阶段以下的占 1.1%，高中阶段的占 1.1%，专科的占 13.2%，本科的占 80.8%，硕士及以上的占 3.8%。所在学校为公办小学的教师占 35.3%，民办小学的占 0.8%，公办初中的占 32.0%，民办初中的占 0.8%，公办高中的占 30.8%，民办高中的占 0.4%。在编教师的占 97.3%，兼职教师的占 1.2%，代课教师占 1.5%。

● 中小学校长。问卷调查了 266 名中小学校长。其中男性校长占 82.2%，女性校长占 17.8%。职称为小学一级的占 0.9%，小学高级的占 10.6%，中学二级的占 1.8%，中学一级占 85.8%，中学高级的占 0.9%。学历为专科的教师占 5.3%，本科的占 86.7%，硕士的占 7.1%，其他的占 0.9%。所在学校为公办的教师占 96.5%，民办的占 1.8%，其他部门办的占 1.8%。

● 中职校长及教师。问卷调查了 572 名中职教师。参与调研的校长共有 62 名，其中男性校长 58 名，女性校长仅 4 名。中级职称为 5.4%，高级职称的占 94.7%。学历为专科 5.0%，本科的占 85.0%，硕士的占 10.0%。

（三）调研工具

在此次调研中，调研组使用录音笔、摄像机、笔记本电脑等调研工具。在座谈和深度访谈中，调研组如实记下谈话人的话语。

（四）调研内容

本次调研的内容主要有三个层面，一是当前江苏省教师队伍建设的现状，二是当前江苏省教师队伍建设存在的突出问题，三是加强和改善我国教师队伍建设的政策建议。具体内容包括：

1. 江苏省幼儿教师队伍建设的基本现状、突出问题与解决策略；
2. 江苏省初中、小学教师队伍建设的基本现状、突出问题与解决策略；
3. 江苏省高中（中职）教师队伍建设的基本现状、突出问题与解决策略；
4. 江苏省高校教师队伍建设的基本现状、突出问题与解决策略；
5. 江苏省特殊教育学校教师队伍建设的基本现状、突出问题与解决策略。

三　现状与问题

（一）教师队伍建设的基本情况

近年来，在江苏省委、省政府的正确领导下，经过各级政府和全社会的共同努力，江苏省教育事业实现了持续、快速、健康发展，教育整体水平和综合实力继续位居全国前列。2008 年全省教育系统深入贯彻落实科学发展观，大力实施科教兴省、人才强省战略，坚持教育优先发展，促进教育公平，全省教育事业取得了新进展。

1. 义务教育

小学招生规模略有下降，学校数和在校生数继续减少。2008 年全省共有小学 5233 所，比上年减少 435 所；招生 64.23 万人，比上年减少 0.96 万人；在校生 408.07 万人，比上年减少 21.11 万人；小学和学龄儿童入学率分别达到 99.90%，其中男女童净入学率达到 99.88% 和 99.92%，女童高出男童 0.04 个百分点。小学毕业生数 85.91 万人，比上年减少 7.69 万人。小学教职工和专任教师略有减少，专任教师学历合格率继续提高。全省小学教职工 282805 人，比上年减少 3514 人；其中专任教师 254717 人，比上年减少 3600 人。小学专任教师学历合格率 99.69%，比上年提高 0.12 个百分点，小学生师比 16.02∶1，比上年的 16.61∶1 有所降低。①

初中学校数略有减少，招生数、在校生数和毕业生数明显下降。江苏全省共有初级中学 2209 所，比上年减少 46 所；招生 86.58 万人，比上年减少 8.08 万人；在校生 278.28 万人，比上年减少 19.90 万人；毕业生 102.43 万人，比上年减少 9.09 万人。初中在校生年巩固率 98.48%，初中三年保留率 97.93%，初中毕业生升学率达 96.00%。全省初中专任教师 187646 人，比上年减少 1540 人。初中专任教师学历合格率 98.24%，比上年提高 0.72 个百分点。生师比 14.83∶1，比上年的 15.76∶1 明显降低。

2. 学前教育与特殊教育

学前教育规模进一步扩展。2008 年全省在园幼儿 177.64 万人，比上年增长 8.85 万人。幼儿园专任教师 65748 人，比上年增加 6191 人。幼儿园数继续减少，2008 年全省幼儿园数为 4241 所，比上年减少 723 所。2008 年全省共有特殊教育学校 113 所，比上年增加 6 所。招收残疾儿童 4785 人，比上年增加 653 人；在校残疾儿童 30135 人，比上年减少 268 人。其中在盲人学校就读的学生 3375 人，在聋人学校就读的学生 7669 人，在弱智学校及辅读班就读的学生 19091 人。在普通学校随班就读和附设特教班就读的残疾儿童招生数和在校生数分别占特殊教育招生总数和在校生总数的 58.58% 和 57.72%。残疾儿童毕业人数 5173 人，比上年增加 592 人。

---

① 江苏省教育厅门户网站。

3. 高中阶段教育

全省高中阶段教育学校数、招生数继续减少，但学龄人口受教育机会进一步扩大，继 2007 年全省基本普及高中阶段教育后，高中阶段毛入学率继续稳步提高。2008 年，高中阶段教育（含普通高中、职业高中、普通中等专业学校、成人中等专业学校，不含技工学校）共有学校 1150 所，比上年减少 116 所。招生 86.97 万人，比上年减少 3.44 万人；在校生 263.40 万人，比上年减少 9.84 万人；高中阶段毛入学率 90.00%，比上年提高 4.30 个百分点，高中阶段教育普及水平进一步提高。

全省普通高中 737 所，比上年减少 44 所；招生 48.29 万人，比上年减少 2.59 万人；在校生 149.87 万人，比上年减少 3.25 万人；毕业生 49.91 万人，比上年增加 2.33 万人。

普通高中专任教师 98918 人，比上年增加 1154 人，生师比 15.15∶1，比上年 15.66∶1 有所降低，专任教师学历合格率 94.11%，比上年提高 2.41 个百分点。

全省中等职业教育（包括普通中等专业学校、职业高中、成人中等专业学校，不含技工学校）共有学校 413 所，比上年减少 72 所。招生 38.68 万人，比上年减少 0.85 万人；在校生 113.53 万人，比上年减少 6.59 万人。

全省普通中等专业学校共 155 所，比上年增加 2 所。招生 25.49 万人，比上年增加 2.12 万人；在校生 74.15 万人，比上年增加 0.20 万人；毕业生 16.68 万人，比上年增加 1.22 万人。教职工 27454 人，比上年增加 3118 人；专任教师 20364 人，比上年增加 2622 人。

全省职业高中 173 所，比上年减少 45 所；招生 10.40 万人，比上年减少 2.89 万人；在校生 33.29 万人，比上年减少 6.33 万人；毕业生 12.26 万人，比上年增加 1.15 万人。教职工 22698 人，比上年减少 709 人。专任教师 18205 人，比上年减少 144 人。专任教师学历合格率 86.56%，比上年提高 4.99 个百分点。

全省成人中等专业学校 85 所，比上年减少 29 所；招生 2.79 万人，比上年减少 0.09 万人；在校生 6.09 万人，比上年减少 0.47 万人；毕业生 1.61 万人，比上年减少 0.22 万人。

4. 高等教育

高等教育健康发展，大众化进程稳步推进。2008 年，江苏全省共有普通高等学校和成人高校 133 所。其中，普通高等学校 120 所，与上年相比未有变化；成人高等学校 13 所，比上年减少 1 所。普通高校中本科院校 44 所，高职（专科）院校 76 所。全省共有研究生培养单位 42 个，其中高等学校 28 所，科研机构 14 所。高等教育招生数和在校生规模持续增长，高等教育毛入学率达到 38%。

江苏省招收研究生 3.50 万人（其中博士生 0.49 万人，硕士生 3.01 万人），比上年增加 0.14 万人。在读研究生 10.47 万人（其中博士生 1.92 万人，硕士生 8.55 万人），比上年增加 0.82 万人。毕业研究生 2.60 万人（其中博士生 0.34 万人，硕士生 2.26 万人），比上年增加 0.20 万人。普通高等教育本专科共招生 41.11 万人，在校生 157.26 万人，比上年增加 10.03 万人；毕业生 38.09 万人，比上年增加 7.13 万人。普通高等学校（不含独立学院和成人高校招普通班）本科、高职（专科）全日制在校生校平均规模由上年的 10346 人提高到 10958 人。成人高等教育本专科共招生 13.15 万人，在校生 36.55 万人，毕业生 11.09 万人。

2008 年普通高等学校教职工 154001 人，比上年增加 8020 人；专任教师 96267 人，比上年增加 7699 人。由于成人高校布局调整，成人高校教职工和专任教师明显减少。2008 年成人高等学校教职工 2915 人，比上年减少 7539 人；专任教师 1652 人，比上年减少 5371 人。

5. 职业技术培训及成人教育

江苏全省职业技术培训机构 9243 个，教职工 41004 人，专任教师 27504 人。成人基础教育学校 476 所，比上年增加 57 所；毕业生 2.17 万人，比上年减少 4.10 万人；在校生 3.20 万人，比上年减少 0.94 万人。教职工 2533 人，比上年增加 279 人。专任教师 1679 人，比上年增加 245 人。

6. 民办教育

民办教育继续快速发展。2008 年江苏全省共有各级各类民办学校（教育机构）2267 所（不含民办培训机构），其中民办幼儿园 1591 所，在园儿童 48.96 万人；民办普通小学 143 所，在校生 25.15 万人；民办普通初中 243 所，在校生 50.35 万人；民办普通高中 167 所，在校生 22.92 万人；民办中等职业学校 57 所，在校生 10.64 万人；民办性质普通本专科在校生 39.99 万人，其中民办普通高校 24 所，在校生 12.81 万人，独立学院 26 所，在校生 19.34 万人。另有民办培训机构 1421 所，注册学生 91.27 万人次，结业 91.91 万人次。

（二）教师队伍建设的经验

江苏全省在师资队伍建设方面基本上形成了四级联动体制，即省、地级市、县（县级市）、乡（镇）学校教师队伍梯队建设，各层次在积极落实全省的政策之外，根据自己所处的具体实际情况，又有所微调。在这种四级联动体制下，江苏省的师资队伍建设取得了重大成就和宝贵的经验。这些成就和经验密切联系，成就中体现着经验，经验又促进了成就的取得。

江苏省比较有特色的几点成就和经验：一是追求卓越，注意拔尖人才培养；二是注重整体，进行全员系统培训；三是追求均衡，主攻薄弱环节；四是强力保障，提供系统支持；五是开拓进取，锐意创新。

1. 追求卓越，注意拔尖人才培养

江苏省注重推行系列重点人才的培养工程，造就了一支优秀的师资队伍。教育管理部门从不同类型、不同层次学校的实际出发，加强教育与经济社会的紧密结合，建立各具特色的分层分类培养机制。其中较高层次的师资培养举措包括一系列的高层次创造性人才队伍建设工程。比如：

"江海学者"特聘教授计划。"十一五"期间全省高校设置300个特聘教授岗位，面向海内外招聘高层次人才，聘期3年，对特聘教授进行专项资助，并将其中特别优秀的海外高层次人才推荐申报中央"千人计划"，引进一流人才，提升高校人才培养和科技创新能力。

"江苏人民教育家"培养工程。在全省范围内每年遴选50名教师重点培养，培养期4年，每年每人安排培养经费3万。从2009年开始在全省范围内分四批选拔200名特级教师，其中教师120名，校长80名。培养采取专家引领和自主研修相结合、理论学习和实践锻炼相结合、国内培训与国外培训相结合的方式开展。通过实践锻炼自主研修、境内外名校挂职、成立网上交流中心、出版书籍、成果推广等形式，进行培养。这是江苏的"长江学者"。

"六大人才高峰行动计划"。坚持人才培养与项目资助相结合。改革完善政府特殊津贴制度、省有突出贡献中青年专家的培养选拔机制，着力在教育系统培养选拔一批高层次师资人才。充分发挥博士后制度在培养和使用相结合、产学研相结合等方面的优势，在江苏省重点发展学科、专业领域优先设立博士后科研流动站。拓展国际人才交流合作渠道，提高外聘教师比例，支持骨干教师赴国（境）外研修提高。

高校"青蓝工程"、"333 工程"。所谓"青蓝工程",就是希望青年教师在老教师的带领下能"青出于蓝胜于蓝"。所谓"333 工程"即培养 30 名研究成果具有国际先进、国内领先水平的国家级科学家、工程技术专家和理论家;培养 300 名左右具有省内领先水平的省级优秀人才;培养 3000 名左右成绩显著的市级优秀人才。这些工程都是为了加快培养高校骨干教师和学科带头人。

高校教学名师评选计划。每两年组织一次省级高校教学名师奖评选,表彰长期从事高校基础课教学,"注重教学改革与实践"、"教学方法先进"、"教学经验丰富"、"教学水平高"、"教学效果好的教授"。

高校校级特聘教授计划和其他计划。南京师范大学从 1998 年开始,学校就开始实施校特聘教授计划。学校根据教师的具体情况,制定岗位工资制。学校鼓励学术创新,实施了一系列的人才培养计划:"基础人才资助计划"、"基础人才培养计划"、"学术骨干培养计划"、"教学名师培育计划"等。目前该校有国家级教学名师 4 人。学校主动要求教师加强学历层次的提升,提出了"954"计划,2010 年完成。就是 95% 的教师具有硕士学位,40% 的教师具有博士学位。学校鼓励教师主动进行学历提升。到目前为止该校老师有硕士学位的占到 80%,博士学位的达到 35%。

另外,常州市的"名师工作室"也是一项设计科学、运作良好、效果显著的师资发展平台。

2. 注重整体,进行全员培训

江苏省教育厅为贯彻落实《省政府关于进一步加强师资队伍建设的意见》要求,全面提升全省中小学教师的整体素质和水平,及时出台了《省教育厅关于进一步加强中小学教师培训工作的意见》(苏教师〔2009〕1 号)。根据该意见的规定,江苏省的教师队伍建设形成了一个重要特点,就是注意整体,进行全员系统培训。目前江苏省一级师资培训规模位列全国第一。2009 年,师资省级培训人数达 8 万人,占全省师资 75 万总人数的 10% 以上。平均每年省级师资培训规模达 6 万—8 万人。

(1) 新一轮中小学教师全员培训。全员培训的对象是具有法定教师资格的幼儿园、小学、初中、高中、中等职业学校和其他教育机构的在职专任教师。全员培训主要包括新任教师培训、教师岗位培训、骨干教师培训和学历提升培训,省重点实施骨干教师培训和专题专项培训。到 2012 年底全省所有教师接受一次省级培训,教师参加各级各类培训的时间不低于 240 课时。（2）职业学校教师素质提高计划。该计划以提升"双师型"素质和新课程实施能力为重点，加大职业学校教师培训力度，鼓励和支持教师通过培训取得职业资格证书和专业技术证书；进一步完善和强化职业学校教师赴企业锻炼制度，计划到 2012 年底，全省职业学校专业教师取得高级以上职业资格证书比例达 60% 以上，实习指导教师达到 100%。（3）中小学校长任职资格培训和校长提高培训制度。该制度要求对全省中小学校长普遍实施一次轮训。每年举办 1—2 次校长论坛，组织校长到国内外发达地区学习、交流和考察。校长培训的任务由江苏教师海外培训基地承担。（4）落实班主任培训制度。要求新任班主任必须接受 30 学时的专项培训。组织实施少先队辅导员和心理健康教育教师专项培训。（5）中小学教师教育技术能力建设计划。旨在提升教师的信息化素养。（6）教师和管理者国际合作培训计划。旨在提升优秀教师和学校管理者的国际化素养。（7）在江苏教师教育网建立教师书库，广泛开展教师读书活动，提升教师的人文素养。①

3. 追求均衡，主攻薄弱环节

江苏师资培训的特点之一是重点突出，表现在四个倾斜：向薄弱地区倾斜；向薄弱学段倾斜，比如初中阶段，缺少特级教师；向薄弱学科倾斜，比如音、体、美等；向农村地区倾斜。

江苏省通过竞聘上岗、转岗、提前离岗退养等途径，切实解决中小学教师学段、区域、学科结构失衡问题。妥善分流中小学富余人员，积极推动城镇学校富余教师向农村学校分流，小学富余教师经过必要的幼儿教育或学前教育培训后向幼儿园分流，教学岗位富余人员向其他岗位分流。对体弱多病、长期不能坚持正常教育教学工作的人员，要求及时办理提前离岗退养手续。

为了解决区域师资不均衡问题，江苏省采取了一些倾斜政策。比如，省级培训项目优先安排农村教师，优先组织实施农村中小学、幼儿园骨干教师培训。到 2012 年底前力争使每所农村中小学主要学科有 1—2 名骨干教师。江苏省还特别建立了区域内中小学教师定期交流制度，鼓励引导城镇教师和其他具备教师资格的人员到乡村中小学任教，有计划组织苏北农村教师到苏南优质学校挂职锻炼，组织省内优秀校长和特级教师送教下乡，通过项目建设有效鼓励了取得教师资格的大学毕业生到苏北农村学校任教。

---

① 和著：《深空、深海、深蓝战略：教师队伍建设实现大跨越》，《师资建设》（理论与政策版），2009（4）．http：//www. jste. org. cn/train/cms/article. jsp? articleId = 1360. 2009 - 11 - 10。

　　具体来说，江苏省通过实施"千校万师支援农村教育工程"，建立了城镇支援农村教育的制度。该工程计划从 2007—2010 年在全省义务教育阶段遴选苏南和城市的千所优质学校，与苏北农村千所师资薄弱学校实行"校对校"结对帮扶、对口支教，其中初中 463 所，小学 537 所，共 1000 所。省教育厅每两年对支教工作表现突出的单位和个人进行一次评选表彰，给予适当的奖励。支教一年且考核合格的教师，在参评省、市级优秀教师、先进教育工作者、特级教师以及晋升职务时，在同等条件下予以优先。还有讲师团去苏北地区讲课、进行教科研活动、苏北地区教师去苏南地区的学校进行学习等形式。省教育厅希望这样的帮扶关系持续下去。

　　江苏省通过实施"万名大学生支援农村教育工程"，鼓励优秀毕业生到农村建功立业，吸引了大量优秀的人员去农村任教。该工程计划派万名大学生赴全省 34 个经济薄弱县县城以下农村学校（主要是针对农村初中小学）任教。2006—2008 年共选派了 4331 名本科毕业的大学生到农村学校任教。"十一五"期间计划加大激励力度。该工程的实施无疑是加强农村师资队伍建设的重大举措。"从 2008 年、2009 年举行的'选派优秀大学毕业生和农村师资教育硕士生到农村学校任教专场招聘会'反映的情况来看，因相关政策的调整，提高了选派工作的吸引力，选派数量和质量与往年相比有所提高。"①

　　为了促进师资的区域平衡，除了上述工程外，江苏省还采取了其他形式，如"送培到县"便是其中之一。苏北苏中经济发展迟缓制约教育设备和教师能力的发展，有一部分教师，特别是农村中小学教师更是高科技的"文盲"，急需进行现代教育技术培训。同时，苏北苏中初中教师实施新课程的能力和水平也有待提高。有鉴于此，江苏省决定于 2009 年 5—12 月间组织专家讲学团，面向苏北苏中 34 个经济薄弱县（市、区）开展初中新课程"送培到县"工作。培训学科包括初中语文、数学、物理三门学科。"送培到县"每个县三门学科合计培训人数为 300 人，总计 10200 人。省里要求苏北苏中积极选派掌握现代教育理念，在课程改革的理论研究和实践探索上取得了一定的成果，具有初级以上职称，并且具有一定的组织协调能力、能承担本学科校本研修的有关工作骨干教师参加培训。

---

　　① 和著：《深空、深海、深蓝战略：教师队伍建设实现大跨越》，《师资建设》（理论与政策版），2009（4）. http：//www. jste. org. cn/train/cms/article. jsp？ articleId = 1360. 2009 – 11 – 10。

　　除了鼓励外部教师到农村支教外，江苏省也实施了"农村教师素质提高工程"，注意当地农村教师大面积提高专业素质。江苏对全省农村义务教育阶段学校教师开展了轮训，加大农村骨干教师培养培训力度，提高农村师资队伍整体素质。鼓励农村教师通过多种途径提升学历层次。根据农村教育发展需要，对紧缺学科师资实行定向培养，毕业后按定向培养协议到农村学校任教。中小学中、高级教师职务岗位适当向农村学校倾斜。

　　民办学校教师也是薄弱环节。江苏省一方面规定民办学校教师与公办学校教师在职务评聘、培训进修、政府奖励等方面享受同等待遇；另一方面要求民办学校聘任具有国家规定任教资格的教师，并与其签订聘用合同，明确双方的权利和义务，应依法保障教职工的工资、福利待遇等。这些规定和要求保护了民办学校教师的权益，有助于稳定和加强民办学校教师队伍。

4. 强力保障，提供系统支持

（1）组织机构方面

　　江苏省有26所省级培训机构常年承担培训工作，支撑服务体系来落实大规模的培训，8万人的培训都是由中小学教师培训中心来组织完成的，还有针对中小学校长和中小学英语、物理、高职、幼教、管理者等的培训。这些机构主要有省中小学培训中心、省中小学校长培训中心、省高校师资培训中心、教育国际交流中心、省教师资格认证中心、教师教育网管理中心、电化教育馆、海外基地（2003年以来，在海外购买当地学校作为培训基地）。

（2）经费方面

　　江苏省积极发挥财政的职能作用，加大投入力度，切实支持全省各级各类学校师资队伍的建设。据不完全统计，2006—2009年，省财政共安排师资队伍建设专项经费4.3亿元，是"十五"期间0.57亿元的7.5倍。2009年省级师资队伍建设专项经费达到1.5亿元。

　　江苏省教师培训费用的各方承担比例体现了因地制宜的方法，省教育厅、地方和学校以及个人承担情况为：在苏北地区，教师培训的费用中，教育厅承担80%，地方政府和学校承担20%，如果教师个人必须要承担的话，规定不能超过10%，一般教师个人都不用承担培训费用；在苏南地区，教育厅承担30%，地方和学校承担70%；在苏中地区，教育厅承担50%，地方和学校承担50%。

　　对于"千校万师支援农村教育工程"，省级师资队伍建设专项经费每年投入4000万元，给予每所支教学校4万元支教经费补贴。"十一五"期间，省级财政经费用于该工程的累计投入将达到 1.6 亿元。支教教师不在受援学校领取任何报酬，也不享受受援学校的福利待遇，每月不低于 500 元的生活补助费以及探亲差旅费等由支教学校发放和报销。苏南各地也给予支教学校适当经费支持，并将支教教师生活补贴费提高到了 800 元以上，甚至 1000 元。

对于被纳入"万名大学生支援农村教育工程"的大学毕业生，江苏省财政按每人每年 4600 元的标准逐学年给予补助，连续补助四年，实现了到农村任教大学生毕业生四年学费全额返还。该工程补助程序是工作一年后考核合格的，第二年返还学费，95% 以上的人基本上是合格的，也有少数人脱离岗位。

省财政还大力支持义务教育学校实施绩效工资。在 2002 年保国标工资、2005 年保省标补贴按时足额发放的基础上，今年按照省《义务教育学校绩效工资实施意见》，省财政厅制定了专项转移支付办法，安排专项转移支付 10.06 亿元，帮助经济薄弱县从 2009 年 1 月 1 日起在义务教育学校实施绩效工资，保证教师平均工资水平不低于当地公务员平均工资水平。最近，教育厅召开由各市、县财政部门参加的专题工作会议，要求各地财政部门确保在 9 月 30 日前基本兑现义务教育学校绩效工资。为实现此目标要切实采取保障措施。一是克服困难，千方百计积极筹措资金，优先安排义务教育绩效工资所需经费；二是调控好公务员收入水平，严格执行省政府批准的规范公务员津、补贴标准，在教师绩效工资兑现之前不得提高，以后公务员和义务教育教师的工资收入同时大幅度提高；三是要加强非税收入统筹，特别是义务教育学校的非税收入要统筹用于义务教育绩效工资。同时，要对学校的各种资金来源进行清理摸底，并统一扎口，规范管理。义务教育学校实施绩效工资，将进一步提高教师的收入水平和社会地位，激发广大教师的工作积极性和创造性。

这些经费有力支持了江苏教师队伍整体的发展，特别是支持了经济薄弱地区提高农村教师队伍素质、中小学的骨干教师培训和班主任培训，支持了高校的"青蓝工程"及骨干教师队伍和学科梯队建设，高校优秀拔尖人才、学术带头人的选拔和培养，促进了高校高水平教学团队和科技创新团队的形成，鼓励了高校教师开展教学研究和改革，提高教学水平和教学质量。

5. 开拓进取，锐意创新

江苏教师队伍建设中体现了该省教育行政部门开拓进取，锐意创新的精神风貌，在教师培训中与相关部门密切合作；师资培养以项目为纽带，以经费为后盾；师资建设项目注意与教育均衡发展和社会经济发展重点全面结合；紧密围绕本省师资队伍建设的薄弱环节，不断创新师资培训的手段和形式。

（1）师资政策项目化

师资培训要依靠各种平台和手段。政策的落实也要通过这些平台和手段。江苏省把围绕教师队伍建设的重点和难点问题制定的各项政策和措施，以各种项目和计划的形式加以落实。这些项目从拔尖人才的培养到农村教师的帮扶，有效承载了政府师资队伍建设的目标指向。江苏某些项目走在全国前列，比如拔尖人才培养系列项目对人才的选拔广度和资助力度、教师培养国际化项目的远大眼光和强大的经济后盾。

（2）培养形式多样化

一是坚持"集中培训"，26 所师范院校承担着培训业务。

二是坚持"送教上门"，讲师团送教上门缓解了工学矛盾，节约了培训费用，扩大了培训人员范围，调动了参与者的积极性。

三是教师培训"国际化"。从 2003 年起，江苏省在全国率先实施了大规模的教师海外培训计划，每年选派 1000 名教师出国培训，2006 年起，年培训规模扩大到了 1500 名。江苏教师海外培训人数多、投入大、效果好，在全省乃至全国教育系统产生了广泛的积极的影响。这是加强高素质教师队伍建设、更新教育理念和改革教学模式的一个重要手段。这些培训，"为受培训者提供一个拓展视野、启发思维、学习先进、反思自我的学习机会"，使他们能"将培训成果运用到学校的教育教学改革实践中去"，从而"全面提升中小学英语骨干教师、中学理科和职业院校专业骨干教师的教学能力和业务水平，全面提升学校管理者的管理能力和管理水平"。在此基础上，江苏省实施了 2008—2010 年全省教师国际合作培训项目。该项目"每年计划安排出国培训 2000 人，引智国内培训 3000 人，每年共计培训教师 5000 人"。具体包括：中小学英语教师出国培训（600 人/年）；中小学英语新教师出国培训（雏雁项目，300 人/年）；中学理科教师出国培训（200 人/年）；职业院校专业教师出国培训（600 人/年）；学校管理者出国培训（300 人/年）；引智国内培训（3000 人/年）。江苏省还就教师国际合作培训对象的选拔作了明确的规定，涉及思想品德和职业道德、教学科研能力、创新精神、年龄、学历、职称、英语听说读写能力等。江苏省教师国际合作培训时间为 4—8 周；管理者培训时间为 3 周左右。江苏教师海外培训基地承担教师国际合作培训的主要任务。其中每年苏曼中心（英国）550 人左右，苏澳中心（澳大利亚）350 人左右，苏安中心（加拿大）800 人左右，其他地点（德国、新加坡等）安排 300 人左右。江苏省教师国际合作培训出国培训经费由教育行政部门、学校和本人共同承担。考虑到各地经济发展水平不同，江苏省教育厅对苏北、苏中、苏南地区参培人员资助比例分别为80%、50%、30%，高校参培人员资助 40%，学员个人可承担少量培训经费，总额不得超过总经费的 10%，其余部分由学员所在单位承担。① 江苏普通高校也积极选派优秀教师出国培训，高校校级领导和学科带头人中有留学经历人员的比例提高到 50% 左右，努力培养、造就一批具有世界前沿水平的学科带头人。

（3）培养手段现代化

江苏专门开通了教师培训网，通过网络进行大规模的教师远程培训，如进行初中英语、物理等网络培训。在班主任培训方面，教育部有培训模块，但江苏省教师网络培训的特点是关注教师的心理健康。对口支教学校之间搭建信息化交流平台共享教育资源、筹资改善受援学校办学条件。全省通过实施"校校通工程"等 12 个工程，大规模送优质资源下乡，改善办学条件，校园、设备、教师管理等。

（4）队伍建设合作化

职业教育师资队伍的建设首先要有职业教育发展的平台。有了这个平台，才能谈得上职业教育教师与企业的合作以及到企业的实践，才能加快"双师型"教师培养。为此江苏省教育厅和财政厅密切配合，每年安排专项经费设立专项劳动力培训工程，借支持职业教育的发展来促进职教师资的成长。这些工程一是大力实施农村劳动力转移培训工程。重点实施"两后双百"工程（即初中后、高中后返乡毕业生 100% 接受培训，适龄学员 100%转移输出）。二是实施技能型紧缺人才培养培训工程。根据人才市场和劳动力市场的需求及预测，选择了数控、汽车、电子、化工、商贸服务等 10 个专业领域，遴选 200 所职业院校，联合 800 个企事业单位，校企合作共同培养技能型紧缺人才。从 2004 年开始 4 年内相关专业领域输送毕业生 20 万人，培训 50 万人次。为此，"十一五"期间，省财政每年投入 2 亿元，重点建设 200 个大规模、高水平、示范性、共享型的职业教育实训基地。重视弱势群体教育，实施职教扶贫助学工程。根据省政府决定，自 2004 年开始，省财政每年安排 2000 万元资助 1 万名农村家庭贫困学生接受中等职业教育，连续资助 3 年。2006 年职教扶贫助学资金增加到 1 亿元，资助 5 万名（其中 3 万名入学新生）贫困生。

（三）教师队伍建设的主要问题

通过访谈实录及对问卷调查数据的整理，我们发现江苏省师资队伍建设存在的主要问题如下：

1. 大学教师队伍存在的问题

本次调研中，我们选取了南京师范大学作为普通高等教育的调研对象，对南京师范大学人事处长进行了深度访谈，了解了南京师范大学在师资方面的相关政策、主要经验以及存在的问题等，同时也对全省普通高校在师资方面的共性做法加以了解，试图找出其存在的主要的问题。

通过对南京师范大学人事处长的访谈和江苏省高等教育师资队伍建设相关文件分析，我们认为江苏省大学教师存在的主要问题如下：

（1）人才竞争激烈，高级人才引进困难，尤其是纯海归学者引进更加困难

关于学校引进人才，南京师范大学人事处长谈到自己学校存在的问题。

访谈对象	访谈实录	理论分析
南京师范大学人事处副处长	近三年来学校进大于出。进 208 位专任教师（其中教授 18 人，博士 158 人，9 位海归）。但同时，学校有 45 人流出（其中教授 19 人），统计中的 45 人都具有博士学位或副高以上职称。流失方向主要是北京、上海、广州的高校或出国。原因有的是追求自己的专业发展，有的是人际关系问题，更主要的是待遇问题以及人才无序竞争	待遇问题和无序竞争成为相对落后地区高校引进人才和留住教师的重大难题

（2）高校扩招，导致师生比扩大，影响学生培养质量

伴随着高校的连年扩招，高等教育的毛入学率逐年提升，大学在校生数逐年增多，而教师的补充机制没有进一步完善，学校的编制数量没有进一步的扩大，教师的数量没有很大的提升，有些紧俏专业的教师更是少之又少，导致学校的师生比逐年扩大，影响学生培养质量。

（3） 部分老教师的创新精神不足，学历提升欲望不高

伴随着高校教师入职门槛逐年提高，现在进高校从事教科研活动的教师基本上都要具有博士学位，这在很大程度上提高了高校教师的学历层次，但是有些老教师在学历层次提升方面陷于被动，不肯进取，创新精神不足。南京师范大学为了鼓励教师创新，制定了一系列的计划和工程，对老教师进行支持。例如"突出成果奖"，"岗位津贴"等，但是有些教师依然我行我素，热情不高。

（4） 职称评定失衡，教学关注不够

在高校中，存在着很多长期担任基础科目的教师，他们长年教授最基本的学科，在三尺讲台上奉献青春，但是高校职称评定都是有杠杆的，要有相关论文、著作或科研成果的，这些都制约着一些教师的职称晋升。

访谈对象	访谈实录	理论分析
南京师范大学人事处副处长	南京师范大学从2005年开始具有教授审定权，在职称评定上很注重专家意见。很多学校都有基础学科的教师职称晋升很难的问题，南京师大在这方面，为了照顾基础学科的教师，在科研方面，对这些老师放低要求，但总体上还是强调进行科研、出成果	高校教师注重科研，科研成果还是职称晋升的主要杠杆

（5） 教师结构层次不够合理，高职称教师比例偏高

教授在某种程度上就是高校老师一辈子的奋斗目标，如果很早就达到了这个目标，很多教师就像达到了人生奋斗的彼岸，从此奋斗的热情急剧降低，最后出现混日子的现象。

（6） 对新进教师重视程度不够，教师培训针对性不强

年轻教师是学校发展的未来，是学校发展的内驱力，但是很多高校很重视40岁左右，事业有成的教师，因为这些教师都是学校发展的强大动力，是学校的支柱，甚至一个老师就决定这个学科在国内的排名，这种现象在高校内屡见不鲜。但是学校整体发展还是靠所有老师的共同努力，学校应该重视对年轻教师的培养，形成人才梯队，培养人才成长的长效机制。

2. 中小学教师队伍存在的问题

（1） 教师待遇的地区、城乡、校际差异大，绩效工资引发争议

江苏是一个经济发达的省份，但是在调研过程中发现，教师对自身的待遇存在不满（强烈不满的达26%，比较不满的达32%，认为没有问题的只有4%），如图3-1所示。

（％）

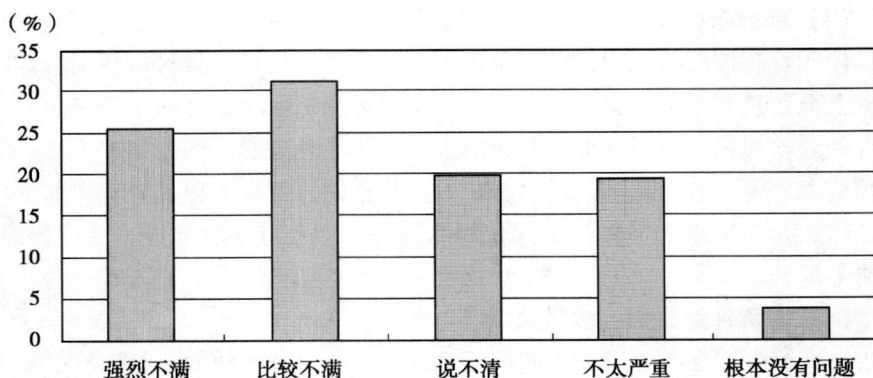

图 3－1　教师对自己"收入太少"的认可程度

　　而绩效工资的实施也引发诸多争议。在访谈过程中，校长和教师以公务员工资来作参照物，对教师工资相对过低普遍不满。"工资方面，大家反应最多的就是与公务员工资相比差太多。"就教师待遇的校际差异来说，以常州市教育局直属的两所高中为例，其中常州高中整个学校教师平均工资约7.2万元，而常州市第一中学教师平均工资接近7万元，两校的教师收入平均水平相差约3000元，存在一定差异。就地区来讲，也存在较大的差异。"在我们常州地区差别也是比较大，常州市区、武进这些地方的吸引力比较大。"一位初中校长如是说。在金坛市，九年义务教育教师的平均工资是40015元，其中，初中比小学稍微高一些，高中教师平均工资水平是51847元，幼教教师的平均工资相当于小学。据教师反映，常州市武进区的教师年收入可能要超过金坛市教师年收入一两万元。这可能与两地的经济发展水平不一致有相当关系。

　　从城乡对比来看，农村教师收入水平明显低于城区教师。以一位在金坛市的一所农村初中工作多年的女教师的工资为例。"我现在已经是高级老师，工作已经23年了，而且当了十几年班主任，但是我目前拿到手的工资只有1996元，只有这么多，还有就是有个补贴，半年发一次，320元。我们政府还觉得对我们蛮够意思的了，去年给我们的奖金还提高了一些，一年1.1万元，以前从来没有过。"这位农村中学高级教师的年收入总共35592元，低于九年义务教育阶段教师平均工资40015元。一位工作多年的中学高级教师的工资收入尚且如此，那其他工作年限较短、职称较低的教师的工资收入就可想而知了。一位农村初中教师说："工资方面城乡差距太大。农村教师想往城里调，城里老师想往常州调，常州老师想往南京、上海去。这个最根本的原因就是待遇。城乡教师的固定收入和各种津贴差距相当大，有的达到了双倍差距。"

在调研过程中发现，校长和老师都非常关注绩效工资改革。江苏省教育厅师资处相关负责人表示："实行绩效工资后，城乡差距就小了。义务教育的差距小，但是高校、高中的情况有些不同。"对绩效工资的实施，老师都充满了期待，尤其是农村义务教育阶段的老师，但是绩效工资的真正发放要视当地的财政而定，这对于财政不太富裕的县市，它的真正落实还是一个未知数。农村教师认为绩效工资的落实是"雷声大、雨点小"，有的甚至表示由于绩效工资的迟迟不能落实，而导致教师们有意见。而排除在绩效工资之外的幼儿教师、高中教师对于绩效工资不能惠及自身也颇有微词。尤其农村高中诸多经费要靠自筹，但筹措的渠道非常有限，不像城区高中可以通过收取择校费来自筹，教师们对绩效工资更为期待。一位农村高中校长如是说："农村办学很是艰辛。一件事就可以证明。农村学校教师的交通费就多支出很多，虽然每年补贴 800 元，但这是很少的。绩效工资改革为什么不把高中纳入其中？九年义务教育年终奖县财政局全额拨款 1.1 万元，但高中学校只给了 3000 元，其他的要求自筹，但农村学校去哪里自筹，怎样自筹？最后想说的是：希望绩效工资的阳光最好也能普照到高中，尤其是农村普通高中。"对于绩效工资能否真正地体现公平和公正，一位城区校长提出了他自己的看法："我们一个老师的工作量是两倍于甚至三倍于农村教师的工作量。城区教师与农村教师拿的钱一样多，或者农村教师还要多。绩效工资发放标准是一个问题。"

绩效工资如何真正体现公平公正，在具体的实施分配上还有许多值得思考的问题。实施绩效工资后，公立学校义务教育阶段教师的工资大幅度上涨，这样可能与民办学校教师工资水平持平甚至更高，民办学校教师待遇优势就会消失，民办学校教师队伍的稳定性势必受到影响，如何促进民办教育这又是一个值得思考的问题。

（2）教师职业压力大，社会评价不公

通过问卷调查发现，教师的工作压力大（系列 1），且心理经常焦虑（系列 2），并且自觉社会地位不高（系列 3），具体数据如图 3-2 所示。

中国是一个教育大国，全社会都非常关注教育，家长尤为重视。教育总是处在社会的风口浪尖，身处教育行业中的教师同样承受着社会所赋予的巨

（％）

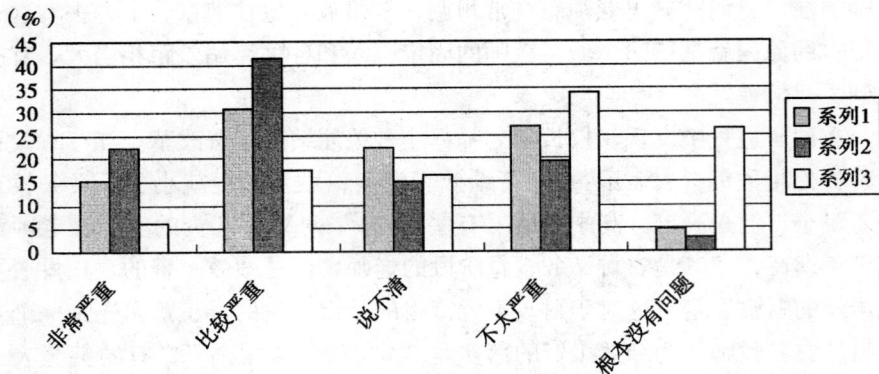

图 3-2　教师对职业的自我认知

大责任与压力。在访谈过程中，教师对于自己所承受的过多的社会压力和责任大吐苦水。

　　一位城区高中教师："工作压力大主要来自三个方面：一是高考，二是课程评比，三是各方面的干扰，与教育教学无关的各种检查。"

　　一位农村初中教师："简单来说，早上 6：40 到校，晚上自习到 8：30，这就是我们的工作时间。夫妻两个带着小孩，一大早出门，晚上再回去。平时老师都要面对业务检查。工作压力比较大这个是肯定的。工作压力主要来自一是岗位竞争。我们现在实行的学校聘班主任、班主任聘任课老师，导致有些任课老师没有课上，岗位竞争激烈。2003 年就有 30 名教师没有职位，今年又是 20 名教师没有职位。二是来自于家长及社会的压力。现在考不好，不仅老师知道，家长也知道，家长对子女任课老师都有要求。"

　　一位农村初中教师："工作压力主要来自于班主任管理、行政干预太多。"

　　一位农村小学教师："我工作三年，算是新教师。工作的压力主要来自于家长素质差，学生难管，尤其是流动儿童学习习惯、行为习惯难以管理。"

　　一位城区学校校长："高职称聘上去之后，积极性降低，老师的亚健康严重，社会对教师的评价不公平，导致老师不想管事，不敢管事。一旦学生发生事故，把什么责任都推到教师身上，社会也不管什么，家长也不讲什么，什么责任都往学校推，这样对教师的评价很不公平，校长压力太大，教师压力也大。"

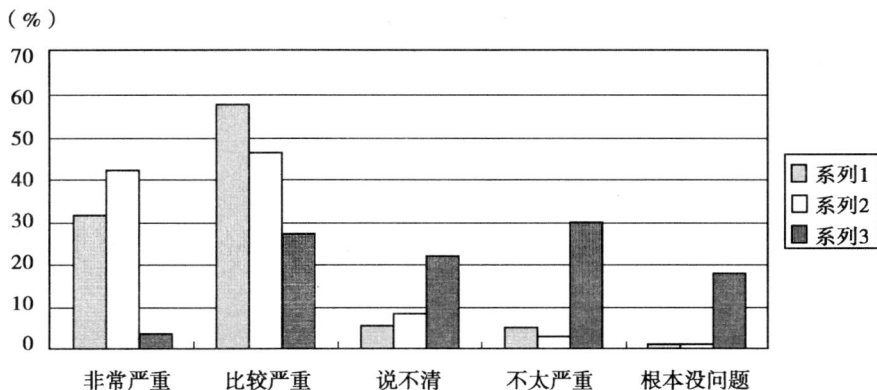

图3-3 教师压力来源图

我们通过问卷列出几个压力来源：学生的升学考试，不适应新课改（系列1）、人际关系难以适应（系列2）、属于外来教师，缺少安全感（系列3），其中学生的升学考试，不适应新课改、人际关系难以适应是他们压力的主要来源，尤其升学压力是他们压力最主要来源。如图3-3所示。

随着社会竞争的加剧，家长对教育的重视已经不仅局限于高中阶段，而扩展至小学、初中。虽然减负呼声不断，素质教育也推行了好几年，但实际上除部分市直属学校的学生学习负担较轻，素质教育做得较好外，大部分学校依然是应试教育，以升学率为标准。社会对于高考的关注，家长对高考的关注，高考升学率无疑成为一根无形的指挥棒，造成教师巨大的心理压力。对于初中来说，也存在升重点高中的压力。现在信息相对公开，家长、教育行政部门都只关注着升学率，使得老师压力重重。

随着对教师要求的提高，教育行政部门不断地举行各类评比，过多的评比、过多的行政干预，进一步加重了教师原本就很大的工作量，使得老师们苦不堪言，已经影响到正常的教学。一些学校实行的学校聘班主任、班主任聘任课教师的上岗竞争的办法，一方面会促使教师不断地提高自身，同时也使得教师"人人自危"，承受过重的压力。

在访谈过程中，校长和教师们都认为，社会赋予学校和教师太多的责任，享有的权利与承担的责任极不对称，学校只是学生成长中的一环，不能承担教育学生的全部责任。随着社会环境的复杂化，学生在学习期间可能发生的伤害事故，比如自杀、遭受人身伤害，等等，家长和社会媒体就将所有的责任推至学校和教师，学校和教师因此而承受过多的社会压力，对学生管理教育就显得畏首畏尾。教师们对于新出台的《班主任管理规定》就有自己的看法。对于"适度批评"，这难以量化，从教育角度讲，惩罚性教育也是必要的，然而"适度批评"只会导致教师在实际管理中无所适从，消极应对。此外，面对社会的变革、多元文化的渗透，独生子女一代活跃的思维和自我的个性也使教师们面临着更大的挑战。教育改革的不断推进也让教师感受到了更多自身发展的压力。"做教师不仅要面对变化多样的群体，而且还要面临终身不断的学习。"一名教师如是说。

（3）职称制度刚性有余弹性不足，评后管理缺失

教师职称评定制度是我国教育改革的一项重要内容，对我国教育的发展曾起到了积极的推动作用。教师职称评定制度能起到积极的作用是因为这一制度抓住了教师的心理需求，使教师在提升自己素质的同时促进教育的发展。在调研过程中发现教师对职称评价的机械操作颇有看法。

　　　　一位初中校长："评职称的问题主要有两个方面，一是评定过分依赖材料，真实的情况凭材料是不够的。二是评定之后的管理，评上高级之后，教师没有了追求，失去了进取的积极性，没有之前成为专家型教师、进行研究性学习的动力，主动性没有那么强。"

　　　　一位初中教师："教师的评价机制不健全，虽然说是定性与定量相结合，但这个定性很难操作。定性的评价难以进行，而定量又容易拉开差距，所以矛盾就大。"

　　　　一位小学教师："在职称评定方面，我感觉老师一旦评上名师后就高枕无忧，不像评之前拼命地上课、写论文，在职称评定上是不是还要考虑评上之后今后的发展。"

　　　　一位高中教师："在职称评定方面，以前对职称英语、计算机，那是刚性的，不合格就是不合格，现在已经把标准降下来了，如果说职称评定这块要改革的话，就是论文这一块刚性不要太强。现在要求必须达到多少篇，什么级别的，我们的很多教师，比如我自己，论文写作水平还是较为薄弱的，所以还是要更多地考虑工作的实际情况。今年有位教师让我感觉很痛惜，他高三的课上得很好，但是就是论文没有达到要求，没有能评上高级。当然有些老师，他既能写又能教，那是更好。但是也要考虑到其他老师，要求要有一定的弹性。另一个是必须当班主任的问题。有些学科教师当班主任有一定的困难。比如通用知识课教师、信息技术教师由于学科特点在中小学就不适合做班主任。但目前的职称评定必须要求当过班主任，这对于这类学科教师就不公平了。所以在职称评定方面，刚性与弹性要相互平衡，注重实际方面的更重要一些。"

随着对教师综合素质要求的提高，教师职称评定除了教学要求外，论文成果越来越得到重视，这是刚性指标。首先，在教师的职称评价过程中，因为硬性地规定论文要发表多少篇才能评职称，就可能出现会教但不会写或者是根本就没有时间写的教师迟迟不能评上高一级职称，而那些会写但不会教的老师反而容易评上，这极大地挫伤了一部分老师的积极性。还可能造成的一个后果就是教师们不注重教学成果，片面追求论文发表数量，引发抄袭、找"枪手"等问题。其次，职称评定过分依赖材料，导致可能出现造假现象，对于真正有能力的教师却不能顺利晋级。在调查中，这是教师普遍反映的一个问题。教师职称评定要求达到统一的标准，但同时要考虑到教师队伍的多元性，使教师评价标准多元化，更趋合理。

在职称评定方面还有一个较为突出的问题就是，农村教师评高一级职称要难于城区教师。在科研水平上，相比较城镇教师，农村教师要相对欠缺一些，难以达到论文发表数量的刚性指标。虽然江苏省对于农村教师评职称有一定的倾斜条件，但是农村教师要晋级还是存在较大困难。

职称评定的刚性要求阻挡了一部分教师的晋级，同时，对于被评上高级职称的教师也缺少相应后续监督或考核措施，使他们缺乏发展后劲。正如访谈中的教师所反映，许多教师在评上高级前大量上公开课，拼命做研究发论文，但一旦评上就止步不前，要么是觉得没有必要再努力，要么是没有更高级的职称作为前进的动力，已经无发展空间。在评上高级职称后如何保证教师的能力与其职称相配，同时又能促进其继续发展，这也是当前教师职称评定面临的一个重要问题。

（4）教师培训积极性不够，培训实效性不强

教师培训作为教师学历或能力提升的一个重要手段，上至国家级、省级、下至市县级的教师培训，包括学校内部都会为教师举行各类培训。培训层次多元，形式多样，对于提升教师队伍整体素质、更新教师观念都起到了明显的提升作用。根据调查，学校对青年教师的培养主要有以下几种主要方式：师傅带徒弟（55.3%）、不脱产进修（11.4%）、工作中压担子（26.3%）、脱产进修（1.8%）、其他的方式占（4.4%）。可见，教师的培训方式还是比较传统，如师傅带徒弟。校长对于培训项目成效的认可程度：班主任培训（60.2%）、教育技术培训（55.8%）、新课程培训（54.9%）、综合培训（45.1%）、其他（2.7%）；教师对培训成效的认可程度：新课程培训（43.2%）、教育技术培训（42.9%）、综合培训（41.7%）、班主任培训（37.6%）、其他（3.4%）。可见，关于培训成效认知方面，教师与校长还是存在一定的偏差。

　　一位中学校长：主要是培训机制不足和校本培训层次低，缺乏专家引领。

　　一位农村初中女教师：专家培训很少，质量高的培训很少。可是我们农村中小学教师培训基本上没有。如果一定要说有什么培训的话，那就是今年暑假市教育局组织了一个班主任培训，其他的没有什么。

　　一位城区中学教师：教师培训，名师工作室，教研室组织，分学科，大家听课、交流等，初期举办得比较全面。我个人参加的培训有名师大讲堂、信息技术与课程组织，我参加过2002年新课程的培训。学校的教研活动马马虎虎，次数还是比较多，主要还是教师个人的活动。

　　一位初中教师：国家对我们的培训数量较少，而且面上拉得不开。就研训中心而言，面上拉得不开，培训最后还是要落实到学校身上。比如学校的中层干部有外派学习，城乡对口交流，就是一个城里老师到乡下去，一个乡下老师到城里来，还有就是新教师培训。培训的时候无非就是请一两个专家来作报告，讲的内容（如职业道德等）在教学方面，很少涉及。培训关键在于走进课堂，虽然我们的研训中心做了不少工作，但是效果并不理想。缺少专门负责农村教师培训的研训部门。另外，农村学校人才太紧缺，好的人才都往城里去。

　　一位九年制学校校长：学校参加国家级和省级培训得很少。但参与培训的面宽，参加培训的教师会把培训的内容、精神传达给学校的其他教师。

　　一位初中校长：师资培训，如果让学校出经费，怎样去运作？教育行政部门有各级培训，校长还有机会参加市级、省级的培训，针对教师的培训很少。参加市级培训都是校长、教研主任、骨干教师等，一般教师几乎没有机会参加。同时在培训的过程中，培训内容很枯燥，几乎都是空话、套话，没有实用价值。

教师培训层次多样化，除了国家层次的培训之外，江苏省每年都要投入大量经费对教师进行培训，各市县也举行各类的培训。培训大多针对新教师、新课改、校本培训、教师专业能力成长等这些内容。从访谈反馈的情况看，培训主要存在以下几个问题：第一，培训流于形式，培训内容过于陈旧。有的教师反映，目前针对新课改进行的培训内容与2002年刚开始课改时培训内容几乎一样，多为理论，而且是教师们早已熟知的理论。对于新课改过程中出现的新问题却并没有涉及，内容陈旧，且不实用。第二，培训缺少针对性，脱离教学实际。培训大多是邀请专家进行讲授，专家多谈理论，对于教师教育教学中面临的实际问题却授之甚少，因此对教师的帮助不大，影响教师培训热情，更多的时候只是因为行政命令而被迫为之。第三，培训多针对年轻教师，或者是学校会尽可能地将培训给予年轻教师，而对于中老年教师却鲜有这样的机会。第四，农村一线教师的培训机会少。相对而言，城区教师比农村教师获得更多的培训机会，而且培训层次更高，培训内容更广泛。而农村教师可能接受培训的机会较少，而且多是区或县级培训，对于教师教育教学水平的提高非常有限。第五，培训占用教师过多时间，给教师造成较大压力。培训需要大量时间，而教师工作量大，业余时间有限。培训多在暑假或者下班时间。教师有限的个人休息时间被占用，而培训的内容又不实用，很多教师对于培训就是消极应付，培训效果收效甚微。

（5）教师由农村向城区流动，农村优秀教师难以为继

随着教师的自主择业，教师能够较自由地流动。在调研过程中发现，优秀教师多向城区流动，农村优秀教师减少。农村学校校长对自己学校培养出来的优秀教师流失都深表惋惜又无可奈何。

一位农村高中校长：作为我们县唯一一所农村高中，我们学校在师资培养方面投入了大量的精力。我们过去强调的是感情留人、事业留人。现在信息比较畅通、发达，再过度讲事业留人、感情留人，好像没有多大用了。我们学校办学历史悠久，优秀教师培养了几个，结果都走了。目前我们上课的教师101人，40岁以下的93人，30岁以下43人，作为一个办学历史较长的学校，我们的教师队伍是相当年轻。教师成名一个走掉一个。另外，学校目前的职称结构也很不合理，高级教师只有9名，二级、三级教师有59名，一级教师33名，我们农村学校办学确确实实是非常艰辛的。

　　一位农村初中校长：最大的困惑是农村名师留不住，培养出来都往城区跑。

　　一位农村初中校长：教师培养方面，和常州市的五级阶段相一致，学校也制定了人才培养的几级阶梯，但是培养一个、成熟一个、走一个（流向城区）。像一些骨干教师、教学能手，成熟后都走了，留不住好教师。

农村学校花大力气培养名师，但是一旦优秀教师成长起来，就会流入城区学校，最后却无法享受成果，优秀教师成熟后，在学校中发挥作用非常有限。有些教师认为，农村教师向城区流动，对其他教师有良好的示范作用，使他们能够积极进取，同时也为其他教师的成长提供更多的发展空间。校长们对优质教师资源的流失还是深感忧虑，从长远来看，农村优质的师资本来就缺乏，内生的优秀师资又向外流动，成为城区优秀师资的培养基地，外部的优秀师资又不可能进入，导致农村教师的整体师资无法得到提高，进而影响到整个农村教育的发展。

当农村学校因农村教师的单向流动而忧心忡忡时，城区教师认为，城区学校教师不流动，也会阻碍教育的发展。农村教师向城区流动，而城区学校教师满足于现状，不再向更高一级流动，这同样导致学校教学缺乏竞争也缺少活力。如何保证城乡间、城区间教师的合理流动这是一个值得思考的问题。

（6）校长管理自主权有限，能动性不足

现在中小学均实行校长负责制。

实行校长负责制后，校长的人事权有所提高。但是通过访谈发现，校长认为在实际的学校管理上校长所行使的权力有限，却承担着许多的责任，权力与责任不对称。要管理的事务非常的繁杂，承受的压力也很大。多数校长在访谈中多谈到在学校管理过程中常见的几个问题。

第一，校长对新教师引进无自主权，教师不适应学校要求。

随着教师入职由县市教育局甚至由省统一招考后，校长对于新教师的入职基本上没有发言权，而只能选择接受，哪怕该教师可能不适合本学校。有校长反映，统一招考的教师基本要求可以达到，但是却无法适应本学校的教学。比如一位农村校长称，"学校新进来一位音乐教师，声称过了钢琴几级的，但是让她为学生编个舞蹈，她说她是学器乐的，不会"。校长称对于农村学校来说，音乐老师钢琴几级也许不是最重要的，重要的是能组织比较简单的娱乐活动。这当然可能与现行师范毕业生的素质本身也有关系，但是全部统一招考，是无法保证满足每个学校的个性化要求的。

学校校长对目前实行新教师统一招考也提出了自己的看法。正如一位城区学校校长所说："调进教师和调出教师全是教育局把关。学校对教师的流动权几乎没有。一个学校需要三个老师，打份报告上去，教育局来组织、负责招考，等等，这样学校的责任也很轻，但新来的教师不一定合适。刚开始学校招考教师都有自主权的，学校自己招考，当然可能存在着校长把关的水平、思想境界不太高等不足，有少量不符标准的情况存在。但是更多的是，校长把关比教育局把关要更灵活一些。校长要引进一名教师，鉴于教师们的压力，也是非常慎重的。但是现在好或差都是教育局给的，学校对教师的引进没有自主权。因此要让学校有选择教师的权力，可现在是江苏省统一招考，好像是很公开、公平、公正，但对学校就不一定公平。任何事情都是有利有弊。校长应该有选择用人的权力。"统一招考教师如何在公平、公正的基础上保证教师能适应学校的要求也是值得深思。

第二，校长对闲置教师分流无门。

随着城市化进程，人口的大量流动，农村学校出现生源减少的趋势，导致教师富余。比如有一所农村中学，2005 年，该校有学生 1460 人，28 个班级，教师 72 人，35 岁以下的占了 60%；到 2009 年，学生减至 580 名，14 个班级，教师数为 82 人，学生规模在下降，但教师的数量在增加。还有校长指出："2007 年进出教师各 2 名，2008 年进出教师各 3 名，2009 年进出各 3 名，随着生源数量减少，再加上教师严重饱和，完全可以砍掉一半。2003 年，600 多名学生和 30 多名教师可能刚好。教师多并不能保证教学质量。"随着城市化进程的加快，农村教师过剩这一趋势只会有增无减，如何妥善处理这一富余人群，这也值得相关部门深思。

除了农村教师相对富余之外，教师队伍中存在着部分确实不适合教师职业的教师。一些学校实施新教师竞争上岗的办法，导致许多的教师无课可上。他们工作态度不负责，或者是个人能力不适合教育教学。如何建立及时的退出机制来引导教师队伍与其他职业的合理流动。一位中学校长这样说："教师退出机制不成熟。准入机制有，但是没有退出机制，虽然没有违法犯罪，但是有些确实是教学能力不够，或者年纪确实大了，校长没有权力退出教师，教育局长也没有权力。"一位小学校长还说："教师怎么样进行淘汰制，校长很难做到这点，校长没有权利解聘老师，校长对教师没有强有力的强制权，教师的出口问题需要尽快解决。在这点上是否适度能加大校长的权利？"

一种职业需要有通畅的流通机制，才能保证它的活力。农村教师的富余以及教师队伍本身存在的优胜劣汰都要求有关部门重视教师的退出机制建设。只有建立有合理的进出机制，才能充分激励教师，才能保证教师队伍的活力。

第三，中老年教师难以管理。

教师队伍中有一定比例的中老年教师，对于中老年教师的管理也是教师管理中的难点问题。中老年教师的教育事业已经达到了一定的高度，工作积极性很难调动。从年龄结构来看，他们在学校待的时间长，没有功劳也有苦劳，考核时要照顾，批评也不能过于批评，属于比较难于管理的。如何发挥中老年教师的优势来促进整个教师队伍的全面提升这是值得考虑的。

（7）教师出现结构性缺编，影响课程开设

农村教师一方面有富余人员存在，另一方面就是结构性缺编。一位农村初中校长提出："要加大小学科老师的培养，像历史、政治、生物这些学科的老师很缺乏，都是其他学科的老师兼任小学科教学。小学科专业教师在农村学校缺员情况较为严重。"另一位边远学校校长也指出："结构性缺编现象很严重，我们学校如果按照 1：27 的师生比的话，有 37 名教师超编，教师转岗现象严重，但同时一些小学科的教师却很缺少。"一位小学校长说："教师的起始学历，有一部分是专业不对口，一些历史老师由政治课老师代替。"同时，农村学校缺少音、体、美这样的专业教师。农村教师在数量上相对过剩，同时一些小学科教师却相对缺少。农村学校素来不太重视小学科教学，大部分都是由所谓的主课老师来兼任。此外，农村学校英语教师贫乏现象也较为普遍。

根据新课程要求，中小学课程出现了许多小学科，这对于农村教师队伍是一个很大的挑战，但这可能也是一个契机，使农村教师队伍更加合理化。

结构性缺编在城区学校也同样存在。一位城区中学校长说："随着高考科目改革，物理和历史成为必修课，现在必须单独设立物理课、历史课，这就要求更多的物理和历史老师。于是学校从外校引进了不少这样的老师。"结构性缺编在中小学较为普遍，一方面是因为小学科长期被忽视，另一方面师范教育科目设置跟不上中小学课程市场的需求，教师在配置方面的不合理也加剧了中小学教师结构性缺编。

（8）年轻教师素质令人担忧，整体素质无法满足教育要求

在访谈过程中，校长和教师大都认为现在师范生素质太低，基础差的学生进入师范学校，然后再进入教师队伍，从长远来看必将影响到整个教育事业的发展。一所省重点高中的校长非常激动地说："师资队伍令人揪心。进师范的学生都是 40 名以后的学生，不是优秀的学生，这样的未来教师能培养出来优秀的学生吗？先天性都很差，怎样培养出来好学生呢？这种情况下，我们大声呼吁提高师范生的素质，为了国家的前途，为了民族的振兴，我们必须提高师范生的素质。后期的培训都改变不了先天的素质，治标不治本。"一位农村初中校长说："以教师为本，现在体现在何处？尖子生现在都不去考师范，考师范的都是中下流水平的学生，师范生的素质差，出来以后怎样培养出优秀人才？"

对于新教师，校长们除了质疑师范生的生源质量外，还指出师范生接受的职前教育同样存在严重问题，如对教育实习不重视，教育知识内容空泛，等等。一位农村初中校长说："新老师的总体素质在下降，原因很多，其中主要是师范院校对学生的实习不够重视，有的为了应付实习成绩，就去学校盖一个章，做表面工程。以前实习很重视，现在差远了。"校长们还认为师范教育内容过于陈旧，过于理论，脱离实际。"我觉得现在的师范教育更多的是知识层面，对学校教育层面认识不多，从学校毕业到工作岗位，完全不知道中学或者基础教育是一个什么情形，必须要重新开始，拉长了他的适应期，希望师范院校的职前教育更超前一点。"一位农村初中校长如是说。鉴于此，教育行政部门需要加大对新教师的各种岗前培训的力度，势必增加新教师的适应期，增加学校和各类教育行政部门的负担。

对于新教师的素质问题，校长也认为新教师自身也有很大原因。一位校长这样说："有些年轻教师都不知怎么做思想工作，他自己都是在被宠爱着长大的，他哪有信心和能力去关爱他人呢？我们说新教师素质不高就在这个方面。"还有校长很痛心地说："有些新毕业的教师当班主任，管理班级卫生，他自己的住处都不会收拾卫生，你要他怎么管理班级卫生？"作为 80

后的一代，新教师在成长过程中所出现的一些问题也影响到他们进入职场的表现。除了教学能力受到普遍质疑外，他们个人的生存能力、社会交往能力等方面也受到较多的质疑。

（9）教师专业发展问题多，自我发展动力不足

教师专业发展现在进行得如火如荼，对于教师自身成长发展确实有很好的推动作用，但也存在一些问题。

如图3-4所示，校长与教师对于教师专业发展过程中存在的问题认识比较一致，均认为专业的拓展知识不足、缺少职业生涯规划。同时在访谈中，我们还发现存在以下问题：

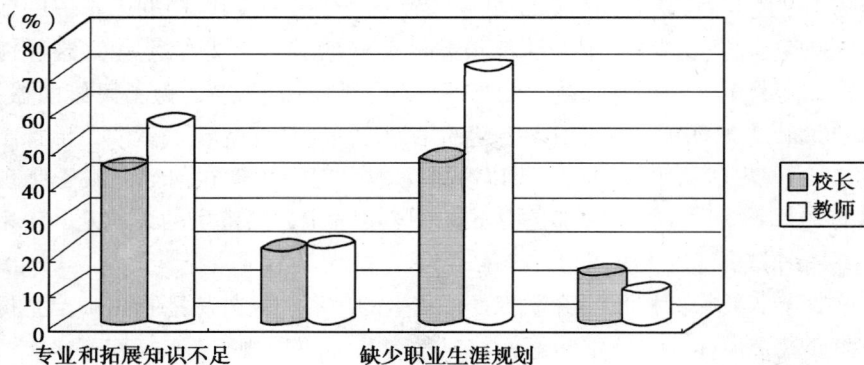

图3-4　教师专业发展问题

首先，教师对专业发展缺少主动性。各级教育行政部门和校长们会积极主动地创造各种条件来促进教师的专业发展，但教师更多地表现为被动接受。一位小学校长说："学校教师自身还缺少一种素质，就是教师被动应付得多，主动引领得少，教师缺乏主动教育的能力。缺少价值的引领，文化底蕴不够，对历史文化的学习理念还不够，很多教师还处于教书匠的层次上，很少主动去研究课本背后的知识。"同时还有校长指出，"教研活动的开展，也存在问题。学校整体安排得比较多，教师主动、正式的很少；着眼于怎样做得比较多，引领得少；学科间学科内结合得多，借鉴得比较少；考试科目着眼得多，不考试科目着眼得少"。这种现象比较普遍。如何激发教师专业发展的积极性和主动性也是十分重要的课题。

在专业发展过程中，对教师的学历进修，大多数教师因为职称评定对学历没有更高的要求后放弃了在学历上的继续追求，从而影响到教师专业发展质的提高。一位小学校长说："教师对高一级学历教育，缺乏动力。本科可以评中学高级，所以就不想去进行学历进修。这种现象在初中学校还是很典型的。"

最后，农村教师的专业发展还处于浅层次、浅水平。他们无法得到优质的培训，同时又缺少专家的引领，专业发展难获质的提高。在访谈中，一位农村教师谈到，我们学校的老师非常有热情进行专业提升，进行课题研究，但是鉴于水平有限，又缺少高水平的指导，正如他们自己所说的"萝卜炒萝卜"，最后不了了之。在教师的专业发展过程中，如何激发教师的自主性以及如何专业发展的引导，这都是值得深思的。

（10）农村教师素质偏低，难以适应新课改要求

新课改对于教师的素质提出了更高的要求。新开设的各种课程需要专业对口的教师，同时要求教师的观念与时俱进。但是实际上目前教师素质普遍还不能完全达到新课改的要求。从知识层面来讲，教师无法满足新课改的要求。一位中学校长指出："新的课程改革所及的通用知识，现有教师在这方面普遍比较匮乏。先前师范院校也没有专门培养新课改标准下的教师，目前基本是通过其他学科教师兼课这种方式勉强满足新课改后的课程要求。除了通用知识，信息技术也是一个技术难题，所幸现在师范院校正在加强这方面人才的培养。"

对于新课改本身而言，无论是校长还是老师都觉得提法很好，但是不太切合目前教师的实际状况，对于教师提出了过高的要求，而这又是短时间内教师无法达到的要求。许多教师反映，新课改很好，但已经有点脱离我们教育本身的实际，提出的要求与目标缺少操作性。现实的情况是教师一方面要适应新课改，另一方面还要为应试教育备战升学率，有限的精力往往无所适从。一位校长一针见血地指出，"新课程的理念与教师的理解、学习可能还存在一定的差距，新课程要求教师很多知识与能力，教师在这些方面的完善和进步还存在一定的困难。此外，教师专业提升也应提到日程上来"。新课改对于教师提出了更高的要求，在原有教师基础上实施新课改，诸多教师会出现各种不适，如何在既定的标准下让教师向前发展，使新课改更具有可操作性也是一个值得关注的问题。

3. 幼儿园教师存在的问题

在此次的调研活动中，我们在常州市下属的金坛市，召开了校长座谈会，在金坛市尧塘镇召开了教师座谈会，根据座谈和访谈的内容，再加上相关文献的搜索，我们认为幼儿师资队伍建设存在以下一些主要问题：

（1）幼教专业老师缺乏，愿意到基层的更少

江苏省整体上来说，幼儿园基本上都是行业办学或私人办学，真正意义上的公立幼儿园少之又少，这在江苏是一个十分普遍的现象。培养幼师专业的学校很少，即使是有一些毕业生，都被大城市的、好一点的幼儿园所聘走，真正到基层的、农村的都是迫不得已才来的，同时这些教师自身的素质和教学水平相对较低。

访谈对象	访谈实录	理论分析
金坛市实验幼儿园园长	幼儿教师断层现象很严重，找不到幼教专业的教师，每年向上级要的编制都能解决，但是还是满足不了教学需要，同时，来幼儿园的教师素质偏低，很多自身条件较好的教师都不愿意来农村	由于设置幼教专业的学校很少，尤其是好学校更少，导致很多幼儿园招不到素质高的教师，影响了幼儿园的发展
金坛市民办幼儿园徐园长	公立幼儿园的教师有编制，我们私立幼儿园教师没有编制，要招聘到素质较高的教师更是困难。目前教师的缺编现象严重	
农村幼儿园教师	自己是常州师范毕业的，园里的老师幼儿毕业的共有 4 个，其他的都是小教专业毕业的，都是常州师范毕业的，这几年进出出的比较少，进来的幼师毕业生比较少，我们幼儿园想找一些专业比较好、科班出身的老师，可是没有，找不到	

（2）教育政策未能惠及幼儿教育

江苏省作为中国经济发展较为迅速的几个省份之一，经济实力一直走在全国的前列，教育实力更是强之又强。伴随着人们的富裕，孩子的学前教育受到越来越多的家长关注，幼儿教育在家庭的经费支出中占了很大一部分，社会对幼儿教育的重视程度也明显提升，在这样的大背景下，国家出台的相关政策都没有涉及幼儿教师，绩效工资在义务教育阶段实施，但是幼儿教育是为义务教育输送资源的第一道关，幼儿教育阶段的教师却没能享受到绩效工资带来的利益。

（3）教师结构有待优化

教师结构可以从年龄结构、性别结构、职称结构、学历结构等几个方面来说明。在年龄结构上，我们在访谈中明显感觉到农村民办幼儿园主要以年轻教师为主，也有一些 40 岁以上的老教师，中间断层现象十分严重。在性别结构上，根据江苏省教育厅提供的基础数据，在专任教师的性别分布上，男性教师的数量为 616 人，女性教师的数量为 65114 人，男女教师的比例已超过 1∶100。江苏幼儿园教师职称和学历结构情况见表 3－1 和表 3－2。

表 3－1　　　　　　　　　江苏幼儿园教师职称结构　　　　　　　　（人）

		城乡分布		
		合计	农村	城市（含县镇）
专任教师职称职务分布	中学高级	119	14	105
	小学高级	10089	1622	8467
	小学一级	15501	3255	12246
	小学二级	5091	1024	4067
	小学三级	477	108	369
	未评职称	34471	11429	23042

表 3－2　　　　　　　　　江苏幼儿园教师学历结构　　　　　　　　（人）

		城乡分布		
		合计	农村	城市（含县镇）
专任教师学历分布	博士毕业			
	硕士毕业			
	本科毕业	7147	1444	5703
	专科毕业	35160	9396	25764
	高中阶段毕业	22171	8091	14080
	高中阶段以下毕业	1252	547	705

我们的访谈结果也印证了上述结构问题。

访谈对象	访谈实录	理论分析
女，20 多岁，尧塘小学附属幼儿园园长	我们幼儿园共有 12 位老师，40 岁以上的有 3 位，其他的都是 20 来岁，流入流出很少，比较稳定	城区公办幼儿园老龄化问题严重，男性教师极度缺少。农村私立幼儿园缺乏优秀教师，发展整体趋缓
女，40 岁左右，农村民办幼儿园教师	在幼儿园干了 20 多年了，现在进来的都是年轻教师，20 来岁，中间断层现象很严重	

（4）民办幼儿园教师流动性大

我们所实地调研的金坛市，只有一所公办幼儿园，其他的都是行业办学或民办幼儿园，这种情况的存在，使教师的职业压力剧增，教师每天都是在超负荷运转，很是辛苦。一位幼儿园的教师如是说：

> 我们一位老师带 40 多个小朋友，一位老师一个班，既是老师，又是保育员，基本上每天都在学校，干不好还要被老板辞退，很是辛苦。

在江苏省小学教师和幼儿园教师的职称评比没有分开，这在一定程度上限制了幼儿园教师的职称晋升。同时，有些幼儿园为了留住一些好一点的教师都把职称评定让给了他们，年轻教师有的干了好几年都没有评任何职称。

在座谈和访谈中，谈到教师待遇时，教师表示目前的待遇太低。同时，根据问卷中，老师对自己的待遇满意度分析，普遍存在对自己收入不满现象，农村一民办幼儿园教师说道：自己一周工作 6 天，带一个班，40 多个小朋友，年工资收入才 1 万多元。

因此，条件较好的教师，由于工作压力、职称待遇问题，流向待遇较好的幼儿园。

（5）幼儿教师继续教育有待加强

在访谈和座谈中，我们听到的关于老师的培训与交流，几乎都是在自己园内进行的，甚至有些幼儿园教师几乎不进行教科研活动，有些城区条件好的学校，会鼓励本园内的教师进行学历补偿教育，但是在农村情况就大不相同了，教师连学习的时间都很紧张，更谈不上教师专业发展了。

访谈对象	访谈实录	理论分析
民办幼儿园园长	我们幼儿园教师的起始学历都是幼师中专学历，后来加强学历提升教育，目前全园有 25 位专任教师都取得大专学历，13 名教师取得本科学历，6 名教师本科在读。幼儿园对学历进修进行鼓励，只要拿到学历，学校报销 60% 的学费	所学非所教的现象在农村和城市都存在
金坛市实验幼儿园（公办）	新教师的培训工作，本校还可以，其他农村学校就很少了，应该要创造条件提供机会让教师出去学习，但是很多农村幼儿园教师没有培训机会。一个教师一个班，哪有机会去培训？岗前培训很重要，应该加大岗前培训的力度，提升效果	幼儿园的培训还是以园本培训为主
教育局科长，男，40 多岁	公办幼儿园一般都能达到全员培训，民办幼儿园因教师流动性比较大，难以实现全员培训。自己组织的培训应该比较少，基本上都是园长这层，培训的经费由自己承担	民办幼儿园师资在职培训不规范，有待强化

4. 职业教育教师队伍存在的问题

近年来，江苏职业教育全面落实科学发展观，认真贯彻落实全国全省职业教育工作会议精神，紧紧围绕省政府《关于大力发展职业教育的决定》所确立的目标任务，坚持以服务为宗旨、就业为导向、能力为本位，突出城乡统筹和富民效应，加强能力建设和内涵发展，重视机制创新和体制改革，积极推进新一轮改革发展。但发展中仍然存在以下问题：

（1）职业教育办学成本高，财政投入没有反映职教特点，资金缺口大

在访谈中，一位在职业学校从教 15 年，当了 11 年班主任的教师说：

> 我曾经测算过自己，电子专业的投入，普通教育只需要一些参考资料，读完就可以讲了。而职业教育，每个专业的投入相当大，包括设施设备的添置、耗材的使用等。事实上，职业学校的收费又很少，它不同于普通高中，普通高中是学生想来还不一定能来，而我们是想要学生来，他还不一定来。这样，经费问题导致很多设施设备不到位，导致专业技术能力也受到影响，学校各方面教学能力难以提升，学生的职业能力得不到提高，反过来又制约着学生想进入我们学校就读的想法，形成一种恶性循环。

另一位职业学校教师更详细地谈到类似观点：

> 职业学校资金紧缺，收费很少，可用的基金有限。在有限的基金中还要大部分用来专业建设，所以提升教师福利就比较难。国家对学生补贴，每个人一个月 150 元，一年 1500 元，这些全部都发给学生。我们学校近三年投资专业建设将近 1000 万。如果不进行专业建设，学校就没有发展前景。一个地区没有职业教育，是很可悲的事情。要想搞好职业教育，就需要把大量资金投入购买设备，教师培训这些方面。而职业学校的收入本来就少。一个重点中学进去一个学生要收 3 万元，我们一年才收 2000 多元，这包括提供学生使用的设备等耗材费用，因此绝大部分资金投入到设备当中，教师工资待遇就改善得很少。义务教育阶段，我们以前有个年终考核奖，全部由财政拨款，而非义务教育阶段只有极少一部分是财政拨款，绝大部分是要自筹，这样导致提升教师工资待遇受到限制，直接影响到教师工作的积极性，最坏的就是影响教师对职业教育工作的个人感情。

还有教师谈到，很多种项目资金国家能够批下来，但是到了省级或市级相应配套的资金都无法落实，技术开发难度很大。

（2）"双师型"教师很难招到，教师专项开发技能欠缺

在访谈中，无论是高等职业教育人事处长还是中职学校的校长，都深深感触到"双师型"教师很难招聘到。有的理论很好，但是没有实践动手能力，有的从企业来的老师，动手能力很强，但是没有理论作支撑。

访谈对象	访谈实录	理论分析
南京工业职业技术学院人事处余处长	高职院校的双师型要求是具有专业资格素质，有一定的工作经验。我们强调一定要有资格证书，通过培训、考核达到要求的，高级技师、技师一定要有资格证书，在入口处严格把关，但是在入口关把好的同时，也难以招到合适的教师	由于长期职业教育重视程度不够，专业培养职业学校教师的院校不足，导致"双师型"教师缺乏
金坛市职业教育中心张主任	职业技术专业生源很差，如常州职业技术师范学院，教师先天性不足，挑选余地很少，招聘不到好的专业教师。普通师范就业很困难，反而职业技术师范老师就业好。其次兼职教师。专业教师紧缺，需要我们招聘兼职老师，根据国家标准，根据其职称、年龄来支付待遇，这样用人成本就较低	

在访谈中，南京工业职业技术学院一位处长还讲到，教师专项技能开发欠缺。与新加坡相比，我们的研发体制不同，我们有专门的设计院。与专门的设计院相比，职业院校研发能力还是有差距的，拿不到比较高端的研发项目。

（3）兼职教师工资标准偏低，兼职教师来源渠道不畅，信息不灵

金坛市职业教育中心主任谈到了职业学校兼职老师的问题。他说：

　　专业教师紧缺，需要我们招聘兼职老师。国家规定根据其职称和年龄来支付报酬，但这样规定的标准很低。学校兼职的高素质老师很少。政府的科技局和教育局应该考虑到职业教育的特点，建立职业教育"人才库"，让职业学校了解哪些专家可以做兼职教师。这样学校选择老师就很容易了，同时政府应出台相关文件，要求一些享受政府特殊津贴的专家义务来学校教学。学校也主动出去，与企业建立双赢，把学生往企业送，企业也把优秀的技师送到学校进行真实的实践教学。

（4）年轻教师的实践动手能力不足

限于职业教育的特殊性，职业学校的教师既要求能上理论课，又能带学生下工厂实践，从最近几年招进的新老师来看，这一点是很弱的。

访谈角色	访谈实录	理论分析
金坛职业教育中心主任	这几年我们学校招聘的新教师主要来自于常州职业技术师范学院，这些学生的先天素质就很差，都是高中时期班级里三流的学生，这样的学生毕业后再回到教师岗位，其教学能力和实践动手能力是可想而知的	新教师的主要弱点在各学段较普遍。既有师范生生源上的问题，也有师范生培养环节上的问题，更有教师职业社会地位的吸引力的问题

（5）职业院校的学生管理压力大

调查中，许多校长和教师谈到，在江苏省"三流的学生读师范，没有人要的学生读职业学校"现象较为普遍。职业院校学生素质普遍较低，多数是家长无心或无暇甚至无力管教的孩子，家长希望职业学校扮演工读学校角色。可想而知，教师在学生管理方面难度颇大。教师首先要让他们成为人，再培养其成才。目前社会对职业学校的认可程度不高，赋予职业教育的责任却很高，教师通过努力仍远离目标时，心理落差比较大。

（6）职业院校的教师自身压力大

受传统习惯，社会对职业教育的认可度本身不高，加上职业院校生源质量不高，这些都给职业教育学校的老师管理、教学带来了种种压力，使他们在工作中没有感受到成就感，很容易产生职业倦怠。

访谈角色	访谈实录	理论分析
职业技术学校老师，有20多年的职业教育经历	国家在推行各种各样的教育改革，教师行业面临的挑战越来越多，老师的工作时间长，上午6:30去学校，晚上10:30回家，很辛苦。有些专业教师周末还要带兴趣小组去比赛，培养学生的动手能力。现在的技能比赛，有点变味，每年还规定交多少创新作品上去，有点强制性。创新作品是说有就有的吗	由于学生的自身素质，导致老师的压力增加，教育改革应考虑职业教育的特殊性

（7）文化课教师比例偏大，缺乏流动机会

江苏省很多职业高中都是由以前的普通高中改制或者与职业中专合并而来的，这些学校要往职业教育的道路上走，就要和社会及时接轨，培养出大量社会所需的"工匠"，但是这些学校在改制前都是普通高中，文化课教师比例很大，这些教师要想调到普高，其可能性很小，职业学校对文化课的教师需求量相对较少，文化科教师在职业院校富余现象较为普遍，然而专业教师却严重缺乏，甚至难以招聘到合格的专业教师。

（8）培训经费有困难，培训实效性不强

教师在新工艺、新技术方面，有点跟不上时代。教师所具备的技能有些已经落伍，急需要专业技能方面的提高。参加的培训很多，但也是相对的。出国培训、国家级骨干教师培训这些是真正可以提高老师素质的，但是费用要学校出一部分，学校资金困难，难以组织此类培训。

江苏省作为经济发达省份，在职业教育方面投入的培训经费还是很多的，但是很多种培训都是重形式，没有真正意义上的操作效能，学校普遍反映培训跟没有培训没有什么两样。

5. 特殊教育教师队伍存在的问题

（1）特教专业的教师培养数量有限，专业技能不够过硬

在访谈中，很多特殊教育学校都是近两年刚成立的，学校的教师很多是从普通学校转过来的，真正特教专业的老师很难招到，招来的这些学生很多在理论知识方面很扎实，但是面对特殊情况发生时，却难以应对。

访谈角色	访谈实录	理论分析
特殊教育学校校长	我们学校成立于 2007 年，2008 年 9 月 1 号正式开始招生，刚成立一年。在发展中，教育部门很重视特教学校师资队伍。学校在南京特教教育学院招聘了 5 位教师，在创建之初，保证了师资上的要求。学校的创办，完善了义务教育阶段的体制。特殊教育的教师培养很少，政府要完善特教教师培养机制	从事特殊教育的专业教师很少，而普教转入的教师不能熟练的使用手语，这对教学工作有很大影响
特殊教育女教师，20 多岁	我们学校的教师大部分是从普教调过来的，真正专业毕业的只有 5 位	

（2）特殊教育学校的老师地位低，没有成就感

在访谈和座谈中，教师普遍反映自己所从事的工作不被外人理解，同时与外界接触的机会也很少，一定程度上限制了教师的发展。

（3）教师待遇低，管理学生压力大

由于特殊教育岗位的特殊性，虽然有一定的岗位津贴，但是在额度上还是很少的，解决不了问题。同时，由于特殊教育学校的学生自身条件的差异性，使老师每天都绷紧了神经，担心学生出事，每天都感觉到压力大。

（4）教师培训与交流的机会少

从调研来看，特殊教育学校教师很少有机会外出到特殊教育发展比较好的地方考察和培训，特别是专业性培训更少。

四　对策与建议

在调研的过程中，我们认真听取了参与访谈和座谈的教师关于教师队伍建设的建议，详细记录了他们的愿望和要求。经过进一步的整理，初步形成以下建议：

（一）高校教师队伍建设的对策与建议

1. 加大高学历、高职称人才的引进力度，尤其是纯海归人才的引进

高校人事、财务等相关部分可以拿出专项资金、制定科学的人才引进机制，注重对高级人才的引进，在海归人才方面，高校可以在待遇、职称、配偶工作上给予优惠政策，把引进高层次、高水平的海外人才，作为一项学校长期发展的战略策略，常抓不懈。

2. 高校应注重人才储备，保证充裕的教师数量

高校年年扩招，导致在校生数大量增加，然而教师数量却没有发生很多的变化，为了保证教学质量，培养合格的毕业生，高校应注重优秀教师的引进，保证教学质量，把生师比控制在合理的范围内，培养出适应社会发展的合格人才。

3. 加强教师科研能力培养，培养科研、教学"双肩挑"复合型人才

普通高校作为培养知识分子的摇篮，基本的教学能力是每一位教师首先应该具备的能力。如果一个教师最基本的教学工作都做不好，就失去了教师的本质意义。同时，在教好书的同时，也应该加强自身科研能力的培养，这样在职称晋升上就加重了砝码，达到级别与能力相匹配。

4. 搭建平台，为教师学历提升、职后培训创造条件

高校的扩招，对教师数量和质量的要求也变得越来越高，高校鼓励教师进行学历提升，尤其是出国学习，到国外攻读博士学位。同时，对于一些新型学科的教师，学校应该主动搭建平台，给予经济上一定的补贴，使其能出去学习，掌握先进技术，之后用之于教学中。

5. 充分发挥老教师的学术魅力，加强对新教师的传、帮、带

教师见证了学校的发展历程，对学校的感情也比较深厚。同时，年长教师在自己的教学道路上，积累了深厚的经验，有些已经成为相关学科的领军人物。高校应主动关心这些老教师，经常邀请他们为新进教师讲授学术之

路，为学生开讲座，传播知识。在学校的发展中，请他们出谋划策，共商学校发展大计。

6. 注重年轻教师培养，加强队伍梯队建设

一所学校发展的内驱力和持久力在很多程度上是由年轻教师所决定的，年轻教师是学校发展的未来，是学校师资队伍建设中不可忽视的一个重要阶层。然而，很多高校特别注重学术有成的教师培养，把年轻教师培养摆在不显眼的位置，这种做法在很大程度上是不可取的。现在高校引进的年轻教师大多具有博士学位，年龄30岁左右，这个时期正是他们想把一腔热情投入到教学和科研的阶段。如果学校抓住这个时期，加强对他们的培养力度，给予各方面支持，他们肯定会全心全意为科研、教学服务，不久就会成为学校发展的中坚力量，为学校的发展提供持久动力。

7. 控制高职称教师数量，加强对教授的后期管理

教授比例高现象在很多高校都普遍存在，同时有其职称没有其能力的现象也屡见不鲜，这就反映了高校职称评比上存在的问题。教授应该是高校教师一生奋斗的目标，是他们进行学术、科研的源源动力。高校在教师职称评比上应该从各个层面全面考察，广泛听取意见，提高评审难度，控制高职称教师数量，这样才能营造一种公平的竞争环境，使教师真正的投入自己的工作中去，达到职称与能力相匹配。同时，对于一些已经评上教授级别的教师，要加强对他们的后期管理，使其继续能够像以前一样为教学、科研服务，发挥自身的能力优势。

8. 加大教师的职后培训，尤其是出国访问、学习

教师在工作一段时间后，学校应该组织一些有潜力的教师进行学习和培训，提高教师对新知识、新技术的接受能力。同时，组织的学习和培训应该具有针对性，不能流于形式。鼓励教师出国访学，对能出国访学的教师，学校给予资金上的支持，使他们安心学习，学成之后为学校作出更多贡献。

（二）中小学教师队伍建设的对策与建议

1. 提高教师的待遇，落实绩效工资

要实现教育的公平发展，教师是一个极为关键的因素，这涉及教师的培养以及使用，教师待遇、教师的生存环境。如果教师不能拥有较好的经济条件，不能享有较高的社会地位，我们又怎能用高的师德标准去要求教师，怎

么要求教师一定安享贫穷，牺牲自我，奉献他人呢。因为教师也是人，也有要生存，如果教师的生存都成了问题，要让教育健康发展就会变成无水之源。如果依旧是"家有三斗粮不做孩子王"，那么就很难把优秀的学生吸引到教师队伍中来。

提高教师工资待遇，尤其是农村教师的工资待遇。根据问卷调查，教师们对提高农村教师待遇所持态度如下：完全赞同（55.6%），基本赞同（33.8%），说不清（9.0%），基本不赞同（0.8%），完全不赞同（0.8%），可见，绝大部分教师赞成提高农村教师的工资待遇。

将义务教育阶段的教师工资纳入公务员工资体系，使教师工资不低于公务员工资。同时发挥绩效工资的积极作用。绩效工资应该向一线教师倾斜，只有这样才能充分调动广大教师的积极性、主动性和创造性，激发广大教师积极投身教书育人事业，吸引和鼓励优秀人才长期从教、终身从教。

2. 为教师减负，公正对待教师

教书育人是教师的本质，此外，教师本身也是一个终身学习者。在调查中发现教师负担普遍过重，工作时间长。对于"实行小班化教学，切实减轻教师负担"这一情况的实施，调查显示如图4-1所示。

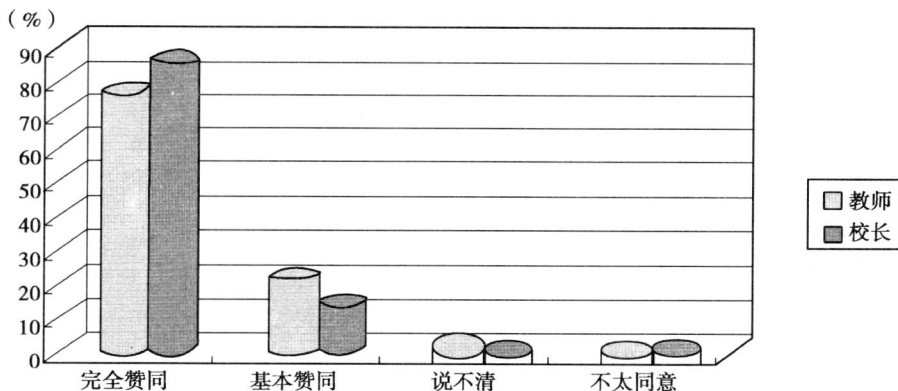

图4-1　教师和校长对教师减负的意向

从图4-1可以看出，绝大部分校长和教师均赞同实行小班化教学，由此可见，对教师减负是教师们的心声，非常有必要。

除了在课业上减轻教师的压力之外，更多的是要为教师从心理上减负，为老师进行心理辅导，关心教师的心理健康，为教师提供更多的平台来应对生活和工作中的变化。引导社会和家长对老师形成更加科学、公正的评价，形成一个更加宽容的社会和舆论环境。

3. 完善职称评定制度，职称评定多元化

教师职称评定的初衷是好的，但是随着其实施过程，暴露了不少的问题，在调查过程中，老师们提出了许多有建设性的意见。第一，设立初级职称门槛，由行政部门和学校共同管理与评价。第二，建立职称评定能上能下制度，可试行按比例的高职低聘与低职高聘制度。这样可以进一步调动低一职称的教师积极性，使已评上高级职称的教师产生危机感，有利于师资队伍的建设。第三，建立职称工资制度，即在工资中设立职称工资。第四，实行同一等级职称分级评定制度。特别是针对中小学的高级教师队伍，这样做就可以防止教师出现职称追求已到位而无目标、无动力的现象。职称分级评定权要下放一部分到学校，不再完全依赖材料，而应更多地根据教师工作年限、业务水平、职业道德、理论修养等各方面情况，来进行评定，实行动态管理。

4. 建立多层次多样化的教师培训体系

首先，实现在职教师培训的"草根化"。原来以高等院校为主渐渐变为以专门的培训机构为主，在职进修的课程设计原先由高等院校的专家教授一手包办，渐变为以进修人员为中心，由教师所在学校根据需要自行设计；教师在职进修的场所由原来以高等院校的教育院系为主，渐渐变为以教师所在的学校为主；在职教师进修的目标已由原来的"争取合格"逐渐转变为"追求优异"。其次，实现在职教师培训的制度化。将教师研修制度化，要求新教师必须接受为期1年的在职培训。教师在服务一定年限后，有权享受一定时间的进修假进行进修。对任教10年的教师实行全员再培训。教师数量有限的可以进行轮训。再次，实现在职教师培训课程的多样化。针对教师的不同要求提供不同的培训课程让教师自主选择，而不再是"一刀切"。可以根据教师学历要求、教师工作年限、教师职务及资历不同提供不同的培训课程，比如新任教师的培训、任教5年或10年及20年的教师的培训，有骨干教师培训、校长、副校长、教务主任培训等，还可以提供各类教师研究解决教育教学实际问题的短期课程，等等。最后，实现在职教师培训与利益的一体化。把进修取得证书与加薪晋级紧密联结起来，这样才能更加鼓励老师积极参与培训，不断提升自己。

5. 多手段地进一步推进城乡教师交流

加强城乡教师交流，有利于实现教师资源的共享，提高农村教师队伍素

质的提高。可以通过优秀教师校际轮流任教，有利于将城区的先进的教学理念带入农村学校，同时农村学校教师也可以切身体会到城区学校的教学氛围、教学方法，保持教育观念的不断更新。还可以通过城乡结对帮扶、在农村和落后地区实施特岗教师政策来促进城乡教师交流。调查情况如图4－2所示。

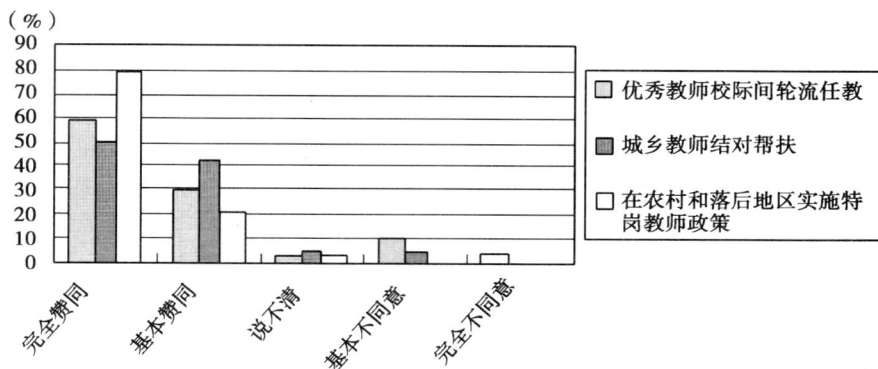

图4－2　促进城乡交流措施的认同程度

6. 制定合理的教师入口与出口机制

一种职业必须要有通畅的进出机制，才能保证它鲜活的生命力。对于教师队伍亦是如此。教师和校长们都对建立教师淘汰机制持肯定态度。调查数据如图4－3所示。

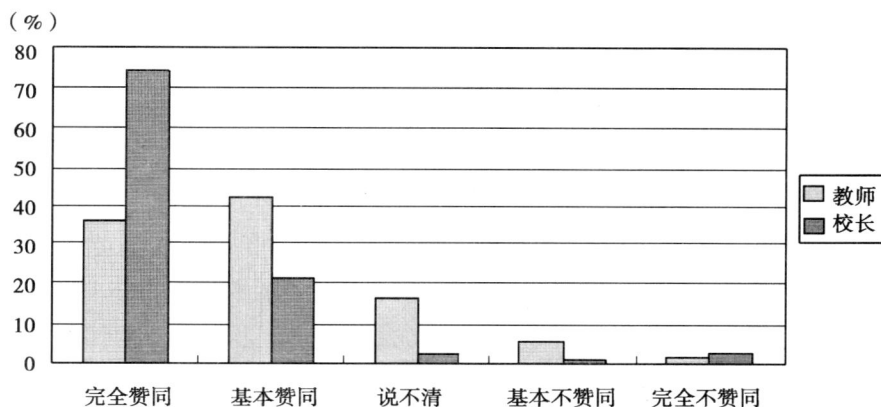

图4－3　建立教师动态淘汰制度意向调查表

7. 加强培养和引进，优化学科教师结构

解决教师结构性缺编问题的关键还在于改革教师聘任制，让教师真正的流动起来。首先，在不影响社会稳定的前提下，市政府应出台事业单位（或教育系统）内退或提前退休政策，且内退不占编，解决不能适应岗位人员"出"的问题。在此基础上，适当增加每年引进或招录专任教师计划，以期从根本上解决专任教师不足以及结构缺员问题。其次，加大"师训"力度。学科结构性缺员的一个重要原因是课程设置的不断变化。单纯以新进人员不能从根本上解决结构性缺员问题。我们认为应内部"挖潜"，提升"师训"机构能力，课程设置发生变化时，随时可选择部分教师经培训后转换学科补缺。再次，加大对义务段教育的投入。设立人才引进专项基金，开设"绿色通道"，吸引优秀人才从事教育行业。

8. 强化内外兼修，提高年轻教师素质

年轻教师是教师队伍的主力军，他们素质的高低对于教师队伍的可持续发展具有重要意义。因此，提高年轻教师的整体素质是教师队伍建设的关键。首先，提高教师的思想道德素质，加强师德师风建设。其次，加强教师的素养教育，坚持教学基本功训练活动，提高业务水平。在教育工作中，最重要的是把学生看成活生生的人。再次，科学的管理是提高教师素质的保障。提高教师素质还要加强组织管理，学校应积极创设有利的科研条件，鼓励教师从事科研活动，利用各种机会主动解决教学中的实际问题，并对取得突出成绩的教师给予奖励。这样既可以提高教师的自身素质，又可以促进教育教学质量的提高。

9. 加强师范教育，提高师范生培养水平

师范教育是教师队伍培育的极为重要的一环，师范生是教师队伍的后备军。师范生的培养水平直接影响到教师队伍补给和充实。所以要加强师范教育，提高师范生培养水平。

首先，继续实行免费教育，吸引优秀的人才报考师范院校。其次，师范院校应加强教育实习。再次，加强师范生的基本技能和各种教育理念的学习。建立师范院校与中小学校的合作关系，使师范学生深入教育第一线，了解教育实际。最后，关心爱护青年教师。一般来说，刚走上工作岗位的青年教师面临着生活和工作的双重压力。学校应该营造良好的成长环境，关心青年教师的生活困境，并加以正确的引导。比如，后勤方面多关心教师生活问题；教学方面，领导及老教师多关心青年教师

心理方面的问题。只有感受学校对自身的关心与爱护，青年教师就会滋生一种归属感、主人翁意识，生活上的包袱减轻了，工作上的积极性也会大大增加。

10. 扩大教师专业发展内涵，激发教师自主发展动力

教师专业素养的提升，关键在于教师内驱力的大小。只有当教师具备了专业发展的内在需求时，其他外在的因素才能起作用。首先，营造"以人为本"的园所环境，创设教师自我发展的氛围。其次，运用人文管理手段，推动教师自主发展的积极性。第一，确立"自我发展规划"。第二，利用建立教师个人发展档案的方法，激发教师自主发展与评价。第三，拓展活动内容，营造教师自我发展的氛围：以读书积淀教师的教育理论，以多元化的评比活动促进教师参与实践的主动性。第三，自我反思是教师自我发展的基本素养之一。同伴互助交流是教师自我发展的基本方式，在课题研究中，体现自我发展的价值。

（三）幼儿园教师队伍建设的对策和建议

1. 把幼儿园纳入义务教育阶段

在访谈中，很多教师都提到，江苏省义务教育阶段实行绩效工资，这些学校教师的待遇问题解决了，而我们这些幼儿园教师的生活问题怎么办？以前觉得自己跟中小学老师的工资差不多，现在绩效工资实行了，我们和他们相比就差很远了。如果把幼儿教育也纳入义务教育阶段，老师的工资有保障了，编制问题解决了，老师的后顾之忧解决了，教师的积极性就会有很大的提高，极大程度上提高了幼儿培养质量，为基础教育输送优秀生源。

2. 通过研训中心，促进幼儿教师间的交流

幼儿园由于其自身的局限性，很难有什么教科研活动开展，限制了学校老师的专业发展。如果研训中心出面，组织一些交流，让一些幼儿园承担一些幼儿园与小学教育衔接方面的课题，这样就使不同的幼儿园教师之间有了交流的机会，可以提升自身素质。

3. 强化幼教专家对教师的专业引领

一些农村民办幼儿园或者是城镇一些幼儿园的老师都缺乏专业素养，依靠传统的教学模式，教学效果受到很多影响。

访谈对象	访谈实录	理论分析
水北幼儿园教师	我们很希望有出去交流的机会，或者是城区的幼儿教育专家来我们园里进行指导，这样就可以帮助我们解决实际困难，促进我们幼儿园的发展	专家引领作用十分巨大
农村幼儿园园长	我也与前面的园长交流过，幼儿园教师的专业发展不能都是雾里看花，没有实效，而要讲求平淡、讲求务实。2008 年，邀请了常州市幼教方向的教学骨干教师，来我们园里支教一年，感觉效果很好，把城区先进的教学理念和管理方式带给我们，也培训了我们幼儿园里的很多教师，使他们得到快速成长，效果很好	

4. 增设幼教专业，培养高素质的幼儿教师

总体而言，江苏省的幼儿教育专业的教师依然供不应求，本科院校幼教专业的学生还没有毕业都被抢购一空，基层幼儿园很难招到素质高的幼儿教师，这在很大限度上限制了城镇幼儿园的发展。待遇和交通问题，导致农村民办幼儿教育发展趋缓。

（四）职业教育教师队伍建设的对策与建议

1. 转变教育观念，重视职业教育

不要区分职业教育和普通教育，应该一视同仁，加大专业教师的培养力度，加大"双师型"人才的培养，建立职业教育人才库，学校有选择挑选优秀教师来学校任兼职教师，同时，组织一些享受特殊津贴的老师经常到一线的职业学校进行讲学，发挥引领作用。

2. 加大资金投入，提高教师待遇

职业教育有其特殊性，学校设备的磨损性很快，新型科技要求不断引进新的机器，这些都需要资金来支持，政府应加大职业教育的投入，保障其正常运转。

访谈对象	访谈实录	理论分析
中等职业学校教师	职业教育与普通教育都是由财政支持的，我总感觉由于职业教育的特殊性，应该提高职业教育的工资待遇，作为一种特殊工种，作为培养人才的教育，是成人教育。现在很多地方把职业教育，当做一种成才教育，使每个学生都成才。但我还是觉得职业教育还是要先成人，后成才。工资待遇，要考虑和体现职业教育的特殊性	职业学校教师的收入水平应与贡献相一致

3. 加大培养力度，改变传统培训方式

中职学校大多数年轻教师从学校毕业后直接上讲台，大多数教师缺乏实践经验和必备的专业技能，因此新任教师到企业锻炼，是提高自身专业能力的可行途径，也可使得"重理论、轻实践"的观念得到一定的改变。对于在职教师，应采取各种形式的有效措施，加大、强化专业课教师的技能训练和培训力度，切实提高"双师型"教师的水平。在省、市组织的职业教育培训内容上，应该更加注重培训内容的时代性、有效性和针对性，使教师在接受培训后，回去立即就能派上用场，不能流于形式。

4. 加强校企合作，培养符合市场需求的学生

加强校企合作力度，根据市场需求培养学生。一方面根据市场需求设置专业，另一方面培养学生的动手实践能力，提高职校学生的操作能力，使其掌握的技术能在企业中得到有效的发挥。

（五）特殊教育教师队伍的对策与建议

1. 加大特教专业培养规模，保证培养质量

在访谈中，校长和老师都提到了特殊教育的教师缺口很大，很多学校都没有这个专业，培养的教师数量很少，满足不了特殊教育学校的需求。同时，在培养过程中，除了最基本的理论知识学习外，要加强教师实践能力训练，应该安排一定时间的教育实习，不能将教育实习流于形式，在教育实习中发现的不足要及时解决，这样就可以使教师真正走上工作岗位，能够得心应手。

2. 适当提高特教岗位津贴，改善教师生活质量

目前，江苏省特殊教育学校的教师在工作时，能够得到岗位津贴，但是额度较少。与公务员的收入相比，特教教师收入明显偏低，就是与中小学教师相比，也有一定差距。政府应该考虑到特殊教育的特殊性，对特教教师给予更多的照顾，在经济上进行一定的补偿。

3. 注重职后培训，切实关注教师专业发展

特殊教育学校的教师在学校接受教育时，除了接受理论知识学习外，也应该加强对自己实践能力的培养。学校也应该积极为这些学生联系实习学校，最好每一学年都能安排一次实习的机会，这样几年下来实践经验就很丰富了。在岗前培训上，教育行政部门要根据实际，注重培训内容的实效性和针对性，使教师在培训后，立即就可以用到教学中。教师在自己岗位上工作

一段时间后，学校应该主动把这些教师派出去与同性质学校进行交流，互相学习、取长补短。同时，教育行政部门在一定时期内，组织教师参加培训，关心教师专业发展。

4. 主动关心特教学校的教师，提升教师"职业荣誉感"

全社会应该主动去关心特殊教育学校教师的境况，开展一些献爱心活动，让特殊教育学校的老师真切地感受到自己的人生价值，以提高他们的工作热情。

五 结语

根据不同类型学校存在的问题，调研组认为针对各级各类学校主要问题，作为各级教育主管部门可以在下述各方面加强管理与建设。

1. 设立教师管理中心，把各级各类学校的教师专业发展统一起来进行整体的规划和管理。教师管理中心把职前教师的培训与在职教师的培训统一起来，把省、市、县各级教育管理部门中的教师培训计划相互统一起来，体现培训内容的梯队性、针对性，避免重复培训。

2. 继续加大教育经费投入，满足职业教育、农村教育、幼儿教育和特殊教育的经费需求，向这类教育的师资培养和培训倾斜。职业教育财政拨款要充分反映职教办学成本要求高的特点。

3. 提高教师待遇，关心教师工作生活。（1）要积极落实绩效工资，提高教师待遇，切实使其与公务员工资基本持平，提高教师的社会地位和职业成就感；（2）要关注教师的身心健康，切实减轻中小学教师工作负担；（3）对农村教师的工资结构进行改革，针对农村工作条件艰苦，设立农村特岗津贴，对符合条件的教师设立适当的农村教师交通补贴；（4）针对职教学生管理难度大的问题，特设职业教育特岗津贴。

4. 完善教师资格制度，提高教师队伍水平。（1）要让教师成为人人羡慕的职业，吸引优秀青年从教。这需要以教师的社会地位、工资水平、工作环境和工作强度的整体改善为基础；（2）要提升进入教师行业的门槛，从师范生的生源上保证教师的优秀素质，改变三流学生读师范的状况；（3）扩大幼教、特教和职教师资的入口，大力发展幼教、特教和职教师资专业，缓解幼儿园、特教学校和职业教育招专业教师难的问题；（4）建立职教兼职教师人才库，帮助职业院校从社会上选聘、补充专业课程的实践经验丰富的教师队伍。

5. 力求保证教师队伍合理而有序的流动。（1）要制定城市教师合理流出机制，对富余教师进行培训或者转岗，培训或引进紧缺学科人才；（2）要建立各种机制保证城乡教师交流的制度化、常态化和有效性。要创设各种平台，推出多样化的项目，甚至提出一些刚性要求，鼓励和推动城市校长和教师的下乡支教、农村校长和教师的进程学习、城乡结对帮扶、优秀教师校际轮流任教；（3）还要设立农村特岗津贴、发放农村交通补贴以抑制农村教师队伍恶性流失的势头。

6. 力求建立多层次、多样化的教师专业成长和培训体系。（1）要抓源头，保证师范生优秀生源，加强师范教育，落实教育实习，提高师范生培养水平；（2）要抓拔尖人才的培养，发挥他们的示范和辐射作用；（3）要提高年轻教师素质，积极鼓励教师主动追求自身的专业发展，增强继续教育的刚性，把继续教育与工资挂钩；（4）要提高培训质量，注重培训内容的时代性、有效性和针对性，注意培训手段的现代化；（5）要采取专项措施加强农村或者偏远地区教师的培训；（6）对职业教师、特殊教师、幼儿教师的专业培养和培训，要区别于普通教育，尤其要提高针对性和专门性。

7. 完善职称评定制度，实现职称评定和职称待遇多元化。（1）可实行职称能上能下制度，可试行按比例高职低聘与低职高聘制度；（2）对中小学的高级教师实行等级评定制度，以防止发展动力消退；（3）在职称评定上要对农村和一线教师给予一定的政策倾斜；（4）职称评定的条件规定要有利于城市教师下乡支教的常态化，有利于稳定农村教师队伍，有利于农村教师专业化的主动性和积极性的提高。

报告 IV

浙江省教师队伍建设
专题调研报告

"中国教师队伍建设"浙江调研组

　　内容提要：本次调研历时两个半月，行程万余公里，全面调查了浙江省金华、温州、嘉兴、绍兴四个地市，收回调研卷千余份；访谈的对象有浙江省教育厅、地级市教育局、四所大学、多位县级教育局的主要领导以及中小学教师进修学校校长与一线教师。我们在获得丰富而宝贵的第一手数据的基础上，结合文献资料，并根据教育的基本理论和中国教育的现实，加以比较分析，提出相关问题和建议。从调研来看，浙江省各级党委、政府高度重视教师队伍建设，推出一系列政策和举措，加大投入力度，促进教育资源的合理配置，城乡教育共同发展的基础日益巩固，教师队伍的结构逐步优化，水平较快提升。然而，问题依然存在不少，譬如，教师自我认同感欠缺；教师缺乏一种主人公意识，教师几乎没有融入学校的建设与管理中；教师职业懈怠现象存在，教科研动力不足；学科师资发生结构性缺编，而有些学科则严重超编。因此，必须针对问题，加大队伍建设力度。一方面，政府层面要必须尽早出台教师进出口政策与制度，保证师资队伍的合理流动；进一步健全教师资格证书的考核与管理制度，提高教师的准入标准，帮助各地把好教师进口关，同时要建立教师流出制度；加强对薄弱学校教师的培训与分流；改革教育界职称评审制度，强化职评后的监管，打破职称终身制。另一方面，学校鼓励教师参与到学校的建设与管理中，强化教师的主人公意识；强化学校教学考评制度与奖惩制度，让有为的教师获得应有的精神鼓励与物质支持；积极开展校本研修，充分发挥各校名师效应；建立学校师资发展平台。当然，社会媒体也要理解学校工作，为教师减负。

一　前言

（一）调研的背景

改革开放 30 多年以来，党中央、国务院非常重视教育，始终坚持把教育放在优先发展的战略地位。进入 21 世纪，我国的教育事业发展已经站在一个新的历史起点上。教育事业通过改革开放 30 多年的努力，已经实现了历史性跨越，跨越的标志就是普及九年义务教育和高等教育大众化。教育体制改革的深度和广度都是前所未有的，力度是空前的。尤其在管理体制改革、办学体制改革以及投资体制改革方面，都迈出了比较大的步伐。教育公平问题得到了社会、政府广泛而高度的关注。

教育事关民族兴旺、人民福祉和国家未来。教育是各项社会事业的重要组成部分，是社会文明进步的基础。为适应全面建设小康社会的新要求，适应国内外发展的新形势，适应人民群众对教育的新期盼，国务院决定研究制定《国家中长期教育改革和发展规划纲要》（以下简称《规划纲要》）。这是进入 21 世纪以来我国第一个教育规划纲要，是指导未来 11 年教育改革和发展的纲领性文件。它将明确到 2020 年我国教育改革发展的指导思想、总体目标、发展思路和基本政策取向，提出 2015 年教育改革发展的阶段性目标和重大政策措施。

为了配合《规划纲要》的制定，受国务院参事室的委托，浙江师范大学承担了"中国教师队伍建设"专题调研项目，对我国大学、中小学、幼儿园、职业学校和特殊学校师资队伍建设现状进行调查研究。浙江省调研组就是其中的一个专题调研组。

（二）调研目的与意义

浙江省调研组的目的，是要系统、客观地了解和把握浙江省教师队伍［包括幼儿园、小学、初中、高中（中职）、高等学校、特殊教育学校］的现状与存在的问题，为加强和改善教师队伍建设，培养高素质师资力量，提供有价值的参考资料，为相关职能部门制定有关政策提供一些对策性的建议。

（三）浙江省经济和社会发展概况

　　浙江省地处中国东南沿海、长江三角洲南翼，东临东海，南接福建，西与江西、安徽相连，北与上海、江苏接壤。境内最大的河流钱塘江，因江流曲折形同"之"字，故名"之江"，又称浙江，省以江名，简称"浙"。省会杭州。浙江省东西和南北的直线距离均为 450 公里左右，陆域面积 10.18 万平方公里，为全国的 1.06%，是中国陆域最小的省份之一。

　　新中国成立 60 多年来，浙江人民在中国共产党的正确领导下，以毛泽东思想、邓小平理论、"三个代表"重要思想和科学发展观为指导，艰苦奋斗，锐意进取，克服了前进中的艰难险阻和各种困难，使浙江一穷二白的落后面貌得到了彻底改变，城乡面貌发生了翻天覆地的变化：国民经济迅速发展，综合实力显著提升；产业结构日趋合理，转型升级加快推进；投资建设成就巨大，基础设施得到加强；体制改革不断深化，市场体制逐步完善；对外开放不断扩大，区域合作成效显著；社会事业全面进步；城乡、区域统筹协调发展，新型城市化扎实推进；人民得到更多实惠，生活水平迈入小康。

　　60 多年来，浙江省走出了一条具有特色的发展道路，取得了举世瞩目的伟大成就，成为全国经济增长速度最快和最富有活力的省份之一。根据浙江省统计局 2009 年 9 月的最新统计①：1949 年，浙江省生产总值仅有 15 亿元，2008 年达 21487 亿元，按可比价格计算，比 1949 年增长了 272 倍，年均增长 10%，其中，1950—1978 年均增长 6.2%，1979—2008 年均增长 13.1%。人均 GDP 由 1949 年的 72 元增加到 2008 年的 42214 元，按可比价格计算，比 1949 年增长了 100 倍，年均增长 8.1%，其中改革开放 30 年年均增长 12%，是各省市区中人均 GDP 增长最快的地区。经济的快速增长，大大增强了综合实力，使浙江经济在全国的地位和影响力迅速上升。2008 年，浙江 GDP 列广东、山东、江苏之后，居全国第 4 位；人均 GDP 列上海、北京、天津 3 个直辖市之后，居全国第 4 位和各省区第 1 位。

　　全省社会发展水平综合评价指数列上海、北京、天津 3 个直辖市之后，居全国第 4 位。教育事业进入一个崭新阶段。浙江在全国率先基本普及从学前三年到高中段的十五年教育和实现城乡免费义务教育，流动人员适龄子女的入学率达 97.5%。高等学校由 1949 年的 4 所增加到 2008 年的 77 所，普通高

---

① http://zjnews.zjol.com.cn/05zjnews/system/2009/09/01/015790541.shtml

考录取率达75%，高等教育毛入学率为40%，进入了高等教育大众化阶段，在校大学生数由1949年的3112人增加到83.2万人，平均每万人拥有在校大学生数从1949年的1.5人增加到169.5人。加大科技投入力度，2008年，全社会科技投入达到619.5亿元，比有统计数据的1990年增长71倍，年均增长26.8%，R&D经费投入占GDP的比重由0.23%提高到1.61%。文化产业增加值占GDP的比重达到3%以上。广播、电视综合覆盖率分别达到98.9%和99.1%。公共卫生体系和基本医疗服务体系不断健全。每千人拥有医生数由1949年的0.43人增加到2008年的1.99人。设立城乡社区卫生服务中心（站）5191个。人民健康水平不断提高，平均预期寿命由新中国成立前的约35岁提高到76.6岁。人口自然增长率由1949年的17.2‰下降到2008年的4.58‰。越来越多的人投入健身强体的体育运动和锻炼中。深化"平安浙江"建设，社会公共安全形势基本稳定。2008年，群众安全感满意率为95.7%，高于同期全国平均水平，浙江被认为是最具安全感的省份之一。

60年的巨变是全面而深刻的，艰辛的努力换来一系列辉煌的成就，为今后的发展创造了诸多有利条件，打下了良好的基础。

二 调研设计与实施

（一）调研内容

浙江省调研的内容主要有三个层面，一是浙江省当前教师队伍建设的现状，二是当前浙江省教师队伍建设存在的突出问题，三是加强和改善浙江省教师队伍建设的政策建议。具体而言，包括如下几个方面：（1）浙江省小学、初中、高中教师队伍建设的基本现状、突出问题与应对策略；（2）浙江省幼教、职教、特教师资队伍建设的基本现状、突出问题与应对策略；（3）浙江省高校教师队伍建设的基本现状、突出问题与应对策略。

在兼顾全面的基础上，调研着力突出浙江省农村教师队伍建设中存在的问题这一重点内容，尤其是农村中小学教师在素质、待遇等方面存在的突出问题，以及在提高农村中小学教师素质，促进其专业发展等方面的相关政策。

（二）调研对象

本次调研的对象，主要包括浙江省部分中小学教师、幼儿教师、职业学校教师、特殊教育教师，以及校长、教育行政部门领导等。同时，在调研对象的选择上，基本上兼顾了在教育层次、教育类型、办学性质、城乡差异、区域差异（东中西部）、性别结构、年龄结构、职称结构、学历结构等方面的差异。调研对象的具体特征分布见表 2-1。

表 2-1　　　　　　　浙江省教师队伍建设调研对象及其特征分布

	教育层次	教育类型	办学性质	城乡差异	区域差异	性别结构	年龄结构	职称结构	学历结构	学科分布
教师	√	√	√	√	√	√	√	√	√	√
学校校长	√	√	√	√	√					
教育行政部门领导及工作人员、教研员				√	√					

（三）调研工具

浙江省调研组所采用的调研工具主要有两类：其一，调查问卷，包括各级各类教师、校长以及幼儿园园长问卷，共计 6 种类型；其二，访谈纲要，包括不同层次、不同级别的领导访谈纲要，共计 8 种类型。具体如下：

1. 幼儿园教师队伍建设调查问卷（教师卷）

2. 幼儿园教师队伍建设调查问卷（园长卷）

3. 中小学教师队伍建设调查问卷（教师卷）

4. 中小学教师队伍建设调查问卷（校长卷）

5. 中等职业学校教师队伍建设调查问卷（教师卷）

6. 中等职业学校教师队伍建设调查问卷（校长卷）

7. 教师队伍建设访谈提纲（普通教育）

（1）教育行政部门访谈提纲

（2）校领导访谈提纲

（3）教师访谈提纲

（4）高校人事处长访谈提纲

8. 教师队伍建设访谈提纲（职业教育）

（1）教育行政部门访谈提纲

（2）校领导访谈提纲

（3）教师访谈提纲

（4）职教师资培训基地访谈提纲

（四）调研方法

根据不同调研对象和调研内容，浙江省调研组设计了不同的调研方法组合，具体设计见表2-2。

表2-2　　　　　　　浙江省教师队伍建设调研方法设计组合情况

	文献	问卷	访谈	座谈	统计数据预约采集
浙江省教师队伍建设总体情况（统计数据分析）	√				√
已有研究的技术手段、研究工具	√	√	√	√	√
教师		√	√	√	
学校校长		√	√	√	
教育行政部门领导及工作人员、教研员　省教育厅（教委）			√		√
地级市教育局			√		√
县教育局			√	√	√

1. 文献法

浙江省调查研究的文献主要收集了省、市、县、乡教育行政主管部门以及各级各类学校相关的教师队伍建设相关的政策、文件等。另有部分文献来源于 CNKI 网络数据库，运用"浙江、教育、教师、师资"等作为关键词进行检索，从中挑选出部分有参考价值的，而且与浙江省教师队伍建设相关的一些调查报告，或研究论文，或统计资料。

2. 访谈法

访谈是一种灵活的立体的调研活动，只有通过访谈，我们才能真正了解不同群类对于当下我国尤其是本地区师资队伍建设现状的真实看法及其意见和建议。因此，浙江省调研组十分重视对各级各类教育行政领导、学校领导和教师的不同形式的访谈。其中，对于教育行政领导以结构性访谈为主，对于校长以半结构性访谈为主，对于一线教师则更多地采取非结构性访谈。另外，既有我们调研小组集体展开的多对一、多对多访谈，也有调研组长个人开展的一对一访谈，有计划内访谈，也有计划外访谈，计划内访谈情况如表2-3。

表 2 - 3　　　　　　　　　计划内访谈情况汇总

时间	地点	访谈对象
2009. 9. 29	省教育厅	一位处长
2009. 9. 29	浙江工业大学	一位处长
2009. 9. 30	杭州职业技术学校	处长等 4 人
2009. 10. 12	兰溪市教育局	局长
2009. 10. 19	温州市教育局	局长
2009. 10. 20	平阳县教育局	局长
2009. 11. 2	绍兴市教育局	一位副局长
2009. 11. 2	嘉兴市教育局	一位副局长
2009. 11. 21	浙江师范大学	一位处长
2009. 11. 25	金华职业技术学院	处长等 2 人

　　此外，调研组组长利用讲学、培训、开会等多个机会，进行了计划外的访谈，使访谈工作变得更有广泛性和深刻性，计划外访谈情况见表 2 - 4。

表 2 - 4　　　　　　　　　计划外访谈情况汇总

时间	访谈地点	访谈对象
2009. 10. 2	东阳中学	一名高级教师
2009. 10. 22	玉环教育局	局长
2009. 10. 22 晚	玉环城关一中	校长
2009. 10. 23	玉环实验学校	董事长
2009. 10. 26	宁波欧宝大酒店	一名高级教师
2009. 11. 9	宁波四中校长办公室	副校长
2009. 11. 18	桐乡市教育局教研室	一名高级教师、教研员
2009. 11. 2	上虞市教育局局长办公室	副局长
2009. 11. 3	上虞春晖中学	一名特级教师
2009. 11. 3	上虞教研室	教授级高级教师、教研员
2009. 11. 9	宁波万里国际学校	特级教师、校长
2009. 11. 6	嵊州二中	校长
2009. 11. 6 晚	嵊州国际大酒店	副校长
2009. 11. 15	东阳教师进修学校	校长
2009. 11. 26	建德教师进修学校	副主任
2009. 12. 11	义乌二中	校长
2009. 12. 13	温岭教育局	副局长

3. 座谈法

与访谈相配套的是进行各级各类的座谈，座谈的好处是人多面广，思维激发较为活跃，谈论的话题也更丰富。缺点是人多嘴杂，时间较长，组织工作也较为困难，更重要的是座谈者的观点难以深入，且因有他人在场，有些教师、校长不太愿意讲真心话，即使讲了，也遮遮掩掩的，因此，本次调研座谈方式采取不多，共计七场次，见表2－5。

表2－5　　　　　　　　　　座谈情况汇总

时间	地点	座谈对象
2009.9.28	金华八中	校长座谈
2009.9.28	金华八中	教师座谈
2009.10.13	兰溪市教育局	校长座谈
2009.10.13	兰溪市教育局	教师座谈
2009.10.19	温州市教育局	特级教师座谈
2009.10.20	平阳县教育局	校长座谈
2009.10.20	平阳县教育局	教师座谈

4. 问卷法

利用《教师队伍建设调查问卷》按照设计进行了随机发放，共发放问卷1297份，回收1133份，有效问卷982份，回收率为87.4%，有效率为75.7%，见表2－6。

表2－6　　　　　　　　　　问卷发放情况汇总

时间	地点	发放问卷（份）	回收问卷
2009.9.28	金华八中	190	172
2009.10.13	兰溪市	217	191
2009.10.19	温州市	200	184
2009.10.20	平阳县	210	187
2009.11.2	绍兴市	130	108
2009.11.2	嘉兴市	130	117
2009.11.10	衢州市	220	149

（五）调研过程

调研组选取了温州市与金华市作为地级市调研地点，联系确定了社会经济处于中等水平的温州市平阳县、金华市兰溪县作为县级调研地点，联系确定了社会经济处于中等水平的乡镇平阳县鳌江镇、兰溪县横溪镇作为乡镇调研地点。在省、市、县、乡镇四个层次的调研行程如图 2 - 1 所示。

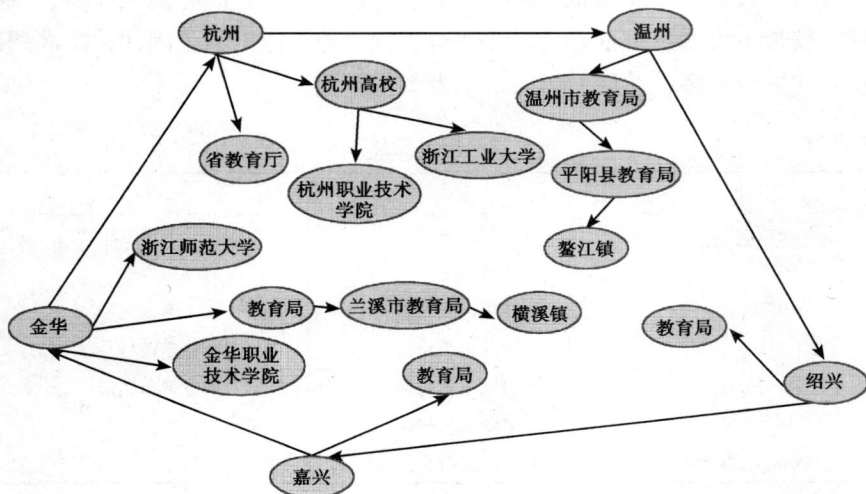

图 2 - 1   浙江调研组实际行程图

此外，调研组还联系了嘉兴市教育局、绍兴市教育局，访谈绍兴市教育局局长、嘉兴市教育局局长后还分别在两市发放了调查问卷 130 份。

三   现状与问题

（一）教育事业发展的概况

浙江省教育系统坚持以邓小平理论和"三个代表"重要思想为指导，深入贯彻落实科学发展观，全面实施"创业富民、创新强省"总战略，以"公平、均衡、素质、质量、协调"为主线，不断深化教育改革，努力促进浙江全省教育科学和谐发展①。

1. 义务教育

至 2008 年，浙江省义务教育中小学 6200 所，校舍总面积 4312.34 万平

---

① 浙江省教育厅《2008 年浙江省教育事业发展统计公报》，2009 年 2 月。

方米，仪器设备值 36.81 亿元，图书 1.16 亿册。专任教师 28.54 万人。义务教育入学率 99.97%、巩固率 99.99%、完成率 97.8%。

浙江省共有小学 4417 所，在校生 332.28 万人。小学入学率、巩固率均为 99.99%。校舍总面积 2293.18 万平方米，仪器设备值 20.33 亿元，图书 6925.03 万册。专任教师 16.78 万人，小学生师比为 19.8∶1（其中：城市 20.5∶1；县镇 20.1∶1；农村 18.6∶1）。小学专任教师学历合格率及小学高学历（专科及以上）教师比例分别达到 99.6% 和 81.7%。

浙江省共有初中 1783 所，在校生 184.99 万人。初中入学率、巩固率分别为 99.92%、99.98%。校舍总面积 2019.16 万平方米，仪器设备值 16.48 亿元，图书 4678.14 万册。初中专任教师 11.76 万人，生师比 15.73∶1（其中：城市 15.6∶1；县镇 16∶1；农村 14.7∶1）。初中专任教师学历合格率及初中高学历（本科及以上）教师比例分别达到 99.2%、77.3%。

民工子女在小学就读的有 81.22 万人，在初中就读的有 4.32 万人。浙江省对 47 万名民工子女免除了借读费。

2. 学前教育和特殊教育

2008 年，浙江省有幼儿园 10212 所，在园幼儿的有 159.34 万人，幼儿园教师共 7.97 万人，幼儿教师学历合格率为 97.8%，学前三年入园率为 92%。

浙江省有特殊教育学校 64 所，特殊教育学校和普通学校当年招收残障学生 1864 人。特殊教育在校生 1.2924 万人，其中盲人学校在校生 328 人；聋人学校在校生 2716 人；弱智学校在校生 4167 人。在普通学校随班就读和在附设特教班就读的残障儿童 5712 人，占特殊教育在校生总数 44.2%。特殊教育学生在小学阶段学习的有 8985 人，占特殊教育在校生总数的 69.5%；初中阶段 3631 人，占 28.1%；高中阶段 308 人，占 2.4%。

3. 高中段教育

2008 年，浙江省高中段教育（包括普通高中、职业高中、普通中等专业学校、成人中等专业学校和技工学校）共有学校 1123 所，在校生为 157.7 万人。

普通高中学校 594 所，在校生 84.82 万人，普通高中专任教师 6 万人，生师比 14.1∶1。专任教师学历合格率 97.6%。

中等职业教育（包括职业高中、普通中等专业学校、成人中等专业学校和技工学校）学校 529 所，在校生 72.88 万人。中职毕业生中获得职业技术证书的人数为 16.81 万人，占毕业生总数的 75.5%。中等职业学校办学条件，生均校舍建筑面积 15.5 平方米，生均图书 23.5 册，生均仪器设备值 2988 元。中等职业教育专任教师 3.11 万人，生师比 20.3：1，专任教师学历合格率为 89.9%。双师型教师占专任教师和专业课教师的比例分别达 23.6%、53.6%。

4. 普通高等教育

截至 2008 年，浙江省有普通高等学校 77 所（含筹建高职院校 1 所），其中大学建制的高校 11 所、普通本科学院 19 所、普通高等专科学校 4 所、高职院校 43 所。普通高校校舍建筑总面积 2681.59 万平方米，生均校舍建筑面积 32.2 平方米，生均图书 79.6 册，生均仪器设备值 10759 元。普通高考录取率为 75%，高等教育毛入学率为 40%。

浙江省普通高等学校有教职工 7.6 万人，其中专任教师 4.78 万人，专任教师中副高职称以上教师所占比例为 39.34%，有硕士以上学位的教师比例为 57.1%。生师比 17.41：1。

5. 成人教育与职业培训

2008 年，浙江省有成人高校 11 所，成人高等学历教育本专科在校生 30.79 万人。成人学历教育以函授和业余为主，函授和业余学生占在校生总数的 86.8%，学生中年龄在 30 岁以下的学生占 83.8%。普通高校远程教育本专科在校生 4.29 万人。

6. 民办教育

至 2008 年，浙江省有独立设置的民办普通高校 12 所，独立学院 22 所。民办普通本专科（含高职）在校生为 27.42 万人，占浙江省普通本专科在校生总规模的 32.9%。其中独立学院在校生 16.92 万人，独立学院的本科在校生数 16.51 万人，分别占全浙江省普通本科招生数和在校生数的 33.5%、35.4%

全浙江省民办普通高中 187 所，在校生 18.19 万人，占普通高中在校生总数的 21.5%；民办中等职业学校 127 所，在校生 9.88 万人，占中等职业教育在校生总数的 15.6%。民办普通初中 175 所，在校生 20.26 万人，占普通初中在校生总数的 11%。民办普通小学 212 所，在校生 30.91 万人，占普通小学在校生总数的 9.3%。民办幼儿园 8227 所，在园学生 101.42 万人，占在园幼儿总数的 63.7%。

（二）教育事业发展的成就

浙江自古有耕读传家、重教兴学的传统，是人文荟萃之地。党的十一届三中全会特别是近年来，省委、省政府一直把教育摆在优先发展的战略地位。1992 年浙江确立科教兴省战略，1999 年开展创建教育强县活动，2002 年省第十一次党代会提出了建设教育强省的战略目标：到 2010 年，巩固普及 15 年教育成果，不断提高 15 年教育质量；进一步提升高等教育大众化水平，高等教育毛入学率达到 45% 以上。截至 2020 年，形成完善的现代教育体系和教育发展支撑体系，城乡教育基本实现均衡发展，教育质量和国际化程度明显提高，基本实现教育现代化，为浙江省全面实施"创业富民、创新强省"，全面实现小康社会建设目标和基本实现现代化目标，提供有力的人才支撑和智力支持保证。

经过多年努力，浙江已建立起包括基础教育、职业教育、高等教育和成人教育的完整教育体系，教育改革和发展取得了新的成就——基础教育进一步夯实、高等教育呈现勃勃生机、职业教育与成人教育发展形势喜人。

1. 基础教育进一步夯实

1989 年浙江普及初等教育，1997 年成为全国第三个通过"两基"总验收的省份，2004 年在全国省区率先基本普及了学前三年到高中段的 15 年教育。近年来，浙江省进一步明确了基础教育"以县为主"的管理体制，致力于高标准、高质量"普九"，努力实现教育投入"三个增长、两个提高"，在巩固提高九年义务教育的基础上，促进基础教育向学前三年和高中段延伸，目前 15 年教育普及率已达 95.4%。开展创建教育强县活动，推进新一轮中小学布局调整，建立义务教育经费保障新机制，全面免除义务教育阶段学杂费、课本费和借读费，加强示范性高中建设，扩大高中段教育办学规模，不断提高基础教育总体水平。2007 年浙江省在园幼儿 138.94 万人、各类中小学校在校生 601.75 万人，小学、初中入学率分别达 99.99%、99.72%，学前三年幼儿入园率达 91%，"三残"儿童少年义务教育阶段入学率达到 98.5%，流动人口子女接受九年义务教育比例为 97%，初中毕业生升高中段学校比例达 96.55%，基础教育各项主要指标保持全国领先水平。浙江省拥有 69 个教育强县，924 个教育强镇，涌现了一大批教育教学质量较高的示范性"窗口学校"。

2. 高等教育呈现勃勃生机

1999 年，浙江省委省政府作出大力发展高等教育的重大决策。全力支持浙江大学的建设和发展，培育浙江高等教育的"龙头"。进一步加快省属高校建设，在杭州下沙、滨江、小和山、浙大紫金港和宁波、温州兴建六大高教园区，到 2007 年底，六大高教园区基本建成，累计完成投资 272.5 亿元，建成校舍面积 1025 万平方米，安排 36 所高校、37 万名学生入住。浙江省高等教育毛入学率达 38%，比 2002 年提高 18 个百分点，在全国省区中列第一位；普通高考录取率每年保持在 70% 以上。积极深化高校管理体制、办学体制和后勤社会化改革，加快高等教育事业发展。至 2009 年，浙江省已建有各类高等学校 77 所，其中大学 12 所，普通本科学院 17 所，普通高等专科学校 3 所，高职院校 45 所，其中 5 所为全国示范性高职。已建有获得博士授予权的高校 8 所，拥有博士点 262 个，硕士点 750 个。建成了一批国家级、省部级重点学科、重点实验室、重点专业和人才培养基地，高校科技创新能力和社会贡献率有了明显提升，近五年先后获得国家自然科学奖、科技进步奖、科技发明奖 33 项，占浙江省同期获奖总数的 50%。在 2008 年 1 月召开的国家科技奖励大会上，浙江省高校又获得 16 项科技成果奖，其中 5 项为技术发明奖，占全国同类奖项总数的 10%。

3. 职业教育与成人教育发展形势喜人

通过深化中等职业教育管理体制改革和加快布局结构调整，进一步理顺体制，提高办学效益和办学质量。中等职业教育和普通高中教育协调发展，年招生数达到 1∶1。开展"3＋2"和"五年一贯制"职业教育试点，加强中等职业教育与高等职业教育的衔接与沟通。2009 年，浙江省有中等职业学校 402 所，在校生 83 万人，高等职业技术学院 45 所，高等职业教育在校生 25.03 万人，占浙江省普通本专科在校生数 34.8%。从 2006 年开始，全省投入 10.2 亿元实施助学奖学、实训基地建设、师资队伍建设、县级骨干职业学校建设、校企合作和提升劳动力素质等职业教育"六项行动计划"。2007 年全省远程教育本专科招生 1.59 万人，在校生 4.01 万人。198.1 万人次参加各类学历教育和非学历教育证书的自学考试，其中有 52.1 万人次报考高等学历教育自学考试。全省非学历高等教育机构 30 所，在校生 0.92 万人。成人中等专业学历教育招生 1.54 万人，在校生 3.76 万人。2007 年各类城乡文化技术学校培训职工、农民 428.61 万人，扫除青壮年文盲 0.09 万人。

4. 特殊教育稳步推进

积极发展特殊教育，是促进教育公平，构建和谐社会的必要举措。近年来，浙江各地根据全省特殊教育规划，加快了特殊教育学校的布局调整和建设步伐。目前全省特殊教育已涵盖了盲、聋哑、弱智、综合残疾等几大类教育，以及根据弱智儿童智力缺损程度的分类教育；基本形成了以一定数量的特殊教育学校为骨干，以大量的随班就读和特教班为主体的特殊教育格局，并开始向学前和高中段延伸，走在了全国的前列。2007 年，全省义务教育段残疾儿童在校学生 12993 人，三类残疾儿童少年入学率达 98.5%（其中视障学生达到 96%、听障学生达到 99%、智障学生达到 98%），远高于全国三类残疾儿童 80% 的入学率。浙江省按照"盲教育以省为主，聋教育以市为主，智障教育以县为主"的原则，采用分区规划、分类指导、分步实施的策略，推动全省特殊教育布局建设。经过五年时间的努力，浙江省特殊教育布局建设基本到位。其中盲教育以省盲校为主，面向全省招生，以温州、宁波盲校为辅招收低龄学生；聋教育除台州市正规划建设市级特殊教育中心学校外，其余 10 个市均有以市为主举办的聋校；培智教育实行重度和中度智障学生进入特殊教育学校或特教班学习，轻度智障学生进入普通学校随班就读。由于将盲教育和聋教育集中到省和市，因此，要求智障学生数量多的县要建设特殊教育学校或特教班；智障学生数量少的县可采取重度和中度智障学生委托市或其他县特殊教育学校培养，轻度智障学生随班就读的方式解决智障学生入学问题。目前，浙江省 30 万人口以上县（市、区）有 76 个，建有特殊教育学校和特教班级的县为 48 个，其余因智障学生数少而没有建立特殊教育学校和特教班级的县，也都区别情况解决了智障学生的入学问题。目前浙江特殊教育已涵盖了盲、聋哑、弱智以及综合残疾等几个大类教育。到 2007 年，三类特殊教育学校共计 63 所，其中盲校 2 所（盲教学部 1 个）、聋校 21 所、培智学校 19 所，其他综合性特教学校 21 所。另有独立建制的区县特殊教育中心 2 个。其中杭州聋校、杨绫子学校已成为全国特殊教育学校的窗口，起到了积极的示范作用。在发挥特教学校示范指导作用的同时，全省随班就读工作区域性推进有了进一步的成效。这对帮助残疾儿童少年接受正常的教育教学，融入正常的社会生活起到了积极的作用。截至 2007 年底，浙江省特教班和随班就读的在校特殊儿童 6234 人，约占全省特殊教育在校生的 47.98%，基本形成了以一所特殊教育学校为骨干，指导本（县）区内的多所普通学校开展随班就读工作的格局。

（三）教师队伍建设的经验

1. 注重师德教育

通过经常性的思想教育、集中学习和制度建设，引导和培养教师不断提高思想政治素质，忠诚于人民的教育事业，树立正确的教育观、质量观和人才观，教书育人，为人师表，敬业爱生。积极发挥功勋教师和优秀教师在师德上的示范作用。强调用师德标准规范教师的教育教学活动，把师德作为教师工作考核的首要条件和职务聘任的重要依据，实行一票否决；坚决取消品行不良、侮辱学生、影响恶劣者的教师资格。在选拔学校领导时特别注意思想品德要求。鼓励广大教师积极提高自身的师德修养，积极参与教学科研，不断探索有利于实施素质教育的教学方法，因材施教，致力于培养和提高学生的创新精神、实践能力和综合素质。

从图 3-1 可以较清晰地看到，在各级各类学校中有超过一半以上的教师经常受到来自学校、上级教育行政部门的会议以及各级各类文件精神等方面的关于信仰、观念和师德的教育，以此达到让教师在工作和生活中树立健康、积极、正确的价值观，对学生身心的健康成长产生正面影响的目的。

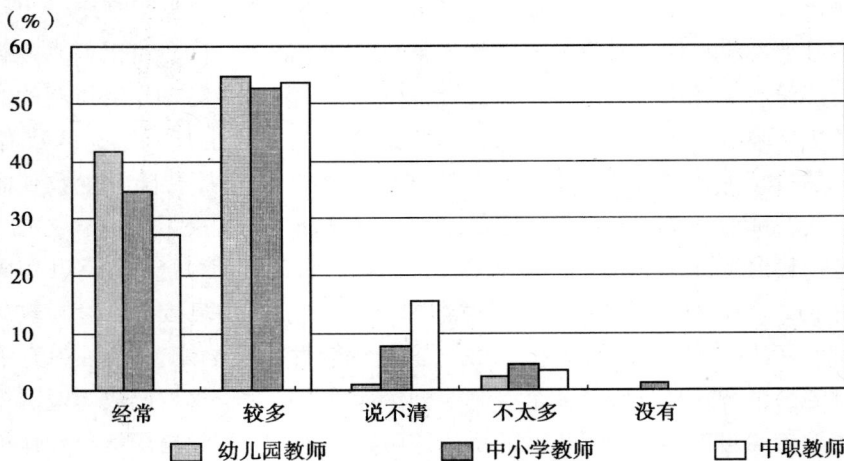

图 3-1　教师受到的教育调查

2. 逐步建立健全师资培养、培训制度

加强师范院校建设，加快布局、结构调整，提高师资培养层次，率先推进师范教育现代化。2002 年已经基本完成三级师范教育向二级师范教育过

渡，计划在 2020 年完成由二级向一级过渡。积极鼓励综合性高校培养中小学教师。

强化在职教师继续教育，加强师资培训基地建设，通过多种途径提高教师队伍的全面素质和实际能力。浙江省在 2002 年前已经完成对中小学教师的新一轮培训。2010 年，基本上可以实现幼儿园、小学教师专科化和初中教师本科化，高中阶段教育的专任教师和校长中获硕士学位者达到一定比例。高等学校具有博士学位教师达到一定比例。表 3-1 为调研期间整理出来的幼、中小、中职等的教师、校长的平均学历数据。

表 3-1　　　　　　　　教师学历结构情况　　　　　　　　（%）

身份 ＼ 学历	高中以下	高中	专科	本科	硕士	博士
幼儿园教师	0	2.6	60.5	36.9	0	0
幼儿园院长	0	0	11.1	88.9	0	0
中小学教师	0.7	1.8	14.9	79.4	3.1	0.1
中小学校长	0	0	17.6	76.5	5.9	0
中职教师	0	0.4	3.0	94.1	2.5	0
中职校长	0	0	7.7	69.2	23.1	0

3. 加快中青年骨干教师和学科带头人的培养

高等学校和中小学分别实施"高层次人才培养工程"和"名师名校长计划"。到 2005 年，高校重点培养了 200 名中青年学科带头人，中学和小学各重点培养了 500 名"浙江省名教师"、200 名"浙江省名校长"。在教师高级职务的评聘、特级教师和功勋教师评选中，逐年提高中青年骨干教师的比例。各级政府和学校在科学研究、教学改革、进修和深造等方面，为中青年骨干教师和学科带头人创造了良好的条件。

以下为调研期间，了解到的温州市对鼓励教师成长和培养骨干教师所采取的卓有成效的办法。

温州教育局林局长：主要是借高校力，我们现在是和北大、北外、北师大合作。我们数学教师骨干送到北大，外语教师骨干到北外，其他骨干放到北师大培训。另外我们与东北师大合作，东北师大主要是为中小学基础教育服务的，这个定位和我们比较契合。我们有六个方面的合作项目，每年为这边提供 200 名研究生培养。东北师大在全国做两个地方，第一个是贵阳，第二个是温州，他们书记、校长对这个事情非常重视。

4. 加强对教师队伍的科学管理

全面实施教师资格制度，面向社会开展教师资格认定工作；建立教师资格验审制度，不合格者调离教师岗位。中小学在学校编制内经县以上教育行政部门批准可面向社会公开招聘教师。逐步完善中小学校长岗位培训和持证上岗制度，积极试行校长职级制度，完善校长选拔和任用制度。师范院校毕业生要安排一部分到示范学校培养锻炼一段时间，再到其他学校特别是薄弱学校工作，发挥骨干作用。

5. 提高教师生活待遇和社会地位

各级党委和政府认真贯彻《教师法》，在政治上、工作上和生活上关心广大教师，定期表彰和奖励优秀教师，营造尊重知识、尊师重教的社会氛围。各地切实把公办教师工资（含政府出台的工资性补贴）列入财政预算，保证工资按月足额发放，图 3 - 2 即为调研期间发放的问卷中一项关于教师工资发放情况的调查。

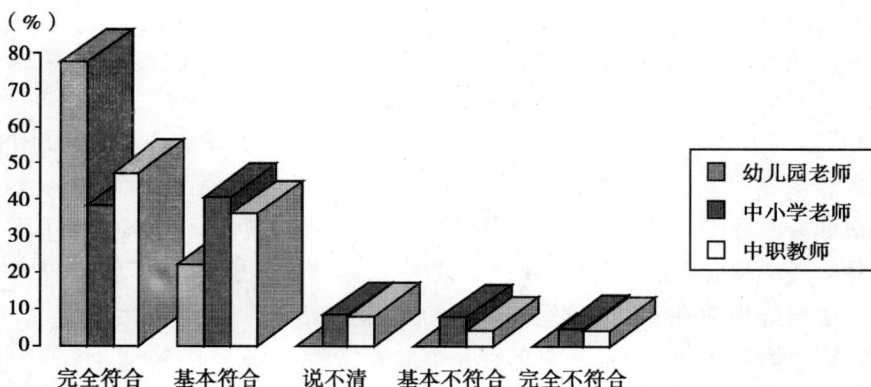

图 3 - 2　以"教师工资能否足额按时发放"为题的问卷调查结果

教师的平均工资水平基本上不低于当地国家公务员平均水平。逐步提高了中小学、师范院校教师教龄津贴标准和班主任津贴标准。积极筹措资金，改善教师住房条件，住房分配货币化政策适当向教师倾斜，使城镇教师住房面积达到或超过了当地居民平均水平。

在农村教师的待遇方面，出台了一些新的措施对其进行政策倾斜。以下为调研期间省教育厅周处长的访谈记录。

> 周处长：在待遇上，2006 年实行了工资改革，在农村工作的教师，浮动一级工资，这是我们省里自己的政策。八年后在固定工资的基础上继续浮动一级，每八年浮动一级；对于大中专学生不需要实习，直接定级，可以直接去农村任教。去年对农村教师兑现了任教津贴，根据教龄和职称从 60—400 元不等享受不同的津贴，另外对特级教师在任教津贴的基础上另外加上 500 元。我们对于农村教师的定位是指在县城以外的地区教书的教师。像一些特殊的农村地区，东阳、义乌和温州的东港等城市，则是实行不同的待遇对待。

6. 提高农村中小学教师队伍的素质

为进一步提高农村教师素质，保证农村教育质量，培养一批农村教育的"领雁人"，促进教育科学和谐发展，浙江省从 2008 年开始，全面组织实施"省农村中小学教师领雁工程"（以下简称"领雁工程"）。其基本宗旨在于：培养一批农村中小学教育教学的"领雁人"，在推进"轻负担高质量"为主要目标的中小学教学改革中充分发挥骨干作用，引领本校乃至区域内农村中小学校全面推进新课程改革，全面实施素质教育，全面提高教育教学质量和管理水平。

"领雁工程"以科学发展观为指导，以提高教师的执教能力为重点，坚持"统筹规划、突出骨干、倾斜欠发达地区"的原则，统筹规划农村中小学骨干教师、骨干德育教师和骨干校长三支队伍建设工作，整体设计农村中小学教师培训工作，整合培训资源，优化培训内容，创新培训模式，增强培训实效，提高培训质量。计划从 2008—2010 年，至少培训 3.5 万名农村中小学骨干教师和校长，其中省、市级各培训 1 万名，县级培训 1.5 万名。至 2010 年，使全省农村中小学教师和校长中参加各级骨干培训的比例达到 20% 以上，使每一所农村中小学校至少有 1 名教师或校长参加省级骨干培训；每一所农村乡镇初中和中心小学的每一门学科至少有 1 名教师参加县级及以上骨干教师培训，形成规模适度的省、市、县三级农村骨干教师梯队，大力促进骨干教师、骨干德育教师和骨干校长三支队伍的建设。图3-3为调研后整理出来的近三年每年培训教师与专任教师数量比较的有效数据，包括13所中等职业学校、51所中小学，根据计算得出，中小学近三年每年培训教师占专任教师的平均比例约为59.1%，中职校的百分比约为49.0%。

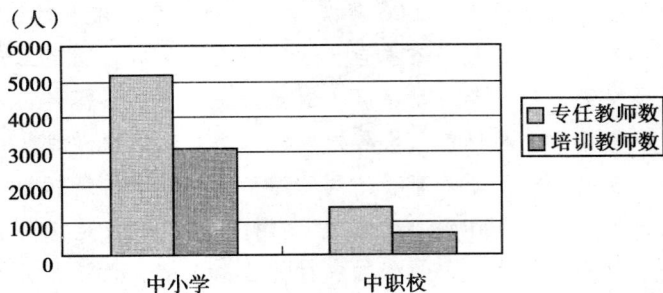

图3-3　教师培训数量调查结果

7. 不断增加教育投入

多渠道筹措教育经费，建立符合公共财政特点的教育经费保障机制，积极改善办学条件。2007年浙江省教育经费总投入达到694.1亿元，人均教育经费达到1393元。积极鼓励社会力量参与办学，目前浙江省有民办教育机构10000多个。加大对农村教育的扶持力度，从2005年开始投入30亿元实施农村中小学"四项工程"，使受资助的中小学生比例从4.9%提高到14%，寄宿制学生实现了"一人一床"、人均食堂面积达到了1平方米，中小学校办学条件明显改善。浙江省普通中小学校舍面积达6082.86万平方米，中等职业教育校舍面积980.37万平方米，普通高校校舍建筑面积2584.43万平方米。普通中小学藏书14354.18万册，中等职业教育藏书1547.01万册，普通高校藏书6114.71万册。小学、普通中学、职业中学、普通高校教学仪器设备值分别为18.62亿元、34.37亿元、17.37亿元、79.05亿元。到2007年底，浙江省中小学校配备计算机62.3万台，4517所学校建有校园网，浙江省所有市、县（区）均建有城域网。

以下为2007年《温州市教育事业发展统计公报》中节选的有关小、中、职教育投入状况的具体报告。

2007年，温州市义务教育学校办学条件进一步改善，办学效益进一步提高。义务教育学校校舍建筑面积 610.19 万平方米，当年新增 15.93 万平方米。小学校均规模 621 人，比上年增加 25 人；每 17 人配备 1 台计算机，比上年减少 2 人；生均图书藏量 15 册，比上年增加 1 册。初中校均规模 969 人，比上年增加 59 人；每 11 人配备 1 台计算机，比上年减少 2 人；生均图书藏量 21 册，比上年增加 3 册。幼儿园房舍建筑面积 132.04 万平方米，当年新增 2.67 万平方米。园均房舍面积 876 平方米，比上年增加 79 平方米。人均房舍面积 5.3 平方米，比上年增加 0.3 平方米。人均图书藏量 18 册，与上年持平。普通高中校舍面积 268.08 万平方米，当年新增 6.3 万平方米；校均校舍面积 1.93 万平方米，比上年增加 0.06 万平方米；生均校舍面积 17.4 平方米，比上年增加 1.6 平方米；生均图书藏量 29 册，比上年增加 3 册；每 7 人配备 1 台计算机，比上年减少 1 人。职业学校校舍面积 119.87 万平方米。校均校舍面积 1.24 万平方米，比上年增加 0.03 万平方米；生均校舍面积 12.5 平方米，比上年增加 0.1 平方米；生均图书藏量 26 册，比上年增加 5 册；每 6 人配备 1 台计算机，与上年持平。

另外，在特殊教育方面，各级地方政府、教育行政部门进一步提高认识，将特殊教育纳入当地教育事业发展规划，积极开展扶贫助残工作，实施残疾学生免费教育，教育费用全额纳入财政预算，进一步促进了特殊教育的发展。据统计，全省特殊教育预算内教育经费拨款 2001 年为 4300 万元，2007 年达到 1.35 亿元，比 2001 年增加 9200 万元；教育费附加 2001 年投入为 469 万元，2007 年为 2000 万元，比 2001 年增加 1531 万元；学校设备购置经费 2001 年支出 292 万元，2007 年支出 996 万元。2007 年，浙江省教育厅、省民政厅和各地投入 3000 万元（省福利彩票 1000 万元、省教育费附加 1000 万元、各地配套 1000 万元），专门用于经济欠发达地区特殊教育学校的建设。经过努力，全省特殊教育学校办学条件已得到明显改善。

（四）教师队伍建设的主要问题

1. 高校教师队伍存在的问题

浙江省调研组调研的高校有四所，分别是浙江工业大学、杭州市职业技术学院、浙江师范大学、金华市职业技术学院。

（1）浙江工业大学

①人才引进在质和量上仍待优化，人才引进政策和机制有待于进一步完善。浙江工业大学在高层次人才引进的数量和质量上仍有待优化，特别是引进人才中缺乏有影响力的领军之才、大师之才。同时，人才引进还存在着学科之间人才储备不平衡、学科结构还欠合理等问题。目前学校的人才引进政策与省属兄弟院校相比较并不具有优势，特别是针对海外高层次人才的引进尚未与国外人才引进政策互通。

（2）杭州职业技术学院

①专业型教师引进和双师型教师培养存在困难

杭州职业技术学院虽然地理位置优越，但其建校时间较短，在国内还没有一定的声誉，因此其在专业人才的引进方面存在一定的困难。并且，学校需要的专业技术人才大多来自北方几个大型工业基地。因此，在这方面人才的引入上还涉及南北生活的适应问题，南北技术使用的差异问题等。另外，目前学校对专业型人才的引进所能提供的待遇也比较有限，不能满足一些专业型人才的需求。

②学校经费紧缺

杭州职业技术学院的资金主要靠学生的学费与资助费，不能与周边的高校相比，虽然学校内的很多硬件设施较大一部分由市政府投入，但与学校发展需求相比还是有较大缺口。教师的工资和学校平时的运作费用还需要自付一部分，所以经费上还是存在困难。

③学术水平建设有待加强

由于学校建立的时间比较短，因此在学术方面是学校发展的一块短板。当然，2000 年后，学校步入正轨，在学术上有所加强，进步较快。比如学校实行的教授工程，表面上看是提高教师的职称待遇，但实际上也是提高学术水平的表现，因为学术上的提高才能不断的晋级，近几年学校晋级的教师十倍乃至十几倍地增长。不过，与普通大学相比，学术仍然处于低水平发展状态。

（3）浙江师范大学

①学科带头人缺乏，学术团队建设滞后

学术团队建设必须跟学科规划联系在一起，浙江师大在师资建设和团队建设等方面都有一个欠缺，就是学科规划做得不好。比如从学院设置上看，不是完全按学科规律设置的，理、工、商、法、农等学院学科设置存在专业的重复设置；学科归属混乱；一个学院包括很多学科门类，比如旅游学院，既有管理类专业又有理工类学科。学科设置不合理，就会影响学科规划。学科规划不合理，要发展良好的学术团队就很困难。

②教师的评价机制不健全

对于新引进的教师特别是博士，虽然给出相应的要求，但是缺乏有效的评价和激励机制，无法调动教师的积极性。

③高层次人才引进存在困难

由于学校所处的地理位置，高层次人才引进存在障碍，虽然近三年，共引进教师267人，包括博士191人，但是流出101人。从引进的情况看，突破很大，特别是博士学位教师的引进，校特聘教师26人，省特聘教授4人，长江学者2人，院士1人。但与杭州相比较，地域劣势较为明显。杭州比金华的地理位置要好，条件和机遇也好，对教师的吸引力比较大；教师自身的选择，有些教师不排斥浙师大，可人往高处走，促使他们选择离开。从这个角度讲，如何建设学科平台、试验平台，以及创设良好的校园文化环境显得尤为重要。

④教师教学精力投入不足，重科研轻教学的现象比较严重

从目前的分析来看，由于校内外都比较重视教师的科学研究，各种评审和晋升都要以可以量化的科研成果为依据，导致教师把大量时间用在科研上，而在教学上花的时间少，力度弱。在任教师和师范毕业生每天从事制作教案、练板书之类的活动时间减少，这种现象的出现，跟校内教师侧重自身的科研有一定关系。

（4）金华市职业技术学院

①教师参加实践培训的热情不高

教师到企业实践不够积极主动，现在就是想把"我要你去"变为"你要去"，变被动为主动。

②新进教师欠缺成熟

比如，硕士毕业生是理论研究型的，他们的理论足，实践技能不足。这可能是高职院校普遍存在的一个问题。新教师上讲台总要有个过程，总要几年的磨炼。

③省政府对高职的师资建设有点力不从心

从表面上非常宏观地来看，国家只是规定双师比要达到多少、硕士

比要达到多少等，即只规定了这样的一个比例，具体的实施并没有过多地说明，尤其是对于高职院校要进行双师型的教师队伍建设，国家没有具体的政策说明。原则上在双师型和兼职型教师的师资队伍建设方面，企业这一块也必须要有主动性，但是目前是比较缺乏的，因为没有国家层面或税收方面的政策保障。比如金华职业学校学生在该企业实习或工作、学校教师在该企业锻炼是不是应该减免税收等，国家应该出台相应的政策予以保障。要给予实质的东西，而不是表面的奖励等。地方政府也应该要有积极性，因为现在我们实行的校企联谊制度，是需要政府配合的。

④地理位置导致金华职业技术学院引进高层次教师困难

因为来学校的教师主要是金华人，这也是这些教师选择本学校的一个重要因素，选择来这所学校了就不容易走，职业院校不像师大等省属院校，教师来自全国各地，像这种高级人才学校是招不到的。另外，多数教师是因为不能留在杭州，退而求其次选择金华。因为杭州地理位置好，又是省会，平台比较多，他们会首选杭州，在杭州落不下脚的，就考虑其他地方来了，要是到温州、丽水等这些地方的话，交通又不是很方便，不如来金华，所以金华是一个地域环境特殊的城市。高层次的人才还是不愿意到金华来就业，但是一旦来了，留住还是比较容易的。

2. 中小学教师队伍存在的问题

（1）教师入职门槛低

由于国家没有统一严格的教师资格审查制度，使得教师的入职门槛比较低。普通大学生只要拿到教师资格证书，再借助一定的关系就可以进入教师队伍，使得教师队伍在一定程度上良莠不齐。

在对 745 位中小学教师和 51 位中小学校长的调查问卷中，我们发现 61.2% 的教师希望教师资格认定的年限是终身制，他们认为既然在教师队伍中从事教师职业，就具备了教师的资格，而且很多次的认定会带来麻烦。而校长认为教师应该进行适时的资格认定，42% 的校长认为"八年认定一次"比较合理和可行。可见，教师队伍还是需要及时进行监管，确保教师的教学实力。

访谈对象	访谈实录	理论分析
金华市教育局应局长	我觉得高师院校在招生时能不能考虑到学生适合不适合当教师，建议高师院校在招生时采取面试等方式。教师的表达能力、组织能力、控制能力这些方面都很重要，特别是表达能力方面，应该有一定的要求。另外，能不能将优秀的高中生吸引到教师队伍里来，不要绝对地以分数来衡量，更重要的是能力	通过调查，我们发现教师的入职门槛很低，拥有的教学水平和教学能力无法适应当今教学的需要，未经过专业培训的教师大量存在，严格准入优秀教师进教师队伍是教育部门值得关注的问题
绍兴市教育局杨处长	国家1996年开始实施教师资格制度，整个环节上没有较大的调整，目前我们发现还是问题比较多，由于没有制度依据，我们没办法进行调整。8月份我们召开了教师资格认定的研讨会，并且教育部也出台了一个文件《关于进一步做好中小学教师补充工作的通知》，对教师资格认定进行了调整。原来的做法是拥有高中证书的教师可以到下面的中小学任教，我们以后实行对口，提高教师的入门门槛，取消教师资格证书的终身制。对于师范教育很是需要调整的，我们现在对学历的要求是存在，但是主要还是看学生对待教育学和心理学的学习如何，应扩大这两门学科的知识面。我们还希望教师资格认定可以加级，也就是说你拥有高级资格的，只有加上初中的资格，才可以到初中任教，实现一专多能	
嘉兴市教育局王局长	门槛太低，小学教师只要中师学历，初中是大专，已经不适应事业发展需要，东部地区可以提高门槛。资格终身制。能力测试方式过于单一，各地市、县市区都不一样。职业道德考核不落实（只凭街道或乡镇的证明）	

（2）《教师法》跟不上时代发展

目前我国所推行的《中华人民共和国教师法》是1993年颁布的。十多年来，社会发生了巨大变化，教育的现状也随之变化，《教师法》已经不适应我国目前教师师资队伍的建设。尤其是在教师的资格和任用方面对各级教师学历所做的规定，更加不适应我国目前教师队伍学历的发展状况。

表3-2　　　　　　　　　教师队伍建设政策排序

政策	排序	所占百分比（%）
修订《中华人民共和国教师法》	1	77.6
修订《教师资格条例》	3	42.9
制定《中小学教师专业标准》	4	40.8
制定《教师教育机构资质标准》	6	28.6
制定《教师教育课程标准》	5	36.7
制定《教师教育质量标准》	2	55.1

根据校长调查问卷，我们可以看出对于教师队伍建设的政策排序中

（重要程度高的为1，依次为2，3，……），修订《中华人民共和国教师法》这个政策占到了很大的比重，《教师法》的修订是当务之急，详见表3-2。

（3）教师职称评定办法过时

我国教师法和教师职称评定办法都是20世纪八九十年代制定的，已经不适应今天教师学历结构等现实状况。另外，一部分职称评定为高级的教师由于缺乏激励机制而在工作上产生了严重的懈怠，其他教师由于所在学校高级教师名额有限，只能等待自然减员也有所不满。

　　　　金华兰溪三中李老师：评高职以后的老师缺乏动力，对于这些教师的管理是个问题，评上之后，这些骨干教师追求的目标没了，教学逐渐的退化，如何调动这些教师的积极性，评聘分离实施起来是很难的。

如职称评定办法规定教师所学专业必须与所教科目相吻合，一批早年大学毕业的优秀教师由于这项限制，很难在职称上更上一级。

访谈对象	访谈实录	理论分析
金华市十八中学某校长	我们评职称碰到一个问题。我们学校有些老师的学历与所教学科不吻合，所以在评职称上有很大的问题。我们学校有个老师是教育经管的专业，在初中教过英语和语文，但是评职称时总是学历不吻合，被刷下来	职称的评定关系到教师的待遇和教师任教水平的表现，也是教师最关心的问题，促进职称评定的公平性和合理性是教师队伍建设的重要方面
温州市教育局林局长	从省里来看，职称评定应该下放终审权，小中高的评定应该放到市一级，放到市一级更准。市里面不开课，就看材料。这怎么可以评定出来。中小学教师首先应该看教学能力怎样，要重视课堂能力。要重视课堂环节。中小学教师课都不会上，论文发表再好也没有用。现在地市，小学教师很多了，应该将这个权力放下来	
温州市教育局渝主任	职称结构评定的问题：结构评定的评审办法都是1986年定的，评聘分离，人事部门，评放开，聘控制，这和教育系统的实际要求是不符合的。20世纪80年代制定的结构比例低多了，和现在人事部门制定的评聘分离制度有差异。职称的结构比例要和教育厅人事部门沟通好，应该订个合理的比例，不能继续沿用20世纪80年代的比例	

（4）教师结构性缺编

教育部规定的中小学各科教师人数及图书馆、实验室等教师配给人数及实际所需教师人数与人事部门规定的师生比差距较大，各个学校普遍存在教师既超编又缺编的问题。

金华市兰溪马涧中学胡校长：2006 年由四所学校合并而成，量上是足够的，结构上不是很合理，青年教师偏多，平均年龄 30 多岁，中年老师偏少，骨干教师偏少。教师专业上也不是很合理，教师调动较大，地处偏僻，小学函授出来的中师毕业的教师与其专业不对口，语文教社会品德的很多。体育老师偏少，由于课程加多，教师不够。计算机教师偏多，原来中考考计算机的，但是现在又不考了。但他们又都是专科毕业生，不能进高中。教师的素质较低，导致这个培训问题。

嘉兴市教育局王局长：根据现有中小学生数，按照城乡一体化标准计算，我市中小学教职工编制应该核定为 32706 名，目前实际配备教职工 27933 人，共缺编 4773 人，理论缺编比例为 14.6%。另外还有编制外用工 4044 人，实际缺编 729 人，实际缺编比例 1.8%。其中：小学共超编 724 名，缺编主要在农村初中和职业学校，农村初中实际缺编 700名左右，职业学校实际缺编 246 名左右。

表 3－3　　　　　　　中小学校长对教师编制问题的调查　　　　　（%）

	部分学科教师严重缺编	教师超编现象严重
非常严重	9.8	3.9
比较严重	23.5	9.8
说不清	0	2.0
不太严重	45.1	39.2
根本没问题	21.6	45.1

根据调查结果表 3－3 可以看出，中小学校长对本校"部分学科教师严重缺编"认为严重的占到调查总数的 33.3%，可见这种现象还是值得关注的。认为"教师超编现象严重"的占到总数的 13.7%，这部分学校主要是集中在农村学校。由于城市化的进程日益加快，农村地区人口往城市流动，农村地区学生大量减少，教师大量富余，出现一个教师教四五个学生的尴尬局面。因此，学校教师编制减少，但编制减少后，又出现各个学科教师不到位的状况。

浙江全省适龄学童数量的逐年减少以及城镇化步伐的加快，促使浙江省政府在学校布局上进行优化调整，相当数量的学校被合并或撤销。被合并或撤销学校的教师没有同时分流出教育行业，而是重新安置到调整后的学校任教。这使得合并后的学校教师大量冗余。另外，农村学校布点分散，有些学校规模很小，但却要"五脏俱全"。这也使得小学教师在数量上严重超编。然而，从教育部所规定的小学课程而言，很多课程却又因师资力量不到位而无法开展。

（5）课程改革引发教师教学矛盾

由于课程设置一改再改，很多农村学校师资不到位，一些新增的课程科目只能让非该专业教师去代替，导致教师所教非所学的现象非常严重。图3-4为中小学教师和校长关于不适应课程改革的调查，其中内环为教师的调查结果，外环为校长的调查结果。教师认为不适应课程改革的占到20%，也就是有一部分教师是觉得课程改革与自己的教学是不适应的，而对校长的调查中则有20%以上的人认为对课程改革不适应。因此对于课程改革上级领导要根据教学的实际进行适当的调整，而改革的力度不能太大，速度不能太快。

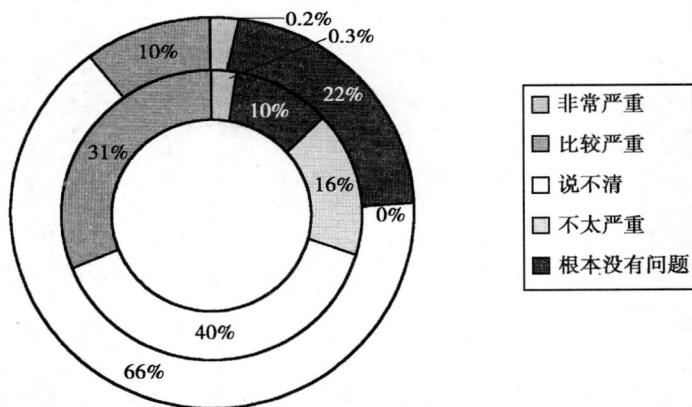

图3-4　中小学教师和校长对不适应课程改革要求的分析

另外，师范院校没有相应的新课程的毕业生，比如高中开设通用课程后，并没有应届师范生是通用技术专业。这一现象导致中小学校很难寻觅专业对口教师。

金华兰溪市教育局姚科长：高考新大纲的改革太快，2002年开始那几年物理化学老师紧张，地理老师找不到就到处去挖。教学改革使得师资队伍，课程不断变化，人事师资调配跟不上。通用技术高考很重要，却成了边缘学科。

根据中小学教师和校长认为卓有成效的培训调查（如图3－5）可以看出，新课程培训是教师和校长最希望的培训，分别占到总数的43.2％和56.9％。由此可以看出新课程改革需要给教师一定的时间和精力，才能很好地适应。课程改革的速度要适当，否则影响教育教学的质量和教师的教学积极性。

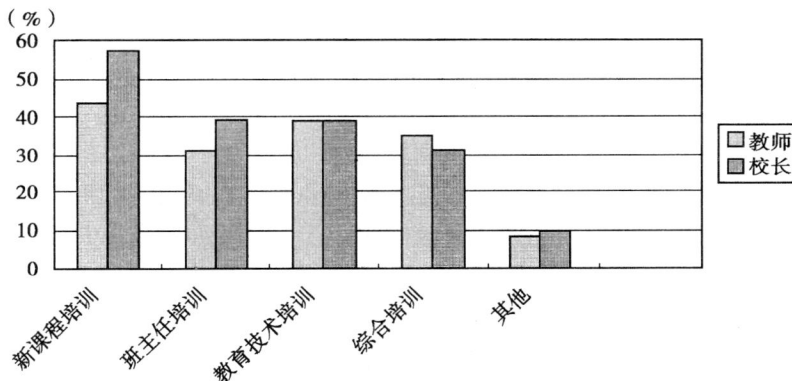

图3－5 教师和校长认为卓有成效的培训调查

（6）教师职后培训问题突出

一是职后培训缺乏长期有效规划。省教育厅没有教师培训的长期规划导致教师培训像是打游击战，每年一个样，走马观花没有多大实效。从表3－4可以看出，教师参加培训的时间是有限的，一到两个月的占到40.3％，而三周及以下的则占到34.5％，教师参加培训的时间得不到保证的话，培训的效果更是无法预计。

表3－4 教师培训时间和希望有效形式调查

培训时间	三个月以上	一到两个月	三周及以下	未培训过
百分比（％）	19.4	40.3	34.5	5.8
培训有效形式	学历提高	短期培训	学教研相结合	其他
百分比（％）	2.5	9.4	86.5	1.6

二是教育管理部门组织的培训针对性不强。这一问题表现在教育管理部

门组织的培训多是移交给高校筹办，而高校培训的形式逐渐本科化和硕士化。由表 3 - 5 可以看出，教师希望的培训形式主要集中于学、教、研相结合的培训，而根据我们的访谈调查显示，很多的教师培训都是基本理论知识的灌输，很少有关于一线教师教学实际的。

> 温州市平阳县某小学教师：2002 年课改之后，我们的培训才多起来，我们希望培训更多些。最好是上观摩课，上完后进行反思，然后再上。再者是集体备课，实现资源共享，备课的质量得到极大的提高。像我们学校出去参加培训是很少的，出去培训两天的话，课就无法调动补回来了，我们想如果我们可以跟着特级教师至少一个月的时间来上课、学习和搞科研，一线教师在成长中会少走很多的弯路。但是现实中是特级教师从来没有到我们学校指导过教学，我们希望他们经常到我们学校来指导，这比我们到大城市听几节课要好得多，再说去市里听课的氛围就不好，教授讲的都是很理论性的东西，我们没法记得牢，到学校里来的话容易带动整个学校各方面的影响。很多特级教师很少送教下乡，虽然我们也知道现在的名师很多都转向搞行政工作，时间上是不好安排的，我们主张这个学术和行政要分开来。现在的问题是我们去不了，名师下不来，形成了断层。

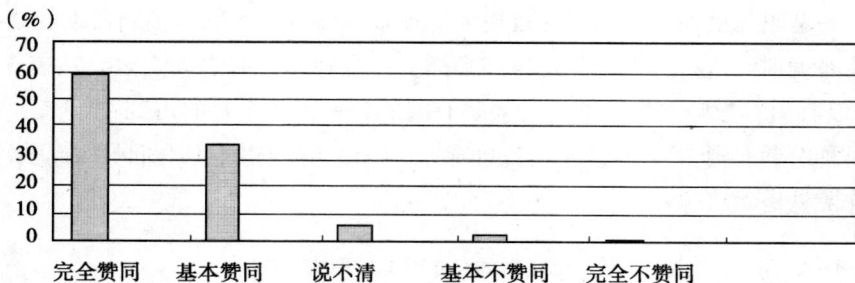

图 3 - 6 中小学教师希望有特色针对性的教师培训的调查

由图 3 - 6 可以看出，教师希望对"有特色针对性的教师培训"完全赞同的占到 59.5%，基本赞同的占到 32.9%，因此政府要加大对教师针对性培训的重视程度。

三是部分教师缺乏自我发展意识。由于教师聘任上只进不出的实际情况及职称评定方面的缺陷，部分教师对培训缺乏应有的热情，多是应付了事。根据回收的 745 份中小学教师的调查问卷显示，对教师参加培训的原因分析可以看出，教师为了职称晋升要求而参加培训的为 137 份，占到 18.7%；因教学需求而参加培训的为 291 份，占到总数的 39.4%；因自我充电而参加培训的为 225 份，占到 30.3%。可见教师参加培训很大程度上是为了教学的需要，自我提升的意识不是很强。并且，在我们的实地访谈中，有部分校长反映一些教师参加培训完全是学校或上级教育部门的硬性规定，而非自我的需求，由此也导致了很多培训项目出现大量教师不到课的现象。

　　金华市云山小学成校长：首先，培训与现行的体制与机制有关，教师对培训缺乏紧迫感和危机感，只要进入好点儿的学校，假如是农村的教师，则会抓自己的教学往城区调动，而城区老师则没有紧迫感。其次，严格准入和淘汰机制，才是促进教师优秀品质的本质，现在是你要我培训而不是我要培训，现在教师的主观能动性是不够的，总是被动的，积极性总是不够的。只是一些要求上进的教师对待培训还是比较积极的。再次，教师干好与干坏，评价机制与激励机制区分度比较大，对个人的影响甚微。最后，即使教师业务能力很弱，工作做不好，但是却要学校帮助他安排，教学能力不行的教师要求学校调整，而不是自身感觉能力不行，有压力感，调整的不好还埋怨学校，说学校没有人性化的管理。

部分教师培训时间设置在学期间，导致学校教师参加培训后，正常教学工作无法开展。

　　温州市平阳县女教师：省里举办的这个"领雁工程"，也许是一项政绩工程，举办三年，没有考虑到我们教师的工作和学习的矛盾问题，我们希望不要在一段时间内集中很多老师同时出去学习，剩下的课程怎么办，一个学期派一两个老师出去集中学习，那样我们也好找老师进行代课。

　　温州市腾蛟一中吴老师：在培训方面，2006 年以后，我们主要还是出去听课，参与其他学校的集体备课，但是回来的时候要补课是很难的，会给老师带来很多的麻烦。

（7）教师流出问题严峻

教师的流出机制至今尚未建立，出现大批量教师在位不在岗和一部分欠缺教师基本素质的人员在教学第一线从教等现象。尤其是在 20 世纪 90 年代末教师大批量填充后，一批拙劣教师进入教师队伍又难以流出，导致师资队伍良莠不齐。

> 金华十八中校长：根本流不出去。并且，现在评职称也带来一个很大的问题。很多人在城区学校里评上高级教师后，就开始不做工作了，有个形象的说法是把他们叫做六不，也就是班主任不当，毕业班不教，写论文不弄，课题不弄，示范课不来上，与青年教师结对也不弄了。并且，大约 40% 的城区学校教师已经评上高级教师了，其中有 35% 的教师已经聘上高级教师了，因此，在教学上已经失去了积极性。那些没有评上高级教师的老师也没有积极性了，因为聘任的高级教师已经满员，只能等待自然减员了。人想往高处走是正常的，但另一个原因是走不了的教师就留在了学校，好的走掉后，差的出不去。既然是要流动，有关部门应该去考虑，怎样通过经济的手段全部把它流动起来，也可以趁绩效工资的机会，尽可能让学校有更大的自主权，而不应该是 30%。
>
> 嘉兴市教育局王局长：教师退出机制不完善，1993 年取消民办教师，主要是农村民办转正的教师，有些由于年龄上的问题，不适应现在的教学，影响事业发展。

（8）农村骨干教师流失情况严重

农村骨干教师流向城市一直是农村师资队伍建设的一个突出问题。农村住房、交通等生活配套不完善，子女受教育等条件也远不如城市优越，这是导致农村骨干教师流向城市最主要的原因。由图 3－7 可以看出，半数以上的校长认为教师的待遇问题并未和公务员的待遇水平相当，存在差距，甚至有 9.8% 的校长认为落实的情况很差。

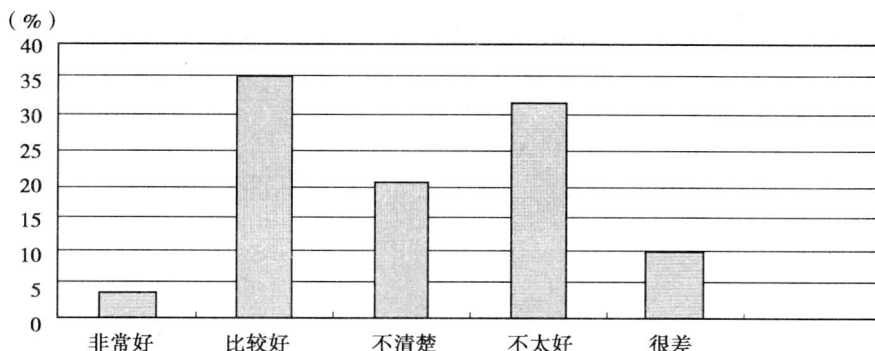

图3-7 校长关于教师待遇不低于本地区公务员平均水平的落实情况调查

访谈对象	访谈实录	理论分析
金华兰溪市教育局局长	像我们兰溪市到金华的老师较多，路程又近，很是方便，所以很多老师都想方设法往金华市区调动，这样平均每年人均待遇将高出两万元。这是教育局和体育局共同面临的难题	在对金华市和温州市的落后地区的访谈中，我们发现经济落后地区的农村骨干教师的流失是很严重的，主要还是经济待遇问题，因此提高农村教师的待遇是稳定师资的主要举措
温州市平阳县教育局局长	我们现在由于经济状况的限制，教师队伍的发展受到很多客观方面的制约。我们现在面临的制约有这几个方面，一个方面就是好教师流向城市。我接手的2005年那一年，县一级的骨干教师流走了50多个，每年都有一批骨干教师流走	
金华市十八中学校长	关于教师结构，特别是教师流动的问题，最近几年，相对而言教师流动比较方便，这从大的方面来说，有好处，但教师流动出现了这样几个方面的问题。在我手里，调走了50来个教师，这些教师大部分到了温州市直属的学校和杭州市属的学校，特别是到了温州和杭州后，社保就高了	

由图3-8可以看出，教师对于自己的收入是不满意的，57%的教师感觉自己的收入不足，只有少数认为自己的收入没有问题。

由图3-9，可以发现"认为家庭有后顾之忧"的教师占到总数的半数以上。因此我们要留住优秀教师的话，必须改善教师的待遇问题，提高教师的收入，使教师安心在学校工作，解除后顾之忧。

表3-5 校长关于教师队伍建设的重点的调查

	新教师的培养	青年教师的培养	学术骨干的培养	其他
份数	16	38	40	1
百分比(%)	31.4	74.5	78.4	2.0

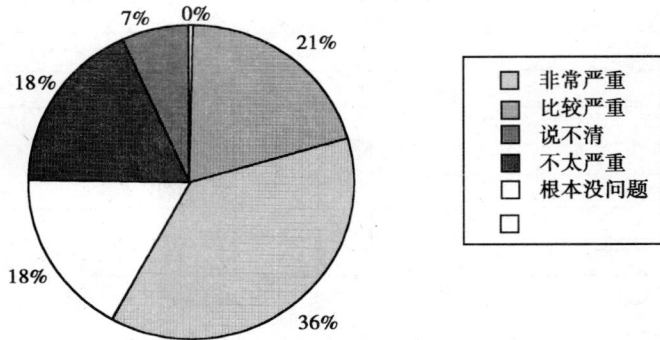

图 3-8　教师关于收入太少的调查结果

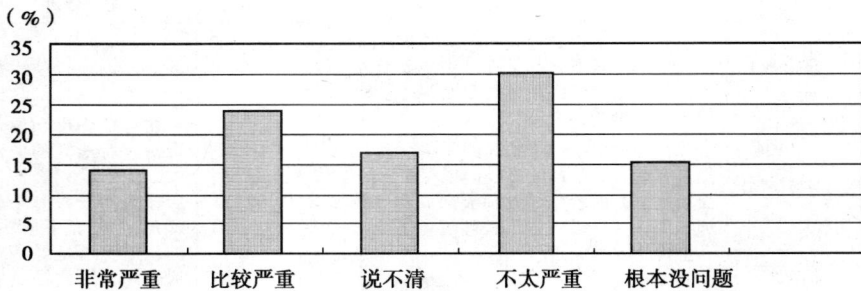

图 3-9　教师对于家庭问题的调查结果

　　从表 3-5 可以看出，校长对于学术骨干培养和青年教师的培养是很重视的，分别占到 78.4% 和 74.5%，但是农村骨干教师的流失又使得学校的行政部门尤其是校长缺乏培养名师的热情，加上资金的紧缺，部分地区和学校农村教师的培训工作陷入僵局。这又促使农村师资队伍更是日趋弱化。

（9）城市教师支教流于形式化

　　按照部分地区职称评定的办法，城市教师必须经过农村一年以上的支教工作才能够进行职称的评定。因此出现了城市教师支教的情况，然而在支教过程中，由于管理欠缺，一些城市教师因支教动机不纯，并未发挥支教的作用，支教多流于形式化。

　　金华兰溪市云山小学成校长：我们面临的主要问题是，在支教合作过程中，我们的老师下去支教，对方的教师必须上来补上，否则教师缺编，我们还得请代课教师，要求对方教师到我们学校工作，但农村教师不愿意上城区教学，我们城区学校的压力很大，学校组织的活动要多。我们下去的老师是为了评职称，但是对上来教学的老师来说，城区教师的思想和教学理念是很大的压力，对这些教师能否在政策上有一点倾斜。

（10）师范生源水平总体下降

过去的中师毕业生都是从各地优秀的初中毕业生中挑选出来的，且经过了严格的中等师范教育训练，掌握了较好的教师技能。

金华兰溪市教育局姚科长：师范生招生时要把最好的学生招来，控制好生源问题。师范毕业生可以包分配，招的数量少点，但是质量高些。

由于师范毕业生定向分配等优惠政策的取消，加之教师的经济社会地位还不高，近年来优秀学生报考师范院校的积极性不高，本、专科师范的生源水平普遍下降。

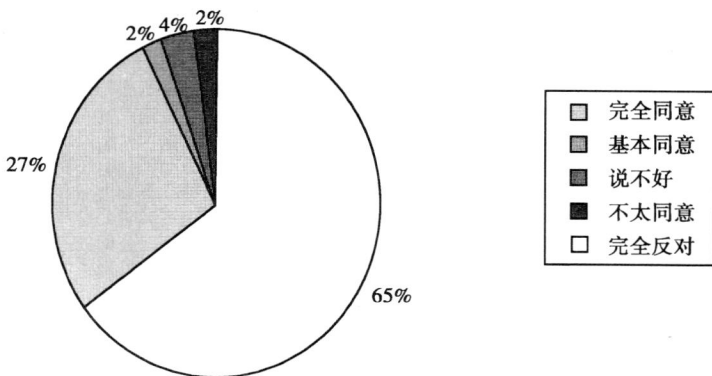

图 3-10 中小学校长对实施绩效工资的态度

（11）绩效工资的实施困难重重

绩效工资在义务阶段试行了近一年的时间，提高了农村教师的工资待遇，由图 3-10 可以看出，校长对待绩效工资的实施持赞同态度的占

92%。但是反映出的问题也很多。各个地区的实际情况不同，城市和农村学校，公办和民办学校，教师的特殊职业等使得绩效工资的推行需要逐渐地完善。

访谈对象	访谈实录	理论分析
教育厅周处长	由于各地的实际情况差距比较大，加上教师这个群体也比较的庞大，因此各个地方学校也存在一定的差异。像有的地区学校招了9个学生，教师却很多，这样的情况下师生比严重失调，据我所知，丽水市有的学校最少的是只有4个学生一个班级。而教师也要负担所有的课程，这是对学生负责，也是对社会负责。因此政府的态度是明确的，给予教师的支付标准也是统一明确的 　　实行绩效工资，从制度上保证教师的收入水平，法律上保障义务教育阶段教师的合法权益，使教师的工资按照公务员的津、补贴进行补助，与公务员待遇水平同步。绩效工资从义务教育阶段开始实施，体现了对农村教师的关心和关怀	绩效工资实施，提高了特别是农村教师的待遇，但是实施过程中遇到的问题是需要逐渐地解决的
温州市教育局局长	但是具体实施后，两个方面问题产生了。一个是区域之间的差距拉大，因为这次是以县为单位和公务员进行比较，像温州是三区两市，他们绩效工资都在6万—7万之间，像平阳只有3万多。这个差距之间也是没有办法的。这当中就形成了区域间的不平衡。这个差距的拉大还是名正言顺的。平阳苍南才5万左右，那边是6万多，7万。这会加速区域之间教师的流动，文成、泰顺、平阳、苍南，这四个县的教师会向城区流动。原来的流动虽然是合理的，但现在流动的度将会增加，流动过快，将会使得农村教师流动速度加快。加速了农村教师的流失量。第二个问题是公办和民办的问题。绩效工资实施后，公办和民办教师的待遇差距会拉大。这次绩效工资是专门针对公办教师的，公办教师一下子加大了，公办教师待遇大幅度提高，民办教师不可能提高，这个问题又出现了，这个差距对民办教师发展非常不利。温州市委市政府提出是否对民办学校提供支持。我们提出意见，在民办学校工作的老师，将公办老师的待遇也同样给予民办教师，但报省里，省里不同意。总体方向要支持民办教师。这次绩效工资一做，区域间，公民办之间的差距一下子拉大了。这对民办教师发展和成长都不利	

（12）中小学教师队伍性别比不合理

　　由于浙江省各地区教育发展不平衡，中小学男女教师比例在不同的地区、城乡和学校有很大的差别。然而，从总体上而言，中小学女教师比例还是远远超过男教师比例的。

表 3 - 6	中小学教师和校长性别比例	（％）
	教师	校长
男	42.5	91.8
女	57.5	8.2

由表 3 - 6 可以看出，浙江省中小学教师队伍中，女性教师占到总数的一半以上，而在校长的调查中，男性比例占到 91.8%，女校长是少之又少的。

> 金华兰溪某初中何校长：男女教师比较有问题，女教师进入太多，导致学生女性化倾向严重，我们希望师范院校招生上要控制师范生性别比例。

而男教师与女教师的协同教育对儿童的发展来说十分必要，如果缺少任何一方的角色扮演，就会对小学生的身心健康发展产生不良影响。

（13）小学教师职业缺乏专业化人才

长期以来，小学教师被看成是一种一般性的职业，不需要接受专门教育，也不需要接受专门训练，只要有一点文化知识的人，都可能成为小学教师。

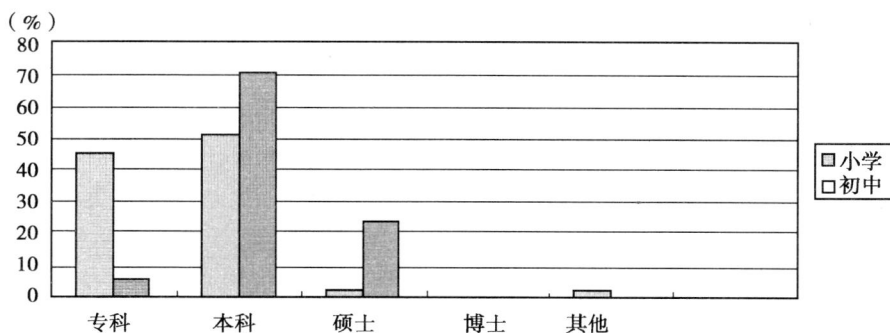

图 3 - 11　关于小学和初中教师应达到的最低学历的调查结果（校长）

从图 3 - 11 可以看出，校长关于教师的最低学历要求是不同的，在小学阶段，专科和本科学历占到很大的比例，硕士学历几乎没有；而在初中阶段教师，校长希望新进教师的学历达到硕士水平的占到 23.2%。可见教师的学历水平还是存在提高的空间。

　　然而随着我国社会整体学历层次的提升，大批量的本科和少量的硕士毕业生进入小学从教，而这批教师很大一部分缺乏小学教师职业的专业化训练，甚至连在小学的实习经历都没有就直接上岗。因此，在提升学历的同时，还要加大教师入职前的培训工作和职后的锻炼。

（14）班主任教师的工作压力大

　　中小学教师的工作压力一般都是很大，特别是班主任；他们对于学生的安全问题需要投入很大的精力。

访谈对象	访谈实录	理论分析
金华兰溪市某初中教师	早晨六点半到校，晚上九点半回家。像我们学校对于班主任的要求是全天跟随所教班级的学生。每天八节课，要求我们按时到位，早餐、午间休息、晚餐等都要求与学生有接触。对于班主任的待遇，我想如果是给 500 元的话还可能有教师主动的去报名，要是 300 元的话是没有教师来报的。对于我们班主任来说，学生的安全压力是我们面临的主要问题，这也是学校领导对我们班主任要求严格的原因	班主任的工作时间和工作量是一般教师不能体会的，所承担的责任也是很大的，而在工资待遇上要给予相应的体现，否则无法激励班主任教师的积极性
温州市平阳县某小学教师	还有班主任的待遇问题应相应地提高，现在学校也设立了副班主任的职位，但是他们基本上是不负什么责任的，主要还是我们的责任，工作量很大，像平时的课间活动时间，我们都要负责。例如我们班有个学生因为课间活动时撞到学校的一个建筑上，脸被划破，家长闹到学校要求赔偿，我们该怎么做好协调工作，这些工作都是些无形的，没人知道的	

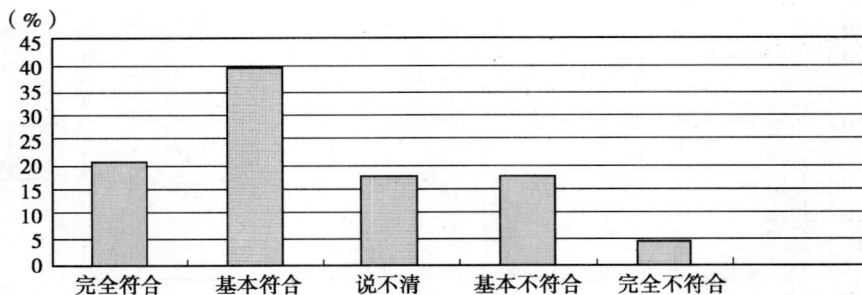

图 3-12　工作压力大，影响身心健康和专业发展

（15）教师心理问题突出

　　教师所面临的学生是那些被称为半成熟、半幼稚，身心刚开始发育，问题行为较多的学生。特别是初中生的叛逆行为，对教师的顶撞、对抗现象比较多。这和教师所希望的优秀学生所应该具有的行为又往往背道而驰。

　　由图 3-12 可以看出，认为因工作压力过大，而影响教师健康和身心发展的占到60%。教师在教学上总是感觉事与愿违，难尽人意。理想和现实的巨大反差使教师自我效能感偏低，接近半数的教师产生职业倦怠感等心理问题，从而损害了教师的心理健康。

（16）城乡结合部学校的发展被忽略

城乡结合部学校的教师数量和教学质量是值得关注的，在这些学校的教师一般都是由城市学校减退的，所以这些学校的教师更要加大职后培训的力度。

访谈对象	访谈实录	理论分析
武义肖杨中学某教师	我们是城乡结合部的中学，在我们前任校长和我的手上，足足有100多位老师调出去，包括今年，愈演愈烈。绩效工资实施之后，表面上农村老师的工资高了，但是城市的老师永远有说不清的东西。工资提高了，有一定的帮助，但是微乎其微。我们学校的年龄结构，我37岁已经算很大了。98位一线老师，35岁以下的75位，35—45岁一段很少，剩下的都是50多岁，等待退休。师资年龄出现断档。虽然每年年轻老师分来很多，最多一年有23位，但是最多一年调出去15位。这些老师都去了武义城区的小学、初中，造成超编。而新来的年轻老师，结婚请婚假、生孩子请产假，然后孩子读小学的时候，就调走了。这样等我们把他们培养成骨干时，就变成别人的骨干了	城乡结合部学校教师的数量和教学的质量需要关注
兰溪城北小学某教师	我们这个小学正好处在城乡结合部，师资队伍情况：1. 编制严重超编，原来是五个村小学合并为一个小学，25位教学班，78位教师，952位学生，城乡编制为21位，严重超标。对于超编情况，语文、数学老师太多，美术、英语比较少。美术几乎没有。英语一把，按课时布置需要4—5个。2. 教师的学历结构，两头分布。高中起步，通过中师、民办函授，只有23人。刚毕业的通过函授拿到本科的25人。3. 年龄结构也两头分布。25岁以下9人，50—60岁的23人，41—50岁的19人，31—40岁的24人，30岁以下11人。4. 职称情况。中高2人，小高43人，小一级以下的33人。从编制上来说，小高的编制已经满了。十几人腾掉以后，都没有指标下来。今年又有十几个人下来，也是这样的情况	
城南小学邵校长	本校地处城郊结合部，规模小，硬件设施差。学校有五个多，一是教师多，1：11师生比例，最少的班级只有9人，最多的有45人，都是两个老师教的。通过培训进教师队伍，12人，民办教师8人，高级教师25人，党员32人，年龄大的多，学历全部达标，年轻教师少，30岁以下的才4人，师范毕业的老师10年才进了2位。英语、音乐等专业老师缺乏。民办教师没办法处理，实行末位淘汰制，但是现在没什么好的办法，只有基础分，但是成绩比较得差。我们学校也是一个两制的。城南学校属城区学校，其他两个校区属农村学校。所以教师感觉很苦很累，什么都要一个老师包班	

3. 幼儿教师队伍中存在的问题

（1）教师队伍的总体素质不高

由于绝大部分幼儿教师都是初中毕业后直接就读幼儿师范，他们虽然具备幼师必备的能力和素质，比如动手操作能力较强，有较好的弹唱舞美等基本功，活泼、大方，有耐心、童心等，但有些弱点不容忽视，即知识结构单一，文化功底薄弱，语言表达能力差，给孩子上课用词不规范，逻辑性差，等等。

通过调查显示（见表 3 - 7），幼儿园教师达到最低学历是专科的占到 64.9%，本科的占 31.2%。而园长希望幼儿园教师最低学历达到专科的占到 88.9%，本科的占到 11.1%。而教师和园长都不希望拥有硕士学历的教师。由此可见，幼儿教师的学历水平还是处于低水平状态，尽管教师和园长不希望学历高的幼儿教师，但是知识结构单一，文化功底薄弱，语言表达能力差，给孩子上课用词不规范，逻辑性差，等等，是低学历幼儿教师不可忽视的。同时，将幼儿教师的学历水平由专科需求提升为本科甚至是硕士的需求还是存在一定的可行性。

表 3 - 7　　　　　　　　教师与园长希望幼儿教师达到的最低学历

学历	专科（%）	本科（%）	硕士（%）	其他（%）
教师	64.9	31.2	0	3.9
园长	88.9	11.1	0	0

（2）教师队伍结构不合理

一是学历结构不合理。根据所回收的 77 份问卷看，幼儿教师的学历集中在专科水平的人数占到总数的 61%，本科占到 36.4%，硕士学位的几乎没有，详见表 3 - 8。

表 3 - 8　　　　　　　　　　　幼儿教师的学历

学历	高中阶段以下	高中阶段	专科	本科	硕士	博士
人数（人）	0	2	47	28	0	0
百分比（%）	0	2.6	61	36.4	0	0

尽管学历不一定与才能、学识成正比，但总的来说，高学历的总体能力、学识层次更能够让社会认同。就整体而言，浙江省幼儿园教师学历偏

低，硕士学位的高学历老师更是太少。幼儿园要在激烈的市场竞争中求生存谋发展，就必须突出人才优势。

二是年龄结构不合理，中年骨干教师缺乏。特级教师数量严重缺乏，在培养指导中青年教师方面，特级教师发挥的作用不够。

> 温州市平阳县某公办幼儿园园长：我是平阳县机关幼儿园的园长，我们学校教师学历还算可以，教师专业水平比较好。但我们面临了第一个困惑，就是老师的年龄结构的问题，老师几十年都没有流动。苍南、洞头、永嘉等都是只有一所公办幼儿园，幼儿园老师很辛苦，保教并重，现在年轻家长对幼儿园老师的要求是很高的，对老师的职业要求也是很高的，年龄大了，那些年龄大的老师去上课并不受家长、学生的欢迎。我们现在40—55岁的老师越来越多，后勤老师又不多，我们的流动就非常困难。第二个困惑，我们老师专业培训确实是成问题的。老师派出去培训是很重要的，我们老师派出去学习后，就没人去代课。这是公办幼儿园的共性问题。

尤其是民办幼儿园教师，师资队伍年龄结构表现为青年教师比例很高，年龄40岁以上的教师也不少，但中年骨干教师较少。幼儿园一般吸引的是刚毕业和社会上的大中专学生以及一些没有幼教经验需要通过学习和培训的老资历教师来当保育员。这种近似"哑铃型"的师资结构，对幼儿园的持续健康发展的负面影响是不可低估的。年轻教师虽具潜力和活力，但教学水平和学术水平的提高有一个过程；老资历的教师虽责任心强，但知识老化、方法陈旧、强调经验、开拓精神不强等现象不同程度的存在，这些教师虽不直接参与教育教学，但我们一直强调的是要保教结合，这样下去问题可想而知。所以应当注意的是，合理的教师年龄结构，是民办幼儿园提高教育教学质量的重要因素之一，民办学校应从可持续发展的战略高度加快优秀中青年教师队伍的建设，以保持人力资源持续衔接。

三是性别结构不合理。所调查的77份幼儿园教师的问卷中，从性别结构上看98.6%的教师是女教师，性别比例严重失调。由于男教师的缺乏，"女性化"迹象已在教师性别比例严重失衡的幼儿园出现。具体表现在培养学生勇气、胆量的教育活动不是被忽视就是无法开展，而这是男教师的优势所在。

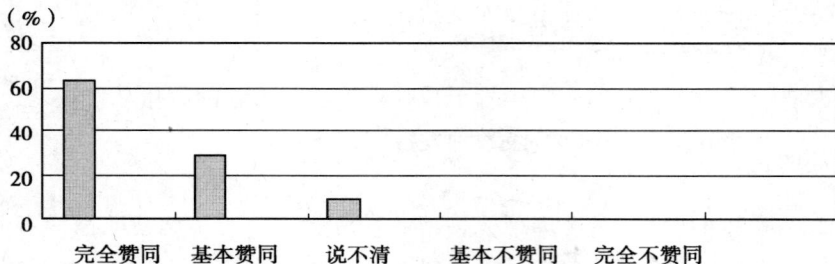

图 3 - 13　幼儿老师对男性进去幼儿园工作的态度

　　幼儿园缺少男教师，孩子就如同在单亲家庭长大的一样，性格可能产生缺陷。正如孩子的养育要既有女性也要有男性一样，教师在性别上趋于平衡可以给孩子呈现出一个真实、和谐的生活世界。

（3）教师队伍的职业认同感、归宿感差，事业心不强

　　幼儿园教师工作时间相对于其他教师而言本来就要长，而且幼儿园教师工作项目繁多。教师不是单纯承担一项或两项任务，而是承担多项任务，工作责任重、压力大。

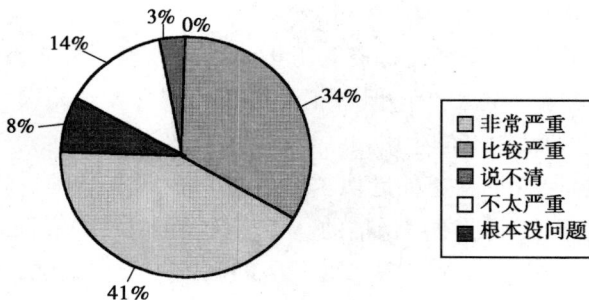

图 3 - 14　教师压力分析

　　由图 3 - 14 可知，34%和41%的幼儿园教师感觉自身压力非常严重和比较严重，特别是现阶段独生子女数量的增加使得家长对幼儿教育加大了投入，而家长希望自己的孩子能够得到全面的教育，包括生理和心理方面，安全是家长最关心的问题，更重要的是学习新知识的要求提高，这些要求更加大了幼儿教师的工作压力。

　　另外对于幼儿园而言，在追求生源的大背景下，孩子的安全，掌握知识的能力，家长关系，等等，不仅决定了教师的地位，而且与教师的职称评定、工资、奖金等挂钩。而作为幼儿园教师，所教授对象是幼儿，对孩子的教育是很琐碎的事，幼师通过一点一滴的积累才形成孩子的良好发展，也因为教育琐碎，这一点一滴不能很好地被人所认同，教师自己也感觉不到成就感，所以教师职业认同感和归宿感差。在这种情况下，他们一方面承受着来自各方面的压力，另一方面不得不给自己加大心理压力。从所调查的 77 份幼儿园教师的问卷中（如图 3 – 15），可以发现有 44 份问卷教师认为因为工作压力大，而影响自身的健康和专业发展，占到总数的 58%。

（%）

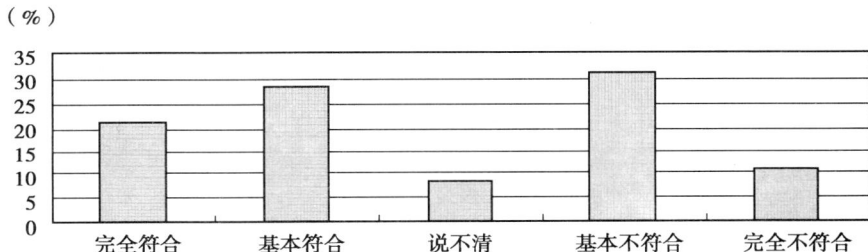

图 3 – 15　幼儿园教师对工作压力的不同反应

另外，一部分幼儿园教师事业心不强，他们没有将自己融入民办幼儿园之中，将自己的教育教学目的与幼儿园的办学目的相统一。由于民办幼儿园以"购买"的方式获得教师人力资源的使用权，这种方式自然产生"你出钱，我为你干活"的简单的"委托—代理关系"。这种关系自然而然造成了教师的事业心不强，而且这种关系并不适应民办幼儿园作为一个专业服务机构的性质。民办幼儿园以其提供专业性的教育服务为其社会功能，因此学校以专业性人力资源为依托，要求教师以教育教学专家的身份对学生进行教学，而不是以代理人，甚至是局外人身份教学。

（4）教师队伍不稳定，流动性强

> 金华市教育局局长：幼师主要是中职院校和高职院校来培养。幼儿教师主要是能说会唱，所以年轻的教师是比较适合的，但这个教师队伍是不稳定的，很多教师是吃青春饭的。现在 95% 都是民办幼儿园，并且这些幼儿园都是用低薪来聘请教师，而且好的老师可能还有一点保障，不好的老师就一点保障都没有。所以很多幼儿老师刚开始的时候还是找个幼儿园工作，一旦找到对象，就辞职。因此，这一块是比较差的。

　　由于幼儿园的绝大多数教师都是聘用制，教师聘用的随意性强，随用随聘，这就使教师队伍呈现极大的流动性，而且这种流动性还表现出强烈的不可预测性。任何一个团体，要谋求长远而持续有效的发展，必须拥有一支相对稳定的团体成员，一个企业如此，一个学校也如此。另外民办幼儿园人事管理上也类似于私营企业，教师以一种打工的身份在为校方服务，缺乏"主人翁"地位和团体归宿感，办学者和教师是一种雇佣和被雇佣的关系。这种认识关系给教师的流动提供了极大的空间，也使教师很难真正融入学校集体之中，以致成为"匆匆过客"。

　　绍兴市幼教办主任：民办学校的幼儿教师主要是公办学校派出，在职不在编的教师在诸暨还是比较多的，民办教师主要存在于幼儿园内。绍兴幼儿园的公办教师只占到 16.9%，这是无法与中小学相比的，2008 年召开一个学前教育工作会，出台了一个对幼儿教师队伍的明确要求。而且也要增加编制，增加培训，提高整个幼儿教师队伍素质。

（5）幼儿园教师队伍编制紧缺，数量不足

　　现在很多地区的幼儿园是民办学校，教师为在职非在编人员，而且占有很大的比重，由于幼儿园是非义务教师阶段，很多教师的待遇存在问题，无法得到有效的保证。

访谈对象	访谈实录	理论分析
金华市城市幼儿园	我们学校办学有三十几年的历史，可以说师资是最好的，因为是教体局分管的。我们学校在 1997 年以前都是一直进老师，但是以后很少进编制老师，去年就进了一位，政府不给编制，我们也没办法。很多好的毕业生不愿意回家乡工作，回来的都是一般的学生	幼儿教育的编制紧缺，使得优秀的幼儿教育人才得不到应有的编制，而不愿从事幼儿教育工作。进而导致幼儿教育教师数量不足，影响教育的质量
金华市农村幼儿园	我们的师资队伍越来越差了。我们 1996 年有一位有编制的正式老师进来后，到现在已经 12 年了，现在没有老师进来。并且，当时一些好的老师都流出去了，因为我们是乡下，收费非常低，一个小朋友就收几百元。我们也有一批代课老师，这些老师是合同制的老师。我们需要承担各种公办幼儿园的所有活动，但有什么问题的时候，教育局又说我们不属于义务教育，教育局就是没有给我们幼儿园指标	

　　根据 77 份调查问卷的数据显示，在编教师为 44 名，占到总人数的

62.9%，兼职教师和代课教师为 26 位，占到总比例的 33.8%。可见，增加幼儿教师的在编人数是教育部门需要解决的现实问题，不能扩大代课教师和兼职教师的数量，否则会扰乱幼儿教育的正常教学秩序。

（6）幼儿教师参加培训的机会少，自我提升的意识不强

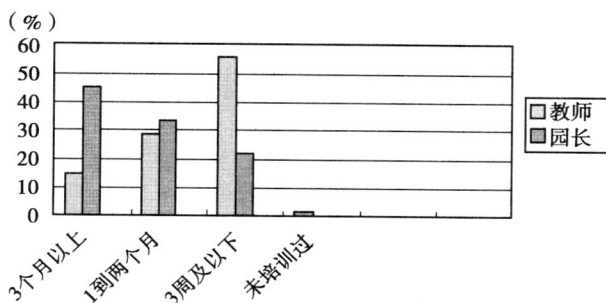

图 3 - 16 幼儿园教师与园长培训时间比较

由图 3 - 16 可知，幼儿园教师与园长参加培训的时间差异是很大的，教师的培训时间集中在 3 周及以下时间的占到 55.8%，而园长培训时间则是 3 个月以上占到 44.4%。园长在自我提升的同时，要照顾到广大的一线教师的培训和提升。

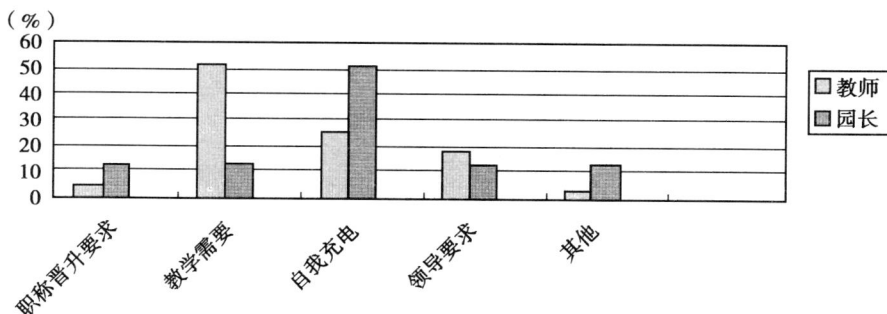

图 3 - 17 幼儿园教师与园长参加培训原因

通过对图 3 - 17 的分析，我们可以看出幼儿园教师参加培训的原因很大程度上是教学需要的占到 50.7%，其次是自我充电的需要和领导的要求。由此可以看出教师自我提升的意识不强，很大程度上是教学的要求。而对幼儿园园长的调查可以看出，园长自我充电的比例达到 50%。其他几项的所占比例相当。因此园长作为学校的领导要加大对教师的鼓励和培养，督促教师自我成长，促进教师专业成长。

（7）幼儿教师的待遇偏低，无法与义务教育阶段教师相比

绩效工资的实施，使得义务教育的教师收入明显增加，而幼儿教师的工资还是徘徊在较低的水平，很多教师对工资待遇不满意。根据问卷调查显示，33.8%的教师认为收入太少，待遇太差；32.5%的教师则认为工资待遇低是比较严重的。85.5%的教师认为幼儿教师政策中最需要完善和健全的是教师待遇政策。由此可见，对待遇问题不满意在幼儿教师队伍中是普遍存在的。

4. 职业教育教师队伍中存在的典型问题

（1）"双师型"教师专业分布明显不平衡

浙江省"双师型"教师专业分布比较集中，主要分布在计算机、机械、电工、服装、烹饪、财会、旅游这7个专业中，集中度达到81%，其他如文秘、工艺美术等十多个专业的"双师型"教师数相加也仅占总数的19%。说明目前浙江省"双师型"教师专业分布明显不平衡，仅计算机一个专业的"双师型"教师数就占总数的20%，而有的专业如园林、建筑还不到1%。主要原因是这些专业的师资培训渠道不畅，需要对这些专业的师资培训进行一些政策鼓励或扶持，让"双师型"教师专业分布更趋于均衡、合理。

（2）对"双师型"教师的认识存在一定的偏颇

目前对"双师型"教师的理解就是以教师是否持有"双证"（教师资格证和专业技能等级证）为判断标准，因而有59%的学校认同拥有"双证"的教师就是"双师型"教师这一观点并不奇怪。但有41%的学校对这一观点持反对意见。

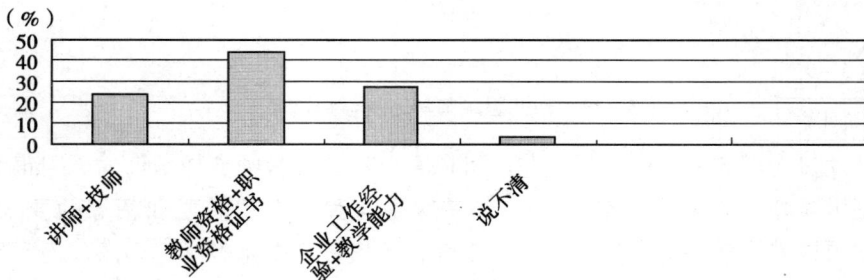

图3-18　职业教师关于"双师型"教师的资格标准的观点

拥有"双证"的教师就是"双师型"教师这一提法从形式上强调了"双师型"教师重实践的特点,但在各类专业技能等级证书制度还不健全、不完善的今天,专业技能等级证书与教师的实际能力是否等值就值得怀疑,以此为依据作为判断教师是否是"双师型"教师的做法亦值得商榷。"双证"即"双师"的认识,使得教师积极地投入考证的行列,结果造成了一些学校文化课教师拿专业技术等级证书和甲专业教师拿乙专业技术等级证书的情况。这严重影响了"双师型"教师培养工作的正确导向。

(3)"双师型"教师的来源渠道比较单一

目前,浙江省有71%的职业学校"双师型"教师主要靠学校自己培养,16%的学校主要依赖高校的毕业生,9%的学校则主要靠外聘专业技术人员。这说明目前高校对学生还是以理论知识培养为主,大部分专业学生在毕业前很难获得相应专业的技术等级证书,因而通过职业学校培养拿到相应专业的技术等级证书就自然成为职业学校获取"双师型"教师的主要来源,而外聘专业技术人员则是职业学校"双师型"教师来源的一种重要补充形式。从表3-9可以看出,职业教师认为"双师型"教师首先要具备专业知识和教学能力,其次是忠诚于教育事业、热爱学生,同时还必须具备企业工作经验和适当的教育技术。

学校培养"双师型"教师的主要形式有两种,一种是将教师送到各种专业培训部门进行培训,另一种是靠教师自身学习提高,分别占学校总数的49%和36%,而将教师送到相关企业进行培训或挂职锻炼的仅占学校总数的12%,比例明显偏小。说明学校与当地企业缺乏沟通、交流不够。教师所希望的职业教师的培养途径是经过高校与企业联合培养以及职前和职后的分阶段培养。

表3-9 职业教师对"双师型"教师的培养途径和必备条件的认可度

题目	选项					
"双师型"培养途径	高校独立培养	高校与企业联合培养	职前与职后分阶段培养	工作过程培养	企业实践培养	其他
	5.9%	74.8%	47.1%	39.9%	41.2%	0.4%
"双师型"必备条件	忠诚教育事业、热爱学生	专业知识扎实,教学能力强	教育技术好	有过企业工作经验	学历高	其他
	68.5%	90.8%	50.4%	50.4%	11.3%	0.4%

武义职校校长：虽然每年有5—10个名额，但是却不能一次性招完，否则以后会出现青黄不接。所以现在计算着用，每招一个就下一个，4年下来，教师素质得到了极大提高。像我们学校，已经有高级技师6人，技师20几人。所以要提高教师的数量和质量，需要我们的校长要和当地的县委、县府多沟通，多联系，争取他们的支持，否则仅仅靠学校是不够的。我们这一块儿做得比较好。

金华市某职业学校校长：我们职业学校的师资队伍建设在全国来说也是最薄弱的。这个薄弱一个体现在观念上的薄弱。每一次大学生毕业分配的时候，都是小学、初中、普高的先挑，最后没人要的到职业中学，不管学校需不需要。但是非师范类的老师又进不来，我们希望老师能流动起来，能够淘汰一批，通过社会招聘。

（4）职业教师的培训力度有待加强

绝大多数学校每年都能对"双师型"教师进行培训，但次数有限。究其原因，一方面是有针对性的培训活动不多，另一方面也和"双师型"教师本身工作繁重难以抽出较多时间参加培训有关。由于培训的时间和效果的限制，使得教师的自身素质提升缓慢。

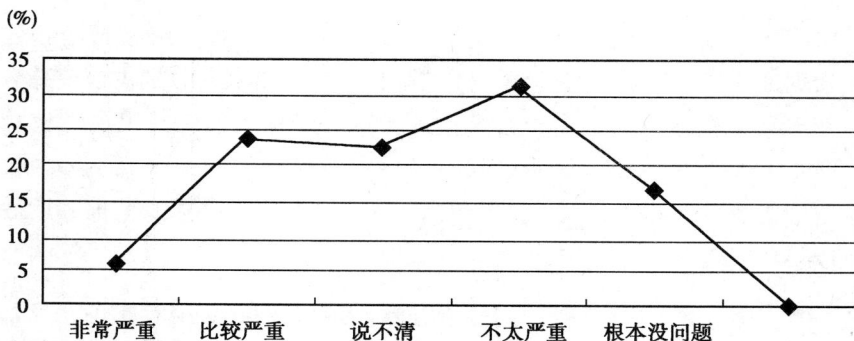

图 3 – 19　职业教师参加培训情况的调查结果

目前学校培养"双师型"教师过程中遇到的困难主要是培训经费不足、专业师资培训基地不足、培训过于形式化及专业针对性不强等，比例分别为22%、32%、39%。说明培训经费还需加大投入，专业师资培训基地还要不断加强建设。我们也看到学校最不满意的就是培训过于形式化、专业针对性不强，这需要培训部门在今后的培训工作中多了解学校的实际需求，有针对性地开展培训活动。

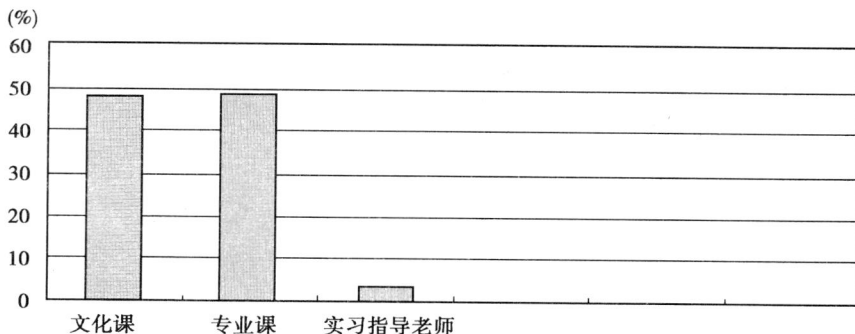

图3－20　职业教师的任教学科调查结果

（5）专业教师少、文化课教师富余

通过调查发现，职业学校的文化课老师和专业课老师数量相当，但是职业学校的教学目的是使学生毕业之后能很好地在工作岗位上发挥其专长，这就要求职业技能的提高，因此需要大量的专业课老师，特别是"双师型"的教师。

访谈对象	访谈实录	理论分析
兰溪职业中专某教师	我们学校主要是学科超编。语文、数学、英语是大大的超编专业课的老师缺少，特别是专业技能课的老师。真正能够上操作台操作的老师非常缺少。最近几年，老师在理论培训上是有进步的，但是技能提升上有所缺乏，其原因是没有和企业厂里的实际情况结合得很紧密。我们建议在技能课上、技能培训上再跟上相应的举措和措施	职业学校教师队伍建设中，文化课老师和专业课老师要合理的分配，满足学生的学习需求
武义职校校长	我们学校有74个教学班，3290名学生。现在我们金华一个普遍问题是文化课教师偏多。但是文化课的老师又调不出去，也不想调出去。从师生比来说，总体还是偏高。我们的生师比是1：18.4，按照上面的要求是1：15。按照这个比例，还欠缺很大一批老师，主要是欠专业课老师	
兰溪市职业学校校长	教师的编制上看，既缺编又超编，129位专业课老师中有71位是文化课老师，实际上我们是用不了这么多的文化课老师的，专业课老师缺乏，培训回来的老师进不了实训场地	
嘉兴市教育局王局长	按照职业学校课程计划，专业课与基础课时比一般达到60%以上，但是目前我市职业学校专业课教师占专任教师总量的49.5%，专业课教师的比例偏低	

（6）教师压力大、社会认可度不高

职业教育在我国的发展道路是曲折的，由于相关政策的滞后，使得现实中出现很多问题。职业教师在自己任职的学校也是受到包括教学以外的各方面的压力，包括学生管理、招生和学生就业等方面的压力。

表 3－10　　　　　　　　职业教师压力、地位及职业倦怠调查　　　　　　　　（％）

	非常严重	比较严重	说不清	不太严重	根本没问题
工作压力大	16.0	43.0	18.1	19.4	3.4
社会地位不高	18.9	37.4	15.5	24.4	3.8
职业倦怠	9.3	25.7	19.4	31.2	14.3

对 238 位中职教师的调查发现，职业教师感觉工作压力严重的占59%，说不清的占18.1%。感觉自己的社会地位不高的占半数以上。工作压力和社会地位等问题而导致职业倦怠严重的教师占35%。具体情况详见表3－10。因此缓解教师的压力和提高教师的地位是职业教师队伍建设的重点。以下是对金华市某职业中专教师的访谈：

访谈对象	访谈实录	理论分析
A	一周是 16 节课，专业课程比较多，文化课一般还好上，除了上课的压力，中专主要来自招生的压力，全员招生	职业学校的教师虽然没有升学的压力，但是教师的招生及对学生的管理、就业等方面的压力也是很大的
B	我们的压力来自三个方面，一个是社会对职业教育的认可程度，与现实距离太大，社会认可度低，招生比较难，是一种无序竞争，生源的素质也比较差，与期望的不吻合。二是对学生行为习惯的管理。我们是不怕学生学习不好，就怕他们学坏，安全问题造成了管理上的压力，一周是12—17 节课。班主任需要全程跟踪。三是来自家长的压力，来自培养的人比例不合理，专科课老师的专业绩能有待提高。专业老师不专业。学校的学生跟不上社会需要。技能上脱节	
C	我觉得职高教师的工作压力来自学校教师编制跟不上，工作有压力，一周15—18 节课，多的有 20 节课，有些教师还要担任2—3 门这样的课，班主任压力更大。来自教学方面的压力，主要来自怎么上好课，和教学生先学做人，再学做事。我们一般都是 6：30 前就到学校，晚上 9 点才回到家里	
D	我们一周 12—18 节课。班主任每周还有 3 个晚上在学校，3 个早上必须 6 点就在学校，所以工作压力很大。再有生源不好，中考普通高中比如招 600 分的学生，我们是招 350 分的学生，一个班 50 人，只有 5 个左右是听话的，其余 45 名可以说都是行为习惯不好的。单亲家庭的占 30%，父母在事业单位的不到 5%。面对这样的一个群体，育人比教学的压力要大得多	
E	投入行业必定有它的压力。压力是 24 小时都跟着你的。只是表现形式不一样。职业学校社会认可度低就是我们最大的压力。以前的老师都是从企业中调来的，专业技术强，现在专业课老师都是从学校到学校。专业技术对职业学校来说要求很高，没有实际技术，职业技术培训就是炒冷饭。教师招聘途径、研究技能不像文化课可以教几年，专业技能在更新，而且专业课涉及很多课甚至十几门。要求很高，所以心理很矛盾。安全性要求也要高	

5. 特殊教育教师队伍中存在的典型问题

特殊教育学校教师队伍建设既有普通中小学教师队伍建设的共性，也有它的特殊性。只有理解它的"特殊性"，才能"对症下药"。

特殊学校教师长期工作在特殊的环境中，实际是一种牺牲，因而队伍的现状也不同于普通小学，其存在的主要问题有：

（1）面对残疾儿童教学之艰难，学生成不了才，教师享受不到成功的喜悦，教师心理十分压抑。

（2）面对同类学校少，无横向比较，工作少竞争，内心有失落，缺少成就感。

> 金华市特殊教育学校：我是一名特殊教育学校的老师，我们学校一共48个班，一个班55人。最辛苦的是班主任，要带学生吃饭、午睡。晚上到6：30还要改作业、弄卫生、查看学生物品。教师就是父母，就是警察。
>
> 特殊教育，我们没有升学的压力，但是安全的责任比较大，所有的工作都是围绕安全来讲的。我们的一个学生的工作，相当于10个正常的学生，我们是集保姆与医生于一体。特殊教育的学生身体素质差，每次一有传染病，学校就如临大敌。这是来自学生的压力。另一方面是来自家长的压力。一般家长都比较溺爱这类的孩子，导致对老师要求很高，刚送孩子来的时候要求都不高，后来的要求就越来越高。碰到有些家庭是，再生了一胎的情况，这样的家长就很少再来管孩子，所以我们都面临两种极端情况。我们的书面作业比较少，但是基本训练比较多。需要家长的配合，如果碰到家长自身有缺陷的，工作就很难进行。

（3）中国特教事业发展起步晚，教材大纲的不稳定。教师的质量观、教育观模糊。对特殊教育学校的学生进行教育，教师首先必须系统地学习教育学和心理学，特别是针对学生的不同特点，进行适时的心理辅导和身体康复教育，但是全省大部分特教学校没有足够的资金对教师进行培训。

（4）与职教、普教联系少，教改信息不畅通，教师的思想闭塞，教育观念也比较陈旧。特殊教育学校面对的是一些特殊的有智障的学生，要对学生进行康复教育，首先必须保障教师的知识水平跟随时代的进步，不断更新观念，随时接受新的信息。但是由于特殊教育起步较晚，各地区对特殊教育学校的监管不力等因素，使得特殊教育学校的教师待遇太低，没有很大的积极性进行自我提升。

（5）专业教师不足，培训机会少

根据对绍兴市特殊教育学校的调查，从教师队伍编制情况看，绍兴市聋哑学校，核定编制 36 人，在编 34 人，缺编 2 人。诸暨市特教中心，没有具体核定编制，有在校生 140 人，按全省平均水平师生比 1：5 算，应为 28人，现在编 25 人，缺编 3 人。上虞市聋哑学校，核定编制 15 人，在编 13人，缺编 2 人。绍兴市育才小学，核定编制 18 人，在编 10 人，缺编 8 人。从以上数据看，绍兴市特教缺编 17 人，缺口较大，师生比为 1：4.8。处于全省中下游水平，低于衢州、台州、湖州、金华、嘉兴 5 市。特校班级与教师比为 1：2.2（标准是 1：3），处于全省中下游水平，低于丽水、杭州、宁波、嘉兴、衢州、金华 6 市。

教师的专业化偏低，专业人员缺乏。学历为特殊教育专业的教师比例不大，占全体教师的 33%。其中上虞市 5 人，绍兴 5 人，诸暨 11 人，育才小学 6 人，却没有专职的物理理疗师、心理辅导师、语言康复训练师、校医、生活指导老师等专业老师。特别是学校没有专职的校医，学生 24 小时在校生活，给学校安全造成极大的隐患。

四　对策与建议

国家大计，教育为本。教育大计，教师为本。科学发展观作为发展的辩证法，是教育工作的指导思想，也是教师队伍建设的行动指南。以科学发展观统筹指导教师工作，是实现教育事业科学发展的题中应有之义和紧迫要求，对于教师教育和教师队伍建设的战略策略选择，具有重要的认识论和方法论意义。

（一）大学教师队伍建设的对策与建议

1. 以学科建设为核心，教学与科研相统一，构筑高校教师人才高地

大学之所以成为一流大学，在于它的特有产品———流成果和一流人才，而造就这两者的关键是一流的学科发展水平。有研究报告表明，在1972 以前获诺贝尔奖的 41 位科学家中，有半数以上的人曾在同一大学的同一学科组织中工作；英国卡文迪许实验室则先后培养出 25 位诺贝尔奖获得

者。这足以说明学科建设在造就一流大学教师中的核心地位，也解释了一些一流大学成为诺贝尔奖获得者"批量生产"场所的原因。

在美国一流大学中，教学与科研的界限是模糊的。教授序列专业技术职务是最主要的，教授是学科建设和师资队伍建设的龙头，具有极高的学术地位，具有创造性地进行教学科研工作和领导本专业的能力；教授、副教授、助理教授都要搞科研，都有带博士生的资格，也都要承担教学任务。而在我国大学中，教授和研究员是并列的序列，在教授和研究员中也只有少数具有博士生导师资格者才能带博士生，常常产生教学、科研孰轻孰重之争。因此，一流大学教师建设的一个重要方面，是从制度、导向、氛围上突破教学与科研的隔膜，使二者真正融为一体。

在教学与科研相统一的学科建设中，管理制度理应是基于灵活机动的运作机制的，既便于大学教师随时根据需要组织起课题组、项目组，又允许个人按照自己的学术兴趣、直觉灵感进行"散兵游勇"式探索以至形成新的知识生长点，从而全面提高学术水平和教师水平。

2. 实行优胜劣汰的完全聘任制和竞争激励机制

发达国家大学师资队伍管理模式的首要特点是实行完全聘任制。即大学按照学科建设和教学科研工作的需要设置工作岗位，按照所设置的工作岗位聘任所需要的教师；职务聘任与职业聘任相统一，专业技术职务与工作岗位相一致；职责与权利相联系，岗位业绩与工资待遇相挂钩；签订聘任合同的双方相平等，保证教师人才充分流动的任期制与保证师资队伍质量的终身教职制相结合。

完全的教师聘任制本身就是最有效的竞争机制和激励机制。发达国家大学教师队伍模式中的完全聘任制，保证了师资流动和动态管理，发挥教师人才的最大效益，达到教师资源的优化配置。由于社会条件不同，我国的大学不可完全照搬发达国家大学师资管理模式，但可以借鉴其合理做法，例如：面向社会，公开招聘；平等竞争，择优录用；双向选择，合同管理；聘期明确，责权联系；合理流动，稳定骨干。逐步建立适合我国一流大学教师管理特点的完全聘任制。

当前，在实施各种有效的竞争激励措施的前提下，建议建立一流大学教授分级晋升制度。我国1986年实行高校教师职务评聘制度以来，大学教授不再分级，教授职务成为大学教师职务的最高层次。只要晋升教授，无论他们之间人格水准和学术水平有多大差别，无论是两院院士、博士生导师，还是一般教授，反正都是教授，都按同一个工资标准逐步随着工作年限的递增而晋升职务工资。这样的做法明显缺乏竞争激励作用，挫伤了多数大学教授的积极性。此外，大学教师职称评审正常化后，40 岁以前已经晋升为教授的数量呈增多趋势，这些年轻教授至少还要当20 年教授，而我国两院院士、特聘教授的职位又有明确的限制，让教授们都去争走"独木桥"，显得可望而不可即，必然有相当数量的大学教师在努力一段时间后出现奋斗目标的迷失，从而出现工作动力不足的状况。因此，为了完善一流大学教师的竞争激励目标体系，可试行 4—5 级教授晋升制度，各级之间有一定的年限规定。对于每级教授职务任职资格都规定相应公开化的蕴涵人格水准和学术水平的、尽可能量化的竞争激励目标的评审标准；取得特别突出成就的中青年教师，允许破格晋升高一级教授职务，以激励优秀者脱颖而出。这样，在正常情况下，人格水准和学术水平双突出的大学教师在 55 岁左右有望晋升为一级教授。同时，把大学教授分级晋升制度有机地融入现行的其他竞争激励制度体系，保持各类激励制度的相关性，如国家和地方政府有关部门可以规定，省部级有突出贡献的中青年科技专家和跨世纪优秀人才工程人选原则上从四级以上教授中产生，两院院士原则上从一级教授中产生，等等。这样，其竞争激励的作用和效果在一流大学教师队伍建设中的意义是十分巨大的。

3. 加强高校师资队伍的动态管理

在我国由于整个劳动工资制度和人事管理体制的原因，大学教师的社会化、开放化、流动化管理机制相当滞后。在观念上，一些大学师资管理工作者仍然不理解市场经济的经济基础必然要求人才人力资源的社会化，必然带来教师的开放化、动态化管理机制。在现实中，由于价值取向的变化和教育经费投入相对不足等原因，大学教师的稳定在市场经济的冲击下面临严峻挑战，尤其是中青年教师中一些优秀人才纷纷出国或"下海"。这样，国内大学往往把教师流动视为洪水猛兽，由于"挖人"甚至闹出纠纷。事实上，作为一流大学的教师个体，借助流动，可以使他们的地位上升，使他们的自身价值得到体现；作为大学，在教师的"挖来挖去"中，一流人才的配置保持了高水平的平衡，不致产生某些部门人才拥挤的状况，也能激励更多的人勤勉工作，从而促使一流大学教师人才辈出。我们应汲取国外人才动态管理经验，尽快建立双向合理的一流大学教师流动机制，从根本上解决目前大学优秀师资流失、队伍不稳的问题，步入师资队伍的良性流动循环。

（二）中小学教师队伍建设的对策与建议

改革开放以来，我国中小学教师队伍建设取得了重要进展，长期困扰我们的困难和矛盾正在逐步缓解。但在教育发展新的起点上，教师队伍特别是农村教师队伍建设仍面临诸多困难和问题，教师的整体素质还不能适应教育发展的要求。针对中小学教师队伍建设，从总体上而言，需要做好如下四个统筹。

1. 统筹人力投入与物力投入，把教师队伍建设作为教育政策的优先议程

教师是教育事业的第一资源和核心要素，是建设人力资源强国的战略资源。在一定意义上说，全面实施素质教育，关键在教师的作用；全面提高教育质量，核心是教师的素质；推进义务教育均衡发展，瓶颈在师资配置；解决"择校"等热点难点问题，也往往与师资有关。教师队伍的整体素质是国家综合实力之所系，全民族素质之所系。实施人才强国战略，必须首先重视教师资源；开发人才资源，必须首先开发教师资源。更加重视教师资源的投入，是以人为本的科学发展观在教育工作中的本质要求，是保障教育事业科学发展的前提条件。把教师队伍建设真正放在最为优先的战略地位，调整教育投资结构，增加教师队伍建设方面的投入，应当是新时期教育改革发展的战略重点。

2. 统筹有效供给与有效需求，形成教师资源配置的有效调节机制和良性循环

根据教育人口变化的周期性，统筹考虑教师资源总量、结构与质量的关系，保持供给与需求的双向调节和动态平衡。由于社会经济因素和人口变化，中小学教师数量矛盾趋于缓解，师资质量和结构性问题上升为主要矛盾。要适时调整教师队伍规模结构，适应教育发展对教师数量、质量的需求变化。教育的规律性决定了教师队伍需要相对稳定，切忌大起大落，避免大出大进。在学龄人口急剧增加的情况下，要着眼长远，客观分析师资的"有效需求"，适当控制增量，合理有序补充教师，不宜急剧扩张。必要时适当增加班额或教师工作量，以解燃眉之急，高峰期过后恢复常态。在学龄人口急剧减少的情况下，要充分预见到人口周期和未来发展需求，统筹规划，抓紧调整存量，并保持必要的增量。抓住教师供求关系变化的有利时机，一方面促进队伍的结构性调整，适时适度地降低班额和教师工作量，优

化教师队伍，为实施素质教育创造条件；适当调整教学工作量，为教师培训创造条件；努力推进教师人事改革，形成能进能出的有效机制，促进交流，调剂师资余缺；另一方面要确保教师自然减员有序补充，必要时要有一定的师资储备。

3. 统筹教师培养体系开放与相对稳定，形成市场经济条件下教师资源有效供给的保障体系

教师教育是教育事业的工作母机，一个富有特色的师范教育体系是中国教育的优势和经验。教师专业化是教育规律的客观要求和国际教师教育的潮流。在教育由社会的边缘走向中心的同时，教师教育不可能被推向边缘。教师教育改革发展的目标是构建适合中国国情的开放的现代教师教育体系。需要强调的是，我国作为发展中大国，教师职业还缺乏足够吸引力，尚未形成真正的买方市场。当前和今后一个相当长的历史时期，为了有效保障教师资源的稳定供给，仍然需要一个相对稳定的教师教育体系，并相应采取特殊的支持政策。开放的教师教育旨在充分发挥师范院校的主体作用和综合大学的优势，培养高素质教师，不拘一格选拔优秀人才，进一步提高教师教育质量水平，而绝不是削弱或取消教师教育体系。实施师范生公费教育（即师范专业全额奖学金）等特殊政策，既是基于我国国情，也是国际通行做法。在这一问题上，任何取消主义观点和抱残守缺、无所作为的观点，都是缺乏依据的。

4. 统筹城市和农村布局，促进义务教育教师资源均衡配置和各类教育师资的协调发展

教师资源的均衡配置是实现教育资源均衡配置、促进教育公平的首要条件。我国拥有上千万之众的中小学教师队伍，总量上应该能够大体满足现阶段需要。但是，由于种种原因，教师资源配置的结构性矛盾十分突出。而且由于现阶段城乡劳动力市场的二元结构，城乡教师余缺难以互补，农村边远地区教师紧缺。实现义务教育均衡发展，绕不过结构性矛盾形成的师资"瓶颈"。要统筹城市和农村、强校和弱校，以加强农村教师队伍建设为重点，合理配置教师资源，有效解决"结构性超缺编"的矛盾，促进义务教育均衡发展。近年来，中央和地方政府多方采取措施，解决农村师资紧缺问题取得积极成效。如果能进一步加大支持力度，制度创新和支持措施双管齐下，坚持数年，农村师资状况将大为改观。

从具体问题着手，根据调研的结果以及整个调研过程中一线教师提出的

意见和建议，主要将中小学教师队伍建设的对策与建议归纳为如下几点：

（1）完善各项政策措施，促进教师队伍良性循环发展

一是完善教师资格认证制度。主要针对目前中国教师资格认证中存在的学历标准偏低、认证内容偏少、证书时效性过长等问题进行改进。如针对教师资格认证年限，我们对中小学校长的调查数据显示，只有28%的中小学校长赞成终身只认定一次，有26%的校长认为应该5年认证一次，42%的校长认为应该8年认证一次。由此项结果可知，教师资格认证具有一定的年限设置能够更有效地促进教师队伍的发展。并且，就目前实际情况而言，教师资格制度的完善将有效解决目前教师入职门槛低及在岗教师不胜任的状况。

二是修订《中华人民共和国教师法》。目前我国所使用的《教师法》是1993年第八届全国人民代表大会通过的。经过十多年的发展，我国的师资队伍已经有了翻天覆地的变化。尤其是像浙江省这样的沿海发达地区，《教师法》中有关教师的资格和任用等内容已经不适合当前的实际情况。另外，《教师法》中未明确规定的教师流出机制也制约着当前师资队伍的发展。根据调查数据显示，有77.6%的中小学校长认为修订《教师法》是教师队伍建设政策最亟须进行的措施。

三是重拟职称评定办法。根据浙江省当前的师资队伍建设总体情况，20世纪80年代末的职称评定办法已经完全不适用于当前的教师学历结构。在访谈中，很大一部分校长提出需要对职称评定办法进行重拟。具体意见归纳如下：首先，按照当前教师学历结构对职称评定办法进行修改，提高初任教师职称评定学历等级；其次，对各等级的评定设置一定的考核制度，如对中学高级教师设置定期考核制度，考核不合格教师剥夺其高级教师职称。

四是明晰评聘制度。根据访谈资料显示，目前浙江省部分地区落实了评聘分离制度，而部分地区尚不明晰。总体而言，浙江省评聘分离制度需要向政策落实成功地区看齐，由浙江省教育厅统一制定，将这一政策明晰并落实。

（2）平衡各地教师收支，缩小地区间及城乡差距

一是切实提高农村教师待遇。在提高农村教师待遇方面，不仅是提高农村教师收入，而且要在住房、生活等方面对优秀农村教师有一定的特殊待遇，使得农村优秀教师安于在农村工作，减缓农村优秀教师流失。根据问卷调查，教师们对提高农村教师待遇所持态度如下：完全赞同（60.8%），基本赞同（25.5%）说不清（7.8%），基本不赞同（5.9%），完全不赞同（0%），可见绝大部分教师都赞成提高农村教师的工资待遇，这也说明农村教师工资待遇较低的问题比较突出。

二是平衡地区间教师待遇。浙江省发达地区和欠发达地区经济发展水平差距较大，绩效工资改革后，教师工资明晰化。各地教师工资不平衡将导致新一轮的教师流动，落后地区将更加缺乏优秀师资。因此，采取有效措施平衡地区间教师待遇是稳定各地师资，平衡发达地区与欠发达地区教育资源的当务之急。首先，提高落后地区教师待遇。省教育厅设立专项资金对落后地区教育事业进行帮扶，不仅在收入上对落后地区教师予以倾斜，在职称评定及各项荣誉评定上也适当照顾到落后地区教师。其次，增设落后地区教师服务贡献奖，优秀教师在落后地区工作年限达到一定标准后，予以一定的精神及物质奖励。再次，加大文化投入，利用新闻媒体力量使全社会形成尊师重教的氛围。

（3）核定教师编制，协调教师编制数与实际所需教师数

当前各校教师编制普遍存在既超编又缺编的结构性问题，多数教师及校长对编制问题也提出了他们自己的建议。根据各地教师建议，归纳如下：首先，按照师生比与学科比兼顾的方式核定各校教师人数。教育部规定的中小学各科教师人数及图书馆、实验室等教师配给人数及实际所需教师人数与人事部门规定的师生比相互协调。其次，农村学校特设师生比。对偏远地区的农村学校，由政府加大投入力度，对其师资力量适当予以照顾。再次，农村小学校建立边缘课程校际间协调任教。一些农村小学由于学生数量少，无法配备所有学科的教师，可以与临近学校协同增设教师，教师校际间协调任教。

（4）提升教师准入门槛，完善教师录用制度

就"提升教师准入门槛，使最优秀的人从事教育事业"的意见与态度而言，调查结果详见图4-1。

由此可知，大部分教师和校长对于促进教师队伍建设的这项政策是持肯定态度的。而根据访谈结果显示，各校长对于教师录用制度还有如下意见：首先是赋予学校教师聘用权，而不是教育部门统一分派教师；其次是按需录用，而不是所到非所需。

（5）建立合理退出机制，优化各地师资队伍

针对"建立教师动态淘汰机制，让不合格者脱离教师队伍"的意见与

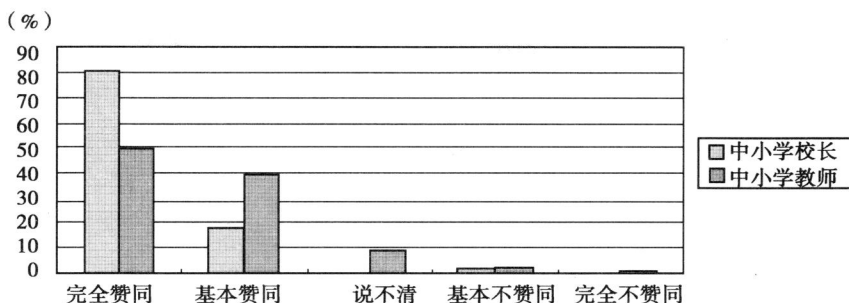

图4－1　对"提升教师准入门槛,使最优秀的人从事教育事业"的意见与态度

态度，根据调查结果，表征为图4－2：

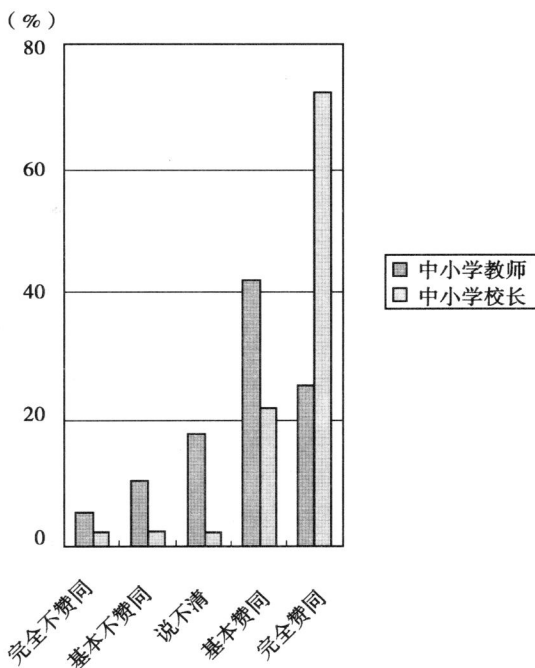

图4－2　对"建立教师动态淘汰机制,让不合格者脱离教师队伍"的意见与态度

　　由此可知，大部分中小学教师尤其是校长对建立合理的教师退出机制是持肯定态度的。教师流动淘汰机制的建立，有助于肃清师资队伍，优化师资队伍建设。

（6）加强教师职后培训，建立教师职后培训长期规划

针对"建立教师发展学校，提升教师培训绩效"的意见和态度，根据调查结果，表征为图4－3：

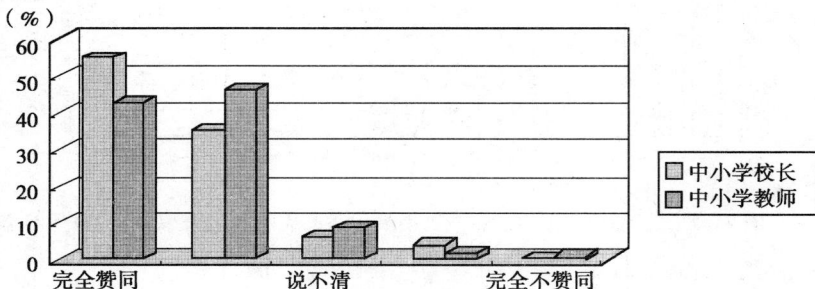

图4－3　对"建立教师发展学校,提升教师培训绩效"的意见与态度

由图4－3可知，中小学校长和教师对提升自我素质基本都持赞同意见。并且，根据访谈结果显示，中小学教师对当前的培训主要有以下几点建议：首先，建立浙江省教师培训长期规划。教师培训是一项长期工作，需要有一个切实可行的长期规划。如对参加培训教师所任教班级工作的处理，对培训项目的长期规划等。其次，实现在职教师培训的"专门化"。建立教师培训的专门机构，让一线优秀教师参与对其他教师的培训。使得培训不仅仅停留在理论层面，更应该关注教师教学中所遇到的实际问题。再次，学校及教师自行设计培训内容。高等师范院校及各培训机构要实现在职教师培训课程的多样化。针对教师的不同要求提供不同的培训课程让教师自主选择，而不再是"一刀切"。可以开设菜单式培训课程，让接受培训学校及教师根据自己的实际情况，选修课程。最后，完善培训考核制度。课程的考核不再是合格与不合格的"一刀切"，而是要分出上下优劣，切实提高教师培训积极性，促使其履行培训期间的教师义务。

（7）落实城乡结对，多手段进一步推进城乡教师交流

加强城市与农村间的交流，能够进一步解决城乡师资力量不平衡的问题，促进教育公平。针对城乡教师交流，各学校校长的态度如图4－4所示。

由图4－4可见，大部分校长支持城乡教师间的交流。首先，真正落实城乡结对帮扶，城市学校和农村学校结对，实行教师轮岗制度和校长责任制度。可以实行城乡集团化办学，促进城区名校与农村分校之间师资调动、科研交流、常规管理、资源共享的制度化和规范化。其次，在教师职称评定及评奖制度里设置支教任务，并进行一定的考核。如凡是需要晋升高级职务的中小学教师，都必须有至少一年以上的农村教育服务经历。再次，广泛在农村和落后地区实施特岗教师政策。并且，教师职务晋升向农村学校和薄弱学校适当倾斜。

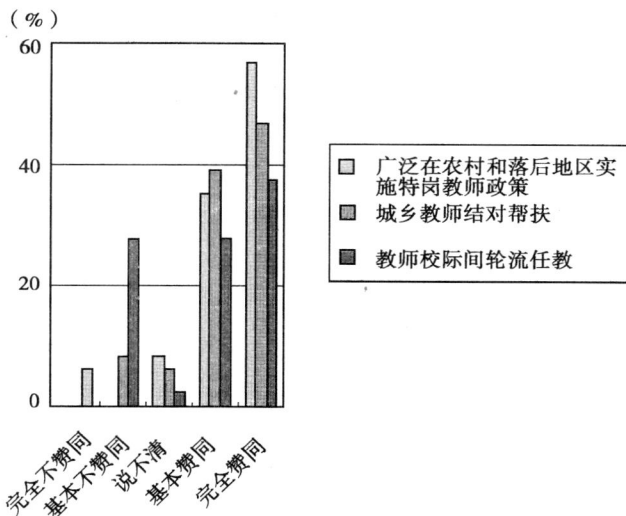

图4-4 校长对城乡教师交流的态度

（8）规范民办师资队伍，推动民办师资有序发展

浙江省民办教育是一大特色，针对目前民办教育风的盛行，为了教育的和谐与长足发展，政府需要保障民办学校教师的合法权益，要按照事业单位性质为符合条件的民办学校教师实行人事代理，并逐步按照国家有关法规，落实"五险一金"政策。

（9）加强师范教育，提高师范院校为基础教育服务的水平

师范院校是教师成长的摇篮，师范生是教师队伍的主要来源。因此，优化师资力量要从加强师范教育开始。首先，采取有效措施优化师范生生源。针对"全体师范生免费接受教育"的意见和态度，表示完全赞同的教师占42.4%，表示基本赞同的教师占36.7%，表示说不清的教师占15.4%，表示基本不赞同的教师占4.6%，表示完全不赞同的教师占0.8%。其次，基础院校师范生培养切实结合国家课程设置。根据新课程改革的需求，师范院校需增设一部分新设课程的专业，使得基础教育师资需有所供。再次，师范院校要着力提高师范生教育质量，为地区基础教育培养合格的教师。

（10）实行小班教学，减轻教师负担

随着计划生育政策的深入推行，适龄儿童逐渐减少，一部分发达地区可尝试采取小班化教学，真正促进优质教育的发展。并且，小班化教育将切实减轻教师负担。据调查，大部分教师非常赞同实行小班化教学。

（三）幼教、职教、特教师资队伍建设的对策与建议

针对浙江省的情况，促进总体师资队伍建设还需要关注幼儿教育、职业教育以及特殊教育教师队伍建设。针对这些群体，主要有以下对策与建议。

1. 幼儿教育师资队伍建设的对策与建议

（1）把好教师入门关，优化教师队伍结构

把好教师的入门关。一是扩展招聘范围，只有选择的范围广泛，才有可能精心挑选，达到优中选优的目的。二是招聘工作程序化。作为一个成熟的幼儿园，在教师招聘上要形成自己的一套流程，拒绝随意性、无序性。在幼儿教师招聘中要经过资格审查、笔试、初试、面试、试教等五关，并设计专门的应聘人员简历表、试题库、考官库，教师招聘工作科学严谨，有条不紊。三是考核标准要严格。要强调德才兼备、唯贤是举，"赛马不相马"。既看教师的外部形象，还看内在素质，尤其把"喜不喜欢孩子，爱不爱教育，有没有魅力"作为首要标准。针对"提升幼儿教师准入门槛，避免幼师保育员化"，幼儿园教师和园长的态度分别如图4－5所示。

（%）

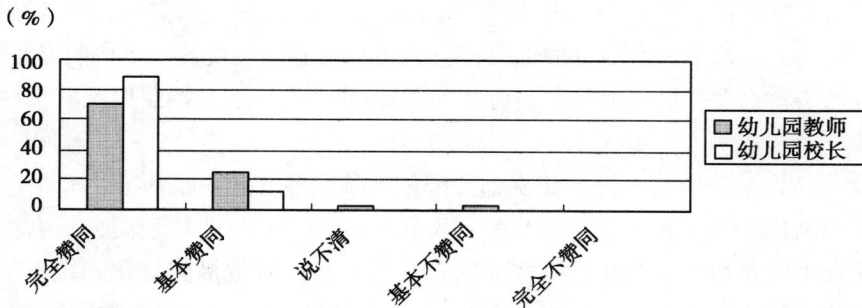

图4－5　教师对"提升幼儿教师准入门槛，避免幼师保育员化"的态度

在教师的配置上，应强调合理的队伍结构。首先是专业结构要合理，不能仅限于单一的幼师专业，可让更多专业的人员参加幼儿教育；其次是应保障年龄结构合理，使老中青教师形成梯队；再次是讲求教师学历比例的合

理，不是学历越高越好，而是要合理搭配；最后，性别结构要合理，幼儿园女性教师扎堆，不利于幼儿健全人格的养成，因此应配备一定比例的男性教师，每个班级至少配备一名。针对"鼓励男性教师进入幼儿园工作"的态度，调查结果如图4－6所示。

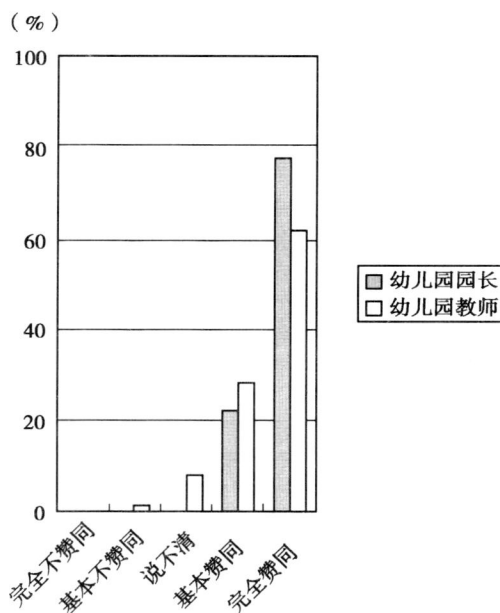

图4－6　关于幼儿园增加男性教师的调查结果

　　另外，在教师结构上，让不同教育背景、不同知识结构、不同专业特长、不同实践经验的教师，以及不同地域、年龄、性别、不同文化背景的教师在一起相互学习、相互碰撞、相互激励、共同合作，可实现最优的学习效果和工作业绩。在师资配备上可以强调五个"三分之一"：三分之一的教师毕业于幼儿师范学校；三分之一的教师接受过中等或高等师范教育；三分之一的教师有一技之长，或擅长写作，或有音乐天赋，或有美术特长，或有体育专长，或有书法才能，或懂得棋艺；三分之一的幼儿园教师是非本地人；三分之一的教师是男老师。

（2）做好教师职业规划，关注教师专业成长

　　帮助教师做好职业规划，关注他们的专业成长，不仅可弥补他们专业上的缺陷，而且可以让他们享受到成长的快乐，看到自身价值所在。针对

"建立幼师发展基地，有针对性地培训幼师" 政策的态度，调查结果如图
4 - 7所示。

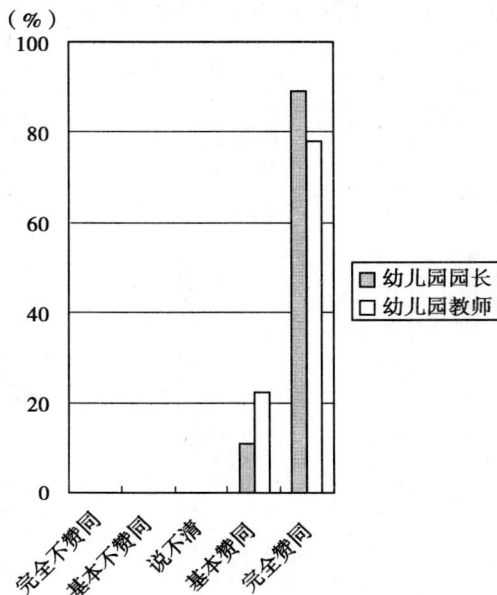

（%）
100

80

60

□ 幼儿园园长
□ 幼儿园教师

40

20

0

完全不赞同　基本不赞同　说不清　基本赞同　完全赞同

图4 - 7　对"建立幼师发展基地，有针对性地培训幼师"的政策态度

由图4 - 7可知，做好幼儿教师队伍建设，对于幼儿教师及园长来说是
非常迫切的需求。具体落实好幼儿教师职业规划，切实完成幼儿教师队伍建
设，应做好如下五点：

一是实施名师工程，即提倡每一位教师都积极向"名师"发展。对于
每一位教师，要指导他们做好职业规划，帮助他们分析自身优势与问题，确
定自我发展的目标，树立专业学习的榜样，明确今后发展的方向与步骤，并
为每一位老师设立专业成长档案袋，详细记载他们的专业成长过程。

二是鼓励教师自我修养。鼓励教师进行教学反思，坚持写教学日记，及
时记录工作和学习中的所思所想、所见所闻、所说所做，促使他们思考，及
时总结教学中的经验与教训。同时鼓励教师开展自学，配备一定的藏书，并
订阅报纸杂志，让教师们在阅读与思考中用新的理念武装自己的头脑，改进
自己的教学行为。如在幼儿园加强图书资料建设，供教师们阅读，并出台有
效的制度规范，要求教师每周阅读一本书，每周写一篇读书笔记，每周分组

开展一次读书交流会等，促使教师自觉养成买书、爱书、读书的好习惯。

三是鼓励教师之间开展教学互助，共同分享教学感受。可以组建骨干教师与其他新教师一对一的师徒关系，规定新教师每学期到骨干教师课堂听课，每学期徒弟上汇报观摩课，并得到指导老师的深入指导和点评。同时，还可组织教师之间互相观摩幼儿园各项活动，如早操、教学活动、环境布置等，并当场组织评课，使新教师更直观地学习幼儿教育的方法，综合提高业务水平。例如幼儿园可以根据实际情况规定新任教师每学期到骨干教师课堂听课，每学期新任教师上汇报观摩课。送出培训的教师学习归来，要求他们公开交流学习体会，达到"少数人培训，多数人获益"的效果。策划定期出版园刊，为教师提供交流的平台。

四是请专家引领教师的专业成长。这是幼儿园开放办园在师资队伍建设方面的体现，是提升幼儿园教研质量，提升教师理论水平，增强理论思维，促进教师专业发展的有效途径。专家的一个提示、几点建议，是促进教师成长的"催熟剂"。

例如，幼儿园可以设置专家扶持热线，建立专家辅导平台，让教师们与专家直接对话，让问题得到及时解决，架起专家与教师相互沟通的桥梁。有条件的可以请专家来园讲学，与教师面对面交流，请专家现场听课说课，手把手指导教师如何上课，如何与幼儿及家长交流，如何做科研，等等。

五是以科研带动教师的专业成长。让教师参与课题研究是提高他们专业素养的有效手段。通过开展课题研究和联合外部科研资源，带动教职员工科研热情和科研水平的提高，有效促进园本科研的开展。

（3）注重教师的形象建设，全面提升教师综合素养

加强幼儿师资队伍建设，不能仅仅局限于教师知识和技能的提高，还要着眼于教师的形象建设，着眼于教师精神和文化素养的全面提升。因为只有教师具备良好形象，才能支撑起幼儿园的整体形象，才能形成全体幼儿的良好形象。

第一，应明确教师形象塑造的内容体系。作为一名优秀的幼儿教师，其良好形象的塑造需要从三个方面下工夫。第一，礼仪形象。包括面部表情、为人处世、待人接物等场合下的态度及运作表现。第二，仪表形象。包括教师在工作期间的着装打扮、装饰打扮，如服饰、鞋装、发型。第三，语言形象。包括语速、语调、普通话及文明语言的使用。

第二，应制定教师形象塑造的制度体系。塑造教师的良好形象，需要以一系列制度作为保障。例如，建立健全一系列有关这方面的规章制度，如《幼儿园教师教养手册》、《幼稚园教育者誓词》、《幼儿教师基本行为规范》等。

第三，应构建教师形象塑造的培训体系。教师良好形象的塑造不是一朝一夕的事情，需要经过长期的严格培训才能实现。培训要有明确的课程内容、教材、方式方法，还要在时间和制度上给予保证。通过制度化、常规化的培训，才能培养教师们的教育理想和事业心，达成教师的有效执行力和团队精神、进取精神。

第四，应建立幼儿教师动态淘汰机制，让不合格者下岗。

（4）保障幼儿教师的权益，为教师营造和谐的工作环境

长期以来，幼儿园教师存在社会认可度不高的问题，要提高幼儿教师的地位，首先应坚决保障教师的合法权益。幼儿园园长与教师针对"出台学前教育法，明确幼师的法律地位"政策的态度，如图4-8所示。

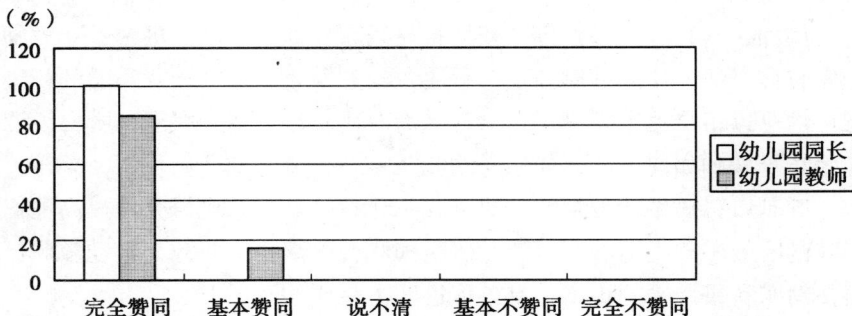

图4-8 对"出台学前教育法，明确幼师的法律地位"的政策态度

保障教师的合法权益，是加强师资队伍建设的基础。教师的合法权益包括获取工资、福利和社会保险的"保障权"，依法进行教育教学活动的"自主权"，指导和评价学生的"评价权"，从事学术研究活动的调研"参与权"，寒暑假及法定假日的"休息权"与"自由支配权"，选举教职工代表的"选举权"、"被选举权"以及对选举的"监督权"，对学校重大问题决策的"建议权"，参与学习、培训、报考的"选择权"，除法令和合同另有规定外，拒绝参与与教学无关的工作与活动的"拒绝权"，等等。

最后，应该积极为教师营造和谐的工作氛围。要想办法增加教师主人翁意识，加大其对学校的感情，培养他们对学校的依赖程度与认同程度。要做到这一点，必须要实现依法办园、民主办园、科学办园。一方面，要强调办园的公益性，不以营利为目的；另一方面，要提倡教师之间的合作与共荣，为教师营造一个有张有弛、弹性作息的工作环境。创造条件使得每一个幼儿园教师都能够看到幼儿园及自己的前途，让他们感到自己真正是幼儿园的主人。幼儿园园长与教师针对"提升幼儿园内部管理水平"政策的态度，如图4-9所示。

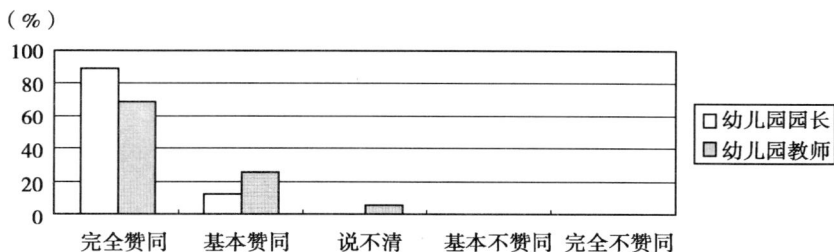

图4-9 对"提升幼儿园内部管理水平"的政策态度

2. 职业教育师资队伍建设的对策与建议

（1）重新界定"双师型"教师标准

目前我们判断一个教师是不是"双师型"教师主要是看他是否持有"双师证"，但由于各类专业技能等级证书制度还不健全、不完善，专业技能等级证书与教师的实际能力并不能直接画等号，因而以此为依据作为判断教师是否是"双师型"教师的做法亦值得商榷。

通过这次调研，我们发现不少学校对"双师型"教师的认识还比较模糊，这直接导致了学校在培养"双师型"教师的工作中出现偏差。"双证"即"双师"的认识，使得一部分教师盲目地投入考证的行列，哪个专业的证书容易获得就考哪个，势必造成这部分专业"双师型"教师数量众多的假象。浙江省"双师型"教师专业分布集中度过大就充分说明了问题的严重性。因而对"双师型"教师标准进行重新界定就有着十分重要的现实意义。

由此，应在充分调查研究的基础上，对职业教育各类专业技能等级证书尽快摸底清查，去伪留真，让各专业"双师型"教师与专业技能等级证书一一对应。对于那些无证可考的专业由该专业省教研组负责考核并颁发相应证书，从而保证"双师型"师资队伍规范、有序发展。

（2）整合有效资源，完善"双师型"师资培训网络

职业教育与经济发展紧密相连，经济的不断发展决定了职业教育的内容需要不断更新，因而对于从事职业教育的专业教师来说，只有不断地通过培训以提高、更新自己的专业知识和技能来适应职业教育发展的需要。

目前"双师型"教师培训工作任务之重、数量之大、专业之宽，仅靠国家和省级培训基地来承担这个任务是远远不够的，需要建立一个省、市、县三级专业师资培训网络。此外，充分利用现有的省专业教研大组和建立一批省、市共建的专业教研基地，使之与省、市、县三级培训基地共同承担"双师型"教师培训工作，既可以缓解省级基地的培训压力，又可以发挥其形式灵活、内容有针对性的特点。

省、市、县三级培训基地承担着我省职业学校各个专业师资的主要培训工作，是"双师型"教师的通识培训机构；省专业教研大组组织开展形式多样的教研活动，为"双师型"教师提供一个切磋技艺、相互提高、展示自我的平台；省、市共建的专业教研基地通过设立"教研工作站"来接受相关专业教师进站研修学习，是培养"双师型"青年骨干教师、专业学科带头人的孵化器。将这三者有效整合，由点到面构建一个立体培训网络，无疑将为建立一支数量充足、质量较高、结构合理的"双师型"师资队伍提供根本保障。

（3）推行教育培训券制度，提高"双师型"教师培训的实效性

目前对职业教师进行专业培训的做法，是由教育行政部门将师资培训经费划拨给各培训机构，由各培训机构再制定出培训计划、内容对教师进行专业培训。由于各培训机构不存在经费的压力，制订培训计划、内容缺乏和职业学校专业教师必要的沟通，直接导致了培训过于形式化，培训内容针对性不强。

将师资培训经费以教育培训券的形式直接发放到教师手中，让教师主动选择自己满意的培训机构，势必会加强各培训机构之间的竞争意识，促使他们不断提高自身培训质量，为教师提供更好的服务，从而提高"双师型"教师培训的实效性。

（4）"校企联合"共同打造"产学研"结合的"双师型"师资队伍

随着知识经济时代的到来，企业之间的竞争将在更大程度上取决于科技的含量以及掌握和应用这种科技和先进工艺的第一线劳动者的素质。职业学校和企业不再是一种技术操作人才培养者和接受者的简单供给关系，而应是一种建立在"紧密型合作"基础上的共同培养技术操作人才的合作关系。

企业每年都需要职业学校输送大量的合格技术操作人才，这就要求有一支高素质的"双师型"师资队伍来保证。职业学校的专业教师基本上都是从学校走进学校，缺乏生产实践经验。为了提高专业教师理论联系实际的能力，就应该将专业教师特别是青年专业教师，送到企业进行挂职锻炼。通过向一线的技术人员和操作人员学习，检验、提高自己的实践水平和专业技术能力。中等职业学校教师与校长针对"无企业经验的新教师必须到企业锻炼"的政策态度，如图4－10所示。

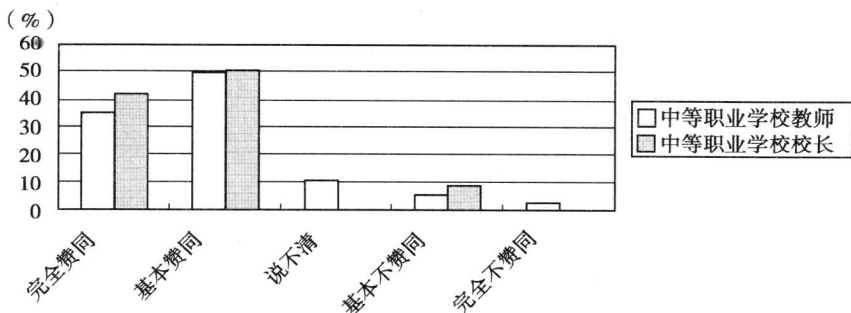

图4－10　对"无企业经验的新教师必须到企业锻炼"的政策态度

职业学校作为培养高素质劳动者的摇篮，应当把教学与生产实际，与新科技的转化、应用、推广紧密地结合起来。通过"产学研"的结合，使职业教育更紧密地贴近生产和科技的发展，为经济和社会的发展作贡献。同时，在"产学研"的结合过程中，也锻炼造就一支既有理论知识又具有专业技术实践能力的"双师型"教师队伍。

因此，加强"校企联合"，以"产学研"为导向共同打造"双师型"教师队伍，是保证教育质量，实现培养目标，办出职教特色，提高专业教师队伍整体素质的有效途径。

（5）改变专业教师评价办法，让一大批"双师型"教师脱颖而出

职业学校专业教师在提高自身技能方面花了大量的时间和精力，但在职称评定时，专业课教师和文化课教师评定标准差别不大，专业教师的专业技能价值没能得到应有的体现，这极大地挫伤了专业教师钻研技能、提高自身技能水平的积极性，严重阻碍了"双师型"师资队伍的发展。因而就需要制定一个适合职业技术教育工作特点的、充分体现专业教师的技能价值的职称评审办法。

因而，建议出台鼓励专业课教师申报第二职称新举措，使更多的专业课教师成为"双师型"人才。具体措施为：在市属中等职业学校中工作的教师，从事实践性较强的专业课且具有中级（含中级）以上职称，并参加工程、工艺等专业对口的实际工作，经学校同意，可申报评审工程、工艺美术等系列中、高级职称。

（6）采取各项政策措施，优化职业教育师资队伍

首先，教育行政部门应该对普通教育与职业教育一视同仁，提升职业教育教师准入门槛，使最优秀的人从事职业教育事业。其次，设立职业教育特殊的教师引聘制度，使得职业学校能够广泛吸收有技术的人才到职校任教。再次，在公办职业学校建立教师动态淘汰机制，让不合格者脱离教师队伍。针对这几项政策，广大职业学校教师的态度，如图 4－11 所示：

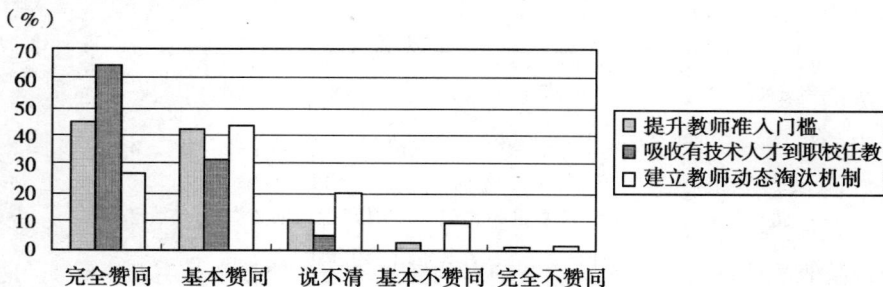

图 4－11　关于职业教师队伍优化举措的调查结果

3. 特殊教育师资队伍建设的对策与建议

（1）提高特殊学校的社会地位

特殊教育事业发展的水平，体现着一个地区社会的文明程度。特教教师的工作也应得到社会的尊重，特殊学校不应该是一个被遗忘的角落。因此，政府应增加对特殊学校的投入，积极改善特殊学校的办学条件，加快特殊学校的硬件建设，形成全社会关怀特殊教育，关心特教工作者的良好氛围。

（2）增强特教教师的工作成就感

良好的社会氛围有助于激励特教教师提升工作热情，鼓励教师爱岗敬业，抓好特殊教育的教学工作。教育行政管理部门应积极倡导各报刊媒体大力宣传特殊学校的办学成绩，让社会更加了解特殊学校，让教师体会到从事特殊教育的自身价值，感受到特殊教育的乐趣。

（3）加强对特教师资的科学管理

科学管理是师资队伍建设的关键。由于特教师资队伍的特殊性，在科学管理上既要强调制度管理的规范性、民主管理的参与性，更要强调情感管理的灵活性。

一是制度管理的规范性。与普通中小学一样，特殊学校不仅要有一整套规章制度和考核制度，更要重视制度执行的规范性。把全面贯彻教育方针落实到每个教师身上，落实到每个管理的环节上，应该根据特殊学校的特殊性，在质量调控、考试制度的改革、教师进修和继续教育等方面进行具体的规定，调动教师工作的积极性。

二是民主管理的参与性。由于特殊学校特殊的教育环境导致教师对学校工作漠不关心，因而更应该加强管理中的参与性。积极发挥学校工会组织、教职工代表大会的职能，引导广大教师民主参与到学校建设与管理的各个环节之中，增强广大教师的主人翁意识。

三是情感管理的灵活性。既要使教师自觉地维护学校的荣誉，维护规章制度的严肃性，更要在思想上多关心特教教师，设身处地地理解特教教师工作中的艰巨性，在生活上为教师办实事。

（4）多种形式努力提高特教教师的特教本领

要使特殊教育现代化工程真正成为育人的工程，关键在于要有一支高素质的特教教师队伍。一方面，要在师资队伍建设上加大投入。逐步改善特教教师的办公条件，配备现代化的办公设备，给特教教师创造学习现代化技术的条件；另一方面，积极鼓励教师在职进修，掌握特殊教育的理论，不断提高特殊教育教学能力。重视组织特教教师到发达地区的先进特殊教育学校参观学习，取长补短。

（5）以课题研究为抓手，不断提高特教教师的教科研能力

特殊教育学校要培养学生成为残而不废、残而有为、残而有能的新人，要求教师具有较高的特殊教育教学的能力，必须开展教育科学研究。在各级各类课题申报、项目研究中，设立特殊教育专项课题。坚持以教改科研为先导，鼓励广大特教教师努力探索特殊教育的规律，培养一批人，推出一批成果，促进青年教师的成长。

（6）加大特教师资的培养，保证特教教师的充足资源

在访谈中，大多数教育局领导反映特殊教育师资比较欠缺，针对这一情况，省政府需加大对特教教师的培养。如免除这部分师范生的教育经费，优化特殊教育师范生生源，在特殊教育师范生就业时增加其岗位津贴，使其乐于并安于在特殊学校工作，并且保证特殊教育教师的充足配备。

五　结语

本次调研中获得的数据、访谈，反映了浙江省师资队伍建设的基本情况，我们已经逐一作出了分析解读，并较为系统地提出了我们的认识与建议。为方便管理者与研究者们应用该报告成果，我们再将浙江省师资队伍建设的优势与不足加以概括提炼，其中提出的问题与观点并非全部承袭上述内容，而是我们反复研讨以后的最新研究成果，因此，本部分内容也成为我们文前摘要的主体。

（一）浙江省教师队伍建设的优势

作为经济、文化与教育大省，浙江省师资队伍建设具有独特的优势，我们认为主要有三大方面：

1. 培训项目多，投入大，层次高

作为浙江省师范类院校中的教师，笔者即亲身投入过多次省级培训的组织与教学工作，因此，虽然在调查中没有专门对浙江省的培训项目进行梳理，但是对近年来浙江省的师资培训有所了解。例如：浙江省新课程改革全员培训，共计3年，所有学科教师全部轮训一遍；省名师名校长培养工程；百人千场送教下乡活动；浙江省农村教师素质提升工程；浙江省农村中小学骨干领雁工程。

需要指出的是，这些项目并不是浙江师范大学一家在做，而是全省十余家师范院校共同进行，这些培训其操作性和实际效果如何姑且不论，无论支持者还是反对者，有一点是共识，那就是浙江省政府在师资培训方面的投入力度还是很大的。这些培训基本上请到了省内外相关学科领域的名师，因而，至少令教师在这些培训中开阔了眼界，提高了见识。

2. 师范院校普遍注重教学实践技能的培训与提高

看一个省的师资队伍建设，还需要看这个省的师范教育，因为今天的师范生，明天就是这个地区的教师，师范教育不过关，整体师资队伍的质量就不会高，教师职后培训的效果就会差。正因为如此，浙江省各师范院校特别重视对师范生的教学实践技能的培训与提高。以浙江师范大学为例，这些年来采取了一系列的课程与教学改革措施，取得了明显的成效，尽管面对扩招，学生基础水平下降，中小学校缩编，导致师范生供过于求，即便在这种情况下，浙江师范大学的学生总体上仍然受到基础教育界的好评。有的教育局领导、校长明确说，虽然全国各地到处跑，但招来招去还是浙江师大的学生有潜质、会教书。究其原因，主要是浙江师范大学在近几年做了如下的师资培养工作。

第一，学校在5年前就提出了师范课程教学改革的目标，强调案例教学、微格教学和教学实践，提高教学的针对性和有效性，确保学生走出校门就能成为合格的教师。

第二，学校在省内率先建立了教师教育学院，成立课程与教学系，从而使全校的师范课程教学能够落到实处，教育实习更加科学规范，教师职后培训更具规模效应与教学实效。

第三，建立教育实践基地，成立基础教育研究中心，开办教师教育实训中心，课程与教学系30余名教师全部进入这些基地或中心里，巨大的资金注入，协同合作的教师团队，是这些平台培育中小学教师、发展师范教育者水平的保证。

第四，健全教师教育实践项目申报，创建教师教育创新团队。目前，正在进行的教育实践项目共有30多项，这些项目的展开，既标志着师范课程改革的深入，同时也提高了教师开展课堂教学研究的水平。

第五，率先在全省开展师范生教师教育技能大赛，并逐步推向全省，形成了全省师范生教师教育技能大赛，目前已举行3届，全部由浙江师范大学承担。浙江师范大学还积极向全国推广这一经验，并努力促成全国大赛。

第六，浙江师范大学向全省选调优秀特级教师，形成一支独特的名师队伍。目前，浙江师大已引进特级教师3人，他们都在各自的岗位上尤其在师资培训方面作出了独特的贡献。

3. 民办教育与职业教育走在全国前列

首先，浙江民营经济发达，为民办教育的发展提供了经济保障。目前浙江各地市都拥有一批成功的民办学校，如宁波的万里国际学校、华茂国际学校，诸暨的海亮高级中学、荣怀学校，东阳的中天高中、顺风高中等，在省内外都是叫得响的学校。大量民办教师的存在和发展，增加了浙江省师资的吸纳能力，促进了师范教育的发展，也引入了外省的优质教师，成为浙江师资队伍建设的一股活水，这批外来教师在一定程度上带活了浙江省师资的发展。可以说，它不但成为公办学校的有益补充，更是促进教师与教育竞争的保证。特别值得一提的是民办学校良好的基础设施，为教师的专业成长提供了优质的环境。此外，民办学校办学体制灵活，其师资的进出、奖惩均较公办学校要自由，因此，民办学校的发展为公办学校提供了有益的鉴借。

最后，浙江的经济发展也为职业学校带来了生机，目前浙江各地各类职业学校十分红火，发展势头较猛，学生就业率高，师资收入有所增长，教师幸福指数也随之增高。教师不再像从前那样抱着混的态度在职业学校执教，而是全面投入教育改革与研究中，搞科研、做课题、写论文的教师激增，读研究生的比例也在不断扩大。职业学校教师素质的提高，极大地弥补了短板效应。

（二）浙江省教师队伍建设中存在的问题

浙江的师资队伍建设虽然走在全国前列，但是与发达国家相比，差距仍然很大。而且，浙江省在教育发展过程中，也出现了一些偏差，导致师资队伍建设受到了一定程度影响。归结起来，浙江省师资队伍建设中存在的问题有3个层次。

1. 从深层次上来说

首先，社会对教师有着根深蒂固的偏见，认为教师不是专业技术职务，可替代性强，做教师是件比较容易的事。这种认知给教师的社会发展带来了较大负面影响，也是部分教师产生自卑心理的重要原因。

其次，中国经济发展的不平衡性及其结构性欠缺，导致政府对教育投入相对不足。有不少县市，包括经济发达的温州市，都存在着百姓富、政府穷的问题，政府捉襟见肘，自然就不太愿意往不能短期见效的教育领域投入。

最后，一些政府官员不能深入教育，不理解教育，导致对学校干涉过多。政府的强势与不断集权，导致目前有些学校校长负责制形同虚设，校长有职无权，连教师的选择都没有一丝的自由，因此，导致某些校长在教师队伍建设方面持消极态度。

2. 从中间层次来说

首先，教师自然认同欠缺，总认为自己先天不足，后天失调，有着一种自上师范以来就形成的挥之不去的自卑。

其次，社会成功人士中低学历的示范及目前大学生令人担忧的就业状况，导致新"读书无用论"开始泛滥，社会对教育投入的热情降低，而教师对学生教育的难度加大，此消彼长，造成部分教师幸福感的失落，总觉得教书不是理想的职业。

最后，长期以来，教师缺乏一种主人公意识，学校也没有给教师更多的民主参与意识，教师几乎没有融入学校的建设与管理中。目前表现之一就是职代会流于形式，教师意见无从传达的现象较为严重。

3. 从浅层次上来说

首先，学校具有发展意义的本质性竞争在削弱，而应试竞争日益激烈，导致一部分教师目光短浅，无心向学，懒于科研。

其次，教师职业相对稳定，进口容易，而出口不畅，造成教师的职业懈怠。为数不少的教师走过的几乎是同样的一条路：豪气冲天，信心十足——困惑渐多，不知所措——坐吃老本，挨到退休。

再次，虽然培训投入多，但为数不少的培训热情有余，方法欠妥，甚至机械单调，针对性不强，实战性不高，教师参与的积极性大受挫伤。另外，有的学校把培训当成了福利奖励给优秀的教师，结果导致培训机会不够均衡，锦上添花的多，雪中送炭的少，有的人一生很难参与到高质量的培训中，而有的人则成了"培训专业户"。

最后，目前的课程改革与人事制度改革与师资培育等不够配套，超前的课程改革导致某些学科师资发生结构性缺编，而有些学科则严重超编。

（三） 浙江省教师队伍建设的对策

针对上述问题，联系浙江省教育实际和经济、文化发展现状，我们从3个层面进行对策研讨。

1. 国家政策层面

第一，各级政府必须进一步加强经费投入，给予基础教育足够的物质保障。尽管浙江省各级政府十分重视教育，对教育的投入也远超一般的省市，但与浙江省总体国民收入相比，还是显得不足。有的地方政府，不给投入，只给一些政策，让学校自己去收计划外费用，结果导致教育乱收费现象的衍生。而经费不足，就会制约学校的发展，严重影响师资队伍的建设。

第二，国家应当出台一些政策，帮助各地进行合理的教育规划与布局，坚决撤并一些不合格的高消耗的学校。同时，通过合理规划，让不同的学校能够站在同一条起跑线上，消除优质教师因过分集中而造成的内耗。让优秀骨干教师真正能够起到带头作用。

第三，国家必须尽早出台教师进出口政策与制度，保证师资队伍的合理流动。进一步健全教师资格证书的考核与管理制度，提高教师的准入标准，帮助各地把好教师进口关。目前更为迫切的是建立教师流出制度，让一些不合格的教师能够分流到适应其发展的地方，形成教育界的良性竞争，通过教师较为便捷的进出，提高师资队伍的总体质量。

第四，通过制订相应的政策，规范学校的布局，对于那些不可能通过投入提升教学质量、缺乏生源的学校，需要通过政策的指导进行撤并，不能任其自生自灭，对这些学校的教师应进行恰当的培训与分流，以此提升办学的效益，优化师资队伍在社会上的整体形象。

第五，改革教育界职称评审制度，根据教育的特殊情况来确定职评的条件、标准，确保真正优秀的教师能够及时评上相应的职称。同时，尽可能强化职评后的监管，打破职称终身制，以此保证教师的发展动力。

第六，课程规划与改革一定要做好充足的准备，要加强与各部门的联系，避免因课程改革而导致的教师结构性欠缺与质量下降。

2. 学校教管层面

第一，要提高校长的质量意识、责任意识和发展意识，加强校长管理能力的培养，通过一个优秀的校长，带出一支过硬的师资队伍。同时，要进一步强化校长负责制，赋予校长相应的责、权、利，在资金发放、教师引进与淘汰、学校建设等方面，应给予校长更多的发言权。

第二，要通过有效的监督，防止校长"独裁"，鼓励教师参与到学校的建设与管理中。通过健全职工代表大会，强化教师的主人公意识，引导他们正确行使教职工的监督权。

第三，进一步强化学校教学考评制度与奖惩制度，强调多劳多得，优绩优酬，防止绩效工资实施后可能带来的弊病。让有为的教师获得应有的精神鼓励与物质支持，能够鞭策落后的教师，认真学习，努力工作，迎头赶上。

第四，积极开展校本研修，充分发挥各校名师效应。应当鼓励学校舍得投入开展教师培训，应当把校本培训列入学校考核项目。鼓励教师之间，互帮互学，共同进步。

第五，建立学校师资发展平台，通过开设书吧、电子书库、教工活动室、师生谈话室等，为教师的专业发展提供良好的环境，为教师的全方位成长奠定扎实的基础。

3. 社会支持层面

首先，要进一步加强社会宣传工作，让全民真正了解教育，都来关心教育；提高社会各界人士的教育素质，特别是提高家长的认识，消除社会对学校的片面认识，促使社会为学校全面实施素质教育作贡献，为教育减压，为教师减负，从而使教师的发展成长拥有必要的社会支持。

其次，师范院校要进一步加强与基础教育界的联系，加快教育科研的转化促进工作；应进一步改革大学的评价体系，避免出现不顾社会需求，片面追求科研数量的弊病，让每个研究者都能有心为我国的教育尤其是基础教育出谋划策。师范院校必须强化教学评价，要鼓励专家学者为师范教育出力，对于师范课程开设力大质优的教师必须加强精神和物质的双重奖励，使师范院校真正成为培养未来名师的摇篮。

最后，要进一步鼓励社会资本投入教育领域，引导民办学校抛弃短视做法，走可持续的道路。进一步强化民办学校的灵活机制，通过民办学校的大力发展，促进教育领域有序与有效的竞争，为提升教师学养与业务提供示范与平台。

报告 V

河南省教师队伍建设专题调研报告

"中国教师队伍建设"河南调研组

内容提要： 位居中原的河南省是人口大省，同时也是教育大省。改革开放 30 年来，河南省各级各类教育事业取得了令世人瞩目的成绩。河南省教育在快速发展、师资队伍建设取得积极进步的同时，也面临着教师编制不足、师资结构不合理、农村小学教师年龄老化等十分普遍的问题，具体主要表现在以下几个方面：高校教师队伍整体稳定，但缺少重量级师资，由于地处中部，人才引进成本大；中小学校教师编制问题相当突出，"超编"与缺员现象同时存在；由于编制不足，导致教师工作压力大，教师待遇不高、职称评定难，严重影响了教师的身心健康与工作积极性；农村地区青年教师补给跟不上，偏远地区留人难，导致教师年龄结构老化、代课教师现象严重；教师队伍建设方面投入不足，中小学教师继续教育工作还存在一些薄弱环节；特殊教育规模有限，生均经费偏低，"特教津贴"不能及时兑现；幼儿教育学校资源投入不足，发展受限，民办幼教亟待规范和政策支持；中等职业学校投入不足，教师队伍素质和结构亟待调整。面对新形势新任务，要坚持办学以人才为本、以教师为主体的原则，着力解决师资建设工作中存在的突出问题。为此，建议如下：实行动态管理，适当增加附加编制，进一步解决农村中小学教职工编制问题；完善相应的教师正常退出机制，建立健全教师队伍补充工作的长效机制；进一步明确各级政府对落实教师培训经费方面的责任，完善政策、健全制度，真正把教师继续教育经费纳入各级财政预算；进一步深化人事制度改革，落实和提高农村中小学教师待遇，增强教师职业吸引力；健全教师资格制度，建立教师流动机制，推进教师专业化发展；加强师德建设，提高师资素养。

一　前言

近几年来，在国家一系列教育政策推动下，我国各级各类教育规模持续扩大，给师资队伍建设带来了巨大压力，突出表现在教师队伍的规模和结构发展赶不上事业发展速度，已影响到教育质量的进一步提高。因此，需要进一步加大力度、加快速度，完善教师教育制度，建立教师培养培训新体系，改革教师任职制度，建立起一支结构合理、数量保证、素质优良的教师队伍，是实现教育事业可持续发展的关键所在。带着这样的目的和认识，本调研组一行 4 人于 2009 年 8 月底至 9 月初赴河南进行了为期 10 天的师资情况专题调研活动。

河南位于中国中东部、黄河中下游，因大部分地区位于黄河以南，故称河南。今天，河南地处中原大地，是我国经济由东向西梯次推进发展的中间地带。国家促进中部地区崛起的战略部署，更加凸显了河南独特的区位优势。全省总面积 16.7 万平方公里，居全国各省区市第 17 位。地势西高东低，北、西、南三面环山，中、东部为黄淮海平原，西南部为南阳盆地。河南省是人口大省，人口突破一个亿，2008 年，全省城镇化率达 36.0%。河南有郑州、开封、洛阳、南阳等 18 个省辖市，省会为郑州。改革开放以来，全省人民始终坚持以经济建设为中心，以富民强省为目标，充分调动各方面的积极性和创造性，抢抓发展机遇、锐意创新、开拓进取，正在成功实现由传统农业大省向工业大省和文化大省转变。2008 年，全省实现生产总值 18407.78 亿元，年均递增 8.5%。人均生产总值年均递增 7.0%，河南经济焕发出新的生机和活力，国民经济不断跃上新台阶。在全国各省市的排位由 1978 年的第 9 位上升到 2007 年的第 5 位，居中西部地区首位。30 年来全省 GDP 以年均 11.2% 的速度增长，高于同期全国平均水平 1.4 个百分点。经济总量不断扩大，经济结构不断调整，工业化进程加快推进，发展后劲不断增强，经济社会同步发展的态势初步形成。①

河南也是教育大省，受教育人口占总人口的 28% 还多。各级各类学校 5.76 万所，在校生 2744 万名，教职工总数 125 万名。普通中小学教职工 86 万多名，普通高中教职工 9 万多名，普通初中 28 万多名，小学 48 万多名。

---

① 资料来源：http://www.henan.gov.cn/。

从城乡分布来看，县城以下的中小学占 85%；从职务结构来看，小学，初中，高中中高级以上职务的占 40% 多。2008 年全省有小学 30214 所，另外边远地区、山区还有 4724 个教学点，小学在校生 1036.6 万名。初中 4810 所，在校生 484.2 万名。普通高中 908 所，在校生 207.26 万名。

普通中小学教师（不含幼儿、特殊教育教师）86.42 万名，其中小学专任教师 48.53 万名，具有专科及以上学历的占 66.87%，学历合格率为 99.54%。普通初中专任教师 27.62 万名，具有本科以上学历的占 38.86%，学历合格率为 97.68%。普通高中专任教师 10.27 万名，具有研究生学历的占 20.66%，学历合格率为 90.8%。

河南省高等教育的规模居全国第五，取得这个成绩应该说是了不起的。因为河南没有一所部级高校。2008 年普通高校在校生是 127 万人，2009 年接近 140 万人。人口大省的基本省情决定了河南高等教育的总体重心偏低，且国家"211"工程院校仅郑州大学一所。现在全省有 89 所高校，本科院校 33 所，其他为高职高专院校。高校专任教师 6.5 万人，5 年前才 2.8 万人，过去 30 年没有两院院士，现在有 3 位。双聘院士有 111 位，主要集中在本科院校。高校教师队伍的年龄、职称、知识结构，基本满足高校教学科研的需要。

本次到河南省调研的主要目的在于系统、客观地了解和把握河南省各级各类教师队伍的现状和存在的问题，为加强中小学师资队伍建设，改善农村地区教师工作待遇，培养高素质师资力量，提供有价值的参考数据，为职能部门制定有关政策提供政策性建议，为国家制订教育中长期发展规划纲要提供典型性样本。具体来说：第一，通过从城市到乡村、从教育行政部门到一线教师的访谈、座谈，了解河南省目前最真实的教师队伍情况、倾听最基层教师的声音；第二，把调研过程中所发现的教师队伍存在的问题及一些教育现象客观地描述下来，并通过概括分析，提出相关建设性的建议；第三，总结河南省在教师教育队伍中所采取的有力措施及相关政策，对各地师资队伍水平的提升起到参考价值；第四，通过调研过程中对调研目的的说明让基层教师感受到国家对教师队伍建设的重视，提出更有针对性的意见。

二　调研设计与实施

（一）调研过程

本次调研，调研组在有限的时间内，深入河南部分地区对大学、中小学、幼儿园、职业学校和特殊学校的师资队伍建设情况进行实地调研，以求获得真实而有效的数据。调研内容主要涉及教师队伍结构、教师待遇、教师身份地位、教师招聘情况、教师流动情况、教师培训等，另外也涉及学校建设、教育政策实施、教育经费投入等各方面教师关心的问题。另外，在实际调研过程中，针对中小学、职业学校的师资问题比较突出的实际问题，我们把调研的目光投向中小学校、职业学校的师资，特别是对农村地区的中小学师资问题的考察。相比较而言，高校教师、公办高中教师比较稳定，**整体素质也是最高的**。

调研过程运用实地考察法、访谈法、问卷调查法等研究方法，力求做到客观、真实、有效，做到定量与定性相结合。首先，在前期准备工作中，我们搜集整理了大量关于师资队伍建设方面的文献，将师资队伍建设方面的成就、存在的问题、提供的建议、国外师资队伍建设的经验等做了详尽的文献综述。在此基础之上，我们设计了调研方案、访谈提纲和调查问卷。访谈提纲分为普通教育方面的教育行政部门访谈提纲、校领导访谈提纲、学校教师访谈提纲、高校人事处访谈提纲和职业教育方面的教育行政部门访谈提纲、校领导访谈提纲、学校教师访谈提纲、职教师资培训基地访谈提纲。调查问卷包括幼儿园教师队伍建设调查问卷（教师卷）、幼儿园教师队伍建设调查问卷（园长卷）、中小学教师队伍建设调查问卷（教师卷）、中小学教师队伍建设调查问卷（校长卷）、中等职业学校教师队伍建设调查问卷（教师卷）、中等职业学校教师队伍建设调查问卷（校长卷）6 种。另外，我们准备了充足的器材以便在调研过程中记录现场情况（座谈会、访谈、实地走访、学校状况），携带了摄像机、录音笔、数码照相机、笔记本等。在调研过程中，我们尽量充分地利用这些器具，以求把我们看到的和听到的最原本地反映在最后的调研报告中。

表 2－1　　　　　　　　　　　具体调研计划和调研内容

时间	地点	主要与会人员或访谈对象	内容
2009 年 8 月 26 日下午	郑州（省委二招）	（河南省参事室处长等，就调研相关事项安排进行了沟通和了解）	到达河南
2009 年 8 月 27 日上午	河南省教育厅会议室	省政府参事、省教育厅厅长助理、人事处长、人事处副处长、高教处副处长、基础教育处、职成教处、师范处	听取汇报并座谈

续表

时间	地点	主要与会人员或访谈对象	内容
2009 年 8 月 27 日下午	华北水利水电学院会议室	华北水利水电学院校长、人事处处长、副处长、秘书等①	实地访谈
	郑州牧专会议室	郑州牧专副校长，教务处副处长，人事处副处长等	实地访谈
2009 年 8 月 28 日下午	南阳宾馆会议室	南阳市市长助理、教育局长、南阳政府办副秘书长、副局长，南阳教育局各科室负责人	听取汇报并座谈
2009 年 8 月 30 日上午	南阳市第二职业中专（南阳市旅游学校）会议室	南阳市第二职业中专校长、书记、教务主任等 5 人	实地走访
	南阳市第二十五小学会议室	南阳市第二十五小学校长、副校长、宛城区教育局局长等 6 人	实地走访
	南阳市华龙学校	华龙学校校长等	实地走访
2009 年 8 月 31 日上午	内乡宾馆会议室	南阳市教育局一行 2 人 内乡县分管教育副县长、县教育局局长、内乡县民办或者公办小学、初中、高中校长及幼儿园园长共 19 人	座谈
2009 年 8 月 31 日下午	内乡宾馆会议室	县公办或民办高中、中职、初中、小学、幼儿园教师共 18 人	座谈
2009 年 9 月 1 日上午	马山口乡初中校长办公室	校长、副校长等	实地走访
	马山口第六中心小学	乡长、校长、副校长等	实地走访
	马山口第六中心小学一教学点	乡长、校长等	实地走访
2009 年 9 月 2 日	郑州（省委二招）	调研组成员	材料整理
2009 年 9 月 3 日	返回金华		

---

　　① 说明：在整个调研过程当中，河南省政府参事邓庆洲同志、省教育厅师资培训中心孙梁予主任、人事处干部张哲哲同志都全程参与，并多次发言，对本次调研给予了极大的帮助，对有关师资情况进行了有益的补充和科学说明，在此不再一一列出。

　　在整个调研过程中，我们先后召开了 8 场（约 100 人次）座谈会，对河南省教育厅、南阳市教育局、内乡县教育局的各级教育行政部门的相关领导（主要是分管人事的领导）进行了访谈，其间还走访了郑州市的 2 所高校、南阳市的 3 所中小学校、内乡县的 3 所中小学校（包括 1 个农村教学点）。座谈、访谈的学校覆盖了普通高中、中等职业学校、初中、小学、幼儿园等不同类型，并兼顾了公办学校和民办学校。调研组在整个调查过程中注意深入实际、深入基层，讲究策略和方式方法，扎实地搜集相关资料，共有：现场录音约 15 个小时（回浙师大后根据录音整理成文字 7.6 万字）；现场录像 40 分钟；拍摄照片 350 张；文字笔记 100 多页（约 3 万字）。发放问卷 1297 份，回收有效问卷 860 份，回收率 66.3%。

（二）调研方法

1. 文献法

　　调研文献主要为 2006—2008 年《河南省教育统计提要》、2006—2007 年《南阳市教育事业统计分析》、2006—2007 年《内乡县教育事业统计分析》，以及河南省政府门户网站上公布的资料等。

2. 访谈法

　　调研采用开放性和对象式访谈的方式对河南省教育厅有关领导、南阳市教育局领导、校长代表、教师代表等 100 人次进行访谈，其中深度访谈人数超过一半。

3. 实地观察

　　调研组对内乡县教育局、郑州市 2 所高校、南阳市 3 所中小学校、内乡县 3 所中小学校等进行了实地考察。

4. 问卷法

　　通过《我国教师队伍建设调查问卷》（共 6 份，分别为幼儿园教师卷、幼儿园园长卷、中小学教师卷、中小学校长卷、职业学校教师卷和职业学校校长卷），对河南省郑州市、南阳市进行了问卷的随机发放，并在会谈现场进行了对象发放。

三　现状与问题

　　经过问卷分析、深度访谈和实地考察，我们发现河南省教师队伍建设存在的主要问题集中于以下几个方面，分别是：教师编制问题、教师结构、职称评定、薪酬待遇、教师流动、继续教育、工作压力等。以下我们分别从概况、成绩、问题三个方面对河南省师资队伍建设现状进行描述。

（一）教师队伍建设的成就与经验

本次调研活动，得到了省、地市、县各级政府部门的高度重视与大力支持。整个调研过程中，我们充分感受到了各级领导对河南教育的关心与重视，对河南教育中存在的困难的深深忧虑。在调研过程中，我们也充分感受到，在河南省现有条件下，各级政府想方设法创造条件来发展教育，各级政府对教育尤其是师资队伍建设问题相当重视，并制定了一些行之有效的政策措施，成果显著。

1. 教育优先发展的战略地位得到了切实落实，教育整体发展势头良好

河南省省会郑州市是我们此行调研的第一站。在郑州，我们首先与教育厅领导进行了座谈，从教育厅领导的介绍与他们提供的相关资料中，我们能充分感受到这几年河南省教育所获得的喜人成就。

河南省是人口大省，人口超过一个亿，同时也是教育大省，受教育人口占总人口的28%还多。各级各类学校5.76万所，在校生2744万名。河南全省有30214所小学，另外边远地区、山区还有4724个教学点，小学在校生1036.6万名。初中4810所，在校生484.2万名。普通高中908所，在校生207.26万名。

目前，河南省各地学校发展呈现多元面貌，高等院校与基础教育学校，义务教育、普通高中与中等职业学校，公办与民办学校……类型丰富，多元互补。据统计，南阳市现有中小学（含中专）在职教师95557人，其中幼儿教师2184人，小学教师49085人，初中教师28077人，普通高中教师9843人，职业高中（职业中专）教师2393人，普通中专（成人中专）教师3745人，特殊教育教师230人。内乡县共有各级各类学校333所。其中普通高中4所；职业高中1所；普通初中22所（含1所民办学校）；小学273所（含民办学校1所），另有57个小学教学点；特殊教育学校1所；幼儿园31所（含民办11所）；教师进修学校1所。这些较好地满足了社会对于教育的需求。

高等教育方面，据河南省教育厅领导介绍，河南省高等教育的规模居全国第五，应该说是了不起的成绩。因为河南是第一人口大省，在高校布局

上，河南没有一所部级高校，取得这个成绩是相当不容易的。2008 年普通高校在校生是 127 万人，2009 年估计会接近 140 万人。人口大省这样一个基本省情，决定了河南高等教育的总体重心是偏低的。河南只有一所国家"211"工程建设院校，即郑州大学。在一类的高校里面，话语权还是缺乏的。现在全省有 89 所高校，本科院校 33 所，其他为高职高专学校，高校专任教师 6.5 万人，5 年前才 2.8 万人，过去 30 年没有两院院士，现在有 3 位，双聘院士有 111 位，主要集中在本科院校，高职也有。

在郑州市，我们实地走访了郑州牧业工程高等专科学校、华北水利水电学院这两所高校，得力于政府的大力支持，经过学校自身多年的持续努力，当地高校在办学质量、专业建设、师资队伍建设等方面都取得了较为显著的成果，且发展势头良好。

在中小学基础教育方面，尽管还有很多工作需要做，有不少困难需要去克服，但整体上，河南教育发展正处于不断上升的过程中。作为人口大省的河南省同时也是教育大省，各级各类教育适龄人口人数比较庞大，教育资源比较紧张。改革开放 30 年来，河南省各级政府一直十分重视发展教育，各级各类教育都发生了巨大变化，学校面貌大为改观，入学率不断提高。在完成两基攻坚目标的基础上，政府教育财政投入持续增长，如南阳市 2008 年教育经费政府财政投入比 2007 年增长 32%，2009 年上半年虽然受金融危机影响，但教育投入仍比 2008 年增长 15.8%，高于财政增长。南阳市政府这几年还投资新建扩建了 16 所学校，筹资 1.5 亿用来解决中心城区教师自然减员的问题。

教师队伍建设也引起了高度重视，情况正在逐步改善。教师编制缺额问题对河南教育的制约影响是相当明显的，各级政府部门事实上也已经在这方面作了积极的努力。2009 年在全省范围内实行"特岗教师"政策等。

针对教师缺额问题，2006 年教育部、财政部还有中央编办和社会保障部出台了一项政策，针对西部地区农村义务教育学校设立"教师特设岗位"的计划。这在西部地区已经实施了 3 年，从效果看，达到了一定的目的。从 2009 年开始这项政策辐射到了中部地区，目前，中部和西部总共 22 个省份开展实施这项计划。其政策内容主要有：第一，服务期 3 年；第二，招考对象为应届和往届本科生（往届本科生必须具备教师资格，应届生可以招少量的师范专科生）；第三，服务期 3 年，由国家财政直接拨付招聘人员的工资性支出；第四，这些特岗教师是到农村乡镇及以下中小学工作，服务期满

3 年以后，在考核合格的前提下，愿意留下继续任教的，县政府要无条件地让其办理入编入岗（这部分教师没有另给编制，还是在当地原来的编制以内）。——我们在河南调研时，2009 年特岗教师招考与教师分配工作已基本完成。据介绍，河南是执行这项计划最好的省份，2009 年 6 月 4 日，教育部专门在河南召开了一个现场会，推广河南的经验。

2009 年河南省第一次实行"特岗教师"制度，全省一共招收"特岗教师"一万名，按指标分配到不同的市县，像南阳市获得了 1120 人的指标（2008 年整个南阳市补充的新教师也就是 1230 人）。该政策，对于缓减教师缺额问题显然意义重大。

2. 基本建成了一支师德高尚、素质符合教育发展需要、人员比较稳定的教师队伍

经过多年的发展，河南省已经基本建成了一支与教育发展需要相匹配的教师队伍。截至 2008 年 8 月，河南全省各类学校教职工总数为 125 万名，普通中小学教职工 86 万多名，普通高中教职工 9 万多名，普通初中 28 万多名，小学 48 万多名。从城乡分布来看，县城以下的中小学教职工占 85%。全省教师的学历合格率基本达标，而且教师的学历也呈现不断升高趋势。其中小学专任教师 48.53 万名，具有专科及以上学历的为 66.87%，学历合格率是 99.54%。普通初中专任教师 27.62 万名，具有本科以上学历的占 38.86%，学历合格率为 97.68%，普通高中专任教师 10.27 万名，具有研究生学历的占 20.66%，学历合格率为 90.8%。

全省各级党委、政府把教师队伍建设纳入当地教育事业乃至社会经济发展总体规划，摆在更加突出的优先位置，抓紧建立、健全教师队伍长效补充机制。国家和省、市支持县市区及时招录优秀大中专毕业生补进教师队伍，根据本地区教育教学实际需要，县市区认真研究确定公开招录优秀大专院校毕业生数量，原则上不少于教师自然减员数。通过择优聘任，充实中小学教师队伍，特别是向农村、山区和薄弱学校倾斜，努力建立一支数量足够、配置合理、结构优化、师德高尚、业务精良的高素质专业化的教师队伍。

以南阳市为例，近年来，在市委、市政府的正确领导下，教育局坚持以中小学人事制度改革为重点，以师德师风建设为突破口，不断加大教师队伍建设工作力度，教师队伍素质得以逐步提高，南阳市高中、初中、小学教师学历达标率分别达到 94.7%、97.8% 和 99.5%，高学历比率分别达到 4.2%、35.4% 和 64.3%，为全面推进素质教育奠定了坚实的基础。一是中

小学人事制度改革进一步深化。随着教师资格制度全面实施、教师聘用制全面推行和中小学校长任用制度改革的稳步推进，新的用人机制得以确立，为教师队伍建设注入了新的生机和活力。二是教师继续教育制度不断完善并切实落实。大力加强师德建设，积极推进"中小学教师继续教育工程"和"千名骨干校长培训工程"，教师队伍结构得到优化，整体素质不断提高。三是坚持以人为本，积极落实和提高教师待遇，营造尊师重教的社会氛围，为广大教师创造了良好的工作环境。2004 年以来，全市没有发生教师工资拖欠现象，教师工资水平从月均不足千元提高到 2008 年的 1432 元。

　　3. 重视教师素质提升工作，继续教育工作成果显著

　　教师素质提升工程是一项需要常抓不懈的工作。河南省教育相关部门在这方面也做了大量卓有成效的工作。仅"九五"期间，河南省通过中小学教师学历补偿教育，共培训中学教师 6.5 万人、小学教师 9.8 万人，有效改变了全省中小学教师学历合格率长期偏低的状况。同时开始了农村中小学继续教育和校长培训，到 1997 年底，全省小学教师中接受继续教育的已达 25 万人，占小学教师总数的 60%。从 2000 年开始，实施了新世纪园丁工程和"百千万工程"，新一轮中小学教师岗位培训全面展开，开展了新课程培训，教师队伍素质不断提高。1978 年，全省小学、初中、高中专任教师学历合格率分别为 42.97%、45.55%、38.81%，到 2007 年，全省小学、初中、高中专任教师学历合格率则分别达到 99.4%、99.9%、88.7%。

　　2006 年国家相关文件规定，要求拿出学校年度公用经费预算总额的 5% 用于教师培训（义务教育阶段）。2009 年又提高了标准，小学每人 350 元，中学每人 500 元，要求省、市、县从财政上再拿出一定的经费用于教师培训，目的就是不让教师个人出钱。这些政策，都得到了很好的落实。河南省计划在"十一五"期间要培训 8490 名专业课教师，培训费也是全免的，学校报销住宿费。另外还有教育技术能力培训，这是一个全员性的轮训，要求 5 年之内专任教师都要接受培训，主要是到所在地市和郑州市参加培训。

　　从"河南省中小学教师参加专业培训累积时间"的统计数字（见图 3 - 1）中可以看出，全省中小学教师普遍拥有参加专业培训的机会（未参加过培训的只有 5%），而且接受培训的时间较长。其中参加过 1 个月以上培训的教师比例达到 75%，有三分之一以上的教师专业培训累积时间达到 3 个月以上。

　　而中小学教师在专业提升方面也表现出了相当强烈的主动性与积极性，

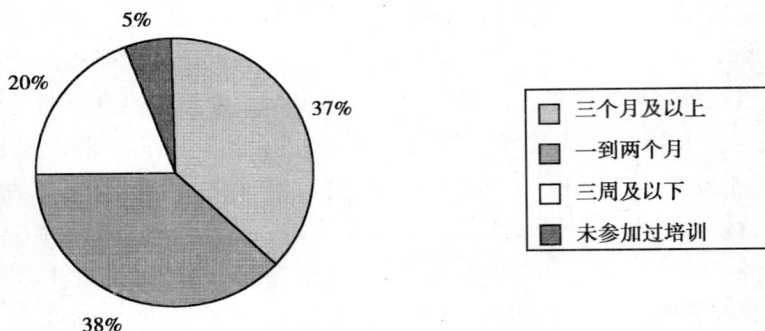

图 3 - 1　河南省中小学教师参加专业培训累积时间分析图

且对于参加专业培训普遍具有正确的心态与认识。从参加培训动机的调查统计数字来看（见图 3 - 2），相对比较被动的（诸如"领导要求"）仅有 8%，仅仅出于"职称晋升"等功利性原因的也只有 12%，而出于"教学需要"等实用性目的的比例达到 42%，出于更为积极的"自我充电"需要的比例也高达 35%。这是相当可喜的现象。

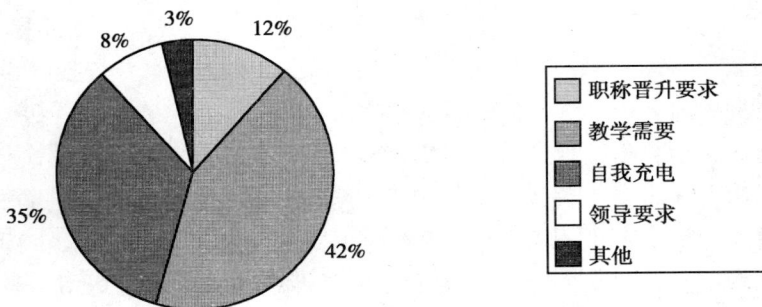

图 3 - 2　河南省中小学教师参加培训的主要原因比例分析图

　　关于参加培训的积极性的专项调查数字显示（见图 3 - 3），只有不到 5% 的中小学教师参加培训的积极性"较低"，超过 40% 的教师积极性"较高"，接近 25% 的教师积极性"很高"。

　　不容忽视的是，经费问题依然是教师素质提升的很大障碍。教师出来学习需要一些交通费用和住宿费用。而且学校工作的特殊性质，也决定了教师的培训难以大面积覆盖。为了确保培训工作的落实，现在不少省级的专项培训连伙食费都补贴，但是到了县市就有困难。为此，相关部门充分挖掘已有资源，促进教师素质提升，如利用远程网络教学就是

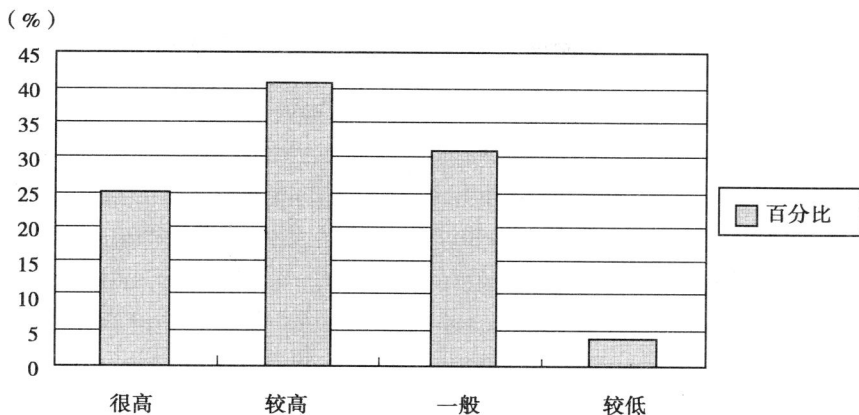

图 3 - 3　河南省中小学教师参加培训的积极性比例分析图

一例。这几年的高中新课改培训越来越多是通过网络进行的，国家牵头进行资源开发，由省里统一安排，各培训点进行学员信息管理，教师反映效果不错。

4. 因地制宜、创造条件，高等学校教师队伍整体稳定

河南省高校教师队伍，从比较弱小发展到现在基本适应教学、科研的需要这样一个庞大的队伍，在年龄结构、职称结构、知识结构等方面基本上能满足高校教学科研的需要。河南省在全国首先推行省级特聘教授制度，设立了 161 个特聘教授岗位，截至 2009 年 8 月已经上岗的特聘教授有 93 位。采用动态管理，5 年一期，加强中期考核。吸引了百万包括省外发达地区的年轻学者来河南工作，同时也稳定了省内做出很大成就的年轻学者，应该说在培养 50 岁以下中青年学者方面做出了很大努力。为了稳定省内年轻学者，河南省推出了创新人才培养工程，这批学者的津贴比"长江学者"还要高 2 万元，国家是 10 万元，河南是 12 万元。主要瞄准培养国家一流专家层次的人才，全省平均每年资助 10 万元，连续 5 年，全省选拔了 146 人。35 岁以下具有硕士学历、副教授职称的年轻学者每年选拔 200 人，每年每人平均资助 2 万元，学校还有配套。针对教学科研工作的需要，河南省科研办事处和国家留学基金委合作了一个项目，每年选拔 100 名青年教师赴国外留学，从 1999 年特别是 2002—2015 年完成这个工作，总共需要投入 3 个亿。

从我们所走访的高校来看，相较基础教育而言，高校教师情况较

好。比如"华北水利水电学院"，通过多途径建设，目前已经形成了一支规模相对适中、结构梯队趋于合理、业务素质日益过硬，能承担繁重的教学、科研任务的教师队伍；同时，学校也形成了一支年富力强、充满创新活力的管理队伍和在市场上富有竞争力和先进理念的企业经营队伍，在学校的改革与发展中发挥着重要作用。到 2009 年 8 月学校拥有在编在岗教职工 1387 人，其中专任教师 960 余人。专任教师中具有正高人员 129 人，副高专业技术人员 300 余人；具有博士学位的 191 人、硕士学位的 520 人；双聘院士 4 人，享受国务院特殊津贴的专家 20 人；省级重点学科带头人 19 人；省、校级特聘教授 8 人，入选省、厅级"555 人才工程"的 45 人；省管专家、省高校创新人才 11 人；省教学名师及优秀中青年骨干教师 29 人。该校在引进拔尖人才方面力度很大，成效也相当显著。在对领军式拔尖人才的引进中，该校注重政策的优惠和硬件设施的完善，在引进待遇、工作环境、科研环境等方面加大投入。对急需的拔尖人才，敢于突破常规，用优厚的待遇和条件来吸引人才。通过专任、外聘相结合的方式使领军式人才的力量不断强大。学校特聘两院院士潘家铮等著名专家为学校高级顾问，聘请中国工程院院士顾金才、王浩、倪维斗、周丰峻等 4 人为双聘院士。近几年聘用外籍专家（教师）30 余人次，有 130 余位国内外著名的专家及学者来学校兼职。这些优秀的专家学者，近几年对学校在办学目标、定位、学科及人才建设、科研数量及质量的提升等方面都发挥了不可估量的作用。

规模相对较小的高校，如郑州牧业工程高等专科学校，在学校发展与师资建设方面也取得了显著的成绩，而且，最近几年，师资队伍建设的大环境是相当不错的。该校发展比较快的时候，每年要进几十位教师。在 2003 年以前，该校要一个重点大学的本科生都很困难。但是现在该校要招 31 个人，第一轮报名就有 1900 人，全是硕士或者硕士以上。在待遇方面，河南省高校的教师待遇还是不错的，这对稳定教师队伍、促进学校发展起到了显著作用。

（二）调研对象的情况分析

在河南的调研过程中，我们接触到的访谈对象，有省、地、县三级教育行政部门的领导，也有大、中、小学、幼儿园、职业学校的校长们，更有坚守在三尺讲台上的辛勤园丁们。他们的谈话和发言，使我们的心灵一次次地受到震撼，除了他们对教育事业的热忱之外，更多的是感觉到他们对教育工作的奉献精神。我们在走访一所职业高中的时候，看到校长的办公室里只有一张很普通的办公桌，据校长讲这是他们学校最好的一张办公桌；在走访一所乡村中学时，我们看到老师的办公桌也比学生的课桌差。这一个个令人难忘的场面、一句句回荡心头的真切话语，使我们可以感受到中原崛起之日就是河南人民教育梦想实现之时。

调研组走访了各级各类学校，与校长、老师们进行了促膝交谈，基本了解到河南省学校师资队伍现状，对存在的问题有了更为深刻的认识。

1. 走访谈话的部分内容辑要如下

时间	谈话人	内　　容
2009年8月30日上午	南阳市第二职业中专校长	存在的问题：专业萎缩之后，有一批老师空出来，需要转岗，有些是不能转岗的。另外还有职称的评定，这里牵涉到老师的待遇。名额有限制，比如说你有8个10个符合要求的，但是指标只有5个3个，一年一年地积累。和普通高中相比，是比较滞后的。这中间也有些个人原因，但是我们一致感觉到上级对普通高中和我们职业高中好像有点不公的。与普通高中有时候无法相比，他们可能坐飞机旅游，我们不敢想象，我们只有工资
	宛城区教育局局长	主要存在以下问题：一是教师总数不足，减少很快，包括自然减员等，补充的不足。二是结构不合理：年龄结构偏大，尤其是农村学校；学科结构不合理；城乡结构不平衡，农村更缺教师。三是教师队伍素质参差不齐。城市老师素质明显高于农村教师素质，有些教师素质偏差，有一部分优秀的农村教师被选拔走补充城市教师的不足。生师比达到60∶1。四是教师编制，教师被借用到外单位还长期占有编制，另外很多教师身体状况差，据统计一个乡有1/8的老师有病不能上岗。农村教师不稳定，还有很多在岗的，近200人没有在教育系统工作过，80多人有病不能上岗，外出也不知道具体做什么的有130人左右。如果按生师比来说，城区比农村缺老师，但实际上农村比城市更缺老师
	南阳市第二十五小学校长	生源一直在增加，现在办5个班，每班超过80人。我们这里是划片招生，学校处于城乡结合部，学校学生多是农民工子女，今年的学生60%以上是农民工子女。今年在校生1500多人，这几天插班生又有150多人，所以现在学生数近1700人（校园面积近6亩）。教师总共仅有49名，学校至少缺10名教师。现在这些老师年龄偏大，53岁以上的有5位，有1位今年10月份退休，有1位年底退休，现在仍然坚持在一线工作。教师的周工作量都在20节以上。由于学校地处城乡结合部，教师的知识层次、知识结构也是参差不齐
	南阳华龙学校校长	说到教师队伍我最伤心了，教师队伍极不稳定，咱们华龙学校是以质量取胜的学校，在南阳也是非常诚信的学校。可是面对家长的承诺，教师的流动率特别高。有的老师来我这里教个2年3年，公办学校招教师，我们学校就要走20多个骨干教师，等于华龙学校是南阳市的教师培训基地。明天下午这个招教考试又要开始了，我们这里30岁以下的老师几乎都报名了

续表

时间	谈话人	内　容
2009 年 9 月 1 日 上午	马山口乡 初中校长	我这个学校政府投入可以说基本是零。公用经费省一笔，欠一笔，还欠90 多万，欠工程队的钱。有老师的钱，你像这个学校老师有的借 1 万，有的借 5000，集资的 我干教师 30 年来，每个月 1700 来块钱，我现在是中学高级教师，新分来的老师是七八百块钱
	马山口乡 第六中心 小学校长	我也上课，我带六年级数学和五六年级的体育课。教师特别紧张，有些课开不起来。我们有两个年轻老师，他们负担非常重。一个教五年级的语文、五六年级的英语、六年级的计算机，还有五年级的劳动，并且负责学生寝室的安全，抓教学工作、纪律卫生这些方面。现在分校有个教师工作量也是非常大，一个人教了五六科

2. 来自教育管理者的声音（有关座谈会内容辑要一）

时间	发言人	内　容
2009 年 8 月 27 日 上午	河南省教育厅人事处副处长	存在问题：一是教师编制标准偏紧。国家 2001 年制定的中小学教师编制标准已不能适应形势的变化。根据河南的情况，我们对农村制定了更严格的标准。国家制定的标准农村是 1：21，我们是 1：23，现在是 1：25，每个老师又多负担了两个学生。如果按此标准，我们现有的教职工已经达标，个别已经超标，但实际上教师不够用，我们比较困惑。近几年又出现了新问题：大量的农民工进城，造成城市大班额问题非常严重，按照这么说，农村教师应该够用了？实际上，因为农村教学点和学校并没有减少，虽然学生数减少，但是班级并没有减少，只按学生数核定编制显然不合理；另外，2001 年启动基础教育课程改革后，国家对课程开设的要求高了，课程多了，这样对教师的要求又高了。现有的教师要适应新课程的需要也很困难；和其他省相比，河南农村教师的 70% 是由原来的民办教师转正的，这部分教师年龄偏大，有些接近退休，知识老化，要适应新课程有很大难度
	河南省教育厅厅长助理、人事处处长	教师流动大部分是农村流向城市，比如城市的招聘会吸引下面一些优秀教师报考。河南为了稳定教师队伍也采取了一些措施，比如城乡交流，就是县城学校的教师必须和其他学校的教师结对，组织教师定期的支教。在政策上也有相应的规定，在评职称的时候，城市教师要求必须有一定的支教年限。为了教师队伍的稳定，各市县都有一定的措施
2009 年 8 月 28 日 下午	南阳市教育局局长	具体到南阳，可以概括为"一高一低"："高"是指适龄入学儿童比例高，这两年我们初中毕业生大概是 9 万多人，去年特别是从 2006 年开始出现一个高位增长的态势，小学到中学都是高位增长。"低"就是教师队伍数量逐年下降。首先编制存在突出矛盾。我们现在在职教师是 95562 人，到目前核定编制是 87019 个，还超出了 8543 个人；2001—2008 年全市中小学教师自然减员 18938 人，而仅增补8961 人，净减少 9977 人。这个"一高一低"的问题非常严重
	南阳市教育局副局长	现在一些县没有代课教师开不了课。一个正式的公办教师编制可以聘请到三到四个代课教师。但是如果这个问题持续下去，就会出现新一批的民办教师，而且教学质量保证不了，合格的师范毕业生当不了教师。我们需要 10 万教师，今年加上 4000 人以后，我们还差 1 万多名教师，现在政府管钱，你要增加编制，就说你超编，不能进。为啥不能进，进了财政要掏钱，无编就成了他不让你进的理由

时间	发言人	内　容
2009 年 8 月 31 日 上午	内乡县特殊教育学校校长	特殊教育生均经费：河南省 1996 年出台了一个文件是生均 300 块钱。一直到现在还是 300 块钱。当时普通中小学大约是 30 块钱左右，特殊教育是 300 块钱，是普通教育的 10 倍。普通小学现在是 300 块钱，初中是 500 块钱
	普通高中校长	新课改后学生负担加重了，主要两个原因：一个是高考难度增加了，没有降；然后课程开设要求多，综合实践课以及通用技术、计算机、音乐、美术（这些课程原来都是应付一下，现在要认真开，高考要学分）有综合素质评价低就录取不了啊。课程要求比原来多，学生负担怎么能降下来？学生负担重，老师负担也很重，老师每天工作 10 个小时以上，星期六基本是正常工作
	职业中学校长	招生存在很大问题，有文件说招生和普通高中 5 年内达到 1∶1，像我们这样一个山区县恐怕 10 年也达不到 1∶1，跟实际差得很远很远。这些年都是差得很远；职称评定方面，职业教育教师的职称评定和普通教师相比是吃亏的，因为省里市里的职称评定，职业学校的教师基本上没人参加
2009 年 8 月 31 日 上午	公办幼儿园校长	编制问题：现在幼儿园的编制和国家幼儿园的工作规程里面的编制相比出入很大，国家规定一个班是两教一保，但是到了地方我们还是跟着小学的编制走，25 个学生一个老师，这不适合我们幼儿园的教育 教师培养问题：师范培养的幼儿教师不能适应幼儿教育，这些师范招收的学生主要是初中成绩比较差的学生，这样一来师资素质就差了。师资是非常缺乏的，好的老师很少
	民办幼儿园校长	我们民办幼儿园经费更困难，我们都是按学期收费，其他大城市地方都是按月收费，而且我们比公办幼儿园收费低得多。专业教师也不愿意到我们乡镇去任教。我们民办教师社会地位低，和打工差不多，每天工作量大，小孩又爱动，难管理，老师每天都忙得晕头转向的，特别累
	民办中学校长	我认为对教师进行职业道德教育、思想教育是很重要的。教师非常敬业，很有凝聚力。我不太注重学历，首先注重你的工作态度和教学能力。我还提出"亲情管理"，老师都把学校当成自己的家，昨天一个学生没有请假走了，班主任找不到学生急得哭，他哭不是怕我扣他工资，因为我从不扣教师工资，老师们都非常敬业
	郊区小学校长	一个问题是教师缺编，尤其是农村中小学教师严重缺编。因为县城缺老师，从农村选走一部分优秀的教师补充到县城。二是教师队伍的年龄结构不合理，年龄老化。三是专业结构不合理。缺少专业课教师，特别是体、音、美、英语和计算机教师。所以出现了很多"走教"老师（一个学校的老师到其他学校去代课）。四是工作量大，现在小学开设了 9 门课程。因为我们有"走教任务"，所以我们没有按学生数配老师，其他教学点都是按每个班 1.5 配教师。每个老师每周代课 20 节以上，如果严格按照每天 6 节课的标准，学生家长不同意，所以我们每天基本上是 8 节课。我们学校是寄宿制学校，老师不但要上课，还有陪寝任务。五是不能严格按照生师比来定编制，在农村尤其是偏远地区要严格按生师比配老师就不合适，不符合当地的实际情况，因为偏远地区有很多教学点，教学点学生人数少。六是待遇，教师节和其他一些节日，发放的慰问品很少，教师节慰问金很少，不足 100 元

3. 来自一线教师的声音（有关座谈会内容辑要二）

时间	谈话人	内容
2009 年 8 月 31 日 下午	教师 A（内乡高中）	我当时参加工作，教师地位还没有现在高。当时你要当个老师，对象很难找，学校里面女教师都在学校外面找。现在这个情况，教育行业的地位应该说有很大的提高。我是 1988 年参加工作的，现在教师地位随着国家的发展，变化比较大。作为一个老师来讲，这里面的酸甜苦辣，当然学生的成功会给我们带来成功的喜悦。但是本身压力比较大，特别是在现行的高考招生制度下，面临的竞争比较激烈
	教师 B（内乡县职业中等专业学校）	我今年 35 岁，中级职称，工作 14 年，加上省里的 300 元，现在就是 1200 多一点。总体上与我们同龄人相比，我们工资较低些。老师的心理健康、身体健康也应该受到重视。有些老师对工作的看法，表现出来的一些情绪，我觉得是一种消极负面的影响
	教师 C（内乡县实验高中教师）	像我这样的老师（已经工作 19 年）比年轻老师压力更大，因为年轻老师到了以后，他不知道深浅。我们校长说我们学校现在已经到了最危险的边缘，已经形成了恶性循环。学校的竞争压力就直接落在了老师的身上。老师都知道只有学校生存发展了，老师待遇才能得到提高，所以生存压力非常大
2009 年 8 月 31 日 下午	教师 D（内乡初中）	初中现在面临最大的问题就是管理难度大，特别是班主任工作量大，家庭方面、社会方面的责任都往学校方面压。现在城市学校也有部分乡下学生，父母外出打工，留守学生，包括现在比较多的单亲家庭的学生。现在的生源质量和过去比较下降不少。问题比较突出：一个是为了安全方面考虑，一个是为了抓教学质量。很多学生都在学校住宿，吃饭啊，学生宿舍管理这方面教师比以往的工作量大多了。每天晚上，一部分老师陪着学生，整个晚上在看护着他们，另外一些老师可能是要值班到 10 点多，10 点多回去之后，白天的工作还要做，工作量之大。难度大就是初中生处于叛逆期，加上现在社会方面的因素，老师感觉不好管、不敢管。最近出台的《班主任工作意见》，说班主任用适当的方法管制学生，这个适当咋把握，学生骂不得、打不得，老师们对有些学生都用尽了办法，确实这个问题不好解决，感到头疼。有些老师感到很委屈，学生与老师发生纠纷，学校知道然后处理老师，教学的问题没解决，自己还卷进去了
	教师 E（初中教师）	确实到三年级人少了（为了达标，为了普九，这个名字还要挂在这里）。一年级招 60 个人，二年级 40 个人，到三年级就 30 来个人，这种情况还是有（辍学情况也比较严重）
	省教育厅基础教育继续教育中心主任	刚刚老师讲这个新的无用论，我也感觉到这个问题非常严重。郑州市我碰见过几个例子。我在饭店看到一个女孩子年龄很小。吃饭时，我就问："姑娘，你多大啊，你说实话？"结果是不到 16 岁，我说："这么小你就来打工了，你读过初中没？"她说："我读了一年。"我说："中学你都不读完？"她说："我家里姊妹四个，我爸妈说女孩子识个字就行了。你看，我现在觉得挺不错的。"老板一个月给她 500 多块钱，然后管吃管住
	教师 F（初中教师）	我觉得现在老师的工作量太大了。导致压力大，有些老师得抑郁症，身体老早就垮下去了。你想要带两个班、3 个班，到晚上 10 点还要照顾学生就寝，调皮学生都是到 12 点还没睡觉

续表

时间	谈话人	内 容
2009 年 8 月 31 日 下午	教师 G（乡村小学）	我们那个乡离县城很近，只有 10 公里，人口比较集中，经济也比较富裕。学校有 6 个年级 6 个班级（每个年级 1 个班），总共 150 多个学生，在农村来说已经是很不错的了。按照生师比，教师已经超过标准数，但是每个教师还是非常疲惫，忙不过来。现在最头疼的就是这些音、体、美的课。音乐不会唱，体育课老师老了蹦不动。再一个是女教师比较多，男的比较少，唱歌没人会唱就弄个录音机放歌。美术教师没人会画，即使会画的都抽到中心小学了
	老师 H（初中教师）	我参加市人大政协、人事部门的调研会，调研人员说教师待遇不错（2001年），说教师一年 13 个月的工资，我们一听，没有这回事啊！现在听说也是 13 个月，市里给我们 13 个月，到县里给我们 12 个月。领导解释说编制内的教师的工资是国家发，通过转移支付的形式拨到县财政，编制外的老师的工资国家不拨，由县财政出，第 13 个月的工资由地方财政负担，由于内乡财政问题，所以没发第 13 个月的工资
	教师 I（私立小学）	我们既不是在职也不属于代课教师，等于打工一样。我们学校有 20 多个教师，我们都是 1998、1999 年上的师范，我们上学时还没实行并轨。我是 1999 年 9 月上学，10 月份国家实行并轨后对我们这批学生不给分配。我们学校有 12 个班级，600 名学生。我们这批教师现在工作量比较大，我工作近 10 年了，现在 1 个月七八百块，工资太低了，国家是不是能给我们一些补助
	教师 J（内乡县一初中）	说几点存在的问题：第一个感觉到压力比较大，我们学校原来规划是 16 个班，现在是 36 个，老师增加不多，一个老师教两个班，每个班 60 个人，批改作业量非常大。第二个是老师身体多处于亚健康状态，我们学校从 2005 年开始每年给全体老师进行体检，150 个教师中没有问题的不超过 10 个，我们学校有一个 30 岁左右，教了 8 年的女班主任，检查后医生说她的脊椎处于 50 岁女同志的脊椎状态。希望能够关心教师的身心健康。第三个是升学压力大，教师提高自己业务素质的途径，除了刚才说的组织学习和自己的校本教研以外，大部分老师外出学习的机会还是比较少的，一般毕业班的老师和其他年级教研组组长出去的比较多，这样对提高教学质量影响很大。第四个就是我们学校建校投资 3000 多万，政府投资一部分，还有一部分组织老师和社会力量。现在教师投入得比较大，投入的这部分教师拿不到，收不回

（三） 教师队伍建设的主要问题

1. 高等学校教师队伍整体稳定，但缺少重量级师资，由于地处中部，人才引进成本大

河南省高校教师队伍发展到现在，在年龄、职称、知识结构上，基本满足高校教学科研的需要。河南省比较重视高层次人才引进，在全国首先推行省级特聘教授制度，设立了 161 个特聘教授岗位，吸引了许多发达地区的年轻学者来河南工作，同时也稳定了省内做出成绩的年轻学者。为了稳定省内年轻学者，河南省推出了创新人才培养工程，这批学者的津贴比"长江学者"还要高出 2 万，年薪补贴 12 万。连续 5 年，全省选拔 146 人。

当然，在发展中也存在很多问题。教师队伍结构问题，在河南更突出。

首先是年龄结构，35 岁左右的年轻教师在河南占到 71%（而全国为 67%）。其次是学历结构，具有博士学位的教师与全国平均水平比还有差距，全国为 11%，河南是 8%；具有硕士学位的教师占 21%，现在比全国平均水平还差一二个百分点。

河南省高校教师队伍的稳定也是一项艰巨的任务。在调研中，我们了解到，作为人口大省，河南的高考升学压力很大，有些高校教师离开河南，就是为了能够让自己的孩子到高考压力小的省市。当然，这可能只是个别现象，普通教师的待遇问题、经济发达地区的吸引力也是教师流失的一个原因。

与东部发达地区比较，河南省高校发展还是受到了很多条件的制约，在师资队伍建设方面，也有类似的情况。比如在人才引进方面，虽然取得了明显成绩，不过人才队伍的整体状况还不能很好地适应学校发展的要求。归纳起来主要有：一是引领学科的顶级高端人才还很缺乏，具有国内外一流水平的拔尖人才和创新团队数量不多。引进和培养高层次人才尤其是学科前沿的领军人物或大师级人物仍然是工作的难点。二是师资力量在学科之间的分布还不平衡，一部分新设专业的师资还相对薄弱，青年教师数量较多，仍在培养成长中，整体结构需要进一步优化，人才队伍的结构调整任务还很艰巨。三是学校送到国外培养或高级访问研究的受众面有限，还不能满足学校对中青年教师重点人才培养的需要。四是青年教师队伍生产、科研一线的经验与技能相对匮乏，科技服务能力有待进一步提高。

2. 中小学教师队伍存在的问题

作为人口大省的河南，中小学规模庞大，加上地区差距，发展也不均衡。此次调研的南阳市总体处于河南中小学教育的平均水平，可以基本反映河南中小学师资情况。当然，由于时间问题，对于河南其他地区的师资问题只能从省厅领导的报告及交谈中略知一二。

（1）全省中小学校教师编制问题相当突出，"超编"与缺员同时存在

调研过程中，中小学教师编制问题是广大受访者普遍提到的问题。从教育厅到市教育局、县教育局，从中小学校长到普通教师，大家说得最多的问题就是教师编制紧张。根据当地各级教育行政部门的相关陈述，以及各地教育局所提供的数据，我们认为，教师编制问题，已经成为河南省教育发展的最严重瓶颈之一。这一问题存在已久，随着时间的推移，有愈演愈烈的趋势，到了非解决不可的地步。很多农村和山区因为缺编严重，不得不请代课教师来应急。图 3 - 4 呈现了本次问卷调查统计出的河南省中小学教师身份情况：

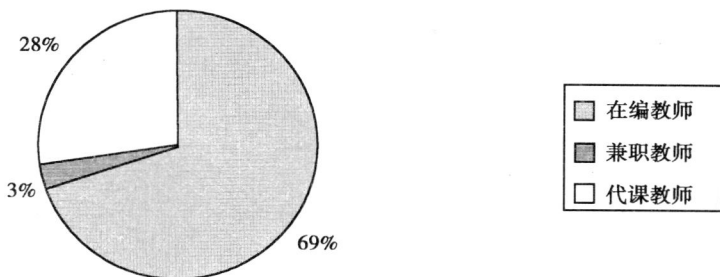

图 3 - 4 河南省中小学教师任职身份比例分析图

以南阳市为例，根据南阳市教育局提供的统计数据，全市现有中小学（含中专）在职教师共计 95557 人，其中幼儿教师 2184 人，小学教师 49085 人，初中教师 28077 人，普通高中教师 9843 人，职业高中（职业中专）教师 2393 人，普通中专（成人中专）教师 3745 人，特殊教育教师 230 人。按照目前河南省教育厅核定，南阳市核定中小学教师编制 87019 人，现在南阳市实际上的中小学教师人数还超编，超出核定编制数 8500 人。

南阳市教育局贺国勤局长用"一高一低"来形容该市的教师问题。"高"是指适龄入学儿童比例高，逐年上升。特别是从 2006 年开始，出现了学生人数呈高位增长的态势，从小学到中学都是高位增长。2008 年，南阳市在校小学生人数首次突破 20 万。所谓"低"，是指当地教师队伍人数逐年下降。为什么会出现这样的状况呢？首先编制存在突出矛盾。南阳市目前核定的中小学教师编制数是 87019 人，这一编制数是 2001 年核定的，而实际情况每年都在发生变化。根据南阳市教育局所作的调查，从 2001—2008 年，全市中小学教师自然减员（包括退休、死亡、调离等原因）18938 人，而同时期中，增补的教师人数只有 8961 人，净减少 9977 人。2008 年，南阳市教师减员数为 2600 多人，当年增补教师 1300 多人，也只有减员人数的一半左右。虽然省教育厅也给予了政策支持，比如 2009 年河南省第一次招收"特岗教师"，全省 10000 名特岗教师，分配给南阳市 1120 名，力度已经相当大。可是这样的力度，与当地实际需求比起来，依然是杯水车薪，问题依然相当严重。

　　总体而言，整个南阳市中小学教职工比实际需要人数少9008人。不同类型的学校缺口情况又不相同，其中高中缺1589人，初中缺2543人，小学缺4876人。教师缺额在普通高中更显得突出，其次为小学。造成这种状况的主要原因是，中小学教师进口渠道不畅，教师补充不及时、补充量小，不能满足教育事业发展的基本需要。

　　此外，最近几年，随着小学学制变革、新课程改革的推进，教师编制缺口问题也相应地出现了新的情况。2002年以来，随着南阳市普通高中教育的快速发展，办学规模的不断扩大，高中教师编制出现了新的缺口。如新野县，2001年，高中有99个教学班6507名学生，2008年达到158个班10893名学生，班级和学生数分别净增了60%、67%，而教师编制基本没有增加。此外，全市小学2006年全部由原来的五年制改为六年制，增加了一个年级、近20%的教学班，也是造成小学教师严重缺编的重要因素。

　　具体到县一级，教师编制缺口的情况也同样突出存在。以本次调研的南阳市内乡县为例就可以看出来。内乡县位于伏牛山南麓，自然地貌"七山一水二分田"，总面积2465平方公里，管辖6乡10镇，289个行政村，8个居委会。全县有省定深山区乡镇5个，浅山和丘陵乡镇6个，平原乡镇5个。有一半以上的乡镇地处丘陵山区，山区面积占全县总面积的70%，全县总人口约65万人。2008年，县财政收入2.2亿元，全省县域经济位次74名。

　　根据内乡县教育局实际情况测算，整个内乡县实际需要教师7340人，而正式编制仅有5850人，缺口为1490人。其中基础教育段，全县实际需要增加编制1042人（若据省定编制5277人，现有教职工5369人，还需要增加950人）。

　　具体缺口情况如下：①近4年高中教育发展比较迅速，县教育局虽然也对高中教师进行了补充，但与实际需求还有一定的差距，经调研还需要增加教师60人，卫生技术人员10人，共计70人。②初中现阶段人员专任教师基本上能满足需要，只需要增加寄宿制学校管理人员170人和卫生技术人员25人，共计195人。③山区中小学教师编制应结合实际核定。对生源充足的城区学校及乡镇中心小学，按编制标准配备；对完全小学、初级小学、简易小学和下伸点可按班配备，1—2年级每班配1.5人；3—6年级课程较多，特别是增加了英语、计算机等专业性强的课程，每班可配1.8人。这样按教学班配备教师，还需要增加小学教师130人，再加上寄宿制学校管理人员和卫生技术人员约需250人，共计需要增加380人。④特殊教育学校还需增加15人。⑤应考虑部分教职工年老体弱，有病不能正常开展工作，长期在编不在岗，女教师产假，正常的教师进修等因素，适当增加机动编制。经调研，可按教师总数的3%配备，约需增加180人。⑥乡镇中小学校应适当增加编制。全县现有16个乡镇中心学校，它们实际承担着乡镇教育教学管理、人事管理及其他日常事务等，应配备专职人员。根据调研，每个中心学校需要7人才能正常开展工作，全县需110余人。

另据南阳市教育局领导介绍，"我们（南阳市）有一个县，7年没有进过一个小学教师。超编不让进，但是7年不进一个教师在将来肯定会有问题的，这个问题谁来考虑"？这一事实是相当让人担忧的。

（2）农村中小学校教师编制不合理，"代课"教师较为常见

根据省教育厅人事处介绍，对于中小学校的生师比，国家制定的标准是农村为1∶21，考虑到河南省的实际情况，省教育厅制定的标准是1∶23，而现在实际的比例是1∶25，每个老师又多负担了两个学生。如果按照这个标准，现有的教职工已经达到，并且个别的已经超过这个标准。目前让人困惑的情况是：省编办按照编制标准，河南省中小学教师数量已经够了，甚至有些地区已经超出了，但实际上教师数量远远不足，存在着严重的缺口。近几年又出现了新的问题，由于大量的农民工进城，造成城市大班额问题非常严重，教师缺口问题比原来还严重。农村的学生移向城市，那是不是意味着农村教师人数应该比原来充足了？但实际情况并不是这样。因为农村学生可能是部分地流向了城市，可是学校（包括农村教学点）数量并未减少，虽然学生数减少了，但是班级数量并没有减少。

就农村中小学来讲，省里核编时没有考虑平原、丘陵、山区等不同情况，采取同一个标准，脱离了实际。南阳市山区、丘陵分布广，占全市总面积的五分之二。山区特别是深山区地形复杂，交通不便，人口密度小，群众居住分散，形成了教学点分散、生源不足的办学格局。西峡县总面积3454平方公里，属全省第二区域大县，而总人口仅43万人。该县现有小学284所，在校生50人以下的学校有94所，51—100人的学校有95所，101—200人的学校有60所，201人以上的学校仅有35所，分别占小学总数的33.1%、33.5%、21.1%和12.3%。如果按省定标准核编，教师定编4人以下的学校将达到189所，占小学总数的三分之二。这种现象在淅川、桐柏、南召、内乡等山区县和其他县（市、区）的山区乡镇也普遍存在。

上文提到，2001—2008 年，整个南阳市中小学教职工自然减员 18938 人，而仅增补了 8961 人，差额达 9977 人。这种缺口在农村学校中表现得更为突出。同期，全市农村初中、小学教职工自然减员 4838 人和 10628 人，而仅分别增补了 1730 人、2868 人，补进率分别为 35.8%、27%。2001 年以来，镇平、邓州、内乡、新野、唐河、西峡、卧龙、淅川等 8 个县市 3—6 年未招录农村中小学教师；新野、镇平、内乡、邓州、唐河等 5 个县市农村中小学教师补进率均低于 20%，个别县甚至低于 10%。例如新野县农村中小学教师共减少 960 人，仅农村初中补充教师 54 人，农村小学未招录 1 名教师。目前，全市已出现师资青黄不接现象，一些县市区已经相当严重。

据参加座谈的一位县郊的教师反映，该校所在的乡 2000 年时有 430 名教师，到现在不足 290 名，十来年，都说教育要发展，可是，教师人数不仅没有增加，反而大幅度减少，少了 140 名教师！这 140 名教师除了退休等自然减员外，还有一部分是因为城区人口增多，县城缺老师，从农村选走的一部分优秀的教师补充到县城，而相应的缺口却没有能够补上。

（3）中小学教师特别是农村小学教师年龄普遍老化

根据调查问卷所获得的数据，河南省中小学教师中，教龄在 25 年以下的比例将近 90%，表面上看，全省年龄结构总体相对合理，特别年轻的教师（教龄 6 年以下）与年老教师（教龄超过 25 年）所占比例都不是太大（分别为 27% 与 11%）。可是，据我们实地调查所掌握的情况，中小学教师年龄结构问题其实并不容乐观。突出表现为，年轻教师较多地集中在城镇学校，而农村学校教师老龄化现象颇为严重。这种情况在农村、山区中小学特别突出。

以南阳市为例，从中小学教职工年龄结构看，全市 51 岁以上教师 19527 人，占全市中小学教师总数的 21.54%，其中 51 岁以上小学教师占本学段教师的比例为 25.6%。邓州市、内乡县、西峡县、南召县、淅川县中小学教师年龄老化现象严重，其中邓州市、内乡县和西峡县 51 岁以上教师占本县市教师总数的比例分别为 27.82%、26.74% 和 25.39%。内乡县、南召县、西峡县和淅川县小学教师年龄老化情况特别突出，51 岁以上小学教师占本县小学教师总数的比例甚至分别达到 35.43%、31.5%、30.8% 和 29.96%。邓州市已出现比较明显的教师年龄断层现象，该市共有 12639 名中小学教师，46 岁以上教师和 35 岁以下教师分别为 50.1% 和 16.4%，两者相差悬殊。老教师虽然在教学经验方面有自己的优势，但是从客观上讲，相当一部分老教师在身体素质、知识基础、专业素质、创新能力等方面很难适应当前的教学工作。其中很大一部老教师是原民办教师转正而来，敬业有加，但知识老化、观念落后。

（4）中小学教师工作压力大，同时存在待遇不高、职称评定难等问题，严重影响了教师的身心健康与工作积极性，影响了教师队伍的稳定

根据我们调查所掌握的情况，由于各级政府重视，措施得力，河南省中小学教师工资拖欠问题基本上不存在。据省教育厅领导介绍，河南省教师的工资，前些年都是乡一级政府发放，从 2007 年起都是由县财政统一发放，直接打到教师工资卡，每月定期发放，所以不存在教师工资拖欠现象，这些年福利待遇也在不断提高，现在教师的待遇和同级公务员相比差别不大。根据省教育厅所做的一个调研，工资的大致情况是：县里面教师和公务员相比，一个月差一百多点；区里面同级相比差得多一些，差三四百，省级的、直属的要比同级公务员高点。现在县区包括贫困县基本工资都没问题，差距主要是补贴这部分。义务教育教师每个月国家补助 100 元。像南阳市，2004 年以来，全市没有发生教师工资拖欠现象，教师工资水平从月均不足千元提高到 2008 年的 1432 元。

不过，教师工作压力大，也是不争的事实。以内乡一所普通高中为例，学校的生存压力直接影响到老师的工作压力，老百姓比较看重县"一高"，在心里认为"一高"好，对于其他学校就不怎么认可，所以普通学校招生比较困难，招生一困难想求质量就难。招生困难主要是学生的质量比较低，学生质量不行，将来升学的质量层次就低了，就会影响下一轮的招生。面对这种现状，学校也没办法在短期内改变，所以，学校在内部"挖潜"方面下的工夫比较大，就是要求教师必须面对学生的现状进行教学，在学生素质较差的基础上还要达到较高的要求。这对教师的压力是非常大的。

另外是升学压力，对教师不只是教学上的压力大，而且休息时间比较少。像该校教师的工作时间，基本上全天候都在工作。早上一般 5 点多起床，和学生一起参加早自习直到晚上晚自习结束。教师基本上都是单休，没有双休。教师每天必须要到学校，精神压力也非常大。

现在面临的另一个突出的问题就是管理难度比教大。教师特别是班主任工作，一是工作量大，二是管理难度大。工作量大牵涉到的一些问题，就是家庭方面、社会方面的责任往学校方面压。现在哪怕是城市学校也有部分农村学生的父母外出打工，就是所谓的"留守学生"，包括现在出现比较多的

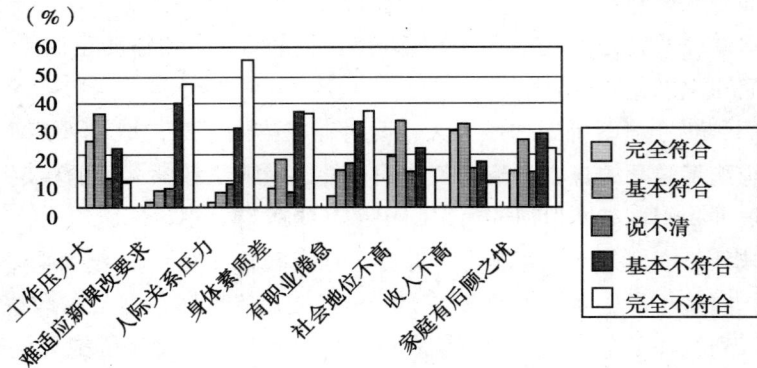

图3-5　河南省中小学教师工作状况调查统计图

单亲家庭的学生。另外，现在的生源质量和过去相比，要下降不少。学校管理，一个是为了安全方面考虑，一个是为了抓教学质量。很多学生都在学校住宿，这方面教师比以往的工作量要更大了。每天晚上，一个楼道的老师陪着学生，整个晚上在看护着他们，另外一些老师可能要值班到10点多，10点多回去之后，白天的工作还要做。显然，这样的工作量很大。还有难度大的就是初中阶段的学生处于叛逆期，加上现在社会方方面面的因素，老师们感觉不好管、不敢管。老师们对有些学生都用尽了方法。有些老师感到很委屈，当有学生与老师发生纠纷，学校知道后就会处理这个老师。

　　还有来自职称评定的压力。很多学校，每年的职称晋升指标非常少。比如内乡县实验高中，在职教师有200多人，中学高级教师只有20人左右，占教师总数的10%（据了解，县"一高"也不到20%）。指标比较少，近几年还好点（从去年开始），每年三四个，过去一年仅一两个。符合条件的教师很多，但指标太少。比如中学一级职称，去年统计符合要求的有90多人，但指标只有七八个。指标少和教师编制有很大关系，现在每个学校班级增多、学生增多、教师增多，但编制不变（还是2001年核定的），评职称时按照在编教师数而不是按照实际教师数，这样的话指标自然会少很多。

　　同时，由于以上教师缺编原因，教师们普遍反映教学工作量偏大，身体负担与心理负担相当重。根据南阳市教育局提供的资料，以西峡县为例，该县小学教师平均每人每周要承担29课时，初中教师平均每人每周要承担22课时。山区、边远地区的农村小学，低年级多实行教师包班教学，教师每周要承担 35 课时。教师工作量大大超出了原省教委〔1986〕40 号文件规定的标准（当时为 6 天工作制）。为了保持正常教学，一部分中小学教师只能长期超量工作，甚至带病教学，身体状况普遍不良。据统计，西峡县有 138 名具有中高级职务的教师因患癌症、偏瘫、精神病、重度心脏病、伤残等疾病接受治疗，无法上班。像内乡初中，这所学校原来初步规划是 16 个教学班，现在是 36 个班，教师增加不多，一名教师教两个班，每个班 60 个人，仅批改作业的量就非常大。

据问卷调查所获得的数据（见图 3-6）显示，不到 10% 的教师周课时在 10 节以下。假设我们把周课时 15 节视为"正常"工作量的话，超过这一指标的教师所占比例竟达到 60% 以上，有近三分之一（约 28%）的教师周课时超过 20 节。

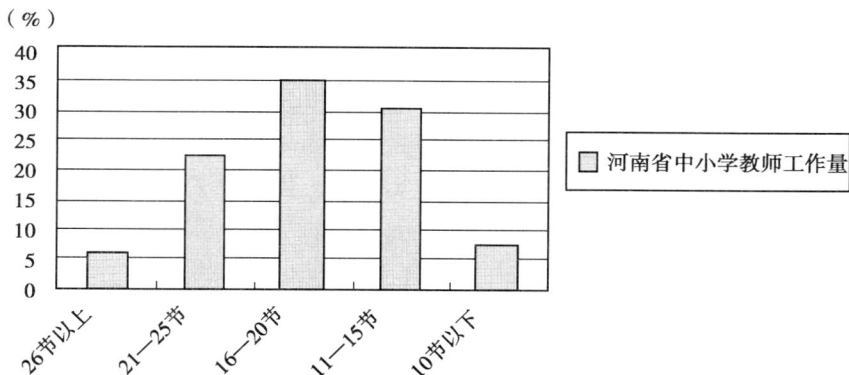

图 3-6　河南省中小学教师工作量分析图

据了解，很多地方中小学校班级规模相当大，人数相当多。据南阳市教育局领导介绍，当地中小学校班级人数不是平常人们印象里的四五十人，而是 70—80 人（据称，周口市有的学校的班额达到 130 人）。我们实地走访的南阳市第二十五小学（隶属南阳市区"宛城区"），前身是一所村办小学，随着城区的扩大，二十五小今年变成了区办小学。生源一直在增加，现在五、六年级分别是两个班，二到四年级都是 4 个班（每班 70 人以上），今年按照上级的招生指标招收 4 个班，每班不超过 70 人，但是招生结果突破了 400 人。现在办 5 个班，每班超过 80 人。据该校校长称："南阳市实行小班化教学的学校几乎没有，就算在城市也是大班教学，在 60—80 人之间，有的可能还要突破 80 人。"

学生人数多，教师人数少，每个人承担的工作量就大。这导致不少教师身体处于亚健康状态。比如，内乡一所初中从 2005 年开始每年给全体教师进行免费体检，结果显示，150 名教师中没有问题的不超过 10 名。有一位 30 岁左右、当了 8 年班主任的女教师，检查过后医生说她的脊椎处于 50 岁女同志的脊椎状态。这是相当让人痛心的现象！而据参加座谈的其他学校教师反映，内乡学校能够为教师进行免费体检就是相当不错的待遇了，内乡县 90% 的教师没有享受学校体检的待遇，原因是经费有限。

教师们普遍反映，教师的经济待遇，纵向而言提高幅度确实是挺大的，可是横向比起来，待遇还是偏低，尤其是与付出的劳动不相匹配。特别是现在的青年教师，待遇还是明显偏低，刚上班的一个月七八百块钱。所以有些青年教师工作就不安心，干上一年或两年以后就留不住了。据教师反映，在职的年轻教师有的宁愿出去打工，而有些初中没读完的出去打工一个月也挣一千多块钱。能力比较强的一般都走出去了，留下的可能能力低一点。像内乡的一所高中，每年学校新进的教师也比较少，今年进了 6 个，每年都要走掉一两个，而且离开的都是文凭比较高的。即使留下的工作也不安心，尤其是男教师，生存就是个困难，更别说买房子、找对象了。所以待遇直接影响到教师的稳定。新晋教师不是直接培训业务而是培训职业理想，有一个新教师对一位老教师说："马老师，我想不通，你说叫我热爱教育，我现在连个对象也说不来，这点钱只够我基本的生活。你干了这些年落一身病，你能得到点啥？"现在年轻教师体会不到工作的快乐，解决教师问题的最主要症结还是教师待遇问题，待遇上去了各方面都好解决。

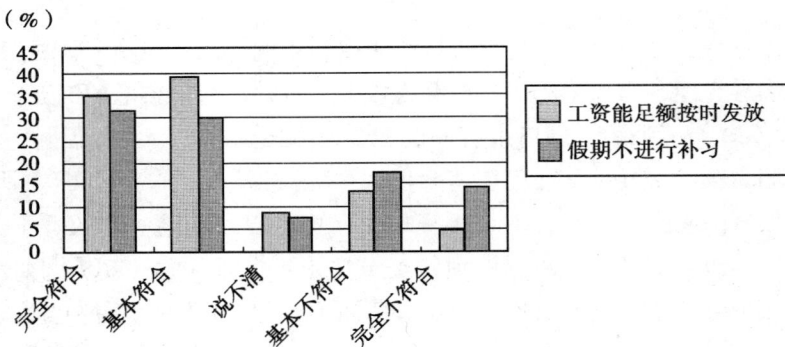

图 3－7　河南省中小学教师工资发放及休假情况调查统计图

相比较于经济发达地区而言，中小学教师在职称评定与晋升方面的愿望要迫切得多。原因在于，在经济发达地区，教师可以通过其他不同途径（比如虽然社会普遍反对但事实上相当红火的"有偿家教"等）来"贴补"收入。而对于经济相对不活跃的中西部地区的教师，除了安心工作，从国家政府所提供的福利待遇中获得"正当"收入之外，很难还有别的选择。而职称的高低，直接决定了经济收入的多寡。所以，教师们都想方设法地要通过晋升职称来提升收入水平。

可是，这条几乎是增加收入的"唯一"道路，却充满了坎坷。很多学校，每年的职称晋升指标非常少。

（5）教师队伍建设方面投入不足，中小学教师继续教育工作还存在一些薄弱环节

从南阳市来看，中小学教师培训经费普遍不足，直接影响了该市承担的多项国家、省及市级教师培训任务的开展（如国务院批准的中小学教师教育技术能力建设计划培训和中小学班主任培训等）。为保证新课程改革的质量，各级教育部门开展了大量教育培训，要求所有教师必须参加学习，不断掌握教育教学的新知识、新技能。但由于地方财政困难，中小学校经费紧张，中小学教师培训费用大部分要由教师本人承担，每轮每人需近 2000 元。这加重了教师经济负担，损害了教职工的切身利益，影响了教师参加培训或深造的积极性。同时，由于中小学教师缺员多，教师工作量大，工学矛盾突出，致使教师继续教育工作难以有效开展。随着素质教育和新课改的全面推行，中小学教师培训内容需要进一步更新，培训方法和形式需要进一步改进，培训层次和质量也需要进一步提高。

3. 特殊教育规模有限，生均经费偏低，"特教津贴"不能全额及时兑现

由于经济水平的制约，河南省特殊学校的发展并不乐观。从数量与规模来说，都相当有限。像内乡县只有一所特殊教育学校，其发展面临着诸多困难。据该校校长反映，第一个困难是，河南省 1996 年出台了一个文件，特殊学校生均经费是 300 元钱，10 多年过去了，这一数字一直未作更新，到现在还是 300 元，显然与实际要求差距很大。横向比较一下，1996 年普通中小学的经费主要靠杂费，大约是生均 30 元，特殊教育是 300 元，这个数字相当于是普通教育的 10 倍。然而随着时间的推移，普通小学的生均标准早就作了相应的调整，现在是生均 300 元，初中是 500 元，而特殊学校仍然维持在 300 元。相比较而言，小学、初中等学校，想点办法总还可以节支增

收，而在这方面，特殊教育学校可以说没有任何优势，经费方面如果没有政府扶持或者政策支持，完全没有其他办法可想。同时，和普通中学相比，特殊学校还是要维持在 1996 年那个高于小学 10 倍的收费标准，才能维持学校正常运转。因为特殊学校一个班的学生人数很少，基本上就是十来个学生，最大班就 12 个学生，而相应的教学设施成本一样都不能打折扣。另外，全部学生都住宿，而这些学生的家庭也往往都特别困难。

第二个困难是教师待遇问题。按照国务院确定的"特教津贴"，教龄 10 年以下的有工资的 15%，10 年以上的要再增加 10%，到现在这个也是一直没有执行。据教师反映，上述第一项待遇最近才协调批下来，第二项到现在还没有执行。同时，从师资情况来看，特殊学校师资的现实状况是，专业教师很少。像内乡特殊学校，目前真正从特职学校毕业的教师只有 3 人（该校主要是智障和聋哑方面的教育），其他的全部是半路出家的。有的是通过短期培训，主要靠我们的校本教研来培养，靠学校自己摸索，上面对这一块的培训也关注很少。国家有时候有培训，但是很少。像今年春天到上海去的培训，指标有限，只能是校长本人前往，其他老师没有机会去参加这样的培训。

4. 幼儿教育学校资源投入不足，发展受限，民办幼教亟待规范和政策支持

由于经济不够发达，河南省幼儿园收费普遍不高。据南阳市内乡县教育局领导介绍，内乡县城幼儿家长收入普遍不高，所以收费标准也提不上去。收费稍微调高一点儿，家长就会意见很大，说你收费高，说你公办幼儿园办成贵族学校。现在收费不等，因为幼儿园办有分园（很多是小学兼办幼儿园，在当地，这是很多学校在义务教育收费规范环境下，增收的重要渠道），根据等级，有的一学期收 400 元，有的收 600 元，有的收 1000 元。内乡的一所幼儿园聘用了 100 多个教师，收费的一半以上用于支付老师的工资，还要给老师交养老保险金，另外政府每年还要调控 20%。可以说，幼儿园的经费严重不足，政府不给拨钱反倒从这里拿钱，每年都要调控十几万。这方面可能也有待规范并获得相关政策的支持。

由于上述困难的存在，幼儿教师在业务提升方面存在的困难也就可想而知了，表 3－1 的统计数据揭示了这一点。

表 3-1　　　　　幼儿园园长认为幼儿教师专业发展问题的统计表

		结　果	
		人数（人）	百分比（%）
专业发展问题	A. 专业知识和技能拓展的机会少	31	53.4
	B. 教学能力提升的途径单一	35	60.3
	C. 教师缺少职业生涯规划	29	50.0
	D. 学历提高的机会难得	14	24.1
	E. 其他	2	3.4

　　相比义务教育阶段，政府在这部分的投入相对不足，公办幼儿园数量严重不足，促使民办幼儿教育发展较快。但民办幼儿教育在办学空间环境、师资水平、教师待遇等方面都很难与公办的相抗衡，加之政府对民办幼儿教育没有一分钱的投入，一些民办幼儿园要维持各项日常开支，经济压力是主要问题，久而久之质量很难提高，甚至出现违规行为。所以，政府应该加强民办幼儿教育的管理，同时在经费上给予一定支持，运用经济杠杆促进幼儿教育的健康发展。

　　缺编问题在幼儿教育方面同样存在（甚至比中小学校更为严重，因为原先的教师编制并无专门的幼儿教师这一部分），造成幼儿园经费普遍较为紧张，发展受到很大制约。现在幼儿园的编制和国家幼儿园的工作规程里面的编制相比出入是很大的，国家规定一个班是"两教一保"，但是到了地方，我们还是跟着小学的编制走，也就是 25 个学生一个老师，即使这样也不能都保证。如南阳市第一、第二实验幼儿园办园规模分别增加到 20 个班和 17 个班，班额和在园幼儿人数达到 1986 年核编时的 3 倍以上，但教师编制 20 多年来一直未变动，编制紧缺问题十分突出。这与幼儿园教育发展的实际不相符合，比如内乡县除城关镇外，各乡镇按 1—2 所幼儿园核定，需要公办幼儿园 21 所，每所设置 6 个教学班，配备 18 人，需要约 380 名幼儿教师。再加上县直幼儿园 50 人，按从紧从严的原则测算需要 430 人。这是很大的一个缺口，而实际上这个数字远未到达，大量的幼儿教师是代课教师或临时聘用教师。

　　严重缺编必然导致幼儿教师工作量大幅度增加，工作压力增大。关于工作压力所进行的问卷调查数据（见表 3-2）显示，幼儿教师普遍感觉工作压力比较大。其中，认为工作压力"非常严重"的占 10.6%，"比较严重"的占 32.5%，两项累计总量达 43.1%。

表 3 - 2   "幼儿教师工作压力"统计表

		结 果	
		人数（人）	百分比（%）
工作压力大	非常严重	16	10.6
	比较严重	49	32.5
	说不清	18	11.9
	不太严重	47	31.1
	根本没问题	21	13.9

幼儿教师工作压力偏大这一情况的存在，也可以从另外一项针对幼儿园园长的问卷（见表 3 - 3）中得到类似的信息。

表 3 - 3   "幼儿园园长对幼儿教师工作压力大问题的认识"统计表

		结 果	
		人数（人）	百分比（%）
工作压力大	非常严重	0	0.0
	比较严重	27	47.4
	说不清	7	12.3
	不太严重	19	33.3
	根本没问题	4	7.0

数据显示，幼儿园园长对于工作压力大这一问题的认识，虽然认为"非常严重"的比例为零，可是认为"比较严重"的比例仍然达到 47.4%，这一数字与幼儿教师关于同一问题的数据基本一致。

通过对问卷统计数字进行分析，我们发现，幼儿教师压力大的首要原因还是编制问题，幼儿园教师只有 58.1% 是在编教师。换句话说，约有一半的幼儿教师，属于"编外人员"，他们除了要承担普通幼儿教师的工作压力之外，还要承担待遇缺乏保障等心理焦虑方面的压力，这一状况的存在，可以说是幼儿教师相较于其他类型教师的一种特殊困难。"压力大"的其他原因还有，不少教师认为"自身社会地位不高"，调查发现有 35.2% 的幼儿教

师认为这一问题"比较严重"。在幼儿教师工资发放方面，根据我们掌握的
材料（见表3-4），河南省的整体情况也不容乐观。

表3-4 　　　　　　幼儿教师"工资能够足额按时发放"统计数字

		结　果	
		人数（人）	百分比（%）
工资能够足额按时发放	A. 完全符合	86	57.0
	B. 基本符合	49	32.5
	C. 说不清	10	6.6
	D. 基本不符合	1	0.7
	E. 完全不符合	5	3.3

由于工作压力偏大、待遇偏低等现实困难，幼儿教师的整体素质（包
括教师教育观念、工作积极性等）不高的问题十分突出。

表3-5 　　　　　幼儿园园长认为幼儿教师教育观念的分析统计表

		结　果	
		人数（人）	百分比（%）
观念问题	A. 缺少对事业的忠诚	39	67.2
	B. 缺少教育理念	31	53.4
	C. 教育观念落后	20	34.5
	D. 师德存在问题	12	20.7
	E. 其他	4	6.9

由表3-5的数据显示，在幼儿园园长看来，认为幼儿教师"缺少对事
业的忠诚"的达到67.2%，"缺少教育理念"的达到53.4%，"教育观念落
后"的也达到了34.5%。更让人担忧的是，园长们认为幼儿教师中"师德
存在问题"的比例达到了20.7%。这些数字都显示了河南省幼儿教师在队
伍建设方面还有很长的路要走。

5. 中等职业学校投入不足，教师队伍素质和结构亟待优化

据我们调研所掌握的情况，河南省政府对于职业教育还是相当重视的，
采取了一些富有实效的政策措施。比如，省政府要求省教育厅在"十一五"
期间培训8490名专业课教师，培训费全部由政府承担，住宿费由学校解决。

另外还有一个教育技术能力培训，这是一个全员性的轮训，要求 5 年之内专任教师都要得到培训，主要是到所在地级市和郑州市来培训。全国搞了 3 个职业教育实验区，河南就有一个。省里比较好的一些中专还有一些高校和企业联合组成职教集团，省里对职教集团有一些优惠政策，如培训基地、教育设施的建设经费等给予一定的扶持。所以，政府对于职业教育政策扶持的力度不小。

就整个河南省而言，中等职业教育的基本情况是，目前有中等职业学校976 所，在校生 149 万人，教职工 7.9 万人，专任教师 5.6 万人，其余从校外聘请的兼职教师 9900 人。根据教育部的规定，中等职业学校的师生比是1∶16，但实际已经远远超过了这一标准，达到了 1∶26.6，所以教师缺口也非常大。中等职业学校发展的困难体现在师资上，其老师配备没有标准，基本上是参照高中配备，一个班按 4.5 个教师，这还是几十年前定的标准。职业教育因为专业多、班额小，还有实习指导教师，所以这个比例按理说应该比普通高中的比例大得多。但是，国家到现在还没有新的统一标准。

可是，河南省中等职业教育的发展状况不容乐观，不少市、县职业学校的生存与发展相当困难。职业教育的师资短缺问题相当突出。比如内乡职专作为内乡县唯一的一所职业学校，现在在校学生已达 1607 人，未来 3 年还将扩大规模，可是编制仍是 1990 年核定的 50 人的编制，根本无法开展工作。按照现在学生人数及规模，应在现有教职工 128 人的基础上增加 62 人，达到 190 人方能满足工作需要。

根据南阳市教育局的介绍，南阳市中等职业教育规模较小。一共 105 所中职学校，其中技校 10 所，民办学校 34 所，其余是公办的。2008 年在校生 11.7 万。南阳市的职业学校基本是由原先比较差的普通学校改办而来。有些在农村，现在还有些在农村。改造过来的学校，那些老师原来教初中课程，现在教中专课程。原来普通中专，他们的专业课老师相对较好。总体而言，就是专业课教师太缺了。另外就是设备缺乏，虽然有些学校和有些专业得到了资金支持，设备条件建设在逐步改善，但是还做不到普及，只占一部分。

职业学校的另外一个问题就是招生困难。2009 年这个问题尤为突出。一个是生源下降，普通高中是 45800 人，职业学校是 40000 人，一共是85800 人的招生计划，参加考试的是 59000 多名毕业生，其中 1500 多人是复习生，这是最根本的问题。部分中考分数很低的学生，他们大多数报考的是普通高中，而不愿意上职业学校。据南阳市教育局贺国勤局长介绍，南阳市每年9月初的时候，各县市相关人员参加招生工作汇报会，他们纷纷报怨："我们分到4万人招生任务，现在实际招收到的不足2万人。"原先中等职业学校分普通中专、职业中专、职业高中和技工学校等多种类型，现在统称为"中等职业学校"。以前初中毕业生报职业中专是2万来人，现在只报了2000多人。南阳市技校号称有10多所，但是只有1所能招到1000多人。前两年情况还好点，2009年这一问题特别突出。现在政府有针对中等职业学校的资助（每生1500元）政策，但有资助也还是没人来就读。据内乡县教育局领导介绍，该县中等职业学校招生存在很大问题。政府有关文件要求，中等职业学校招生人数和普通高中招生人数比，在五年内要达到1：1。该县教育局孙君庚局长称："像我们这样一个山区县，恐怕再过十年也达不到1：1。所以那都是空话，跟实际差得很远很远。"

中等职业学校的发展情况不佳，还表现在职业学校教师的待遇与社会地位上。据参加座谈的内乡职专的教师反映，职业学校的老师比起普通中学来，地位差很多。据介绍，在该校，年龄30多岁的教师占职业学校教师队伍中的主流，大约占60%—70%。如其中一位教师，35岁，工作14年，中级职称，加上省里发的300元钱，现在总的工资收入也就是1200元多一点儿。与同龄人相比，工资总体上较低些，因为这些老师没有其他的收入了，全靠工资这一块来维持。而且，职业学校教师的职称评定和普通教师相比是吃亏的，因为上级省里、市里的职称评定是将职业学校教师与普通中学教师合并在一块儿，而且，职称评审专家基本上没有职业学校的教师参加。

根据调查问卷数据（见表3-6）显示，南阳第二职业中专教师待遇低等方面问题绝对不是中职学校的个别现象。

表3-6　　　　　　　　　中职学校教师对收入问题看法统计表

		结　果	
		人数（人）	百分比（%）
收入太少	A. 非常严重	65	33.9
	B. 比较严重	48	25.0
	C. 说不清	32	16.7
	D. 不太严重	37	19.3
	E. 根本没问题	10	5.2

　　从表 3 - 6 中可以看出，有超过一半的教师认为中职学校教师的收入太少，而且，认为这一问题"非常严重"的比例达到三分之一以上。而在另外一项关于"我对自己的年收入"的满意度的调查统计中，我们发现，有52.6%的教师选择了"不满意"。

　　对中等职业学校的发展状况，我们从所走访的南阳市第二职业中专（南阳市旅游学校）的情况中获得了较为清晰的认识。南阳市第二职业中专是在 1985 年改为职业学校的，从 1985—1999 年这段时间一直发展得很好，可以说是轰轰烈烈。从最初建校时的 2 个专业，发展到后来的 7 个专业。这7 个专业分别是音乐、美术、旅游、烹饪、计算机、幼教、服装。其中有些专业像服装随着社会的发展被淘汰了。现在发展得比较好的专业是美术和幼教，像烹饪这些专业也逐渐有所萎缩。

　　该校现在占地面积是 110 亩，情况最好的时候（大概 20 世纪 90 年代末起至 2004 年）在校生曾经达到 1500 多人，而眼下的在校生只有 600 多人。班额比较小，30—40 人左右，以前生源多的时候班额大些。我们走访的当日，该校正在接受招生报名，据校长介绍，估计 2009 年完成计划比较困难。首先是初中毕业生生源比较少，据他们所做的调查，2009 年毕业生比去年少了一万多。

　　就师资而言，目前该校在职教师 109 人，专任教师 101 人。专业课教师43 人，文化课教师 58 人。据介绍，该校前几年进了很多新教师，可是这两年没有补充一名新教师。最近的新教师进来情况是 2001 年进来一个，2004、2005、2006 年一共进来 14 个，年轻人比较多。该校就师资的学历水平来说，达标率是百分之百的。现在的教师队伍中，研究生 7 人，在读研究生 2人。从职称上来讲，高级职称 29 人，中级职称 44 人，初级职称 28 人。从师资配备上来讲，专业课、文化课教师的比例都算是比较合理的。

　　从经济待遇上来说，这些年学校是比较困难的。除了国家拨发工资和办公经费之外，其他的收入基本没有。据校长介绍，从 2006 年到现在，除了拨发工资、办公经费，政府对该校的硬件投入基本上没有。比如说对教室、宿舍的改造这一块，过去国家每年有，包括修缮的经费、设备经费，可是最近这三年没有。所以，我们现场看到，学校的设备也比较老旧，教学的场地可以说也相当简陋。我们实地看了该校的办公场所，教室里设施很简单，只有课桌椅等，基本没有多媒体设备。教研组的办公室甚至没有书架，而只有陈旧的办公桌。据校长介绍，该校没有公务车，教师个人也没有私家车。校长说："我们与普通高中有时候无法相比，他们可能坐飞机旅游，我们都不敢想象，我们只有工资。"

四　对策与建议

当前，我国教育事业已经进入一个新的发展阶段，对教师队伍建设提出了新的更高的要求。面对新形势新任务，要以科学发展观指导教师队伍建设，坚持办学以人才为本、以教师为主体的原则，进一步增强使命感和责任感，着力解决师资建设工作中存在的"有编不补"、"有编难补"、"无编可补"等突出问题，着力提高教师队伍整体素质，为教育事业科学发展提供师资保证。

（一）进一步解决农村中小学教职工编制问题

近年来，国家虽然通过西部计划，如"特岗教师"、"西部支教"等，一定程度上缓解了教师紧张问题，但不能从根本上解决。特别是山区中小学教职工编制缺口仍然偏大，需要继续给予切实解决。

第一，中小学教职工编制应当实行动态管理，根据教育发展规划和事业需要科学核定编制。《国务院办公厅关于完善农村义务教育管理体制的通知》（国办发〔2002〕28 号文件）明确提出："农村中小学编制总量应当根据教育事业发展规划、生源变化和学校布局调整等情况定期调整，实行动态管理。"建议核定编制时，按照"实事求是，因地制宜，区别对待"的原则，综合考虑城市与农村、山区与平原等不同情况，考虑人口总数与学校年级数、教学班数、在校生数学等多种因素，要向农村特别是山区倾斜，不搞"一刀切"。根据农村特别是山区情况，可以参照地方政府文件和教育部教人〔2002〕8 号文件关于"每班配备教职工参照数"的规定，采取按班定编与按师生比定编相结合的办法核定教师编制。

第二，应当考虑新课程开设、新课改实施、学科结构调整、教师继续教育、寄宿制学校管理人员配备、学校医务人员配备、教职工自然减员以及教职工的病假、事假、产假等实际情况，适当增加附加编制。

第三，及时核定普通中专（含职业中专）、成人学校（包括成人中专、乡村成人学校）、幼儿教育的教职工编制，避免套用中小学教职工编制现象继续发生，影响中等职业教育及幼儿教育事业的健康发展。

（二） 建立健全教师队伍补充工作长效机制

全面实施素质教育、全面提高教育质量，关键在教师的素质；促进教育均衡发展和教育公平，师资配备也是一个重要突破口。各级党委、政府要把教师队伍建设纳入当地教育事业乃至社会经济发展总体规划，摆在更加突出的优先位置，抓紧建立健全教师队伍长效补充机制。

一是国家和省、市要支持县市区及时招录优秀大中专毕业生补进教师队伍。根据本地区教育教学实际需要，县市区要认真研究确定公开招录优秀大专院校毕业生数量，原则上应当不少于教师自然减员数。通过择优聘任，充实中小学教师队伍，特别是向农村、山区和薄弱学校倾斜，努力建立一支数量足够、配置合理、结构优化、师德高尚、业务精良的高素质、专业化的教师队伍。

二是国家和省里要继续组织实施"农村义务教育阶段学校特设岗位计划"，为山区和贫困地区增加更多的特岗教师计划数额，使特岗教师招聘成为农村中小学教师正常补充的一个重要渠道。

三是对年老体弱不能坚持正常教学的教师，国家和省里应参照国家公务员分流政策，完善相应的教师正常退出机制。

（三） 加大中小学教师继续教育经费投入

要进一步明确各级政府对落实教师培训经费方面的责任，完善政策，健全制度，真正把教师继续教育经费纳入各级财政预算。建议中小学教师继续教育经费按不低于教师工资总额2.5%的比例在教育事业费中专项安排，按城市教育费附加10%的比例列支，为中小学教师培训工作提供资金保障。各级教育行政部门和中小学校要完善培训工作制度，鼓励、支持中小学教师参加继续教育。要进一步加强中小学教师培训机构和培训队伍建设，增加培训的针对性、时效性，不断提高中小学教师的综合素质和教学能力。

（四） 进一步深化人事制度改革，落实和提高农村中小学教师待遇，增强教师职业吸引力

各级人事、财政等有关部门要认真贯彻执行有关政策，切实落实国家规定的对农村地区、偏远地区、贫困地区中小学教师的津贴补贴。积极实施义务教育学校绩效工资制度，落实各级教育部门和中小学校在绩效工资分配方

面相应的调控管理职责，尽快制定非义务教育阶段学校绩效工资实施办法，充分调动和发挥广大教师干事创业的积极性、主动性和创造性。要继续抓好"以县为主"义务教育管理体制的落实，稳步推进中小学人事制度改革，建立有效的用人机制，引导广大教师到农村特别是山区、边远地区任教，促进教师合理流动，实现优质教育资源共享，进一步提高教育人才资源整体效益，促进教育公平，实现教育均衡发展。

教师待遇是提高教师职业吸引力的关键。教师待遇除了社会待遇，即通常所说的"职业声望"外，还有经济待遇。前者要靠全社会的共同努力，塑造有利于教师成长的社会环境，后者可以通过提高教师工资待遇、住房待遇等实现。首先是提高教师工资标准，切实做到教师平均工资不低于或略高于当地公务员平均工资水平。提高班主任、青年教师、突出贡献教师的津贴。建立农村地区、西部地区教师特殊岗位津贴制度等。其次要完善教师待遇保障制度。如依法保障教师培训进修、评选先进、职称评聘、工资福利、医疗保险等方面的合法权利，将教师住房纳入地方经济适用房建设规划，不断改善教师工作、生活和学习条件等。最后要弘扬尊师重教的良好社会风尚，依法保障教师的政治地位、社会地位、职业地位，维护教师合法权益，吸引优秀人才终身从事职业教育教学工作，吸引优秀学生到师范大学学习、优秀大学毕业生到学校任教。

（五）健全教师资格制度，建立教师流动机制，推进教师专业化发展

专业化必须以制度为保障，前提是健全教师资格制度。如制定教师专业标准，建立国家教师资格考试、教师资格认证和定期注册制度，建立和实施教师教育机构资格认定与评估制度等。并且能够根据不同的教育类型和层次、地区和分布特点制定不同的标准，在教师编制、专业职务评审、职业准入等方面进行明确界定。如职业学校教师编制方面，由于专业和培养过程与特点的需要，应当编配比普通学校更多的教师，而目前我国职业学校的生师比普遍高于同级普通中学，这与职业学校在教师编制上效仿普通教育、缺少灵活性不无关系。

要鼓励教师在城乡之间、区域之间、校际之间的有序流动。根据国家教育发展规划，今后各级政府都要高度重视统筹城乡教育的发展，其中一个重要举措是建立城乡之间教师流动机制，实现真正意义上的送教下乡、资源共

享、优势互补。好的学校如中心校、重点校由于生源充足而生师比攀高，而一些办学规模小、地处偏远的学校的生师比总体上看并不高，但班级数并不少。若能达到区域内的师资有效整合，既可缓解部分专业课师资的紧缺状况，又可提高办学效益。

（六）加强师德建设，提高师资素养

第一，教师应自觉加强思想道德修养，不断增强责任感和使命感，做到干一行、爱一行。通过深入学习"八荣八耻"，践行社会主义核心价值观，形成热爱职业教育、热爱学生、无私奉献的职业情感，用自己的言行举止来影响学生、感化学生，实现既教书又育人的目标。第二，学校要坚持把师德建设放在教师队伍建设的首位，采取实际行动，切实提高教师的道德水准。学校可以通过树立师德标兵活动、"我最喜爱的老师"评比、优秀班主任评选等一系列活动，促进师德建设。通过完善教师业绩考核制度，如可把师德内容列入考核重要条款，把师德建设落到实处。通过教务公开等活动，自觉接受学生、家长、企业和社会的监督。第三，教育主管部门要把师德建设作为一项全局性工作，常抓不懈。在建立学校师德建设监督评估制度的基础上，构建科学有效的师德建设工作监督评估体系。把师德评价作为校长聘任、教师晋级、评优评先、绩效工资发放以及学校办学水平评价的重要依据。在政府、学校、企业与社会目标一致的基础上，统筹构建师德建设环境和标准，共同促进师德进步。

五　结语

作为一名教师，前去调研河南省教师队伍状况，这本身就包含了感悟教师职业、理解教师情感、为教师鼓舞欢呼的时代责任。为了教师也是为了教育，为了教师的明天同样是为了教育的明天。我们调研组一行四人从省城到市、到县，再到乡、到村，一路走来，见识颇多，感悟颇多，对守望在中国教育最前线的农村中小学教师有了更多的了解、理解和钦佩，也使得我们有了更多的感慨和思考。我们本着实事求是的原则，运用纪实、记事手法，尽可能准确地把我们所见、所闻、所思的东西呈现在报告当中，以供领导决策时参考。当然，也可能由于我们视野上的偏差、认识上的不够深入、表达功底的不足等因素导致在某些观点和描述上的欠妥。但毫无疑问，该篇调研报

告是我们调查组全体人员的真情奉献。

　　我们真诚希望，此次调查所反映的情况能够引起决策层对教师队伍建设的高度重视，尤其是中西部地区、欠发达地区、农村地区、偏远山区教师问题的重视。因为，在建设和谐社会的今天，没有农村教育的发展、没有教育公平的实现，就谈不上科学的发展和新农村建设目标的实现。我们衷心祝愿广大教师的明天会更加美好！

报告 VI

贵州省教师队伍建设
专题调研报告

"中国教师队伍建设"贵州调研组

内容提要：我们按调研计划，访谈了贵州省教育厅的部分领导，安顺市及西秀区教育局相关部门的领导与若干中小学校、特殊学校、职业学校、幼儿园的校长、教师，贵州师大、贵州工业职业技术学院的领导与部分教师；组织了若干场抽样学校的管理人员、教师座谈会，向座谈对象发放了调查问卷。通过调研访谈，我们认为贵州省各级政府和教育行政部门非常重视教师队伍建设，总体上成效显著，教师大多职业认同感强，发展欲望强烈，精神状态良好，基本能满足教育事业发展的需求。但由于整体经济发展滞后，教育基础薄弱，各级各类学校教师队伍建设面临多重困难和问题，譬如中小学教师编制不足，特别是偏远农村学校教师缺编现象尤为严重，大班教学化现象严重，教师的工作量和压力大，农村教师队伍稳定性低；职业教育双师型教师甚为缺乏，学校缺乏教师招聘自主权，职教教师流动现象严重；高等学校引进高素质教师困难，优秀教师流失严重，队伍稳定性较差，年轻教师发展机会有限；幼儿教师老龄化现象严重，工作负担过重，教师在职培训的机会少，待遇较差，幼儿教师不能享受到绩效工资待遇；特殊教育专业教师不足、教师编制不够。鉴于以上教师队伍建设中面临的问题与困难，我们认为加强贵州省教师队伍建设应从以下几个方面入手：一是对农村教师有倾斜政策，特别是在教师的编制方面；二是教师工资直接由市级或者省级财政来负担，以缩小县域间的差异；三是改善幼儿教师老龄化现象；四是制定相关政策，鼓励东部发达地区对口援助西部地区教师队伍建设，特别是参与西部高等教育、职业教育的师资培训工作；五是应尽快制定特殊学校教师招聘和编制政策；六是国家增加科研项目，增加贵州高校教师参与若干国家级科研项目的机会。

一 前言

（一）调研背景

党中央、国务院历来高度重视教育事业发展。1985 年中央下发了《关于教育体制改革的决定》，提出了普及九年义务教育的目标。1993 年，中央下发《中国教育改革和发展纲要》。1995 年，中央提出实施科教兴国战略。党的十六大以来，中央始终把教育放在优先发展的战略地位，提出实施人才强国战略，并采取了一系列重大举措。党的十七大对优先发展教育，建设人力资源强国提出了新任务、新要求。2009 年，根据中央的总体部署，结合当前教育事业发展的实际，我国第二个教育发展纲要《国家中长期教育改革和发展规划纲要》开始拟定，并面向全社会征求意见。其中，教师队伍建设就是该纲要的重要组成部分。

2009 年 9 月 9 日，在第 25 个教师节到来前夕，中共中央政治局常委、国务院总理温家宝邀请中小学教师做客中南海时提道："百年大计，教育为本；教育大计，教师为本。"可见，师资队伍建设是我国教育事业健康发展的基本保证。正是在这样的背景下，国务院参事室委托浙江师范大学对我国教师队伍建设现状进行调研，贵州调研组就是其中之一。

（二）调研目的

本次调研的目的，是要系统、客观地了解把握贵州省教师队伍〔包括幼儿园、小学、初中、高中（中职）、高等学校、特殊教育学校〕的现状和存在的问题，为加强和改善教师队伍建设，培养高素质师资力量，提供有价值的数据支持，为相关职能部门制定有关政策提供对策性建议。

（三）调研意义

师资队伍建设是我国教育事业健康发展的基本保证。教育要进行改革，必须对现状进行深入了解，理论要从实践中提取。

我们要借这次调研的机会，了解全国教师队伍整体情况。对教师进行访谈和座谈，让教师充分表达对目前教师工作的意见和建议；听取教师们希望制定的教育规划应该解决什么问题；在当前教育和教学中，什么问题是最突出的，是社会、群众、教师们最关心的。认真整理全国教师队伍在结构和层次上存在的问题，根据各省市地区的实际情况和实际需要，"找准位置"，分析全国师资队伍的优缺点。及时将情况反馈至国务院，以便政府能"对症下药"，最大限度地调动广大教职员工的积极性、主动性和创造性，营造我国教育事业蓬勃发展的良好氛围。

（四）贵州省经济与教育发展基本概况

贵州省位于中国西南地区，地处云贵高原东面。全省辖9个市（州、地），88个县（市、区），人口3975.48万，其中少数民族人口占38.9%；全省国土面积为17.6万平方公里，以山地为主，山地和丘陵占92.5%。

贵州是一个多民族的省份。全省有49个民族成分，少数民族成分数量仅次于云南和新疆，居全国第三位。世居少数民族有苗族、布依族、侗族、土家族、彝族、仡佬族、水族、回族、白族、瑶族、壮族、毛南族、蒙古族、仫佬族、羌族、满族等16个。全省设4个地级市，3个自治州，2个地区，9个县级市，56个县，11个自治县，9个市辖区，2个特区，760个乡（其中含民族乡253个），697个镇，82个街道办事处。

1. 基本经济概况

2008年，贵州省全年生产总值为3333.40亿元，比上年增长10.2%，全省人均生产总值为8824元，城镇居民人均消费性支出为8349.21元，比上年实际增长0.6%，年末全省从业人员为2292.12万人。从贵州省近5年的GDP总值纵向来看（见表1-1），呈上升趋势；从GDP总值全国排名来看，5年内基本居于全国32个省份（不含港澳台）第26名。2008年有所下降，降至第27名。①

表1-1　　　　　　贵州省近5年国民生产总值情况

年　份	2004	2005	2006	2007	2008
GDP（亿元）	1591.90	1942.00	2267.43	2710.28	3333.4
全国省份排名	26	26	26	26	27

2. 教育基本概况

2008年，贵州省教育事业全面发展（详见表1-2）。全年各级财政用

①　资料来源：《2008年贵州省国民经济和社会发展统计公报》。

于教育事业的投入达到 226.64 亿元，比上年增长 36.3%。全省共有各级各类学校 4.06 万所，比上年增加 1300 所。义务教育阶段师资力量建设得到进一步加强，新招聘中小学教师 1.5 万名，其中特岗教师 8578 名，各级各类学校专任教师达到 39.08 万人，比上年增长 4.6%。农村义务教育经费保障机制进一步完善，农村初中和小学生人均公用经费保障标准分别提高 125 元和 75 元。全省"普九"人口覆盖率 100% 的成果继续得到巩固。全省小学适龄儿童入学率为 97.2%，全省小学学校数为 13107 所，在校学生数为 4697910 人，教职工总数为 208798 人，其中专任教师人数为 200024，生师比为 23.49：1。初中阶段毛入学率为 95.9%，普通初中学校数为 2170 所，在校学生数为 2055674 人，专任教师数为 105076 人；职业初中学校数为 46 所，在校学生数为 14757 人，教职工总数为 996 人，其中专任教师数为 911 人。高中阶段毛入学率为 47.9%，普通高中学校数为 456 所，在校学生数为 562138 人，教职工总数为 148292 人，其中专任教师数为 30284 人，生师比为 18.56：1。中等职业教育继续发展，中等职业学校中在校学生人数为 356725 人，教职工总数为 14693 人，其中专任教师总数为 10237 人。普通高等教育经过资源整合、体制改革，教育规模不断扩大。贵州普通本专科高等学校数为 45 所，在校学生数为 267526 人，其中本科为 147996 人，专科为 119530 人，高等教育毛入学率为 11.8%。普通高等学校教职工人数为 27211 人，其中专任教师总数为 18037 人，高级职称以上专任教师为 6675 人，生师比为 17.26：1[①]。另外，特殊教育学校数为 49 所，在校学生人数为 15186 人，教职工总数为 819 人，其中专任教师总数为 695 人。成人教育作为传统教育向终身教育发展的一种教育方式，也得到了进一步发展。[②]

二　调研设计与实施

（一）调研内容

1. 调研的基本框架和内容

本次调研的内容主要有三个层面，一是当前贵州省教师队伍建设的现状，二是当前贵州省教师队伍建设存在的突出问题，三是加强和改善贵州省

---

① 资料来源：《2009 年中国统计年鉴》。
② 《2008 年贵州省国民经济和社会发展统计公报》。

教师队伍建设的政策建议。具体而言，包括如下几个方面：

（1）贵州省幼儿教师队伍建设的基本现状、突出问题与应对策略；

（2）贵州省小学教师队伍建设的基本现状、突出问题与应对策略；

（3）贵州省中学教师队伍建设的基本现状、突出问题与应对策略；

（4）贵州省职业教师队伍建设的基本现状、突出问题与应对策略；

（5）贵州省普通高校教师队伍建设的基本现状、突出问题与应对策略；

（6）贵州省特殊教育学校教师队伍建设的基本现状、突出问题与应对策略。

2. 调研重点

本次调研将在兼顾全面的基础上，着力突出贵州省教师队伍建设的重点内容，即农村教师队伍建设问题，尤其是提高农村教师素质问题。具体包括如下几个方面：

（1）当前贵州省幼儿园教师特别是农村幼儿园教师的素质、待遇等存在的突出问题，提高幼儿园教师尤其是农村幼儿园教师素质，促进其专业发展的对策；

（2）当前贵州省农村小学教师的素质、待遇等存在的突出问题，提高农村小学教师素质，促进其专业发展的对策；

（3）当前贵州省农村初中教师的素质、待遇等存在的突出问题，提高农村初中教师素质，促进其专业发展的对策；

（4）当前贵州省农村高中（中职）教师的素质、待遇等存在的突出问题，提高农村高中教师素质，促进其专业发展的对策；

（5）当前贵州省高校教师的专业素质等存在的突出问题，促进高校教师专业发展的对策；

（6）当前贵州省特殊学校教师的素质、待遇等存在的突出问题，提高民办学校教师素质、待遇等的对策。

（二）调研方法

本研究主要是通过系统的问卷与访谈、座谈的方法，并辅以系统的文献资料的梳理与分析，了解贵州省教师队伍建设的整体现状和当前存在的突出问题，以作为今后我国西部加强教师队伍建设的基础。

1. 文献法

本调查研究的文献主要有 2004—2008 年《贵州省国民经济和社会发展

统计公报》、《2008 年安顺市国民经济和社会发展统计公报》和《2009 年中国统计年鉴》，有部分一次文献，通过对 CNKI 网中教育库的文献梳理，查找到近几年若干对贵州省师资队伍建设进行调查研究的学术论文和调研报告，将其作为参考资料。

2. 问卷法

通过《我国教师队伍建设调查问卷》（共 6 份，分别为幼儿园教师卷、幼儿园园长卷、中小学教师卷、中小学校长卷、职业学校教师卷和职业学校校长卷）对贵州省贵阳市、遵义市、六盘水市、安顺市、毕节地区、铜仁地区、黔西南州、黔东南州、黔南州等 4 个地级市、2 个地区、3 个少数民族自治州进行了问卷的随机发放，共发放问卷 1029 份，回收 538 份，有效问卷 509 份，回收率为 52.3%，有效率为 49.5%。

3. 访谈法

根据预先设计的访谈提纲，通过一对一深度访谈和小组座谈等方式，对贵州省教育厅师范处处长，人事处的部分官员，安顺市教育局科长，西秀区教育局局长，若干中小学校、特殊学校、职业学校、幼儿园的校长、教师，贵州师大人事处副处长，贵州工业职业技术学院的书记、院长与部分教师等共计 66 人进行了深度访谈和会议访谈。

4. 实地观察

通过直接观察与间接观察相结合的方式对贵州省教育厅、贵州师范大学、贵州工业职业技术学院、安顺市教育局、西秀区教育局、西秀区鸡场中学、花溪区黔陶乡骑龙小学、花溪区黔陶乡黔陶民族小学和中学进行了实地观察。

（三）调研对象

本次调研的对象，主要包括教师群体、学校校长、教育行政部门领导和工作人员、地市县教研员等，以期从不同方面、立体式地了解把握当前教师队伍建设的现状和存在的突出问题，以及解决这些问题的应对策略。同时，在调研对象抽样时，兼顾考虑教育层次、教育类型、办学性质、城乡差异、性别结构、年龄结构、职称结构、学历结构等。

（四）调研过程

在贵州省教育厅的协助下，贵州调研组于 2009 年 8 月 26 日—9 月 3 日对贵州省教师队伍建设问题进行了比较系统的调研。本次调研抽取贵州省安顺市西秀区和贵阳市花溪区作为调研样本区。

调研组到达的当天，将调查问卷和具体的抽样及发放要求交给贵州省教育厅。

2009 年 8 月 27 日，调研组前往安顺市教育局进行调研。当天上午，联系访谈了安顺市教育局分管师资建设的科长。在西秀区教育局的安排下，下午调研组分为两个小组召开校长座谈会和对部分教师的访谈。座谈会前，均进行了问卷调查。其中座谈会有 10 人参加，访谈人数 4 人。

2009 年 8 月 28 日上午，在安顺市西秀区教育局对特殊学校的校长、职业学校的校长和书记进行了访谈。同时，按要求，对西秀区教育局局长进行了深度访谈。在西秀区教育局的安排下，下午，调研组前往西秀区鸡场中学，组织召开了一场教师座谈会，共有 15 位教师代表参加。同时，按要求，访谈了中学校长、小学校长、中学办公室主任以及幼儿园园长各 1 名。

2009 年 8 月 31 日上午，走访贵州省教育厅。对贵州省教育厅人事处领导、教育厅师范处处长进行了深度访谈，并获取贵州省教育发展和教师队伍建设的相关资料。下午前往贵州工业职业技术学院了解贵州省高职院校师资队伍建设情况，进行了座谈交流，共有 6 位领导和教师参加。

2009 年 9 月 1 日，前往贵州师范大学就贵州省教师教育和教师继续教育情况，召开了座谈会，与贵州师范大学人事处副处长以及部分领导和老师等 6 人进行了座谈交流。

2009 年 9 月 2 日上午，前往贵阳市花溪区黔陶乡，对黔陶民族小学校长和骑龙小学校长进行了深度访谈。同时，对这两所学校进行了实地考察。下午，走访参观了贵阳市花溪区黔陶乡黔陶民族中学，对黔陶民族中学校长进行了访谈。同时，还访谈了教育厅负责师资培训的一位老师。

（五）问卷调查情况

问卷调查分别在安顺市教育局和安顺市西秀区教育局实施，同时也让在西秀区教育局和鸡场中学参加各类座谈的校长和教师参加问卷调查。除座谈会上发放问卷外，其他问卷均由贵州省教育厅代为发放和回收。

三　现状与问题

（一）教师队伍建设的基本情况

近年来，在党中央、国务院及教育部和有关部委的大力支持下，经过全省上下的艰苦努力，贵州省"两基"攻坚取得了历史性的成就，义务教育实现了跨越式发展。2009 年，贵州省"两基"工作顺利通过了国家督导检查。通过国家"两基"督导检查后，贵州省基础教育发展站在了一个新的历史起点上。巩固"两基"成果，提高基础教育水平成为新阶段的历史任务，提高教育质量，加快内涵发展，加强教师队伍建设就成了核心和关键。目前，贵州省有 33.5 万名中小学教师（其中小学教师 20 万人，初中教师 10.5 万人，高中教师 3 万人）。自教师资格制度实施以来，贵州省面向在职教师和社会人员实施了该项制度，不断拓宽中小学教师来源渠道。到 2008 年，全省共有 50 余万在职教师和社会人员取得了各类教师资格。近年来，贵州省主要开展对应届大学毕业生和社会人员申请教师资格的认定工作，每年约有 3 万人取得各类教师资格证书。

国家特岗教师计划的实施为贵州教育发展带来了重要机遇，贵州成为全国招收特岗教师最多的省份之一。2006 年以来，贵州省连续 3 年为 43 个"两基"攻坚县补充农村特岗教师 12545 名，同时置换出部分代课人员。2009 年，贵州将继续招聘 7009 名特岗教师到 36 个边远贫困县农村义务教育阶段学校任教。① 具体情况如下：

1．幼儿园教师队伍建设情况

目前贵州省从事幼儿教育的教职工总数为 20079 人，公办教师 6952 人，占 34.62%；民办教师 11311 人，占 56.33%。其中专任教师人数为 12095 人，占总数的 60.23%。专任教师中，城乡分布比例为 7.4∶1，公办学校教师和民办学校教师之比约为 1∶1。高级教师 1975 人，占专任教师总数的 16.33%；小学三级职称教师 5958 人，占专任教师总数的 49.26%。幼儿园教师中具有专科以上学历的为 7383 人，占专任教师总数的 61.04%；生师比为 61.02∶1。

根据上述内容可知，幼儿教师职称分布比较均匀；不管在农村幼儿园还

---

① 教育部网站。

是城镇幼儿园中都有保健人员；代课和兼课教师的数量明显下降。然而，①目前贵州幼儿教师中没有特级教师，专任教师占幼儿教师总数的比例也有待提高，因为幼儿的教育发展需要更专业人才的加入。②民办教师比例大于公办教师的比例，"教育要发展，教师为本"，说明要保证幼儿教育的发展，首先要保证教师的质量和权益，所以应该加快公办教师比例，让更多幼儿教师享受应有的权利。③应该提高幼儿教师的学历，制定合理的目标，使幼儿教师的学历总体得以提升。④幼儿园保健人员数量不足，无法满足每超过100人的幼儿园配备一个保健人员的要求。

2. 义务教育教师队伍建设情况

目前贵州省专任教师总数为335384人。专任教师中，具有本科以上学历为79141人，占专任教师总数的23.59%；具有专科以上学历为258679人，占专任教师总数的近77.13%；40岁以内的年轻教师人数为232085人，占专任教师总数为69.20%，教师年龄结构明显年轻化；具有高级职称的人数为28368人，占40岁以下专任教师的12.22%；有职称的人数为205658人，占40岁以下专任教师的88.61%。生师比为20.54∶1。

（1）在小学教育领域，目前贵州省小学教职工总数为208798人，其中专任教师人数为200024人，占总数的95.80%。专任教师中，城乡分布比例为1.4∶1，公办学校教师和民办学校教师之比为33∶1。现岗高级职称教师为66477人，占专任教师总数的33.23%。小学教师中具有本科以上学历的为9728人，占专任教师总数的4.86%；小学教师中具有专科以上学历的为125233人，占专任教师总数的62.61%；40岁以内的年轻教师人数为92093人，占专任教师总数的46.04%。小学教师年龄结构呈轻微年轻化。生师比为23.49∶1。

（2）在初中教育领域，目前贵州省初中专任教师人数为105076人。专任教师中，城乡分布比例为1.5∶1。现岗高级职称教师34748人，占专任教师总数的33.07%。初中教师中具有本科以上学历的为42214人，占专任教师总数的40.17%；初中教师中具有专科以上学历的为103238人，占专任教师总数的98.25%；40岁以内的年轻教师人数为85060人，占专任教师总数的80.95%。初中教师年龄结构明显年轻化。生师比为19.56∶1。

3. 中等教育教师队伍建设情况

在普通高中教育领域，目前贵州省高中专任教师人数为30284人。专任教师中，现岗高级职称教师16356人，占专任教师总数的54.01%。高中教师中具有本科以上学历的为 27199 人，占专任教师总数的 89.81%；高中教师中具有专科以上学历的为 30208 人，占专任教师总数的近 100%；40 岁以内的年轻教师人数为 21556 人，占专任教师总数的 71.18%。高中教师年龄结构明显年轻化。生师比为 18.56：1。

在中等教育领域，目前贵州省专任教师总数为 8043 人。专任教师中，具有本科以上学历的为 6126 人，占专任教师总数的 76.17%；具有专科以上学历的为 7880 人，占专任教师总数的近 97.97%；40 岁以内的年轻教师人数为 5125 人，占专任教师总数的 63.72%，教师年龄结构明显年轻化；具有高级职称的人数为 1559 人，占 40 岁以下专任教师的 30.42%；有职称的人数为 4328 人，占 40 岁以下专任教师的 84.45%。生师比为 32.31：1。

（1）在职业高中教育领域，目前贵州省职高专任教师人数为 4396 人，占职业高中教职工总数 5805 人的 75.73%。专任教师中，"双师型"教师 627 人，占专任教师总数的 14.26%。高级职称教师 550 人，占专任教师总数的 12.51%。职高教师中具有本科以上学历的为 2981 人，占专任教师总数的 67.81%，职高教师总体学历水平还有待提高。职高教师中 40 岁以内的年轻教师人数为 2994 人，占专任教师总数的 68.11%。职高教师年龄结构明显年轻化。生师比为 33.14：1。

（2）在普通中专教育领域，目前贵州省中专专任教师人数为 3647 人，占中专教职工总数 5710 人的 63.87%。专任教师比例相对较小。专任教师中，"双师型"教师 790 人，占专任教师总数的 21.66%；高级职称教师 1009 人，占专任教师总数的 27.67%；中专教师中具有本科以上学历的为 3145 人，占专任教师总数的 86.24%，职高教师总体学历水平较高。职高教师中 40 岁以内的年轻教师人数为 2131 人，占专任教师总数的 58.43%。职高教师年龄结构微显年轻化。

4. 普通高等教育教师队伍建设情况

目前贵州省专任教师总数为 18037 人。专任教师中，具有本科以上学历的为 13402 人，占专任教师总数的 74.30%；具有高级职称的人数为 6675 人，占专任教师的 37%；有职称的人数为 16892 人，占专任教师的 93.65%。生师比为 14.46：1。

（1）在普通本专科学校，目前贵州省普通本科高校（含独立学院）专任教师人数为 11990 人，占教职工总数 18580 人的 64.53%，其中公办学校专任教师和民办学校专任教师之比约为 5：1。专任教师中，高级职称教师

5020 人，占专任教师总数的 41.87%。普通高校教师中具有本科以上学历的为 4787 人，占专任教师总数的 39.92%，普通高校教师总体学历水平较低。普通高校教师中 40 岁以内的年轻教师人数为 7470 人，占专任教师总数为 62.30%。普通本科高校教师年龄结构明显年轻化。生师比为15.11：1。

（2）在高职院校，目前贵州省高职专任教师人数为 6047 人，占教职工总数 8631 人的 70.06%，其中公办学校专任教师和民办学校专任教师之比约为 22：1。专任教师中，高级职称教师 1655 人，占专任教师总数的 27.37%；高职教师中具有本科以上学历的为 5579 人，占专任教师总数的 92.26%，普通高校教师总体学历水平较高；高职教师中 40 岁以内的年轻教师人数为 3779 人，占专任教师总数为 62.49%；高职教师年龄结构明显年轻化。总体生师比为 13.8：1。

5. 成人高等教育教师队伍建设情况

目前贵州省成人高校 100% 为公办学校，专任教师人数为 555 人，占教职工总数 909 人的 61.06%。专任教师中，"双师型"专任教师为 77 人，占专任教师总数的 13.87%；高级职称教师 202 人，占专任教师总数的 36.40%；成人高校教师中具有本科以上学历的为 511 人，占专任教师总数的 92.07%，普通高校教师总体学历水平较高。成人高校教师中 40 岁以内的年轻教师人数为 248 人，占专任教师总数的 44.68%。成人高校教师年龄结构微显年轻化。

6. 特殊教育教师队伍建设情况

目前贵州省特殊教育学校专任教师人数为 695 人，占教职工总数 819 人的 84.86%，所占比例较大。专任教师中，受过特教专业培训人数为 512 人，占专任老师总数的 73.67%；高级职称教师 287 人，占专任教师总数的 41.29%；特殊教育学校专任教师中具有本科以上学历为 112 人，占专任教师总数的 16.12%，特殊教育教师总体学历水平较低。生师比为 21.85：1。

（二）调研对象的情况分析

在贵州省教育厅、安顺市教育局和西秀区教育局，对各教育行政部门领导特别是掌管人事的领导进行了访谈，同时在安顺市西秀区教育局召开了一次教师座谈会和一次校长座谈会，并分别分发和回收相关问卷；在贵州师范大学、贵州工业职业技术学院、西秀区鸡场中学分别召开了教师座谈会，向在座教师分发和回收了相关问卷；在花溪区黔陶乡骑龙小学、花溪区黔陶乡黔陶民族小学和中学对校长、教师进行了访谈。从不同方面、立体式地了解把握当前贵州省教师队伍建设的现状和存在的突出问题，以有助于提出解决这些问题的策略。同时，在调研对象抽样时，兼顾考虑了教育层次、教育类型、办学性质、城乡差异、性别结构、年龄结构、职称结构、学历结构等。参与座谈和访谈的各级学校领导，考虑到调研对象对自身所处的学校或区域的师资队伍有深入的了解；参与座谈和访谈的各级学校教师，考虑到调研对象具有一定的代表性，较能覆盖和体现贵州整体师资队伍的情况。

（三）教师队伍建设的主要问题

近年来，贵州省在加强教师队伍建设方面，取得了明显成效，教师整体素质在逐步提升。但是，教师队伍建设仍存在一些突出问题，主要是农村教师素质整体较差的状况尚未得到根本扭转，城乡教师差距仍然较大。

1. 高校教师队伍建设存在的问题

关于高校教师队伍建设情况，我们选取了贵州师范大学为个案，与该校人事部门领导、教师代表进行了座谈。通过座谈，我们了解的主要问题有以下几个方面：

（1）高素质教师数量不足

从 2006 年开始，贵州师范大学下发《关于深化体制改革意见的办法》，实行"全员聘任制改革"，具体岗位由群众推荐，进行"双选"。但是总的来说，对专业人员聘用的配套措施还不是很完善。

访谈对象	访谈实录	理论分析
贵州师范大学人事处副处长，男，40多岁	我们这里整体教师数量不足，只要有资格，我们就聘。去年开始我们实行全员聘用制度改革，2009 年内要完成这个制度改革，达到职员优化配置，国家现在对高校没有实行绩效工资制度，聘用要实行起来会有困难。我们是教师、管理干部之间扩宽流动渠道，教师也可以干行政	教师聘用制度需要进一步完善

在高等教育领域，目前贵州省专任教师总数为 18037 人。专任教师中，具有本科以上学历的为 13402 人，占专任教师总数的 74.30%；具有高级职称的人数为 6675 人，占专任教师的 37%；有职称的人数为 16892 人，占专任教师的 93.65%。生师比为 14.46：1。

（2）教师工作压力大，教师评价重科研轻教学

在座谈中，我们了解到，在教师评价方面，贵州师范大学主要是看科研水平，但是教学方面也要有一定要求。现在有学生网评，达不到 80 分就不能评教授，虽然主要看科研成果，但这也成了硬性指标。学校的教师科研水平由省教育厅评，教学由学校里评。如果获得教学成果一等奖，就直升教授。

访谈对象	访谈实录	理论分析
贵州师范大学博士，男，40 多岁	现在教师发展有了平台是肯定的，但是从事教师工作压力大，特别是在教师考核这一块，科研考核面临着很大困难。一般来说，科研考核量化对落后地区的教师来说，存在更大的压力，这种量化考核是畸形的	没有足够的科研条件，使师范教育处于两难境地。同时，教师评价太片面，需进一步完善
贵州师范大学体育教师，男，20 多岁	对教学和科研两难的问题，我想说的是，我们教学量大，怎么来平衡科研任务？我一个星期有 20—22 个课时。而且网评不能客观地评价一个教师的总体情况	

（3）师范教育弱，学生就业成问题

师大的"双专业"（学科专业与师范专业）中，学科专业做得很好，但师范专业却成了薄弱环节，导致师范类学生素质不高。中小学校领导也抱怨新教师素质不好，矛头直接指向师范大学，认为由于大学实行扩招，导致了学生质量不高。同时综合性大学的师范专业也对师范大学本科生产生了竞争性影响，这使师范毕业生就业存在较多困难。

访谈对象	访谈实录	理论分析
贵州师范大学教科所教师，女，40 多岁	就教育学的现状而言，培养方向没有改，但是学生就业成问题了。师范类专业课减少，教育系老师都没有固定的课可以上了，老师没专业课上都跑去上其他课……很多专业都是非师范类，公共课的量多，专业课的量少。师范教育在削弱啊，这是一个规模与效益的问题	师范大学师范教育的优势降低

（4）教师引进难，留住难，质量不高

由于贵州省经济上无法与其他发达省份相比，同时省里财政投入到高校的资金很少，导致贵州省高校竞争人才完全没有优势，人才多往东部地区流动。学校引进的博士，都是在省外找不到更好的工作才来的。博士从外面引进的占 6 成，自己培养的占 4 成。虽然贵州师范大学在博士职称评

定政策上有一定的倾斜，优秀的博士可破格直升教授，但还是很难留住优秀人才。

访谈对象	访谈实录	理论分析
贵州师范大学教科所教师，女，40多岁	我们教科院引进的大都是博士，但是真要引进优秀的人才很难，都比不上云南师大、广西师大。个人发展空间平台是一个因素，省里已经放宽政策，博士服务期满8年直升教授，我们是"引进难、留住难"，比如师范数学专业每月2800元的收入对较优秀的博士、教授引进根本没有吸引力，除非有特殊情况	经济上的欠缺，导致竞争人才完全没有优势

2. 中小学教师队伍建设存在的问题

（1）城乡教师津贴存在地区上的差异

农村中小学教师收入与县城教师收入相比有较大差距，而且有很多中小学教师家住县城或其他乡镇，每星期回家一次，加上每月往返的交通费，这无形中又拉大了与县城教师的"收入"差距。虽然无拖欠现象，但城乡教师津贴的差异，还是会极大影响农村教师的工作积极性。

访谈对象	访谈实录	理论分析
农村小学教师，女，30多岁	就相同县域而言，工资这一块，基本上都是一样的，工资没什么差距，拖欠是没有的。如跟其他区和市县比起来的话，就存在差距，差距很大。比如绩效工作，各地区差别较为明显	教师工资待遇区域差别很大

（2）大班教学化现象严重，教师的工作量和压力大，特别是来自社会上新闻媒体的压力

针对该省（代表西部地区）教师的工作量和压力大的问题，分析原因有二：第一，大班教学化现象严重，教师的工作量除正常的教学工作，如备课、上课、批改大量的学生作业外，还承担了许多繁杂的非教学任务，如维持纪律、管理学生值日、卫生、上操等。据调查，有60%以上的教师认为每周课时为16节以上，详见表3-1。调查还发现，工作负担较重的教师群体，如班主任、主课教师、毕业班教师、初高中教师的心理问题多，职业压力大。要促进西部教育健康快速发展，就需要增强学校和广大教师加快教育发展的责任感和使命感，其中教师起到了举足轻重的作用。校园教育教学质量要走精细化管理，比如"小班化教育"，有利于创设良好的学习环境，有利于提高课堂教学的效果，加快了教学速度，增加了教育密度，有利于进行因材施教和分层教学，还有利于培养学生各方面的能力。当然这些的实现都需要国家教育经费投入才能进行全方位拉动，进一步提高教育教学质量，提升西部教师和教育核心竞争力。

第二，社会上新闻媒体的影响也是教师压力大的原因之一，实际上归根到底是来自社会舆论的压力。社会对老师的期望值确实很高。但是教育应是学校与家庭共同承担的责任，光盯着教师不行，家长也应配合，共同承担起教育重任。但教师们更期望的是，不要因为个别教师不负责任、不具爱心的行为而否定了整个教师队伍。

访谈对象	访谈实录	理论分析
农村小学教师，女，30多岁	到目前为止，教师工作量还是参照着93（119）号文件规定。所以实行五天工作制以来，这个工作量老师没有得到减免，负担还是蛮重的。老师工作量都大，压力也大（在座老师都认同工作压力大）。现在压力大，不光是工作上，还来自于社会、学生、家长。老师想管（学生）不敢管，担心就来自于家长，还有媒体。现在到学校和学校交涉的就是，平时因为学生的问题，班主任打电话找到家长，家长总是以忙推脱。一旦学生如果在学校里和其他学生打了架，就能赶到学校来，一副兴师问罪的样子，说如果不按他的意见解决的话，他就告诉新闻媒体。新闻媒体来后，很多的时候，不是说比较公正地站在实事求是的角度，有些东西就无限放大，甚至没有和学校取得联系，那边报纸就已经出来了	教师的压力是来源于多方面的
城区小学校长，男，40多岁	学校的班额发生很大变化，原来学校的班额大概四五十人，现在像我在城区的小学（比较普遍），基本上都70人左右一个班。一个老师上70人一个班的十多节课，和上40个人一个班的十多节课，那个工作量是没法比的	

表3-1　　　　　　　中小学教师的工作量情况

	课时/周	人数（人）	比例（%）
周工作量	26节以上	3	1.0
	21—25节	34	11.4
	16—20节	145	48.7
	11—15节	102	34.2
	10节以下	14	4.7

（3）师资分布不均，导致生源上的不均衡

贵州省经济落后、教育发展起步晚，基础教育尤其是农村基础教育历史欠账多，农村教师队伍建设起点低。贵州省山多山大，农村中小学分布广，生源分散，教学点多。由于村小教学点工作、生活条件非常艰苦，因此，许多大中专毕业生不愿进，即使进去也留不住，使得边远校点的农村学校不得

不依靠代课人员来补充。中小学教师分布情况和代课教师情况，详见表 3 -
2 和表 3 -3。

访谈对象	访谈实录	理论分析
城区小学校长，男，40 多岁	随着城市化进程加快，城市学校扩张较快，城市教育资源远超过农村，很多农村的优秀教师也流动到城市，有条件的农村学生都转到城镇学校就读，农村教育更加不利。农村中心小学条件相对较好，师资、生源问题相对较小；而相对偏僻的村级学校，特别是下面的教学点设在更边远、闭塞的地方，聘请教师非常困难，就请代课老师任教；有些教学点生源减少，又没有好的教师，结果造成村校点闲置	城区与农村生源不平衡导致农村部分校点闲置

表 3 - 2　　　　　　　贵州省中小学教师及分布数量情况

	城乡分布			办学性质分布		
	合计	农村学校	城市学校	合计	民办学校	公办学校
专任教师总数（人）	335384	184383	151001	335384		/

表 3 - 3　　　　　　　　　代课教师情况

	程度	人数（人）	有效占比（%）
代课教师太多	非常严重	6	7.3
	比较严重	17	20.7
	说不清	3	3.7
	不太严重	27	32.9
	根本没问题	29	35.4

（4）偏远农村学校难以留住教师，女教师安全没保障，流动更频繁

由于交通不便，农村信息闭塞，农村教师生活状况差、婚姻问题难以解决。特别是女教师，如果把她们分到偏远的地方，安全可能让人担心，得不到保障。

访谈对象	访谈实录	理论分析
城区小学校长，男，40 多岁	交通不便，从工作的地方下去以后要走一两个小时，男教师基本上还能回去（骑摩托车上下班），去年开始招聘的农村教学点的教师，女教师宁可不要这份工作，也不愿去偏僻的村小教学点工作	多种因素影响女教师不愿意到偏远地区任教
农村学校初中教师，女，30 岁左右	我有一个好朋友，她去年被分到一个偏远的地方，她吓得……她听当地的老师说了以后（以上情况），她宁可不要这份工作。她是个女生，分到那个地方，那个地方是少数民族的村寨，一个村小的一个点，说那个地方首先对汉语不是很通，她听不懂民族语言，那边也不太听得懂汉话。而且那边据说治安很混乱，平均一个月要发生一次强奸案，她说村小两个女教师去住那种房子，她宁可不去	

（5）教师无法脱产进修，培训效率低，且培训不涉及全员

座谈中，教师们普遍认为教师培训是有名无实，华而不实。但他们希望脱产进修的愿望都很强烈。从调查问卷中得知，近3年来，教师参加专业培训的时间以1—2个月和3个月以下占得比较居多，详见表3-4。学校领导对教师参加培训也是支持的，但教师培训的效率不高，详见表3-5。

访谈对象	访谈实录	理论分析
农村小学教师，女，30多岁	因为工作量大，较难获得离职进修的机会，我们主要是在职进修，没法脱产学习	城区教师培训效率不高，农村教师都认识到培训有效果，教师也有培训机会，但培训不涉及全员
城区小学校长，男，40多岁	本人的感觉是很多培训有名无实，只是一种形式而已。比如我们培训3天，第一天领导谈话……	
农村小学教师，女，30多岁	培训多，但主要是骨干教师的培训，还有就是班主任培训	
农村中学校长，男，40多岁	培训有，但是每年都有指标，我们学校主要是教美术、英语、数学的教师培训较多	

表3-4　　　　　　　　近3年教师培训情况

	时间	人数（人）	有效占比（%）
近3年来，教师参加专业培训的时间	3月以上	51	17.1
	1—2月	100	33.6
	3周以下	99	33.2
	从未参加	48	16.1

表3-5　　　　　　　学校领导对教师参加培训的态度

态度	人数（人）	有效占比（%）
很支持	82	27.6
支持	163	54.9
不支持	6	2.0
因人而异	46	15.5

（6）城乡教师在晋级职称等方面都存在很大差异

贵州省农村教师地处边远、学习提高机会少，现行政策在中小学教师评职称、评优上，缺乏对农村教育实际情况的针对性，对农村教师政策性倾斜不够，详见表3-6和表3-7。

访谈对象	访谈实录	理论分析
城区小学校长，男，30多岁	如评职称，按照职称的评定，像区所在学校参加论文比赛，必须先从区一级做出来，区一等奖才能往市里面报，而市属学校直接进市，然后马上进省。而我们从基础来做起。评职称，小学这块，详见表3-6和表3-4，从前年开始启动的小中高的职称评定，它的要求是比较高的是小中高的职称评定，跟中学一级职称实际上是同级的。但是条件比中学一级教师要严格一到两个档次，要求还要高。你上的课必须是省级的一等奖以上，所以在这方面，很多老师觉得前途渺茫，也有一些失落感、职业倦意	对农村教师职称待遇方面缺少政策性倾斜

表3-6　　　　　　　关于中小学教师职称问题得不到解决

程度	人数	有效占比（%）
非常严重	43	14.6
比较严重	45	15.3
说不清	46	15.6
不太严重	68	23.1
根本没问题	93	31.5

表3-7　　　　　　　关于教师职称晋升机会和公平度

程度	人数（人）	有效占比（%）
非常好	2	2.4
比较好	52	62.7
不清楚	2	2.4
不太好	23	27.7
很差	4	4.8

（7）村小和教学点的地理位置存在安全隐患

贵州省山区学校的布局方面存在着很大安全隐患，包括地质不稳定可能会导致的地质灾害，容易引发学生的安全事故。但受经费等各方面的制约，上级主管部门也无能为力。

访谈对象	访谈实录	理论分析
片区小学校长，男，30多岁	有几个村小教学点，在危石冲击范围以内，由地质报告评估出来的，一直呼吁安全，但停留在口头呼吁上，行动上到现在一直没有落实。原因主要是村小教学点的整改无法找人审批，钱少。周边环境不是很好。	村小教学点需要得到合理的规划

（8）村小教师素质太低，农村教师缺编现象严重

　　受经济因素的制约，贵州省农村教师队伍建设投入少，教师的能力与水平普遍跟不上农村学校建设与基础教育改革发展步伐。同时，由于部分人事管理制度不尽合理、完善，按现行的生师比编制标准，城镇所在地学生多的学校还能维持正常教学，而村小、教学点要设置相应班级并开齐课程，教师数量严重不足。

访谈对象	访谈实录	理论分析
农村小学教师，男，40多岁	我们村小请的老师可能有一部分连初中都没毕业。一个人教两个班	影响农村教育和村小教育的关键因素是师资素质太低和教师的缺编
农村小学教师，女，30多岁	村小的老师大多是包班教学，从早到晚，老师容易产生一种疲倦感，对学生也不太好。看到的都是这个老师。语文、数学、音乐、美术、体育全包了，那么对学生发展也是不好	
省教育厅教师培训中心老师，男，30岁	影响贵州教育尤其是农村教育和村小教育的最关键的一个因素就是师资素质太低，不是偏低，村小和教学点的老师中很大一部分就是所谓的代课教师	

　　据了解，目前贵州省还有中小学代课人员9034人，其中农村代课人员7935人，占代课人员总数的87.83%，他们主要分布在边远山区的村小和教学点上。代课人员在偏远的教学点任教，弥补了该省农村师资不足的问题。但大多数代课人员存在学历不高、业务水平较低、年龄老化等问题。同时，他们的工资待遇普遍较低，生活条件和工作环境较差，岗位流动性较突出。[①]

（9）民族地区教学点的教学质量很低

　　贵州省是一个多民族的省份，民族教育在贵州省教育事业中占有很大的比重，民族教育的发展状况，在很大程度上影响着贵州省教育发展的水平。大力发展贵州省少数民族地区义务教育，对提高少数民族地区人口素质，维

---

　　① "民进中央关注贵州农村中小学基础教育师资力量"，中国教育网，2009年4月9日。http://www.edu.cn/jiao_yu_ren_cai_zi_xun_52/20090409/t20090409_371488.shtml

护少数民族地区的社会稳定，推动贵州省少数民族地区的经济社会发展起着重要的作用。但是，由于自然条件、历史、经济、文化等多方面的原因，少数民族地区经济社会发展落后，人民的生活还十分艰苦。很多教师都不愿意到偏远的少数民族地区，因此，少数民族地区的教师基本都是以当地人为主，就导致教学方式落后，学生质量偏低。这个问题就需要政府和社会的共同努力来解决。

访谈对象	访谈实录	理论分析
片区小学校长，男，30多岁	特别是像我们九年制学校分管的教学点，很多是少数民族地区，学前班，他们7岁才入学，到了二年级，连汉语都说不清楚，还是用少数民族语言交流。教学点没有三年级，就送到完小来，完小老师给他上课的时候，他们连汉语都难听懂，没有基础。现在学生质量不好，还有最大一原因，因为经济的影响，打工的人特别多，所以留守儿童是我们教学点当中的一大难点。基本上是老人带孙子，不是带一个，有的需要带五六个。一个老人带五六个孩子，不管他们啊。老年人怎么能教自己的孙子学习呢？	留守儿童是教学点当中的一大难点

（10）农村教师的住宿问题很严峻，生存环境急需改善

贵州是典型山区省份，交通非常不便，因此，农村教师的住宿问题是个非常严峻的问题，在调研过程中我们了解到很多学校没有教师宿舍，农村教师尤其是从外地来的特岗教师，他们生存状态之难超过我们的想象，不仅是没有住宿的地方，而且连基本的日常生活都成问题。这给从事教育工作的教师们带来了内心的绝望，工作环境和生活问题使得农村教师无法安心工作。社会在要求教师奉献的同时，农村教师连应有的作为人的尊严、尊重都未得到，未得到政府应有的关注。这是一个很严峻的问题。

访谈对象	访谈实录	理论分析
安顺市教育局人事科科长，男，50多岁	住房问题困扰着我们老师的生活、工作，从而影响整个……有些老师都是住在一起……当前要改善农村教师住宿问题是重中之重。我们1000多所学校，很多学校没有教师的宿舍，教师靠自己的能力、自己的工资在当地租房的，达到80%以上	农村教师的不容易，迫切需要社会和家长的理解
省教育厅师范处处长，女，40多岁	经济状况、交通、教育滞后。农村教师住房问题不解决，师资没法稳定。吸引特岗教师到农村去支教的话，这是一个必备的基本条件。这是很重要的。还有生存环境问题需提升，你想骨干教师为什么会流失？除了住房问题，还有生活环境、工作环境、文化环境、个人发展、小孩教育问题等。重视教育、重视农村教育、师资是关键和核心的问题，他连生存的基本问题都无法解决，必然难以安心农村教育	
农村小学教师，男，40多岁	住宿非常简陋，十几平方米一个老师住。学校没有能力解决老师住宿问题。他们在生活上没有保障（在村小，这个问题就更严重）	

（11）特岗教师没有纳入绩效工资改革

近年来，贵州省采取各种措施充实加强农村义务教育师资力量，其中之一就是大力实施"农村义务教育阶段学校教师特设岗位计划"。自2006年以来，贵州省通过实施"特岗计划"，为43个"两基"攻坚县近1200所农村义务教育阶段学校补充了1.25万余名"特岗教师"。其中2008年，贵州省创造性地实施了国家、省、地、县四级"特岗计划"，为农村义务教育阶段学校补充了8578名"特岗教师"，加上各县（市、区）自主招聘的7000余名初中和小学教师，仅2008年全省义务教育阶段学校就补充了1.5万余名教师。2009年，贵州省继续实施国家和地方"特岗计划"，招聘7009名"特岗教师"到农村义务教育阶段学校任教。

访谈对象	访谈实录	理论分析
省教育厅师范处处长，女，40多岁	文件上没有写清楚，没有写明确，比较模糊	特岗教师群体未享受到跟普通教师一样的待遇

（12）教师职后培训质量不高，培训缺乏质量监控

从贵州基础教育来说，要上一个台阶，师资力量的提升是必需的。教师培训实际上在教师的印象里只是一种形式，不能把培训获得的理论知识运用到实际教学中去，使培训失去了效果。

访谈对象	访谈实录	理论分析
省教育厅教师培训中心老师，男，30岁	从职后培训的角度来说，目前的教师职后培训质量是不高的，这从我们对一些包括大学的培训机构、由大学承担的教师的培训、通过被培训学员的一些反馈，效果不是很好，还是传统的讲座式。好像有时候就是为了收费，有一种骗钱的感觉，也就是说职后培训有些学校或高校是滞后的，原因是培训教师包括大学教师，有非常好的理论知识，具有一些教育的前瞻性，但是他自己都不知道如何实践，讲得好，但是做不来，所以被培训的人心里是不服的，你讲得这么好，你自己能做吗？所以大学培训面临着一个新的挑战，还有就是培训缺乏质量监控，像我们省级培训，有4个培训机构，对培训的结果质量如何需要有一个监控	培训效果不明显，缺乏理论与实践相结合

（13）教师教育观念落后，应试教育影响严重

访谈对象	访谈实录	理论分析
城区中学教师，女，43 岁	像我们学校平均年龄就达到 43 岁。近几年来，新的大专生、本科生分到乡下去，我们学校基本上没进人。师资上还包括政府对农村学校的各种政策倾斜。那么无论硬件、软件，现在和农村学校比，我们看到人家，我们非常惭愧，反而落后了。乡村中学发展了，城区普通学校反而萎缩了	城区学校师资队伍中需要注入新的血液

传统的应试教育带来的后果是学校和教师注重分数的提升，分数与教师的绩效挂钩，就使老师不得不去追求分数的片面性，忽视了学生的全面发展，素质教育也就停滞不前，后果不堪设想。

访谈对象	访谈实录	理论分析
省教育厅教师培训中心老师，男，30 岁	从培训的角度来看，很多教师教育理念是相当落后的。其实，不少老师对教育为谁服务还不理解。他们更看中的是分数，背后反映的就是以分数为导向的评价机制，对老师对学生会带来非常大的伤害。因为这种分数会和他们的绩效挂钩，这就使得老师不得不去追求这个东西，导致趋利性，最终导致的后果是以牺牲怎么培养一个孩子为代价的。谈到这里，最核心的，是很多老师真的不理解教育的真正意义	教师未真正关注学生的发展

（14）新教师专业性不强，聘任后专业不对口

聘任过程中，学校聘不到需要的教师，教师的专长得不到发挥。这不仅对学校的教学不利，而且对教师自身的专业发展也不利，教师的招聘方式有待改进。

访谈对象	访谈实录	理论分析
省教育厅教师培训中心老师，男，30 多岁	聘任过程中，学校聘不到他们需要的人。譬如说，你学医的也能来教书，教语文或数学。学工科的也来教书。因为现在公开招聘入口是敞开的，进去叫你教什么你就教什么了	所学非所教的现象存在，且较多

（15）城区师资老龄化现象严重，农村学校成为教师升迁的"跳板"

按规定，刚毕业的年轻教师都要被分在农村工作几年，这就导致两种现象：一是城区学校老龄化教师较多，虽然优点是老教师教学经验丰富，但是学校师资没有注入新的血液；二是农村教师年轻化，没有丰富的教学经验，一旦有调动机会，就会离开，农村学校教师流动频繁导致学生的学习质量不高。

（16）农村教师社会地位不高，未得到应有的尊重

教师在工资上的待遇与公务员有很大差距，待遇上得不到提高。座谈中的教师普遍反映农村教师社会地位不高，社会瞧不起老师。

访谈对象	访谈实录	理论分析
农村小学教师，男，40多岁	教师角色还未定性，事实上在工资上比公务员低很多。成就感是有的，但是待遇上得不到提高，社会地位不高，就连进商场买东西也会被瞧不起	农村教师得不到社会的理解与尊重

（17）过多的检查干扰到了学校正常的教学工作

在农村教师召开的座谈会中，我们了解到，农村学校一个学年有2—3次的上级检查。检查太多导致应酬多、经费花销严重，而且检查后都是批评多。这加重了学校和教师的经济负担，导致学校无法给予教师进修补贴，给学校和教师都带来很大的压力。

访谈对象	访谈实录	理论分析
农村小学领导，男，40多岁	农村教师压力大，一个学年有多次上级各部门的检查，检查后都是批评多。检查太多，这种检查导致应酬多，花销三四万，经费浪费严重	过多的检查加重了学校的负担，给学校和教师带来很大压力

（18）经费支用的规定不灵活，没有用于教师额外工作的补偿

在"以县为主"的义务教育管理体制下，中小学教师队伍建设经费主要由县级财政负担。但县级财政收入低，无力在农村教师队伍建设上加大投入。对于农村寄宿制学校来说，尤其如此。由于寄宿制学校寄宿学生较多，教师就需要付出更多的时间和精力来照顾学生，但工资与非寄宿制学校的教师是一样的，这就造成寄宿制学校教师心理的不平衡。再加上寄宿学校的保安人员、管理人员以及食堂工作人员的额外工资，都给寄宿制学校带来很大的经济负担。

访谈对象	访谈实录	理论分析
农村初中教师，女，30多岁	寄宿制学校老师的待遇跟其他学校的是一样的。现在什么津贴，什么都不允许发，哪怕学校里的，也不许用于人员开支。就出现别人下班了，可以休息了，而我还在工作，多干活儿不能多拿点工资。比如办公经费只能允许你办公，不能用于人员开支，我觉得不太合理	制度制定当中没有考虑到教师实际工作的需要

3. 幼儿园教师队伍建设存在的问题

通过访谈，我们发现贵州省幼儿教师大多职业认同感较强，教师队伍建设方面存在的主要问题是：财政投入严重不足，办学经费非常紧张，幼儿教师正式编制少，教师流失严重；教师岗位收入低，缺乏吸引力，老龄化严重；教师负担重，缺少培训进修机会；家长幼教观念影响教育，幼儿教师压力大；农村家长对幼教重视不够，配合程度不足。这些问题可以从以下访谈材料中看出。

（1）教师编制不足，专业师资严重缺乏，地方政府在师资配置方面没有按国家规定的师生比来实施

座谈中，我们了解到，幼儿园老师按照国家的编制要求，贵州省是达不到的，他们认为幼儿园教师应该有的编制，政府都没有给。幼儿教师素质也不适应现代幼儿教育。

访谈对象	访谈实录	理论分析
农村中心幼儿园园长,女,40岁	我们幼儿园没有一个老师是有编制的。都是自己直接把从幼儿师范毕业的学生招过来的。我们属于公办，是乡政府办的。一共120个学生，但是只有4个老师，一个老师负责一个大班……培训机会也是有的，但是我们都不去。一是因为学生多教师少，教师培训去了，学生管不过来；二是工资低，经费少，几乎没有，请不起太多的教师	农村幼儿园虽然大多属于公办幼儿园（乡政府承办），但是幼儿园教师没有正式编制。师资严重不足，导致教师无法接受培训
城区公办幼儿园，教导主任，女，30多岁	我们幼儿园有160个孩子，只有10个编制的老师，除了行政人员，要有厨房工人，要有保育员，一个班要有2个老师，人员是不够的。现在的教职员工二十来个，但是正式编制只有10个。工资支付负担很重	

目前贵州省从事幼儿教育的教职工总数为20079人，公办教师6952人，占34.62%；民办教师11311人，占56.33%。其中专任教师人数为12095人，占总数的60.23%。专任教师中，城乡分布比例为7.4∶1，公办学校教师和民办学校教师之比约为1∶1。生师比为61.02∶1。

（2）教师老龄化现象严重，教师工作负担过重

访谈中，一位公办幼儿园园长认为现在幼儿园教师老龄化比较普遍。近几年，都没有师资补充进来，全部是代课老师，负担重，压力大，且代课老师工资又低，师资极不稳定，急需补充年轻教师。

访谈对象	访谈实录	理论分析
城区公办幼儿园副园长，女，40多岁	还有就是幼儿园的老师老龄化。最近几年都没有师资补充进来。全部是代课老师，而代课老师工资又低，一个代课老师上一天班，还有可能学生的吃、喝、睡，她都要管。所以负担比较重、压力大	城区和农村一样，教师老龄化和教师缺编现象都比较严重
城区公办幼儿园，教导主任，女，30多岁	现在都是独生子女嘛，都是比较宝贵。稍微被抓了，碰伤了，家长都来找	
农村中心幼儿园园长，女，40岁	我们幼儿园没有一个老师是有编制的，都是自己直接把从幼儿师范毕业的学生招过来的。我们属于公办是乡政府办的，一共120个学生，但是只有4个教师，一个老师负责一个大班。除了这4个老师，整个幼儿园只有一个看门的	
城区中学校长，男，50岁	城区的幼儿园也面临着老龄化的现象，大致在30岁左右，并且没有编制	

（3）教师在职培训的机会少，待遇较差，幼儿教师不能享受到绩效工资待遇

　　座谈中，幼儿园教师认为义务教育中中小学都在实行绩效工资，而幼儿园和高中作为基础教育一头一尾的重要组成部分，却没有被纳入义务教育体制中，幼儿和高中教师无法享受到绩效工资的待遇，心理很不平衡，情绪很大。他们认为他们所付出的更多，应该享受与中小学教师一样的待遇。

访谈对象	访谈实录	理论分析
城区公办幼儿园，教导主任，女，30多岁	也就是放假去的。原来我们教师都是幼师毕业的，都是专业的。因为学历，很多老师都去进修大专、本科，都有的。都是利用放假去读函授 　　政府对幼儿园教师的绩效工资未能考虑到，他们不能享受绩效工资	幼儿教师工作量大，只能利用假期去进修

（4）家长不正确的教育观念在引导和干预着学校教育，对老师身心产生巨大压力

　　公办幼儿园的教学任务是开发幼儿智力，以游戏活动为主。而民办幼儿园倾向于幼儿小学化教育，这对幼儿的长远发展是很不利的。然而大部分家长认同民办的教育方式，认为民办幼儿园的教育方式对幼儿有利。因此，家长的教育观念与公办幼儿园教学就产生了很大的矛盾，家长对公办幼儿园教学的不理解给幼儿教师带来了很大的压力。

访谈对象	访谈实录	理论分析
城区公办幼儿园，教导主任，女，30多岁	国家规定幼儿园不上拼音课，学拼音是小学的任务。我们的任务是开发幼儿的智力，以游戏活动为主，这才是我们主要的任务。但是家长不理解，他们的教育观念改变不了。他们巴不得小学化，把拼音全部教了，教心算。这样（家长觉得）我回去了，就可以轻松了。这个责任已经全部推到幼儿园老师身上	学校要做好与家长的沟通工作

（5）城区与农村家长对幼儿教育重视程度完全不一样

导致这种现象产生的原因，主要是由于城区家长与农村家长受教育程度的不同，此外，环境对他们的教育观念的影响也很大。

访谈对象	访谈实录	理论分析
农村中心幼儿园园长，女，40岁	农村地区的普遍现象是，家长把子女放到幼儿园就不管了，没有特别的要求，只要不出事就好了，没有像城市那么重视……加上自身办学的困难，所以我们农村这儿的幼儿园提高教学质量是比较困难的	农村与城区的家长对幼儿教育观念的不同，导致学生的质量不同

4. 职业教育教师队伍建设存在的问题

（1）专业人才欠缺，不适应职业教育的发展

职业院校教师数量严重不足。由于近几年来教育发展较快，职业院校教师的增长速度跟不上在校学生的增长速度，教师数量严重不足，特别是专业课教师紧缺。同时，职业教师工作负担过重，无暇兼顾学习、科研和实践锻炼。

访谈对象	访谈实录	理论分析
安顺市教育局人事科科长，男，50多岁	专业性人才欠缺，主要是靠外聘兼职。与普通中小学相比，双师型教师培养困难，适应不了职业教育的发展。国家发展职业教育的势头是对的，但是我感觉我们实施过程中找不到切合点，中职教育大体上是书本上的理论为主，没有实际的东西。如汽车维修班，缺少实习设备、实践环节少，技术落后	职业教师培养困难，需要长时间的积累

（2）职业学校专业教师职称评定难

目前职业院校的教师，在职称评定、评优等方面与普通高等学校教师采用同一套标准，这对从事职业教育的教师无疑是不公平的。

访谈对象	访谈实录	理论分析
职业学校校长，男，40多岁	我们学校现在专业教师评不到职称……我们专业教师现在都往文化课教师方面评职称，本来职业学校需要更多的专业教师，但反过来了，只有文化课教师最多	职业学校教师职称评定指向存在问题

（3）农村职业教育基础薄弱，设施设备差

贵州省生源很多，需要接受职业教育的学生也相应较多，但是教育资源很匮乏。受经济的影响，贵州省职业教育的基础十分薄弱，教学设备差，学生实践机会少，这些都无法与东部相比。在这方面，贵州职业教育存在较大的困难。

访谈对象	访谈实录	理论分析
职业学校校长，男，40多岁	现在的专业实验室仅仅只有计算机室，还有家电维修室，电子管焊接方面，这些我们现在只能做演示实验，学生动手机会少	教学设备差是影响贵州职业教育的因素之一
高职院校副院长，女，40多岁	它（东部）的教学设备都是过亿的，主要是它发展得好，越发达，对职业教育越是高度重视，对它的支持就比较实际。你看它的学费是每年4000多元，像我们的学费每年才收2000多元，国家又没有更多的投入，我们要一点专项经费购置专项设备，非常难	

（4）教师培训未体现职校教师的特殊性

当前，职业教育的特殊性与差异性没有有效体现，职业教师按照普通教师来培养，缺乏针对性。据调查，35.3%的教师认为缺少教育培训导致自身素质提升缓慢的问题比较严重，详见表3－8。对于职业教师培训，应该与普通学校教师区别开来，因为职业教育的教师技术性要求更高，不是短时间内培训就够的，需要长时间的积累。

访谈对象	访谈实录	理论分析
职业学校校长，男，40多岁	职业学校教师培训纳入普通教师培训计划中，文化知识培训较易，职业技能培训较难	对职业教育教师培训应该具有针对性

表3－8　　　　　　　　　　　职业教师培训情况

	程度	人数（人）	有效占比（%）
缺少教育培训，自身素质提升缓慢	非常严重	17	11.3
	比较严重	36	24.0
	说不清	29	19.3
	不太严重	45	30.0
	根本没问题	23	15.3

（5）缺乏专门针对职教教师的招聘系统

在教师招聘过程中，专业教师的招聘肯定需要一定的过程。然而因为在短时间内无法衡量他们的专业性，学校只能把年轻老师送去培训转变为专业教师，这就导致教学的效率不高。如果有专门的职教教师招聘系统，就减轻了职业院校的压力。

访谈对象	访谈实录	理论分析
职业学校校长，男，40多岁	如果刚分来的20多岁的、主要是普通文化课程的教师，他去转为职业教师，要有一个过程。他们在短期内不能转为专业教师，需要等待这些教师的专业成熟，但实际上学生接受职业教育却不能等待。没有经费聘用专业人员，聘的主要是管理人员	职业教育专业教师招聘比较难

（6）学校缺乏教师招聘自主权，政策和资金投入缺乏针对性

所访谈的教师和领导普遍认为上级对职业学校的资金投入没用在刀刃上，聘什么样的人才应由学校自己决定，学校没有自主权。因为，现在所分到学校的这些年轻教师，虽然学历比老教师的高，但他们的敬业心和进取心以及教学经验均不如老教师。而职业教育就是需要经验丰富的教师，职业教育赶不上形势，就受上级领导的批评，职业学校也想办好职业教育，但是学校教学设备缺乏，上级领导虽然对职业教育很关心，但是资金投入上缺乏针对性。

访谈对象	访谈实录	理论分析
高职院校副院长，女，40多岁	我和浙江、江苏、上海这些院校，每年交流都很多。他们引进人才，学校有自主权。我们贵州没有。物色好多能工巧匠，物色好多具有高级职称的，他们也愿意来，所在单位也愿意放，但是就办不了引进手续	在引进人才方面，职业学校没有自主权，不利于选拔所需人才，同时职业院校师资教育经费不足
职业学校书记，男，40多岁	国家培训一个专业教师要花经费8000元左右，如果把8000元给我们，我们在厂矿聘50岁左右的技工，他的技能会更好	
高职院校院长，男，40多岁	师资教育这一块，对于贵州来说，经费没有多少，包括教育厅的拨付经费。一个就是我刚刚所说的，送到名校去培训。但对职业院校来说，不光要送到名校培训，职业学校要讲究和企业相结合	

（7）职教教师流动现象严重

职业院校基础薄弱，尤其是农村中职学校，在解决教师子女入学等问题

上缺乏明显优势，对技术人才缺乏吸引力。因此，职业学校教师只要有机会，就会流动到城区去。

访谈对象	访谈实录	理论分析
职业学校书记，男，40多岁	这种现象倒是多了，我们是农村学校，大家都想到城里面工作，包括我	待遇不同影响职业教师的流动

（8）教师缺编现象严重，主要靠外聘兼职教师来缓解

职业院校教师缺编，大都引用兼职教师，也就带来了一系列问题。例如，正常的教学秩序难以保证。因为是兼职，所以他们会因为种种原因而难以保证教学的连续性，对学生的基本情况缺乏深入了解，因而就不能完全做到因材施教。而有些学校缺乏对兼职教师的管理，对教师的聘任上把关力度不够，从而使得一些水平较低、责任心不强的人进入了兼职教师的队伍之中。

访谈对象	访谈实录	理论分析
高职院校院长，男，40多岁	我们学校的教师编制很少，只有300多人。5000名学生，按1：18比例来算，专业教师300人左右，还不算其他教辅人员和管理人员。这么算来，学校总的编制应该在500人左右比较合理……另外就是外聘教师。招外聘教师有好的地方和不好的地方	职业院校教师外聘现象很普遍

（9）职业院校没有享受到发达省份高校对西部对口援助的培训待遇

在贵州省，有上海、浙江和北京等发达省份高校到贵州师范院校类学校承担对西部培训的任务，这个项目已经做了10年。但是对工科院校就没有这样的待遇。如果把工科院校的教师送到发达省份去培训，就存在一些困难。在座谈和访谈中，教师和相关领导都建议教育发达的省份能够帮助西部地区发展职业教育，比如可以借鉴师范类院校的某些做法。

访谈对象	访谈实录	理论分析
高职院校院长，男，40多岁	因为我是去年从师范院校调过来的，在师范院校这一块，包括和上海、浙江、北京都有直接联系的高校对我们师范院校的支援，包括上海师范大学、首都师范大学，担任对西部高校教师培训的任务，这个项目我们做了10年。但对西部职业院校的相关援助就没有	发达省份应对西部职业教育实行对口援助

5. 特殊教育教师队伍建设存在的问题

贵州省 1991 年开始自行培养特殊学校师资，基本能够满足贵州省特殊教育在起步阶段对师资的需求。随着三级师范向两级师范的过渡，特殊学校也面临着教师学历提高的问题，教育质量长期低水平徘徊等现象与师资水平总体偏低有直接的关系，师资问题在某种程度上已经成为制约贵州省特殊教育发展的瓶颈。

（1）特殊学校专业教师不足，未制定特殊学校教师编制

调研组对一所特殊学校校长的访谈中了解到，该校所在学校教职工总人数是 42 人，有一半教师是临时工，主要来自于代课和下岗退休人员。其中文化课教师不缺，主要缺专业课教师。该校已经有近十年没有新进教师了，这是一个值得关注的重要问题。

访谈对象	访谈实录	理论分析
特殊学校校长，男，40多岁	贵州省特殊教育没有制定专项教师编制计划。贵州省特殊教育最大的问题就是编制，也就是没有制定特殊学校教师编制，这是一个量的问题。还有一个问题是，贵州省特殊学校专业教师不够。特殊教育教师要求很多，应该是专业性很强的，技术性强	特殊学校专业性教师欠缺，应尽快出台特殊学校教师的编制

目前贵州省特殊教育学校专任教师人数为 695 人，占教职工总数 819 人的 84.86%，占比较大。专任教师中，受过特教专业培训人数为 512 人，占 73.67%。高级职称教师 287 人，占专任教师总数的 41.29%。特殊教育学校专任教师中，具有本科以上学历的为 112 人，占专任教师总数的 16.12%。

（2）对特殊教育学校的生均公共经费没有专项规定

按照贵州现状来说，农村义务教育经费保障机制实施以后，贵州对特殊教育学校的生均公共经费应该有专项规定。有校长反映，特殊学校与普通学校相比，相差很远，现在的状况甚至连一个村小都不如。不管在编制上，还是在经费上，都遇到了非常大的困难。关键是政策问题，贵州省很多领导也重视，毕竟是弱势群体，但省厅却拿不到依据来解决这个问题。

访谈对象	访谈实录	理论分析
特殊学校校长，男，40多岁	农村义务教育经费保障机制实施以后，对特殊教育学校的生均公共经费应该有专项规定。如果我们学校和普通学校1：1，那就差远了，我们现在连一个村小都不如	根源上缺乏一种依据，需要政策层面的认同

（3）特殊学校教师职称评定很难

与中小学相比，特殊学校的教师专业发展平台很少，职称评定就相对更难。但特殊学校教育更需要提高教师的积极性，才能稳定特殊教育的师资队伍。

访谈对象	访谈实录	理论分析
特殊学校校长，男，40多岁	还有教师的职称问题，老师的专业化发展平台很少，不像中小学那样多，特殊学校的教师职称评比也很困难。这样导致很多老师积极性不高。我感觉这些都应该配套实施	特殊学校需要通过职称的评定提高教师工作积极性

（4）缺乏专门针对特教教师的招聘系统

在新教师招聘中，如果有针对特殊教育学校的招聘系统的话，那么特殊学校就更容易招到学校所需要的教师，也使特殊专业的教师地位得到提高。

访谈对象	访谈实录	理论分析
贵州省教育厅教师培训中心教师，男，30岁	比如说，我们特教今年缺什么老师，我们可以全国招聘，一般是可能会过来的。职教当中，缺什么专业，我们面向社会再去做话，有没有可能？这就涉及另外一个问题，就是不仅仅是我们安顺，还有其他地方一个共性的问题：新教师入职系统当中，特教和职教有没有专门的考虑	新教师入职系统当中，特教和职教有没有专门的考虑

四　对策与建议

（一）高校教师队伍建设的对策与建议

1. 提高科研条件，增加国家级科研项目的数量

在贵州师范大学召开的座谈会中，我们了解到，贵州高校很难申请到国家级科研项目，这就对西部地区很不公平，导致贵州高校科研水平跟不上。科研条件的限制，极大地影响了师范教育的学科发展。国家应该通过多种方式和渠道加大对西部地区科技教育的投入和倾斜力度，使西部一般地方高校

科学研究工作从中得到受益，如国家"科技计划西部行"、"西部项目"、重点高校对口支援地方高校发展等。同时，西部当地政府和企业更加重视利用作为区域创新体系重要组成部分的地方属一般高校的科技力量，另外也应该加强与国家重点高校的联合，比如重点实验室布局、科研项目资助等都给予西部高校较大支持。

访谈对象	访谈实录	理论分析
贵州师范大学教师，男，40多岁	从科研条件来说，我们这里能得到国家级科研项目是很难的，一些国家级人文社科、自然科学项目对我们落后地区的投入力度还是不够的，学科教育比如数学教育我们是能排到中上水平的，但科研是跟不上的，这对整个师范教育而言是一个两难的境地。在实际当中教师很尴尬，这样一来，师范教育中没有看重学科教育，包括交叉人员的发展。每次看评审专家的结构，你就能看出这次评审会看重什么，是科研还是教学，人文社科类的专家，不会看重学科教育，就数学专业而言，"师字头"的学科是占大多数的，所以这很难说优秀与否	国家级科研项目对西部地区的投入力度是不够的

2. 进一步完善教师评价体系，教学的权重要加强

在高校中，目前对教师的评价从教学和科研两个方面进行，但是评价与教师实际工作不一致。因为高校教师评价主要是看科研水平，但是教学方面也要占80分以上，教师科研水平由教育厅评，教学由学校里评。但对教学水平的评价，以前的情况是学校直接打分数，但现在的情况是进行学生网评，且这也成了硬性指标，问题是很多时候达不到80分，而且学生网评带有太多学生的主观性，评价有时不一定符合教师实际情况。因此，要完善教师评价体系，把科研型教师和教学型教师两种类型分开评聘。

访谈对象	访谈实录	理论分析
贵州师范大学博士，男，40多岁	对教学和科研两难的问题，我想说的是，我们教学量大，怎么来平衡科研任务？我一个星期有20—22个课时，而且网评不是很能客观地评价一个教师	高校教师的教学和科研处于两难境地，网评机制对教师的评价太片面
贵州省教育厅教师培训中心教师，男，30岁	高校教师的评价没有到达一个精细化的程度，教学的权重要加强	
贵州师范大学博士，男，40多岁	教学压力大不大？很难讲，一个是量的问题，一个是质的问题。比如学生网评的反馈，网评有一定程度的制约，我个人不满意这个机制，它比较看重学生的评价，太片面，网评对教师压力还是大的。所以贵州教师评价体系要做进一步的完善	

3. 加强对西部师范院校的关注

随着免费师范生政策的执行，2007 年 9 月，超过 1.2 万名享受免费师范生教育的学子进入教育部直属的 6 所师范大学。首批免费师范生中绝大部分都来自中西部地区，4 年后他们将为家乡的基层教育注入一股新鲜的"血液"。但在 6 所部属师范院校实施免费仅仅是一个尝试。1.2 万名享受免费师范生教育的学生显然难填全国基层教师的缺口。国家已经切实加强对西部师范院校的关注，加强师范生的本土培养。要提高西部教师水平，就需要提高西部师范院校的整体教学水平。

（二）中小学教师队伍建设的对策与建议

1. 村镇建设应考虑学校的整体布局与规划

西秀区一位校长反映，该区的人口在不断增长，而学校的规模却没有太大的变化，造成每个学校都要容纳很多的学生，生源状况比较复杂，学校之间发展得很不平衡。因此，该校长建议在村镇建设当中，政府应考虑到学校的整体布局与规划，使学校之间能够均衡发展。

访谈对象	访谈实录	理论分析
城区小学校长，男，40 多岁	像西秀区这样的城市，现在人口有 80 万，20 年前到现在，学校的数量没有增加，反而学校数量在减少。学校规模没有太大的变化，就城区来讲。而人口不断的增长，造成每个学校都要容纳很多的学生。在学校布局和规划方面存在问题。还有就是学校之间发展的不平衡。有些学校发展好一点，有些学校发展差一点，生源也不一样	城镇建设当中，没有考虑到学校学生数量的增加

2. 集中教育办学资源，适度调整农村学校布局，适度集中

在贵州，由于地理位置的限制，教师不愿意到较为偏远的地区教学，偏远山区的孩子们也就无法享受较为公平的教育。但如果集中教育资源，把偏远山区的孩子集中到一个适当的地理位置，就能解决这个问题。目前，这个政策已经得到了认可，学校布局已经得到上级教育部门的认同，现在处于实施和操作的阶段。

访谈对象	访谈实录	理论分析
片区小学校长，男，30多岁	应该集中教育资源，把偏远山区的孩子集中到这个地方来，再增加后勤方面的管理人员	农村学校的布局应该考虑到偏远山区孩子的发展
贵州省教育厅教师培训中心教师，男，30岁	在片区选取比较恰当的一个点，对各方面辐射距离都差不多，这样当地居民感觉也比较公平，把资源集中起来，集中力量办学	

3. 对农村教师有倾斜政策，特别是教师的编制方面，不仅按师生比配置，还应考虑班师比

现有编制与教育发展需求呈矛盾趋势，也就是现有编制已经不符合教育发展需求。因村小、教学点班级规模大多较小，在配置教师编制时，不仅需要考虑按师生比、还必须要考虑班师比。这一点是解决农村和城市师资平衡的最重要的动力。否则，老师的权利很难得到保障。

访谈对象	访谈实录	理论分析
城镇中学教师，女，30多岁	应该考虑到有些不能上课，虽然编制在，但人上不了课。工勤人员没有考虑在里面，但每个学校都少不了，像我们这种学校管理上可能不需要那么多人，像他们那种分散的、寄宿制学校需要的人就多。也没有这个钱，现在权力收上来了，各个学校没有自行支配的权利，这些钱找不到出处	农村学校教师的学科结构应跟上教育发展的实际需要

4. 增加农村教师的进修机会，特别是脱产进修的机会

座谈中，中学教师迫切希望能够有脱产进修的机会，但是由于学校缺编现象严重，中学教师都是短期进修，基本没有脱产进修机会。教师进修质量得不到有效提高，教师专业化就得不到更好发展。

访谈对象	访谈实录	理论分析
城镇中学教师，女，30多岁	主要是在职进修，没法脱产……希望，但不可能	中学教师更需要脱产进修来加强教师专业化
城区中学教师，男，40多岁	现在学校是缺编比较严重，我在这个学校十多年，基本上没有脱产进修，都是短期进修。基本上都是这种函授、自考这种类型的（利用假期和业余时间）	

5. 由市级或者省级财政来负担教师工资，以缩小县域间的差异

在访谈中，城区小学的一位校长建议，要缩小城乡教师工资待遇差距，教师工资应直接由市级或者省级来负担。因为不同层级所处不同地区在教师晋级职称等方面都存在很大差异，也就是说因为地区的差异导致收入等方面的差异，而且这些差异让教师感觉非常的不平衡。这样差距越来越大，矛盾越来越多。不公平表现在职称、收入、工资待遇方面，很明显。

访谈对象	访谈实录	理论分析
城区小学校长，男，50多岁	我是这样想的，如果下一步能出台教师法或者教师资格准入这部分，我们教师工资能否直接从市级或者省级财政来负担。这样差距可能会有很大改变。绩效工资实行以后，既然要重视教育，优先发展教育，必须有很多强有力的措施来保证	教师工资存在区域性差异

6. 地方财政应给予更多的支持，改善学校工作环境，鼓励新教师到村小、教学点任教

农村小学教师和校长都一致认为农村教师缺编现象严重，教师的生活质量不高，因而新教师都不愿意到农村地区任教，尤其是偏远地区。在民族地区的村小教学点的学生甚至连汉语都不会说，这些学生的处境是很令人担心的。

访谈对象	访谈实录	理论分析
农村小学教师，女，30多岁	我想教师缺编跟地方财政有关，还有与中心小学派下去多少老师也有关系。因为毕竟村小离中心小学还是比较远的	由于农村师资力量的薄弱，尤其是在民族地区的教学点，处于这种环境的孩子目前是非常令人担心的。尤其是师资力量
农村小学校长，男，40多岁	非常担心，特别是像我们九年制学校分管的教学点，很多是少数民族地区，学前班，他们七岁才入学，到了二年级，他们连汉语都说不清楚，还是用少数民族语言交流。没有三年级，就送到完小来，完小老师给他们上课的时候，他们连汉语都难听懂，没有基础	

7. 对偏远地区学校的教师，在工资待遇、住房、专业提升等方面应有政策倾斜，给西部地区教师提供更多的培训机会

很多老师没有脱产进修的机会，这是因为贵州省很多地方尤其是农村地区，包括村小教学点，老师们都是包班教学，校长一般不允许外出进修，本质原因就是师资严重受限，这在贵州是个很严峻的问题。

访谈对象	访谈实录	理论分析
贵州省教育厅教师培训中心教师，男、30岁	在贵州省为例的情况下，农村教师工资这一块不是重点，重点是如何关注到农村教师潜在的发展问题，包括他们子女的教育，因为在山区教书，应该加点倾斜性的政策	师资紧缺导致农村教师没有时间去进修
安顺市教育局人事科科长，男、50多岁	应规范从国家到地方对教师权利、义务和培训上作出明确要求。进修学习应加强	

8. 提高师范生生源质量，加强与基础教育的联系

在访谈中，安顺市教育局人事科科长谈到，现在刚毕业的师范类学生，普遍存在敬业心不强的现象，源头就来自于师范大学的招生质量不高，同时，师范大学在教育教学中应与基础教育紧密联系，突出师范性院校的特征。

访谈对象	访谈实录	理论分析
安顺市教育局人事科科长，男、50多岁	师范大学学生入口的素质有待提高，现在的学生我们也谈不清楚，就是很怪的，敬业心不强	大学的扩招，导致学生进口质量普遍不如过去

9. 扩大地方院校参与免费师范教育，定向培养真正想到农村去的师范生

在对贵州省教育厅师范处处长的访谈中，她谈到定向培养师范生不仅可以补充农村师资问题，还可以从源头上确保教师质量。对师范大学的课程改革、教学改革、人才培养有促进作用。特别是扩大招生的紧缺学科。贵州省目前音体美、信息技术和科学，还有综合类专业教师缺员情况较为严重。培养的艺术教师不愿意到农村去，却愿意改行。因为他们相对于语文和英语教师更好改行。就像免费师范生，4年免费培养，比如要求到农村服务8年或者10年，这就解决了学科不合理的问题。如果学校全都是兼职的老师，就无法提高教学质量。所以她建议如果扩大师范专业去专门定向培养9个学科老师，这个计划就很好了。

访谈对象	访谈实录	理论分析
贵州省教育厅师范处处长，女，40多岁	建议扩大地方院校参与免费师范教育，国家拿一点钱，地方配套，这个师范大学怎么不可以呢。定向培养真正的想到农村去的师范生	定向培养专业教师，以提高教师质量

10. 加强培训的质量监控，培训计划应向农村教师倾斜，提高教师培训的实效性

在对西秀区教育局局长的访谈中，了解到西秀区教师培训主要是按规划逐年安排培训的，其中有骨干教师培训、学科带头人培训，另有音乐、美术类的培训，都是请专家来对他们进行培训。教育技术培训是每年按比例来的，进行逐步培训，主要由培训中心、培训学校和县级培训统一由教研室操作。总的来说，机制还是比较完善的，但是前瞻性比较差。

访谈对象	访谈实录	理论分析
安顺市西秀区教育局局长，男，40多岁	我们这里主要有培训中心、培训学校、县级培训，统一由教研室操作。总的来说，机制还是比较完善的，但是前瞻性比较差。请的老师能力和素质还有待提高。比如像生物、地理这些课程，教的东西很老，教师自身的知识面不够宽，教学质量也就跟不上去。而且现在培训也偶尔几年才轮到一次。另外希望培训的时间能更长一些	教师的培训质量有待加强，尤其是农村教师

11. 关注农村教师的生活家庭和个人发展，切实帮助解决教师的实际困难

贵州作为经济发展较弱的省份之一，教师的生存状况是个很严峻的问题，尤其是在贵州偏远地区，这些问题尤为突出。如村小教学点教师住房紧缺，学校无法为教师提供住宿的地方，教师个人的生活、家庭，以及个人发展方面都受到极大的影响。这一群体的未来让人担心，需要引起国家的高度重视。

访谈对象	访谈实录	理论分析
贵州省教育厅教师培训中心教师，男，30岁	希望对我们弱势地区的教师生存问题，村小教学点教师的住房和工资问题，纳入一个规范的模式中，对这类地区的问题，需要更高一层政府来改善，不然到时候很难办的，对村小这些群体的未来都是很值得忧虑的。让他们看到希望。经济补偿、荣誉补偿，不然谁愿意待啊。总的来说，对弱势地区、偏远地区、国贫地区（贵州、云南、广西、甘肃的一些国贫县），采用逐步的大规模的中央财政的投入。比如除了工资，我每年还给你一些补贴，以此激励，重赏之下必有勇夫。要有补偿措施	弱势地区教师的生存问题需要政府的改善

（三）幼儿教师队伍建设的对策与建议

1. 加强与家长的沟通与联系，以使社会更加理解幼儿教师

由于私立幼儿园的逐渐增多，再加上私立幼儿园与公立幼儿园教学方式的不同，必然导致家长对公立幼儿园的不理解，给公立幼儿园带来很大的竞争性压力，公立幼儿园更需要社会和家长的理解与支持。与家长做好沟通工作是对公立幼儿园教师的一个很大的挑战。

访谈对象	访谈实录	理论分析
贵州省教育厅教师培训中心教师，男，30岁	对一个孩子的发展来说，在私立幼儿园学的，但到小学三年级后成绩就提高不快了，应该把它作为一个统计数据给呈现出来，然后开家长会，告诉家长公立幼儿园关注儿童发展，关注你的孩子我发展是什么。要说明我为什么不教数字和拼音，如果教了，会有什么样的后果。做好和家长的沟通	幼儿园与家长的沟通工作就是承担社区教育的功能

2. 增加农村幼儿园的教师编制，促进教师队伍的稳定与健康发展

农村公办幼儿园教师基本没有正式编制，公办幼儿园教师得不到重视，应该有的编制政府没有给，就导致幼儿教师流动很频繁。

访谈对象	访谈实录	理论分析
贵州省教育厅教师培训中心教师，男，30岁	在幼儿教育当中，以你们这个园为例，政府在师资配置方面没有按国家的师生比来配置。现行的幼儿园师生比严重不符合。该有的编制，政府没有给你们	政府对幼教师资配置方面没有按规定配置

3. 增加经费投入，提高教师待遇，重视教师继续教育

在贵州省，尤其是农村公办幼儿园，经费比较紧张，一切开支都是从幼儿学费中支取，因而幼儿教师的工资也很低，加上幼儿园缺编现象很严重，教师也没时间参加培训，幼儿园教学质量就没法提高。

访谈对象	访谈实录	理论分析
农村幼儿园园长，女，30多岁	我们每学期的收费是180元一个人，幼儿园的一切开支都是从学费中来，包括4个教师的工资，一个门卫的工资，办公室日常开销，还有一些招待费。我们是公家办的幼儿园，就是因为没有编制，像私办的一样。我们的基本工资是每月500元，工资是不会拖欠。培训机会也是有的，但是我们都不去。一个因为学生多教师少，教师培训去了，学生管不过来，同时工资低，请不起教师。幼儿园的老师换得比较快，因为做其他工作比这个工资都高，久了都不愿意待。所以幼儿园教学质量提高是比较困难的	公办幼儿园经费上的紧张制约了公办幼儿园的发展

（四）职业教育教师队伍建设的对策与建议

1. 切实关心职教教师利益，在待遇、职称、进修等方面给予优惠政策

政府应该从实际行动上对职教教师重视，尽可能考虑职教教师的实际需求，提高他们的待遇，促进职教教师专业化的发展，提高他们工作的积极性。

访谈对象	访谈实录	理论分析
高职院校院长，男，40多岁	贵州省对教师应该高度地重视，重视不光是在口头上，而是从实际意义上对他重视	职教教师应受到有关部门的高度重视和实质性鼓励

2. 强化教育发达省份对西部地区职业教育师资队伍建设的支持与帮助

教育发达的省份对西部师范类教育的帮助做得很好，而且已经做了很多年。但是对于西部的职业教育，东部发达省份没有这方面的帮助，所以贵州职业教师都希望对西部职业教师的培养方面可以东西部结对子，以帮助西部的职业教育。

访谈对象	访谈实录	理论分析
高职院校院长，男，40多岁	我们就呼吁教育发达的省份帮助西部地区，特别是对职业教育，应像师范类那样去做。师范类做得很好，做了很多年	在职业教育方面，贵州省需要东部的帮扶
高职院校副院长，女，40多岁	职业教育应该是从国家的宏观和具体的操作层面上，还是应该有个东西部结对子的做法……东部西部的结对子这种实质性的操作给东部义务上的明晰规定。在生源上，作为整个国家来说，应该有个统筹的，把整个贵州省劳动者的素质提高，送到东部去学习，回来为西部服务	

3. 国家给予一定实质性的帮扶，政策上向西部地区适度倾斜

贵州省职业教育教师基本都是聘请当地教师或者企业人员，技术水平不太高，都是基础性的技术，因而职业教育不符合经济发展的需求，这就需要国家采取相关政策，引进东部技术人才对西部职业教育的教师进行指导性培训，给予西部技术性支持。

访谈对象	访谈实录	理论分析
安顺市教育局人事科科长，男，50多岁	主要是聘请当地的，对于西部来讲，引进东部技术人才过来开展培训工作（技术支持），安顺地方只是基础性的，但不是高水平的	国家政策上应向西部地区适度倾斜

4. 加强体制改革，下放或扩大学校聘任教师的自主权

教育部对职业教育的要求是，必须引进企业的能工巧匠来办职业教育，职业教育不能纸上谈兵。职业院校的实训必须是要具备丰富的实践经验和岗位经验的人来指导，因此，就必须要引进企业人员。企业人员与从学校刚毕业的人员是不同层次的。有些经验很丰富的企业人员，也很愿意进职业学校，而职业学校也很需要这方面的人才。但贵州省职业学校在办相关的调动手续方面很难。而在东部发达省份院校，他们就有自主权，瞄准了人才后，只要在教育厅和人事厅备个案就行了。所以，职业院校领导们都希望对职业教育能够有政策上的一些规定，给学校一些自主权。

访谈对象	访谈实录	理论分析
高职院校副院长，女，40多岁	我们学校和浙江、江苏、上海一些院校，每年交流都很多。这次组委会的开会，他们引进人才学校有自主权。我们贵州没有。我们需要解决这个问题。我们物色好多具有高级职称的，他们也愿意来，学校也愿意放，但是就办不了手续。这个包括教育厅这一关都很难过……东西部的结对子这种实质性的操作给东部义务上的明晰规定 呼吁在引进人才方面，政府要在政策上给予便利；在人才队伍建设上面，希望有有力的支持	贵州省职业院校在引进人才方面，应像东部那样有自主权

5. 加大对职业教育的投入，特别是教学设备、教师进修的经费投入

在职业院校的访谈和座谈中，我们了解到，职业学校很重视对老师的培训。但是经费很紧张，师资队伍建设与东部相比，甚至是与贵州省本科院校相比，经费都很少。

访谈对象	访谈实录	理论分析
高职院校副院长，女，40多岁	加大职业教育的投入，特别是教学设备。像我们代表国家级水平在全国一些会议上的时候，别人都说我们的理念、我们的做法、我们自身的素质不比东部差多少，但是我们很害怕他们到我们学校看我们的教学设备以后，比起他们，我们差距还是比较大	对于职业教育，加大经费投入是关键

6. 改革教师评价机制，鼓励职业教育教师的发展

目前，由于贵州省对职业教师的评价机制与普通高等学校教师的评价机制是一样的，这就无法体现职业教师的特殊性，对从事职业教育的教师就存在不公平，因此，就需要有关部门制定一种针对职业教师的评价机制，以激

发职业教师的工作积极性。

访谈对象	访谈实录	理论分析
高职院校副院长,女,40多岁	目前，对职业教育的老师来讲，职称评定、评优等方面和普通高等学校的老师是一样的，这样对从事职业教育的老师来讲是存在不公平的。需要采用一个不同的评价机制来取代现有的情况，以此鼓励职业教育的教师	职业教师的评价机制应区别于普通高校的教师评价机制

（五）特殊教育教师队伍建设的对策与建议

1. 尽快制定特殊学校的教师编制政策

特殊教育教师要求很多，应该是由专业性很强的、技术性也很强的教师来担任。应该出台专门针对特殊学校教师的编制政策，以鼓励特殊教育教师。

访谈对象	访谈实录	理论分析
特殊学校校长，男，40多岁	我们贵州省应该尽快出台特殊学校的编制政策。现在基本都是参照中小学，中小学就不好说，它1∶21，差别太远了。应该是专门制定特殊学校的教师编制政策。区别于普通教育，很多省都有，这不是什么新鲜事。而我们贵州到现在还没有出台	贵州省需要制定特教教师编制来区别于普通教育

2. 明确和提高特殊教育学校的生均公共经费

农村义务教育经费保障机制实施以后，特殊学校的生均公共经费没有专项规定，特殊学校与普通学校相比相差很大。据特殊学校校长反映，这种状况都比不上农村小学。

访谈对象	访谈实录	理论分析
特殊学校校长，男，40多岁	按照贵州现状来说，贵州还有一个问题，农村义务教育经费保障机制实施以后，对特殊教育学校的生均公共经费应该有专项规定。如果我们学校和普通学校1∶1，那就差远了，我们现在连一个村小都不如。一个村小至少有两三百个学生，我们就100多的学生，1∶1的生津公共经费，那就差远了	需要政策层面上的支持

3. 制定专门针对特教教师的招聘政策

多数教师由普通学校调入，缺乏特殊儿童心理学知识，尤其缺特殊儿童教育训练技能的知识，只能凭借原有经验，教学质量不高。而艺术、体育、英语、职业技术、康复等领域的教师更加缺乏，所以不合理的师资结构使得原本数量不足的师资问题更加严重。因此，就需要制定专门的特殊教育教师招聘政策来解决这个问题。

访谈对象	访谈实录	理论分析
贵州省教育厅教师培训中心教师，男，30岁	我们在招聘当中，往往缺乏专门针对特教和职教的专门的教师招聘系统。比如说，我们特教今年缺什么老师，我们可以全国招聘，一般是可能会过来的。职教当中，缺什么专业，我们面向社会再去做的话，有没有可能	特教需要专业性很强的教师队伍

4. 加大培养特教师资的计划，完善特教师资的培训机构

全面提高教育教学质量，教师是关键。没有经验丰富的师资力量，特教学校就难以生存。特教发展需要一支具有良好的敬业精神和职业道德、较高层次的知识水平和一定专业理论、科研能力的教师队伍。但是贵州省十余年来所举办的短期培训都是利用暑期进行，从未接触过特殊教育的学员在短时间内难以系统掌握教学所必需的各种知识技能，需要在教学工作中不断学习和提高，同时暑期培训都是集中时间讲授理论知识、训练基本技能，培训的理论与教育实践脱节，也不利于培训效果的提高。

五　结语

贵州省是中国西南地区的三大省份之一，是一个多民族的省份。无论是社会历史传统、经济发展水平，还是区域地理位置，都不占优势，尤其是贵州省多民族教育的复杂性，这些不利因素都使贵州省与其他省市之间有着很大的差异。把贵州省教师队伍建设状况作为西南地区的代表进行调研，有利于了解和把握我国西南地区教师队伍建设的状况，为国家制订《国家中长期教育改革和发展规划纲要》提供一定的现实依据。

1. 提高农村幼儿教师的工资待遇

只有物质基础有了保障，幼儿园教师才能安心地从事这份职业。工资待遇差是农村幼儿教师反映最强烈的问题。政府应适当考虑增加政府财政拨款，拓宽资金来源渠道，扶持农村幼儿园的建设。政府还应从制度上给予农村幼儿园教师稳定的政策保障。我们应呼吁社会和家长应给予农村幼儿园教师多一点理解和关爱，关注他们的生存状态，倾听他们的心声，营造一个尊师重教、关心支持农村幼儿教育的良好氛围。

2. 拓宽师资来源渠道，提升教师学历水平

目前，偏远农村地区的教师主要来源于民办教师，特别是幼儿园教师和小学教师，基本是外聘本地人员。这些教师只是进行了短暂的专业培训，专业素养、技能与专业教师有较大差距。一部分来自幼儿师范学校的教师相对集中在中心幼儿园，且数量也远远不够。城乡之间中小学教师师资结构也不合理。我们应鼓励中师及中师以上学历毕业生到农村幼儿园工作，鼓励本科以上学历的毕业生能够均衡分布在城乡之间，同时也鼓励他们到偏远地区支教。对于职业高中、职业中专、幼师函授的毕业生加强职后培训，不断适应教育的新形势。

3. 在提倡农村教师发扬奉献精神的同时，也需要关心和解决他们的实际困难

农村教师长期在艰苦条件下工作，理应给予必要的经济补偿。调研期间，贵州省教育行政部门和学校领导以及农村教师纷纷反映此类意见。此外，还有对于农村教师的住宿问题，他们的反映也很强烈，是个亟待解决的问题。这需要中央与省级财政加大投入力度，适度采取转移财政支付手段，实施农村教师安居工程，是贵州省义务教育在基本完成"普九"任务后，需重点解决的问题。

报告Ⅶ

甘肃省教师队伍建设
专题调研报告

"中国教师队伍建设"甘肃调研组

内容提要：本次调研，实地走访了地处甘肃省中部，经济较发达的兰州市的两所较具代表性的高等学校和职业院校，并在位于甘肃省东南部、天水市北部的全国扶贫开发工作重点县——秦安县进行了中等职业教育及中小学各层次校长以及幼儿园园长的座谈，力图了解了甘肃省高校、职业技术院校、职业中专和中小学及幼儿教育的师资队伍现状及其存在的突出问题，听到了来自不同方面的声音。本次调研的访谈对象包括来自省市县各级教育部门的领导、高等院校的负责人、基层学校的教师等各层次的教育部门工作人员。通过调研发现，甘肃省政府非常重视教师队伍建设，教师队伍结构日趋合理，教师素质水平日益提高，基本满足了甘肃教育事业发展的需求。但是，仍存在许多问题：高校师资队伍总量不足，具有博士学位专职教师的比例偏低，师资队伍的国际化水平偏低，职称结构和学缘结构有待进一步改善；幼儿园教师严重不足，民办幼儿园教师队伍不稳定；小学缺乏教师聘用权，山区教师严重短缺，教师工作量较大；教师招聘方式单一，教师编制不足，教师年龄结构偏大，班额偏大，有些学科如地理、英语的教师缺乏。因此，要采取各种举措加大教师队伍建设力度：加强青年教师培养，提高教师队伍国际化水平，通过培养、引进和转型三个渠道，解决结构性矛盾；积极探索与企业联合，实施应用型专业师资建设计划，重新整合双师型专业师资队伍，拓宽职业教育师资来源渠道；适度增加中小学教师编制，减少教师工作量，妥善解决代课教师问题，稳定教师队伍，强化教师培训；应出台相关政策，保证幼儿园与基础教育有相等的地位；提高幼儿教师待遇，留住优秀人才从教，建立更专业的幼儿园教师培训渠道。

一　前言

国务院参事室委托浙江师范大学对我国教师队伍建设现状进行调研，甘肃调研组就是其中之一。

甘肃省位于中国西北部，地处黄土高原、内蒙古高原和青藏高原交汇处，分属黄河、长江、内陆河三大流域。全省总面积 42.58 万平方公里，居全国第 7 位。现辖 12 个市、2 个民族自治州，总人口 2603.3 万人。省内现有 55 个民族，其中，少数民族人口占总人口的 8.8%。省会兰州是西北重要的交通、通讯枢纽和商贸物流中心。近年来，甘肃紧紧抓住国家实施西部大开发战略的历史机遇，坚持以科学发展观统领经济社会发展全局，按照"发展抓项目、改革抓创新、和谐抓民生、保证抓党建"的总体工作思路，大力实施工业强省战略和开放带动战略，稳步推进农业和农村经济发展，加快基础设施建设步伐，高度重视社会事业发展，不断扩大改革开放，主要经济指标均以两位数的速度增长，经济社会发展取得了长足的进步。2006 年全省实现生产总值 2275 亿元，比上年增长 11.4%；大口径财政收入 294.76 亿元，地方财政收入 140.9 亿元；完成全社会固定资产投资 1020 亿元，比上年增长 16.5%；实现社会消费品零售总额 717.5 亿元，比上年增长 13.4%；进出口总值 38.2 亿美元，比上年增长 45.2%；城镇居民人均可支配收入 8920 元，农民人均纯收入 2134 元，分别比上年增长 10.3% 和 7.8%。

本次甘肃调研的主要目的在于系统、客观地了解把握甘肃省教师队伍［包括幼儿园、小学、初中、高中（中职）、高等学校、特殊教育学校］的现状和存在问题，为加强和改善上述学校教师队伍建设，培养高素质师资队伍提供有价值的数据支持，为相关职能部门制定有关政策提供对策性建议，为国家制订教育发展纲要提供典型性样本。具体来说：第一，通过从城市到乡村、从教育行政部门到一线教师的访谈、座谈，了解甘肃省目前最真实的教师队伍情况、倾听最基层教师的声音；第二，把调研过程中所发现的教师队伍存在的问题及一些教育现象客观地描述下来，并通过概括分析，提出相关积极性的建议；第三，通过调研过程中对调研目的的说明让基层教师感受到国家对教师队伍建设的重视，提出更有针对性的意见。

本调查主要是针对甘肃省兰州市以及处于甘肃省中等发展水平的天水

市、天水市下辖的中等发展水平的秦安县以及秦安县的中等乡镇中学即郭嘉中学进行的调查。调查主要采取问卷和访谈相结合的方式。问卷的对象为幼儿园园长及教师、中小学校长及教师，以及中等职业中学的教师。访谈的对象有天水市教育局副局长、中小学校长、幼儿园园长及中小学各级各类各学科教师，问卷和访谈的校长、园长及教师有的来自公办学校，有的来自民办学校，有的来自城市学校，有的来自农村学校，在人员选择上做到了平均分配，具有很强的代表性，争取听到各级各类各地学校教师的声音。问卷和访谈涉及的主要问题包括教师的招聘与流动、教师的培养与发展以及教育制度与管理等方面。

二 调研设计与实施

（一）调研过程

为了客观真实地反映甘肃省各级各类学校师资队伍建设的总体状况，调研组首先进行了问卷设计，自编了《我国教师队伍建设调查问卷》（共6份，分别为幼儿园教师卷、幼儿园园长卷、中小学教师卷、中小学校长卷、职业学校教师卷和职业学校校长卷），经过三轮的修改，最终形成了调查问卷，同时在全国7个样本区进行了问卷调查。

在甘肃省人民政府参事室及甘肃省教育厅的协助下，甘肃省调研组于2010年8月31日—9月6日对甘肃省教师队伍建设情况进行了比较全面系统的调研。本次调研抽取兰州市、天水市及秦安县作为调研样本市县。调研方法采用问卷调查、座谈会、深度访谈等，调研对象主要包括教育行政部门领导、学校校长、教师等，以期从不同方面、立体式地了解把握当前甘肃省教师队伍建设的现状和存在的突出问题，以有助于提出解决这些问题的策略。同时，在调研对象抽样时，兼顾了教育层次、教育类型、办学性质、城乡差异、性别结构、年龄结构、职称结构、学历结构等。

调查问卷分别在兰州市、天水市、银川市展开，同时也邀请兰州市和秦安县参加各类座谈的校长和教师参加问卷调查（具体情况见表2－1）。除座谈会上发放问卷外，其他问卷均由甘肃省教育厅人事处代为发放和回收。座谈会和深度访谈主要在西北师范大学、兰州职业技术学院、郭嘉中学和秦安县开展。

表 2 - 1　　　　　　　　　　　抽取的各样本区概况简介

样本区	基本概况
兰州市	兰州是甘肃省省会，是甘肃省政治、商贸、金融、教育、医疗卫生中心。兰州市具有高等教育、职业教育等各级各类教育的优势，拥有一批名学校、名校长、名教师和一批国家级、市级学科带头人
天水市	天水市位于甘肃省东南部，是甘肃省第二大城市，自古是丝绸之路必经之地，素有"西北小江南"之美称
秦安县	秦安县位于天水市北部，是全国扶贫开发工作重点县之一
郭嘉镇	郭嘉镇位于秦安县北部，距县城 20 千米，人口 45784 人（2005），辖 35 个行政村①

　　说明：根据课题组调研要求及甘肃省实际情况，高等教育部分主要是在西北师范大学、兰州职业技术学院展开，基础教育、中等职业教育选取经济发展水平位于甘肃省中等的天水市以及较落后的秦安县作为重点调研区

　　实地访谈是分两步在三地开展的，两步就是将高等教育（含高等职业教育）作为一步，将基础教育（含中小学、幼儿园、中职教育和特殊教育）作为一步，三地分别是高等教育主要在兰州市进行，基础教育分别在秦安县和郭嘉镇进行。

　　第一，调研组前往西北师范大学，就甘肃省教师教育和教师继续教育情况访谈西北师范大学人事处处长以及西北师范大学教师教育学院院长，随行的有省教育厅人事处副处长、省教科所副所长和省教科所教研员。继而到兰州职业技术学院了解兰州市高职院校师资队伍建设情况，再深入到兰州职业技术学院的实训基地走访，与该校校长座谈，了解该校的师资队伍建设现状。并获取相关高等教育和职业教育发展和教师队伍建设相关资料。譬如，西北师大师资队伍建设规划、兰州职业技术学院师资建设情况等相关文件。

　　第二，到秦安县进行调研。在秦安县政府和教育部门的组织安排下，召开中职、普通中学、小学、幼儿园（包括公办和民办学校）校长座谈会。座谈会后，均进行了问卷调查。同时，按要求访谈了若干位校长、县教育局师资管理科科长及主管师资队伍建设的副县长。并获取秦安县教育发展和教师队伍建设相关资料。譬如，秦安县教师队伍建设情况汇报以及相关文件。

　　第三，到秦安县郭嘉镇郭嘉中学进行调研。在县教育局的组织安排和召集下，召开中小学教师座谈会，与该校领导及部分教师进行了座谈交流。座

① 资料来源：百度百科，http://baike.baidu.com/view/2332351.htm? fr = ala0。

谈会后，均进行了问卷调查。同时，按要求访谈了若干位教师。

第四，走访天水市教育局。联系天水市教育局分管教师队伍建设的副局长进行深度访谈。

第五，对甘肃省教育厅人事处副处长、省教科所副所长进行访谈，并获取甘肃省教育发展和教师队伍建设相关资料，譬如，甘肃省教育年鉴、甘肃省教育事业发展统计资料以及相关文件。

（二）调研方法

1. 文献法

调查研究的文献主要为官方文献，即2006—2008年《甘肃教育事业发展统计公报》、《甘肃省教育年鉴（2006—2008）》《秦安县教育事业发展统计资料（2008）》，有部分学术期刊文献，通过对 CNKI 网中教育库的文献梳理，运用"甘肃、教育、教师、师资"等作为关键词进行检索，查找到近几年若干对甘肃省进行调查研究的学术论文和调研报告，将其作为参考资料。

2. 访谈法

调研组采用开放性和半结构性访谈的方式对甘肃省教育厅人事处副处长、甘肃省教科所副所长和教研员、天水市教育局副局长、秦安县主管教育的副县长、秦安县教育局师资管理科科长、西北师范大学人事处处长和副处长、西北师范大学教师教育学院院长、兰州职业技术学院校长、诸县市的中小学校长和教师、中职学校的校长、幼儿园园长和教师等共计38人进行了深度访谈和会议访谈。

3. 实地观察

本调研组通过直接观察与间接观察相结合的方式对甘肃省教育厅、西北师范大学、兰州职业技术学院、天水市教育局、秦安县教育局、郭嘉镇郭嘉中学（包括小学在一起）进行了实地观察。

4. 问卷法

通过《中国教师队伍建设调查问卷》（共6份）对甘肃省的兰州市、天水市、白银市、秦安县等地进行了问卷的随机发放，共发放问卷1132份，回收1089份，回收率96.20%；有效问卷910份（幼儿园教师卷68份，园长卷14份，中小学教师卷544份，中小学校长卷195份，中职教师卷89份，没有中职校长卷），有效率为83.56%。

三　现状与问题

（一）教师队伍建设的成就与经验

1. 高等教育师资队伍建设成就与经验

2008 年，面对"5·12"大地震和雨雪冰冻等自然灾害带来的诸多困难，甘肃省以科学发展观统揽工作全局，在改善办学条件的同时，不断加大教育投入，加强师资队伍的建设，使全省教育保持了平稳较快的发展势态。

2009 年，甘肃省有普通高等学校 25 所，其中本科院校 12 所，专科院校 13 所。按办学类型分，综合大学及多科性院校 3 所，工科院校 3 所，医学院校 2 所，师范院校 5 所，政法院校 1 所，民族院校 1 所，经济院校 1 所，农业院校 1 所，职业技术院校 8 所（其中独立设置的民办高校 1 所）。普通高校本专科在校学生 11.09 万人，教职工 16348 人，专任教师 8826 人（正高 620 人、副高 2215 人）。独立设置的成人高校 13 所，在校生 1.7 万人，加上普通高校的成人教育学院，成人在校学生 7 万人。高等教育自学考试在籍考生 30 万人。博士点 62 个，硕士点 256 个，国家级重点学科 3 个，省级重点学科 36 个，国家重点及开放实验室 6 个。甘肃每万人中有大学生 43.28 人（全国为 55.3 人），2001 年全省大学报考录取率为 54.7%（全国为 58%）。高等教育毛入学率达到 8%（全国为 13%）。2008 年全省研究生教育招收 0.75 万人，增长 5.63%；普通高等教育招生 11.09 万人，比上年增长 12.47%，在校学生 33.19 万人，增长 12.13%。

2. 职业教育师资队伍建设成就与经验

全省中等职业学校由新中国成立初期的 10 所发展到 2009 年的 353 所，高等职业教育从无到有，快速发展，高职高专有 21 所。中等职业教育办学规模从新中国成立初期的 1949 人增长到 36.7 万人，中等职业教育的迅速壮大，实现了教育结构的战略性调整。新中国成立 60 年来的改革与发展，中等职业教育实现了从计划培养向市场驱动、从政府直接管理向宏观引导、从以升学为导向向以就业为导向的根本性转变。在此基础上，职业教育体系更加完整，培养模式也有了重大创新。以中等职业技术教育为主体，学校教育与职业培训并举，职前职后沟通，初、中、高教育层次相互衔接，行业配套、结构合理的职业教育体系初步建立。

"十一五"期间，甘肃省投入 1 亿元，大力推动职业教育更快更好地发展。甘肃省财政对职业教育新增投入的 1 亿元，重点用于县级职教中心建设、实训基地建设、师资培养培训和职业教育贫困家庭学生资助。"十一五"期间，甘肃省实施技能型人才培养培训、农村劳动力转移培训、农村实用人才培训及成人继续教育和再就业培训四大工程，使技师和高级技师总数达到全省技术工人总数的 2%，具有高级技能以上职业资格证书者达到 20% 以上，每年培训城乡劳动者 360 万人次。另外，甘肃省还将建成 60 个以上条件较好、适应技能人才培养需要的实训基地，建设 30 所就业率高的示范性中等职业学校和 3 所示范性高等职业院校，以及 3 个省级职教师资培训基地。"十一五"期间，培养 300 名省级专业学科带头人，1000 名省级骨干教师，专任教师学历达标率提高到 60% 以上；每年为社会输送 10 万名中等职业学校毕业生、6 万名高等职业院校毕业生，并努力实现就业。到 2010 年，中等职业教育招生规模达到 18 万人，与普通高中招生规模大体相当；高等职业教育招生规模达到 7 万人，占高等教育招生规模的一半以上。2008 年，甘肃省中等职业教育招生 12.99 万人，增长 5.18%。2008 年底，甘肃省职业教育师资培训中心建立，旨在进一步加快解决甘肃省职业教育师资数量不足、"双师型"师资薄弱等问题，推动甘肃省职业教育快速发展。①

3. 基础教育及幼儿园教育师资队伍建设成就与经验

普通中小学及幼儿园的调查主要是针对秦安县进行的。该县近几年在教师队伍建设上的主要做法包括以下几个方面：

（1）按照新的教育管理机制，依法加强教师队伍建设。从 2002 年起，该县按照"在国务院领导下，由地方政府负责、分级管理、以县为主的新管理体制"，依法做好中小学教师的资格认定、招聘录用、职务评聘、培养培训、考核和评优选先等工作，切实推进教师队伍建设的科学化和规范化。

（2）认真贯彻执行《教师法》和《教师资格条例》，确保教师素质。从 2007 年起，新聘用的教师都要经过省市县统一组织的笔试、面试等环节，择优录用，合同管理，提升了教师的"入口关"，在教师资格的认定过程中，严格按照认定的条件和程序，重点加强了对申办教师资格人员的思想品德考核力度，截至 2009 年 8 月前，共认定小学、幼儿园教师资格 3886 人，有 3500 多人取得了初中和高中教师资格。

---

① 《2008 年甘肃省国民经济和社会发展统计公报》，甘肃省教育厅网站。

（3）不断加强教师师德师风教育。2005 年全县教育工作会议后出台了加强教师队伍建设的十三项管理制度，对教师的教学、请假、培训、奖励等方面都进行了详细的规定。从 2006 年起，该县在教育系统深入开展抓"三评"正"四风"活动（学生评教师、家长评学校、社会评教育，正校风、正学风、正教风、正考风），让教师明确与其职业有关的法律法规和职业道德要求，并要求教师严格要求自己，爱岗敬业，关爱学生，乐于奉献。

（4）不断加大对教师的培养培训力度。每年结合教师节的庆祝活动，对全县教育教学涌现出的优秀教师、模范班主任、优秀教育工作者、师德标兵进行表彰奖励。截至 2009 年 8 月，全县有 4 人获得"全国优秀教师"荣誉称号，30 人获得"省园丁"荣誉称号，26 人获得"省骨干教师"称号，112 人获得"市园丁"荣誉称号，92 人获得"市骨干教师"荣誉称号，311 人获得"县园丁"荣誉称号。不断加强教师的培训力度，开展了校长岗位培训、提高培训，新聘用教师的岗前培训、追踪培训，紧缺学科教师培训，新课程教师培训。坚持"先培训，再上岗，不培训，不上岗"的原则，共培训教师 6000 多人次。在 2009 年的教师培训中，该县采取了封闭式培训管理模式，注重从数量培训向质量培训的转变，取得了明显的成绩。

（5）提高 257 名县聘代课教师的待遇。从 2007 年起把县聘代课教师工资从每月 150 元提高到每月 500 元，并每月按时发放。

（二）调研对象的情况分析

1. 中等职业教师的问卷调查结果与分析

（1）教师结构分析

A. 性别情况

表 3-1　　　　　　　中等职业教师的男女性别比例表

教师性别	人数（人）	百分比（%）	有效百分比（%）
男教师	49	55.1	57.6
女教师	36	40.4	42.4
缺失	4	4.5	—
合计	89	100	100

　　本次调研，甘肃省中等职业教师实际纳入分析的教师问卷共有 89 份，其中有 4 人没有报告性别，对受查教师的男女性别比例进行分析，结果如表 3-1 所示，男教师 49 人，占总人数的 57.6%；女教师 36 人，占总人数的 42.4%。

　　B. 教龄情况

表 3-2　　　　　　　　　　中等职业教师的教龄情况表

教龄	人数（人）	有效百分比（%）
3 年以下	16	17.9
4—9 年	12	13.5
10—19 年	33	37.1
20 年以上	28	31.5
合计	89	100

　　在教师教龄情况这一项目上，结果如表 3-2 所示，3 年以下教龄的教师有 16 人，占 17.9%；4—9 年教龄的教师有 12 人，占 13.5%；10—19 年教龄的教师有 33 人，占 37.1%；20 年以上教龄的教师有 28 人，占 31.5%；教龄在 10—19 年的居多。

　　C. 职称比例

表 3-3　　　　　　　　　　中等职业教师的职称情况表

职称	人数（人）	百分比（%）
初级职称	32	36.0
中级职称	42	47.2
高级职称	6	6.7
无职称	9	10.1
合计	89	100

　　通过对教师职称的分析可知，初级职称 32 人，占 36.0%；中级职称 42 人，占 47.2%；高级职称 6 人，占 6.7%；无职称的 9 人，占 10.1%。中级职称的教师居多，见表 3-3。

D. 学校城乡分布

表 3 - 4　　　　　　　　　　**中等职业教师的城乡分布**

城乡分布	人数（人）	百分比（%）
省城	7	7.9
地级或县级城市	81	91.0
乡镇（含山区）	1	1.1
合计	89	100

　　教师大部分来自地级或县级城市，有 81 人，占到 91%；来自乡镇的有 1 人，占 1.1%；来自省城的有 7 人，占 7.9%，见表 3 - 4。

E. 学校层次

表 3 - 5　　　　　　　　　　**学校层次统计分析表**

学校层次	人数（人）	百分比（%）
国家重点职校	0	0
省重点职校	21	23.6
一般学校	66	74.2
缺失	2	2.2
合计	89	100

　　受调查教师没有来自国家重点职校的教师；来自省重点职校的教师有 21 人，占 23.6%；来自一般学校的教师 66 人，占 74.2%，见表 3 - 5。

F. 学校类别

表 3 - 6　　　　　　　　　　**学校类别统计分析表**

学校类别	人数（人）	百分比（%）
中专	42	47.2
职高	42	47.2
技校	2	2.2
综合高中	1	1.2
成人职业学校	2	2.2
合计	89	100

学校类别为中专和职高的均占 47.2%，技校和成人职业学校占 2.2%，综合高中占 1.2%，见表 3-6。

G. 教师学历

表 3-7　　　　　　　　　　教师学历统计分析表

教师学历	人数（人）	百分比（%）
高中阶段以下	2	2.2
高中阶段	0	0
专科	14	15.8
本科	72	80.9
硕士	1	1.1
博士	0	0
合计	89	100

表 3-7 显示，教师学历为高中阶段以下的有 2 人，占 2.2%；没有高中阶段和博士教师；专科和硕士学历教师分别占 15.8% 和 1.1%；本科占 80.9%，本科学历教师占多数。

H. "双师型"教师比例

表 3-8　　　　　　　　"双师型"教师比例表

"双师型"教师	人数（人）	百分比（%）
是	47	52.8
否	42	47.2
合计	89	100

表 3-8 显示，"双师型"教师占 52.8%，非"双师型"教师占 47.2%。

I. 教师身份

表 3-9　　　　　　　　教师身份统计分析表

教师身份	人数（人）	百分比（%）
在编教师	77	86.5
兼职教师	4	4.5
代课教师	8	9.0
合计	89	100

在编教师 77 人，占 86.5%；兼职教师 4 人，占 4.5%；代课教师 8 人，占 9.0%。在编教师占绝大多数，见表 3 - 9。

　　J. 教师类别

表 3 - 10　　　　　　　　　　教师类别统计分析表

教师类别	人数（人）	百分比（%）
文化课教师	43	48.3
专业课教师	46	51.7
实习指导教师	0	0
合计	89	100

文化课教师 43 人，占 48.3%；专业课教师 46 人，占 51.7%；没有实习指导教师，见表 3 - 10。

　　K. 学校性质

表 3 - 11　　　　　　　　　　学校性质统计表

学校性质	人数（人）	百分比（%）
公办	88	98.9
民办	1	1.1
公私联合/合作办学	0	0
合计	89	100

公办学校占 98.9%，民办学校占 1.1%，没有公私联合和合作办学的中等职业学校，见表 3 - 11。

（2）"双师型"教师

　　A. "双师型"教师的内涵

表 3 - 12　　　　　　　　"双师型"教师的内涵统计表

"双师型"教师的基本内涵	人数（人）	百分比（%）
持有"双证"（教师资格证、职业资格证书）的教师	30	33.7
既是理论教师，又是实训教师	13	14.6
扎实的基础理论知识、较强的专业实践能力、较高的教学水平和丰富的实际工作经验	39	43.8
说不清楚	7	7.9
合计	89	100

由表 3 - 12 可知，认为"双师型"教师的内涵为"持有'双证'的教师"的占 33.7%，认为是"既是理论教师，又是实训教师"的占 14.6%，认为具有"扎实的基础理论知识、较强的专业实践能力、较高的教学水平和丰富的实际工作经验"的占 43.8%，"说不清楚"的占 7.9%。

B. "双师型"教师的资格标准

表 3 - 13　　　　　　　　　"双师型"教师的资格标准统计表

"双师型"教师的资格标准	人数（人）	百分比（%）
讲师 + 技师	23	25.8
教师资格 + 职业资格证书	44	49.4
企业工作经验 + 教学能力	15	16.9
说不清楚	7	7.9
合计	89	100

从表 3 - 13 可以看到，资格标准为"讲师 + 技师"的有 23 人，占 25.8%；"教师资格 + 职业资格证书"的有 44 人，占 49.4%；"企业工作经验 + 教学能力"有 15 人，占 16.9%；"说不清楚"的有 7 人，占 7.9%。其资格标准为"教师资格 + 职业资格证书"的占多数。

C. "双师型"教师的资格评审与认定

表 3 - 14　　　　　　　　"双师型"教师的资格评审与认定统计分析表

"双师型"教师在资格评审与认定上应该由	人数（人）	百分比（%）
政府主管部门	31	34.8
行业企业组织	1	1.1
政府主管部门与行业企业组织	39	43.8
社会第三方组成专门机构进行认定	17	19.1
其他	1	1.2
合计	89	100

根据表 3 - 14 显示，认为"双师型"教师在资格评审与认定上应该由

政府主管部门负责的有 31 人，占 34.8%；应由行业企业组织负责的有 1 人，占 1.1%；应由政府主管部门与行业企业组织负责的有 39 人，占 43.8%；应由社会第三方组成的专门机构进行认定的有 17 人，占 19.1%；其他的占 1.2%。

（3）专业对口问题

表 3 – 15　　　　教师所学专业与所教专业符合情况统计分析表

	您所学专业与您现在所教专业是否相符				
	相符	基本相符	不相符	经常变化不定	合计
人数（人）	38	38	9	4	89
百分比（%）	42.7	42.7	10.1	4.5	100

教师所学专业与所教专业相符和基本相符的都占 42.7%，不相符的占 10.1%，经常变化不定的占 4.5%。可见大部分都是相符的，见表 3 – 15。

（4）教师每周工作量

表 3 – 16　　　　　教师每周工作量统计分析表

	您现在的工作量（以教学课时计算）				
	20 节以上	16—20 节	11—15 节	10 节以下	合计
人数（人）	4	15	45	25	89
百分比（%）	4.5	16.8	50.6	28.1	100

大部分教师每周工作量在 11—15 节，占 50.6%；在 16—20 节的占 16.8%，10 节以下的占 28.1%，20 节以上的占 4.5%，见表 3 – 16。

（5）教学工作岗位的满意度

表 3 – 17　　　　　工作岗位的满意度统计分析表

	您对目前的教学工作岗位是否满意					
	十分满意	比较满意	一般	不满意	很不满意	合计
人数（人）	9	46	26	4	4	89
百分比（%）	10.1	51.7	29.2	4.5	4.5	100

受调查教师对教学工作岗位满意的达到 61.8%，一般的占 29.2%，满意度较低的占 9%。可见教师对目前教学工作岗位的满意度还是较高的，见

表3－17。

（6）《职业教育学》和《职业心理学》的学习情况

表3－18　　　　《职业教育学》和《职业心理学》的学习情况统计表

	您到职校工作前是否学习过《职业教育学》和《职业心理学》				
	系统学习过	较系统学习过	学过其中的部分	未学过	合计
人数（人）	18	20	30	21	89
百分比（％）	20.2	22.5	33.7	23.6	100

教师到职校工作前系统学习过《职业教育学》和《职业心理学》的占20.2％，较系统学习过的占22.5％，学过其中的部分和未学过的分别占33.7％和23.6％。可见系统学过的比例还是较小的，见表3－18。

（7）培训情况

A. 参训时间

表3－19　　　　　　参加专业培训的时间累计统计分析表

	近3年来，您参加专业培训的时间累计是多少				
	3个月以上	一到两个月	3周及以下	未培训过	合计
人数（人）	21	24	24	20	89
百分比（％）	23.6	27	27	22.4	100

近3年来，教师参加专业培训累计时间在3个月以上的占23.6％，一到两个月的占27％，3周及以下的占27％，未培训过的占22.4％，完全没有参加培训的教师较少，见表3－19。

B. 参训原因

表3－20　　　　　　　　参训原因统计表

	您参加培训的主要原因是什么					
	职称晋升要求	教学要求	自我充电	领导要求	其他	合计
人数（人）	6	49	24	6	4	89
百分比（％）	6.7	55.1	27	6.7	4.5	100

教师参加培训出于教学要求的占大部分，为55.1％，自我充电的占27％，职称晋升和领导要求的均占6.7％，其他为4.5％，见表3－20。

C. 学校领导对教师参训的态度

表 3 – 21　　　　　学校领导对教师参训态度统计分析表

	学校领导对教师参加培训的态度如何				
	很支持	支持	不支持	因人而异	合计
人数（人）	25	46	5	13	89
百分比（%）	28.1	51.7	5.6	14.6	100

　　学校领导对教师参加培训支持的居多，占 51.7%；很支持的占 28.1%；不支持的仅占 5.6%；因人而异的占 14.6%，见表 3 – 21。

　　D. 参训效果

表 3 – 22　　　　　　参训效果统计表

	通过培训，您的教育思想、专业知识、教学技能等有无提高				
	有较大提高	有一些提高	没有提高	说不清	合计
人数（人）	26	58	1	4	89
百分比（%）	29.2	65.2	1.1	4.5	100

　　在参训效果方面，参训后教育思想、专业知识和教学技能有提高的占 94.4%，没有提高的仅占 1.1%，说不清的占 4.5%。可见，认为有提高的占绝大部分，说明培训效果较好，见表 3 – 22。

　　E. 在职教师培养的最有效形式

表 3 – 23　　　　在职教师培养的最有效形式统计分析表

	您认为在职教师培养最有效的形式是什么				
	学历提高	短期培训	学、教、研相结合	其他	合计
人数（人）	0	19	70	0	89
百分比（%）	0	21.3	78.7	0	100

　　调查结果显示，认为教师培养最有效的形式为学、教、研相结合的占 78.7%，认为短期培训为最有效形式的占 21.3%，见表 3 – 23。

F. 理想的培训模式

表 3 - 24　　　　　　　　　　理想的培训模式统计表

	您认为理想的培训模式应该是					
	校本培训	送出去培训	网上远程培训	送出去与请进来相结合	其他	合计
人数（人）	8	27	3	50	1	89
百分比（%）	9	30.3	3.4	56.2	1.1	100

　　调查结果显示，认为送出去与请进来相结合为理想培训模式的占 56.2%，认为送出去培训为理想培训模式的占 30.3%，认为校本培训和网上远程培训为理想培训模式的分别占 9% 和 3.4%。可见，教师们对送出去和请进来相结合的培训模式认同的较多。

G. 培训积极性

表 3 - 25　　　　　　　　　　培训积极性统计分析表

	贵校教师参加培训的积极性如何					
	很高	较高	一般	很低	没有	合计
人数（人）	19	52	16	2	0	89
百分比（%）	21.4	58.4	18	2.2	0	100

　　由表 3 - 25 可知，教师参加培训的积极性在较高以上的占 79.8%，一般的占 18%，很低的占 2.2%，说明总体上教师参训积极性较理想。

（8）到企业实践的制度必要性

表 3 - 26　　　　　　　　到企业实践的制度必要性统计分析表

	您认为政府规定职业学校教师到企业实践的制度必要性如何				
	十分必要	有必要	具体专业具体对待	没必要	合计
人数（人）	27	40	19	3	89
百分比（%）	30.3	44.9	21.4	3.4	100

　　受调查教师认为教师到企业实践的制度有必要及十分必要的分别占 44.9% 和 30.3%，认为没必要的仅占 3.4%，说明这项制度可以继续实行。

（9）教师建设

表 3 - 27　　　　　　　　　教师建设统计分析表

	在加强专业课教师建设的同时，您认为文化课教师建设需要加强吗					
	非常需要	需要	暂时不需要	完全没必要	说不清	合计
人数（人）	24	60	4	0	1	89
百分比（%）	27	67.4	4.5	0	1.1	100

受调查教师认为，非常需要或需要加强文化课教师建设的分别占27%和67.4%，认为暂时不需要和说不清的仅分别占4.5%和1.1%，说明文化课教师建设还是需要加强的。

（10）"双师型"教师培养途径和资格条件

A. "双师型"教师培养应采取的有效途径

表 3 - 28　　　　"双师型"教师培养应采取的有效途径统计表

	您认为"双师型"教师培养应采取的有效途径是（可复选）					
	高校独立培养	高校与企业联合培养	职前与职后分阶段培养	工作过程培养	企业实践培养	其他
百分比（%）	12.4	70.8	44.9	48.3	21.3	0

认为"双师型"教师培养应采取的有效途径为高校与企业联合培养的占70.8%，认为工作过程培养的占48.3%，认为职前与职后分阶段培养的占44.9%，认为企业实践培养和高校独立培养分别占21.3%和12.4%。

B. "双师型"教师资格必备条件

表 3 - 29　　　　　　"双师型"教师资格必备条件统计表

	您认为获得"双师型"教师资格必须具备的教师条件有（可复选）					
	忠诚职教事业热爱学生	专业知识扎实教学能力强	教育技术好	有过企业工作经验	高学历	其他
百分比（%）	75.3	86.5	41.6	31.5	12.4	0

认为获得"双师型"教师资格必须具备的教师条件为专业知识扎实、教学能力强的占86.5%，认为忠诚职教事业、热爱学生的占75.3%，认为教育技术好的占41.6%，有过企业工作经验和高学历的分别占31.5%和12.4%。

（11） 效果明显的培训

表 3-30　　　　　　　收效明显的培训项目统计表

	您认为下列培训中收效明显的是（可复选）					
	新课改培训	专业能力培训	教育技术培训	教学理论与方法培训	企业实践锻炼	其他
百分比（%）	39.3	66.3	40.4	48.3	43.8	1.1

认为专业能力培训收效较明显的为 66.3%，所占比例最多；其次为教学理论与方法培训和企业实践锻炼，所占比例分别为 48.3% 和 43.8%。

（12） 获取教学信息的途径

表 3-31　　　　　　　获取教学信息的途径统计表

	您获取有关教学信息通常的途径是（可复选）					
	互联网	电视	报纸	专业杂志	电子期刊	其他
百分比（%）	80.9	36	38.2	56.2	9	5.6

受调查教师获取教学信息的通常途径为互联网的占 80.9%，这是大部分教师获取信息的重要途径；获取途径为专业杂志的占 56.2%；从报纸或电视获取教学信息的教师也较多，分别占 38.2% 和 36%。

（13） 教师的问题

A. 教师观念中的问题

表 3-32　　　　　　教师观念系统中存在的问题统计分析表

	您认为当前教师系统观念中存在的最大的问题是（可复选）					
	缺少教育理想	缺少对职教事业的忠诚	教育观念落后	职业倦怠	师德师风存在问题	其他
百分比（%）	34.8	27	58.4	51.7	23.6	3.4

受调查教师中认为教师观念系统中存在着的最大问题为教育观念落后的占了 58.4%；其次是职业倦怠，占 51.7%，说明教师教育观念亟须提高；其他问题也需要根据教师个人情况加以改变。

B. 教师专业发展中存在的问题

表 3 – 33　　　　　　　　教师专业发展中存在的问题统计表

	当前教师专业发展中问题较多的是（可复选）				
	专业知识和技能拓展机会少	教学能力提升途径单一	教师缺少职业生涯规划	学历提高的机会难得	上述情况都不存在
百分比（%）	75.3	64	31.5	16.9	9

　　认为当前教师专业发展中问题较多的是专业知识和能力拓展机会少的为75.3%，认为教学能力提升途径单一的占64%，认为教师缺少职业生涯规划的占31.5%。可见，需要提供教师专业知识和技能拓展的机会给教师，给教师提供良好平台，提升教学能力。

（14）激励教师成长的手段

表 3 – 34　　　　　　　　激励教师成长的手段表

	您认为激励教师成长的有效手段是（可复选）				
	提高社会地位	提高经济待遇	完善制度	科学管理	严格准入和淘汰机制
百分比（%）	66.3	82	56.2	52.8	40.4

　　提高经济待遇是激励教师成长的有效手段，占到82%；其次是提高社会地位，占到66.3%；完善制度和科学管理分别占56.2%和52.8%；严格准入和淘汰机制占40.4%；可见，教师对提高经济待遇和提高社会地位要求较强烈。

（15）对教师考取教师资格的态度

表 3 – 35　　　　　　　对教师考取教师资格的态度统计表

	您对教师考取职业资格证书的态度和认识（可复选）				
	很有必要，是对教师能力的认可	没有必要，有实际能力就行	很实用，评职称、涨工资都用得到	基本没有用	考证市场混乱，证书含金量低
百分比（%）	73	20.2	30.3	14.6	15.7

　　有73%的教师认为考取职业资格证书很有必要，是对教师能力的认可；20.2%的人认为没有必要，有实际能力就行；30.3%的人认为很实用，评职称、涨工资都用得到；14.6%的教师认为基本没有用；15.7%的教师认为考

证市场混乱，证书含金量低。

（16）教师队伍建设基本情况

为了解教师队伍建设基本情况，问卷设计了 19 道题目，问卷该部分题目采用 5 点量表形式，并对每个选项进行赋值：1 代表"完全符合"，2 代表"基本符合"，3 代表"说不清"，4 代表"基本不符合"，5 代表"完全不符合"。在问卷分析过程中，计算平均分，并与 3 做比较；如果平均分大于 3，我们认为受调查者在该方面的表现比一般水平差；如果平均分小于 3，我们认为受调查者在该方面的表现比一般水平好（有个别问题相反）。

以下是对每个问题的分析："我经常受到教育信仰、教育观念和师德方面的教育"，均分为 1.96；"我在工作中具有极大的教育教学成就感"，均分为 2.19；"学生的升学考试没有给我带来压力"，均分为 2.99；"我对自己的工作行为有着强烈的反思倾向与能力"，均分为 2.07；"学校为我们教学研究提供了良好的平台和激励措施"，均分为 2.45；"我校很注重教师团队建设"，均分为 2.12；"学校能经常为我们进行心理辅导，缓解我们的压力和不良情绪"，均分为 2.98；"学校关注教师的身体健康，每年都能组织我们进行体检"，均分为 2.72；"学校有个性化的教师成长档案，分门别类地促进我们的成长"，均分为 2.67；"我校已经形成了能上能下，能进能出的动态的教师管理机制"，均分为 2.87；"我能够积极参与并监督学校管理"，均分为 2.57；"学校在管理中重视教师的参与"，均分为 2.44；"我认为区域范围内的教师应实现定向流动，资源共享"，均分为 2.19；"我的工作能够足额按时发放"，均分为 2.08；"我真正拥有寒暑假带薪休假，假期和周末不进行补习"，均分为 2.30。这几项的均分均小于 3，说明受调查者在这几方面表现较好。"我对自己的年收入是满意的"，均分为 3.29。该项均分大于 3，说明教师在该方面不满意。"学生的职业规划和就业指导给我带来压力"，均分为 2.39；"我的工作压力很大，影响自身的健康与专业发展"，均分为 2.64。两项均分小于 3，说明受调查者在这方面表现较差。"我参加的各项培训效果很差"，均分为 3.36。该项均分大于 3，说明教师在该方面表现较好。

（17）教师的自身情况

为了解教师的自身情况，我们设计了 11 道题目，问卷该部分题目采用 5 点量表形式，并对每个选项进行赋值：1 代表"非常严重"，2 代表"比较严重"，3 代表"说不清"，4 代表"不太严重"，5 代表"根本没问题"。在问卷分析过程中，计算平均分，并与 3 做比较，如果平均分大于 3，即认为受调查者在该方面的表现比一般水平好；如果平均分小于 3，则认为受调查者在该方面的表现比一般水平差。

以下是对每个问题的分析："社会地位不高"，均分为 2.35；"职称问题得不到解决"，均分为 2.49；"收入太少"，均分为 2.34；"工作压力大"，均分为 2.75。这几项均分均小于 3，说明受调查者在该方面的表现比一般水平差。"对教学工作缺乏热情"，均分为 4.02；"因年龄太轻、资历浅而不被重用"，均分为 3.80；"职业倦怠"，均分为 3.70；"人际关系难以适应"，均分为 3.89；"属于外来教师，缺少安全感"，均分为 3.91；"缺少教育培训，自身素质提升缓慢"，均分为 3.37。这几项平均分均大于 3，说明受调查教师在社会地位、职称问题、收入、工作热情等方面的表现高于一般水平。

（18）对促进教师队伍建设政策的意见

为了解教师对促进教师队伍建设的意见，我们设计了 12 道题目，该部分题目采用 5 点量表形式，并对每个选项进行赋值：1 代表"完全赞同"，2 代表"基本赞同"，3 代表"说不清"，4 代表"基本不赞同"，5 代表"完全不赞同"。在问卷分析过程中，计算平均分与 3 做比较，如果平均分大于 3，认为受调查者在该方面的赞同程度低；如果平均分小于 3，则认为受调查者在该方面赞同程度高。

以下是对每个问题的分析："教师校际间轮流任教"，均分为 2.09；"无企业经验的新任专业教师先到企业锻炼"，均分为 2.01；"加强师资培训基地学校建设，提升教师培训绩效"，均分为 1.69；"提升教师准入门槛，使最优秀的人从事教育事业"，均分为 1.63；"建立教师动态淘汰机制，让不合格者脱离教师队伍"，均分为 1.80；"全体教师享受公务员待遇，实行阳光工资"，均分为 1.24；"全体师范生免费接受教育"，均分为 1.38；"禁止一切形式的有偿补课、杜绝变相收费"，均分为 1.48；"大力开展有特色、针对性的教师在职培训"，均分为 1.28；"广泛吸收有技术的人才到职校任教"，均分为 1.43；"广泛开展教师职业信仰和忠诚教育"，均分为 1.35；"实行个性化小班教学，切实体现职教特色"，均分为 1.42。所有项目均分均小于 3，说明教师对所列促进教师队伍建设政策的意见赞同程度较高。

2. 中小学教师的问卷调查结果与分析

（1）教师结构分析

A. 性别比例

表 3 - 36　　　　　　　　中小学教师的男女性别比例表

教师性别	人数（人）	百分比（%）	有效百分比（%）
男教师	221	40.6	44.9
女教师	271	49.8	55.1
缺失	52	9.6	
合计	544	100	100

　　本次调研，甘肃省中小学教师实际纳入分析的教师问卷共有 544 份，其中有 52 人没有报告性别。对受查教师的男女性别比例进行分析，结果如表 3 - 36 所示，男教师 221 人，占总人数的 44.9%；女教师 271 人，占总人数的 55.1%。

　　B. 教龄情况

表 3 - 37　　　　　　　中小学教师的教龄情况统计分析表

教龄	人数（人）	百分比（%）	有效百分比（%）
3 年及以下	33	6.1	6.1
4—6 年	56	10.3	10.3
7—25 年	293	53.9	54.1
26—33 年	63	11.6	11.6
33 年及以上	80	14.7	14.8
其他	17	3.1	3.1
缺失	2	0.3	
总计	544	100	100

　　在教师教龄情况这一项目上，有 2 人没有报告教龄，结果如表 3-37 所示，3 年及以下教龄的教师有 33 人，占 6.1%；4—6 年教龄的有 56 人，占 10.3%；7—25 年教龄的有 293 人，占 54.1%；26—33 年教龄的有 63 人，占 11.6%；33 年以上教龄的有 80 人，占 14.8%。其他的有 17 人，占 3.1%。

C. 职称比例

表 3 – 38　　　　　　　　中小学教师的职称情况统计表

职称	人数（人）	百分比（%）	有效百分比（%）
小学三级	1	0.2	0.2
小学二级	111	20.4	20.6
小学一级	111	20.4	20.6
小学高级	34	6.3	6.3
中学二级	143	26.3	26.5
中学一级	106	19.5	19.6
中学高级	18	3.3	3.3
无职称	16	2.9	2.9
缺失	4	0.7	
合计	544	100	100

　　通过对教师职称的分析可知，缺失值为 2，无职称的教师有 16 人，占 3%。在小学范围内，三级教师有 1 人，仅占 0.2%；二级和三级教师均有 111 人，各占 20.6%；高级教师有 34 人，占 6.3%。在中学范围内，二级教师有 143 人，占 26.5%；一级教师有 106 人，占 19.6%；高级教师有 18 人，占 3.3%。

D. 学校城乡分布

表 3 – 39　　　　　　　　中小学教师的城乡分布统计表

城乡分布	人数（人）	百分比（%）	有效百分比（%）
省城	6	1.1	1.1
地级或县级城市	285	52.4	53.2
乡镇	178	32.7	33.2
其他	67	12.3	12.5
缺失	8	1.5	
合计	544	100	100

　　由表 3 – 39 可知，教师大部分来自地级或县级城市，有 285 人，占到 52.4%；来自乡镇的有 178 人，占 32.7%；只有 6 人来自省城，占 1.1%。

E. 教师学历

表 3 - 40　　　　　　　　　中小学教师学历统计表

教师学历	人数（人）	百分比（%）	有效百分比（%）
高中阶段以下	58	10.7	10.7
高中阶段	15	2.8	2.8
专科	140	25.7	25.9
本科	269	49.4	49.7
硕士	58	10.7	10.7
博士	1	0.2	0.2
缺失	3	0.5	
合计	544	100	100

　　受调查教师中，有 3 人未写明学历；本科学历居多，有 269 人，占 49.7%；专科 140 人，占 25.9%；高中有 15 人，占 2.8%；高中阶段以下有 58 人，占 10.7%；硕士有 58 人，占 10.7%；博士仅 1 人，占 0.2%。

F. 学校性质层次

表 3 - 41　　　　　　　　　学校性质层次统计表

学校性质	人数（人）	百分比（%）	有效百分比（%）
公办小学	242	44.5	44.8
民办小学	6	1.1	1.1
公办初中	170	31.2	31.5
民办初中	2	0.4	0.4
公办高中	120	22.1	22.2
民办高中	0	0	0
缺失	4	0.7	
合计	544	100	100

　　被调查教师大多来自公办中小学，民办学校非常少，甚至没有来自民办高中的教师。

G. 教师身份

表 3 - 42　　　　　　　　　　　中小学教师身份统计表

教师身份	人数（人）	百分比（%）	有效百分比（%）
在编教师	389	71.5	73.3
兼职教师	12	2.2	2.3
代课教师	129	23.7	24.2
其他	1	0.2	0.2
缺失	13	2.4	
合计	544	100	100

由表 3 - 42 可知，受查教师大部分是在编教师，有 389 人，占 73.3%；兼职教师 12 人，占 2.3%；代课教师 129 人，占 24.2%；缺失 13 人。

（2）教师希望的法律角色

表 3 - 43　　　　　　　　　教师希望的法律角色统计分析表

教师法律角色	百分比（%）	有效百分比（%）
公务员	83.3	84.8
维持现状	8.8	9.0
其他	6.1	6.2
缺失	1.8	
总计	100	100

从表 4 - 43 看，大部分教师希望教师的法律角色是公务员；只有 9% 的教师认为教师角色可以维持现状；还有 6.2% 的教师认为教师应该有其他角色，如公民、特殊职业。

（3）教师资格证认年限

表 3 - 44　　　　　　　　　教师资格证认年限调查统计表

教师资格认证年限	百分比（%）	有效百分比（%）
终身只认定一次	46.9	47.3
五年认证一次	25.2	25.4
八年认证一次	14.0	14.1
说不清	13.1	13.2
缺失	0.8	
总计	100	100

关于教师资格认证年限，认为终身只认定一次的占 47.3%，五年认证一次的占 25.4%，八年认证一次的占 14.1%，13.2% 的人对此问题说不清楚。这说明很多教师可能为了保住教师这个职业，不想有过多的竞争，所以偏向教师资格终身只认定一次，但这必然会降低教师学习的积极性。

（4）需要健全和完善的教师政策

表 3－45   "教师政策中最需要健全和完善的是"调查统计表

教师政策	教师培训政策	教师待遇政策	城乡教师差异政策	教师聘用与考核问题政策	其他	合计
人数（人）	31	376	59	63	7	536
百分比（%）	5.8	70.1	11	11.8	1.3	100

受调查教师对教师待遇政策期待最高，达到 70.1%；其次是城乡教师差异政策和教师聘用与考核问题政策，分别占 11% 和 11.8%；教师对培训政策关注较少，仅有 5.8%（表 3－45）。教师固然需要提高待遇，以解决教师的后顾之忧，让教师全身心地投入教育事业；但数据显示，教师们对教师培训政策不重视，可见教师这方面的意识比较差。

（5）教师管理手段

表 3－46   "教师管理方面最为缺乏的手段"调查统计表

最缺乏的手段	法律手段	行政手段	经济手段	思想教育手段	其他	合计
人数（人）	102	49	149	181	57	538
百分比（%）	19.0	9.1	27.7	33.6	10.6	100

在教师管理方面，有 33.6% 的教师认为思想教育手段最为缺乏；认为最为缺乏经济手段、法律手段和行政手段的分别占 27.7%、19.0% 和 9.1%；认为教师管理最为缺乏的其他手段有师德教育、教师的民主权落实、人性化管理等。

（6）教师的应有学历

表 3－47   今后小学教师应达到的最低学历调查统计表

学历	专科	本科	硕士	其他	合计
人数（人）	324	184	27	7	542
百分比（%）	59.8	33.9	5.0	1.3	100

表 3 – 48　　　　　　今后中学教师应达到的最低学历调查统计表

学历	专科	本科	硕士	博士	其他	合计
人数（人）	49	390	76	19	5	539
百分比（%）	9.1	72.4	14.1	3.5	0.9	100

　　由表 3 – 47、3 – 48 可见，认为小学教师应达到的最低学历以专科标准居多，占了 59.8%；其次是本科，占了 33.9%；最后是硕士，仅占 5%；中学教师应达到的最低学历以本科居多，其次是硕士。由此可见，教师们认为小学教师的最低学历要求相对较低。实际上，小学是基础阶段，是性格与能力养成的重要时期，同样需要高素质的教师。

（7）　教师周工作量

表 3 – 49　　　　　　　　　教师的周工作量

工作量（课时）	26 节以上	21—25 节	16—20 节	11—15 节	10 节以下	合计
人数（人）	26	94	192	186	38	536
百分比（%）	4.9	17.5	35.8	34.7	7.1	100

　　教师的周工作量为每周 16—20 节或 11—15 节课的，分别占 35.8% 和 34.7%；为 21—25 节的占 17.5%，26 节以上的占 4.9%，10 节以下的占 7.1%（如表 3 – 49）。可见，教师的工作量很大，每周 19 节课以下的很少，但是每周 26 节课以上的也很少，所以教师周课时量还没达到不能承受的程度，但教师的工作量仍需减少，这样才有利于提高教师的工作质量。

（8）　教师培训

表 3 – 50　　　　近 3 年教师参加培训的时间累计统计分析表

时间	3 个月以上	一到两个月	3 周以下	未培训过	合计
人数（人）	122	229	135	56	542
百分比（%）	22.5	42.3	24.9	10.3	100

表 3 – 51　　　　　参加培训的主要原因统计分析表

参训原因	职称晋升要求	教学需要	自我充电	领导要求	其他	合计
人数（人）	82	230	126	84	18	540
百分比（%）	15.2	42.6	23.3	15.6	3.3	100

表3-52 学校领导对教师参加培训的态度统计表

领导态度	很支持	支持	不支持	因人而异	合计
人数（人）	121	280	32	108	541
百分比（%）	22.4	51.8	5.9	19.9	100

表3-53 在职教师培养最有效的形式统计分析表

培养形式	学历提高	短期培训	学、教、研相结合	其他	合计
人数（人）	29	89	409	15	542
百分比（%）	5.4	16.4	75.4	2.8	100

表3-54 教师参加培训的积极性调查统计表

教师积极性	很高	较高	一般	很低	没有	合计
人数（人）	87	209	203	35	8	542
百分比（%）	16.1	38.6	37.3	6.5	1.5	100

表3-55 卓有成效的培训项目调查统计表

	您认为下列培训中卓有成效的是（可复选）				
	新课程培训	班主任培训	教育技术培训	综合培训	其他
百分比（%）	42.1	31.1	36.6	38.6	5.3

从表3-50可知，近3年参加培训一到两个月的教师有229人，占42.3%，3个月以上的占22.5%，3周以下和未培训的分别占24.9%和10.3%。可见，教师的培训时间还是有保障的，并且教师的培训率达到了89.7%，基本上每位教师都有机会参加培训。从表3-51教师参加培训的主要原因来看，教学需要为42.6%，自我充电为23.3%，职称晋升要求为15.2%，领导要求为15.6%，其他为3.3%。可见，虽然也有教师培训的原因是人事部门的规定，但出于教学需要培训的教师占多数，说明教师培训目标较明确，并且教师自我发展的要求也较强烈。在学校领导对教师的培训态度方面，51.8%的领导还是支持的，不支持的仅有5.9%（表3-52），支持率达到74.2%，学校领导的支持程度与参训教师的多少是紧密相关的。在对在职教师培养最有效形式调查方面，学、教、研相结合所占比例最大，占75.4%；短期培训为16.4%，学历提高为5.4%（表3-53）。从这个比例来看，说明短期培训的效果不佳，教师对培训的满意度不高，可能的原因是培训与教学实际相分离，培训过多重视理论而对实践有所忽视。

教师参加培训的积极性较高的占 38.6%，很高的占 16.1%，一般的有 37.3%，积极性很低的仅有 6.5%，没有积极性的也少之又少，仅占 1.5%（表 3 - 54）。可见，教师参训的积极性还较好，但是在提高培训质量的基础上教师的积极性还有待提高。如表 3 - 55 所示，在卓有成效的培训中，新课程培训占 42.1%，班主任培训占 31.1%，教育技术培训和综合培训分别占 36.6% 和 38.6%，其他培训占 5.3%。从各项比例来看，培训效果还是较令人满意的。

（9）教师观念中存在的问题及教师发展

表 3 - 56   教师观念中存在的问题统计分析表

	您认为当前教师观念系统中存在的主要问题是（复选）				
	缺少对教育事业的忠诚	缺少教育理想	教育观念落后	师德存在问题	其他
百分比（%）	18.2	38.8	47.8	18.8	12.3

表 3 - 57   教师专业发展中存在的问题统计表

	当前教师专业发展中问题较多的是（复选）			
	专业和拓展知识强化不足	各项能力无法提高	缺少职业生涯规划	其他
百分比（%）	48.2	30.9	38.8	10.8

表 3 - 58   教师资格必须具备的条件统计表

	您认为获得教师资格必须具备的条件有（复选）					
	热爱学生，忠诚教育事业	仪表端庄和气质自信	普通话标准	教育技术能力符合时代要求	专业知识扎实与能力强	其他
百分比（%）	79.4	40.4	41.9	46.0	61.4	2.4

表 3 - 59   教学信息途径统计表

	您获取有关教学信息通常的途径是（复选）				
	互联网	电视	报纸	专业杂志	电子期刊	其他
百分比（%）	65.5	31.3	40.4	45.4	11.2	7.5

表 3 - 60   教师成长手段调查统计表

	您认为激励教师成长的有效手段有（复选）				
	提高社会地位	提高经济待遇	完善制度	科学管理	严格准入和淘汰机制
百分比（%）	55.7	76.3	39.7	40.8	21.9

分析表 3－56 和表 3－57，在当前教师观念系统存在的问题方面，主要是教师教育观念落后，其次是缺少教育理想，还有一部分人认为教师缺少对事业的忠诚和师德存在问题。可见急需改变教师的教育观念，使之不断适应社会对教育提出的要求；同时，教师要把更多的精力投入到教育事业中，形成教育理想，能在教育领域创新。教师专业发展中存在的问题方面，专业和拓展知识强化不足占到 48.2%，缺少职业生涯规划、各项能力无法提高分别占到 38.8%、30.9%。可见教师专业知识有待提高，只有教师在专业知识方面扎实，才能在课堂教学中做到游刃有余；教师的职业不是一成不变的，应为自己设定目标，而且教师面对的是性格迥异的学生，所以教师要有提高能力的意识，能掌控课堂，因材施教。表 3－58 表明，教师必须具备的首要条件是热爱学生，忠诚教育事业；其次是专业知识扎实与能力强，这是对教师提出的最基本也是最重要的要求。随着网络的发展，互联网已经成为教师获取有关教学信息的主要途径，占 65.5%，专业杂志占 45.5%，报纸和电视分别占 40.4% 和 31.3%，电子期刊占 11.2%（表 3－59）。在激励教师成长的手段中，教师们认为提高经济待遇是首要手段，说明教师对目前的经济待遇不满意，并且教师待遇确实有待提高。教师肩负着未来人才的培养，提高社会地位是教师的期望，也是理所当然的事情（表 3－60）。

（10）教师队伍建设现状

问卷该部分题目采用 5 点量表形式，并对每个选项进行赋值：1 代表"完全符合"，2 代表"基本符合"，3 代表"说不清"，4 代表"基本不符合"，5 代表"完全不符合"。在问卷分析过程中，计算平均分并与 3 做比较，如果平均分大于 3，则认为受调查者在该方面的表现比一般水平差；如果平均分小于 3，则认为受调查者在该方面的表现比一般水平好（有个别问题相反）。

为了解教师队伍建设现状，我们设计了 29 道题目，以下是对每个问题的分析："我经常受到教育信仰、教育观念和师德方面的教育"，均分为 1.8；"我在工作中具有极大的教育教学成就感"，均分为 2.03；"我对自己的工作行为有着强烈的反思倾向与能力"，均分为 2.04；"我校注重教师间的知识共享，以此促进教师专业发展"，均分为 2.07；"我校对待所有教师的政策是公平且有绩效的"，均分为 2.57；"我校对教师的教学帮助是令人满意的"，均分为 2.37；"我校为我提供了良好的工作条件与环境"，均分为 2.11；"我校很注重教师的团队建设"，均分为 2.04；"学校有针对每个教师的成长档案，分门别类地促进我们的成长"，均分为 2.97；"我校已经形成了能上能下，能进能出的动态的教师管理机制"，均分为 2.91；"我校的一切工作均服务于教学"，均分为 2.22；"我能够积极参与并监督学校管理"，均分为 2.58；"学校在管理中重视教师的参与"，均分为 2.62；"我认为城乡教师应定向流动，对口支援"，均分为 2.62；"我能有效地参加学术交流"，均分为 2.73；"我的工资能够足额按时发放"，均分为 2.47；"我真正拥有寒暑假带薪休假，假期和周末不进行补习"，均分为 2.65。以上各项均分均小于 3，说明这几个方面表现较好。"我对自己的全年收入是满意的"，均分为 3.26；"学校能经常为我们进行心理辅导，缓解我们的压力和不良情绪"，均分为 3.28；"学校关注教师的身体健康，每年都能组织我们进行体检"，均分为 3.46；"学校关注我们的家庭问题，能使我们的工作无后顾之忧"，均分为 3.22；"学校为我们进行了职业生涯规划"，均分为 3.22；"学校有健全的教师申诉机制"，均分为 3.21；"我校对优秀教师实行了'学术假'制度"，均分为 3.58。以上各项均分均大于 3，说明这几个方面表现较差。"学生的升学考试给我带来了巨大压力"，均分为 1.81；"我对自己的工作没有安全感"，均分为 2.97；"我的工作压力很大，影响自身的健康与专业发展"，均分为 2.36。这几项均分均小于 3，说明这几个方面表现较差。"我校对我们的教育科研很不重视，均分为 3.41；"我参加的各项培训效果很差"，均分为 3.24。这几项均分大于 3，说明这几个方面表现较好。

（11）教师队伍建设中的问题与对策

A. 教师自身的情况

问卷题目采用 5 点量表形式，并对每个选项进行赋值：1 代表"非常严重"，2 代表"比较严重"，3 代表"说不清"，4 代表"不太严重"，5 代表"根本没问题"。在问卷分析过程中，计算平均分并与 3 做比较；如果平均分大于 3，我们认为受调查者在该方面的表现比一般水平好；如果平均分小于 3，我们认为受调查者在该方面的表现比一般水平差。

为了解教师自身情况，我们设计了 14 道题目，以下是对每个问题的分析："自身社会地位不高"，均分为 2.59；"职称问题得不到解决"，均分为 2.5；"收入太少"，均分为 2.29；"工作压力大"，均分为 2.2；"家庭有后顾之忧"，均分为 2.7；这几项均分均小于 3，说明教师这些方面自我感觉或表现较差。"对教育工作缺乏热情"，均分为 4.04；"因年龄太轻、资历浅而不被重用"，均分为 3.88；"职业倦怠"，均分为 3.65；"不适应新课改要求",均分为3.71;"人际关系难以适应",均分为3.91;"属于外来教师,缺少安全感",均分为3.96;"缺少教育培训,自身素质提升缓慢",均分为3.61;"身体差,经常感觉不舒服或生病",均分为3.38;"心理素质差,经常焦虑或抑郁",均分为3.33。这几项均分均大于3,说明教师这些方面自我感觉或表现较好。

B. 政策落实情况

为了解政策落实情况,我们设计了7道题目,问卷题目采用5点量表形式,并对每个选项进行赋值:1代表"非常好",2代表"比较好",3代表"不清楚",4代表"不太好",5代表"非常不好"。在问卷分析过程中,计算平均分并与3做比较,如果平均分大于3,我们认为该项政策落实情况比一般水平较差,如果平均分小于3,我们认为该项政策落实情况比一般水平较好。以下是对每个问题的分析:"《中华人民共和国教师法》中有关教师的权利与义务",均分为2.14;"《教师资格条例及实施办法》与自己相关的内容",均分为2.24;"本地区对中小学教师继续教育实施情况",均分为2.37;"本地区城镇教师支援农村教育工作情况",均分为2.65;"本地区对中小学班主任工作重视情况",均分为2.77;"本地区中小学教师教育技术能力建设情况",均分为2.67;"本地区和自身有关的其他政策执行情况",均分为2.77。七项均分均小于3,所以我们认为教师政策落实情况较好。

C. 对促进教师队伍建设政策的意见

为了解教师对促进教师队伍建设政策的意见,我们设计了13道题目,问卷题目采用了5点量表形式,并对每个选项进行赋值:1代表"完全赞同",2代表"基本赞同",3代表"说不清",4代表"基本不赞同",5代表"完全不赞同"。在问卷分析过程中,我们会计算平均分,并与3做比较,如果平均分大于3,我们认为教师对该项赞同程度低,如果平均分小于3,我们认为教师对该项赞同程度高。以下是对每个问题的分析:"教师校际间轮流执教",均分为2.58;"新任教师'电脑派位'",均分为2.45;"建立教师发展学校,提升学校教师培训绩效",均分为1.89;"提升教师准入门槛,使最优秀的人从事教育事业",均分为1.82;"建立教师动态淘汰机制,让不合格者脱离教师队伍",均分为2.71;"农村教师待遇大幅度提高",均分为1.77;"全体师范生免费接受教育",均分为1.72;"使升学考试情况与教师教学业绩考核脱离",均分为2.01;"城乡教师结对帮扶",均分为1.99；"有特色针对性的教师培训"，均分为1.68；"禁止教师有偿家教"，均分为2.17；"广泛开展教师职业忠诚教育"，均分为1.72；"实行小班化教学，切实减轻教师负担"，均分为1.47。所有项目均值都小于3，说明教师对所列政策赞同程度比较高。

3. 中小学校长问卷调查结果与分析

（1）校长结构分析

A. 性别比例

表3－61　　　　　　　中小学校长的男女性别比例表

性别	人数（人）	百分比（%）	有效百分比（%）
男	152	77.9	80.9
女	36	18.5	19.1
缺失	7	3.6	
合计	195	100	100

本次调研，甘肃省中小学校长实际纳入分析的校长问卷共有195份，其中有7份没有报告性别，对受查校长的男女性别比例进行分析，结果如表3－61所示，男校长152人，占总人数的80.9%；女校长36人，占总人数的19.1%。

B. 教龄情况

表3－62　　　　　　　中小学校长的教龄情况统计表

教龄	人数（人）	百分比（%）	有效百分比（%）
3年及以下	1	0.5	0.6
4—6年	15	7.7	7.8
7—25年	89	45.6	46.1
26—33年	68	34.9	35.2
33年以上	20	10.3	10.3
缺失	2	1	
合计	195	100	100

中小学校长的教龄一般都比较长，3年及以下的仅1人，占0.6%；4—6年的15人，占7.8%；7—25年的89人，占46.1%；26—33年的68人，占35.2%；33年以上的20人，占10.3%（表3－62）。可见，校长的任教时间一般都比较长。

C. 校长职称情况

表 3-63　　　　　　　　　中小学校长的职称情况统计表

职称	人数（人）	百分比（%）	有效百分比（%）
小学三级	0	0	0
小学二级	0	0	0
小学一级	46	23.6	23.8
小学高级	56	28.7	29.0
中学二级	10	5.1	5.2
中学一级	47	24.1	24.4
中学高级	34	17.5	17.6
无职称	0	0	0
缺失	2	1.0	
合计	195	100	100

　　在中小学校长的范围内不存在无职称、小学三级和小学二级的情况，其中，小学一级教师46人，占23.8%；小学高级教师56人，占29.0%；中学二级教师10人，占5.2%；中学一级47人，占24.4%；中学高级34人，占17.6%（表3-63）。说明在职称方面校长是有资格胜任这一职位的。

D. 任教学校的城乡分布

表 3-64　　　　　　　　中小学校长的城乡分布统计表

城乡分布	人数（人）	百分比（%）	有效百分比（%）
省城	1	0.5	0.5
地级或县级城市	57	29.2	29.2
乡镇（含山区）	136	69.8	69.7
缺失	1	0.5	0.6
合计	195	100	100

　　从表3-64可以看出，大部分校长来自乡镇，其次是地级或县级城市，来自省城的仅有1人。

E. 校长所在学校层次

表 3-65　　　　　　　　校长所在学校的层次统计表

学校层次	人数（人）	百分比（%）	有效百分比（%）
小学	98	50.3	50.5
初中	73	37.4	37.6

学校层次	人数（人）	百分比（%）	有效百分比（%）
高中	23	11.8	11.9
缺失	1	0.5	
合计	195	100	100

　　表 3 - 65 表明，受访校长中以小学校长居多，有 98 人，占 50.5%；初中校长有 73 人，占 37.6%；高中校长有 23 人，占 11.9%。

　　F. 校长学历

表 3 - 66　　　　　　　　　　校长的学历情况统计表

校长学历	人数（人）	百分比（%）	有效百分比（%）
专科	119	61.0	61.0
本科	71	36.4	36.4
硕士（不含在读）	1	0.5	0.5
博士（不含在读）	0	0	0
其他	4	2.1	2.1
合计	195	100	100

　　校长的学历以专科居多，有 119 人，占 61.0%；本科 71 人，占 36.4%；硕士 1 人，仅占 0.5%；目前还没有校长拥有博士学位（表 3 - 66）。

　　G. 学校的办学性质

表 3 - 67　　　　　　　　校长所在学校的办学性质统计表

办学性质	人数（人）	百分比（%）	有效百分比（%）
公办（教育部门和集体办）	186	95.4	95.9
民办	8	4.1	4.1
其他部门办	0	0	0
缺失	1	0.5	
合计	195	100	100

　　受调查校长基本上都是来自公办学校，有 186 人，占到了 95.9%；民办学校仅 8 人，占 4.1%；没有其他部门办学校的校长（表 3 - 67）。

（2）教师角色

表3－68　　　　　　　　　教师的法律角色统计表

	您认为中小学教师的法律角色应该是			
	公务员	维持现状	其他	合计
人数（人）	182	8	4	194
百分比（%）	93.8	4.1	2.1	100

　　校长认为教师的法律角色应为公务员的有182人，占到93.8%；维持现状的占4.1%；其他占2.1%（表3－68）。可见，校长们普遍期望把教师定位为公务员。

（3）教师资格认证年限

表3－69　　　　　　　教师资格认证年限调查统计表

	您认为教师资格认证年限应该为				
	终身只认证一次	五年认证一次	八年认证一次	说不清	合计
人数（人）	49	101	38	6	194
百分比（%）	25.2	52.1	19.6	3.1	100

　　多数校长认为教师资格认证年限应该为5年，这一比例占了52.1%；认为终身只认定一次的，占25.2%；认为8年认证一次的，占19.6%；还有3.1%表示"说不清"（表3－69）。

（4）教师政策

表3－70　　　　　　　最需完善和健全的教师政策统计表

	您认为教师政策中最需要健全和完善的是					
	教师培训政策	教师待遇政策	城乡教师差异政策	教师聘用与考核问题	其他	合计
人数（人）	22	113	32	27	1	195
百分比（%）	11.3	58	16.4	13.8	0.5	100

　　教师待遇政策被认为是最需要健全和完善的，占58%，这与教师的调查结果相符；其次是城乡差异政策，占16.4%；教师聘用与考核问题和教师培训政策分别占13.8%、11.3%（表3－70）。

（5）教师管理手段

表3-71　　　　　　在教师管理中缺乏的手段统计表

	您认为在教师管理上最为缺乏的手段是					
	法律手段	行政手段	经济手段	思想教育手段	说不好	合计
人数（人）	44	26	49	67	9	195
百分比（%）	22.6	13.3	25.1	34.4	4.6	100

表3-71显示，校长认为在教师管理上最为缺乏的手段以思想教育手段居多，占34.4%，经济手段占25.1%，法律手段和行政手段分别占22.6%、13.3%。所以需要加强对教师的思想教育，使教师在思想上符合现代教师的要求。

（6）师资队伍建设层次

表3-72　　　　　　师资队伍建设层次统计表

	您认为当前师资队伍建设中最好的层次是				
	幼儿园教师	小学教师	初中教师	高中教师	合计
人数（人）	7	107	32	47	193
百分比（%）	3.6	55.4	16.6	24.4	100

表3-72表明，在校长眼里，中小学幼儿教师队伍建设的情况由好到差依次为小学、高中、初中和幼儿园。其中，幼儿园的师资队伍建设存在严重问题，需要有关政策和其他方面的支持，初高中教师的师资队伍建设也令人担忧。

（7）教师学历

A. 小学教师应有学历

表3-73　　　　　　小学教师应达到的最低学历统计分析表

	您认为今后小学教师应达到的最低学历为				
	专科	本科	硕士	其他	合计
人数（人）	113	71	7	3	194
百分比（%）	58.3	36.6	3.6	1.5	100

B. 中学教师应有学历

表 3 - 74　　　　　中学教师应达到的最低学历统计分析表

	您认为今后中学教师应达到的最低学历为					
	专科	本科	硕士	博士	其他	合计
人数（人）	6	125	59	4	0	194
百分比（%）	3.1	64.4	30.4	2.1	0	100

由表 3 - 73 和 3 - 74 可知，认为今后小学教师应达到的最低学历以专科居多，占58.3%；认为今后中学教师应达到的最低学历以本科居多，占64.4%；目前来说，这种学历水平是可以胜任中小学教师的，因为这部分教师不但具备学科知识，而且也有相应的教师技能。

（8）教师政策倾斜

表 3 - 75　　　　校长所在地区教师政策倾斜的重点统计表

	下列哪一类学校教师是您所在地区教师政策倾斜的重点			
	农村学校教师	城市学校教师	其他	合计
人数（人）	152	41	2	195
百分比（%）	78.0	21.0	1.0	100

有78.0%的校长认为其所在地区教师政策倾斜的重点是农村学校教师，认为城市学校教师是所在地区教师政策倾斜重点的占21.0%。说明受查者所在地区比较重视农村学校教师，其政策向农村教师的倾斜度较大，这与我们的原有观念相反，也是一个好现象。

（9）校长的人事自主权

表 3 - 76　　　　　　校长的人事自主权统计表

	与五年以前相比，校长的人事自主权如何				
	提高了	有些提高	没有变化	下降了	合计
人数（人）	70	24	64	36	194
百分比（%）	36.1	12.4	33	18.5	100

相对其他选项，选择"校长人事自主权提高了"一项人数最多，占36.1%，没有变化的占33%，有些提高和下降了的分别占12.4%、18.5%（表 3 - 76）。校长对自己学校了解得最清楚，应该有充分的人事自主权，校长的该项权利还有待提高。

（10）教师培养

表3-77　　　　　　对青年教师培养的主要方式统计表

	学校对青年教师培养的最主要方式是什么					
	脱产进修	不脱产进修	师傅带徒弟	工作中压担子	其他	合计
人数（人）	14	31	100	47	3	195
百分比（%）	7.2	15.9	51.3	24.1	1.5	100

表3-78　　　　　　在岗教师培养的最有效方式统计表

	您认为在岗教师培养最有效的方式是什么				
	学历提高	短期培训	学、教、研相结合	其他	合计
人数（人）	11	29	149	6	195
百分比（%）	5.6	14.9	76.4	3.1	100

表3-79　　　　　　教师培训积极性统计分析表

	贵校教师参加培训的积极性如何					
	很高	较高	一般	很低	没有	合计
人数（人）	34	105	40	11	3	193
百分比（%）	17.6	54.4	20.7	5.7	1.6	100

　　调查显示，认为"学校对青年教师培养的最主要方式是师带徒"的占51.3%；认为"工作中压担子和不脱产进修"的分别占24.1%和15.9%（见表3-77）。师傅带徒弟是培养青年教师的有效方法，新教师可以学习老教师的教学方法和敬业精神。认为"在岗教师培养的最有效方式是学、教、研相结合"的占76.4%（见表3-78），符合当今新课改的基本思想。在教师参加培训的积极性方面，54.4%的校长认为教师培训积极性较高，认为一般的占20.7%（见表3-79），可见教师培训积极性较高。

（11）受欢迎教师比例

表3-80　　　　　　受学生欢迎的教师比例统计表

	贵校受学生欢迎的教师大约占多少百分比				
	70%以上	60%	50%	40%以下	合计
人数（人）	127	47	14	5	193
百分比（%）	65.8	24.4	7.2	2.6	100

　　参与调查的校长认为70%以上教师受学生欢迎的占65.8%，60%的教师受学生欢迎的占24.4%，40%以下教师受学生欢迎的仅占2.6%（表3-80），说明学校教师大部分是受学生欢迎的。

（12）　对教师的满意度

表3-81　　　　　对本校教师的专业素养和能力总体上的满意度统计表

	您对本校教师的专业素养和能力总体上是否满意					
	很满意	比较满意	一般	不大满意	很不满意	合计
人数（人）	26	131	22	11	4	194
百分比（%）	13.4	67.5	11.3	5.7	2.1	100

　　校长对本校教师的专业素养和能力总体上比较满意的居多，占67.5%，很满意的占13.4%，一般的占11.3%，不大满意的占5.7%，很不满意的占2.1%（表3-81）。

（13）　教师培训

表3-82　　　　　　　　教师培训情况统计表

	您认为下列培训中卓有成效的是（复选）				
	新课程培训	班主任培训	教育技术培训	综合培训	其他
人数（人）	104	95	85	63	5
百分比（%）	53.9	49	43.8	32.5	2.6

　　校长认为教师培训中新课程培训卓有成效的占53.9%，班主任培训占49%，教育技术培训和综合培训分别占43.8%和32.5%。

（14）　教师存在的问题

表3-83　　　　　　　教师观念系统中存在的问题统计表

	您认为当前教师观念系统中存在的主要问题是（复选）				
	缺少对事业的忠诚	缺少教育理想	教育观念落后	师德存在问题	其他
人数（人）	62	81	110	76	8
百分比（%）	32	41.8	56.7	39.2	4.1

表 3 - 84　　　　　　　　　　教师专业发展中的问题统计表

	当前教师专业发展中问题较多的是（复选）			
	专业和拓展知识强化不足	各项能力无法提高	缺少职业生涯规划	其他
人数（人）	116	71	86	11
百分比（%）	59.8	36.6	44.3	5.7

　　校长认为教师观念系统中存在的主要问题是教育观念落后的占56.7%，其次为缺少教育理想，占41.8%，师德存在问题和缺少对事业的忠诚分别为39.2%和32%（表3-83）。在访谈中，有一名校长认为教师观念系统中存在的主要问题是职业倦怠。可见，教育观念有待提高。校长认为教师专业发展中问题较多的是专业和拓展知识强化不足，占59.8%，缺少职业生涯规划占44.3%，各项能力无法提高占36.6%（表3-84），说明教师专业知识不够扎实。

（15）校长管理机制

表 3 - 85　　　　　　　　　校长管理机制统计分析表

	您所在地区在校长管理机制方面做得较好的有（复选）						
	选拔机制	考核机制	培训机制	激励机制	监督机制	流动机制	其他
人数（人）	50	71	61	71	46	26	11
百分比（%）	25.9	36.8	31.6	36.8	23.8	13.5	5.7

　　在校长管理机制方面，36.8%的人认为考核机制和激励机制做得较好，认为选拔机制做得较好的占25.9%，认为培训机制做得较好的占31.6%，认为监督机制和流动机制做得较好的分别占23.8%和13.5%（表3-85）。

（16）教师数量

表 3 - 86　　　　　　　　所在学校教师数量富余统计表

	您所在地区教师数量富余较多的是（复选）						
	小学主科教师	小学副科教师	初中主科教师	初中副科教师	高中主科教师	高中副科教师	其他
人数（人）	55	62	62	36	19	28	13
百分比（%）	28.6	32.3	32.3	18.8	9.9	14.6	6.8

　　小学范围内，小学副科教师数量富余较多的占32.3%，主科占28.6%；

认为初中主科教师富余较多的占 32.8%，副科占 18.8%；认为高中主科富余较多的占 9.9%，副科占 14.6%。认为富余其他教师的占 6.8%。

（17）激励教师成长的手段

表 3-87 　　　　　　　　　激励教师成长的有效手段表

	您认为激励教师成长的有效手段有（复选）					
	提高社会地位	提高经济待遇	完善制度	科学管理	严格准入和淘汰机制	其他
人数（人）	74	106	69	77	52	4
百分比（%）	38.7	55.5	36.1	40.3	27.2	2.1

55.5% 的校长认为提高经济待遇是激励教师成长的有效手段，科学管理占 40.3%，提高社会地位占 38.7%，完善制度占 36.1%，严格准入和淘汰机制占 27.2%（表 3-87）。

（18）教师队伍建设重点

表 3-88 　　　　　　　　　教师队伍建设的重点统计表

	您认为今后教师队伍建设的重点应该是（复选）			
	新教师的培养	青年教师的培养	学科骨干的培养	其他
人数（人）	78	121	119	8
百分比（%）	40.4	62.7	61.7	4.1

62.7% 的校长认为今后教师队伍建设的重点应该是青年教师的培养，61.7% 的校长认为是学科骨干的培养，40.4% 的校长认为是新教师的培养（表 3-88）。

（19）教师政策的执行状况

为了了解国家层面教师政策的执行情况，我们设计了 8 道题目，问卷题目采用 5 点量表形式，并对每个选项进行赋值：1 代表"完全同意"，2 代表"基本同意"，3 代表"说不好"，4 代表"不太同意"，5 代表"完全反对"。在问卷分析过程中，计算平均分并与 3 做比较，如果平均分大于 3，表示校长认为该项政策执行情况较差；如果平均分小于 3，表示校长认为该项政策执行情况较好（个别题目相反）。

以下是对每个题目的分析："现有的学历提升政策对强化教师素质效果

明显"，均分为2.04；"现有的非学历进修政策对教师素质提升效果明显"，均分为2.46；"现有的城乡教师各项政策是公平的"，均分为2.59；"非师范院校要全面参与教师教育工作"，均分为2.61；"师范生免费政策要坚持并扩大到省属师范大学"，均分为1.57；"中小学应实施绩效工资制度"，均分为1.8。这几项均分均小于3，说明这方面的教师政策执行情况较好。"教师支教政策有利于解决城乡教育差异问题"，均分为3.12。该项均分大于3，说明该项政策执行状况较差。"现有的教师待遇政策不符合社会发展水平"，均分为2.35。该项均分小于3，说明该项政策情况较差。

（20）教师的综合状况

为了解教师的综合状况，我们设计了25道题目，问卷题目采用5点量表形式，并对每个选项进行赋值：1代表"非常好"，2代表"比较好"，3代表"不清楚"，4代表"不太好"，5代表"很差"。在问卷分析过程中，计算平均分并与3做比较，如果平均分大于3，我们认为该项状况较差；如果平均分小于3，我们认为该项状况较好。

以下是对每个题目的分析："各级政府在教师队伍建设投入方面的重视程度"，均分为2.19；"教师职前、入职和之后培养与培训的整体设计水平"，均分为2.58；"教师专业发展的制度环境"，均分为2.71；"'全国教师教育网络联盟计划'在本地区的实施情况"，均分为2.73；"专门针对农村教师的业务免费培训"，均分为2.51；"国家普通话认定标准的落实情况"，均分为2.18；"校长和教师的人事由县级统筹安排的情况"，均分为2.36；"全面推行教师聘任制，依法实施教师资格制度"，均分为2.22；"严格推行校长聘任制，校长均持证上岗"，均分为1.99；"城镇中小学教师到乡村任教服务期制度的效果"，均分为2.88；"区域内城乡'校对校'教师定期交流制度的实施效果"，均分为2.68；"本地区教育系统人才交流中心建设情况"，均分为2.97；"教师待遇不低于本地区公务员平均水平的落实情况"，均分为2.98；"中小学工资责任'省长负责制'的执行情况"，均分为2.29；"农村边远贫困地区中小学教师津贴补贴执行情况"，均分为2.54；"已经出台的'教师申诉办法'的执行效果"，均分为2.48；"教师有效完成教育教学工作情况"，均分为2.00；"教师有效的参加学术交流"，均分为2.32；"教师公正评定学生成绩与品行的情况"，均分为2.19；"教师工资足额按时发放"，均分为2.17；"教师职称晋升机会和公平度"，均分为2.76；"教师对学校发展管理的参与情况"，均分为2.57；"教师免费或部分免费接受各项培训的情况"，均分为2.44；"教师队伍的职业道德和业务水平"，均分为2.22；"教师守法遵章，履行合约，执行学校各项计划"，均分为2.11。所有题目均分均小于3，这说明各项目状况较好。

（21）教师中存在的问题

为了解教师当前的最大问题，我们设计了13道题目，问卷题目采用5点量表形式，并对每个选项进行赋值：1代表"非常严重"，2代表"比较严重"，3代表"说不清"，4代表"不太严重"，5代表"根本没问题"。在问卷分析过程中，计算平均分并与3做比较，如果平均分大于3，我们认为该方面较好；如果平均分小于3，我们认为该方面较差。

以下是对每个问题的分析："教师总体素质不高"，均分为3.22；"对事业缺乏热情"，均分为3.41；"教师超编现象严重"，均分为3.28；"代课教师太多"，均分为3.52；"年轻教师太多，经验不足"，均分为3.73；"职业倦怠"，均分为3.34；"教师学缘与地缘太近"，均分为3.06；"不适应新课改要求"，均分为3.30；"教师缺乏团队意识，人际关系不好"，均分为3.51；"教师缺少培训，素质提升缓慢"，均分为3.13。这几项均分均大于3，说明这些方面表现较好。"部分学科教师缺编严重"，均分为2.82；"职称问题解决难度大"，均分为2.2；"工作压力很大"，均分为2.66。这几项均分均小于3，说明这几项表现较差。

（22）法律法规熟悉程度

为了解校长对法规和政策的熟悉程度，我们设计了15道题目，问卷题目采用4点量表形式，并对每个选项进行赋值：1代表"非常熟悉"，2代表"部分熟悉"，3代表"听说过"，4代表"完全陌生"。在问卷分析过程中，计算平均分并与2.5做比较，如果平均分大于2.5，我们认为校长对该法律法规熟悉程度较低；如果平均分小于2.5，我们认为校长对该法律法规熟悉程度较高。

以下是对每个问题的分析："中华人民共和国教师法"，均分为1.7；"教师资格条例及实施办法"，平均分为1.91；"中小学教师继续教育规定"，均分为1.88；"中小学校长培训规定"，均分为1.96；"关于深化教育改革全面推进素质教育的决定"，均分为1.84；"国务院关于基础教育改革与发展的决定"，均分为1.85；"国务院关于进一步加强农村工作教育的决定"，均分为2.02；"国务院关于部属师范院校实施免费师范生教育政策"，均分为 1.91；"国务院关于义务教育阶段实施绩效工资政策"，均分为 1.7；"教育部关于大力推进城镇教师支援农村教育工作的意见"，均分为 2.08；"教育部'教师教育创新平台项目计划'"，均分为 2.14；"教育部'跨世纪园丁工程'"，均分为 2.17；"教育部（2003—2007）教育振兴行动计划"，均分为 2.18；"教育部关于进一步加强中小学班主任工作的意见"，均分为 1.89；"教育部师范司关于全国中小学教师教育技术能力建设计划"，均分为 2.13。所有题目的平均分都小于 2.5，说明校长对所列法律法规熟悉程度较高。

（23）应制定的教师队伍建设政策

表 3 – 89　　　　　应制定的教师队伍建设政策进行的排序表

（只列排在第一位的政策）

政策	修订《中华人民共和国教师法》	修订《教师资格条例》	制定《中小学教师专业标准》	制定《教师教育机构资质标准》	制定《教师教育课程标准》	制定《教师教育质量标准》
人数（人）	121	16	13	14	13	16
百分比（%）	62.3	8.6	6.0	7.5	7.0	8.6

由表 3 – 89 可知，应制定的教师队伍建设政策的综合排序如下：修订《中华人民共和国教师法》、制定修订《教师资格条例》、制定《教师教育质量标准》、制定《教师教育机构资质标准》、制定《教师教育课程标准》和制定《中小学教师专业标准》。62.3% 的校长认为修订《中华人民共和国教师法》是首要任务，可见这是最需要解决的问题。

（24）对促进教师队伍建设政策的意见

为了解校长对促进教师队伍建设政策的意见，我们设计了 13 道题目，问卷题目采用 5 点量表形式，并对每个选项进行赋值：1 代表"完全赞同"，2 代表"基本赞同"，3 代表"说不清"，4 代表"基本不赞同"，5 代表"完全不赞同"。在问卷分析过程中，计算平均分并与 3 做比较，如果平均分大于 3，我们认为校长对该项政策赞同程度低；如果平均分小于 3，我们认为校长对该项政策赞同程度高。

以下是对每个题目的分析："优秀教师校际间轮流执教"，均分为 1.9；"新任教师'电脑派位'"，均分为 2.17；"建立教师发展学校，提升教师培训绩效"，均分为 1.95；"提升教师准入门槛，使最优秀的人从事教育事业"，均分为 1.77；"建立教师动态淘汰机制，让不合格者脱离教师队伍"，均分为 1.94；"大幅度提高农村教师待遇"，均分为 1.73；"使升学考试情况与教师业绩考核脱离"，均分为 2.19；"城乡教师结对帮扶"，均分为 2.03；"有特色针对性的教师培训"，均分为 1.73；"禁止教师有偿家教"，均分为 2.03；"广泛开展教师职业忠诚教育"，均分为 1.79；"广泛在农村和落后地区实施特岗教师政策"，均分为 1.85；"实行小班化教学，切实减轻教师负担"，均分为 1.63。所有项目均分均小于 3，说明校长对这些政策赞同程度较高。

（25）教师管理的基本情况

A. 教职工总数

表 3－90　　　　　　　　　　教职工总数统计表

教职工总数（人）	3—10	11—20	21—40	41—60	61—80	81—100	101—130	131—170	171—200	201—300	484
百分比（%）	11.4	24.9	3.6	19.7	8.3	7.2	9.9	7.2	5.7	1.6	0.5

由表 3－90 可知，教职工总数每个学校差距较大，最少的只有 3 人，而最多的达 484 人。相比较而言，教师总数在 11—20 之间的学校最多，占 24.9%；其次为教师总数在 41—60 人之间的学校，占 19.7%；而教师总数在 3—10 人之间的学校也占 11.4%。

B. 专任教师总数

表 3－91　　　　　　　　　　专任教师总数统计表

专任教师总数（人）	1—10	11—20	21—40	41—60	61—100	101—150	151—200	201—256
百分比（%）	12.6	25.1	3.7	22	17.8	14.1	3.7	1

学校专任教师数在 11—20 人之间的比例最大，占 25.1%，其次是 41—60 人之间的占 22%，在 201—256 之间的只有 1%（表 3－91）。

C. 代课教师数

表 3－92　　　　　　　　　　代课教师数统计表

代课教师数（人）	无	1—10	11—30	88	102	178
百分比（%）	37	56.7	1.5	1.1	0.5	3.2

没有代课教师的占 37%，代课教师在 1—10 之间的占 56.7%，其他范围的比例较小（表 3 - 92）。

D. 在编不在岗人数

表 3 - 93   在编不在岗人数统计表

在编不在岗人数（人）	0	1—10	16	135
百分比（%）	92	5.3	2.2	0.5

表 3 - 93 表明，没有在编不在岗教师的占绝大多数，占 92%；其他比例非常小。

E. 特级教师数

表 3 - 94   特级教师数统计表

特级教师数（人）	0	1—10	11—20	25
百分比（%）	87.6	9.7	1.6	1.1

没有特级教师的学校占 87.6%，特级教师在 1—10 人之间的学校占 9.7%，其他较少（表 3 - 94）。

F. 生师比

表 3 - 95   生师比统计分析表

生师比（人）	1—10	11—20	21—30	31—40	54	121	160
百分比（%）	11.1	45.2	39.5	2.1	0.5	1.1	0.5

由表 3 - 95 可知，生师比在 1—10 人之间的占 11.1%，在 11—20 人之间的占 45.2%，21—30 人之间的占 39.5%，其他较少。

G. 分性别专任教师数

a. 男性专任教师数

表 3 - 96   男性专任教师数统计表

人数（人）	0—10	11—20	21—30	31—40	41—60	62—95	102—133	153	650
百分比（%）	33	12.5	9.3	14.1	8.4	16.9	4.8	0.5	0.5

b. 女性专任教师数

表 3 - 97　　　　　　　　　　女性专任教师数统计表

人数（人）	0—10	11—20	21—30	31—50	51—80	81—100	103—123	580
百分比（%）	31.9	13.1	13.6	22.1	13.6	3.7	1.5	0.5

H. 分年龄段专任教师数

a. 30 岁以下专任教师数

表 3 - 98　　　　　　　　　30 岁以下专任教师数统计表

30 岁以下专任教师数（人）	0—10	11—20	21—40	41—70	138	170	248
百分比（%）	48.4	26.6	15.2	8.3	0.5	0.5	0.5

30 岁以下专任教师数在 0—10 人之间的较多，占 48.4%；11—20 人之间的占 26.6%；其他人数较少（表 3 - 98）。

b. 30—50 岁专任教师数

表 3 - 99　　　　　　　　30—50 岁专任教师数统计表

30—50 专任教师数（人）	0—10	11—20	21—40	41—70	71—91	101—116	134	156
百分比（%）	38.9	12.9	15.6	12.9	12.4	6.3	0.5	0.5

c. 50 岁以上专任教师数

表 3 - 100　　　　　　　　50 岁以上专任教师数统计表

50 岁以上专任教师数（人）	0—10	11—20	21—30	31—34	58	74
百分比（%）	67.7	21.4	8.8	1	0.6	0.5

表 3 - 100 显示，50 岁以上专任教师数在 0—10 人之间的占 67.7%，11—20 人之间的占 21.4%，其他比例较少。

I. 分学历段专任教师数

a. 专科以下专任教师数

表 3 – 101　　　　　　　　**专科以下专任教师数统计表**

专科以下专任教师数（人）	0—10	11—20	21—35	60—68	102
百分比（%）	76.7	12.4	9.3	1.1	0.5

专科以下教师数在 0—10 人之间的占 76.7%，11—20 人之间的占 12.4%，其他比例较小。

b. 专科学历专任教师数

表 3 – 102　　　　　　　　**专科学历专任教师数统计表**

专科学历专任教师数（人）	1—10	11—20	21—30	31—40	41—60	72	102	143
百分比（%）	43.2	12.5	14.1	12.5	16.2	0.5	0.5	0.5

专科学历专任教师数在 1—10 人的有 43.2%，在 11—20 人之间的有 12.5%，在 21—30 人之间的有 14.1%，在 31—40 人之间的有 12.5%，在 41—60 人之间的有 16.2%，其他比例较少。

c. 本科学历专任教师数

表 3 – 103　　　　　　　　**本科学历专任教师数统计表**

本科学历专任教师数（人）	1—10	11—20	21—42	50—80	84—97	109—148	160
百分比（%）	51.8	10.4	12.9	5.2	11.4	5.2	3.1

本科学历专任教师在 1—10 人之间的占 51.8%，11—20 人之间的占 10.4%，50—80 人之间的占 5.2%，84—97 人之间的占 11.4%，其他较少。

d. 研究生学历专任教师数

表 3 – 104　　　　　　　**研究生学历专任教师数统计表**

研究生学历专任教师（人）	0—5	30—51
百分比（%）	3.2	2

表 3 – 104 表明，研究生学历的专任教师较少，在 0—5 人之间的占 3.2%，在 30—51 人之间的仅占 2%。

J. 分职称专任教师数

a. 初级职称专任教师数

表 3 – 105　　　　　　　　初级职称专任教师数统计表

初级职称专任教师数（人）	0—10	11—20	21—30	31—50	54—62	71—98	153	189
百分比（%）	36.1	16.8	8.8	18.4	9.9	9	0.5	0.5

　　初级职称专任教师在 0—10 人之间的学校较多，占 36.1%，11—20 人之间的占 16.8%，21—30 人之间的占 8.8%，31—50 人之间的占 18.4%，54—62 人之间的占 9.9%，71—98 人之间的占 9%，其他比例较少（表 3 – 105）。

b. 中级职称专任教师数

表 3 – 106　　　　　　　　中级职称专任教师数统计表

中级职称专任教师数（人）	0—10	11—20	21—30	31—50	62—74	89
百分比（%）	39.4	11.4	17.6	23.3	7.8	0.5

　　中级职称专任教师数在 0—10 人之间的占 39.4%，11—20 人之间的占 11.4%，21—30 人之间的占 17.6%，其他比例较小。

c. 高级职称专任教师数

表 3 – 107　　　　　　　　高级职称专任教师数统计表

高级职称专任教师数（人）	0—10	11—20	24—45
百分比（%）	83.2	12.1	4.7

　　高级职称专任教师在 0—10 人之间的占 83.2%，11—20 人之间的占 12.1%，24—45 人之间的占 4.7%（表 3 – 107），可见高级职称的专任教师较少。

K. 特岗教师数

表 3 – 108　　　　　　　　特岗教师数统计表

特岗教师数（人）	0	1—2	3—4	18
百分比（%）	79.4	15.8	4.3	0.5

表3－108表明，没有特岗教师的占79.4%，有1—2人的占15.8%，有3—4人的占4.3%。

L. 受援教师数

表3－109　　　　　　　　　　受援教师数统计表

受援教师数（人）	0	3
百分比（%）	98.9	1.1

表3－109显示，没有受援教师的占98.9%，有3名受援教师的仅1.1%。

M. 超编教师数

表3－110　　　　　　　　　　超编教师数统计表

超编教师数（人）	0	1—8	34
百分比（%）	94.2	3.2	2.6

没有超编教师数的占94.2%，超编1—8名教师的占3.2%，超编34名教师的占2.6%（表3－110）。

N. 缺编教师数

表3－111　　　　　　　　　　缺编教师数统计表

缺编教师数（人）	0	1	2—4	5—8	20—26	100
百分比（%）	27	3.8	62.7	2.7	3.3	0.5

没有缺编教师的占27%，有1名缺编教师的占3.8%，有2—4名缺编教师的占62.7%，缺编5—8名的占2.7%，缺编20—26名的占3.3%，缺编100名的占0.5%（表3－111）。

O. 教师缺编的主要学科

表3－112　　　　　　　　　　教师缺编的主要学科统计表

缺编学科	英语	地理	语文	数学	科学	美术	音乐	体育	社会	政治	各学科	无缺编学科
人数（人）	134	16	6	6	6	23	34	7	1	5	1	1
百分比(%)	90.0	7	2.6	2.6	2.6	10	14	3	0.4	2	0.4	0.4

实际纳入分析的校长问卷共有 195 份，其中有 149 人对教师缺编学科给予报告。由表 3 – 112 可以看出，90.0% 的人认为英语是教师缺编的主要学科。

P. 教师超编的主要学科

表 3 – 113　　　　　　　　教师超编的主要学科统计表

教师超编学科	语文	数学	地理	体育	信息技术	副科	音乐	无超编学科
人数（人）	11	4	2	7	4	3	1	79
百分比（%）	10	3.8	1.8	6.3	3.5	2.7	0.9	71

实际纳入分析的校长问卷共有 195 份，其中有 105 人对教师缺编学科给予报告。由表 3 – 113 可以看出，无超编学科的占 71%，其他比例较小。

Q. 支教教师数

表 3 – 114　　　　　　　近 3 年平均每年支教教师数统计表

近 3 年平均每年支教教师（人）	0	1—2	3—6	10—20
百分比（%）	36.5	52	6.3	5.2

没有支教教师的占 36.5%，有 1—2 名支教教师的占 52%，有 3—6 名支教教师的占 6.3%，有 10—20 名支教教师的占 5.2%（表 3 – 114）。

R. 来校支教教师数

表 3 – 115　　　　　　近 3 年平均每年来校支教教师数统计表

近 3 年平均每年来校支教教师（人）	0	1—2	3—4	12—18
百分比（%）	49.3	46.6	2.6	1.5

没有来校支教教师的占 49.3%，有 1—2 名支教教师的占 46.6%，有 3—4 名支教教师的占 2.6%，有 12—18 名支教教师的占 1.5%（表 3 – 115）。

S. 教师流失总数

表 3 – 116　　　　　　　　近 3 年教师流失总数统计表

近 3 年教师流失总数（人）	0	1—3	4—6	20	50
百分比（%）	67	30.3	1.7	0.5	0.5

没有教师流失的占 67%，流失 1—3 名教师的占 30.3%，流失 4—6 名教师的占 1.7%（表 3 – 116）。

T. 小班教学比例

表 3 – 117　　　　　　小班教学班占全部班级比例统计表

小班教学班占全部班级比例(%)	0	2	13—20	25—40	45—60	79—93	100
百分比（%）	55.2	2.1	4.8	8.6	21.9	2.1	5.3

没有小班教学的占 55.2%，2% 为小班教学的占 2.1%，13%—20% 为小班教学的占 4.8%，25%—40% 为小班教学的占 8.6%，45%—60% 为小班教学的占 21.9%，79%—93% 为小班教学的占 2.1%，全部为小班教学的占 5.3%（表 3 – 117）。

U. 教师年薪平均数

表 3 – 118　　　　　　2008 年教师全部年薪平均数统计表

2008 年教师全部年薪平均数（元）	0	1928	13000—20000	20080—28000
百分比（%）	5.8	0.5	49.5	44.2

教师年薪平均数为 0 的占 5.8%，1928 元的占 0.5%，13000—20000 元的占 49.5%，20080—28000 元的占 44.2%（表 3—118）。

V. 培训教师比例

表 3 – 119　　　　近 3 年每年培训教师占专任教师的平均比例统计表

近 3 年每年培训教师占专任教师的平均比例（%）	0	3—10	15—30	31—40	45—68	78—90
百分比（%）	8.5	6.4	46.8	18.6	10.7	9

近三年没有培训教师的占 8.5%，有 3%—10% 培训教师的占 6.4%，有 15%—30% 培训教师的占 46.8%，有 31%—40% 的培训教师的占 18.6%，有 45%—68% 培训教师的占 10.7%，有 78%—90% 的培训教师的占 9%（表 3 – 119）。

4. 幼儿园教师调查结果与分析

（1）性别比例

本次调研实际纳入分析的幼儿园教师共有 68 名（有 6 人未报告性别），

其中男教师1人，传统以女教师为主的幼教队伍特点并没有丝毫改变。

（2）教龄结构

调查结果显示，抽样地区幼儿园教师的平均教龄比较短，如表3－120所示，教龄主要集中在7—25年，这部分幼儿园教师占所调查总人数的55.9%；从事幼儿教育工作年限在26—33年以上的教师最少，只有1人，仅占总人数的1.5%。

表3－120　　　　　　　　　幼儿园教师教龄结构表

教龄	人数（人）	百分比（%）
3年及以下	13	19.1
4—6年	8	11.7
7—25年	38	55.9
26—33	1	1.5
33年以上	4	5.9
缺失	4	5.9
总计	68	100

（3）学历结构

问卷设计中将学历分成6类，即：高中阶段以下、高中阶段、专科、本科、硕士、博士。调查结果显示，抽样地区幼儿园教师学历集中在专科，所占比率为52.9%，以下依次为本科和高中阶段，而高中阶段以下学历与硕士、博士学历均为零。这说明抽样地区幼儿园教师学历水平普遍偏低。

表3－121　　　　　　　　　幼儿园教师学历结构表

学历	人数（人）	百分比（%）
高中阶段以下	0	0
高中阶段	12	17.7
专科	36	52.9
本科	18	26.5
硕士	0	0
博士	0	0
缺失	2	2.9
总计	68	100

（4） 单位类型结构与教师身份类型结构

问卷调查设计中将幼儿园的单位类型分为公办幼儿园（教育部门和集体办）、民办幼儿园、其他部门办幼儿园等三类。其中公办幼儿园教师人数为 41 名，占 60.0%；民办幼儿园教师人数为 24 名，占 36.2%；其他部门办幼儿园教师人数为 3 名，占 3.8%。教师身份类型分为在编教师、兼职教师、代课教师三类。其中，在编教师最多，人数为 41 名，占 60.3%；兼职教师 2 人，占 2.9%；代课教师 25 人，占 36.8%。需要说明的是，幼儿园教师的单位类型不能反映幼儿园教师的身份类型，公办幼儿园的教师并非全部为在编教师。

（5） 教师职称结构和专业资格

教师职称共分为 5 级：小学三级、小学二级、小学一级、小学高级和中学高级。其中，具有小学一级职称的有 18 人（占 26.5%），具有小学高级职称的有 25 人（占 36.8%），无职称的有 21 人（占 30.9%），剩下的 4 人未报告职称情况。接受调查的 68 名教师中，仅 3 人已取得幼教专业技术资格证书（占 4.4%），62 人仍未取得幼教专业技术资格证书（占 91.2%），其余 3 人未报告是否取得专业资格证书。可见，大多数幼儿教师并未经过幼教专业的专门认证。

（6） 教师角色认识和岗位期待

从表 3-122、表 3-123、表 3-124 和表 3-125 中可以看出，抽样地区多数幼儿园教师对现状并不满意，近七成的受调查者期待教师的法律角色能像公务员那样。多数教师认为现实的政策环境亟待改善，其中教师待遇是最受关注的问题。再比如有关教师资格认证年限的问题，多数教师认为次数越少越好，超过六成的教师希望终身只认定一次。而在幼儿教师管理方面，教师们普遍更希望思想教育手段的介入，而行政手段是最不受欢迎的。

表 3-122　　　　　　　　　　教师的法律角色调查统计表

您认为教师的法律角色应该是什么	人数（人）	百分比（%）
A. 公务员	47	69.1
B. 维持现状	11	16.2
C. 其他	10	14.7

表 3 - 123　　　　　　　　　教师资格认证年限统计表

您认为教师资格认证年限	人数（人）	百分比（%）
A. 终身只认定一次	43	63.2
B. 五年认证一次	12	17.6
C. 八年认证一次	8	11.8
D. 说不清	3	4.4
缺失	2	3.0

表 3 - 124　　　　　　　　　教师政策观点统计表

您认为幼儿教师政策中最需要健全和完善的是	人数（人）	百分比（%）
A. 教师培训政策	7	10.3
B. 教师待遇政策	46	67.6
C. 城乡教师差异政策	1	1.5
D. 教师聘用与考核问题	9	13.2
E. 其他	0	0
缺失	5	7.4

表 3 - 125　　　　　　　　　教师管理建议统计表

您认为在幼儿教师管理方面最为缺乏的手段是	人数（人）	百分比（%）
A. 法律手段	7	10.3
B. 行政手段	1	1.5
C. 经济手段	14	20.6
D. 思想教育手段	35	51.5
E. 其他	9	13.2
缺失	2	2.9

（7）教师提高自身修养的意识和专业培训情况

从表 3 - 126 中可以看出，抽样地区的幼儿园教师对自身的学历素质要求并不高，超过五成的教师认为今后能达到专科学历就够了。

表 3 - 126　　　　　　　　　教师学历建议统计表

您认为今后幼儿教师应达到的最低学历为	人数（人）	百分比（%）
A. 专科	36	52.9
B. 本科	27	39.7
C. 硕士	4	5.9
D. 其他	0	0
缺失	1	1.5

关于教师专业培训，我们调查了教师对专业培训的态度、教师能够得到的培训机会以及培训内容和培训效果等。由表3－127、表3－128、表3－129和表3－130的统计结果可知，大多数幼儿园的领导和教师支持并广泛参与了专业培训；而参加培训的动机方面，多是为了满足教学需要或自我提高的需要。大部分幼儿园的教师参加培训的积极性比较高，但也有小部分幼儿园的教师对培训持怀疑态度，积极性较低，参加培训的时间短。

表3－127　　　　　　**幼儿园教师参加专业培训的时间调查统计表**

近3年来，您参加专业培训的时间累计是多少	人数（人）	百分比（%）
A. 三个月及以上	21	30.9
B. 一到两个月	23	33.8
C. 三周及以下	15	22.1
D. 未培训过	6	8.8
缺失	3	4.4

表3－128　　　　　　**幼儿园教师参加专业培训的动机调查统计表**

您参加培训的主要原因是什么	人数（人）	百分比（%）
A. 职称晋升要求	0	0
B. 教学需要	37	54.4
C. 自我充电	21	30.9
D. 领导要求	1	1.5
E. 其他	4	5.9
缺失	5	7.3

表3－129　　　　　　**园所领导对教师参加培训的态度统计表**

园所领导对教师参加培训的态度如何	人数（人）	百分比（%）
A. 很支持	35	51.5
B. 支持	29	42.6
C. 不支持	1	1.5
D. 因人而异	3	4.4

表 3 – 130　　　　　　　　教师参加培训的积极性调查统计表

您所在园所教师参加培训的积极性如何	人数（人）	百分比（%）
A. 很高	21	30.9
B. 较高	28	41.2
C. 一般	17	25
D. 很低	0	0
E. 没有	2	2.9

　　超过八成的教师看好"学、教、研相结合"这种教师培养方式，因为他们认为学、教、研相结合的学习方式，不仅学到了知识，而且解决了教学中的实际问题，能够大大提高学习效果（表 3 – 131）。

表 3 – 131　　　　　　　　幼儿教师培养形式建议统计表

您认为在职幼儿教师培养最有效的形式是什么	人数（人）	百分比（%）
A. 学历提高	0	0
B. 短期培训	8	11.8
C. 学、教、研相结合	55	80.9
D. 其他	2	2.9
缺失	3	4.4

（8）教师心理状况

　　表 3 – 132 中的调查结果显示，部分教师对于业务知识和能力的自我提升意识比较淡薄，参加业务学习和教研活动的积极性不高，认为搞业务培训和教研活动是增加教师负担，影响队伍建设的效果。

　　除此以外，教师们普遍存在心理疲惫现象，出现职业倦怠。感觉到工作压力和思想负担过重，产生这种原因的因素主要有：一是收入太少，待遇太差，觉得自身社会地位不高；二是职称问题得不到解决；三是生活和工作的空间比较狭窄，工作压力大，精神状态难以达到最佳效果。

表 3 – 132　　　　　　　　教师心理状态调查统计表　　　　　　　　（人）

	非常严重	比较严重	说不清	不太严重	根本没问题	缺失
自身社会地位不高	3	13	10	22	18	2
对幼儿教育工作缺乏热情	0	0	6	15	44	3
因年龄太轻、资历浅而不被重用	0	0	7	28	30	3

	非常严重	比较严重	说不清	不太严重	根本没问题	缺失
职业倦怠	3	7	6	24	27	1
职称问题得不到解决	13	11	14	13	16	1
收入太少，待遇太差	4	13	8	31	11	1
工作压力大	5	18	6	24	13	2
家庭问题多，有后顾之忧	0	6	7	26	27	2
不适应新的幼儿教育理论与方法	0	5	6	19	35	3
属于外来教师或聘任人员，缺少安全感	1	6	12	14	34	1
周围同事没有团队意识，人际关系不好	0	1	10	15	41	1
缺少教育培训，自身素质提升缓慢	3	4	10	25	23	3
身体差，经常感觉不舒服或生病	3	16	2	11	35	1
心理素质差，经常焦虑与抑郁	2	5	6	18	35	2
学历低，有职业危机感	1	11	10	21	24	1

由表 3 - 133 可知，45.6% 的教师每周的工作量是 16—20 节，17.6% 的教师每周的工作量是 21—25 节，周工作量超过 26 节的教师占 20.6%。教师周工作量较大。

表 3 - 133　　　　　　　　　教师的工作量调查统计表

您现在的周工作量（以教学课时计算）：	人数（人）	百分比（%）
A. 26 节以上	14	20.6
B. 21—25 节	12	17.6
C. 16—20 节	31	45.6
D. 11—15 节	8	11.8
E. 10 节以下	3	4.4

（9）幼儿教师观念系统

对教师需要改变的观念的调查，我们设计了一道多项选择题，调查结果显示（表 3 - 134），教师观念系统中存在的最主要问题：首先是教师缺少教育理想、教育观念落后；其次是缺少对事业的忠诚；最后是师德存在问题。

表 3－134　　　　　　　　幼儿教师观念系统调查统计表

您认为当前幼儿教师观念系统中存在的主要问题是	是		否	
	人数（人）	百分比（%）	人数（人）	百分比（%）
A. 缺少对事业的忠诚	18	26.5	50	73.5
B. 缺少教育理想	37	54.4	31	45.6
C. 教育观念落后	36	52.9	32	47.1
D. 师德存在问题	2	2.9	66	97.1
E. 其他	14	20.6	54	79.4

（10）教师专业发展

幼儿教师专业发展中问题较多的是：专业知识和技能拓展的机会少、教学能力提升的途径单一、教师缺少职业生涯规划。

表 3－135　　　　　　　　幼儿教师专业发展问题统计表

当前幼儿教师专业发展中问题较多的是	是		否	
	人数（人）	百分比（%）	人数（人）	百分比（%）
A. 专业知识和技能拓展的机会少	49	72.1	19	27.9
B. 教学能力提升的途径单一	39	57.4	29	42.6
C. 教师缺少职业生涯规划	23	33.8	45	66.2
D. 学历提高的机会难得	11	16.2	57	83.8
E. 上述情况都不存在	4	5.9	64	94.1

（11）教学信息的获取途径

调查结果显示，专业杂志、互联网、电视是较为普遍的教学信息获取途径。

表 3－136　　　　　　　　教学信息获取途径统计表

您获取有关教学信息通常的途径是	是		否	
	人数（人）	百分比（%）	人数（人）	百分比（%）
A. 互联网	44	64.7	24	35.3
B. 电视	34	50.0	34	50.0
C. 报纸	30	44.1	38	55.9
D. 专业杂志	49	72.1	19	27.9
E. 电子期刊	5	7.4	63	92.6
F. 其他	2	2.9	66	97.1

（12）激励幼儿教师成长的有效手段

提高经济待遇被认为是激励幼儿教师成长的最有效手段，其次是提高社会地位、科学管理。

表3－137　　　　　激励幼儿教师成长的有效手段统计表

您认为激励幼儿教师成长的有效手段有	是		否	
	人数（人）	百分比（％）	人数（人）	百分比（％）
A. 提高社会地位	45	66.2	23	33.8
B. 提高经济待遇	60	88.2	8	11.8
C. 完善制度	28	41.2	40	58.8
D. 科学管理	39	57.4	29	42.6
E. 严格准入和淘汰机制	7	10.3	61	89.7

我们提出的关于促进幼儿教师队伍建设的政策方面的建议，得到了幼儿园教师的广泛支持。其中，建立幼儿教师发展基地、出台学前教育法、师范大学直接培养一线幼儿教师等意见的支持率较高（见3－138）。

表3－138　　　　促进幼儿教师队伍建设政策的意见调查统计表　　　　　（人）

	完全赞同	基本赞同	说不清	基本不赞同	完全不赞同	缺失
出台学前教育法，明确幼儿教师的法律地位	51	13	3	0	0	1
强化教育行政部门对幼儿园的管理和指导	35	25	3	4	0	1
提升幼儿园内部管理水平	39	26	2	0	0	1
鼓励男性教师进入幼儿园工作	40	21	3	3	0	1
师范大学学前教育专业应直接培养一线幼儿教师	51	11	2	2	0	2
建立幼儿教师发展基地，有针对性地培训幼儿师资	54	9	1	0	1	3
提升幼儿教师准入门槛，避免幼儿教师的保育员化	43	12	4	0	6	3
建立幼儿教师动态淘汰机制，让不合格者下岗	14	26	8	13	3	4
大幅度提高农村和民办幼儿教师的待遇	37	16	6	2	6	1
广泛开展教师职业忠诚教育	46	16	4	2	0	0

（13）园所对教师专业成长所做的努力

调查结果显示（表3－139），幼儿园及其领导相当重视教师的专业成长，注重教育信仰、教育观念和师德方面的教育，注重教师间的知识共享，有关专业成长学习方式和内容也具备了一定的针对性和实效性，使得教师在工作中具有较大的教育教学成就感，多数教师认为园所对待所有教师的政策是公平且有绩效的，园所对幼儿教师的教学帮助让教师感到满意。但是，收入偏低还是比较普遍的现象。

表3-139　　　　　　　园所对教师专业成长所做的努力调查统计表　　　　　（人）

	完全符合	基本符合	说不清	基本不符合	完全不符合	缺失
我经常受到教育信仰、教育观念和师德方面的教育	33	30	3	2	0	0
我在工作中具有极大的教育教学成就感	12	46	7	0	0	3
我对自己的工作行为有着强烈的反思倾向与能力	27	29	7	4	1	0
园所并不重视我们的专业成长	1	8	8	27	23	1
园所注重教师间的知识共享，以此促进教师专业发展	28	34	3	2	0	1
我具有扎实的保育知识和保育技能	25	31	10	1	0	1
我具有良好的幻想能力和天真的想法，与孩子同思同乐	27	32	2	7	0	0
我能将先进的学前教学理论应用于实践	24	41	2	0	0	1
园所对待所有教师的政策是公平且有绩效的	17	34	7	7	0	3
园所对教师的教学帮助是令我满意的	22	40	3	1	0	2
园所为我提供了良好的工作条件与环境	27	35	3	1	1	1
园所很注重教师团队建设	29	30	6	0	1	2
我对自己的全年收入很不满意	10	13	15	21	7	2
我经常担心下岗，有职业恐慌	6	8	19	17	17	1
我的工作压力巨大，影响自身的健康与专业发展	13	11	10	13	20	1
园所能经常为我们进行心理辅导，缓解我们的压力和不良情绪	9	32	10	11	4	2
园所关注教师的身体健康，每年都能组织我们进行体检	23	30	5	8	2	0
园所关注我们的家庭问题，能使我们工作无后顾之忧	15	27	10	9	5	2
园所为我们进行了职业生涯规划	4	21	27	8	6	2
园所有个性化的教师成长档案，分门别类地促进我们的成长	8	21	18	13	7	1
我无法参与园所的管理	7	12	7	18	22	2
我参加的各项培训效果很差	2	2	10	30	23	1
园所有健全的教师申诉机制	7	21	15	11	13	1
我能有效地参加学术交流，参加学术团体	14	21	18	11	3	1
我的工资能够足额按时发放	27	35	2	3	1	0

5. 幼儿园园长调查结果与分析

（1）教龄结构

调查结果显示，抽样地区幼儿园园长的平均教龄主要集中在7—25年，这部分幼儿园园长占所调查总人数的一半。

表 3 – 140　　　　　　　　　　幼儿园园长的教龄统计表

教龄	人数（人）	百分比（％）
3 年及以下	1	7.1
4—6 年	1	7.1
7—25 年	7	50
26—33 年	1	7.1
33 年以上	1	7.3
缺失	3	21.4
总计	14	100

（2）学历结构

问卷设计中将学历分成六类，即：高中阶段以下、高中阶段、专科、本科、硕士、博士。调查结果显示，抽样地区幼儿园园长学历集中在专科，所占比率为 57.2％，以下依次为本科和高中阶段，而高中阶段以下学历与硕士、博士学历均为零。

表 3 – 141　　　　　　　　　　幼儿园园长学历结构统计表

学历	人数（人）	百分比（％）
高中阶段以下	0	0
高中阶段	1	7.1
专科	8	57.2
本科	5	35.7
硕士	0	0
博士	0	0
总计	14	100

（3）单位类型结构与教师身份类型结构

问卷调查设计中将幼儿园的单位类型分为公办幼儿园（教育部门和集体办）、民办幼儿园二类。其中公办幼儿园园长人数为 3 名，占 21.4％；民办幼儿园园长人数为 11 名，占 78.6％。教师身份类型分为在编教师、兼职教师、代课教师三类。其中，在编教师最多，人数为 7 名，占 50％；兼职教师 4 人，占 28.6％；代课教师 3 人，占 21.4％。

（4）职称结构和专业资格

教师职称共分为 5 级：小学三级、小学二级、小学一级、小学高级和中学高级。其中，具有小学一级职称的有3人（占21.4%），具有小学高级职称的有4人（占28.6%），具有中学高级职称的有1人（占7.1%），无职称的有6人（占42.9%）。接受调查的14名园长中，有10人已取得幼教专业技术资格证书（占71.4%），4人仍未取得幼教专业技术资格证书（占28.6%）。

（5）教师角色认识和岗位期待

抽样地区多数幼儿园园长对现状并不满意，超过六成的受调查者期望教师的法律角色，能像公务员那样。多数教师认为现实的政策环境亟待改善，其中教师待遇是最受关注的问题。有关教师资格认证年限的问题，多数园长认为有必要定时进行认定。在幼儿教师管理方面，园长们普遍更青睐思想教育手段（表3-142、表3-143、表3-144和表3-145）。

表3-142　　　　　　　　教师的法律角色调查统计表

您认为教师的法律角色应该是什么	人数（人）	百分比（%）
A. 公务员	9	64.3
B. 维持现状	1	7.1
C. 其他	3	21.4
缺失（未选）	1	7.2

表3-143　　　　　　　幼儿教师资格认证年限建议统计表

您认为教师资格认证年限	人数	百分比（%）
A. 终身只认定一次	6	42.9
B. 五年认证一次	7	50.0
C. 八年认证一次	1	7.1
D. 说不清	0	0

表3-144　　　　　　　　幼儿教师政策建议统计表

您认为幼儿教师政策中最需要健全和完善的是	人数（人）	百分比（%）
A. 教师培训政策	5	35.7
B. 教师待遇政策	7	50.0
C. 城乡教师差异政策	0	0
D. 教师聘用与考核问题	1	7.1
E. 其他	1	7.2

表 3 – 145 幼儿教师管理建议统计表

您认为在幼儿教师管理方面最为缺乏的手段是	人数（人）	百分比（%）
A. 法律手段	3	21.4
B. 行政手段	2	14.3
C. 经济手段	0	0
D. 思想教育手段	9	64.3
E. 其他	0	0

（6）教师培养和专业培训

从表 3 – 146 中可以看出，幼儿园园长对教师的学历要求并不高，超过六成的教师认为能达到专科学历就够了。关于教师在职培训，我们调查了教师对在职培训的态度、教师能够得到的培训机会以及培训内容和培训效果等。对于教师参加培训的必要性，得到了全体园长的认可，14 名园长全部选择了"非常有必要"。大部分幼儿教师在近 3 年内参加过专业培训，时间却普遍较短（表 3 – 147 和表 3 – 148）。

表 3 – 146 幼儿教师学历建议统计表

您认为今后幼儿教师应达到的最低学历为	人数（人）	百分比（%）
A. 专科	9	64.3
B. 本科	5	35.7
C. 硕士	0	0
D. 其他	0	0

表 3 – 147 幼儿园教师参加专业培训的时间调查统计表

近 3 年来，您参加专业培训的时间累计是多少	人数（人）	百分比（%）
A. 三个月及以上	1	7.1
B. 一到两个月	5	35.7
C. 三周及以下	7	50.0
D. 未培训过	1	7.2

表3－148　　　　　幼儿园教师参加专业培训的动机调查统计表

您参加培训的主要原因是什么	人数（人）	百分比（%）
A. 职称晋升要求	1	7.1
B. 教学需要	8	57.2
C. 自我充电	4	28.6
D. 领导要求	1	7.1
E. 其他	0	0

超过九成的园长看好"学、教、研相结合"这种教师培养方式，因为他们认为学、教、研相结合的学习方式，不仅学到了知识，而且解决了教学中的实际问题，能够大大提高学习效果（表3－149）。

表3－149　　　　　幼儿教师培养形式建议调查统计表

您认为在职幼儿教师培养最有效的形式是什么	人数	百分比（%）
A. 学历提高	0	0
B. 短期培训	1	7.1
C. 学、教、研相结合	13	92.9
D. 其他	0	0

学习态度在很大程度上影响着培训的效果，那么幼儿园教师对专业培训的积极性如何呢？从调查结果看，35.8%的园长认为幼儿园的教师参加培训的积极性很高，半数园长认为幼儿园的教师参加培训的积极性比较高，也有小部分幼儿园的教师对培训持怀疑态度，积极性较低（见表3－150）。

表3－150　　　　　园所教师参加培训的积极性调查统计表

您所在园所教师参加培训的积极性如何	人数（人）	百分比（%）
A. 很高	5	35.8
B. 较高	7	50.0
C. 一般	1	7.1
D. 很低	1	7.1
E. 没有	0	0

（7）教师心理状况

园长们普遍认为，部分教师对于业务知识和能力的自我提升意识比较单薄，参加业务学习和教课活动的积极性不高，认为搞业务培训教研活动是增加教师负担，影响队伍建设的效果。

此外，园长们认为教师们普遍存在心理疲惫现象，出现职业倦怠。感觉到工作压力和思想负担过重，而他们认为产生这种原因的因素主要由：一是收入太少，待遇太差；二是职称问题得不到解决；三是生活和工作的空间比较狭窄，工作压力大，精神状态难以达到最佳效果。

表3－151　　　　　　　　　幼儿园教师情况调查统计表

（共有14名园长接受调查）　　　　　　　　（人）

	非常严重	比较严重	说不清	不太严重	根本没问题
社会地位不高	2	6	1	4	1
对幼儿教育工作缺乏热情	0	1	3	4	6
职业倦怠	0	3	0	7	4
职称问题得不到解决	5	3	3	2	1
收入太少，待遇太差	1	7	0	5	1
工作压力大	0	5	0	8	1
家庭问题多，有后顾之忧	0	0	2	11	1
不适应新的幼儿教育理论与方法	0	0	0	9	5
没有团队意识，人际关系不好	0	0	0	6	8
缺少教育培训，自身素质提升缓慢	0	3	0	10	1
身体差，经常感觉不舒服或生病	0	1	1	4	8
心理素质差，经常焦虑与抑郁	0	0	2	6	6
学历低，有职业危机感	0	3	2	8	1

（8）幼儿教师观念系统

对教师需要改变的观念的调查，我们设计了一道多项选择题，调查结果显示（表3－152），园长们认为当前幼儿教师观念系统中存在的主要问题是教师缺少教育理想、缺少对事业的忠诚；其次是教育观念落后；最后是师德存在问题。

表3－152　　　　　　　　幼儿教师观念系统统计表

您认为当前幼儿教师观念系统中存在的主要问题是	是		否	
	人数（人）	百分比（％）	人数（人）	百分比（％）
A. 缺少对事业的忠诚	6	42.9	8	57.1
B. 缺少教育理想	12	85.7	2	14.3
C. 教育观念落后	5	35.7	9	64.3
D. 师德存在问题	3	21.4	11	78.6
E. 其他	0	0	14	100

（9）　教师专业发展

园长们普遍认为幼儿教师专业发展中问题较多的是：专业知识和技能拓展的机会少、教学能力提升的途径单一、学历提高的机会难得、教师缺少职业生涯规划（表3－153）。

表3－153　　　　　　　　　幼儿教师专业发展问题统计表

当前幼儿教师专业发展中问题较多的是	是		否	
	人数（人）	百分比（%）	人数（人）	百分比（%）
A. 专业知识和技能拓展的机会少	10	71.4	4	28.6
B. 教学能力提升途径单一	9	64.3	5	35.7
C. 教师缺少职业生涯规划	4	28.6	10	71.4
D. 学历提高的机会难得	5	35.7	9	64.3
E. 上述情况都不存在	1	7.1	13	92.9

（10）　教学信息的获取途径

调查结果显示，专业杂志、互联网、电视是较为普遍的教学信息获取途径（表3－154）。

表3－154　　　　　　　幼儿教师教学信息获取途径调查统计表

您获取有关教学信息通常的途径是	是		否	
	人数（人）	百分比（%）	人数（人）	百分比（%）
A. 互联网	10	71.4	4	28.6
B. 电视	7	50.0	7	50.0
C. 报纸	8	57.1	6	42.9
D. 专业杂志	8	57.1	6	42..9
E. 电子期刊	1	7.1	13	92.9
F. 其他	1	7.1	13	92.9

（11）　激励幼儿教师成长的有效手段

提高经济待遇被认为是激励幼儿教师成长的最有效手段，其次是提高社会地位、科学管理。关于促进幼儿教师队伍建设的政策，建立幼儿教师发展基地、出台学前教育法、师范大学直接培养一线幼儿教师等意见的支持率较高。调查结果显示，我们提出的有关促进幼儿教师队伍建设政策的意见，得到了园长的广泛支持（表3－155和表3－156）。

表 3 – 155　　　　　　　**激励幼儿教师成长的有效途径建议统计表**

您认为激励幼儿教师成长的有效手段有	是		否	
	人数（人）	百分比（%）	人数（人）	百分比（%）
A. 提高社会地位	9	64.3	5	35.7
B. 提高经济待遇	11	78.6	3	21.4
C. 完善制度	5	35.7	9	64.3
D. 科学管理	9	64.3	5	35.7
E. 严格准入和淘汰机制	8	57.1	6	42.9

表 3 – 156　　　　**促进幼儿教师队伍建设政策的意见调查统计表**　　　　（人）

	完全赞同	基本赞同	说不清	基本不赞同	完全不赞同
出台学前教育法，明确幼儿教师的法律地位	10	4	0	0	0
强化教育行政部门对幼儿园的管理和指导	10	4	0	0	0
提升幼儿园内部管理水平	11	3	0	0	0
鼓励男性教师进入幼儿园工作	8	5	1	0	0
师范大学学前教育专业应直接培养一线幼儿教师	11	3	0	0	0
建立幼儿教师发展基地，有针对性地培训幼儿师资	11	2	0	1	0
提升幼儿教师准入门槛，避免幼儿教师的保育员化	9	5	0	0	0
建立幼儿教师动态淘汰机制，让不合格者下岗	10	4	0	0	0
大幅度提高农村和民办幼儿教师的待遇	10	4	0	0	0
广泛开展教师职业忠诚教育	12	2	0	0	0

（12）园所对教师队伍建设所作的努力

从表 3 – 157 中可以看出，幼儿园及其园长相当重视教师的专业成长，有关专业成长学习方式和内容也具备了一定的针对性和实效性。

表 3 – 157　　　　　　　**工作态度与工作环境调查统计表**　　　　（人）

	完全符合	基本符合	说不清	基本不符合	完全不符合
园所教师经常受到教育信仰、教育观念和师德方面的教育	3	10	0	1	0
园所教师在工作中具有极大的教育教学成就感	1	9	3	1	0
园所教师对自己的工作行为有着强烈的反思倾向与能力	3	6	3	1	1
园所并不重视教师的专业成长	0	1	0	7	6
园所注重教师间的知识共享，以此促进教师专业发展	7	7	0	0	0

续表

	完全符合	基本符合	说不清	基本不符合	完全不符合
园所教师有扎实的保育知识和保育技能	4	10	0	0	0
园所教师有良好的幻想能力和天真的想法，与孩子同思同乐	4	10	0	0	0
园所教师能将先进的学前教学理论应用于实践	2	12	0	0	0
园所对待所有教师的政策是公平且有绩效的	4	10	0	0	0
园所对教师的教学帮助是令教师们满意的	4	9	1	0	0
园所为教师提供了良好的工作条件与环境	6	8	0	0	0
园所很注重教师团队建设	8	6	0	0	0
园所教师对自己的全年收入很不满意	3	2	3	2	4
园所教师经常担心下岗，有职业恐慌	2	0	2	7	3
园所教师的工作压力巨大，影响自身的健康与专业发展	1	3	2	6	2
园所能经常为教师进行心理辅导，缓解教师的压力和不良情绪	2	10	0	2	0
园所关注教师的身体健康，每年都能组织进行体检	7	6	0	0	1
园所关注教师的家庭问题，能使教师工作无后顾之忧	3	10	0	1	0
园所为教师进行了职业生涯规划	0	9	1	4	0
园所有个性化的教师成长档案，分门别类地促进他们的成长	0	9	1	4	0
园所教师没有参与园所管理的机会	1	1	2	8	2
园所教师参加的各项培训效果很差	0	1	2	7	4
园所有健全的教师申诉机制	3	3	3	1	4
园所教师能有效地参加学术交流，参加学术团体	2	7	1	3	1
园所教师的工资能够足额按时发放	9	4	0	1	0

6. 访谈结果与分析

（1）招聘和流动

A. 高校教师招聘与流动

西北师范大学是甘肃省人民政府和教育部共同建设的重点大学、国家重点支持的西部地区十四所大学之一，经历了近百年的发展历程。"十五"、"十一五"期间，学校坚持实施人才强校战略，通过稳定、培养、引进相结合的人才工作措施和推进人事分配制度改革，教师的数量明显增加，师资队伍的职称结构、学历结构、学缘结构和年龄结构得到了整体性优化。2000—2008年，教师人数从834人增加到2459人；教授从102人增加到224人；副教授从303人增加到379人；具有博士学位教师从83人增加到268人，具有硕士学位教师从 250 人增加到 583 人，硕士以上学历教师比例净增 29.4%；外校毕业教师 714 人，占教师总数的比例达到 59%。截至 2009 年 8 月，学校拥有两院院士 2 人，博士生导师 52 人，硕士生导师 375 人，国务院批准享受政府特殊津贴人员 56 名，国家级有突出贡献中青年专家 5 人，国家"百千万人才工程"2 人，一级学科学术团队理事以上国家级 35 人、省部级 71 人、国家级专家 8 人，省部级专家 19 人，甘肃省"333"、"555"科技创新人才 70 人。

师资队伍的数量增长和结构优化支撑了高等教育大众化以来办学规模扩大的需要，支撑了人才培养结构从师范教育为主向大力发展非师范教育、推动学校向综合性大学转型的需要，支撑了学校学科建设取得历史性突破，不断提升创新能力和社会服务能力的需要。

从前面的教师队伍现状中可以看出，学校有一支结构合理、素质高的师资队伍，但也不乏一些问题。据学校人事处领导反映，教师的编制比较紧，现用的是 2003 年教育部评估前的编制，还没有实行纯粹的合同聘用制，2009 年师生比例为 1∶16，有些专业达到了 1∶18，说明教师队伍还有进一步扩大的潜力。这就涉及了教师的引进问题。引人困难，留人困难，培养人困难。学校党委班子最关注的核心问题是：如何引进人才和留住人才。由于地处经济欠发达的西部地区，学校引进人才是比较困难的。2009 年得益于经济危机，引进人才有所突破。"211"、"985"的博士生引进了 18 人，并开始按需求引进人才。学校的宗旨是先培养人才，最后才引进人才。目前学校还未引进海归人员。

根据访谈，高校教师流动较为频繁，其主要原因有：第一，事业发展期望值更高，教师感觉压力较大；第二，随着社会的不断发展，教师原有的价值观发生了较大的变化，待遇不能达到许多教师的心理价位，留住人才需付出较大的成本。为此，政府从提高待遇和提高学科发展水平上做了一定努力，同时情感上也做了一些努力。

由此可以看出，高层次人才的引进对高校建设富有创新活力的高水平师资队伍，支撑学校又好又快发展是不可或缺的，应采取一些必要的措施来应对西部高校引进高级人才难和留人难的问题。首先，学校或政府部门应通过实施高层次人才建设计划，设立大学高层次人才引进储备基金，通过引人与引智相结合的灵活思路，加大高层次人才引进力度，提高高等院校的人才聚集效应。其次，在学校建立创新基地和创新平台，设置首席专家岗位和相应的专职科研编制，发挥科研创新平台、创新基地在汇聚优秀人才、培育学术梯队、产生重大成果等方面的聚集效应，吸引高水平人才来经济欠发达的西部地区高校工作。再次，设置特聘教授岗位，吸引学科领军人才；设置讲座教授岗位，吸引优秀学术带头人。积极采取"成组引进"和"带项目引进"的方式，吸引具有国际较高学术影响的优秀学术带头人指导学科建设和学位点建设，整合学科梯队，培养学科带头人，指导、培养博士研究生，争取省级以上重大科研项目。同时，通过公开招聘、合同管理，面向海内外遴选一批具有创新性构想和战略思维，能带领本学科在前沿领域达到国际先进水平的学科领军人才，规划学科发展，主持和组织重大科学研究工作，指导学科队伍建设和学术梯队建设。

B. 高等职业学校教师招聘与流动

调研组走访的兰州职业技术学院，当时有学生5336人，教师356人，其中校内专任教师308人，校外兼职教师22人，生师比为14.99∶1，基本能够满足教学需要。308名专任教师中男112人，女196人，分别占专任教师总数的36.36%和63.64%，女教师比例略为偏高。学校基本以年轻教师为主。30岁及以下专任教师170人，占专任教师总数的55.19%；30岁以上至45岁的教师112人，占36.36%；45岁以上的教师26人，占8.45%。博士学位的专任教师1人，硕士学历或学位的专任教师79人，大学本科学历228人，分别占专任教师的0.32%、25.65%、74.03%。高级职称64人，中级职称123人，初级职称85人，分别占专任教师的20.78%、39.94%、27.60%。40岁以下青年专任教师242人，其中具有硕士研究生学历或硕士及以上学位的72人，占青年专任教师的29.75%。基础课专任教师81人，占专任教师的26.30%。具有硕士研究生学历或硕士学位的18人，占基础课专任教师的22.22%。大学本科学历63人，占77.78%。高级职称23人，中级职称32人，初级职称21人，分别占基础课专任教师的28.40%、39.51%、25.93%。专业课专任教师227人，具有博士学位的1人，硕士学历或学位的61人，大学本科学历165人。高级职称41人，中级职称91人，初级职称64人，分别占18.06%、40.09%、28.19%。双师素质教师124人，占专业课专任教师的54.63%。校外兼职教师26人，校外兼课教师22人（含外教1人，系美国志愿者和平队志愿者）。

兰州职业技术学院引进教师，由学院自行决定，政府给出固定的编制。学院的招聘以教学需求为用人依据，以教学能力和实践能力为考察标准。

2006 年以来，引进高学历、高职称人才 29 人，企业工程技术人员 14 人，选拔接收与学院专业建设相符的非师范类高校优秀毕业生 56 人。目前在招聘教师过程中遇到的问题是教师学历合格但专业门类不合格。师资流动与师资建立有关，教师主要来自职业技术学院，还有教育学院和师范学校，来自大学和外部的属于在编。教师以职业技术学院为主，三校合一，资源整合。

C. 职业中专教师招聘与流动

秦安县职业中专是县里唯一一所职业中专，原为职业中学，后把职业中学、电大和农机校整合，于 2004 年 7 月成立。2009 年 8 月有 141 名教师，在校生 1730 多人，在册 2400 人左右。学生在校两年，第三年到企业实习。教师的年龄偏大（40 岁以上，50 岁左右），大部分从农村调任上来，绝大部分为非专业的。有 20 多位专业教师，但仅仅为理论型的。

通过教育局、人事局调入了一部分教师，学校出钱从社会聘来 3 名，还有就是原职业中学的教师。教师只流进不流出，缺乏双师型教师，学校运转困难，该收的学费收不上来，国家补助延迟发放。教师指标有空缺，但教师达不到要求。

D. 中学教师招聘与流动

秦安二中是完全中学，有初中部和高中部，初中 12 个班，高中 34 个班，男教师 122 人，占 66%；女教师占 34%。专任教师 148 人，占 80%；教辅人员 36 人，占 20%。高中学生 2600 名，初中学生 600 名，共 3200 名，师生比为 1∶17。在学历上，硕士 2 人，占 1.1%；本科 123 人，占 66.3%；大专 46 人，占 24.7%；中专 10 人，占 5.3%；高中 4 人，占 2.6%。初中部学历达标率 100%，高中学历达标率 80%。高级教师 19 人，中学一级 62 人，占 33.7%；中学二级 91 人，占 49.5%；未定级 12 人，占 16.8%。年龄结构上，30 岁以下 50 人，占 27.2%；30—40 岁的 47 人，占 25.5%；40—49 岁的 67 人，占 36.4%；50—59 岁的 19 人，占 10.3%；60 岁以上的 1 人，占 0.6%。平均年龄为 38.1 岁，教师年龄结构较合理。该校初中少一级，学科不平衡，地理老师很缺，原因在于天水师院没有这个专业，西北师大只有一个班，整个学校只有 3 名地理老师。

秦安五中于 2003 年开始招生，2009 年 8 月有学生 3542 人，教师 152 人，学校有 48 个班，初中 18 个班，高中 30 个班，初中师生比为 1∶16，高中师生比为 1∶13。学校开办时，初中教师来源于秦安一中，高中教师是通过公开选拔的方式选取的，还有一部分教师是分配的。2008 年开始学校没有权利招教师，天水市教育局掌握了这项权利，由市里公开招聘，学校没有考核与分配的自主权。

民生高级中学是秦安县民办高中，1999 年创办，是天水第一批民办学校，2009 年 8 月有教师 112 人，学生 2400 人。专任教师 99 名，教辅 13 名，男教师 83 名，女教师 16 名，男教师远多于女教师。年龄结构上，50 岁以上的 1 人，40—49 岁的 43 人，30—39 岁的 30 名，30 岁以下的 25 名，其分布也较合理。在学历结构方面，本科 43 人，专科 54 人。民办学校教师队伍不稳定，以 2006—2008 年毕业的教师为主，一般是考不上公办学校教师的才来考民办学校教师，工资虽然高，但教师的观念是喜欢吃公家饭，很多教师往往不要每月 3000 多元的民办学校的工资，而愿意领每月 1400 多元的公办学校的工资，所以教师观念需要更新。法律上对教师的管理力度不够，教师年流动率为 10% 左右，有些甚至更严重。教师队伍的来源方面，原则上是不要 50 岁以上的教师，教师主体是原来厂矿的非师范类的本科人员，如技工等，也有周围各县由于种种原因错过公家饭的人，还有刚刚毕业待分配的人或者外地女婿，由此可以推测，民办学校教师的招聘任用权基本属于学校。

代课教师县级有 257 人，乡镇及学校聘用的有 600 多人。在编教师有的是天水师范毕业后县上分配的，有的通过市级考试、县级面试，然后接受了培训后进入所在学校，有的由乡下或其他学校调入。教师的准入制度还是严格的，需要应聘教师持有毕业证、教师资格证和能力测试证，要取得教师资格证需要通过教育学和心理学测试、专业技能测试、普通话测试。

县教育局师资管理科科长指出，县委拥有校长任命权，这就影响了校长的专业化水平，所以校长应该由教育局来任命。校长对教师没有制约权，教师进口由人事局说了算。教师招聘方式单一，教师职称分布不均，好教师基本在城里，高中教师全部进城，优质资源也全都在城里，师资城乡差距很大。教师流动处于停滞状态，合理流动基本没有，受政府控制太严。对于偏远的山区学校，基本没有新增长的教师。专业的学科分布不均匀，无专业教师，教师年龄偏大。这些问题产生的可能原因是，一方面县委或教育局权力过大，过多干预学校制度及政策，不能把权力下放，从而也影响了学校根据实际情况选择教师权力；另一方面，上级可能更重视城市而忽视了农村尤其是偏远山区，把农村的优秀教师上调或把城里不合格的教师下调，以致使城乡教育差距越来越大，教育不公平程度越来越高；这也导致大多数教师都有向城里走的倾向，一旦时机成熟，教师就会向城里流动。

E. 小学教师的招聘与流动

对兴国三小校长的访谈显示，兴国三小创办于1939年，是六年制完全小学，地处县城，教师73人，包括2名工人和1名代课教师。专任教师年龄结构是：50岁以上的有26人，41—49岁的有20人，31—39岁的有12人，30岁以下的有12人，平均年龄为43.4岁，老师年龄结构偏大，其主要原因是乡下的老师要经过多年努力才能进城，教师年龄结构偏大也导致教师总体身体状况欠佳。同时，学校仅有男教师12人，基本都是女教师，性别比例不均衡。在县城小学的5所学校中，兴国三小排名处于第三四名，学校有本科学历教师13名，专科学历26人，中等师范学历28名，高中学历3人，学生1588名，25个班，6个年级，师生比为1：21。另外，小学缺英语教师，相对其他科目，英语教师是最缺乏的。学校没有教师聘用权，由县教育局统一派遣。

西川学区小学校长反映，教师的来源是由教育局把教师分配到乡镇，乡镇负责把教师分配到学校。年轻教师不愿意待在山区，山区教师数量短缺，其教师的主力是民办学校转正的教师，教师年龄结构偏大，往往是50岁以上，而民办教师退休后，山区教师便断档。乡镇政府一把手更换过于频繁，对教育大局把握不够，也对山区学校造成不良影响。

在郭嘉中学进行的教师访谈中，有的小学教师从天水师范学院幼师专业毕业分配而来，幼师毕业却分配到小学，一开始觉得专业不对口，但进来以后感觉还踏实，后来又取得了大专文凭。有的由其他小学调入中心小学，有的从山区调入中心小学，还有的教师直接从天水师范学院分配而来。

不难看出，学校没有教师聘用权，其权利在教育局或乡镇；山区教师严重缺乏；教师的来源主要通过分配或调入的方式而来。

F. 幼儿园教师的招聘与流动

2009年上半年，全县公办幼儿园有工作人员506人，66名教师，只有2名男后勤人员，本科学历7人，大专学历22人，平均年龄是28岁。可见，幼儿园教师男女比例差距悬殊，学历偏低，但是从年龄结构上看，教师偏向年轻化。据接受访谈的第一幼儿园园长反映，幼儿园人员缺乏，招不到教师，幼儿园聘用的临时工达16名，并且保育员的业务技能不高。招不到教师的原因主要在于相关政策要求教师先进小学，本来幼师毕业后应先进幼儿园，但由于小学教师不足，只能先到小学，造成了幼儿园教师的缺乏，这种幼儿园教师缺乏的现状在全县都存在。由此可知，我国幼儿和小学教师还比较缺乏，而师范学校有很大责任培养这类教师。

某民办幼儿园园长介绍，2000年开始创办的幼儿园，学生80多人，教师4人，人员流动比较大，规模较小。教师一般是幼儿教育毕业，但正规学校幼儿师范毕业的教师不多。由于收入较低导致教师队伍不稳定，教师工资每年仅500元，老师的"三金"交不上。民办幼儿园的办学条件还不够成熟。

（2）培养与发展

A. 高校教师培养与发展

首先是高校教师的发展与培训。学校力求充分运用好教育部校本教师培训项目，争取西部人才留学基金项目。国家留学基金委以前每年分配给大学3人左右的培训名额。由于以前35岁以下的青年教师在国外访学后不太愿意回来，所以教师留学一般都是自费的。现在，这个政策开始松动，出去的主要是副教授以上的人员。未来七年，专业教师达到国际化水平是学校的目标。目前，学校在师资培养方面主要采取了以下措施：

①西部学校培养青年教师计划。

②2008年作了培养青年教师规划。鼓励青年教师积极参加国内外学术会议，提交学术论文，出差费用给予支持。

③鼓励青年教师在教学方面尽快成长起来。青年教师开展教学技能比赛，获奖的做公开课教学，发奖金。

其次，展开对基层学校教师的培训。高等院校在参与地方基础教育中有着不容忽视的责任，学校把各个系从事教学工作的教师都整合到教育学院，成立甘肃省中小学教师继续教育指导中心。2005年全省进入义务教育阶段，高校展开一些教育部招标或委托的中小学培训项目。

①2008年承担了甘肃省1500个中小学校的教师培训工作，得到教育司高度评价。

②承担甘肃省骨干教师、高中校长培训。

③西部农村教师培训，开展了6期来自贫困地区代课教师、女教师、弱势群体教师的培训。

④承担教育部与联合国教科文组织的教师培训工作。如支援新疆中小学教师培训工程，400多名教师受训。2008年教育部支持西部教师培训计划，

1200 名教师受训。通过这几年努力，在全省有了较大的影响，在外省也有影响。如浙江省嘉兴市六七十位中小学教师培训（受嘉兴市教育学院委托）。在省内接受省厅委托的教师、班主任培训。

⑤西北和甘肃本地区、县委托的校长和教师培训。从 2006 年 11 月开始至 2007 年底，在学校的支持下，在甘肃东部高原的泾川县先后举办了 3 期中小学校长培训，全县共有 100 名中小学校长接受了培训。

培训的基本工作程序也正朝着科学化的方向发展，不像以前不知道教师的需求而进行盲目的培训，效果并不理想。现在的教师培训基于需求为本的思路，先填写教师培训需求调查表，然后根据需求设置培训课程，报教育部审批。目前最需要的是教学纪律和方法的培训。在培训过程中，尝试让老师接受课程理念。一般采用模块式的课程设计，包括进展与问题，课标与教材，交流与分享，设计与实践等。围绕课程改革中的理论问题、新的实验教材的使用问题、课改中教师碰到的问题、教师在新课中的经验等来学习，让他们在教学现场中学习，小组合作，再用说课的方式，尽量做到培训形式多样化，培训过程参与化。甘肃省曾进行了"226"工程：选省级青年骨干教师 2000 名，再培养出 200 名学科带头人，最后选出 60 名学科教育专家。但只完成了第一期，因无资金而无法继续进行下去。

B. 高等职业学校教师培养与发展

在培训方面，兰州职业技术学院自己出钱培训教师，参加国家级、地方级师资培训以及教育部、西北师大、企业行业的培训。一般老师两年培训一次，一些一年两三次培训。学院制定了《教师进修培训管理制度》、《关于教师业务培训补贴标准暂行规定》等办法，设立教师业务培训、奖励和教职工继续教育培训等专项经费，对重点专业在教学改革、师资培训、科研开发、产学结合等方面给予充足的经费支持。通过学历进修、岗前培训、继续教育培训、业务进修、企业实践、挂职锻炼、项目开发研究等多种方式加强教师培养，不断提高师资的整体水平。为加快国际化办学的进程，学院加强了教师外语基本技能的培训。先后组织教师、教学管理人员赴日本、德国以及上海、浙江、江苏、山东等地的企业和高校考察，学习先进的教育理念和办学经验。2006 年以来，学院累计投入师资建设经费 194 万多元，先后有 97 人参加高校教师岗前培训，93 人参加教学能力测试，1515 人参加继续教育培训，157 人参加各级各类专业培训进修。为推广普及现代教育技术，又专门投入 128 万多元为教师配备笔记本电脑。鼓励教师参加业务培训、生产实践、科技开发、技术服务、实训基地和实验室建设等活动，不断提高教师专业实践能力，丰富生产实践经验；要求教师结合专业考取各类职业资格；鼓励专业教师申报工程类、经济类、会计类等专业技术职务，提高教师的双师素质。选派骨干教师和专业带头人到相关高校和科研机构进行学术交流和访学，参加国内外高层学术会议，到国内外高校、企业进修，争取重点科研课题项目和重点专业建设专项投入。对于新进教师实行教学导师制，组织青年教师进修培训，更新知识、增强业务、提升能力，使青年教师能够把教学与业务紧密结合起来。

C. 职业中专教师培养与发展

被访学校有 6 名教师被派到天津工程师范学院培训。天水市教育局已经培训教师 22 名。每年有一个培训名额，培训费为 1 万元/年。还有德国基金会培训。目前有一半教师闲置，在搞培训。

D. 中学教师培养与发展

天水师资培训方面主要采取"走出去、请进来"的方式。在派人出去方面，有市、县、学校三级层面，派教师到其他学校观摩其教育教学，也有教育行政层面的出访，3 万多教师中，一年大约有三五百名教师会被派出。天水一中资金比较充足，有能力让大批量的外派老师出去学习，而且可以长时间地学习。请进来方面，有中学语文研讨会，省、市、县以及学校等层次都曾请教师进来。其模式有三种：第一种模式是免费的，另一种模式是向学校收取相应的费用，第三种模式是网上培训。目前大力提倡的是不出去也不进来的网上培训，其优点是在时间上占有利条件，自由安排时间，也可以多次看，还有网上辅导员（在于培训网站上，也有班主任的管理与辅导），教师注册后，会有专人管理，可以在网站上进行现场答疑及点评，亦有老师提问、学生回答，并且可以看到整个问答过程。网站上也有相应的奖惩方式，整个工作是教育局委托教科所管理的。现代远程教育有三种模式：光盘方式的、天网（电脑、电视和卫星电视相结合起来）、电脑教室。天水市现在已经基本普及第一种模式了，并且以前看光盘是单向的，现在是双向的。网络培训的效果还是不错的，教师比较有积极性，有专门负责人员，还有行政支撑，这种网络教育可能会占据未来的主要市场。

就县一级来说，每个县都有教师进修学校。如秦安，让进修学校来组织县一中等学校的优秀教师，培训所缺的英语教师。一般学校是针对性比较强的，指向具体问题的培训。

　　就农村教师的专业发展而言，相比城市，农村的资源可能会少一点儿，因为农村老师人数比较少，外派的比例会比较少；再者，农村学校的经费会比城市里的少。但是，天水市教育局长表示，教育局还是比较重视农村教师的，因为老师人数少的学校，出去一两个人培训，回来后可能就会带动一大批，甚至会带动整个学校。然而，为了城乡和谐发展，应加大对农村学校的经费投入，让更多农村学校的教师有机会到外地参加培训，扩大自己的视野。

　　民办高中民生高级中学在秦安县的民办学校中还是不错的，教研活动很正常，也很严格，每学期都组织教师专业考试，用的就是高考题，每年进行抽考，考分表装档案；为教师配备理论书籍，如教育学、教学方法等领域的；有教师听课制度，要求每学期听10节课，上公开课2次；每一级的学科组每学期都有一个直接针对学生的小课题，课题以实践为导向，如：如何提高英语学习积极性，看电影、建立学生广播站、搞文学社等，小活动很多；也请外面的教师来校讲课，但该校不到外面讲，因为外面不信任；与一中、二中等开展教研活动；每年会到兰州接受培训，县级的培训活动和会议都能参加，但省和市一级的就比较少，只到省市参加高考教研活动。可见，民办学校的校本培训实施的比较严格，方式也多样化；但是民办学校与公办学校相比，民办学校参训机会比较少，上级对民办学校的重视程度不如公办学校。建议上级能够给民办学校充分的发展机会，使民办学校和公办学校能共同为教育事业作贡献。

　　二中校长指出，就教师队伍的整体印象而言，新招进的教师水平不一，有些教师敬业精神不高，有些专业水平不高，有些与学生关系处理水平不好，也有的对教材的处理不合适，一些大学生来到学校虽然经验不足，却看不起老教师。建议大学的师资培养应进行职业道德教育、思想教育，并加强实习，否则容易导致一些大学生在新岗位上的不适应。但是对绝大部分的新教师还是比较满意的，满意度达到70%。培训方面，以校本培训为主，主要采用师徒制，采取集中的形式，每周安排一下午（两节课）开展教研活动，效果还是比较好的。校外培训采用"走出去、请进来"的办法，出去听课后回来交流，近两年到洋思中学、杜朗口中学等校考察，也有到兰州一中等附近学校考察，近地考察采用听1周课再讨论的方式。对于县级培训，仅今年暑假就有70人参加各类培训。该校的宗旨是"一年适应，三年成长，五年发展，十年成名师"。市级培训和省级培训都有参加，也有假期培训，平时也有参加培训，少则三五天，最长有一周。可见，新毕业的教师还有待提高自己的专业素质、教学技能和思想道德素质；省、市、县和校本培训也都能够落实。

据秦安县某公办独立初中校长反映，初中班主任培训空白，校长无用人权，教师待遇低，好教师留不住。该校长建议，教师培训经费要有保障，要保障培训的质量。县教育局师资管理科科长认为，教师平时没有时间参加培训，只有利用假期培训，教师积极性不高。由此看来，虽然各级各类培训较多，但仍有许多不足，负责培训的有关人员应该充分了解培训实况，弥补其不足，争取使培训落到实处，使教师真正能在某一方面得到提高，而不使之流于形式。

据郭嘉中学的教师反映，新教师有岗前培训，主要是通过向老教师学习的方法来接受培训，每位新教师都有 1 位师傅，采取师带徒的方式，新教师不上课，只听课，听师傅的课。学校内的校本培训每周一次，有理论上的培训，几个老师一起看示范录像课，再讨论一下，选老师进行示范课。有老师认为，新课程培训—讲课—自评—他评，和上完课—反思—他评—反思的方式较好。寒暑假的假期培训中，学校派教师到天水市参加新课改培训、学科培训、班主任培训或其他培训，参加西北师大的函授教育，每一年都会到兰州、天水、秦安参加各种高三老师的研讨会，一年教师至少有一次培训，有的教师培训多些，有的少些。关于新课改，有老师介绍，在接受岗前培训时提到过新课改，但当时没注意，第一次感受到新课改是在西北师大函授时听说的，当时的感觉是还有这么好的课，之后开始运用，但条件不够，作为农村教师，干农活儿的同时不可能进行研究型学习。有教师通过自考，拿了高中语文教师资格证；有教师自己不断学习，假期到外地学习，可见教师的自我提高意识很强。也有老师觉得自己很努力，但没有收获，工作量很大，希望社会能理解。教师的岗前培训都能到位，教师们参加的培训类型也较多，但是新课改由于受条件限制，不能在农村很好地实施，建议有关教育类专家能够合理调适新课改和农村条件不足的矛盾，使农村学生也能够在快乐中学习。

E. 小学教师的培养与发展

目前，现代远程教育有三种模式：光盘方式的、天网（电脑、电视和卫星电视相结合起来）、电脑教室。天水市现在已经基本普及第一种模式了，中心小学都具备第二种模式的条件，现在各个学校基本都有电脑，没有电脑的学校已经比较少了，并且中心小学的电脑全部都能上网。可见，其他小学与中心小学有差距，即其他小学的电脑普及率还有待提高，这需要教育部门及相关政策的支持。

在培养教师方面，兴国三小成立4个教研组和备课组，办公室是以年级组为单位的，每周学校都会安排听课和评课。教师会参加省、市、县各级培训，每学期大约是20人次，但新教师基本没有参加这类培训。一些学校没有请专家到学校讲课，教师只是在假期到其他学校观摩公开课，或者到市里参加培训，听讲座，听课时感觉很好，但在小学里实际是用不上的，总体感觉是思想先进但不符合实际。有些教师参加培训的机会还是比较多的，有新课程培训、信息技能培训，但是农村学生与城里的学生差距很大，新的教学方式不适应农村学生，并且对教师来说，农村教师事情较多，在教师方面也不适应。校长相对其他教师来说培训还是比较多的，例如被访谈的一位从业15年的小学校长曾参加了省里的教师职业与专业发展培训、市级两次的骨干教师培训、两次语文研讨会和观摩会等，参加县里的各种培训会达十几次，包括校长培训等。小学教师的培训机会也较多，能够参加省、市、县各级各类培训，相比之下，校长参加培训更多一些；新课程教学方式不能适应农村学校，对此问题还有待解决。另外，有多名教师通过自考，取得大专学历，可见教师的上进和自我学习意识较强。

F. 幼儿园教师的培养与发展

公办幼儿园的教师参加培训的机会比较多。参加省里培训的只有少数人，大部分老师是参加市一级的幼儿园老师培训，主要是园本培训，采用师徒制。谈到园长理想中的教师，该园长认为天水师范的学生是合格的，她们业务技能较强，只要教师爱孩子、敬业就可以达到幼儿园教师的要求。

据民办幼儿园教师反映，教育局举办过少量的培训活动，但培训完后，有的教师就离开幼儿教师工作岗位了。公办和民办幼儿园两者加以比较不难发现，公办幼儿园培训机会较多，三级教育行政部门对民办幼儿园关注过少，进而影响了民办幼儿园的发展。

（3）制度与管理

A. 高校教师的制度与管理

首先，教师职称的评定属于刚性政策，主要看教育厅的政策。西北师大的教师职称评定标准一般要高于省内其他高校。

其次，学校对学术道德建设专门做了硬性规定，有一定的制度性约束。

制定了《教师职业道德规范》，突出对全体教师"奉公守法、爱岗敬业、严谨治学、尊重学生、为人师表、廉洁从教、团结协作"等方面的职业道德要求。建立师德考核评价制度、师德问题劝诫制度和师德评价结果运用制度。把政治素质、道德品质作为教师资格认定和教师聘用的基本条件，作为年度考核和聘期考核的重要内容，纳入岗位职责和业绩评价体系。

最后，在平衡教学与科研方面采取了一些措施。据教育学院院长介绍，在很长一段时间学校有轻教学重科研的倾向。老师认为做科研更划得来，有评职称、奖项等附加值。而做教学，投入与产出差距大，因此很多教师把更多的精力放在科研上。学校为了强化教学，从管理方面做了一些措施：正高级职称教师给本科生上课必须达到一定的课时量，一些奖励方面的措施逐年在增加力度，包括教学事故处理措施（扣发一个月或半年的岗位津贴）。总之是从正面引导，反作用推进。同时也希望青年教师尽快成长，多出科研成果；但过多时间投入科研，会影响教学，这是两难问题。在此方面，学校已经进行了相应的改革：以科研支撑教学，以教学引领科研。在教师聘用上，学院做了类型上的划分，比如研究型学院科研任务高，教学型的科研要求低一点。2003年和2004年聘用时，教师也分为科研型和教学型，从管理方面来看是分类指导思想，根据教师的个性特点来分配，但与职称政策有所矛盾。现在专职研究人员还是比较少的。在学校的2009—2015年师资队伍建设规划中，将根据学校建立的创新基地和创新平台，设置首席专家岗位和相应的专职科研编制。

B. 高等职业学校教师制度与管理

兰州职业技术学院根据《兰州市国民经济和社会发展第十一个五年规划纲要》，制定了《师资队伍建设"十一五"发展规划》，以及人事管理、人才建设、教师培训、教学效果与年终考核、职称评聘、校内分配办法、奖惩等方面的规章制度。学院在2003年和2007年增加编制239个，全部用于教学一线。2004年、2005年、2008年增设职称限额正高5个、副高95个、中级8个，2005年设置高校教师中级职务任职资格评审委员会。制定了《津贴发放暂行办法》、《绩效工资发放办法》等制度。学院的收入分配制度向教学一线倾斜，一线教师收入高于其他人员，调动了教师的工作积极性。制定了《教学工作暂行规程》，开展教学研究与评价，加强教学督导力度，促使教师提高教育教学水平。学院还围绕教学工作开展评优选先。制定了《教学法优秀奖评选办法》等，以一线教师为重点，以教学科研工作实绩为主要依据，进行选拔推荐表彰，形成教师安心教学、钻研教学的氛围。学院通过制定《外聘教师管理办法》等规章制度，规范兼职教师管理，建立兼职教师人才库，发挥兼职教师优势作用。学院从企业中引进实践经验丰富、操作技能熟练、熟悉本行业情况、具备教师基本素质的业务骨干和技术人员担任兼职教师，承担专业课教学，指导学生实习实训，增强了学生的专业实践能力和动手操作能力。这在一定程度上缓解了学院专业教师匮乏、实习指导教师不足的压力，改善了师资队伍结构。

C. 中学教师的制度与管理

被访的天水市教育局长认为，城乡教师交流制度不是太好，有些老师两年就能进城，有些教师却一直无法进城。有的县里采取支教的形式，好多教学点的学生已经越来越少。对不好的制度，有关部门应该立刻着手改进，不至于使不好的制度带来的影响进一步扩大。

天水市共有 3 家师资管理机构：教科所、市师资培训管理科、基础教育科。基础教育科负责新教材的技术培训，请省厅基教处的人讲述如何用新教材上课，这种形式相对来说培训的时间较短，一般为一天半左右，流程一般是半天理论、半天教材逻辑框架讲述，半天观摩课。还会举办网络培训，如链接清华大学网络学院以网络课程形式进行，老师从各处来教室听课。1984年底全市有 7400 多民办教师，1998 年教育局把这部分教师全部转正。现在天水市与陕西师范大学合作进行顶岗实习，这本来是好事，但是现在的大学重视培养未来的高中老师，由于高中老师又一般只在县城里有，因而缺少了农村小学教师。并且，现在的学生实习需要一两个月，实际上是扰乱了学校的正常教育教学生活，而且实习生走后，一两周之内所教学生很难适应原来的学习。高校在培养高中教师的同时，也不应该忽视了小学、初中或其他类别的教师；并且高校应规范学生实习制度，使实习学生得到锻炼的同时，提高所教学生的学习质量。

上级教育行政部门要求课程要开齐开足，所以有很多教师要上多门课，有好多教学点还是复式教学，像这种教学没有质量，仅仅起到扫盲作用。初中的辍学率比较高，达到 3%，有些农村初中甚至达到 8%，这些孩子有的是由于家庭条件差，有的是由于孩子不想上学，还有的是由于教师的教学方式不对。解决此问题的关键点还是提高教师质量，更多地引进教师。

全市缺编教师 6000 多人，如果把这个空补上，应该能较大幅度地提高教育水平，毕竟是大学生，基本的素质还是不错的，而且这些教师去的地方一般不是教学点，教学点的条件相对还是较好的，刚刚毕业的学生如果去这些地方，大概能拿到 1500 元工资。师范教育的质量每年都在下滑，教师素质有待提高。教师管理上制约太大，校长无权利，建议管理权应下移。

民办学校承担了进修学校的任务，有些教师有了一定教学经验后就转到公办学校。民生高级中学的考学情况近年差些，原因是来校的学生就要差些，后续力量不足。评职称与公办政策一样，教师待遇主要与绩效挂钩，而与职称无关。民办学校要想投资成为职业学校还是不现实的，主要是投不起资。可见，民办学校与公办学校相比劣势还是十分明显的。

在工作量的问题上，被访谈的教师中有初中语文、数学、生物、化学、物理教师，这些教师中每周上课最多的有 13 节，最少的 8 节，从课时量上看，教师的工作量并不大。工作压力方面，教师们反映，学校办学条件比较差，某中学 69 个老师、18 个办公室，老师住的都是高低床，一个办公室里往往有三四个煤气瓶，降低了教师的积极性；住校生是住在村子里，条件差，曾发生煤气中毒，安全隐患大。老百姓的期望比较高，偏远山区的硬件比较差，教师的住房条件不好，经济压力大。对新课改的理念、教学方式等由于条件差导致对其不是很适应，不适应用新理念教学。还有来自社会、校内、家长的压力，家校配合不好。如家庭作业家长基本不管，却希望孩子能够上大学，孩子在外地上初中，教师在教学的同时还要考虑孩子的教育。教师基本上都是本地人，年轻教师一般都比较向往城市生活。对于高中教师，压力最大的就是高考，首先是生源差，高三成绩出来后，理想和现实之间有差距，自己会为此自责。其次，学生的安全对教师的压力大。另外，家长期望大，对教师期望高，与家长联系又不方便，有些问题很难处理。上面明文规定说教师不能处罚学生，但在下面往往变成教师不能批评学生，生怕教师一批评、学生出现问题时，教师要承担相应的责任。虽有规定说教师可以批评学生，但什么程度是批评没有界定，教师在处理学生时缩手缩脚，社会对教师要求格外高。很多老师认为学困生的转化是最大问题，一个班总有两三个学困生，思想转变很难。有教师认为最大的问题在于努力了但得不到认可，最难过的是投入大但产出不大，社会认为老师很轻松，每年有两个假期，每天只有几节课，而对于其他工作是看不到的。教学上对于后进生的应对措施感觉很累，好学生不多，差生较多；学生是来自农村的住校生，学生见识少，新课标内容少，要想把教学内容借助多媒体来让学生获得感官刺激、很形象地放于学生眼前，由于条件的限制很难实现，只好完全凭教师讲解，对教师造成很大压力；教师对新课改了解得少，培训也不正规。

工资也在逐步提高，有些学校的条件也在逐渐改变，有教师刚刚毕业时是400多元（2000年），以后涨到700元，这几年每月1000多元。并且被访谈的校长表示，教师工资都能到位。但仍希望家长能够多理解教师，国家多支援，给予更多的资金投入，多长些工资。据说秦安乡镇的工资是全省最低的。农村教师的收入在农村里应该排在前十位，一般一位教师要达到每月2500元，而一个外出打工的最多一年赚15000元。教师工资这几年有提升，农村教师与农民比是高的（一个月工资够农民生活一年的），但与其他行业相对来说，还是比较低的。秦安五中校长指出，教师总量不够，教师在工作上疲于奔命，基本工作量每周12课时，每超过一节课有1块钱的补助，晚上上课两节有3块钱补助，班主任每周补助85元。教师的工资较低，平均为800—1500元/年，年工资在1500元以下的最少也占一半以上。这几年教育投资加大，但对农村好像没什么加大，学校到现在还是板房，每年打报告都得不到落实。是否能够以乡镇或学区为单位，搭建一定量的房子，这样既能让老师安心教学，也易于管理。

教师的地位在逐年提高，教师这个职业比较稳定，由此，有部分教师对教师这个职业没有动摇过，也一直在所在学校没有流动过，当然，也有部分原因是觉得自己干不了其他的；也有教师表示如果能转行，也想转，毕竟这个职业枯燥，但仍安于现状，干好本职工作；有教师曾参加过其他招考，但没考上，自己觉得最适合当老师，农村教师还是不稳定，负担重，交通不便，收入低，想过跳槽，总想往城里走。不期望更好的工作和福利待遇，但希望加大农村教师投入，关注农村办学条件，建议大力改善农村教师的办公和生活条件，真正提高农村尤其是偏远地区的老师待遇，大幅度提高乡村教师的待遇，最好是让条件越差的地方收入越高，使真正优秀的教师愿意留在农村，真正提高农村教师质量，缩小城乡差距。有老师提出自己年轻时不想当教师，因为职业压力大，辛苦，当好老师也不容易，所以要调动教师教学工作的积极性，让教师喜欢这个职业。秦安二中校长介绍，该校高级和中级职称的教师达标得很多，但许多教师无法晋升，每年高级职称只有2—3个名额，而实际符合条件的达到26人，中级职称有3—5个名额，实际符合条件的有50多人，而评职称名额的多少是由国家规定的，这就影响了教师情绪，挫伤教师积极性。有教师存在自我压力，教学时感觉自己水平有限，上不好课，缺乏动力，通过自我提升的方式提高自己的教学水平。另外，还存在学生安全问题、教育公平问题，尤其是城乡差距问题，如农村晚自修教师没有一分钱补贴，但城里都是有收入的；基础教育薄弱；边远山区教师分配不上；班主任使用1979年标准，因为压力大，丧气，没人想干班主任。

可见，教师的工作量大，来自各方面的压力大，对提高工资待遇的要求强烈，职称评定问题上也还存在很多弊端，尤其农村教育存在严重不公平问题，上级各部门应该倾听教师们的呼声，及时制定和完善相关制度和政策，完善管理，尽力解决教师的后顾之忧，使之把全部身心能投入到教学中去。

D. 小学教师制度与管理

处于山区的西川学区的教师支教制度实行了3年。

在工作量上，每位老师每星期都有5天课，在被访谈的小学教师中，教师们每周最少上9节课，有的多达20节，小学的平均课时是每周15节。有的教师只带语文，有的教师兼带思想品德和音乐，还有的教师兼带语文、数学、体育和思想品德课。开课的要求是能开就开，不能开的也要开，因此，一些老师往往要上五六门课，一天到晚都忙于上课，同时还要操心住校生的生活，以至于影响了个人问题和生活问题，自己的孩子都没有时间教育，足见其工作量之大。教师的教学压力很大，教学以语文、数学、英语为主，其他的能教就教，力不从心，教不好家长还不愿意。某小学教师反映，他所在的学校有6个年级，16名教师，9名男教师，7名女教师，老师们都是中等师范毕业，师资力量不平衡。课程以主科为主，课程复杂，条件艰苦，年轻教师又需要带多门课，课程多，精力有限，应对比较难，孩子层次不一，而家长与教师配合不好，导致教学质量不好，只好留学生补课，给自己加压。班主任压力要更大一些，不但学生多、复杂，安全上还要为山区转过来的孩子操心；优秀学生不多，差生较多，有些甚至是智障，在后进生身上要花费很多心血，但他们的成绩依然不理想；同时对自己要求也高，使得班主任很累。

教师们普遍反映，经济压力大，工资低，希望提高工资待遇；来自上层的压力过大，镇上只管人事，但不管财政，导致教师的工资方面出现一系列问题；也有老师指出，20世纪90年代时，教师待遇比较低，使得队伍不稳定，近几年逐年提高了，开始相对稳定，希望以后出现第三个阶段，教师的地位会更高，社会和家长给教师提要求时也能更理解教师，老师们仍然表示不管工作多辛苦，依然会努力把自己本职工作做好。一名经常带毕业班的教师表示他的压力主要来自统考，统考有时以县为单位、有时以乡为单位全部考，为准备统考，必须掌握的东西尽量让学生都掌握，在课堂上没有时间与学生谈心，学生也没有时间发言或唱歌，根据统考的结果奖励优秀的教师，把差的教师调往山区。感觉付出与回报不平等，与家长、学校、上级要求有差距，家长的观念是孩子归教师管，他们的观念是把孩子交给学校，学校必须配备最好的教师。社会、家长对教师的期望高，办学条件却很差，这点对教师产生很大压力。有些学校的年老教师比较多，使得年轻教师的工作压力比较大。学生的起点很低，有些学生上小学了连 1 都不知道，由于不让留级，所以合格不合格的学生都要升往高一级，这些都给教师带来压力。要减轻教师的工作量和减少教师压力都需要政策支持，提高教师工资，加强学校硬件建设，在统考上不要给教师过多压力，因为把教学不合格的教师调往山区势必也会影响山区教师质量，力争把山区学校和城区学校放在同等位置上；对于学生和家长方面的压力，需要教师有足够的耐心和灵活的交际处理好各方面关系。

教师的年龄结构偏大，某校 9 个老师中有 5 个年龄是在 50 岁以上，都是由原来的民办老师转化而来，其他老师大部分是师范大专毕业。农村教师的职称晋升也存在问题，有的教师工作了 20 年，评小学高级职称还比较难，可见职称之难评。另外，小学没有专业的音乐、体育、美术教师。兴国三小校长认为，三级师范体系改成两级师范体系的一刀切导致了学校教师的缺乏，而结构性缺乏与编制缺乏又导致了师资的问题，代课老师的工资水平大约是每月 100 多元到 500 元。兴国三小校长反映，师范教育与基础教育相脱节，师范学校培养的学生不能适应基础年级教学。此类问题有的出于高校原因，有的出于政策原因，只有各方面配合好，师资问题才有解决的希望。

有教师反映，我们的教育是先修房后打基础的教育、空白的教育，明显的表现是有幼儿园基础和没有幼儿园基础的学生都是统一的教材，这样没有经历过幼儿园教育的孩子很难适应所用教材，并且所有学生一直往上升学，而不考虑其是否合格，由此造成了恶性循环。上级部门要求小学教师上多门课，课程要开齐开足，在农村尤为严重。好多学校还是复式教学，这种教学方式不能保证教学质量，仅仅起到扫盲的作用。但是初等教育的普及率在天水还是比较高的，主要原因是由于孩子小，父母不敢把孩子送往其他地方，而用人单位也不会接受带着孩子的父母来单位工作，所以最好的办法还是把孩子送到学校接受教育。以上问题是学校层面无法解决的，需要有关部门根据学校和学生的实际情况制定相关制度。

E. 幼儿园教师的制度与管理

天水市总共有 100 所幼儿园，大多集中在县城，但全市有 112 个乡镇，每个镇还不到一个幼儿园，也就是说实际上很多乡镇还没有幼儿园。这就需要教育部门在制度上提供有利条件，争取使每个乡镇的孩子都有幼儿园可上，不会耽搁孩子的幼儿时光。对民办幼儿园而言，建议收费要统一，以解决教师的低工资状况。幼儿园的经费比较缺乏，只能靠自己解决，比如秦安县第一幼儿园只有两亩的占地面积，场地小，建筑面积少，硬件不足，需要提供支持。

（三）　教师队伍建设的主要问题

1. 高校教师队伍存在的问题

通过分析以上高校调研访谈结果，可以总结出以下几个问题：

（1）发展速度缓慢

目前西部高校的师资队伍建设状况与全国同类高校相比，发展速度仍显缓慢。

（2）师资队伍总量不足

现有教师教育和应用型专业师资已不能满足学校学科发展和办学规模的需要。

（3）教师学历层次有待提高

具有博士学位专职教师的比例偏低，仅为 22.1%。

（4）师资队伍的国际化水平偏低

通过对西北师大的访谈得知，截至 2008 年底，学校有国外学习经历的教师 89 人，仅占教师总数的 8%，师资队伍的国际化水平偏低，职称结构和学缘结构有待进一步改善。

（5）职称结构偏低

40 岁以下青年教师中具有副教授以上职务者比例仅为 24%，具有博士学位的比例仅为 18%。

（6）缺乏高层次人才

在国内外具有较大影响的学术带头人和拔尖创新人才数量极少。

（7）年轻教师教学实践、科研能力及敬业精神有待提高

青年教师整体教学任务重，整体科研成果不尽如人意，发展后劲不足，上进心不足，定位不清。虽然每年有 35 人左右在职读博，但送出去多，回来少。

（8）教师的团队学术意识不强

学术团队建设滞后，部分学科梯队断层现象严重；学术平台在推动学科建设，推动团队学术方面效果不如预期好。团队学术意识不强，个人化色彩更浓，起支配作用的人的学术地位和影响决定了整个研究。

2. 职业教育师资队伍建设中存在的问题

从对兰州市区的高职院校的走访与秦安县职业中专的校长座谈所掌握的职校教师队伍情况可以认识到，教育发展的不均衡不仅存在于东部和西部之间、存在于城市和农村之间，即使在同一地区，同样存在不均衡现象。要整体提高西部地区的教育水平，就不能只满足于办好城区的少数几所学校，必须强调县域内学校的整体均衡发展和可持续发展。推动西部贫困县的职教发展，加强教师队伍建设显得尤为重要。西部贫困县的职教师资状况存在着很多的问题，总结其中比较突出的几个问题是：教师队伍的总体数量不足、教师的知识结构老化、教师配置不均、教师的待遇低、缺少双师型教师、缺乏更专业的职业教师培养渠道。可以归纳为以下几点：

（1）教师队伍年龄结构不合理，专业学科分布不均衡

高等职业院校中青年教师占专任教师的 78.57%，承担着繁重的教学任务，普遍存在理论知识扎实、实践经验欠缺的问题，难以对学生进行有效的实践指导。教师专业学科分布不均，公共课教师比例高、年龄大、职称高，专业课和实习指导教师比例少、年龄小、职称低，聘用了一批企业、行业专业技术人员，但仍不能满足专业教学和实践环节的需要。

（2）高学历、高层次教师比例不高，"双师素质"教师偏少

由于历史原因，兰州职业技术学院建院初教师学历层次普遍偏低，高学历、高职称教师偏少，双师素质教师基本空白。尽管学院在千方百计提高教师队伍整体素质，着力培养专业带头人和骨干教师，重点引进具有扎实理论基础和较强专业实践能力的"双师素质"教师，但从总体来看，高学历、高层次教师所占比例不高，"双师素质"教师偏少，尚不能满足专业建设快速发展的需要。

（3）教师技术服务能力薄弱

由于大部分教师是从学校到学校，在企业、科研机构的实践较少，对相关行业发展动态了解不够，对专业领域技术更新认识不足，缺乏技术服务社会的意识，缺乏实用技术开发能力，在推进校企合作、产学结合的进程中尚有一定的困难，距高职院校对教师的要求还有一定的差距。

（4）教师专业知识和技能拓展机会少

在问卷调查数据中了解到，当前教师专业发展中问题较多的是，专业知识和能力拓展机会少的占 75.3%，教学能力提升途径单一的占 64%，教师缺少职业生涯规划的占 31.5%，可见需要提供专业知识和技能拓展的机会给教师，给教师提供良好平台，提升教学能力。

3. 中小学教师队伍存在的问题

（1）教师队伍总体数量不足。以秦安县为例，该县共有中小学教师 5880 人。其中高中教师 680 人，（城区高中 368 人，农村高中 312 人），按师生比标准计算（县镇高中按 1：13，农村高中按 1：13.5），高中需要教师 960 人，短缺 280 人；小学教师 3075 人，县镇小学按 1：21 的标准计算，农村小学按班均 1.9 标准计算，小学需要教师 4602 人，缺 1527 人；初中教师 2125 人，基本满足需要，目前全县共缺教师 1807 人。

（2）农村小学教师年龄偏大，学历低，知识结构老化。秦安县共有 50 岁以上的教师 1400 多人，其中大部分是民办教师转正的，大部分都在农村小学任教。由于这一部分教师学历低，知识结构老化，教法陈旧，直接影响农村孩子全面发展，影响基础教育的均衡发展。

（3）城乡、山区教师配置不均。城乡与乡镇、川区与山区存在严重的比例失调。突出表现为城区城郊、乡镇所在地及交通便利的部分学校教师相对较多，农村偏远山区教师严重短缺。

（4）学校、教师对继续教育工作认识不到位，不重视。一是校本培训没规划，忽冷忽热，不能达到规定课时要求，二是对县级以上培训敷衍了事，派出的培训教师专业不对口，个别学校的部分教师成为培训专业户。这种现象直接影响了新课改的顺利实施，也使得教师队伍素质的提高举步维艰。

（5）县聘代课教师的待遇依然偏低。2007 年秦安县委县政府在财政极其困难的情况下提高了他们的工资待遇，保证了部分偏远学校教学活动的正常展开。但待遇偏低的问题始终困扰着他们，"同工不同酬"问题增加了学校管理难度，影响了偏远学校教育教学质量的提高。

（6）缺少更专业的小学教师培训渠道。以前的小学教师都是在师范学校接受 3—4 年的教育，现在这些中专学校都被撤销或合并，尽管现在的毕业生学历提高了，但是适应小学的教育教学能力并没有明显提高，而且所学专业不能很好地发挥，很难适应现实的教育教学工作。

（7）行政部门对学校干预过多。校长、教师的招聘基本上都是县委和教育局说了算，学校权力有限，这就影响了学校校长和教师的专业化，出现了校长权利搁置、教师专业不对口等问题。

（8）新课改培训与农村教学条件不匹配。在参加培训的教师中，有很大部分教师进行了新课改培训，老师们表示在培训过程中觉得新课改理念很好，但是在实际教学过程中不能真正用于课堂教学，学校的硬件不具备，学生不能适应，教师由于压力大、事情多，没有时间和条件把握新课改理念。

（9）在教师招聘和流动上，小学教师主要是县里分配或者由其他学校调入，教师年龄偏大，女教师偏多，男女教师分配不均衡，山区教师、英语教师较缺乏。

4. 幼儿园教师队伍存在的问题

（1）幼儿园教师缺乏，技能不强。由于小学教师缺乏，上级把幼师专业的毕业生分配到小学，导致幼儿园没有教师。并且现有的幼儿园教师技能不强。

（2）缺少更专业的幼儿园教师培训渠道。以前幼儿园教师都是在师范学校接受3—4年的教育，现在这些中专学校都被撤销或合并，尽管现在的毕业生学历提高了，但是适应幼儿园的教育教学能力并没有明显提高，而且所学专业不能很好地发挥，很难适应现实的教育教学工作。

（3）在培养和发展方面，与公办幼儿园相比，民办幼儿园培训机会较少，上层对民办幼儿园关注过少，进而影响了民办幼儿园的发展。即使是民办幼儿园有参加市级的培训，但仍然以园本培训为主。

（4）在教师招聘和流动上，幼儿园教师缺乏，民办幼儿园教师不稳定，教师年龄上偏年轻化，学历偏低，业务技能偏低，女教师偏多，男女教师分配不均衡。在制度和管理上，幼儿园没有普及，经费和硬件都不足，这些问题亟待解决。

四　对策与建议

（一）高校教师队伍建设的对策与建议

由以上问题可以看出，高校教师尤其是青年教师的培养力度需进一步加大，其保障制度也需进一步完善。由此提出以下建议：

1. 教师教育队伍的人才培养建议

（1）通过培养、引进和转型三个渠道，建设一支以承担教师教育课程教学工作为主要任务的专业教师队伍，着力解决教师教育师资队伍建设中存在的结构性矛盾。

（2）定向培养措施。每年留出几个博士招生名额，定向培养学科教学方向的博士研究生，通过几年时间的不间断培养，学校定向培养的具有博士学位的教师教育专业师资达到一定名额。

（3）积极引进。面向国际国内人才市场，以优惠待遇条件吸引教师教育学科带头人，开展重大理论与实践问题的研究和关键领域攻关；引进教育部直属师范院校教师教育专业毕业、具有较大潜力的优秀博士研究生；面向基础教育一线教师队伍，采取柔性管理模式，遴选具有丰富经验和一定的学科教学理论研究成果、具备高级职称的实践型专家兼职从事教师教育的教学科研工作。

（4）促成转型。通过短期进修培训和实践锻炼，积极推动具备普通专业和教育学或心理学两种学历背景的在职教师转换发展方向。

2. 青年教师的培养建议

建议通过强化青年教师培养，提升青年教师科研能力、培养优秀青年学术骨干、为未来学科领军人才的成长搭建平台。通过设立青年教师教学、科研培育项目等措施，创造优秀人才脱颖而出的环境条件；通过支持攻读博士学位、分批次进修学习，整体提升青年教师学历层次、优化学缘结构；通过给任务、压担子，激发青年教师自我发展、自主提升的危机感、紧迫感。

（1）实施青年教师科研能力提升计划，提升青年教师整体科研水平和创新能力。大力培养具有独立科研能力和发展潜力的青年学术骨干，为青年学术领军人才的成长奠定坚实的基础。

（2）每年选一些在教学岗位上做出突出成绩的西部高校青年教师予以资助奖励，支持青年教师积极从事教学研究和教学创新。

（3）实施青年教师学历提高计划。国家或省政府每年选派一定名额的青年教师在职攻读博士学位，每年引进一定数量的"985"、"211"学校和著名科研院所应届博士毕业生来西部高校工作，使青年教师具有博士学位的比例得到提升。

3. 师资队伍国际化发展建议

师资队伍国际化成长能够提升师资队伍把握本专业领域国际前沿知识和信息动态的能力，提升国际交流合作和双语教学能力。因此，应通过选派留学、短期进修访学、与国外科研院所开展学术交流与合作、邀请海外知名专家讲学等多种途径大力提高西部高校师资队伍的国际化水平，使高校教师具有国外留学、研究经历的达到一定比例。

（1）设立国家公派、西部人才培养特别项目，每年选派教师出国攻读学位、进修访学。

（2）设立西部高校中青年教师留学基金，每年选派一定名额的中青年教学科研骨干到国外高水平的科研院所进修深造，提升教师国际学术背景和整体素质水平。

（3）启动双语教学师资培养，选派从事双语课程教学的教师赴国外学习相关课程，提高双语教学水平。

（4）实施海外学者讲学支持计划，由政府出资每年邀请一批国际知名专家学者来西部高校讲学，提高学校和教师国际学术交流能力。

4. 保障措施建议

（1）加强教师职业道德建设

把师德教育作为重要内容，贯穿在教师管理、培养的各个环节，贯穿在教师成长发展的各个阶段，引导广大教师继承扎根西部、艰苦奋斗的光荣传统。修订《教师职业道德规范》，突出对全体教师"奉公守法、爱岗敬业、严谨治学、尊重学生、为人师表、廉洁从教、团结协作"等方面的职业道德要求，引导广大教师树立正确的职业理想，模范遵守学术道德规范，自觉履行教书育人的神圣职责。加强教师业务培训。建立教师进修学习与日常培训、新聘期培训相结合的专业成长促进机制，引导广大教师自觉更新知识结构和教育理念，主动把握学科发展动态，主动进行科学研究和科技创新，以高水平的科学研究支撑高水平的教学。强化对新上岗教师的岗前培训，使他们熟悉学校的发展历史和发展定位，熟悉岗位职责和相关管理制度，缩短适应期。建立师德考核评价制度、师德问题劝诫制度和师德评价结果运用制度。把政治素质、道德品质作为教师资格认定和教师聘用的基本条件，作为年度考核和聘期考核的重要内容，纳入岗位职责和业绩评价体系。

（2）构建新型师资管理模式和激励约束机制

建立创新基地平台，构建汇聚和培养人才、优化资源配置、创造重大成

果的独立运行机制。实行学校直接领导下的首席专家负责制。创新基地平台
具有科研活动、人才培养和科技资源分配的自主权。首席专家在国内外公开
招聘，合同管理。实行创新基地平台人员准入制，通过平台招聘，将符合创
新基地平台建设目标、科研基础好、合作精神强的学术带头人和研究队伍引
进创新基地平台。创新基地平台实行以竞争和流动为核心的人事管理制度及
科学合理的分配激励制度。首席专家和研究人员实行年薪制，采用工资加创
新人才津贴的二元结构工资制度。打破人才部门和单位所有的壁垒，打破影
响团队形成和发展的制度壁垒，支持教师跨学院、跨单位组建创新团队，形
成优秀人才团队效应，带动教师队伍科研能力和协作精神的整体提升。创新
教师业绩评价体系，进一步完善校内津贴分配制度。坚持分类指导原则，按
照不同教师岗位类型、不同学科类型、不同专业类型，分类设计岗位职责和
业绩评价指标，确定相应的校内津贴发放标准；突出教师创造性业绩的权
重，加大对高水平科研成果、获奖和应用性成果的奖励力度。充分发挥职称
评聘的杠杆作用，按"科学评价为基础、岗位需要为前提、聘约管理为手
段"的原则，激励教师努力钻研业务知识，提高教育教学和科学研究能力，
在学校师资队伍学历普遍提升的情况下，逐步提高职称评审中的学历等
要求。

（3）营造稳定人才、干事创业的良好环境和氛围

创设尊重人才、鼓励创新、兼容并包、和而不同的学术环境，落实学校
领导密切联系高层次人才制度，扩大教师在办学治校方面的知情权和参与
权，让广大教师在参与办学的各项工作中享受事业发展的乐趣，感受主人翁
的自豪感和责任感。加大资金筹措力度，逐步提高校内津贴总量，增加教师
收入。加快青年教师公寓建设，改善中青年教师居住条件。关注教师健康，
对全体教师进行定期体检，精心组织系列体育活动，免费开放体育设施，组
织、引导教师积极锻炼身体。办好附属中小学和幼儿园，为广大教师子女提
供优质的基础教育服务。

（4）加大经费投入

由国家设立西部师资队伍建设专项基金，支持实施师资队伍建设。

（二）职业教育教师队伍建设的对策与建议

根据以上的职业教育问卷调查和访谈结果分析得出的问题，以及调研中
一些"当事人"的诉求，提出以下几点建议：

1. 拓宽师资来源渠道

着力解决师资问题是办好职业教育的关键。解决师资问题，首先，要寻找并发展更多的教师来源，职业学校教师不仅要有较高的理论水平，而且还应有极其丰富的实践经验。如果职业学校的教师仅仅依靠理工科学校培养，一方面，周期太长，难以满足中等职业学校的要求；另一方面，刚从学校毕业的学生缺乏一定的实践操作能力，短时间内很难承担起教学的重担。因此，职业学校要拓宽教师的来源与渠道，积极探索与企业联合，尤其是在农村的乡镇企业中发展一批技艺娴熟的或有特殊技艺的兼职教师。其次，要大力发展师资的在职培训。职业教育的变化性与适应性要求职业学校教师不断学习，更新知识结构，以使毕业生具备较强的就业能力。此外，还要大力发展师范类高职教育，以加大师资培养的力度。通过职业教育与成人教育的相互补充，可以形成以就业为导向的新的职业教育发展格局，为甘肃省经济发展提供人力资源保证。最后，建议对现有的职业中专教师进行公开选拔，对符合职业教育要求的教师予以录用。

2. 实施应用型专业师资建设计划，重新整合双师型专业师资队伍

通过引进、引智、转型、校企校地合作等渠道，建立起一支满足教学科研需求，具有应用型专业知识结构、学习或实践背景的高水平师资队伍。

（1）直接引进。吸引一批具有博士学位、实践经验丰富，又能胜任教学工作的实践型人才补充到相关专业师资队伍中。同时，从国内外科研院所选留一定数量、相关专业的硕士（尤其是具有相关专业资质、执业资格和专业技术职务任职资格）以上应届毕业生来职校工作。

（2）采取柔性管理模式，面向社会聘任相关专业的实践型专家兼职从事应用型专业的教学工作。

（3）推动转型。遴选相近专业方向的在职教师，鼓励他们转换专业发展方向，通过短期进修、考取相关的资格证书等途径转为应用型专业师资。

（4）加强校企、校地合作，扶持应用研究创新，提高应用型专业教师的科技创新能力。

3. 加大人事制度改革力度

（1）职业院校教师编制卡得太死，国家要增加高职院校教师的编制。

（2）高职院校应根据企业要求，设置专业。

（3）国家对职业院校教师的学历不应要求过高，学历过高往往不实用。

（4）国家在财政和政策上要支持职校办企业，给予一定空间。

（5）应加大教学单位对教师的管理力度，使考核工作更能如实反映一线教师的工作实绩，真正发挥考核的作用。

（6）制定以教学质量和专业实践能力为标准的职务聘任办法。采用低职高聘、高职低聘、重聘后考核等方式来促使人才脱颖而出。加大内部分配制度改革力度，建立健全与教师学术水平、履行职责和实际贡献相适应的津贴发放制度，合理拉开收入差距。完善考核管理制度，以实际业绩为依据，细化量化考核内容，将考核与评聘、奖惩有机结合，增强考核的针对性、可行性和有效性。

（7）实施职业教育教师人事制度改革，按需设岗，适当提高贫困县职业教育教师的职称比例，调动教师的工作积极性。

4. 增加经费投入，加强师资培养

（1）政府应进一步加大高职院校师资队伍建设投入，设立引进高层次人才、专业带头人、骨干教师培养与奖励等专项经费。在课题研究项目、技术服务、产学结合等方面加大资金投入力度，实质性推动师资队伍的建设和发展。

（2）国家要进一步增大对西部贫困地区的职业教育投资，缓解教师短缺的矛盾。

（3）加大对职业学校教师培训管理的力度，增加培训经费。从调查的数据中，我们可以看出，绝大多数的中职教师都赞同无企业经验的新任专业教师先到企业锻炼、要加强师资培训基地学校建设、开展在职培训。在职教师师资培训基地在一定程度上可以缓解中等职业学校专业课和实习指导教师数量不足的压力，造就一批优秀的"双师型"教师，因此应大力发展在职教师师资培训基地。

5. 完善激励机制

在中等职业学校教师管理方面，提高待遇，调动他们的工作积极性。要在保障中职学校教师基本工资待遇的前提下，将教师收入与学校发展、所聘岗位及个人贡献挂钩，充分发挥收入分配的激励作用，按照国家规定和工作部署，建立教师医疗、养老保险等社会保障制度。

（三）中小学教师队伍建设的对策与建议

1. 加大对中小学教师培训管理力度，适当增加培训经费。要制定一套教师继续教育成绩与职务晋升、评选优先等相结合的规范性文件，对不积极参加继续教育的教师、不重视教师培训的学校要有一定的处罚措施。努力打造一支学习型教师队伍，加强教师质量建设。

2. 国家要进一步加大对贫困地区的投资，加大教育布局调整力度。将不足百人的小学按教育布局调整方案予以撤并，整合教育资源，合理配置教师，缓解教师短缺的矛盾，促进教育公平发展。

3. 妥善解决代课教师问题，稳定教师队伍。建议对现有的县聘代课教师公开选拔，对合格的予以录用，提高待遇，对不能录用的一次性进行安置。

4. 积极稳妥地推进中小学教师人事制度改革，按需设岗，按岗聘任，适当提高农村中小学教师的职称比例。调动广大教师的工作积极性。

5. 适度增加教师编制，减少教师工作量。上级编制部门应及时增加和调整教师编制，保证教师数量、优化学校的教师配置结构。当然，在"应试教育"短时间内还无法从根本上改变的环境下，如何切实减轻中小学教师的工作量问题仍是一项艰巨的任务。从生师比的角度来衡量教师编制，未必符合我国国情，我们应加大中小学的小班化教学比例，加强教师的因材施教性。为此，在区域经济承受的范围内，适度增加教师编制是必要的，也是可行的。从访谈及座谈情况来看，中小学教师普遍认为目前编制过紧，这直接导致了教师的工作量加大。加上教师学科结构性问题，使得许多教师身兼数门学科，工作量远远超标，严重影响教师的身心健康。

6. 稳步提高教师待遇，留住优秀人才从教。在访谈中，普遍发现秦安县教师对工资待遇有很大的意见，尤其农村教师和代课教师工资非常低，这也成了一些优秀师资大量从农村流失的一个主要原因。中小学教师的工作量和压力相当大，但是教师的工资水平较其他行业相对比较落后，从而在心理上形成一定的落差。因此教育行政主管部门要加大经费投入，稳步提高教师的福利待遇，逐步打消一些优秀教师外调的念头，防止优秀师资的外流。

7. 出台相关措施，大力引进外来优秀人才。考虑到该地优秀教师缺乏这一现状，教育行政部门可考虑出台相关优惠措施，从外市乃至外省引进优秀教师或特级教师，发挥教育科学研究和教学等方面的引领作用，充实现有师资队伍。

8. 打破原有的教师培训体系，分层次、分类别培训师资队伍。建议教育行政部门对全县教师进行合理规划，分层次、分类别地进行针对性培养，改革原有的以校本培训为主的模式，委托高校进行理论素养的专业提升，也可外派至优秀学校挂职锻炼与交流。

9. 广泛利用宣传媒体，营造良好的尊师重教氛围，提升教师的社会地位。访谈和问卷都发现教师普遍感觉自身社会地位低，因此，教育行政部门可以运用广播、电台、报纸、电视、网络等各种媒体，宣传学校开展的各种活动和优秀教师的教学先进事迹，讨论相关政策的执行情况，让广大家长了解教师、了解学校、了解教育，营造尊师重教的良好氛围，切实提高教师的社会声誉。

（四）幼儿园教师队伍建设的对策与建议

1. 应出台相关政策，保证幼儿园与基础教育单位有相等的地位。从访谈看，幼儿园教育不普及，有很多地方尤其是农村没有幼儿园，这就需要国家的政策支持，为幼儿园提供发展空间。另外，被访谈的一位园长表示，小学占用了幼儿园教师的名额，致使幼儿园教师缺乏，所以应让幼师回到幼儿园，保证幼儿园教师的质量。

2. 使民办幼儿园与公办幼儿园有相等的地位。民办幼儿园同样承担着教育的任务，所以在制定有关制度及开展培训时，应确保民办幼儿园的权利。

3. 稳步提高教师待遇，留住优秀人才从教。在访谈中，幼儿园教师普遍反映教师工资待遇偏低，致使大部分教师流失，使得幼儿园教师极不稳定，因此教育行政主管部门要加大经费投入，稳步提高幼儿园教师的福利待遇，逐步打消一些优秀教师外调的念头，防止优秀师资的外流。

4. 建立更专业的幼儿园教师培训渠道。在增加培训经费的基础上，建立专业的教师培训渠道，强化教师教学技能培训。与高校合作，提升教师的理论知识，培养优秀教师和专家教师。同时，加强与兄弟学校的教师交流，在有条件的情况下，选送优秀教师到其他学校或省外进行交流。

五　结语

新中国成立 60 年来，甘肃教育事业伴随着共和国前进的步伐走过了一段辉煌的发展之路。在党和国家的领导下，甘肃一代又一代教育工作者，发扬"人一之、我十之，人十之、我百之"的甘肃精神和陇原儿女吃苦耐劳、艰苦奋斗的优秀品格，用 60 年的伟大实践走出了一条"穷省办大教育"的成功之路。目前，甘肃省义务教育取得了巨大成就、中等职业教育得到跨越式发展、高等教育进入大众化发展阶段、民族教育日益发展壮大、民办教育异军突起、各级各类学校办学条件发生了翻天覆地的变化。

但由于甘肃地处祖国大西北，长期以来，由于自然环境、政策等多方面原因，社会经济相对落后，人口素质相对偏低。目前，全省人均受教育年限只有6.5年，远低于全国水平。甘肃省教育，特别是与社会经济发展联系最为直接的职业教育，其布局不尽合理，层次和专业结构不能适应地方经济发展的要求，办学质量相对不高，办学规模较小等，这些问题已成为制约甘肃省教育自身发展和经济发展的瓶颈。从这次调研活动中，我们亦可寻找到我国师资队伍建设的共性问题，这是国家制订和实施《国家中长期教育改革和发展规划纲要》需要认真对待的客观现实：

1. 教师待遇较低，特别是农村中小学、幼儿园教师以及中等职业学校和部分民办学校教师。通过这次调研，教育的基层工作者普遍呼吁要提高教师的相关待遇，以此减轻生活压力。农村教师的生活压力大，工作环境不利，不但有普通中小学教师的一般性压力，还有极大的安全压力和职业恐慌。所以普遍提高教师的待遇，使个人所得税、薪酬设计等方面教师全部收入实质性等同于当地公务员待遇，并略高于公务员待遇，使社会优秀分子进入教师队伍；同时，也要提高教师的政治地位和社会地位，使他们更加有尊严地生活和工作，这也会大大激发工作的热情和积极性。

2. 教师编制设置不合理，职业院校教师编制卡得太紧、学历要求偏高，不能满足职业院校对实践型人才的需求；需着重解决农村地区和边远山区教师缺编和结构性短缺的现实性难题；出台相关政策，增加贫困地区的特岗教师。教师职称评定问题上也还存在很多弊端，尤其农村教育存在严重不公平问题，上级各部门应该倾听教师们的呼声，及时制定和完善相关制度和政策，完善管理，尽力解决教师的后顾之忧，使之把全部身心能投入到教学中去。

3. 中小学校长的专业化程度不高。县委拥有校长任命权，从而影响了校长的专业化；教师主要由市、县教育局分配，学校领导没有考核与分配自主权，教师的管理权应下放。应按工作需求设置岗位，以利于做到按需施教，弥补人才的空缺。

4. 应利用政策杠杆和经济杠杆，促进人才的合理流动，避免人才单向流动或恶性流失的现象。目前西北地区高校教师的流动频率较高，人才外流现象普遍。应搭建良好的学术平台，营造良好的学术氛围，做到"人尽其才"。通过实施鼓励性政策，改变教师们"人往高处走"的传统观念，扎根于西部的高教事业。农村教师流动处于停滞状态，基本没有合理流动，受政府控制太严。对于偏远的山区学校，基本没有新增加的教师。对于农村、山区中小学教师的普遍性缺乏问题，应大力推进城市教师支教、对口支援、送教下乡等实质性工作的开展，而不是局限于形式上的支教。同时要强化高校毕业生定期服务农村制度，并扩大免费师范生政策；出台农村免费师范生的定向培养政策，提高农村免费师范生的补助和待遇，并在享受国家免费师范教育的同时履行一定的义务，强制性地要求来自农村的免费师范生回到原籍从教，城市免费师范生需到农村从教一定年限。

5. 加强职业院校和中小学教师的培训工作，职后培训尤其重要。老师反映培训时所听的课不适应农村学校，对待农村和山区学校的教师培训要有针对性，按需施训，而不是盲目地进行培训、走形式。加强高师院校教师定期下中小学培训的制度，规定年均下中小学的时间，并计入工作考核指标体系。强化职业院校"双师型"教师培养基地的建设，对于规模性培训师资的企业给予税收上的优惠或其他政策的奖励，使企业愿意接收并主动与学校合作。加强高等院校教师的国际化培养，增加优秀教师出国培训的机会，健全高校教师培养机制。

6. 在学前教育阶段，教师结构有待调整，应适度增加男性幼儿教师比例。要增加幼儿园教师的在职培训，提高幼儿园教师的福利待遇，给予幼儿教师一定的事业编制，鼓励他们为西部教育事业打好基础。我们提出的关于促进幼儿教师队伍建设的政策方面的建议，得到了幼儿园教师的广泛支持，其中，建立幼儿教师发展基地、出台学前教育法、师范大学直接培养一线幼儿教师等意见的支持率较高。

7. 调研结果显示，教师们一致强烈要求给予"公务员"法定角色，期望教师的法律角色能像公务员那样。因此，国家应适当考虑教师们的这一强烈愿望，这对强化教师的职业忠诚度和职业信仰，提升教师的职业幸福指数是非常有帮助和非常有必要的。

8. 目前，甘肃省的民办教育发展相对落后，步伐缓慢，与公办学校相比，民办学校参训机会比较少，可能上级教育行政部门对民办学校不如公办学校重视。建议能够给民办学校充分的发展机会，使民办学校和公办学校能共同为教育事业作贡献。政府对民办学校要给予政策上和经济上的配套支

持，比如免税政策、财政支助政策等，对于非营利性民办学校的教师要给予
与公办学校教师完全一致的待遇，促进民办教育健康、有序地发展。

9. 健全教师资格证书制度，提升教师准入门槛，严把教师入口；加强
教师的师德素质教育，提升教师的敬业精神。加强有利于教师成长的绩效考
核制度，真正体现教师的劳动价值；另一方面，在教师考核制度上，应更有
弹性。

温家宝总理说："教育大计，教师为本。"一个国家有没有前途，很大
程度上取决于这个国家重视不重视教育；一个国家重视不重视教育，首先要
看教师的社会地位。我们要继续发扬中华民族尊师重教的优良传统，不断提
高教师的政治地位、社会地位和生活待遇，把广大教师的积极性、主动性、
创造性更好地发挥出来。让教师成为全社会最受人尊敬、最值得羡慕的职
业。加强西部教师队伍建设对国家整体教育水平的提高，对全民族素质的提
高有着不容忽视的作用，能使广大教师安心地扎根于西部的广阔土地，为祖
国西部的教育事业奉献青春和热血！

调研方案

为了解我国教师队伍建设的现状和存在问题，提出解决问题的对策建议，配合《国家中长期教育改革与发展规划纲要》的制定，加强我国教师队伍建设，特制定如下调研方案和计划。

一、调研目的

本次调研的目的，是要系统、客观地了解、把握我国教师队伍（包括幼儿园、小学、初中、高中（中职）、高等学校、特殊教育学校）的现状和存在问题，为加强和改善教师队伍建设，培养高素质师资力量，提供有价值的参考资料，为相关职能部门制定有关政策提供对策性建议。

二、调研内容

（一）调研的基本框架和内容

本次调研的内容主要有三个层面，一是当前我国教师队伍建设的现状，二是当前我国教师队伍建设存在的突出问题，三是加强和改善我国教师队伍建设的政策建议。具体而言，包括如下几个方面：

1. 我国幼儿教师队伍建设的基本现状、突出问题与应对策略；
2. 我国小学教师队伍建设的基本现状、突出问题与应对策略；
3. 我国初中教师队伍建设的基本现状、突出问题与应对策略；
4. 我国高中（中职）教师队伍建设的基本现状、突出问题与应对策略；
5. 我国高校教师队伍建设的基本现状、突出问题与应对策略；
6. 我国特殊教育学校教师队伍建设的基本现状、突出问题与应对策略。

（二）调研重点

本次调研将在兼顾全面的基础上，着力突出我国教师队伍建设的重点内容，即农村教师队伍建设问题，尤其是提高农村教师素质问题。具体包括如下几个方面：

1. 当前我国幼儿园教师特别是农村幼儿园教师的素质、待遇等存在的突出问题，提高幼儿园教师尤其是农村幼儿园教师素质，促进其专业发展的对策；

2. 当前我国农村小学教师的素质、待遇等存在的突出问题，提高农村小学教师素质，促进其专业发展的对策；

3. 当前我国农村初中教师的素质、待遇等存在的突出问题，提高农村初中教师素质，促进其专业发展的对策；

4. 当前我国农村高中（中职）教师的素质、待遇等存在的突出问题，提高农村高中（中职）教师素质，促进其专业发展的对策；

5. 当前我国高校教师的专业素质等存在的突出问题，促进高校教师专业发展的对策；

6. 当前我国民办学校教师的素质、待遇等存在的突出问题，提高民办学校教师素质、待遇等的对策。

（三）调研分析的主要指标和视角

1. 教师队伍建设情况的调研指标主要有：性别结构、年龄结构、职称结构、学历结构、师生比、学科分布、素质状况、培训情况等；

2. 教师队伍建设情况调研分析的视角主要有如下几个方面：

（1）教育层次，区分为幼儿园、小学、初中、高中（中职）、高等学校；

（2）教育类型，区分为普通教育、职业教育和特殊教育；

（3）学校性质，区分为公办学校和民办学校；

（4）区域差异，区分为东部地区、中部地区和西部地区；

（5）城乡差异，区分为城市（县城及以上）和农村（县城以下）。

三、调研对象

本次调研的对象，主要包括教师群体、学校校长、教育行政部门领导和工作人员、地市县教研员等，以期从不同方面、立体式地了解、把握当前教师队伍建设的现状和存在的突出问题，以及解决这些问题的应对策略。同时，在调研对象抽样时，兼顾考虑教育层次、教育类型、办学性质、城乡差异、区域差异（东中西部）、性别结构、年龄结构、职称结构、学历结构等。调研对象的具体特征分布如表3－1：

表3－1　　　　　中国教师队伍建设调研对象及其特征分布

	教育层次	教育类型	办学性质	城乡差异	区域差异	性别结构	年龄结构	职称结构	学历结构	学科分布
教师	√	√	√	√	√	√	√	√	√	√
学校校长	√	√	√	√	√					
教育行政部门领导及工作人员、教研员				√	√					

四、调研方法

本研究主要是通过系统的问卷调查与访谈、座谈的方法，并辅以系统的文献资料的梳理与分析，了解我国教师队伍建设的整体现状和当前存在的突出问题，以作为今后我国加强教师队伍建设的基础。

1. 文献法

对国内外特别是我国教师队伍建设研究的已有文献著述进行系统的检索、整理和分析，包括对能反映我国教师队伍建设状况的相关统计年鉴的摘录整理。旨在从文献和数据资料层面，总体上把握我国教师队伍建设的成就、现状、问题和对策，重点梳理和借鉴已有教师队伍建设实证研究的技术手段、研究计划、调研方案、研究工具（问卷、量表、访谈提纲……）等，从而为本专题调研设计编制相关问卷和访谈提纲，提供文献支持。

2. 问卷法

运用设计编制的调查问卷或量表，对不同教育层次、不同教育类型和不同办学性质学校的教师群体进行问卷抽样调查，旨在了解把握我国教师队伍建设较为宏观和面上的有关情况。另外，问卷调查过程中，将设计专门的教师队伍建设现状的统计数据预约采集表。

3. 访谈法

根据预先设计的访谈提纲，通过一对一深度访谈和小组座谈等方式，从微观和个体层面，对我国教师队伍建设存在的突出问题和应对策略等进行深入挖掘与分析，倾听受访者的真实想法、真心呼吁，为切实加强教师队伍建设提供最真实、原汁原味的数据、材料支撑。

根据不同调研对象和调研内容，专题调研将采用不同的调研方法组合。

具体设计如表 4 - 1：

表 4 - 1　　　　　　　中国教师队伍建设调研方法设计组合情况

		文献	问卷	访谈	座谈	统计数据预约采集
我国教师队伍建设总体情况（统计数据分析）		√				
已有研究的技术手段、研究工具及其进展		√				
教师			√	√	√	
学校校长					√	
教育行政部门领导及工作人员、教研员	省教育厅（教委）			√		√
	地级市教育局			√		√
	县教育局			√	√	√

五、调研计划与实施步骤

调研计划与步骤主要分为前期文献研究与问卷、访谈提纲设计编制，抽样进行问卷调查和实地走访（访谈、座谈、数据预约采集），统计整理分析数据资料和撰写综合调研报告，提交研究报告等四个阶段。

（一）文献研究与问卷、访谈提纲设计

这一阶段的主要任务，是查阅、收集和整理文献，并在文献研究基础上，设计编制相应的调查问卷和访谈提纲。

1. 文献查阅梳理的主要内容

（1）《国家中长期教育改革与发展规划纲要》调研制订过程中，组织开展的有关中国教师队伍建设研究的专题研究情况，如研究的目的、重点内容、思路、方式方法、研究取得的进展等。

（2）我国教师队伍建设的现状、问题与对策。将教育层次作为文献研究的基本线索，在区分了不同教育层次教师队伍建设的基础上，再分析比较各个调研指标在不同教育类型、不同区域分布、城乡分布、不同办学性质学校等方面的现状、存在的突出问题等。

（3）已有教师队伍建设研究中所采用的调查问卷（量表）和访谈提纲等。

2. 需要设计编制的调查问卷和访谈提纲

（1）调查问卷

本研究主要对教师进行问卷抽样调查，包括幼儿教师问卷、中小学教师问卷、职业教育教师问卷和各类学校校长问卷，各问卷的内容、指标基本相同，并根据不同群体稍作调整。

（2）访谈提纲

①教师访谈、座谈提纲，包括适用于幼儿教师、小学教师、初中教师、高中（中职）教师的相应访谈提纲，各访谈提纲的内容、指标基本相同，并根据不同群体稍作调整；

②学校校长访谈、座谈提纲，包括适用于幼儿园、小学、初中、高中（中职）学校的相应访谈提纲，各访谈提纲的内容、指标基本相同，并根据不同群体稍作调整；

③教育行政部门领导及工作人员、教研员访谈；

④高校相关部门负责人访谈提纲，可涉及人事部门、教务部门、科研部门等。

（二）问卷抽样调查与实地调研

本阶段的主要任务，是运用设计好的调查问卷和访谈提纲，实施问卷抽样调查和深入实地的访谈与座谈，并向当地教育主管部门预约采集有关当地教师队伍建设情况的统计数据。根据国情，我们选取天津、吉林、江苏、浙江、河南、贵州、甘肃等7个省（市）作为调研的区域样本。

1. 问卷抽样调查

（1）问卷调查的抽样

问卷调查的对象为各级各类学校的教师和校长（不含高校）。具体抽样区域框定在调研省（直辖市）的各级各类学校的教师和校长。以单个省为例，具体抽样见表5-1、5-2：

表5-1　　　　　　　　　　问卷调查的教师抽样分布

		幼儿园	小学	初中	普通高中	职业高中	普通中专	技工学校	合计
城市	公办学校	40	40	40	40				
	民办学校	40	40	40	40	120	120	120	1000
农村	公办学校	40	40	40	40				
	民办学校	40	40	40	40				
合计		160	160	160	160	120	120	120	1000

表 5 - 2　　　　　　　　　**问卷调查的校长抽样分布**

		幼儿园	小学	初中	普通高中	职业高中	普通中专	技工学校	合计
城市	公办学校	18	18	18	9				
	民办学校	18	18	18	9	15	15	15	297
农村	公办学校	18	18	18	9				
	民办学校	18	18	18	9				
	合计	72	72	72	36	15	15	15	297

（2）问卷调查实施和基础数据采集

调查采取两种方式：①调研组到达当天，将调查问卷和具体的抽样及发放要求交给所在省（市），而后在调研组展开实地走访的同时，由所在省（市）根据抽样和发放要求，负责发放和回收调查问卷，并于调研组返程后的两周内，以特快方式寄回给调研组。②在座谈会期间，依据参加座谈的人员类型发放问卷，当场填写、当场回收。

教师队伍建设情况的基础数据统计表（分全省、省城以外的某一地级市、上述地级市下属的某一个县三个层次），由所在省（市）负责组织人员填写，并于调研组返程前交调研组带回（若来不及填写，则与问卷一起于调研组返程后两周内寄回）。基础数据统计项目与指标见表 5 - 3。

表 5 - 3　　　　　　　　**教师队伍建设情况的基础数据统计项目与指标**

	城市和农村分布	普通和职业教育分布	公办、民办学校分布	性别分布	年龄分布	职称分布	学历分布	师生比
幼儿园	√		√	√	√	√	√	√
小学	√		√	√	√	√	√	√
初中	√		√	√	√	√	√	√
高中（中职）	√	√	√	√	√	√	√	√
高校		√		√	√	√	√	√
特殊教育				√	√	√	√	√
合计	√	√	√	√	√	√	√	√

2. 实地走访调研

（1）访谈、座谈的抽样

访谈和座谈的具体安排如下：省教育厅（教委）一级，深度访谈人事处长或熟悉师资队伍建设工作的相关处室负责人 1 位，并深度访谈普通高校和高职院校人事处长各 1 位（有条件的可以再访谈相应的教务处、科研处负责人）；地级市教育局一级，深度访谈人事处长或者熟悉师资队伍建设工作的相关处室负责人 1 位；县教育局一级，一是深度访谈分管人事工作的副局长或熟悉师资队伍建设工作的相关科室负责人 1 位，二是召开各级各类学校校长座谈会，校长约 29 人，并深度访谈 6 位校长（普通高中、职业高中、普通中专、技工学校、初中、特殊教育学校各 1 位）；乡镇一级，组织召开各级各类学校教师座谈会，教师约 29 人，同时深度访谈 3 位校长（初中 1 位、小学 1 位、幼儿园 1 位），深度访谈 8 位普通教师（普通高中、职业高中、普通中专、技工学校、初中、小学、幼儿园、特殊教育学校各 1 位）。具体抽样见表 5－4、5－5。

表 5－4　　　　　　　　访谈的抽样分布（以单个省为例）

	省教育厅相关领导	高校人事领导（普高、高职各1）	地市教育局相关领导	县教育局相关领导	普通中专校长+教师	职业高中校长+教师	普通高中校长+教师	技工学校校长+教师	初中校长+教师	小学校长+教师	幼儿园园长+教师	特殊教育学校教师	合计
人数	1	2	1	1	1＋1	1＋1	1＋1	1＋1	2＋1	1＋1	1＋1	1	21

表 5－5　　　　　　　　座谈的抽样分布（以单个省为例）

		普通高中		职业高中		普通中专		技工学校		初中		小学		幼儿园		特殊教育	合计
		民办	公办	民办	公办	民办	公办	民办	公办	民办	公办	民办	公办	民办	公办		
校长座谈会（县级）	城市	1	1	1	1	1	1	1	1	1	1	1	1	1	1	1	15
	农村	1	1	1	1	1	1	1	1	1	1	1	1	1	1		14
	合计	2	2	2	2	2	2	2	2	2	2	2	2	2	2	1	29
教师座谈会（乡镇）		2	2	2	2	2	2	2	2	2	2	2	2	2	2	1	29

（2）实地走访调研实施程序

①在国务院参事室向各调研省（直辖市）发出机要函，各省（市）确定专门负责接待和协助组织调研的处室和负责人后，调研组事先与调研省（直辖市）指定单位和负责人取得联系，告知对方详细的调研方案和实施计划，并在充分征求对方意见的基础上，商定具体的操作性方案和具体行程安排。

②根据商定的既定行程走访各省（直辖市）教育厅（教委）。一方面联系教育厅（教委）分管教师队伍建设的人事部门负责人（或者熟悉师资队伍建设工作的相关处室负责人）进行面对面的深度访谈，并获取全面反映该省（市）近三年教育事业发展状况的统计资料；另一方面，在省教育厅安排下，走访普通高校和高职院校各1所，同该高校人事部门的领导进行面对面深度访谈，如果条件允许，则可以再联系高校教务处、科研处相关负责人进行深度访谈。

③到各省（直辖市）下属的一个地级市（省城以外）教育局进行调研。一方面，联系教育局分管教师队伍建设的领导（或者熟悉师资队伍建设工作的相关处室负责人）进行面对面的深度访谈；另一方面，获取全面反映该地市近三年教育事业发展状况的统计资料。

④到各省（自治区、直辖市）上述地级市下属的县教育局进行调研。第一，联系县教育局分管教师队伍建设的领导（或者熟悉师资队伍建设工作的相关科室负责人）进行面对面深度访谈；第二，在县教育局的组织安排和召集下，组织召开关于该县教师队伍建设情况的校长座谈会，参加人员包括县教育行政部门领导、相关直属单位（教研室）负责人、各级各类学校校长；召开座谈会时，发放校长问卷，当场填写回收；第三，联系6位校长进行访谈，普通高中、职业高中、普通中专、技工学校、初中、特殊教育学校校长各1位；第四，获取全面反映该县（市）近三年教育事业发展状况的统计资料。

⑤到上述县（市）所属的一个乡镇进行调研，组织召开各级各类学校教师座谈会。座谈会期间，向教师发放教师问卷，当场填写并回收。同时，联系3位校长进行深度访谈，初中、小学和幼儿园各1位；并联系8名一线教师（普通高中、职业高中、普通中专、技工学校、初中、小学、幼儿园、特殊教育学校各1位）进行一对一深度访谈，具体了解他们对于加强教师队伍建设的想法和建议。

（三）调研数据资料的统计整理分析和专题调研报告撰写

1. 数据资料统计与分析

（1）调研组对集中回收的问卷进行整理审核后，录入数据，并进行统计学分析。

（2）调研组对从各省（自治区、直辖市）获取的教师队伍建设统计数据，进行整理、分析，依据调研指标和分析视角，制作相关数据图表。

（3）各个专题调研小组对通过实地访谈与座谈获取的一线资料进行归纳、整理和分析。

2. 各个专题调研小组根据各省问卷调查的具体统计结果和实地调研所获取的原始资料，撰写本调研省份教师队伍建设现状、问题、对策的专题调研报告。

3. 9月底召开各专题调研报告交流会。

（四）撰写并提交综合研究报告

1. 调研组对各省教师队伍建设的调研报告进行汇总，并以此为基础，结合全国教师队伍建设情况和面上数据的统计分析，组织撰写中国教师队伍建设专题调研的综合性调研报告。

2. 向国务院参事室提交综合研究报告，并作为附件一并提交各省专题调研报告、实地调研的影像资料光盘、各类附录（包括问卷、访谈提纲等）。

六、调研组成员及实地调研分组安排

学校成立中国教师队伍建设调研领导小组，由主要领导任组长。同时，根据调研内容和具体实施计划，具体设置7个专题调研小组，每个专题调研小组由2名教师和2名研究生组成。具体名单如下：

（一）领导小组

组　　长：梅新林、吴锋民

副组长：杨天平、蔡志良、周跃良、张振新

成　　员：蔡　伟、陈明昆、万秀兰、张天雪、周国华、刘迎春、钱旭升、吴民祥、徐长江、董光恒、孙炳海、童志斌、王宪平、方海明、单　敏

研究生12人

（二）专题调研小组（打 * 的为小组组长）

1. 天津调研组：张天雪*、王宪平、王　慧、张晓洁；

2. 吉林调研组：徐长江*、刘迎春、廖小安、王甲平；

3. 江苏调研组：万秀兰*、孙炳海、郭　仕、杜光强；

4. 浙江调研组：蔡　伟*、杨光伟、王汉乐、孙　娇；

5. 河南调研组：陈明昆*、童志斌、李　森、龙　朝；

6. 贵州调研组：吴民祥*、董光恒、谢小芹、黄　贝；

7. 甘肃调研组：钱旭升*、周国华、张凌南、刘　珊。

调研问卷

一、幼儿园教师队伍建设调查问卷（教师卷）

尊敬的老师：

您好！本次调查受国务院参事室委托，旨在了解我国当前幼儿教师队伍建设的现状与问题，为国家制定教师队伍建设相关政策和制度提供决策参考。请您认真如实填写，不必署名。填写问卷，将耽误您大约十五分钟的宝贵时间。在此，感谢您的积极支持！

中国教师队伍建设调研组

2009 年 8 月

本问卷由五部分组成，每部分有若干判断，请您在认为合适的选项上打"√"。

（一）个人基本资料

1. 您的性别：○男　　○女

2. 贵园所在地：_____省_____市_____县（区）

3. 您的教龄：○3 年及以下　○4—6 年　○7—25 年　○26—33 年
　　　　　　　○33 年以上

4. 您目前的职称：○小学三级　○小学二级　○小学一级
　　　　　　　　　○小学高级　○中学高级　○无职称

5. 您任教的地区：○省城　　○地级或县级城市　　○乡镇（含山区）

6. 您所在幼儿园的性质：○公办（教育部门和集体办）　○民办
　　　　　　　　　　　　○其他部门办

7. 您的学历：○高中阶段以下　　○高中阶段　　○专科　　○本科

　　　　　　　○硕士　　○博士

8. 您是否是园长：○是　　○否

9. 您是否拥有幼儿教师资格证书：○是　　○否

10. 您目前的身份是：○在编教师　　○兼职教师　　○代课教师

（二）单选问题

11. 您认为教师的法律角色应该是：

A. 公务员　　　　　　　B. 维持现状　　　　　　C. 其他_____

12. 您认为教师资格认证年限应为：

A. 终身只认证一次　　　　　　　　　B. 五年认证一次

C. 八年认证一次　　　　　　　　　　D. 说不清

13. 您认为幼儿教师政策中最需要健全和完善的是：

A. 教师培训政策　　　B. 教师待遇政策　　　C. 城乡教师差异政策

D. 教师聘用与考核问题　　E. 其他_____

14. 您认为在幼儿教师管理方面最为缺乏的手段是：

A. 法律手段　　　　B. 行政手段　　　　C. 经济手段

D. 思想教育手段　　E. 其他_____

15. 您认为今后幼儿教师应达到的最低学历为：

A. 专科　　　B. 本科　　　C. 硕士　　　D. 其他_____

16. 您现在的周工作量（以教学课时计算）：

A. 26 节以上　　　B. 21—25 节　　　C. 16—20 节

D. 11—15 节　　　E. 10 节以下

17. 近三年来，您参加专业培训的时间累计是多少？

A. 三个月及以上　　　B. 一到两个月　　　C. 三周及以下

D. 未培训过

18. 您参加培训的主要原因是什么？

A. 职称晋升要求　　　B. 教学需要　　　　C. 自我充电

D. 领导要求　　　　　E. 其他_____

19. 园所领导对教师参加培训的态度如何？

A. 很支持　　　B. 支持　　　C. 不支持　　　D. 因人而异

20. 您认为在职幼儿教师培养最有效的形式是什么？

A. 学历提高　　　B. 短期培训　　　　C. 学、教、研相结合

D. 其他＿＿＿＿＿

21. 您所在园所教师参加培训的积极性如何？

A. 很高　　　B. 较高　　　C. 一般　　　D. 很低　　　E. 没有

（三）多选问题

22. 您认为当前幼儿教师观念系统中存在的主要问题是：

A. 缺少对事业的忠诚　　　B. 缺少教育理想　　　C. 教育观念落后

D. 师德存在问题　　　E. 其他＿＿＿＿＿

23. 当前幼儿教师专业发展中问题较多的是：

A. 专业知识和技能拓展的机会少　　　B. 教学能力提升的途径单一

C. 教师缺少职业生涯规划　　　D. 学历提高的机会难得

E. 上述情况都不存在

24. 您获取有关教学信息通常的途径是：

A. 互联网　　　B. 电视　　　C. 报纸　　　D. 专业杂志

E. 电子期刊　　　F. 其他＿＿＿＿＿

25. 您认为激励幼儿教师成长的有效手段有：

A. 提高社会地位　　　B. 提高经济待遇　　　C. 完善制度

D. 科学管理　　　E. 严格准入和淘汰机制

（四）点式问题

26. 请对下列情况进行判断：

	完全符合	基本符合	说不清	基本不符合	完全不符合
我经常受到教育信仰、教育观念和师德方面的教育	○	○	○	○	○
我在工作中具有极大的教育教学成就感	○	○	○	○	○
我对自己的工作行为有着强烈的反思倾向与能力	○	○	○	○	○
园所并不重视我们的专业成长	○	○	○	○	○
园所注重教师间的知识共享，以此促进教师专业发展	○	○	○	○	○
我具有扎实的保育知识和保育技能	○	○	○	○	○
我具有良好的幻想能力和天真的想法，与孩子同思同乐	○	○	○	○	○
我能将先进的学前教学理论应用于实践	○	○	○	○	○

续表

	完全符合	基本符合	说不清	基本不符合	完全不符合
园所对待所有教师的政策是公平且有绩效的	○	○	○	○	○
园所对教师的教学帮助是令我满意的	○	○	○	○	○
园所为我提供了良好的工作条件与环境	○	○	○	○	○
园所很注重教师团队建设	○	○	○	○	○
我对自己的全年收入很不满意	○	○	○	○	○
我经常担心下岗，有职业恐慌	○	○	○	○	○
我的工作压力巨大，影响自身的健康与专业发展	○	○	○	○	○
园所能经常为我们进行心理辅导，缓解我们的压力和不良情绪	○	○	○	○	○
园所关注教师的身体健康，每年都能组织我们进行体检	○	○	○	○	○
园所关注我们的家庭问题，能使我们工作无后顾之忧	○	○	○	○	○
园所为我们进行了职业生涯规划	○	○	○	○	○
园所有个性化的教师成长档案，分门别类地促进我们的成长	○	○	○	○	○
我无法参与园所的管理	○	○	○	○	○
我参加的各项培训效果很差	○	○	○	○	○
园所有健全的教师申诉机制	○	○	○	○	○
我能有效地参加学术交流，参加学术团体	○	○	○	○	○
我的工资能够足额按时发放	○	○	○	○	○

27. 下列问题中，您认为您自身的情况如何：

	非常严重	比较严重	说不清	不太严重	根本没问题
自身社会地位不高					
对幼儿教育工作缺乏热情					
因年龄太轻、资历浅而不被重用					
职业倦怠					
职称问题得不到解决					

	非常严重	比较严重	说不清	不太严重	根本没问题
收入太少，待遇太差					
工作压力大					
家庭问题多，有后顾之忧					
不适应新的幼儿教育理论与方法					
属于外来教师或聘任人员，缺少安全感					
周围同事没有团队意识，人际关系不好					
缺少教育培训，自身素质提升缓慢					
身体差，经常感觉不舒服或生病					
心理素质差，经常焦虑与抑郁					
学历低，有职业危机感					

28. 对于下列促进幼儿教师队伍建设的政策，您的意见是：

	完全赞同	基本赞同	说不清	基本不赞同	完全不赞同
出台学前教育法，明确幼儿教师的法律地位					
强化教育行政部门对幼儿园的管理和辅导					
提升幼儿园内部管理水平					
鼓励男性教师进入幼儿园工作					
师范大学学前教育专业应直接培养一线幼儿教师					
建立幼儿教师发展基地，有针对性地培训幼儿师资					
提升幼儿教师准入门槛，避免幼儿教师的保育员化					
建立幼儿教师动态淘汰机制，让不合格者下岗					
大幅度提高农村和民办幼儿教师的待遇					
广泛开展教师职业忠诚教育					

您的上述回答是否真实： ○是　　　○否

问卷至此结束，请不要漏答，再次感谢您的支持！

二、幼儿园教师队伍建设调查问卷（园长卷）

尊敬的园长：

您好！本次调查受国务院参事室委托，旨在了解我国当前幼儿教师队伍建设的现状与问题，为国家制定教师队伍建设相关政策和制度提供决策参考。请您认真如实填写，不必署名。填写问卷，将耽误您大约十五分钟的宝贵时间。在此，感谢您的积极支持！

中国教师队伍建设调研组
2009 年 8 月

本问卷由五部分组成，每部分有若干判断，请您在认为合适的选项上打"√"。

（一）个人基本资料

1. 您的性别：○男　　○女

2. 贵园所在地：_____省_____ __市_____（区）

3. 您的教龄：○3 年及以下　　○4—6 年　　○7—25 年　　○26—33 年
○33 年以上

4. 您目前的职称：○小学三级　　○小学二级　　○小学一级　　○小学高级　　○中学高级　　○无职称

5. 您任教的地区：○省城　　　○地级或县级城市　　　○乡镇（含山区）

6. 您所在幼儿园的性质：○公办（教育部门和集体办）　　　○民办
○其他部门办

7. 您的学历：○高中阶段以下　　○高中阶段　　○专科　　○本科
○硕士　　○博士

8. 您是否拥有幼儿教师资格证书：○是　　○否

9. 您目前的身份是：○在编教师　　○兼职教师　　○代课教师

（二）单选问题

10. 您认为教师的法律角色应该是：

A. 公务员　　　　　　　B. 维持现状　　　　　　C. 其他_____

11. 您认为教师资格认证年限应为：

A. 终身只认证一次　　B. 五年认证一次　　　　C. 八年认证一次

D. 说不清

12. 您认为幼儿教师政策中最需要健全和完善的是：

A. 教师培训政策　　　　　B. 教师待遇政策

C. 城乡教师差异政策　　　D. 教师聘用与考核问题

E. 其他＿＿＿＿＿＿

13. 您认为在幼儿教师管理方面最为缺乏的手段是：

A. 法律手段　　　　　　B. 行政手段　　　　　　C. 经济手段

D. 思想教育手段　　　　E. 其他＿＿＿＿＿＿

14. 您认为今后幼儿教师应达到的最低学历为：

A. 专科　　　　B. 本科　　　　C. 硕士　　　　D. 其他＿＿＿＿＿＿

15. 您现在的周工作量（以教学课时计算）：

A. 26 节以上　　　　B. 21—25 节　　　　C. 16—20 节

D. 11—15 节　　　　E. 10 节以下

16. 近三年来，您参加专业培训的时间累计是多少？

A. 三个月及以上　　　B. 一到两个月　　　C. 三周及以下

D. 未培训过

17. 您参加培训的主要原因是什么？

A. 职称晋升要求　　　B. 教学需要　　　　C. 自我充电

D. 领导要求　　　　　E. 其他＿＿＿＿＿＿

18. 您认为教师参加培训的必要性如何？

A. 非常有必要　　　　B. 有必要　　　　　C. 无所谓

D. 没有必要　　　　　E. 完全没必要

19. 您认为在职幼儿教师培养最有效的形式是什么？

A. 学历提高　　　　　B. 短期培训　　　　C. 学、教、研相结合

D. 其他＿＿＿＿＿＿

20. 您所在园所教师参加培训的积极性如何？

A. 很高　　　　　　　B. 较高　　　　　　C. 一般

D. 很低　　　　　　　E. 没有

（三）多选问题

21. 您认为当前幼儿教师观念系统中存在的主要问题是：

A. 缺少对事业的忠诚　　B. 缺少教育理想　　C. 教育观念落后

D. 师德存在问题　　　　E. 其他＿＿＿＿＿＿

22. 当前幼儿教师专业发展中问题较多的是：

A. 专业知识和技能拓展的机会少　　B. 教学能力提升的途径单一

C. 教师缺少职业生涯规划　　D. 学历提高的机会难得

E. 上述情况都不存在

23. 您所在园所教师获取有关教学信息通常的途径是：

A. 互联网　　B. 电视　　C. 报纸

D. 专业杂志　　E. 电子期刊　　F. 其他_____

24. 您认为激励幼儿教师成长的有效手段有：

A. 提高社会地位　　B. 提高经济待遇　　C. 完善制度

D. 科学管理　　E. 严格准入和淘汰机制

（四）点式问题

25. 请对下列情况进行判断：

	完全符合	基本符合	说不清	基本不符合	完全不符合
园所教师经常受到教育信仰、教育观念和师德方面的教育	○	○	○	○	○
园所教师在工作中具有极大的教育教学成就感	○	○	○	○	○
园所教师对自己的工作行为有着强烈的反思倾向与能力	○	○	○	○	○
园所并不重视教师的专业成长	○	○	○	○	○
园所注重教师间的知识共享，以此促进教师专业发展	○	○	○	○	○
园所教师有扎实的保育知识和保育技能	○	○	○	○	○
园所教师有良好的幻想能力和天真的想法，与孩子同思同乐	○	○	○	○	○
园所教师能将先进的学前教学理论应用于实践	○	○	○	○	○
园所对待所有教师的政策是公平且有绩效的	○	○	○	○	○
园所对教师的教学帮助是令教师们满意的	○	○	○	○	○
园所为教师提供了良好的工作条件与环境	○	○	○	○	○
园所很注重教师团队建设	○	○	○	○	○
园所教师对自己的全年收入很不满意	○	○	○	○	○
园所教师经常担心下岗，有职业恐慌	○	○	○	○	○
园所教师的工作压力巨大，影响自身的健康与专业发展	○	○	○	○	○
园所能经常为教师进行心理辅导，缓解教师的压力和不良情绪	○	○	○	○	○

	完全符合	基本符合	说不清	基本不符合	完全不符合
园所关注教师的身体健康，每年都能组织进行体检	○	○	○	○	○
园所关注教师的家庭问题，能使教师工作无后顾之忧	○	○	○	○	○
园所为教师进行了职业生涯规划	○	○	○	○	○
园所有个性化的教师成长档案，分门别类地促进他们的成长	○	○	○	○	○
园所教师没有参与园所管理的机会	○	○	○	○	○
园所教师参加的各项培训效果很差	○	○	○	○	○
园所有健全的教师申诉机制	○	○	○	○	○
园所教师能有效地参加学术交流，参加学术团体	○	○	○	○	○
园所教师的工资能够足额按时发放	○	○	○	○	○

26. 下列问题中，您认为所在园所教师的情况如何：

	非常严重	比较严重	说不清	不太严重	根本没问题
社会地位不高					
对幼儿教育工作缺乏热情					
职业倦怠					
职称问题得不到解决					
收入太少，待遇太差					
工作压力大					
家庭问题多，有后顾之忧					
不适应新的幼儿教育理论与方法					
没有团队意识，人际关系不好					
缺少教育培训，自身素质提升缓慢					
身体差，经常感觉不舒服或生病					
心理素质差，经常焦虑与抑郁					
学历低，有职业危机感					

27. 对于下列促进幼儿教师队伍建设的政策，您的意见是：

	完全赞同	基本赞同	说不清	基本不赞同	完全不赞同
出台学前教育法，明确幼儿教师的法律地位					
强化教育行政部门对幼儿园的管理和辅导					
提升幼儿园内部管理水平					
鼓励男性教师进入幼儿园工作					
师范大学学前教育专业应直接培养一线幼儿教师					
建立幼儿教师发展基地，有针对性地培训幼儿师资					
提升幼儿教师准入门槛，避免幼儿教师的保育员化					
建立幼儿教师动态淘汰机制，让不合格者下岗					
大幅度提高农村和民办幼儿教师待遇					
广泛开展教师职业忠诚教育					

您的上述回答是否真实：○是　　○否

问卷至此结束，请不要漏答，再次感谢您的支持！

三、中小学教师队伍建设调查问卷（教师卷）

尊敬的老师：

　　您好！本次调查受国务院参事室委托，旨在了解我国当前中小学教师队伍建设的现状与问题，为国家制定教师队伍建设相关政策和制度提供决策参考。请您认真如实填写，不必署名。填写问卷，将耽误您大约十五分钟的宝贵时间。在此，感谢您的积极支持！

中国教师队伍建设调研组

2009 年 8 月

　　本问卷由五部分组成，每部分有若干判断，请您在认为合适的选项上打"√"。

（一）个人基本资料

1. 您的性别：○男　　○女

2. 贵校所在地：_____省_____市_____县（区）

3. 您的教龄：○3 年及以下　○4—6 年　○7—25 年　○26—33 年
○33 年以上

4. 您的职称：○小学三级　○小学二级　○小学一级　○小学高级
○中学二级　○中学一级　○中学高级　○无职称

5. 您任教学校坐落在：○省城　　○地级或县级城市
○乡镇（含山区）

6. 您的学历：○高中阶段以下　○高中阶段　○专科　○本科
○硕士　○博士

7. 您所在学校的性质层次：○公办小学　○民办小学
○公办初中　○民办初中　○公办高中
○民办高中

8. 您目前的身份是：○在编教师　○兼职教师　○代课教师

（二）单选问题

9. 您认为教师的法律角色应该是：

A. 公务员　　　　B. 维持现状　　　　C. 其他_____

10. 您认为教师资格认证年限应为：

A. 终身只认证一次　　　　　　B. 五年认证一次

C. 八年认证一次　　　　　　　D. 说不清

11. 您认为教师政策中最需要健全和完善的是：

A. 教师培训政策　　　　　　　B. 教师待遇政策

C. 城乡教师差异政策　　　　　D. 教师聘用与考核问题

E. 其他_____

12. 您认为在教师管理方面最为缺乏的手段是：

A. 法律手段　　B. 行政手段　　　C. 经济手段

D. 思想教育手段　E. 其他_____

13. 您认为今后小学教师应达到的最低学历为：

A. 专科　　B. 本科　　C. 硕士　　D. 其他_____

14. 您认为今后中学教师应达到的最低学历为：

A. 专科　　B. 本科　　C. 硕士　　D. 博士　　E. 其他_____

15. 您现在的周工作量（以教学课时计算）：

A. 26 节以上　　　B. 21—25 节　　　　C. 16—20 节

D. 11—15 节　　　E. 10 节以下

16. 近三年来，您参加专业培训的时间累计是多少？

A. 三个月及以上　　　　　　　B. 一到两个月

C. 三周及以下　　　　　　　　D. 未培训过

17. 您参加培训的主要原因是什么？

A. 职称晋升要求　B. 教学需要　　　C. 自我充电

D. 领导要求　　　E. 其他_____

18. 学校领导对教师参加培训的态度如何？

A. 很支持　　　B. 支持　　　C. 不支持　　　D. 因人而异

19. 您认为在职教师培养最有效的形式是什么？

A. 学历提高　B. 短期培训　　　C. 学、教、研相结合

D. 其他_____

20. 贵校教师参加培训的积极性如何？

A. 很高　　B. 较高　　C. 一般　　D. 很低　　E. 没有

（三）多选问题

21. 您认为下列培训中卓有成效的是：

A. 新课程培训　B. 班主任培训　　　C. 教育技术培训

D. 综合培训　　E. 其他_____

22. 您认为当前教师观念系统中存在的主要问题是：

A. 缺少对事业的忠诚　B. 缺少教育理想　　C. 教育观念落后

D. 师德存在问题　　E. 其他_____

23. 当前教师专业发展中问题较多的是：

A. 专业和拓展知识强化不足　　　B. 各项能力无法提高

C. 缺少职业生涯规划　　　　　　D. 其他_____

24. 您认为获得教师资格必须具备的条件有：

A. 热爱学生，忠诚教育事业　　B. 仪表端庄和气质自信

C. 普通话标准　　　　　　　　D. 教育技术能力符合时代要求

E. 专业知识扎实与能力强　　　F. 其他_____

25. 您获取有关教学信息通常的途径是：

A. 互联网　　　B. 电视　　　C. 报纸

D. 专业杂志　　　E. 电子期刊　　　F. 其他_____

26. 您认为激励教师成长的有效手段有：

A. 提高社会地位　　B. 提高经济待遇　　C. 完善制度

D. 科学管理　　　　E. 严格准入和淘汰机制

（四）点式问题

27. 请对下列情况进行判断：

	完全符合	基本符合	说不清	基本不符合	完全不符合
我经常受到教育信仰、教育观念和师德方面的教育	○	○	○	○	○
我在工作中具有极大的教育教学成就感	○	○	○	○	○
学生的升学考试给我带来了巨大压力	○	○	○	○	○
我对自己的工作行为有着强烈的反思倾向与能力	○	○	○	○	○
我校对我们的教育科研很不重视	○	○	○	○	○
我校注重教师间的知识共享，以此促进教师专业发展	○	○	○	○	○
我校对待所有教师的政策是公平且有绩效的	○	○	○	○	○
我校对教师的教学帮助是令人满意的	○	○	○	○	○
我校为我提供了良好的工作条件与环境	○	○	○	○	○
我校很注重教师团队建设	○	○	○	○	○
我对自己的全年收入是满意的	○	○	○	○	○
我对自己的工作没有安全感	○	○	○	○	○
我的工作压力很大，影响自身的健康与专业发展	○	○	○	○	○
学校能经常为我们进行心理辅导，缓解我们的压力和不良情绪	○	○	○	○	○
学校关注教师的身体健康，每年都能组织我们进行体检	○	○	○	○	○
学校关注我们的家庭问题，能使我们工作无后顾之忧	○	○	○	○	○
学校为我们进行了职业生涯规划	○	○	○	○	○
学校有针对每个教师的成长档案，分门别类地促进我们的成长	○	○	○	○	○

续表

	完全符合	基本符合	说不清	基本不符合	完全不符合
我校已经形成了能上能下，能进能出的动态的教师管理机制	○	○	○	○	○
我校的一切工作均服务于教学	○	○	○	○	○
我能够积极参与并监督学校管理	○	○	○	○	○
学校在管理中重视教师的参与	○	○	○	○	○
我参加的各项培训效果很差	○	○	○	○	○
我认为城乡教师应定向流动，对口支援	○	○	○	○	○
学校有健全的教师申诉机制	○	○	○	○	○
我能有效地参加学术交流	○	○	○	○	○
我的工资能够足额按时发放	○	○	○	○	○
我真正拥有寒暑假带薪休假，假期和周末不进行补习	○	○	○	○	○
我校对优秀教师实行了"学术假"制度	○	○	○	○	○

28. 下列问题中，您认为您自身的情况如何：

	非常严重	比较严重	说不清	不太严重	根本没问题
自身社会地位不高					
对教育工作缺乏热情					
因年龄太轻、资历浅而不被重用					
职业倦怠					
职称问题得不到解决					
收入太少					
工作压力大					
家庭有后顾之忧					
不适应新课改要求					
人际关系难以适应					
属于外来教师，缺少安全感					
缺少教育培训，自身素质提升缓慢					
身体差，经常感觉不舒服或生病					
心理素质差，经常焦虑与抑郁					

29. 请您对下列政策的落实情况进行判断：

	非常好	比较好	不清楚	不太好	非常不好
中华人民共和国教师法中有关教师的权利与义务					
教师资格条例及实施办法与自己相关的内容					
本地区对中小学教师继续教育实施情况					
本地区城镇教师支援农村教育工作情况					
本地区对中小学班主任工作重视情况					
本地区中小学教师教育技术能力建设情况					
本地区和自身有关的其他政策执行情况					

30. 对于下列促进教师队伍建设的政策，您的意见是：

	完全赞同	基本赞同	说不清	基本不赞同	完全不赞同
教师校际间轮流任教					
新任教师"电脑派位"					
建立教师发展学校，提升教师培训绩效					
提升教师准入门槛，使最优秀的人从事教育事业					
建立教师动态淘汰机制，让不合格者脱离教师队伍					
农村教师待遇大幅度提高					
全体师范生免费接受教育					
使升学考试情况与教师教学业绩考核脱离					
城乡教师结对帮扶					
有特色针对性的教师培训					
禁止教师有偿家教					
广泛开展教师职业忠诚教育					
实行小班化教学，切实减轻教师负担					

您的上述回答是否真实：○是　　○否

问卷至此结束，请不要漏答，再次感谢您的支持！

四、中小学教师队伍建设调查问卷（校长卷）

尊敬的校长：

　　您好！本次调查受国务院参事室委托，旨在了解我国当前中小学教师队伍建设的现状与问题，为国家制定教师队伍建设相关政策和制度提供决策参考。请您认真如实填写，不必署名。填写问卷，将耽误您大约二十分钟的宝贵时间。在此，感谢您的积极支持！

中国教师队伍建设调研组

2009 年 8 月

　　本问卷由六部分组成，每部分有若干判断，请您在认为合适的选项上打"√"。

　　（一）个人基本资料

　　1. 您的性别：○男　　　○女

　　2. 贵校所在地：_____省_____市_____县（区）

　　3. 您的教龄：○3 年及以下　○4—6 年　　○7—25 年　○26—33 年
　　　　　　　　　○33 年以上

　　4. 您的职称：○小学三级　　○小学二级　　○小学一级　　○小学高级
　　　　　　　　　○中学二级　　○中学一级　　○中学高级　　○无职称

　　5. 您任教学校坐落在：○省城　　　　○地级或县级城市
　　　　　　　　　　　　　○乡镇（含山区）

　　6. 您所在学校的层次：○小学　　○初中　　○高中

　　7. 您的学历：○专科　　○本科　　○硕士（不含在读）
　　　　　　　　　○博士（不含在读）　　○其他

　　8. 您所在学校的办学性质：○公办（教育部门和集体办）　　○民办
　　　　　　　　　　　　　　　○其他部门办

　　（二）单选问题

　　9. 您认为中小学教师的法律角色应该是：

　　A. 公务员　　　　　　B. 维持现状　　　　　C. 其他_____

　　10. 您认为教师资格认证年限应为：

　　A. 终身只认定一次　B. 五年认证一次　C. 八年认证一次　D. 说不清

　　11. 您认为教师政策中最需要健全和完善的是：

A. 教师培训政策　　　　　　B. 教师待遇政策　　　C. 城乡教师差异政策

D. 教师聘用与考核问题　E. 其他_____

12. 您认为在教师管理上最为缺乏的手段是：

A. 法律手段　　　　B. 行政手段　　　　C. 经济手段

D. 思想教育手段　E. 说不好

13. 您认为当前师资队伍建设中最好的层次是：

A. 幼儿园教师　　　B. 小学教师　　　C. 初中教师　　　D. 高中教师

14. 您认为今后小学教师应达到的最低学历为：

A. 专科　　　B. 本科　　　C. 硕士　　　D. 其他_____

15. 您认为今后中学教师应达到的最低学历为：

A. 专科　　　B. 本科　　　C. 硕士　　　D. 博士　　　E. 其他_____

16. 下列哪一类学校教师是您所在地区教师政策倾斜的重点：

A. 农村学校教师　B. 城市学校教师　　　C. 其他_____

17. 与五年以前相比，校长的人事自主权如何？

A. 提高了　　　B. 有些提高　　　C. 没有变化　　　D. 下降了

18. 学校对青年教师培养的最主要方式是什么？

A. 脱产进修　　　B. 不脱产进修　　　C. 师傅带徒弟

D. 工作中压担子　E. 其他_____

19. 您认为在岗教师培养最有效的方式是什么？

A. 学历提高　　　B. 短期培训　　　C. 学、教、研相结合

D. 其他_____

20. 贵校教师参加培训的积极性如何？

A. 很高　　　B. 较高　　　C. 一般　　　D. 很低　　　E. 没有

21. 贵校受学生欢迎的教师大约占多少百分比？

A. 70%及以上　　　B. 60%　　　C. 50%　　　D. 40%以下

22. 您对本校教师的专业素养和能力总体上是否满意？

A. 很满意　　　B. 比较满意　　　C. 一般　　　D. 不大满意

E. 很不满意

（三）多选问题

23. 您认为下列培训中卓有成效的是：

A. 新课程培训　　　　　　B. 班主任培训　　　　　　C. 教育技术培训

D. 综合培训　　　　　　E. 其他_____

24. 您认为当前教师观念系统中存在的主要问题是：

A. 缺少对事业的忠诚　　　B. 缺少教育理想　　　C. 教育观念落后

D. 师德存在问题　　　E. 其他_____

25. 当前教师专业发展中问题较多的是：

A. 专业和拓展知识强化不足　　　B. 各项能力无法提高

C. 缺少职业生涯规划　　　D. 其他_____

26. 您所在地区在校长管理机制方面做的较好的有：

A. 选拔机制　　　B. 考核机制　　　C. 培训机制

D. 激励机制　　　E. 监督机制　　　F. 流动机制

G. 其他_____

27. 您所在地区教师数量富余较多的为：

A. 小学主科教师　　　B. 小学副科教师　　　C. 初中主科教师

D. 初中副科教师　　　E. 高中主科教师　　　F. 高中副科教师

G. 其他_____

28. 您认为激励教师成长的有效手段有：

A. 提高社会地位　　　B. 提高经济待遇　　　C. 完善制度

D. 科学管理　　　E. 严格准入和淘汰机制　　　F. 其他_____

29. 您认为今后教师队伍建设的重点应该是：

A. 新教师的培养　　　B. 青年教师的培养

C. 学科骨干的培养　　　D. 其他_____

（四）点式问题

30. 请您对国家层面教师政策的执行状况作出判断：

	完全同意	基本同意	说不好	不太同意	完全反对
现有的学历提升政策对强化教师素质效果明显					
现有的非学历进修政策对教师素质提升效果明显					
教师支教政策有利于解决城乡教育差异问题					
现有的城乡教师各项政策是公平的					
现有的教师待遇政策不符合社会发展水平					
非师范院校要全面参与教师教育工作					
师范生免费政策要坚持并扩大到省属师范大学					
中小学应实行绩效工资制度					

31. 请您对本地区下列状况作出判断：

	非常好	比较好	不清楚	不太好	很差
各级政府在教师队伍建设投入方面的重视程度					
教师职前、入职和职后培养与培训的整体设计水平					
教师专业发展的制度环境					
"全国教师教育网络联盟计划"在本地区的实施情况					
专门针对农村教师的业务免费培训					
国家普通话认定标准的落实情况					
校长和教师的人事由县级统筹安排的情况					
全面推行教师聘任制，依法实施教师资格制度					
严格推行校长聘任制，校长均持证上岗					
城镇中小学教师到乡村任教服务期制度的效果					
区域内城乡"校对校"教师定期交流制的实施效果					
本地区教育系统人才交流中心建设情况					
教师待遇不低于本地区公务员平均水平的落实情况					
中小学工资责任"省长负责制"的执行情况					
农村边远贫困地区中小学教师津贴补贴执行情况					
已经出台的"教师申诉办法"的执行效果					
教师有效完成教育教学工作情况					
教师有效地参加学术交流					
教师公正评定学生成绩与品行的情况					
教师工资足额按时发放					
教师职称晋升机会和公平度					
教师对学校发展管理的参与情况					
教师免费或部分免费接受各项培训的情况					
教师队伍的职业道德和业务水平					
教师守法遵章，履行合约，执行学校各项计划					

32. 从总体上看，贵校教师当前最大的问题是：

	非常严重	比较严重	说不清	不太严重	根本没问题
教师总体素质不高					
对事业缺乏热情					

续表

	非常严重	比较严重	说不清	不太严重	根本没问题
部分学科教师缺编严重					
教师超编现象严重					
代课教师太多					
年轻教师太多，经验不足					
职业倦怠					
职称问题解决难度大					
教师学缘和地缘太近					
工作压力很大					
不适应新课改要求					
教师缺乏团队意识，人际关系不好					
教师缺少培训，素质提升缓慢					

33. 您对下列法规和政策的熟悉程度：

	非常熟悉	部分熟悉	听说过	完全陌生
中华人民共和国教师法				
教师资格条例及实施办法				
中小学教师继续教育规定				
中小学校长培训规定				
关于深化教育改革全面推进素质教育的决定				
国务院关于基础教育改革与发展的决定				
国务院关于进一步加强农村教育工作的决定				
国务院关于部属师范院校实施免费师范生教育政策				
国务院关于义务教育阶段实施绩效工资政策				
教育部关于大力推进城镇教师支援农村教育工作的意见				
教育部"教师教育创新平台项目计划"				
教育部"跨世纪园丁工程"				
教育部（2003—2007）教育振兴行动计划				
教育部关于进一步加强中小学班主任工作的意见				
教育部师范司关于全国中小学教师教育技术能力建设计划				

34. 请您对于下列应制定的教师队伍建设政策进行排序（重要程度高的为 1，依次为 2，3，…）

		排序
1	修订《中华人民共和国教师法》	
2	修订《教师资格条例》	
3	制定《中小学教师专业标准》	
4	制定《教师教育机构资质标准》	
5	制定《教师教育课程标准》	
6	制定《教师教育质量标准》	

35. 对于下列促进教师队伍建设的政策，您的意见是：

	完全赞同	基本赞同	说不清	基本不赞同	完全不赞同
优秀教师校际间轮流任教					
新任教师"电脑派位"					
建立教师发展学校，提升教师培训绩效					
提升教师准入门槛，使最优秀的人从事教育事业					
建立教师动态淘汰机制，让不合格者脱离教师队伍					
大幅度提高农村教师待遇					
使升学考试情况与教师业绩考核脱离					
城乡教师结对帮扶					
有特色针对性的教师培训					
禁止教师有偿家教					
广泛开展教师职业忠诚教育					
广泛在农村和落后地区实施特岗教师政策					
实行小班化教学，切实减轻教师负担					

（五）所在学校教师队伍的基本情况

注：请根据学校实际情况如实填写，没有的选项请填写"＼"。

序号	项　　　目	数据	序号	项　　　目	数据
1	教职工总数		10.1	初级职称专任教师数	
2	专任教师数		10.2	中级职称专任教师数	
3	代课教师数		10.3	高级职称专任教师数	
4	在编不在岗人数		11	特岗教师数	
5	特级教师数		12	受援教师数	

续表

序号	项　目	数据	序号	项　目	数据
6	生师比		13	超编教师数	
7.1	男性专任教师数		14	缺编教师数	
7.2	女性专任教师数		15	教师缺编的主要学科	
8.1	30 岁以下专任教师数		16	教师超编的主要学科	
8.2	30—50 岁专任教师数		17	近三年平均每年支教教师数	
8.3	50 岁以上专任教师数		18	近三年平均每年来校支教教师数	
9.1	专科以下专任教师数		19	近三年教师流失总数	
9.2	专科学历专任教师数		20	小班教学班占全部班级比例（%）	
9.3	本科学历专任教师数		21	2008 年教师全部年薪平均数	
9.4	研究生学历专任教师数		22	近三年每年培训教师占专任教师的平均比例（%）	

您的上述回答是否真实：○是　　○否

问卷至此结束，请不要漏答，再次感谢您的支持！

五、中等职业学校教师队伍建设调查问卷（教师卷）

尊敬的老师：

您好！本次调查受国务院参事室委托，旨在了解我国当前中等职业学校教师队伍建设的现状与问题，为国家制定教师队伍建设相关政策和制度提供决策参考。请您认真如实填写，问卷不必署名。填写问卷，将耽误您大约十五分钟的宝贵时间。在此，感谢您的积极支持！

中国教师队伍建设调研组

2009 年 8 月

本问卷由五部分组成，每部分有若干判断，请在您认为合适的选项上打"√"。

（一）个人基本信息

1. 您的性别_____

2. 贵校所在地_____省_____市_____县（区）

3. 您的教龄是：○3 年以下　○4—9 年　　○10—19 年　　○20 年及以上

4. 您目前的职称是：○初级职称　○中级职称　○高级职称
　　　　　　　　　　○无职称

5. 您任教的地区是：○省城　　　○地级或县级城市

　　　　○乡镇（含山区）

6. 您所在的学校是：○国家重点职校　○省重点职校　○一般学校

7. 您学校的类别是：○中专　○职高　○技校　○综合高中
　　　　○成人职业学校

8. 您的学历是：○高中阶段以下　○高中阶段　○专科　○本科
　　　　○硕士　○博士

9. 您是否"双师型"教师：○是　○否

10. 您目前的身份是：○在编教师　○兼职教师　○代课教师

11. 您所属教师类别是：○文化课教师　○专业课教师
　　　　○实习指导教师

12. 您所有学校的性质是：○公办　○民办　○公私联合/合作办学

（二）单选问题

13. 您认为"双师型"教师的基本内涵应该是：

A. 持有"双证"（教师资格证、职业资格证书）的教师

B. 既是理论教师，又是实训教师

C. 扎实的基础理论知识、较强的专业实践能力、较高的教学水平和丰富的实际工作经验

D. 说不清楚

14. 您认为"双师型"教师的资格标准应该是：

A. 讲师＋技师　　　　　　　B. 教师资格＋职业资格证书

C. 企业工作经验＋教学能力　　D. 说不清楚

15. 您认为"双师型"教师在资格评审与认定上应该由：

A. 政府主管部门　　　　　　B. 行业企业组织

C. 政府主管部门与行业企业组织

D. 社会第三方组成的专门机构进行认定

E. 其他_____

16. 您所学专业与您现在所教专业是否相符？

A. 相符　　B. 基本相符　　C. 不相符　　D. 经常变化不定

17. 您现在的周工作量（以教学课时计算）：

A. 20节以上　　B. 16—20节　　C. 11—15节　　D. 10节以下

18. 您对目前的教学工作岗位是否满意？

A. 十分满意　　B. 比较满意　　C. 一般

D. 不满意　　　E. 很不满意

19. 您到职校工作前是否学习过《职业教育学》和《职业心理学》?

A. 系统地学习过　　　　　　　B. 较系统地学习过

C. 学过其中的部分　　　　　　D. 未学过

20. 近三年来，您参加专业培训的时间累计是多少?

A. 三个月及以上　　　　　　　B. 一到两个月

C. 三周及以下　　　　　　　　D. 未培训过

21. 您参加培训的主要原因是什么?

A. 职称晋升要求　　　　　　　B. 教学需要

C. 自我充电　　　　　　　　　D. 领导要求

E. 其他_____

22. 学校领导对教师参加培训的态度如何?

A. 很支持　　　B. 支持　　　C. 不支持　　　D. 因人而异

23. 通过培训，您的教育思想、专业知识、教学技能等有无提高?

A. 有较大提高　　B. 有一些提高　　C. 没有提高　　D. 说不清

24. 您认为政府规定职业学校教师到企业实践的制度的必要性如何?

A. 十分必要　　B. 有必要　　C. 具体专业具体对待　　D. 没必要

25. 在加强专业课教师建设的同时，您认为文化课教师建设需要加强吗?

A. 非常需要　　B. 需要　　C. 暂时不需要　　D. 完全没必要　　E. 说不清

26. 您认为在职教师培养最有效的形式是什么?

A. 学历提高　　B. 短期培训　　C. 学、教、研相结合　　D. 其他_____

27. 您认为理想的培训模式应该是:

A. 校本培训　　　B. 送出去培训　　　C. 网上远程培训

D. 送出去与请进来相结合　　　E. 其他_____

28. 贵校教师参加培训的积极性如何?

A. 很高　　B. 较高　　C. 一般　　D. 很低　　E. 没有

(三) 多选问题

29. 您认为"双师型"教师培养应采取的有效途径是:

A. 高校独立培养　　　　　　　B. 高校与企业联合培养

C. 职前与职后分阶段培养　　　D. 工作过程培养

E. 企业实践培养　　　　　　　F. 其他_____

30. 您认为获得"双师型"教师资格必须具备的条件有：

A. 忠诚职教事业，热爱学生　　　B. 专业知识扎实，教学能力强

C. 教育技术好　　　　　　　　　D. 有过企业工作经验

E. 高学历　　　　　　　　　　　F. 其他＿＿＿＿＿

31. 您认为下列培训中收效明显的是：

A. 新课改培训　　　　B. 专业能力培训　　　C. 教育技术培训

D. 教学理论与方法培训　E. 企业实践锻炼　　F. 其他＿＿＿＿＿

32. 您获取有关教学信息通常的途径是：

A. 互联网　　　　　　　B. 电视　　　　　　C. 报纸

D. 专业杂志　　　　　　E. 电子期刊　　　　F. 其他＿＿＿＿＿

33. 您认为当前教师思想观念中最大的问题是：

A. 缺少教育理想　　B. 缺少对职教事业的忠诚　　C. 教育观念落后

D. 职业倦怠　　　　E. 师德师风存在问题　　　　F. 其他＿＿＿＿＿

34. 当前教师专业发展中问题较多的是：

A. 专业知识和技能拓展的机会少　　B. 教学能力提升的途径单一

C. 教师缺少职业生涯规划　　　　　D. 学历提高的机会难得

E. 上述情况都不存在

35. 您认为激励教师成长的有效手段有：

A. 提高社会地位　　　　B. 提高经济待遇　　　C. 完善制度

D. 科学管理　　　　　　E. 严格准入和淘汰机制

36. 您对教师考取职业资格证书的态度和认识：

A. 很有必要，是对教师能力的认可　　B. 没有必要，有实际能力就行

C. 很实用，评职称、涨工资都用得到　D. 基本没有用

E. 考证市场混乱，证书含金量低

（四）点式问题

37. 请您对下列情况进行判断：

相关判断	完全符合	基本符合	说不清	基本不符合	完全不符合
我经常受到教育信仰、教育观念和师德方面的教育	○	○	○	○	○
我在工作中具有极大的教育教学成就感	○	○	○	○	○

续表

相关判断	完全符合	基本符合	说不清	基本不符合	完全不符合
学生的升学考试没有给我带来压力	○	○	○	○	○
学生的职业规划和就业指导给我带来压力	○	○	○	○	○
我对自己的工作行为有着强烈的反思倾向与能力	○	○	○	○	○
学校为我们教学研究提供了良好的平台和激励措施	○	○	○	○	○
我校很注重教师团队建设	○	○	○	○	○
我对自己的年收入是满意的	○	○	○	○	○
我的工作压力很大,影响自身的健康与专业发展	○	○	○	○	○
学校能经常为我们进行心理辅导,缓解我们的压力和不良情绪	○	○	○	○	○
学校关注教师的身体健康,每年都能组织我们进行体检	○	○	○	○	○
学校有个性化的教师成长档案,分门别类地促进我们的成长	○	○	○	○	○
我校已经形成了能上能下,能进能出的动态的教师管理机制	○	○	○	○	○
我能够积极参与并监督学校管理	○	○	○	○	○
学校在管理中重视教师的参与	○	○	○	○	○
我参加的各项培训效果很差	○	○	○	○	○
我认为区域范围内的教师应实现定向流动,资源共享	○	○	○	○	○
我的工资能够足额按时发放	○	○	○	○	○
我真正拥有寒暑假带薪休假,假期和周末不进行补习	○	○	○	○	○

38. 下列问题中,您认为您自身的情况如何:

相关问题	非常严重	比较严重	说不清	不太严重	根本没问题
社会地位不高					
对教学工作缺乏热情					
因年龄太轻、资历浅而不被重用					
职业倦怠					
职称问题得不到解决					
收入太少					
工作压力大					
人际关系难以适应					
属于外来教师,缺少安全感					
缺少教育培训,自身素质提升缓慢					
心理素质差,经常焦虑与抑郁					

39. 对于下列促进教师队伍建设的政策，您的意见是：

相关措施	完全赞同	基本赞同	说不清	基本不赞同	完全不赞同
教师校际间轮流任教					
无企业经验的新任专业教师先到企业锻炼					
加强师资培训基地学校建设，提升教师培训绩效					
提升教师准入门槛，使最优秀的人从事教育事业					
建立教师动态淘汰机制，让不合格者脱离教师队伍					
全体教师享受公务员待遇，实行阳光工资					
全体师范生免费接受教育					
禁止一切形式的有偿补课、杜绝变相收费					
大力开展有特色、针对性的教师在职培训					
广泛吸收有技术的人才到职校任教					
广泛开展教师职业信仰和忠诚教育					
实行个性化小班教学，切实体现职教特色					

您的上述回答是否真实：○是　　○否

问卷至此结束，请不要漏答，再次感谢您的支持！

六、中等职业学校教师队伍建设调查问卷（校长卷）

尊敬的校长：

　　您好！本次调查受国务院参事室委托，旨在了解我国当前中等职业学校教师队伍建设的现状与问题，为国家制定教师队伍建设相关政策和制度提供决策参考。请您认真如实填写，问卷不必署名。填写问卷，将耽误您大约二十分钟的宝贵时间。在此，感谢您的积极支持！

中国教师队伍建设调研组

2009 年 8 月

　　本问卷由六部分组成，每部分有若干判断，请在您认为合适的选项上打"√"。

（一）个人基本资料

1. 您的性别＿＿＿＿＿＿

2. 贵校所在地＿＿＿＿＿省＿＿＿＿＿市＿＿＿＿县（区）

3. 您的教龄：○3 年及以下　○4—6 年　○7—25 年　○26—33 年

○33 年以上

4. 您从事职教管理工作年限：○不到 5 年　○不到 10 年　○10 年以上

5. 您目前的职称：○初级职称　○中级职称　○高级职称　○无职称

6. 您是否是特级教师：○是　○否

7. 您的学历：○专科　○本科　○硕士（不含在读）

　　　　　　　○博士（不含在读）　○其他

8. 您任教的地区：○省城　　○地级或县级城市

　　　　　　　○乡镇（含山区）

9. 您所在的学校是：○国家重点职校　○省重点职校　○一般学校

10. 您学校的性质是：○公办　　○民办　　○公私联合/合作办学

11. 您学校类别是：○中专　○职高　○技校　○综合高中

　　　　　　　○成人职业学校

（二）单选问题

12. 您认为教师政策最需要健全和完善的是：

A. 教师培训政策　　　　　　　B. 教师待遇政策

C. 教师专业化发展问题　　　　D. 教师聘用与考核问题

13. 与五年以前相比，校长的人事自主权如何？

A. 提高了　　　B. 有些提高　　　C. 没有变化　　　D. 下降了

14. 学校对青年教师培养的最主要方式是什么？

A. 脱产进修　　　B. 不脱产进修　　　C. 师傅带徒弟

D. 工作中压担子　　E. 其他_____

15. 您认为政府规定职业学校教师到企业实践的制度的必要程度如何？

A. 十分必要　　　　　　　　　B. 有必要

C. 具体专业具体对待　　　　　D. 没必要

16. 您认为理想的培训模式应该是：

A. 校本培训　　　B. 送出去培训　　　C. 网上远程培训

D. 送出去与请进来相结合　　　　　　E. 其他_____

17. 您认为在岗教师培养最有效的方式是什么？

A. 学历提高　　　　　　　　　B. 短期培训

C. 学、教、研相结合　　　　　D. 其他_____

18. 贵校教师参加培训的积极性如何？

A. 很高　　B. 较高　　C. 一般　　D. 很低　　E. 没有

19. 贵校受学生欢迎的教师大约占多少百分比？

A. 70%及以上　　　B. 60%　　　C. 50%　　　D. 40%以下

20. 在加强专业课教师建设的同时，您认为文化课教师需要建设吗？

A. 非常需要　　　　B. 需要　　　　C. 暂时不需要

D. 完全没必要　　　E. 说不清

21. 您对本校教师的专业素养和能力总体上是否满意？

A. 很满意　　　　　B. 比较满意　　　C. 一般

D. 不大满意　　　　E. 很不满意

22. 您认为当前师资队伍建设中最好的部分是：

A. 专业课教师　　　B. 文化课教师

C. 兼职教师　　　　D. 实习指导教师

23. 贵校最紧缺的教师类型是：

A. 专业课教师　　　B. "双师型"教师　　　C. 学科带头人

D. 高级职称教师　　E. 其他_____

（三）多选问题

24. 五年来，学校建设方面变化最大的表现在哪些方面？

A. 学校管理　　　　B. 课程与教学改革　　　C. 德育

D. 教师队伍建设　　E. 学校设施与设备　　　F. 社会声誉

G. 其他_____

25. 您认为"双师型"教师培养应采取的有效途径是：

A. 高校独立培养　　　　　B. 高校与企业联合培养

C. 职前与职后分阶段培养　　D. 工作过程培养

E. 企业实践培养　　　　　F. 其他_____

26. 您认为下列培训中收效明显的是：

A. 新课改培训　　　　B. 专业能力培训　　C. 教育技术培训

D. 教学理论与方法培训　E. 企业实践锻炼　　F. 其他_____

27. 您认为获得"双师型"教师资格必须具备的条件有：

A. 忠诚职教事业，热爱学生　　　B. 专业知识扎实，教学能力强

C. 教育技术好　　　　　　　　　D. 有过企业工作经验

E. 高学历　　　　　　　　　　　F. 其他_____

28. 您认为激励教师成长的有效手段有：

A. 提高社会地位　　　B. 提高经济待遇　　　　C. 完善制度

D. 科学管理　　　　E. 严格准入和淘汰机制　　　F. 其他_____

29. 您对教师考取职业资格证书的态度和认识：

A. 很有必要，是对教师能力的认可

B. 没有必要，有实际能力就行

C. 很实用，评职称、涨工资都用得到

D. 基本没有用

E. 考证市场混乱，证书含金量低

30. 您认为学校里哪些课程受到学生的普遍欢迎：

A. 艺术、体育类　　　B. 实践技术类　　　C. 科普知识类

D. 人文知识类　　　E. 社会实践类

31. 您认为今后中职教师队伍建设的重点应该是：

A. 新教师的培养　　B. 专业带头人的培养　　C. "双师型"教师的培养

D. 在职教师的能力培训　　　E. 增加兼职教师比例　F. 其他_____

32. 您认为当前教师思想观念中最大的问题是：

A. 缺少教育理想　　B. 缺少对职教事业的忠诚　　C. 教育观念落后

D. 职业倦怠　　　E. 师德师风存在问题　　　F. 其他_____

33. 当前教师专业发展中比较突出的问题是：

A. 文化课教师建设被忽视　　　　B. 专业课教师能力不强

C. 技术专家型兼职教师聘任难　　　D. 教师到企业锻炼难落实

E. 教师建设经费不足　　　　F. 其他_____

34. 贵校师资队伍结构不合理主要表现在以下哪些方面：

A. 文化课教师富裕　　　　　B. 专业课教师不足

C. "双师型"教师比例偏低　　　D. 专业带头人缺乏

E. 实习指导教师缺乏　　　　F. 其他_____

35. 您所在地区校长任用机制方面做得好的是：

A. 选拔机制　　　B. 考核机制　　　C. 培训机制

D. 激励与监督机制　E. 流动机制

（四）点式问题

36. 您对国家层面职教师资政策执行状况判断是：

相关状况和政策的执行情况	完全同意	基本同意	说不好	不太同意	完全反对
国家现有的职校教师学历提升政策卓有成效					
国家现有的职校教师非学历进修政策卓有成效					
国家现有的职校专业课教师培养培训制度完善					
现有的职校教师各项政策是公平的					
现有的职校教师待遇政策不符合社会发展水平					
职校教师实行资格准入、竞争上岗、全员聘用、严格考核					
非师范院校要全面参与职校专业教师培养工作					
师范生免费政策应扩大到职教师资培养院校					
职业学校教师应实行绩效工资制度					

37. 您对本地区下列状况的判断是：

相关状况和政策的执行情况	非常好	比较好	不清楚	不太好	很差
各级政府在职教师资队伍建设方面的重视程度					
对教师职前、职后培养与培训整体设计水平					
教师专业发展的制度环境					
"紧缺专业兼职教师计划"在本地区实施情况					
相对于普通中学而言，职校教师的进修学习情况					
专业教师到企业实践本地区执行情况					
全面推行教师聘任制，依法实施教师资格制度					
严格推行校长聘任制，校长均持证上岗					
本地区已经设立了教育系统人才交流中心					
区域内教师资源共享制度及其效果					
教师待遇不低于同地区公务员平均水平					
教师有效地完成教学任务，开展教改研究和实验					
教师有效地参加学术交流，参加各种学术团体					
教师促进学生发展，公正评定学生成绩与品行					
教师工资足额按时发放					
教师职称晋升机会和公平度					
教师对学校发展和教育行政监督和参与权					
教师免费或部分免费地参与各项培训与进修					
教师队伍的职业道德和业务水平					
教师守法遵章，履行合约，执行学校各项计划					

38. 从总体上看，贵校教师当前最大的问题是：

相关问题	非常严重	比较严重	说不清	不太严重	根本没问题
教师队伍总体素质不高					
对事业缺乏热情，教育观念陈旧					
部分专业教师缺编严重					
文化课教师超编现象严重					
兼职教师经费无保障，数量不足					
青年教师太多，经验不足					
年龄偏大，职业倦怠					
职称问题解决难度大					
工作压力很大					
不适应新课改要求和教学内容调整					
教师没有团队意识，人际关系不好					
缺少专业培训，自身素质提升缓慢					

39. 您对下列法规政策的熟悉程度：

	非常熟悉	部分熟悉	听说过	完全陌生
中华人民共和国职业教育法				
中华人民共和国教师法				
教师资格条例及实施办法				
国务院关于大力发展职业教育的决定（2005）				
温家宝在全国职业教育工作会议上的讲话（2005）				
教育部（2003—2007）教育振兴行动计划（2004）				
教育部关于"十一五"期间加强中等职业学校教师队伍建设的意见（2007）				
教育部等六部门关于加强和改进中等职业学校学生思想道德教育的意见（2009）				
教育部关于制定中等职业学校教学计划的原则意见（2009）				
教育部关于进一步深化中等职业教育教学改革的若干意见（2008）				
教育部关于实施全国教师教育网络联盟计划的指导意见（2003）				
教育部关于推进教师教育信息化建设的意见（2002）				
教育部"教师教育创新平台项目计划"				

40. 对于下列促进教师队伍建设的政策，您的意见是：

相关政策	完全赞同	基本赞同	说不清	基本不赞同	完全不赞同
优秀教师校际间共享					
无企业经验的新教师必须先到企业锻炼					
加强职校教师培养管理，提高教师培养质量					
提升职校教师准入门槛，使最优秀的人从事职教					
建立教师动态淘汰机制，让不合格者脱离教师队伍					
提高"双师型"教师待遇					
吸引技术型人才到校任教					
有针对性的培训教师，突出特色					
广泛开展教师职业道德教育					
实行小班化、理实一体化教学，体现职教教学特色					

（五）所在学校教师队伍的基本情况

注：请根据学校实际情况如实填写，没有的选项请填写"＼"。

序号	项　目	数据	序号	项　目	数据
1.1	教职工总数		7.2	中级职称专任教师	
1.2	专任教师数		7.3	高级职称专任教师	
1.3	兼职教师数		8	文化课专任教师	
1.4	在编不在岗人数		9	专业课专任教师	
2	特级教师		10	"双师型"专任教师	
3	生师比		11	超编教师数	
4.1	男性专任教师		12	缺编教师数	
4.2	女性专任教师		13	教师缺编的主要学科	
5.1	30 岁以下专任教师		14	教师超编的主要学科	
5.2	30—50 岁专任教师		15.1	近三年新聘专任教师数	
5.3	50 岁以上专任教师		15.2	其中专业课教师数	
6.1	专科及以下专任教师		16	近三年教师流失总数	
6.2	本科学历专任教师		17	2008 年教师全部年薪平均数	
6.3	研究生学历专任教师		18	近三年每年培训教师占专任教师的平均比例（％）	
7.1	初级职称专任教师				

您的上述回答是否真实：○是　　○否

问卷至此结束，请不要漏答，再次感谢您的支持！

附录三

访谈（座谈）提纲

一、普通教育教师队伍建设访谈提纲

（一）教育行政部门访谈提纲

1. 您所在地区中小学教师特别是农村教师的补充机制如何，有哪些成功的经验与做法，还存在哪些主要问题？

2. 您所在地区在中小学教师培训方面有哪些比较典型的做法，成效如何，还存在哪些主要问题？

3. 您所在地区中小学教师（尤其是农村中小学教师）的工资待遇如何（如城乡差异、公办与民办的差异等），还存在哪些主要问题？

4. 您所在地区中小学教师的交流情况（如城乡交流、支教等，以及教师流失情况）如何，存在哪些主要问题？

5. 您所在地区对农村地区教师有什么倾斜政策，执行情况如何，在哪些方面需要进一步予以倾斜？

6. 您所在地区，农村与城市中小学教师在专业素质等方面存在哪些差异？民办教师与公办教师，尤其农村地区的民办教师和公办教师在专业素质等方面存在哪些差异？

7. 您所在地区教师资格制度实施的情况如何，存在哪些主要问题？您对加强和完善教师资格认定工作有何建议？

8. 如果我们国家需要修订教师法，您觉得哪些方面还需要进一步完善？

9. 在国家制定有关教师专业发展的政策与制度方面，您有什么建议？

（二）学校领导访谈提纲

1. 您所在学校教师队伍的结构构成（如人事编制情况、学历结构、职称结构、年龄结构等）情况如何，是否有代课教师，教师的起始学历专业与所教专业是否吻合，还存在着哪些主要问题？

2. 您所在学校教师的流动情况如何（如近 3 年有多少新教师进入，有多少教师流出，学校教师在支教方面的情况等），在新教师招聘、任用和教师人事调动方面，学校有自主权吗？

3. 您所在学校在名师培养与职称评定方面，一般的做法是怎样的，还存在着哪些主要问题？

4. 所在学校教师的工资待遇是否能够足额按时兑现，教师对这方面的满意程度如何，还存在着哪些主要问题？

5. 您觉得贵校教师在能力与素质方面还存在着哪些不足？

6. 您所在学校招聘到的新教师的素质如何，存在哪些主要问题？您对教师的职前教育（教师教育）有什么建议？

7. 国家级、省级以及县市组织的培训是如何落实到贵校的？学校教师一般都参加哪些方面的培训与进修，效果怎样？有关新课程改革方面的培训有哪些典型的做法，还存在哪些主要问题？

8. 学校内部经常组织教研活动吗？具体有哪些，效果如何，还存在哪些主要问题？

9. 您认为贵校教师队伍建设中存在的最为突出的问题有哪些，您对国家、政府制定有关教师专业发展的政策与制度有什么建议？

（三）教师访谈提纲

1. 您每天的工作情况是怎样的，平均每日的工作量有多大？（如：最多兼教多少班，多少门课程？班级的人数有多少？一周一般要多少节课？每天批改作业一般要多少时间？课表安排的课程之外，还需要做哪些工作？等等）

2. 您感觉工作压力大吗？如果压力大的话，您认为主要是由哪些原因造成的？

3. 学校在名师培养与职称评定上的一般做法是怎样的，您觉得还存在哪些主要问题？

4. 您认为自己在教育教学工作中，哪些方面的素质和能力是比较欠缺的？

5. 您在个人发展和专业发展方面最需要学习提升的是什么，您认为最合适的学习提升形式是什么？

6. 您参加过的培训有哪些，效果怎样？您对开展教师培训有何建议？

7. 学校内部经常组织哪些教研活动？您觉得成效如何，存在哪些主要问题？

8. 贵校教师的工资待遇是否能够按时足额兑现？您觉得自己的工资待遇怎么样，还觉得满意吗？

9. 您平时参与学校的管理与决策工作吗？如有的话，有哪些方式或途径？您觉得学校重视普通教师参与学校管理的权利吗？

10. 您认为贵校教师队伍建设中存在的最为突出的问题有哪些？您对国家、政府制定有关教师专业发展的政策与制度有什么期待和建议？

（四）高校人事处长访谈提纲

1. 贵校教师的编制状况如何，师生比如何，您觉得大学合适的生师比应该是多少？

2. 贵校教师的流动情况如何，近 3 年有多少新教师进入，有多少教师流出，这方面存在哪些主要问题？

3. 贵校教师队伍的结构构成（如学历结构、职称结构、年龄结构等）是怎样的，还存在着哪些主要问题？

4. 贵校教师中"海归"教师的结构比重如何，教师的外语（双语教学）水平，国际学术交往能力如何？

5. 贵校在高层次教师的培养与引进方面做了哪些工作，还存在着哪些主要问题？

6. 贵校在青年教师培养方面有哪些具体的措施，还存在哪些主要问题？

7. 贵校教师一般都参加哪些方面的培训与进修，这些培训和进修对教师的专业成长有帮助吗？在这些方面，还存在哪些主要问题？

8. 贵校在职称评审方面，有哪些典型的做法，还存在哪些主要问题？

9. 贵校在学术团队建设方面有哪些做法，成效如何，还存在哪些主要问题？

10. 贵校教师在教学与科研工作上的精力投入情况如何，还存在哪些主要问题？

11. 贵校在科研与教学方面对教师有哪些具体的支持措施，还有哪些亟须加强和改进的地方？

12. 贵校在提升教师的学术道德与学术规范建设方面有哪些具体的做法，成效如何，还存在着哪些主要问题？

二、职业教育教师队伍建设访谈提纲

（一）教育行政部门访谈提纲

1. 您所在地区中等职业学校教师队伍的基本状况（如年龄结构、职称结构、生师比、学历结构等）如何？目前还主要存在哪些问题？

2. 您所在地区近几年来在加强中等职业教育师资队伍建设方面做了哪些工作？出台过哪些相关规定或措施？取得了怎样的成效？

3. 在中职师资培训方面，所在地方政府的专项经费投入上是怎样的形势？同比普通高中教师培训方面是不足还是超过？

4. 在紧缺型专业兼职教师聘任方面政府采取了哪些有力措施？哪些方面还需要进一步加强和改进？有没有好的建议或思路？

5. 在区域内教师资源整合与优质师资共享方面，政府有没有采取具体的行动和方案？取得了怎样的成效？

6. 您所在地区中等职业学校教师的工资福利待遇与普通高中相比处于怎样的水平？政府下一步有没有提高职业学校教师工资待遇的计划？

7. 您对本地区职业学校教师的整体评价如何？为了进一步调动职业学校教师的积极性、提高他们的职业道德情操，政府应该做点什么？

8. 在校企合作方面，如何鼓励教师到企业实践，如何吸引企业技术人才到学校兼职，政府是否应该有所作为？如何才能做到这些？

（二）学校领导访谈提纲

1. 贵校教师的流动情况如何？教师流动的主要原因有哪几类？在新教师招聘、任用和教师人事调动方面，学校都有什么样的自主权？

2. 贵校在聘任兼职教师工作上是怎么做的？兼职教师的工资问题怎么解决？学校现有兼职教师多少位？与专任教师相比，兼职教师有哪些优点，存在哪些不足？如何才能保证行业企业里的技能型人才为学校服务？

3. 您校在专业带头人培养、"双师型"教师培养及职称评定方面，是怎样做的？还存在着哪些问题？教师到企业实践落实得如何？

4. 贵校教师的工资待遇能否按时足额发放，能否做到工资与绩效挂钩？教师的满意程度如何？还存在着哪些主要问题？

5. 贵校在新教师招聘上能否做到自主？能否招到理想中的老师？您认为通过新教师招聘所暴露出来的目前在教师培养方面所存在的问题有哪些？

6. 国家级、省级以及县市组织的教师培训是如何落实到贵校的？您校教师一般几年能轮到一次培训的机会？从教师所参加的所有类型的培训与进修看，您认为哪些培训效果比较好？

7. 学校内部经常组织教研活动吗？具体有哪些，效果如何，还存在哪些主要问题？

8. 您能否先对贵校的教师队伍给予一个总体性的评价？在此评价的基础上，您对学校未来的师资队伍建设方面有何打算或构想？

9. 您对国家、政府制定有关职教师资专业发展的政策与制度有什么建议？

（三）学校教师访谈提纲

1. 您每天的工作情况是怎样的，平均每日的工作量有多大？（如：最多兼教多少班，多少门课程？班级的人数有多少？一周一般要多少节课？除课表安排的课程之外，还需要做哪些工作？等等）

2. 您感觉工作压力大吗？如果压力大的话，您认为主要是由哪些原因造成的？

3. 学校在"双师型"教师培养与职称评定上的一般做法是怎样的，您觉得还存在哪些主要问题？

4. 您认为自己在工作中哪些方面的素质和能力还需要提高？在个人发展方面还需要学习点什么？

5. 您参加过哪些培训，效果怎样？有何建议？您认为最合适的学习形式是什么？

6. 学校内部经常组织哪些教研活动？您觉得成效如何，存在哪些主要问题？

7. 贵校教师的工资待遇是否能够按时足额兑现？您对自己的工资待遇还满意吗？

8. 您平时参与学校的管理与决策工作吗？如有的话，都有哪些方式或途径？作为一名普通教师，在目前的体制下能否真正参与学校的管理？

9. 您认为贵校教师队伍建设中存在的最为突出的问题有哪些？您对国家、政府制定有关教师专业发展的政策与制度有什么期待和建议？

（四）职教师资培训基地访谈提纲

1. 请您简要介绍一下贵校职教师资培训基地工作的基本情况（领导机构、管理制度、培养培训工作、师资情况、经费投入等）。

2. 您认为职教师资培养的特殊性在哪里？如何才能培养出合格的"双

师型"教师?

3. 贵校在中职专业课教师培养方面是如何突出实践技能环节培养的? 在师资培训内容安排方面如何体现教师的真正需求? 如何保证培训质量?

4. 贵校对目前职业学校的教师需求情况有过调查和了解吗? 贵校职教专业的毕业生对口就业情况如何? 在今后的师资专业的建设方面有何规划?

5. 您认为在学校人才培养工作中, 职教师资的培养和培训工作处于一个什么样的地位? 是否需要加强?

6. 作为培训基地, 通过多年来的工作实践和经验反思, 您认为目前我国在职教师资培养、培训方面还存在哪些问题? 您对职教师资队伍建设方面有哪些具体的政策建议?

后　　记

　　"中国教师队伍建设"专项调研，是受国务院参事室委托的重大项目，由浙江师范大学党委书记梅新林教授和校长吴锋民教授任调研组总负责人，主持并确定调研方案的设计和调研主报告的框架。浙江师范大学发展规划处处长杨天平教授负责调研的组织实施和管理，发展规划处王宪平博士、方海明硕士、单敏硕士全程参与调研的组织实施和管理工作。浙江师范大学教师教育学院蔡志良教授、周跃良教授、张振新副教授参与了调研前期的组织动员工作。教师教育学院张天雪教授、徐长江博士和职业技术学院陈明昆副研究员负责调研的问卷、访谈与座谈提纲的设计。教师教育学院、职业技术学院的14位教师和"教育经济与管理"等专业的14名硕士研究生分赴相关省（市）展开实地调研。

　　本次专项调研最终汇集成为《中国教师队伍建设：问题与建议》，由《总报告》与《专题报告》两大部分组成，这是调研组全体成员通力合作的集体智慧的结晶。《总报告》中的《提高教师的质量和水平是教改的重中之重》、《中国教师队伍建设：30个问题与30条建议》，由杨天平教授起草，然后经梅新林教授、吴锋民教授、杨天平教授一同反复讨论修改而成。《中国教师队伍建设调研综合分析报告》，由杨天平教授、王宪平博士、方海明硕士、单敏硕士撰写。《专题报告》各部分调研及报告撰写分工如下：《天津市教师队伍建设专题调研报告》，由张天雪教授、王宪平博士及研究生王慧、张晓洁撰写；《吉林省教师队伍建设专题调研报告》，由徐长江博士、刘迎春硕士及研究生廖小安、王甲平撰写；《江苏省教师队伍专题建设调研报告》，由万秀兰教授、孙炳海硕士及研究生杜光强、郭仕撰写；《浙江省教师队伍建设专题调研报告》，由蔡伟教授、杨光伟副教授及研究生王汉乐、孙娇撰写；《河南省教师队伍建设专题调研报告》，由陈明昆副研究员、童志斌副教授及研究生李森、龙朝撰写；《贵州省教师队伍建设专题调研报告》，由吴民祥博士、董光恒博士及研究生黄贝、谢小芹撰写；《甘肃省教师队伍建设专题调研报告》，由钱旭升博士、周国华博士及研究生张凌南、刘珊撰写。全书由梅新林教授和吴锋民教授统稿审定。

本次调研在国务院参事室直接指导和组织协调下展开，得到天津、吉林、江苏、浙江、河南、贵州、甘肃 7 省（市）政府办公厅、参事室和各级教育行政部门的大力支持和协助，所在省（市）各级各类学校负责人和教师也在百忙中给予大力协助，并主动积极参与。值此书稿付梓之际，谨对参与调研的老师和同学及为调研提供帮助的各级政府部门、领导、专家、学者表示衷心的谢忱，并希业界同仁不吝指正。

浙江师范大学调研组

2010 年秋